Martin Beck
Der „Tag YHWHs" im Dodekapropheton

# Beihefte zur Zeitschrift für die alttestamentliche Wissenschaft

Herausgegeben von
John Barton · Reinhard G. Kratz
Choon-Leong Seow · Markus Witte

Band 356

Walter de Gruyter · Berlin · New York

Martin Beck

# Der „Tag YHWHs" im Dodekapropheton

## Studien im Spannungsfeld
## von Traditions- und Redaktionsgeschichte

W DE G

Walter de Gruyter · Berlin · New York

♾ Gedruckt auf säurefreiem Papier,
das die US-ANSI-Norm über Haltbarkeit erfüllt.

ISBN 3-11-018575-X

*Bibliografische Information Der Deutschen Bibliothek*

Die Deutsche Bibliothek verzeichnet diese Publikation in der Deutschen Nationalbibliografie;
detaillierte bibliografische Daten sind im Internet über http://dnb.ddb.de abrufbar.

# Vorwort

Bei vorliegender Arbeit handelt es sich um die überarbeitete Fassung meiner Habilitationsschrift, die im Wintersemester 2004/05 von der Theologischen Fakultät der Friedrich-Alexander-Universität Erlangen-Nürnberg angenommen wurde.

Sie wäre nicht geschrieben worden ohne Herrn Prof. Dr. Hans-Christoph Schmitt, der mir die Assistentenstelle an seinem Lehrstuhl angeboten und mich zur Auseinandersetzung mit der Dodekapropheton-Forschung ermutigt hat. Ihm danke ich an erster Stelle: für hervorragende Arbeitsbedingungen, für stete Gesprächsbereitschaft und für manch weiterführenden Gedankenanstoß. Aufgrund der Änderung im Bayerischen Hochschulgesetz wurde das letzte Drittel meiner Habilitationsphase durch ein Fachmentorat begleitet: diesem Gremium gehörten neben Herrn Prof. Dr. Hans-Christoph Schmitt Frau Prof. Dr. Oda Wischmeyer und Herr Prof. Dr. Ludwig Schmidt an. Ihnen allen gilt mein herzlicher Dank für ihre Beratung, hilfreiche Kritik und die abschließende Begutachtung meiner Arbeit. Herzlich danke ich ebenfalls Herrn Prof. Dr. Gunther Wanke und Herrn Prof. Dr. Jörg Jeremias für ihre zügig erstellten externen Gutachten.

Den deutschsprachigen Herausgebern der BZAW – Herrn Prof. Dr. Reinhard G. Kratz und Herrn Prof. Dr. Markus Witte – danke ich für die Aufnahme meiner Arbeit in ihre Reihe und für wertvolle Überarbeitungshinweise. Dem Verlag Walter de Gruyter und namentlich Frau Monika Müller sei für die freundliche Betreuung gedankt.

Von der Evangelisch-Lutherischen Kirche in Bayern wurde ich zum einen nach meinem 2. Examen vorzeitig zum wissenschaftlichen Dienst freigestellt und zum anderen anschließend als Pfarrer z. A. im kirchlichen Interesse beurlaubt, so dass ich gleichzeitig zu meiner universitären Tätigkeit durch die Übernahme ehrenamtlicher Aufgaben in meiner Kirchengemeinde die Bewerbungsfähigkeit als Pfarrer erlangen konnte. Die damit verbundene Minderung des Risikos wissenschaftlichen Arbeitens weiß ich dankbar zu schätzen. Schließlich danke ich meiner Familie für alles Mittragen, Mitleiden und Mitfreuen.

Erlangen / Eckersdorf, im Sommer 2005                    Martin Beck

# Inhaltsverzeichnis

# Kapitel I: Der Rahmen. Das Dodekapropheton

In einem SBL-Aufsatzband aus dem Jahr 2000 resümieren die Herausgeber, dass sich gegenwärtig das Verständnis von den zwölf Prophetenbüchern Hos, Joel, Am, Ob, Jon, Mi, Nah, Hab, Zeph, Hag, Sach und Mal verändere. Sei man lange Zeit von der Eigenständigkeit dieser „Bücher" ausgegangen, mehrten sich zunehmend Versuche[1], diese zwölf Prophetan „schriften"[2] als ein zusammenhängendes biblisches Buch zu interpretieren:

> „For most of the nineteenth and twentieth centuries, modern critical scholarship has generally read the Twelve ‚Minor' Prophets as twelve individual prophetic books, interpreting each diachronically in relation to the individual historical settings or context in which each of the Twelve was deemed to have been written. But with the emergence of more recent impulses in the fields of redaction criticism, which call for an assessment of the final form of the biblical text as the initial basis for any attempt to recover the compositional history of the text, and newer literary criticism that call for a synchronic reading of biblical literature, contemporary scholars are increasingly reading the Book of the Twelve as a single, unified biblical book."[3]

Unter diesen Versuchen, das Dodekapropheton als eine konzeptionelle Einheit zu begreifen, ist jedoch strittig, inwiefern diese Einheit zu begründen ist. Nogalski umreißt das Problem folgendermaßen:

---

1 S. z. B. Schneider, Unity (1979); Bosshard, Beobachtungen (1987); House, Unity (1990); Bosshard/Kratz, Maleachi (1990); Steck, Abschluß (1991); Nogalski, Precursors; ders., Processes (beide 1993); Collins, Mantle (1993); van Leeuwen, Wisdom (1993); Coggins, Prophets (1994); Jones, Formation (1995); Jeremias, Anfänge (1995/6); Barton, Meaning (1996); Zapff, Studien (1997); Bosshard-Nepustil, Rezeptionen (1997); Jeremias, Rezeptionsprozesse (1997); Schart, Entstehung (1998); ders., Redaktionsgeschichte (1998); Jeremias, Tendenzen, 130ff. (1998); Willi-Plein, Zwölfprophetenbuch, 353.391ff. (1999). S. außerdem etwa die Aufsatzsammlungen Reading and Hearing (2000); Wort JHWHs (2002); Thematic Threads (2003). Der neue Zugang zum Dodekapropheton wird bereits in Lehrbüchern rezipiert: s. z. B. Zenger, Zwölfprophetenbuch (⁵2004), 369.372; Albertz, Exilszeit, 164f.; Kaiser, Grundriß 2, 103ff.; s. dagegen noch Kaiser, Einleitung, §24 (220ff.); skeptisch auch noch Rogerson, Dodekapropheton, 19f.

2 Der Gebrauch des Terminus „Schrift" statt „Buch" zeigt bereits an, dass etwa das Amos"buch" kein eigenes „Buch" darstellt, sondern uns nur als Teil („Schrift") eines größeren Ganzen, nämlich des Zwölfpropheten"buch"es (hier trifft der Terminus „Buch" tatsächlich zu) überliefert wurde.

3 Nogalski/Sweeney, Preface, viif. Neben der durch dieses Vorwort eingeleiteten SBL-Aufsatzsammlung mit dem Titel „Reading and Hearing the Book of the Twelve" s. auch den Sammelband BZAW 325, der die Bezeichnung „Thematic Threads in the Book of the Twelve" trägt.

„Unfortunately, the conventions for reading this entity called the Twelve were not transmitted with the writings themselves. In order to speak meaningfully of ‚unity‘ with respect to the Book of the Twelve, one must first establish that the texts of the Twelve relate to another. Second, one must begin to evaluate what the intertextual relationships offer as clues for reading the Twelve as a ‚united‘ piece of literature."[4]

Jeremias weist auf die methodische Unsicherheit hin:

„Wir stehen im Versuch einer solchen vielschichtigen Lektüre eines Prophetenbuches heute noch ganz am Anfang. Vor uns liegt vor allem die Aufgabe, Kriterien zu entwickeln, um die relativ sicheren und die nur möglichen Verbindungslinien zwischen den Prophetenbüchern zu unterscheiden, wenn diese aufeinander bezogen gelesen und gedeutet werden."[5]

Daher befinden sich mehrere Ansätze in der Diskussion, die sich darum bemühen, die „Einheit" des Dodekapropheton zu beschreiben und für die Interpretation des Buches sowie der einzelnen Prophetenschriften fruchtbar zu machen.

Die vorliegende Arbeit greift in die aktuelle Diskussion um das Dodekapropheton ein. Sie ist diachron orientiert und damit primär für die Richtung der atl. Exegese interessant, die nach der Entstehungsgeschichte des Zwölfprophetenbuchs fragt, weil sie von der Bedeutung der Auslotung der historisch-theologischen Tiefenschärfe der Texte bzw. Schriften des Dodekapropheton für ihre Auslegung überzeugt ist. Darüber hinaus wird sich die Untersuchung insofern als methodisch interessant erweisen, als sie weder Traditions- noch Redaktionsgeschichte verabsolutiert, sondern mittels einer differenzierenden Methodik Einseitigkeiten zu vermeiden sucht. Insgesamt wird sich die These herauskristallisieren, dass die Schriften des Dodekapropheton lange Zeit ein Eigenleben führten, bevor im 3. Jh. v. Chr. zwei „Redaktionsgänge" ein von der „Tag YHWHs"-Vorstellung bestimmtes Zehn- bzw. Zwölfprophetenbuch geschaffen, dabei aber den zusammengestellten Schriften ihre retelative Eigenständigkeit belassen haben.

Welche Positionen bestimmen nun aber die gegenwärtige Forschungslage in ihrer ganzen Bandbreite?

---

4  Nogalski, Intertextuality, 102. Vgl. auch Schart, Entstehung, 309ff.; außerdem ders., Redaktionsgeschichte, 15, der darauf hinweist, dass es dem Anliegen der Postmoderne entspreche, spannungsvoll sowohl die Einheit von zwölf verschiedenen Schriften als auch deren Individualität zu denken.
5  Jeremias, Tendenzen, 136.

## 1. Argumente für die Einheit des Dodekapropheton

Hinsichtlich der Forderung, das Dodekapropheton sei als eine konzeptionelle Einheit zu begreifen, sind im Wesentlichen[6] drei – in sich wiederum zu differenzierende – Argumentationsgänge im Gespräch:

### 1.1. Äußere Beobachtungen

An äußeren Beobachtungen wird *erstens* geltend gemacht, dass schon nach dem Verständnis der antiken jüdisch-christlichen Tradition das Dodekapropheton als ein einziges Buch begriffen werde. Man verweist etwa auf Sir 49,10 (ca. um 190 v. Chr.[7]), wo eine einheitliche (und positive) Gesamtaussage des Dodekapropheton vorausgesetzt scheint[8]:

„Ferner: die zwölf Propheten. Es mögen ihre Gebeine *aufsprießen aus ihrem Grab*, daß sie Jakob Heilung zuteil werden ließen und um ihm zu helfen durch *hoffnungsvollen Glauben.*“[9]

Oder man zieht Texte heran[10], die das Dodekapropheton als ein einziges Buch im Kanon des Alten Testament bezeugen, nämlich z. B. Josephus (Ap I[.8],38-40 [um 96 n. Chr.[11]])[12], IV Esr 14,42-44.45-46 [um 100 n. Chr.[13]][14],

---

6 Da Forschungsabrisse z. B. bei Nogalski, Precursors, 3ff., Schart, Entstehung, 1ff.6ff. (vgl. ders., Redaktionsgeschichte; ders., Redaction History); Jones, Formation, 13ff., oder Redditt, Formation, 1ff., vorliegen, soll hier keine chronologisch aufgebaute Forschungsgeschichte geboten werden, sondern eine problemorientierte Forschungsübersicht.
7 S. z. B. Sauer, ATD Apokryphen 1, 22.
8 S. z. B. Nogalski, Precursors, 2; Schart, Entstehung, 4; ders., Redaktionsgeschichte, 15; Coggins, Prophets, 66; Jones, Formation, 8; Zenger, Zwölfprophetenbuch, 517.
9 Die Übersetzung stammt von Sauer, ATD Apokryphen 1, 333.
10 S. etwa Nogalski/Sweeney, Preface, viiif.; Redditt, Production, 14; Nogalski, Precursors, 2f.; Jones, Formation, 12; Coggins, Prophets, 63.
11 Zur Datierung s. Stemberger, Geschichte, 64.
12 Josephus erwähnt die fünf Bücher des Mose, die vom Tod Moses bis zur Regierung des Artaxerxes erzählenden folgenden dreizehn Prophetenbücher und die vier Bücher, die Lobgesänge auf Gott und Vorschriften für das Leben der Menschen enthalten (wohl Pss, Prov, Cant, Koh). Unter den dreizehn Prophetenbüchern sind wohl die vier älteren Propheten Jos, Jdc-Ruth, Sam, Reg, die vier neueren Propheten Jes, Jer, Ez, XII und die fünf Hagiographen Hi, Dan, Chr, Est und Esr-Neh zu verstehen; s. die Josephus-Ausgabe von Reinach-Blum, 10 Anm. 3.
13 Zur Datierung s. Schreiner, 4. Buch Esra, 301ff.
14 Esra wird hier vom Höchsten angewiesen, die ersten der vierundneunzig geschriebenen Bücher offen hinzulegen, die letzten siebzig aber zu verwahren. Die Differenz beträgt vierundzwanzig, eine Zahl, die einige Textzeugen auch ganz konkret lesen. S. dazu Schreiner, 4. Buch Esra, 405 samt Anm. 45c. Wahrscheinlich dürfte damit auf die Bücher des AT angespielt sein. Dieses umfasst vierundzwanzig Bücher, wenn Esr-Neh als ein Buch, in jedem Fall aber die zwölf „kleinen Propheten" als ein Buch gezählt werden.

den babylonischen Talmud (b BB 14b [abgeschlossen im 5. Jh. n. Chr.[15]][16]),
Melito von Sardes [gest. ca. 190 n. Chr.][17] oder Hieronymus [um 347 - 419
n. Chr.][18].

Weiter nennt Schart[19] zwei Beispiele dafür, die zeigten, dass in den ersten
Jahrhunderten nach der Zeitenwende das Dodekapropheton fortlaufend gelesen worden sein müsse. Sowohl Pirke de Rabbi Eliezer (Kap. 43)[20] als auch
Flavius Josephus (Ant IX.10,2) hätten mit dem Problem gekämpft, dass Jona
Ninive zur Umkehr bewege und Nahum Ninive den Untergang ansage. Deshalb lasse ersterer die Reue Ninives nur vierzig Jahre andauern, letzterer dagegen verschweige die Reue Ninives ebenso wie die Frist von vierzig Tagen.
Diese Interpretationen setzten voraus, dass das Zwölfprophetenbuch im Zusammenhang und in der Erwartung eines kohärenten Gedankengangs gelesen
worden sei.

*Zweitens* wird die Textüberlieferung als wichtige Stütze für die Einheit
des Dodekapropheton genannt. Schart vertritt die These, dass die Abfolge der
Schriften und ihre Zugehörigkeit zum Dodekapropheton nicht beliebig gewesen sei: Weitestgehend[21] entspreche die durch verschiedene hebräische Hand-
schriftenfunde (Fragmente aus Qumran Höhle 4 und die Zwölfprophheten-
buch-Rolle aus dem Wadi Murabbaat)[22] bezeugte Reihenfolge der uns vertrauten masoretischen Anordnung. Die griechische Texttradition stelle die
zwölf Propheten zwar vor die drei großen Propheten, bezeuge aber dadurch
gerade ihre Zusammengehörigkeit als Dodekapropheton. Allerdings weiche
in ihr die Reihenfolge der Schriften, indem Am und Mi direkt an Hos angeschlossen würden, von MT ab. Trotzdem sei auch partiell eine Angleichung
an die hebräische Anordnung zu beobachten, woraus auf deren Autorität ge-
schlossen werden könne.[23]

---

15  Zur Datierung s. Stemberger, Geschichte, 77ff.

16  „Die Rabbanan lehrten: Die Reihenfolge der Propheten ist wie folgt: Jehošuá, Richter,
    Šemuél, Könige, Jirmeja, Jehezqel, Ješája und die zwölf [kleinen Propheten]."
    (Übersetzung von Goldschmidt, 55.)

17  S. das entsprechende Kapitel in der Kirchengeschichte Eusebs: IV.26 (M.S.G. 20, 397),
    wo die zwölf Propheten von Hos bis Mal als τῶν δῶδεκα ἐν μονοβίβλῳ bezeichnet
    werden.

18  Dieser schreibt in seiner Einführung zum Dodekapropheton der Vulgata: *„unum librum
    esse duodecim Prophetarum"* (s. Biblia Sacra Bd. 17, 7).

19  S. außerdem Schart, Entstehung, 27f.

20  S. die Übersetzung der Werke von Pirke de Rabbi Eliezer durch Friedlander, 343.

21  Eine Ausnahme stelle lediglich der relativ alte Textzeuge 4QXII[a] dar, der Jona nach Mal
    anordnet: dazu s. unten S 18.

22  Zum Bestand dieser Texte s. etwa die Aufstellung bei Fuller, Form, 91f.98ff.

23  S. Schart, Entstehung, 1ff.; ders., Redaktionsgeschichte, 18f., jeweils mit Diskussion der
    partiell bezeugten Abweichungen von der „gängigen" Reihenfolge. S. auch Fuller, Form,
    91ff. Interessanterweise bietet das älteste griechische Dodekapropheton-Manuskript vom
    Nahal Hever (1. Jh.) die hebräische Anordnung der Schriften. Nach Fuller, Form, 89f.;
    Jones, Formation, 5f., handelt es sich bei diesem Textzeugen jedoch um einen Rezensi-
    onstext, so dass aus ihm nicht geschlossen werden könne, dass die griechische Reihen-
    folge (direkt erstmals durch den Washington Papyrus [Mitte bis Ende 3. Jh.] bezeugt)

Besonders betont wird, dass sich nach dem Handschriftenbefund „die Zwölf" – so lautete offensichtlich der antike Name für das Zwölfprophetenbuch[24] – stets auf einer Rolle befänden. Auch wenn sich dafür praktische Gründe nennen ließen (etwa die zu schwierige Handhabung zu kleiner Rollen), zeige doch etwa der Talmud, der als Regel vier Zeilen Abstand zwischen den Büchern der Tora und der Propheten vorgebe, zwischen zwei Prophetenschriften des Dodekapropheton jedoch nur drei Zeilen fordere, den tieferen Sinn der Zusammenstellung auf einer Rolle[25]. Außerdem spreche die gewiss nicht unabsichtliche 12-Zahl dagegen, dass diese Sammlung bloß zufällig oder aus praktischen Gründen entstanden sei[26].

*Drittens* sprächen einige formale Auffälligkeiten für eine überlegte Komposition der Schriften. Zum einen fänden sich die per Überschriften datierten Prophetenschriften in chronologischer Reihenfolge: Hos 1,1 (8. Jh.), Am 1,1 (8. Jh.), Mi 1,1 (8. Jh.), Zeph 1,1 (7. Jh.), Hag 1,1.15; 2,10 (6. Jh.), Sach 1,1.7; 7,1 (6. Jh.)[27]. Zum anderen sei eine geographische Anordnung erkennbar: Hos (N), Joel (S; s. z. B. 2,1; 3,5; 4,1.17), Am (N), Ob (S ← gegen Edom), Jon (N ← Ninive), Mi (S), Nah (N ← Ninive), Hab (S ← Babylon), Zeph (S), Hag (S), Sach (S), Mal (S)[28].

Insgesamt müsse – so die Verfechter des ersten Argumentationsganges – bereits aus diesen äußeren Kriterien gefolgert werden, dass die Einheit des Dodekapropheton als eines zusammenhängenden Buches von tieferer Bedeutung sei: es handle sich nicht nur um eine zufällige Zusammenstellung.

---

erst später entstanden sei. Dagegen legt Sweeney, Sequence, 64, darauf Wert, dass die LXX-Abfolge positiv eben erst in christlichen Handschriften des 3. bzw. 4. Jh. bezeugt sei. Damit decke sich, dass sich das aus der LXX-Anordnung ergebende Prinzip (dazu s. auch unten S. 6f.) – Israel, die Völker und die Wiederherstellung der Völker in Jerusalem – christlicher Theologie entspreche, die auch die Prophetie lediglich nach dem Muster der Verheißung angesichts der Erfüllung des Geschicks Israels in Christus verstehe. Die MT-Abfolge betone die zentrale Rolle Jerusalems und sei in persischer und hellenistischer Zeit gut denkbar. Jones, Formation, 170ff., spricht sich hingegen für die Priorität der LXX-Reihenfolge aus.

24  S. Schart, Entstehung, 1 Anm. 1.
25  S. Schart, Entstehung, 1f. samt Anm. 9; Nogalski, Precursors, 3.
26  S. Collins, Mantle, 60. Petersen, Book, 8, vertritt in diesem Zusammenhang die These (vgl. etwa auch Steck, Abschluß, 128ff.198), dass ein Herausgeber aus den ursprünglich elf Abhandlungen sehr bewusst zwölf hergestellt habe, indem er Maleachi („mein Bote") als Eigennamen verstanden und den Komplex, der ehemals wie die Kap. 9-11 und 12-14 an Sach 1-8 angeschlossen gewesen sei (vgl. die gleichen Überschriften Sach 9,1; 12,1; Mal 1,1), zu einer eigenen Einheit transformiert habe.
27  S. Rendtorff, Book, 140.
28  S. van Leeuwen, Wisdom, 34; House, Unity, 64.

## 1.2. Einheit stiftende Sinnlinien

Auf der synchronen Betrachtungsebene sollen mehrere Einheit stiftende Sinnlinien die Einheit des Dodekapropheton erweisen und damit die Behauptung stützen, dass es möglich sei, die zwölf Prophetenschriften zu lesen, als ob sie Kapitel eines einzigen Buches wären.

Coggins[29] etwa möchte das Dodekapropheton analog den Prophetenbüchern Jes, Jer und Ez nach dem dreigliedrigen eschatologischen Schema aufgebaut wissen: erstens begegneten von Hos bis Mi Unheilsankündigungen gegen das eigene Volk; zweitens seien die Unheilsankündigungen in Nah, Hab und Zeph gegen die Völker gerichtet; drittens fänden sich Heilsankündigungen samt Warnungen vor Rückfall in Hag bis Mal. Dass auch Am Fremdvölkersprüche und Hos bis Mi bereits Heilsworte enthielten, spreche nicht gegen dieses Schema, weil auch in den anderen Prophetenbüchern Jes, Jer und Ez derartige Unschärfen vorkämen.

Collins[30] arbeitet anhand lexikalischer und thematischer Querbezüge einige das Dodekapropheton durchlaufende Linien heraus, die sich gegenseitig ergänzten, korrigierten, präzisierten und weiterführten. Zu beachten sei dabei etwa das Rahmenthema der Liebe Gottes zu seinem Volk, das durch Ehemetapher und Vaterbild für das Verhältnis zwischen Gott und seinem Volk zu Beginn und Schluss des Buches (Hos 1-3; Mal 2,13-16 – Hos 11,1-2; Mal 1,6-7) expliziert werde. Stets präsent sei die Thematik Tempel/Zion/Jerusalem (Joel 1,9.14; 2,27; 4,16-17.21; Am 1,2; Ob 21; Mi 1,2; 3,12; 4,2.7; Hab 2,20; Zeph 3,5.17; Hag; Sach 1-8, bes. 1,17; 6,15; 8; Mal, bes. 1,5.11). Weitere Themen wären etwa die Fruchtbarkeit des Landes (Hos 2,21-23; 14,7-8; Joel 1,10-12; 2,18-19; Am 9,13f.; Hab 3,17; Hag 1,11; Sach 8,12), der „Tag YHWHs" (Joel 2,1-2; Am 5,18-20; Ob 15; Zeph 1,14-18; Mal 3,19ff.), die Theophanie (Am 1,2; 4,13; 5,8f.; 9,5f.; Mi 1,3ff.; Nah 1,2-5; Hab 3,3-16; Hag 2,6-7) oder die Völker (Joel 3-4; Am 1-2; Ob; Jon; Nah 1,2; Zeph 2-3).

Sweeney[31] unterscheidet zwischen der Abfolge der Schriften in LXX und MT. Nach der Lesart der LXX beginne das Dodekapropheton mit Hos, Am

---

29  S. Coggins, Prophets, 64. Vgl. auch House, Unity 71ff., der das Dodekapropheton global unter der Struktur Sünde (Hos - Mi) – Strafe (Nah - Zeph) – Restauration (Hag - Mal) verstehen möchte, sowie House, Character, 128f.

30  S. Collins, Mantle, 66ff. Ders., 59ff., stellt zunächst durchaus diachron orientierte und an Jes 1-66 angelehnte redaktionsgeschichtliche Überlegungen zur Entstehung des Dodekapropheton an und vermutet dabei drei Stadien: erstens eine in Babylon entstandene exilische Ausgabe, die Hos, Am (einschließlich Kap. 9), Mi (einschließlich Kap. 4-5), Nah, Zeph und Ob enthalten habe (mit den dtr. bearbeiteten Schriften Hos, Am, Mi und Zeph als Vorstufe?); zweitens eine zwischen 520 und 515 um Hag, Sach 1-8, Zeph 3,9-20, eventuell auch um Jon und Joel erweiterte Ausgabe; drittens eine zusätzlich Hab, Mal und – falls nicht schon zuvor geschehen – Joel enthaltende Ausgabe in der Mitte des 5. Jh. Später wären noch Sach 9-14 und Mal 3,22-24 hinzugekommen.

31  S. Sweeney, Sequence, 56ff., der übrigens den einzelnen Prophetenschriften zunächst zugesteht, dass sie als jeweils eigenständige Kompositionen für sich gelesen werden

und Mi, die das Gericht gegen das Nordreich betonten, Implikationen für Juda und Jerusalem andeuteten und bereits auf Israels Rettung am Zion blickten. Anschließend wendeten sich Joel, Ob, Jon und Nah den Völkern zu und verstünden den „Tag YHWHs" als Gericht über die Völker und Rettung des Zion. Die Vernichtung Edoms erscheine als Modell für die anderen Völker, wobei ihnen die Möglichkeit der Vergebung aufgrund von Reue vor Augen geführt werde. Mit Hab, Zeph, Hag und Sach komme Babylon in den Blick, das einerseits als Strafwerkzeug YHWHs zwecks Reinigung vor der Erlösung fungiere, andererseits als sich überhebende Macht auch wieder von YHWH zu Fall gebracht werde. Die Erlösung und Wiederherstellung Jerusalems geschehe hinsichtlich des Tempels, der davidischen Dynastie und der Unterwerfung der Völker unter YHWH, was die kosmische Bedeutung der Errettung anzeige. Schließlich bündele Mal die verschiedenen Themen und fordere Israel abschließend zur Umkehr und zum Halten des Bundes auf.

Demgegenüber verfolge die Anordnung der Prophetenschriften im MT ein anderes Prinzip. Israel und die Völker würden zusammen betrachtet, da die beiden programmatischen Schriften Hos und Joel den Auftakt bildeten. Hos bringe die zerrüttete Beziehung zwischen YHWH und Israel zur Sprache und rufe zur Umkehr auf, während Joel YHWHs souveränes kosmisches Handeln zugunsten Jerusalems und Israels am „Tag YHWHs" betone. Die folgenden Schriften arbeiteten einzelne Aspekte dieser Programmatik heraus: Nach Am sei die Bestrafung Israels, die Zerstörung Bet-Els und die Wiedererrichtung der davidischen Dynastie Ausdruck des „Tages YHWHs", nach Ob die Bestrafung Edoms und anderer Völker. Jon wende das Prinzip der Vergebung bei Umkehr auch für die Völker an, exemplarisch anhand von Ninive. Mi verstehe die Bestrafung Israels als Mittel zur Vorbereitung Jerusalems als heiliges Zentrum für die ganze Welt. Nah deute die Konsequenzen bei Verweigerung der Umkehr anhand von Assyrien an. Die folgenden sechs Prophetenschriften seien wie in LXX angeordnet und auch dementsprechend zu verstehen.

House[32] versuche die Einheit des Dodekapropheton hinsichtlich seiner Theologie deutlich zu machen. Die einzelnen Prophetenschriften leisteten nämlich jeweils einen spezifischen Beitrag zur Charakterisierung Gottes. Gott aber bleibe bei aller Differenz der eine und einzige, der warne, strafe, richte, befreie, heile, erlöse und stets liebe (vgl. Ex 34,6-7)[33]. So sei Gott nach Hos wie ein Gatte oder Elternteil ein zugleich warnender und liebender Gott. Joel stelle Gott als einen die Sünder innerhalb und außerhalb Israels warnenden und ihnen durch das Wirken seines Geistes gleichzeitig Hoffnung erweckenden Gott dar. Am zeichne Gott als einen Löwen, der gegen die Sünde anbrülle, und Herrscher und Richter über die ganze Erde sei. Nach Ob pran-

---

könnten, dann aber auf deren sich im Kontext des Dodekapropheton verändernde kommunikative Funktion eingeht; vgl. auch ders., Place, 149ff.152; ders., Berit Olam, xxviiff.

32  S. House, Character, 129ff.; vgl. auch ders., Endings.
33  S. House, Character, 125.145.

gere Gott den Hochmut an, und zwar in Bezug auf Edom. Damit sei der Blick auf die Sünde der Völker eröffnet und der „Tag YHWHs" als notwendig für Israel wie über Israel hinaus erwiesen. Jon zeige, dass derselbe Gott als schöpferischer, sich offenbarender, rufender, richtender und erlösender Gott sich so auch gegenüber den Völkern verhalte. Micha stelle Gott vor als einen, der zunächst gegen die Sünde Israels und der Völker als Zeuge auftrete, der dann den künftigen Segensreichtum des Restes bezeuge und schließlich die ewige Gültigkeit des abrahamitischen Bundes hervorhebe. Für den Leser seien diese ersten sechs Prophetenschriften in der Historie plaziert (ausgenommen Ob), so dass das in ihnen angekündigte Gericht entweder als lediglich mögliches oder als vor allem futurisches erscheine. Mit Nah, Hab und Zeph jedoch begegne die Strafe als nahe Gewissheit: der „Tag YHWHs" komme bald über Assyrien, Israel und Babylon. Nah zeichne Gott als (Assyrien betreffend) nur noch richtenden Gott. Hab lenke den Blick auf die Möglichkeit des Glaubens inmitten der Krise. Nach Zeph revidiere Gott sein Schöpferhandeln, der „Tag YHWHs" ereigne sich also so furchterregend wie in Joel und Am angekündigt. Einem multinationalen Rest werde jedoch das Überleben und die Erneuerung in Aussicht gestellt. Nach Hag sei immer noch derselbe Gott am Werk, der gleichermaßen warne wie heile. Nun aber werde letzteres betont, was sich daran zeige, dass Israel wieder zurück im Land, der Tempel wieder in Erneuerung begriffen und der davidische Bund bekräftigt werde. Sach lasse Gott als Restaurator des Volkes und der Stadt Jerusalem erscheinen und betone dabei besonders die Sendung eines davidischen Herrschers und das Wohnen Gottes in Zion. In Mal stehe Gott als Liebender mit dem Gott von Hos in Verbindung, aber stimme auch mit dem Gott der anderen Propheten überein, da erst seine Intervention in der Geschichte durch den „Tag YHWHs" die Erneuerung ermögliche. Dass Gott sich darin treu bleibe, ermögliche Hoffnung.

Van Leeuwen[34] richte sein Augenmerk auf den Faden der Theodizee, der von Ex 34,6-7 (bzw. Ex 32-34 insgesamt) ausgehend Gottes Strafhandeln und Barmherzigkeit miteinander in Beziehung setze. Dieser Faden reiche von Hos bis Mi. Schon die Namen der Kinder לֹא רֻחָמָה (Hos 1,6) und לֹא עַמִּי (Hos 1,9), die zuerst Gericht, dann aber Heil bedeuteten (Hos 2,1.25), führten zu Beginn des ganzen Korpus in die Problematik des bipolaren Charakters YHWHs ein, die anhand der Texte Hos 1,4f.6; 2,2; 14,10; Joel 2,12-14; Jon 3,9; 4,2; Mi 2,7-8; 7,19-20; Nah 1,2-3a verhandelt werde.

Mit ihr sei gleichzeitig die „Tag YHWHs"-Thematik eng verbunden. Zu Beginn der Hoseaschrift werde im Kontext der Namensgebung der Kinder mit „Jesreel" (Hos 1,4f.: Unheil, Hos 2,2: Heil) bereits eine Spur zur Thematik des „Tages YHWHs" gelegt. Wie Hos den einerseits negativen, anderer-

---

34 S. van Leeuwen, Wisdom, 34ff., der in den auf Ex 32-34 bzw. Ex 34,6f. anspielenden Texten – diachron argumentiert – eine weisheitliche Endredaktion des Dodekapropheton erkennen möchte. Zum gleichen Thema der Theodizee vgl. auch Crenshaw, Theodicy. Weiter geführt wird die synchrone Sichtweise van Leeuwens durch Scoralick, Güte, (136ff.) 145ff.

seits positiven Tag Jesreel enthalte, handle Joel einmal von einem gegen Zion gerichteten „Tag YHWHs" (Joel 1-2), dann aber auch von einem eschatologischen „Tag YHWHs" zur Wiederherstellung Judas und Vernichtung der Feinde (Joel 3-4). Zusätzlich werde im ersteren Kontext mittels Ex 34,6 die Möglichkeit erörtert, dem drohenden „Tag YHWHs" durch Buße zu entgehen (Joel 2,12-14). So antworte die vor Am platzierte Joelschrift auf die sich anhand der Lektüre von Am stellende Frage, wie ein gnädiger Gott solch harte Unheilsworte ohne Ausweichmöglichkeit verkünden lassen könne. Denn Joel widerspreche der vorexilischen Verkündigung des Amos, Am 5,18-20 eingeschlossen, sei aber mittels Joel 4,16.18.21 mit Am 1,2; 9,13 verbunden. Genauso reagiere die Obadjaschrift auf Am, die ähnlich wie Joel zum einen den „Tag YHWHs" als Unheil für Juda (in Joel 1-2 als angekündigten, in Ob 10-14 als eingetroffenen), zum anderen als eschatologischen Gerichtstag gegen die Völker (Joel 3-4; Ob 15-18 mit Edom in exemplarischer Funktion) erwähne, damit ein Gegengewicht zu Am biete und gleichzeitig durch Am 9,12 mit Am verbunden sei. Jon sei als Nachwort zu verstehen: nicht nur Juda sei es möglich, dem „Tag YHWHs" durch Buße zu entkommen (Joel 2,14), sondern sogar die gottlosen Assyrer (die Edomiter durch Ob eingeschlossen?) könnten durch Buße Vergebung erlangen (Jon 3,9).

Die Bipolarität in YHWHs Wesen und Wirken komme noch einmal am Schluss der Michaschrift zur Geltung. Denn die Schlussdoxologie Mi 7,18-20 (analog Hos 14,10) lenke noch einmal unter Bezugnahme auf Ex 34,6-7 die oft düstere Verkündigung der Propheten in Richtung Hoffnung (vgl. aber auch Mi 2,7f.; 4,5.12). Mit der Michaschrift sei der erste Teil der Propheten, die geographisch angeordnet seien (Hos: N, Joel: S, Am: N, Ob: S, Jon: N, Mi: S), abgeschlossen. Anschließend knüpfe Nah 1,2b-3a an diese Interpretationslinie an und schaffe so den Wendepunkt, der den Übergang vom Gericht zum Heil in der Makrostruktur des Dodekapropheton ermögliche: Nah und Hab kündigten Assur und Babylon den Untergang an, Zeph ermögliche mit dem Blick auf den Fall Jerusalems den Übergang zur Heilsverheißung, die in Hag und Sach zum Tragen komme, während Mal noch einmal vor dem Rückfall in die Torheit der Vergangenheit warne.

Nach den vorgestellten Positionen spreche insgesamt also auch der Gesichtspunkt der das Dodekapropheton durchziehenden Sinnlinien für eine Einheit des Dodekapropheton, die über eine bloß zufällige Zusammenstellung der einzelnen Schriften hinausgehe.

## 1.3. Schriften übergreifende und miteinander verbindende Redaktionen

Schließlich bemüht man sich auch auf der diachronen literargeschichtlichen Ebene darum, Befunde zu eruieren, die zeigen sollen, dass die einzelnen Prophetenschriften aufeinander zu redigiert worden seien, ja dass die Redaktion der einzelnen Schriften im Dodekapropheton nicht nur schriftenintern, sondern im Zusammenhang ihrer Zusammenstellung zum Zwölfprophetenbuch auch schriftenübergreifend erfolgt sei.[35] Hierbei wird ein Zeitraum von ca. 700 v. Chr. bis ca. 200 v. Chr. anvisiert, der nämlich von der Entstehung der Schriften Hos und Am bis hin zur Bezeugung des Dodekapropheton bei Sir 49,10 reicht. Theologisch gesehen werde bei der redaktionsgeschichtlichen Fragestellung deutlich, dass es das Anliegen der Tradenten und Bearbeiter war, „das entscheidend Gemeinsame in den vielfältigen prophetischen Einzelstimmen herauszustellen, anders ausgedrückt: das *eine* göttliche Prophetenwort hinter den zahlreichen prophetischen Äußerungen zu Problemstellungen vieler Jahrhunderte erkennbar zu machen."[36]

Nogalski geht von der Beobachtung aus, dass in den meisten Fällen zwischen dem jeweiligen Schlusskapitel einer Schrift und dem Anfangsteil der folgenden Stichwortverbindungen bestünden: z. B. Hos 14,5-10 / Joel 1,1-12 (Bewohner, Korn, Wein, diese bzw. dies); Joel 4,4-8.14-21 / Am 1,1 - 2,16 (Tyros, Philister, Jerusalem, Edom, Zion, Brüllen YHWHs); Am 9,1-15 / Ob 1-10 (auch wenn, von dort, zu dieser Zeit, Edom, Völker, Berg, suchen, herunterstürzen); Ob 15-21 / Mi 1,1-7 (Berg, Jakob, Samaria, Feld, Feuer); Mi 7,8-20; Nah 1,1-8 (Feind, Dunkelheit, Baschan, Karmel, Land, Staub, Fluss, Zorn); Nah 3,1-19 / Hab 1,1-17 (Pferd, Reiter, fressen, gefangen, Völker, Böses, König); Hab 3,1-19 / Zeph 1,1-18 (Erde, Land, Hügel, Geschrei, Vieh, Zorn, Meer, Tag der Trübsal); Zeph 3,18-20 / Hag 1,1-6 (Zeit, Volk bzw. Völker, bringen); Hag 2,20-23 / Sach 1,1-11 (Erde, Reiter, Pferd, Knecht); Sach 8,9-23 / Mal 1,1-14 (Hand, Völker, lieben, hassen, Frucht, Vater, böse, anflehen, umkehren)[37]. Diese Befunde seien um der besseren Übersicht willen in einer Tabelle zusammengestellt:

| Verglichene Schriftenanfänge bzw. -schlüsse | Gemeinsame Stichworte (ins Deutsche übersetzt) |
| --- | --- |
| Hos 14,5-10 / Joel 1,1-12 | Bewohner, Korn, Wein |
| Joel 4,4-8.14-21 / Am 1,1 - 2,16 | Tyros, Philister, Jerusalem, Edom, Zion, Brüllen YHWHs |
| Am 9,1-15 / Ob 1-10 | auch wenn, von dort, zu dieser Zeit, Edom, Völker, Berg, suchen, herunterstürzen |
| Ob 15-21 / Mi 1,1-7 | Berg, Jakob, Samaria, Feld, Feuer |

---

35 Vgl. das Resümee von Jeremias, Tag Jahwes, 129: „Solange Forscher der Ansicht waren, die Prophetenbücher wären je separat zu ihrem jeweiligen Endstadium angewachsen, bevor sie miteinander zum Zwölfprophetenbuch bzw. zum Corpus propheticum zusammengestellt wurden, schien die Aufgabe lösbar zu sein, eine Redaktionsgeschichte der einzelnen Bücher zu erstellen, die – jedenfalls in ihren groben Zügen – so plausibel ausfallen würde, dass die Rekonstruktion der Entstehungsgeschichte von der Mehrheit der Exegeten übernommen werden könnte. Seit sich jedoch die Erkenntnis ausgebreitet hat, dass zumindest die Spätphasen dieser Redaktionsgeschichte, wenn nicht gar auch ihre Frühphasen, buchübergreifend stattgefunden haben, ist derartiger Optimismus schnell verflogen, wenngleich der Prozess der Redaktionsgeschichte als solcher an theologischem Gewicht nicht verloren, sondern im Gegenteil erheblich gewonnen hat."

36 Jeremias, Rezeptionsprozesse, 29. Vgl. aber auch ebd., 38; Schart, Entstehung, 152.307f.309; Bosshard-Nepustil, Rezeptionen, 445.

37 S. Nogalski, Precursors, 21ff.

| Mi 7,8-20; Nah 1,1-8 | Feind, Dunkelheit, Baschan, Karmel, Land, Staub, Fluss, Zorn |
|---|---|
| Nah 3,1-19 / Hab 1,1-17 | Pferd, Reiter, fressen, gefangen, Völker, Böses, König |
| Hab 3,1-19 / Zeph 1,1-18 | Erde, Land, Hügel, Geschrei, Vieh, Zorn, Meer, Tag der Trübsal |
| Zeph 3,18-20 / Hag 1,1-6 | Zeit, Volk bzw. Völker, bringen |
| Hag 2,20-23 / Sach 1,1-11 | Erde, Reiter, Pferd, Knecht |
| Sach 8,9-23 / Mal 1,1-14 | Hand, Völker, lieben, hassen, Frucht, Vater, böse, anflehen, umkehren |

Da diese Stichwortbezüge kaum als zufällig erklärt werden könnten, untersucht Nogalski nun die betreffenden Kapitel diachron. Hierbei zeige sich tatsächlich, dass erst Redaktionsgänge einige dieser Stichwortentsprechungen hervorgerufen hätten, woraus man schließen könne, dass dadurch ganz bewusst einzelne Prophetenschriften miteinander in Beziehung gesetzt worden seien. Drei Stufen seien bei der Entstehung des Dodekapropheton insgesamt zu unterscheiden: Erstens hätten das „Deuteronomistic corpus" (Vorstufen von Hos, Am, Mi, Zeph, die dann auch um Heilsverkündigungen erweitert worden seien: Hos 2,18ff.; Am 9,7-10.11-15*; Mi 2,12f.; 4-5*; 7; Zeph 3,9-19*) und das „Haggai-Zechariah corpus" (Hag, Sach 1-8) unabhängig voneinander bestanden[38]. Zweitens habe im 4. Jh. v. Chr. die „Joel-related layer", eine durch Joel profilierte Schicht, unter Einbeziehung von Joel, Ob, Nah, Hab und Mal das Hag-Sach-Korpus und das dtr. Korpus zusammengearbeitet und damit ein Elfprophetenbuch geschaffen, wobei in diesem Zusammenhang die Schriften Joel und Ob überhaupt erst kompiliert worden seien. Auf dieser Ebene seien außerdem den Schriftanfängen und -schlüssen zahlreiche Stichwörter enthaltende redaktionelle Glossen oder Passagen in der Sprache Joels zugesetzt worden, um die einzelnen Schriften einander zuzuordnen (z. B. Hos 14,8; Am 9,13; Mi 1,2ff.; Nah 1,2-8.9f.12b-13; 2,1-3; 3,15f.*; Hab 1,5-11.12*.15-17; 3,16b-17; Zeph 1,2f.15-16.18*; 3,20; Hag 2,19; Sach 1,14b.15; 8,12; Mal 1,2-5; 3,3.10f.16-18). Drittens sei in griechischer Zeit durch Jon und Sach 9-14 das Dodekapropheton komplettiert worden.[39] Die Position Nogalskis sei abschließend graphisch umrissen:

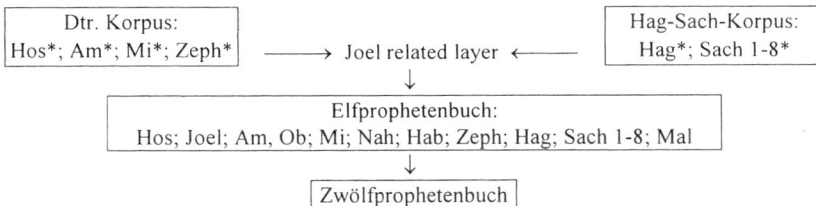

---

38 Viel Beachtung finden sowohl bei Nogalski, Intertextuality, 119ff., als auch bei Schart, Entstehung, 39ff., die unterschiedlich gestalteten Überschriften (vgl. Hos 1,1; Mi 1,1; Zeph 1,1; Am 1,1 – Hag 1,1.15; 2,1.10.18.20; Sach 1,1.7; 7,1 – Sach 9,1; 12,1; Mal 1,1 – Nah 1,1; Hab 1,1).

39 S. die Zusammenfassungen von Nogalski, Precursors, 276ff.; ders., Processes, 274ff.

Für Schart dagegen ist eine Analyse der gesamten Amosschrift und deren literargeschichtliche Stratigraphie die Grundlage, nach Querbezügen im Kontext des gesamten Dodekapropheton zu fragen. Schart geht bei seinem Hauptinteresse an den frühen Stadien der Redaktionsgeschichte von der These Jeremias' aus, die Tradenten von Am und Hos hätten schon in vorexilischer Zeit die Verkündigung der beiden Propheten aufeinander bezogen, da sich in der einen Schrift Zusätze fänden, die sich des Vokabulars der anderen bedienten und umgekehrt[40], und so ein Zweiprophetenbuch geschaffen. Dann rechnet er als nächste Stufe ebenfalls mit einem (sich an dtr. Sprache und Theologie anlehnenden) „D-Korpus"[41] (s. Am 1,1; 2,4-5.10-12; 3,1b.7; 4,6-11*; 8,4-7; 9,7-10*), das Hos*, Am*, Mi 1-3*; 6* und Zeph 1,1 - 3,8*(.11-13?) enthalten habe. Im Zusammenhang mit der Erweiterung dieses Korpus um Nah* und Hab* stünden die Hymnenfragmente Am 4,12f.; 5,8-9; 9,5-6 sowie Texte, die von der Schöpfungsthematik geprägt seien (Hos 4,3; 12,6; Mi 1,3-4; Zeph 1,2-3). Der Integration von Hag* und Sach 1-8* (9-13?) gingen die Fortschreibung von Am mit den Heilsworten Am 9,11-15* und entsprechende Erweiterungen in den anderen Schriften (Hos 2,1-2a.3.18-25*; 3,5*; 14,5-9; Mi 2,12-13; 4,1 - 5,3*; Nah 2,1) parallel. Durch den Ausbau mittels Joel und Ob seien Am 9,12*.13* bedingt, in anderen Schriften stammten Hos 2,2b?; Nah 3,15-16; Hab 3,16b-17; Zeph 3,9-10; Sach 14 von entsprechender Hand. Schließlich sei das Dodekapropheton ohne prägnante Zusätze in anderen Schriften durch die Ergänzung von Jon und Mal vervollständigt worden.[42] Der Veranschaulichung diene eine Tabelle:

| Bestand der Amosschrift (als Ausgangspunkt) | Neu hinzu gekommen | Bezeichnung des Korpus |
|---|---|---|
| Tradentenfassung 1,1*; 1,3 - 9,4* | (Hos 1,2 - 14,1*) | Zweiprophetenbuch Hos - Am |
| D-Ausgabe + 1,1.2.9-12; 2,4-5.10-12; 3,1b.7; 4,6-11*; 5,11.25-26*; 8,4-7.11-12; 9,7-10*), | + Hos 1,1.2b*.3,1*; 4,1a*; 5,1-2*; 8,1b; 14,2-4 + Mi 1-3*; 6* (+ 1,1.2.5a.6-7.13b; 2,3*; 6,2-16*) + Zeph 1,1 - 3,11* (+ 1,1.6.13b.17aβ) | D-Korpus |
| + 4,12f.; 5,8f.; 8,8; 9,5f. (um Hymnenfragmente ergänzt) | + Nah* (+ 1,1*.4b) + Hab* (+ 1,1*; 3,2) + Hos 4,3; 12,6 + Mi 1,3-4 + Zeph 1,2-3 | Nahum-Habakuk-Korpus |
| + 9,11-15* (um Heilsworte erweitert) | + Hos 2,1-2a.3.18-25; 3,5*; 14,5-9 + Mi 2,12-13; 4,1 - 5,3* | Haggai-Sacharja-Korpus |

---

40  S. Jeremias, Anfänge: z. B. Hos 4,15 (← Am 4,4; 5,5; 8,4); 8,14 (← Am 3,9-11; 6,8); Am 3,2 (← פקד u. ענן in Hos); Am 7,9 (← „Höhen" und „Heiligtümer" in Hos); Am 1,5; 2,8; 5,25; 6,8.

41  So Schart, Entstehung, 46; ders., Redaktionsgeschichte, 27, angesichts der zur Vorsicht mahnenden Bemerkungen von Lohfink, Bewegung, 318ff.

42  S. die einen ersten Eindruck vermittelnde Überblickstabelle von Schart, Entstehung, 316f.

| + 4,9; 9,12*.13* (um eschatologische Zusätze ergänzt) | + Nah 2,1<br>+ Hag*<br>+ Sach 1-8*(.9-13) | |
|---|---|---|
| | + Joel (+ 1,1)<br>+ Ob (+ 1,1)<br>+ Hos 2,2b<br>+ Nah 3,15-16*<br>+ Hab 3,16b-17<br>+ Zeph 3,9-10<br>+ Sach 14 | Joel-Obadja-Korpus |
| | + Jon<br>+ Mal (+ 1,1; 3,22-24)<br>+ Zeph 2,11 | Zwölfprophetenbuch |

Außerdem sei folgende Graphik hinzugefügt:

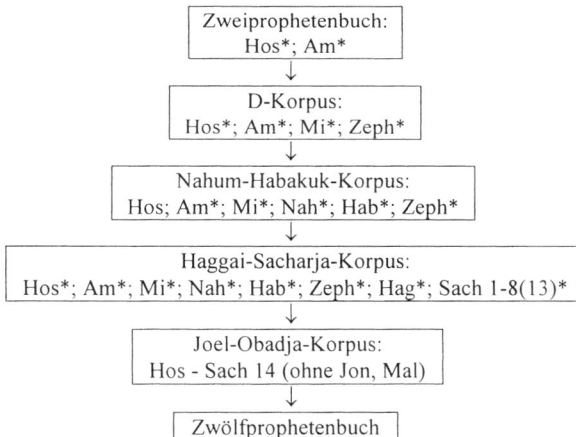

```
        ┌─────────────────────────┐
        │    Zweiprophetenbuch:   │
        │        Hos*; Am*        │
        └─────────────────────────┘
                    ↓
      ┌──────────────────────────────┐
      │          D-Korpus:           │
      │   Hos*; Am*; Mi*; Zeph*      │
      └──────────────────────────────┘
                    ↓
   ┌────────────────────────────────────────┐
   │      Nahum-Habakuk-Korpus:             │
   │  Hos; Am*; Mi*; Nah*; Hab*; Zeph*      │
   └────────────────────────────────────────┘
                    ↓
 ┌──────────────────────────────────────────────────────┐
 │           Haggai-Sacharja-Korpus:                      │
 │ Hos*; Am*; Mi*; Nah*; Hab*; Zeph*; Hag*; Sach 1-8(13)* │
 └──────────────────────────────────────────────────────┘
                    ↓
     ┌──────────────────────────────────────┐
     │        Joel-Obadja-Korpus:           │
     │   Hos - Sach 14 (ohne Jon, Mal)      │
     └──────────────────────────────────────┘
                    ↓
          ┌───────────────────────┐
          │   Zwölfprophetenbuch  │
          └───────────────────────┘
```

Bosshard-Nepustil dagegen versucht Redaktionsschichten, die er anhand von Jes 1-39 herausarbeitet, aufgrund von makrostrukturellen Vergleichen und Wortbezügen entsprechend im Dodekapropheton zu verifizieren. Zum ersten wäre parallel zum Aufbau von Jes 1-39* nach 701 v. Chr. eine Reihe Hos* - Am* - Mi* zu vermuten[43]. Zweitens sei in der Josia-Zeit in Hos (s. die Querbezüge von Nah* zu Hos 1,2; 2,4-7.12.14.19; 3,1.3; 4,2.5.10-18; 5,3f.5; 6,10; 7,3.15; 8,9f.; 9,1; 10,12f.14f.; 11,2; 12,1; 13,2.15; 14,1.2.10) und Mi (4,8; 5,1.3a.5b) eingegriffen und Nah 1,1a.11.14; 2,2.4ff.*; 3* an Mi angefügt worden[44]. Drittens wäre die Reihe Hos* - Am* - Mi* (+ Nah als ursprünglicher Schluss von Mi*) dtr. bearbeitet worden. Viertens habe die „Assur/Babel-Redaktion" (nach 562 v. Chr.), die „vordergründig von einem assy-

---

43  S. Bosshard-Nepustil, Rezeptionen, 413f.: Hos* / Jes 1-11*: Drohnamengebung, syrisch-ephraimitischer Krieg, Geschichtsrückblick(e) bezüglich des Nordreiches; Am* / Jes 13-23*: Fremdvölkerworte; Mi 1-3* / Jes 28-32*: Gericht gegen das Nordreich und gegen das Südreich, ja gegen Zion bzw. Jerusalem.

44  S. Bosshard-Nepustil, Rezeptionen, 410f.

rischen Heer unter der (Schluß-)Perspektive 701 v. Chr." spreche, aber darüber hinaus auf ein babylonisches Heer unter der Perspektive 587/6 v. Chr."
blicke[45], das entstehende Dodekapropheton erweitert und die Texte Hos 1,2a;
5,9; 8,14; 12,1ff.; Joel 1,1 - 2,11*; Am 2,16b; 5,18-20; 8,3.9f.13f.; Mi 5,9-13;
7,4b; Nah 2,4.11; Hab*; Zeph 1*; 2,4-12; 3,8a eingetragen. Fünftens habe die
„Babel-Redaktion" kurz vor 539 v. Chr., die ein baldiges Ende des als schul-
dig angesehenen Babel erwarte und mit einer Heilszeit für das ganze Gottesvolk rechne, mit Joel 2,12-17; Mi 4,9f.14; 5,2; 7,7-10; Nah 1,1b.2-
8.9f.12ab.13; 2,1; Hab 1,12a; 2,5-17(20?); 3,2-19a; Zeph 2,13-15; Hag; Sach
1-8* die Schriftensammlung angereichert. Sechstens gingen auf eine Völkerergänzungsschicht im 5. Jh. v. Chr. Ob 1-14.15b; Mi 4,1-4 und Sach 8,20-22
zurück. Siebtens seien in der späten Perserzeit Jon*; Zeph 2,11; 3,1-7; und
Mal 1,2-5; 1,6 - 2,9*; 3,6-12 hinzugekommen („Theokratie-Bearbeitung").
Achtens wären in der Zeit Alexanders Mi 5,3b-4a und Sach 9,1 - 10,2 ergänzt
worden. Neuntens sei zwischen 320 und 315 v. Chr. Sach 10,3 - 11,3 hinzugefügt worden. Zehntens habe nach 312/11 v. Chr. eine Joel 2,10; 4*; Ob
15a.16-21; Jon 2,2/3-10; Mi 1,2-5a; 4,6f.; 5,6-8; 7,11-13; Zeph 1,2f.
17aßb.18; 2,7.9b.10; 3,8b.14-19 umfassende Redaktion gearbeitet. Elftens
seien zwischen 311 und 302 v. Chr. die Texte Mi 4,5.11-13; Zeph 2,1-3; Sach
11,4 - 13,9 eingeschrieben worden. Zwölftens gingen Mi 7,14-20; Zeph
3,9f.11-13.20; Sach 14; Mal 2,17 - 3,5; 3,13-21 auf eine zwischen 240 und
220 v. Chr. arbeitende Redaktionsschicht zurück. Schließlich folge abschließend (220-201 oder 198-190 v. Chr.) die Sach 12,1a; Mal 1,1; 2,10-12; 3,22-
24 enthaltende Fortschreibung.[46] Auch diese These sei zunächst tabellarisch
aufgeschlüsselt:

| Datierung | (Bestand bzw.) neu hinzugekommen |
|---|---|
| Nach 701 | Hos* - Am* - Mi* |
| In der Josia-Zeit | Hos 1,2; 2,4-7.12.14.19; 3,1.3; 4,2.5.10-18; 5,3f.5; 6,10; 7,3.15; 8,9f.; 9,1; 10,12f.14f.; 11,2; 12,1; 13,2.15; 14,1.2.10<br>Mi 4,8; 5,1.3a.5b<br>Nah 1,1a.11.14; 2,2.4ff.*; 3* an Mi angefügt |
| Dtr. Bearbeitung | |
| Assur/Babel-Redaktion (nach 562) | Hos 1,2a; 5,9; 8,14; 12,1ff.<br>Joel 1,1 - 2,11*<br>Am 2,16b; 5,18-20; 8,3.9f.13f.<br>Mi 5,9-13; 7,4b<br>Nah 2,4.11<br>Hab*<br>Zeph 1*; 2,4-12; 3,8a |
| Babel-Redaktion (um 520) | Joel 2,12-17 |

45  Bosshard-Nepustil, Rezeptionen, 86. Im Jesajabuch gehe auf diese Redaktion unter anderem der Grundbestand von Kap. 13, 21 und 22 zurück.
46  S. vor allem die einen Überblick ermöglichenden Tabellen bei Bosshard-Nepustil, Rezeptionen, 470.474. Im Blick auf die späteren Schichten setzt Bosshard-Nepustil, Rezeptionen, 430f. Anm. 2, die Arbeit von Steck, Abschluß, voraus (zu ihr s. unten S. 204ff.).

| | Mi 4,9f.14; 5,2; 7,7-10 |
| --- | --- |
| | Nah 1,1b.2-8.9f.12ab.13; 2,1 |
| | Hab 1,12a; 2,5-17(20?); 3,2-19a |
| | Zeph 2,4-15 |
| | Hag |
| | Sach 1-8* |
| Völkerergänzungsschicht (Mitte 5. Jh.) | Ob 1-14.15b |
| | Mi 4,1-4 |
| | Sach 8,20-22 |
| Theokratie-Bearbeitung (späte Perserzeit) | Jon |
| | Zeph 2,11; 3,1-7 |
| | Mal 1,2-5; 1,6 - 2,9*; 3,6-12 |
| Zeit Alexanders | Mi 5,3b.4a |
| | Sach 9,1 - 10,2 |
| Zwischen 320 und 315 | Sach 10,3 - 11,3 |
| Nach 312/11 | Joel 2,10; 4* |
| | Ob 15a.16-21 |
| | Jon 2,2/3-10 |
| | Mi 1,2-5a; 4,6f.; 5,6-8; 7,11-13 |
| | Zeph 1,2f.17aβb.18; 2,7.9b.10; 3,8b.14-19 |
| Zwischen 311 und 302 | Mi 4,5.11-13 |
| | Zeph 2,1-3 |
| | Sach 11,4 - 13,9 |
| Zwischen 240 und 220 | Mi 7,14-20 |
| | Zeph 3,9f.11-13.20 |
| | Sach 14 |
| | Mal 2,17 - 3,5; 3,13-21 |
| 220-201 oder 198-190 | Sach 12,1a |
| | Mal 1,1; 2,10-12; 3,22-24 |

Außerdem sei die These graphisch vor Augen geführt:

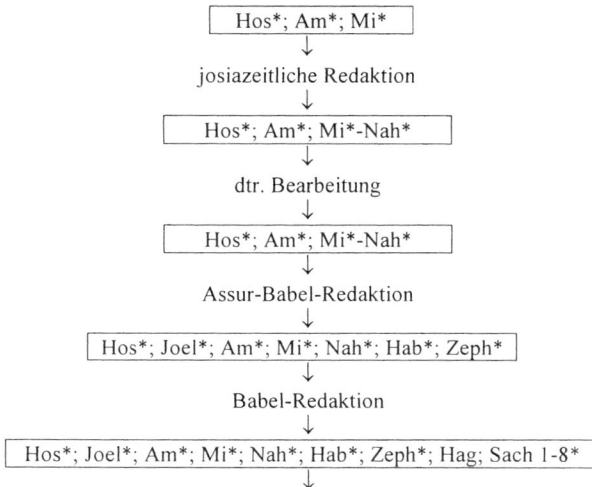

Hos*; Am*; Mi*
↓
josiazeitliche Redaktion
↓
Hos*; Am*; Mi*-Nah*
↓
dtr. Bearbeitung
↓
Hos*; Am*; Mi*-Nah*
↓
Assur-Babel-Redaktion
↓
Hos*; Joel*; Am*; Mi*; Nah*; Hab*; Zeph*
↓
Babel-Redaktion
↓
Hos*; Joel*; Am*; Mi*; Nah*; Hab*; Zeph*; Hag; Sach 1-8*
↓

Völkerergänzungsschicht
↓

| Hos*; Joel*; Am*; Ob*; Mi*; Nah*; Hab*; Zeph*; Hag; Sach 1-8* |
|---|

↓

Theokratiebearbeitung
↓

| Hos - Mal* |
|---|

↓↓↓↓↓↓

Sechs Redaktionen in hellenistischer Zeit (v. a. in Sach 9-14 und Mal)

↓↓↓↓↓

| Zwölfprophetenbuch |
|---|

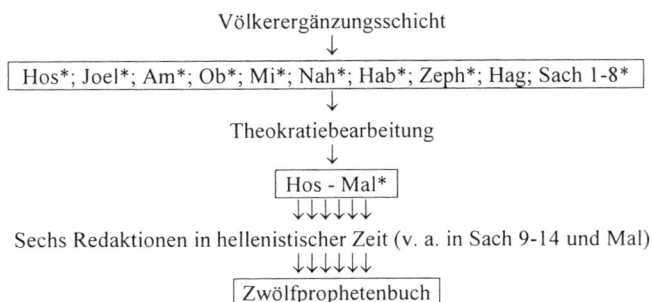

Obwohl die vorgestellten redaktionsgeschichtlichen Modelle in ihrer Rekonstruktion der Entstehungsgeschichte des Dodekapropheton teilweise erheblich voneinander differieren, sind sich ihre Verfechter doch jedenfalls in der methodischen Zugangsweise einig, dass auch die literargeschichtliche Fragestellung zeige, dass das Dodekapropheton als eine bewusst gestaltete, zusammenhängende Einheit angesehen werden müsse.

## 2. Einwände gegen die Annahme der Einheit des Dodekapropheton

Die zuvor referierten Argumentationsgänge, ihre Sichtung und Interpretation zahlreicher Beobachtungen erscheinen insgesamt zwar recht eindrücklich. Trotzdem gilt es auch einige Gesichtspunkte zu bedenken, welche gegenüber einer Auffassung, das Dodekapropheton sei als eine zusammengehörige Einheit zu begreifen, zur Vorsicht und Zurückhaltung mahnen.

### 2.1. Zu den äußeren Beobachtungen

Zwar scheint die im Ganzen klare chronologische Anordnung[47] und die äußere Textbezeugung für die Einheit des Dodekapropheton zu sprechen.

Allerdings bleiben die äußeren Beobachtungen nicht unkritisiert. Ben Zvi merkt an, dass die Zusammenstellung der zwölf Schriften auf einer Rolle noch lange nicht dafür sprechen müsse, dass das Dodekapropheton als eine Einheit zu verstehen sei[48]. Denn es könnte sich damit lediglich um ein Sammelwerk handeln wie Prov oder Pss. Analoge Befunde stellten einige Schriftrollen von Qumran dar, auf denen unabhängige Werke zusammengestellt

---

47  Diese problematisiert Petersen, Book, 6, indem er auf die gängige Datierung von Joel in die Perserzeit und Ob nach 587 hinweist, jedoch geht es bei diesem Argument der chronologischen Anordnung nicht um die absolute Datierung der Prophetenschriften.

48  „[...] from the writing of books in one scroll, it does not follow that they *had* to be (re)read as a unified literary unit [...]." Ben Zvi, Books, 131; aufgenommen von Perlitt, ATD 25,1, XIV.

worden seien[49]. Interessanterweise bezögen sich einige Qumran-Pescharim auf jeweils eine einzige Schrift, und eben nicht auf das Dodekapropheton als ganzes (z. B. 1QpHab; 4QpNah)[50].

Von fundamentaler Bedeutung sei jedoch, dass dem Dodekapropheton eine Gesamtüberschrift fehle. Überschriften als eindeutigste Hinweise sprächen vielmehr dafür, dass die einzelnen Schriften im Dodekapropheton wie die Prophetenbücher Jes, Jer oder Ez als eigenständige Werke zu verstehen seien.[51]

Redditt weist darauf hin, dass urchristliche Texte und Autoren wie Matthäus-Evangelium, Johannes-Offenbarung und Paulus genauso wie der Talmud einzelne Stellen aus dem Dodekapropheton aufgriffen und interpretierten und dabei gerade nicht zu erkennen gäben, dass dieses unter einer bestimmten Leseperspektive oder als ein einziges Buch verstanden worden wäre[52]. Der Talmud (b BB 14b) scheint zu bedauern, dass Hosea als ältester Prophet nicht an der Spitze der Prophetenbücher stehe, gibt dann aber zu bedenken, dass sich Hos als relativ kleine Schrift ohne seine Zusammenstellung mit den anderen Schriften im Dodekapropheton leicht verlieren könnte. Auch dies zeigt, dass Hos offenbar als eigenständige Schrift wahrgenommen wurde. Auch Augustin [354-430] (CivD XVIII.29) impliziert mit der Bezeichnung „Prophetae minores" gerade nicht das Verständnis des Dodekapropheton als eines einzigen Buches, sondern bezieht sich damit allein auf den relativ geringen Umfang der im Zwölfprophetenbuch gesammelten Prophetenschriften.

Auch die Textüberlieferung ist keineswegs eindeutig: Sweeney[53] nennt einige apokryphe Texte, die zwar keine Texturkunden darstellten, aber trotzdem immerhin unter Kenntnis des Dodekapropheton eine Abfolge bezeugten, die weder der MT- noch der LXX-Anordnung entspreche (V Esr 1,39-40

---

49  So Ben Zvi, Books, 133 samt Anm. 23. Nur angemerkt sei, dass die neuere Psalmenforschung gegen das Verständnis des Psalters als Sammelwerk Einsprüche geltend machen würde: s. etwa Hossfeld/Zenger, NEB 29, 23ff.; vgl. aber auch die Kritik von Müller, Psalter, 118ff.

50  So Ben Zvi, Books, 131f.; Koch, Profetenbuchüberschriften, 185. Gegen Jones, Formation, 9f.

51  So Ben Zvi, Books, 137. Jones, Book, 67f., führt diese Argumentation weiter: unter Berücksichtigung der Überschriften sei Steck, der in Sach 9-14 und Mal nach Redaktionsmaterial suche, auf der richtigen Fährte, da gerade in diesen Textbereichen Überschriften nur ein geringes Gewicht besäßen.

52  S. Redditt, Production, 27ff. Wenn Röm 9,25 konkret Hosea nennt, ist allerdings noch fraglich, ob Paulus Hos als individuelle Prophetenschrift angesehen hat oder sich auf die Person Hosea bezieht, die im Dodekapropheton zu Wort kommt (zu der zuletzt genannten Alternative vgl. die Bemerkungen von Coggins, Prophets, 64 oben). Ebenso verhält es sich mit der Erwähnung Joels in Act 2,16. Dagegen lassen sich die Stellen Act 13,40f.; 15,15 gegen Jones, Formation, 10, kaum eindeutig auswerten, allenfalls Act 7,42f. könnte einen Hinweis auf das Dodekapropheton darstellen.

53  S. Sweeney, Sequence, 52 samt Anm. 7; vgl. auch Jones, Formation, 11.

[zwischen 150 und 250 n. Chr.[54]]; AscJes 4,22 [frühestens 2. Hälfte des 2. Jh. n. Chr.[55]]; VitProph [spätestens 1. Hälfte des 1. Jh. n. Chr.[56]][57]). Jones[58] weist auf die alte Texturkunde 4QXII[a] hin, die Jon nach Mal anordne, was der von Steck[59] vertretenen These, Mal 3,22-24 sei als Schluss des Dodekapropheton, ja sogar des gesamten Prophetenkorpus verfasst worden, widerspreche.[60] Zumindest hätte damit ein gewichtiger Textzeuge den Mal-Schluss für keineswegs derart prägnant gehalten. Deshalb müsse in Rechnung gestellt werden, dass das Arrangement der einzelnen Schriften im 2. Jh. v. Chr. möglicherweise noch einigermaßen fließend gewesen sein könnte.[61]

Ben Zvi weist weiter darauf hin, dass in der talmudischen Anweisung (b BB 13b), zwischen den einzelnen Schriften des Dodekapropheton drei Zeilen, zwischen anderen Büchern vier Zeilen frei zu lassen, der Unterschied derart unerheblich sei, dass es näher liege, die einzelnen Prophetenschriften als eigenständige Bücher zu betrachten[62]. In der Tat liefert der Kontext dieser technischen Anweisung keinen Hinweis auf ein Verständnis des Dodekapropheton als Einheit.

---

54  Zur Datierung s. Wolter, 5. Esra-Buch, 789.
55  Zur Datierung s. Detlef/Müller, Himmelfahrt, 548.
56  Zur Datierung s. Schwemer, Vitae Prophetarum, 547.
57  V Esr 1,39-40: Sach, Hos, Am, Joel, Mi, Ob, Zeph, Nah, Jon, Hab, Mal (so die französische Rezension; die spanische Rezension bezeugt die Reihenfolge der LXX; noch ein Hinweis: Mal ist nur belegt, wenn in der Aufzählung biblischer Gestalten mit „Mattatias" wirklich Mal, wofür freilich der Kontext sprechen dürfte, und nicht das Matthäus-Evangelium gemeint sein sollte; dazu s. Wolter, 5. Esra-Buch, 806 Anm. 40b).
    AscJes 4,22: Am, Hos, Mi, Joel, Nah, Jon, Ob, Hab, Hag, Zeph, Sach, Mal.
    VitProph: Hos, Mi, Am, Joel, Ob, Jon, Nah, Hab, Zeph, Hag, Sach, Mal.
58  S. Jones, Book, 68f.; vgl. ders., Formation, 6f.129ff.
59  S. Steck, Abschluß, 127ff.
60  Steck, Abfolge, 252f., beurteilt die Anordnung in 4QXII[a] sowohl aufgrund des anderweitigen Handschriftenbefundes als auch aufgrund redaktionskritischer Überlegungen als sekundär. Jon sei aufgrund völkerpositiver Erfahrungen im ersten seleukidischen Jahrzehnt (200-190) ganz bewusst an den Schluss des Dodekapropheton gestellt worden, um diesen Erfahrungen eine prophetische Grundlage zu geben. Jones, Book, 72 (vgl. auch ders., Formation, 167f.), dagegen versteht Jon einerseits als Rechtfertigung der Propheten, deren Ankündigungen oftmals unerfüllt blieben, andererseits als Rechtfertigung Gottes, dessen Gnade seine Unheilsankündigungen zu überwinden vermag. Die Schlussstellung von Jon in 4QXII[a] sei original und entspreche der Funktion von Jon als Epilog zur prophetischen Literatur. Dem entspreche, dass ihrer Form nach die Jonaschrift eine Größe *sui generis* darstelle und auch in der Antike (s. BemR XVIII.21) als eigenes Buch abseits vom Kontext des Dodekapropheton begriffen werden konnte (71). Da Jon wie Nah von Ninive handle, sei Jon sekundär mit der Nahumschrift zusammengestellt worden (73).
61  S. Sweeney, Sequence, 52 samt Anm. 7.; Jones, Book, 69 („Perhaps it is better to speak not so much of any ‚original' arrangement of the Twelve, but rather of an original *diversity* of arrangements in circulation among Jewish communities of the final centuries before the common era.").
62  So Ben Zvi, Books, 131f. samt Anm. 22.

## 2.2. Zu den Einheit stiftenden Sinnlinien

Der synchron orientierte Argumentationsgang zeigt, dass eine Lektüre des Dodekapropheton als Einheit durchaus gelingen kann: übergreifende Beziehungen kommen in den Blick und der Zugang zu mancher Einzelschrift (wie etwa Ob oder Nah) scheint leichter möglich zu sein.

Allerdings werden bei der Herauspräparierung der schriftenübergreifenden Sinnlinien erhebliche Probleme offenbar. Diese stellen sich unabhängig davon ein, ob ein kanonischer Ansatz gewählt wird, der die Normativität des kanonisch gegebenen Rahmens des Dodekapropheton zum Ausgangspunkt nimmt, oder ob eine Leserorientierung, die beim potentiellen Leser und seinem Verstehen ansetzt, als Programm bevorzugt wird.

In jedem Fall fragt es sich erstens, inwiefern gerade eine Beschränkung auf das Dodekapropheton sinnvoll zu begründen ist. Schließlich könnte nach kanonischem wie nach leserorientiertem Ansatz auch das gesamte Alte Testament als Hebräische Bibel oder gar die Heilige Schrift Alten und Neuen Testaments als Bezugsgröße eine sinnvolle Einheit darstellen. So ist es kanonisch vorgegeben und entsprechend wird es in der jüdischen und christlichen Lesetradition praktiziert. Umgekehrt zeigt sich gerade gegenüber House, dass auch eine einzelne Prophetenschrift wie Hos oder Am bereits eine differenzierte Charakteristik Gottes bietet, indem sie Gott zugleich als warnenden, strafenden, gnädigen und heilenden Gott darstellt. Der Erweis des Dodekapropheton als Einheit erweckt aufgrund dieser Argumentationslinie den Eindruck der Willkür.

Zweitens wird bei den synchronen Ansätzen offenbar, dass die Begründung der Einheit des Dodekapropheton (das gleiche wäre in Bezug auf einen größeren Schriftenkontext zu konstatieren) und Lektürevorschläge des Zwölfprophetenbuches eine Auswahl und Gewichtung von Texten voraussetzen. Damit aber scheint es schwierig zu werden, die Subjektivität des Exegeten oder die bestimmte Texte in den Vordergrund stellende Tradition unter Kontrolle zu halten. Zu pauschal wirkt der Versuch von Coggins, eine Dreiteilung des Dodekapropheton vorzunehmen. Schon Zeph als Einzelschrift bietet zumindest nach der Auffassung eines großen Teils von Exegeten ein dreigliedriges eschatologisches Schema. Die von Collins aufgezeigten Linien vermeiden zwar eine subjektiv einseitige Gewichtung, lassen andererseits aber die Frage nach dem eigenen Profil des Dodekapropheton offen. Als eine Schwäche bei van Leeuwen fällt die Konzentration auf die ersten sechs Schriften allein auf, dabei hätte doch gerade die Verbindung von Theodizee-Problematik und „Tag YHWHs" die Berücksichtigung mindestens noch von Zeph, Sach 14 und Mal erfordert. Offen bleibt auch, in welchem Verhältnis Mi zum „Tag YHWHs" steht. Weiter fragt es sich, ob tatsächlich allen genannten Texten die gleiche Bedeutung zukommt, da neben prägnanten Stellen wie Schlussdoxologien oder Schriftenanfängen Texte mit herangezogen werden, die im inneren Teil der Schriften (Joel 2,12-14; Jon 3,9; 4,2; Mi 2,7-8) und damit an weniger signifikanten Stellen zu finden sind. Außerdem bleibt unklar, welche Funktion der jeweils ausgesparte Textbestand einer

Schrift besitzt, wenn man sich nur auf ausgewählte Abschnitte konzentriert. Schließlich scheint nicht genügend geklärt zu sein, in welchem Verhältnis das Profil einer Einzelschrift zu ihrer Funktion im Ganzen des Dodekapropheton zu bestimmen ist. In dieser Hinsicht scheint Sweeney vorsichtiger, der den einzelnen Prophetenschriften je für sich auch eine Eigenständigkeit zugesteht. Trotzdem muss auch er deren Botschaft auf wenige Aspekte reduzieren, um ihrer Einbindung im Dodekapropheton nachspüren zu können.

Angesichts dieser Desiderate und Probleme, die der synchrone Ansatz mit sich bringt, dürfte der Rückfrage nach der Intention des „Autors" – ganz gleich ob Erstverfasser oder Bearbeiter – eine wichtige Kontrollfunktion bei der Frage nach Intention, Bezugspunkten und theologischem Gewicht einzelner Texte zukommen. Daher bemüht sich der dritte Argumentationsgang zu Recht darum, die Existenz und das Profil von Redaktionsschichten herauszuarbeiten.

Entsprechend wendet auch Ben Zvi gegenüber einer schriftenübergreifenden synchronen Lektüre des Dodekapropheton ein, dass es ein bestimmtes Vorverständnis immer ermögliche, das Dodekapropheton als Einheit zu lesen. Dies bedeute jedoch noch lange nicht, dass auch die antiken Verfasser nach einer solchen Strategie vorgegangen und das Dodekapropheton dahingehend bewusst komponiert hätten.[63]

## 2.3. Zu den Schriften übergreifenden und miteinander verbindenden Redaktionen

Die redaktionsgeschichtliche Fragestellung fördert bedenkenswerte Beobachtungen zu Tage, die auf einen das Dodekapropheton als Gesamtheit betreffenden Entstehungsprozess schließen lassen können. Jedoch sind auch gegenüber den diachron orientierten Argumentationsgängen Gegenstimmen zu Gehör zu bringen.

Besonders gravierende Bedenken rufen die von Nogalski, Schart und Bosshard-Nepustil herausgearbeiteten „Bezüge" hervor. Ben Zvi macht in seiner Auseinandersetzung mit Nogalski geltend, dass Stichworte, Anspielungen und Zitate zwischen zahlreichen Büchern des Alten Testament vorhanden seien. Es müsste aber erst bewiesen werden, dass solche Phänomene innerhalb des Dodekapropheton in einer größeren Dichte vorlägen.[64] Cuffey

---

63  „The Book of the Twelve either in the masoretic or the Septuagint or in any other order, can be read as a unit if one chooses such a reading strategy. But from this obvious observation it does not follow that the ancient Yehudite or Judahite cadres of writers and (re)readers responsible for the prophetic literature present in the Hebrew Bible actually followed this strategy." Ben Zvi, Books, 130.

64  So Ben Zvi, Books, 135f. Vgl. auch ders. Redaction, 236f.240ff., wo er von solchen methodologischen Überlegungen ausgehend die These einer Hos und Am zusammenbindenden Redaktion sowie die These einer dtr. Redaktion im Dodekpropheton hinterfragt.

wirft ein, dass der Exeget „could doubtless find apparently meaningful parallels between almost any two passages in the Minor Prophets."[65] Ben Zvi kritisiert, dass die linguistischen Kontexte der betreffenden Worte an den diversen Stellen sich oftmals unterschieden, dass also ein Lexem, das an verschiedenen Stellen vorliege und als Stichwort oder redaktioneller Bezug angesehen werden solle, überhaupt nicht in der gleichen Bedeutung gebraucht werde[66]. Cuffey fragt: „Some links were intended, others were not. How can we tell the difference?"[67] Schließlich gibt Jones zu bedenken: „the conclusion, that such complex relationships are uniformly the results of common redactional shaping is only one possible explanation of these phenomena. Literary dependency, shared traditions, the often limited vocabulary of classical Hebrew, and even coincidence are some of the alternative explanations."[68]

Schart wendet gegenüber Nogalski ein, dass zum einen die Bezüge, die inmitten einer Schrift zu stehen kämen, nicht hinreichend berücksichtigt worden wären. Zum anderen sei die Bedeutung von Joel überschätzt worden.[69] Am Vorgehen Bosshard-Nepustils bemängelt Schart, dass die vermeintlichen Bezüge nicht mehr kontrollierbar seien[70]. In der Tat: wenn allein aufgrund von Wortbezügen einzelne Texte Redaktionsschichten zugeordnet werden, wie das zuweilen Bosshard-Nepustil unternimmt, erscheint die methodische Vorgehensweise fragwürdig.

Koch merkt an, dass sich die Ausleger „meist nicht nur auf Ausdrücke und Wendungen, die in einem Textcorpus dominant hervortreten", beschränkten, „sondern [...] gern nach Einzelwörtern [greifen], die im Textfluß zweitrangig erscheinen und deren Wiedererkennen beim zweiten Gebrauch beim Primärleser eigentlich die Benutzung einer Konkordanz erforderlich machte"[71]. Albertz weist darauf hin, dass nur spezifische Begriffe oder Wortverbindungen bewusste Verklammerungen von zufälligen Wortentsprechungen unterscheiden ließen und „mindestens eine Bezugsstelle redaktionell zu ihrem Kontext stehen" müsse[72].

Des Gewichtes des zuletzt genannten Indizes sind sich Nogalski und Schart durchaus bewusst. Jedoch lassen beide mitunter die Berücksichtigung des Kriteriums einer vergleichbaren theologischen Intention vermissen, das neben gleichem Stil und gleicher Sprache die Annahme einer Redaktionsschicht nahelegt[73].

Nachdenklich stimmen muss auch, dass die alten Übersetzungen, indem sie die gleichen Worte in den unterschiedlichen Schriften verschieden wie-

65  Cuffey, Remnant, 203; vgl. auch Ben Zvi, Books, 139ff.
66  S. z. B. Ben Zvi, Books, 140, wo er diesen Einwand gegenüber Nogalski anhand einer Untersuchung der Stichwortverbindungen zwischen Ob und Am erhärtet.
67  Cuffey, Remnant, 203.
68  Jones, Formation, 22f. S. zu diesen Unterscheidungen sodann S. 37ff.
69  S. Schart, Entstehung, 16.
70  S. Schart, History, 41.
71  Koch, Profetenbuchüberschriften, 182.
72  Albertz, Exilszeit, 166; ders., Exile, 234.
73  Vgl. z. B. Fohrer u. a., Exegese, 142.

dergeben, die von Nogalski postulierten Stichwortverbindungen überhaupt nicht wahrgenommen haben[74]: dass diese also wirklich so deutlich sind, wie Nogalski glauben machen möchte, scheint daher äußerst fraglich.

Zu bedenken ist auch, dass Schart bei seiner Analyse der Amosschrift einige Zusätze eruiert, die er nicht mit Erweiterungen in Verbindung bringen kann, die das Werden des Dodekapropheton betreffen. Ähnliche Befunde sind für andere Schriften zu erwarten. Also war es offenbar möglich, auch die einzelnen Schriften gesondert zu bearbeiten. Dann stellt sich aber die Frage, ob die von Schart postulierten Korpora wirklich so fest fixiert gewesen sind oder ob nicht damit zu rechnen ist, dass die einzelnen Schriften länger je für sich tradiert worden sind. Zumindest dürfte doch das Bewusstsein für die Eigenständigkeit einer Schrift trotz eventueller Einbindung in das Dodekapropheton erhalten geblieben sein[75], was aber die Rückfrage provoziert, wie gewichtig denn die Befunde, die für die bewusste Zusammenstellung der Schriften zur Einheit des Dodekapropheton sprechen sollen, empfunden oder intendiert gewesen sind.

Schließlich fragt sich der Betrachter der redaktionsgeschichtlichen Modelle, wo die postulierten Korpora tradiert und aufbewahrt wurden, welche Kreise jeweils für die Neubearbeitungen verantwortlich zeichneten, wie also das Zusammenarbeiten, Fortschreiben und Redigieren konkret vonstatten ging, sowie welche zeitgeschichtlichen und theologischen Impulse dabei leitend waren.

Es zeigt sich also, dass auch gegenüber dem oben referierten dritten, diachron orientierten Argumentationsgang bzw. den konkreten für diesen Argumentationsgang zur Verfügung stehenden Modellen nicht unerhebliche Einwände vorgebracht werden können.

## 3. Resümee

Nach diesem Überblick über das Problemfeld Dodekapropheton dürfte deutlich geworden sein, dass zum einen durchaus einige Beobachtungen dafür sprechen, das Dodekapropheton als Einheit zu interpretieren, dass zum ande-

---

74 Diese Beobachtung betont Ben Zvi, Books, 142. Nogalski, Precursors, 57, räumt dies zwar ein. Seine Auskunft, das Wissen um die verbindende Funktion der Stichwörter sei eben zeitlich und geographisch begrenzt gewesen, befriedigt jedoch nicht. Vielmehr spricht dieser textgeschichtliche Befund gegen die den Stichwörtern zugeschriebene Rolle, so dass mit Ben Zvi, Books, 142, zu fragen wäre, ob nicht das Vorverständnis von der Einheit des Dodekapropheton erst eine entsprechende Interpretation der Stichwortverbindungen evoziere. Vgl. in diesem Zusammenhang auch den Vorschlag von Koch, Profetenbuchüberschriften, 185, Stichwortverknüpfungen für die Anordnung der Schriften in MT verantortlich zu machen, dagegen auf eine redaktionsgeschichtliche Auswertung derselben aber zu verzichten.

75 So auch Rendtorff, Book, 142; Sweeney, Sequence, 56; Albertz, Exilszeit, 165; ders. Exile, 235.

ren die bisher beigebrachten Argumentationsgänge aber auch zum Teil recht problematisch sind.

Die härtesten Argumente stellen die äußeren Beobachtungen – Tradition und Textüberlieferung – bereit. Trotzdem stimmen hier Unschärfen gegenüber der Annahme einer frühen Fixierung von fest umrissenen Korpora skeptisch und werfen die Frage auf, ob nicht eine späte Zusammenstellung von Einzelschriften eine wahrscheinlichere Erklärung für die Größe Dodekapropheton abgibt.

Das Herausarbeiten von Einheit stiftenden Sinnlinien erweist sich teilweise aufgrund der Vorentscheidungen als problematisch, teilweise in der Durchführung als recht willkürlich.

Die redaktionsgeschichtlichen Arbeiten versuchen zwar von konkreten Textbeobachtungen auszugehen und Schriften übergreifend nach Gemeinsamkeiten zu fragen, die ein Zusammenarbeiten der verschiedenen Schriften erkennen lassen sollen. Die Begründungen scheinen kriteriologisch jedoch oft vage und fragwürdig.

Daher ist eine erneute Bearbeitung des Problemfelds Dodekapropheton gerechtfertigt und geboten. Damit diese sinnvoll unternommen wird, ist es einerseits erforderlich, das methodische Vorgehen präzise darzulegen und anzuwenden. Andererseits ist nach einem neuen Fokus zu suchen, der als Ausgangspunkt weiterführende Einsichten verspricht.

# Kapitel II: Der Fokus. Der „Tag YHWHs" im Dodekapropheton

Der Überblick über das Problemfeld Dodekapropheton hat ergeben, dass eine erneute Untersuchung präzisere Erkenntnisse zu Entstehung und Interpretation der Größe „Dodekapropheton" erwarten lässt. Hierfür liegt die Auswahl eines thematischen Schwerpunktes nahe. Dies würde nämlich zum einen die synchrone Leseweise berücksichtigen, die bestimmten Themen bedeutendes Gewicht einräumt. Zum anderen aber würde eine genaue diachrone Analyse der betreffenden Texte eine wichtige Überprüfung und eventuell Korrektur der bisher vorgeschlagenen redaktionsgeschichtlichen Thesen ermöglichen.

Im Rahmen des Dodekapropheton bietet es sich aufgrund dieser Überlegungen an, den Fokus auf die „Tag YHWHs"-Thematik bzw. die „Tag YHWHs"-Texte zu richten. Denn schon bei einem rein bibelkundlichen Überblick fällt auf, dass vom „Tag YHWHs" besonders häufig im Dodekapropheton die Rede ist. Von den insgesamt sechzehn Belegen für die exakte Formulierung יוֹם יְהוָה im gesamten Alten Testament (Jes 13,6.9; Ez 13,5; Joel 1,15; 2,1.11; 3,4; 4,14; Am 5,18[2×].20; Ob 15; Zeph 1,7.14[2×]; Mal 3,23) begegnen nämlich immerhin dreizehn im Zwölfprophetenbuch.

Auch die bisherigen Forschungen zum Dodekapropheton betonen in verschiedenen Zusammenhängen den „Tag YHWHs". Etwa erscheint dieses Thema auf der synchronen Ebene als wichtige Sinnlinie. Aber auch die diachron-redaktionsgeschichtliche Vorgehensweise misst Texten, die im Lauf der Literargeschichte hinzugekommen sein sollen und vom „Tag YHWHs" handeln, eine gewisse Bedeutung zu. Schließlich blickt der Schlusstext Mal 3,22-24 unter der „Tag YHWHs"-Perspektive auf das Dodekapropheton zurück. Eine Durchsicht bisheriger Forschungen mag die Bedeutung des „Tages YHWHs" für das Dodekapropheton verdeutlichen.

## 1. Der „Tag YHWHs" im Rahmen der neueren Forschung am Dodekapropheton

### 1.1. Der „Tag YHWHs" als Einheit stiftende Sinnlinie im Dodekapropheton

Bei der Vorstellung der verschiedenen synchronen Ansätze ist bereits angeklungen, dass dem „Tag YHWHs" als einer die einzelnen Prophetenschriften verbindender Sinnlinie eine gewisse Bedeutung beigemessen wird. Besonders herausgearbeitet aber wird der „Tag YHWHs" als zentrales theologisches

Konzept von Rendtorff bei seiner Fragestellung, „How to Read the Book of the Twelve as a Theological Unity"[1].

Rendtorff[2] beschreibe ausgehend von einem kanonischen Ansatz, der die Einheit des Dodekapropheton für vorgegeben hält, diverse „Tag YHWHs"-Konzepte und ihre Beziehung zueinander. In Joel seien drei verschiedene Vorstellungen zu unterscheiden. Joel 1-2 schildere einen gegen Israel gerichteten „Tag YHWHs". Dieser evoziere die Frage, ob und wie man entkommen könne, was mit dem Hinweis auf Umkehr (2,12ff.), ohne dass jedoch eine Garantie für Rettung bestehe (s. 2,14), beantwortete werde. Joel 3 erwähne den „Tag YHWHs" als kosmisches, alles Leben betreffendes Ereignis. Hier könne der Gefahr ohne Einschränkung auf Israel jeder entkommen, der auf dem Zion den Namen YHWHs anrufe. In Joel 4 sei der „Tag YHWHs" gegen Israels Feinde gerichtet. Hier fehle die Frage nach Rettung, weil die Bedrohung nicht gegen Israel gerichtet sei.

Der Leser, der von Joel herkomme und die dort enthaltenen verschiedenen „Tag YHWHs"-Konzepte kenne, werde durch Am 1-2 zunächst an Joel 4 erinnert, da Am 1-2 zunächst YHWHs Gericht an den Völkern ankündige. Dann aber überrasche der Einschluss Israels in das Unheil „an jenem Tag" (Am 2,16). Ebenso sei die Kernstelle Am 5,18-20 gegen das auf der gleichen Linie wie Joel 4 liegende mögliche Missverständnis gerichtet, der „Tag YHWHs" könnte nur Heil für Israel bedeuten. Gegen ein sich eventuell auf Joel 3,5 berufendes durch den Zion bedingtes Sicherheitsgefühl warne Am 6,1 vor falscher Sicherheit. Wie Joel 1-2 fordere auch Am 5,14-15 dazu auf, umzukehren, ohne dass eine Garantie für Gottes Bewahrung gegeben werden könne (s. V. 15). Allerdings erfahre der Leser aus Am 4,6.8.9.10.11, dass Israel (sogar angesichts einer Heuschreckenplage: s. V. 9) im Gegensatz zu Joel 2,15-27 nicht umkehre.

In Ob erscheine der „Tag YHWHs" einerseits wie Joel 4 gegen die Feinde Israels gerichtet (exemplarisch Edom, V. 15 aber alle Völker). Wie Joel 3,5 bewirke nach Ob 17 der Zion Rettung, jedoch nur für das Haus Jakobs. Diese Israel-positive Sicht von Ob benötige unbedingt die kritische Frage von Am.

Jon bilde eine Gegenposition zu Ob, da Jon allen Völkern mittels Umkehr die Chance auf Rettung eröffne. Diese Sicht entspreche zum einen Joel 3, wo allen diese Möglichkeit vor Augen gestellt werde. Zum anderen erinnere Jon 3,9 an den Vorbehalt Joel 2,14, dass es für die Verschonung keine Garantie geben könne.

Gegenüber Jon korrigiere Nah das Niniveh-Bild. Niniveh zeige sich in Jon reuevoll und diene als Beispiel im Rahmen der narrativen Theologie. Nah dagegen orientiere sich näher an der Realität, indem es die Bestrafung Ninivehs, das seine Chance offenbar nicht genutzt habe, zum Gegenstand mache.

Nah und Ob an sich betrachtet seien recht einseitig orientiert, da in diesen Schriften die Sünde Israels nicht thematisiert werde. Demgegenüber zeichne-

---

1    So der Titel des ältesten Aufsatzes von Rendtorff.
2    S. zum Folgenden Rendtorff, Book, 142ff.; vgl. auch ders.; Day, 254ff.; ders., „Tag JHWHs", passim; vgl. aber auch van Leeuwen, Wisdom, 34ff.

ten Hab und Zeph ein differenzierteres Bild, da in diesen Schriften einerseits eine Feindmacht als Strafe für Israels Sünde erscheine, diese andererseits jedoch schließlich auch selbst vernichtet werde. Zeph stelle sogar Jerusalem (3,1-8) auf die gleiche Ebene wie Niniveh (2,13-15).

Zeph 1 begründe den „Tag YHWHs", der zwar auch gegen alles Leben, aber primär gegen Juda und Jerusalem gerichtet sei, mit der Sündhaftigkeit auf kultischem und sozialem Gebiet. Wie Am 5,14f. fordere Zeph 2,1-3 zur Umkehr auf, aber mit dem Hinweis, dass vor die Garantie der Rettung ein Fragezeichen gesetzt werden müsse, was wiederum Joel 2,14 entspreche. Joel, Am und Zeph seien daher für die Botschaft des Dodekapropheton von enormer Bedeutung, da sie die Ankündigung des „Tages YHWHs" mit dem Aufruf zur Umkehr verbänden. Nach Zeph 3 führe das Eingreifen YHWHs dazu, dass nach einem universalen Zornesausbruch eine friedvolle Zukunft für Israel wie die Völker erkennbar werde.

Mal 3,1-2 stelle wie Joel 2,11 die Frage, wer denn dem „Tag YHWHs" entkommen könne, und bilde so eine Inklusion. Die Antwort falle jedoch ein wenig anders aus, da in Mal 3 in Bezug auf einen Israel betreffenden „Tag YHWHs" deutlich zwischen Sündern und Gerechten unterschieden werde: die Gottlosen fielen der Vernichtung anheim (Mal 3,19), während über denen, die den Namen YHWHs anriefen (vgl. Joel 3,5; außerdem Zeph 3,9) die Sonne der Gerechtigkeit aufscheine (ähnlich auch Mal 3,24). Die letzten Verse Mal 3,22-24 hätten die Funktion, die beiden Kanonteile Tora und Nebiim miteinander zu verbinden.

Zweifellos präsentieren die Aufsätze Rendtorffs eine beeindruckende Synchronlesung des Dodekapropheton unter dem Blickwinkel des „Tages YHWHs"[3]. Dennoch legen sich einige Anfragen nahe: Wie verhält sich die Hoseaschrift zu der dargestellten Linie, zumal wenn die Inklusion von Mal ausgerechnet nur bis Joel reicht?[4] Welche Rolle spielt außerdem die Michaschrift in diesem Lesekonzept?[5] Weshalb ist Sach 14 nicht berücksichtigt worden? Liegt es daran, dass der exakte Terminus hier nicht begegnet? Aber dann hätte auch in Mal 3 nur der Schluss aufgegriffen werden dürfen. Außerdem solle nach Rendtorff jede Erwähnung eines יום aufgrund der Kenntnis von Joel schon Assoziationen an den „Tag YHWHs" hervorrufen[6]. Dies aber bedürfte wohl eines genaueren Nachweises. Auch die Verortung jeder Aus-

---

3    Barton, Day, 76f., nennt zwei Vorteile einer solchen Lektüre: 1. „It corresponds to how an ‚innocent' reader might understand the books"; 2. „it is also appealing to the more ‚literary' reader who encounters the Bible as a finished text". Außerdem entspreche sie den beiden gegenwärtigen Tendenzen, dass einmal „the very peculiar position espoused by Amos and his successors [...] gets lost to sight", und zum anderen „there is a loss of idea that biblical research is an act of discovery, whose results may be surprising and unpalatable".

4    Vgl. dagegen Scoralick, Güte, 150.160, welche die „Tag YHWHs"-Thematik bereits in Hos 2,2 erkennen möchte. Kritisch dazu s. unten S. 66.

5    Vgl. dazu Kessler, Buch, 144, der auch Mi 2,4; 4,1.6.9 auf den „Tag YHWHs" beziehen möchte, und s. kritisch unten S. 43ff.

6    So Rendtorff, Book, 150.

sage über Gericht und Rettung unter dem Blickwinkel des „Tages YHWHs" scheint vereinnahmend. Demgegenüber wäre der Ausgangspunkt bei den explizit den „Tag YHWHs" erwähnenden Texten zu nehmen und erst in einem zweiten Schritt zu prüfen, ob sich Bezüge zu den anderen Texten und Schriften ausmachen lassen. Außerdem wäre gegenüber dem hermeneutischen Ansatz zu fragen, ob ein Leser das Dodekapropheton zumal angesichts der explizit datierten Schriften nicht auch geschichtlich lesen kann, um aus dem vergangenen Ergehen des Volkes mit seinem Gott YHWH Standortbestimmungen und Zukunftsperspektiven zu gewinnen. Legen die unterschiedlichen Zeiten und verschiedenen Textsorten gar ein Perikopenlesen nahe? Dann wäre der Lesefortgang im Dodekapropheton nicht so glatt zu beschreiben, wie Rendtorff das eindrucksvoll unternimmt.

An dieser Stelle soll auch der Aufsatz Nogalskis über den „Tag YHWHs" im Zwölfprophetenbuch zur Sprache kommen, da Nogalski hier, obwohl er in den Fußnoten hin und wieder auf seine redaktionsgeschichtlichen Thesen rekurriert, vor allem aber synchrone Bezüge zwischen verschiedenen Texten herausarbeitet. Nogalski geht zwar anders als Rendtorff weniger global vor, sondern achtet genauer auf Wortbezüge zwischen einzelnen Texten. Doch auch ihm stellt sich das Dodekapropheton als Einheit unter dem Blickwinkel des „Tages YHWHs" dar[7]. Als ein zentraler Text, in dem mehrere Linien zusammenliefen, erweise sich Am 9,11-15[8]. Hier sei nämlich zum einen die Botschaft von Ob vorausgesetzt (s. V. 12). Dort (Ob 11-15) erscheine der „Tag YHWHs" als eine Folge von Tagen des Gerichts gegen Edom, Juda und die Völker. Zum zweiten sei mit dem Zitat von Joel 4,18 (s. V. 13) eine deutliche Verbindung zu Joel gegeben. Die verschiedenen, doch miteinander verwobenen „Tage YHWHs" in Joel besäßen die Spannweite vom Gericht über Juda bis hin zur möglichen Restauration und dem Gericht über die Völker. Verschiedene Texte wie Zeph 1,14-15; Mal 3,23, aber auch Am 5,18-20 nähmen auf Joel Bezug. Zum dritten zeigten sich thematische Bezüge zu Hos 2,2-25. Dort sei der „Tag YHWHs" viermal erwähnt (Hos 2,2 [mit Rückbezug auf 1,5]; 2,18.20.23). Neben den genannten Texten behandelt Nogalski auch noch Hos 9,7-9, wo er Bezüge zu Am 3,14; Mi 7,3-4 vorliegen sieht, und Am 8,9-14, wo er Verbindungen mit Am 5; Zeph 1,14 und Joel, aber auch Aufnahme der Sprache von Hos, Mi und Zeph konstatiert.

Nogalski legt zwar darauf Wert, positive Bezüge innerhalb des Dodekapropheton genauer herauszupräparieren. Trotzdem bleibt ihre Qualität teilweise fraglich. Das Hauptproblem dürfte nämlich in der ungewöhnlichen

---

7   S. zum Folgenden Nogalski, Day(s). Der Schluss Nogalskis lautet: „the concept of a day of divine intervention provides literary cohesion to the writings of Hosea through Obadiah. These links suggest that the other writings of the Twelve are also involved" (212f.).

8   Dazu s. Nogalski, Day(s), 206f.: „This multiplicity of connections gives Amos 9:11-15 the feel of a pastiche, combining several images of what will happen once YHWH intervenes on the people's behalf. This passage suggests that the day of divine intervention functioned as a stack pole for creating meaning across the multi-volume corpus as it developed" (207).

Breite der von Nogalski postulierten „Tag YHWHs"-Texten bestehen. Wie soll dann nämlich der Rezipient mit derart unterschiedlichen „Tag YHWHs"-Vorstellungen umgehen? Nogalski rechnet nicht nur Belege, die die Formulierung יוֹם יְהוָה oder יוֹם לַיהוָה enthielten, zu den „Tag YHWHs"-Passagen. Er berücksichtigt auch die Formeln בַּיּוֹם הַהוּא und בָּיָּמִים הָהֵם[9], ja überhaupt jede Erwähnung eines יוֹם. Entscheidendes Krtiterium ist dann für ihn, dass YHWH in die menschliche Geschichte eingreift. Diese Intervention könne dann in positivem oder negativem Sinn, in der Vergangenheit, in naher oder ferner Zukunft und zu Gunsten oder zum Nachteil Israels, Judas oder der Völker erfolgen.[10] Eine einheitliche Linie – diese müsste ja gar nicht spannungsfrei sein – ist so aber schwerlich zu gewinnen. Wenn derart unterschiedliche und zahlreiche Unheilsankündigungen und Heilserwartungen als „Tag(e) YHWHs" bezeichnet werden, gerät eine Interpretation in die Gefahr, unübersichtlich und damit irrelevant zu werden.

## 1.2. Der „Tag YHWHs" als Kennzeichen von Redaktionsschichten im Dodekapropheton

Schon Wolfe kam auf die Idee, den „Tag YHWHs" als Kennzeichen einer Redaktionsschicht zu bezeichnen. Von seinen dreizehn verschiedenen schriftenübergreifenden Schichten gibt er einer den Namen „The Day of Jahwe Editor", datiert diese ungefähr ins Jahr 325 v. Chr. und spricht ihr die folgenden Texte zu: Am 4,12b; 5,13.18b*(ab הוּא).20; Ob 15a; Joel 1,15; 2,1b.2aα.10-11; 3,1-5; 4,1-3.12.14-17 und Zeph 1,7-8aα.14-16.18aα2βγb; 2,1-3; 3,8 (ohne לְכֵן).[11] Die These Wolfes blieb jedoch unbeachtet, unter anderem weil die literarkritischen Entscheidungen als fragwürdig empfunden und eingehendere Begründungen vermisst wurden[12]. Wie argumentieren neuere Arbeiten?

Schart rechnet zwar Am 5,18-20 zur ältesten Fassung der Amosschrift, nämlich zur Wortesammlung Am 3-6*, die die Verkündigung des Amos repräsentiere[13]. Er widmet aber in Bezug auf diese Sammlung und ebenso im Blick auf die folgende Ebene der Zweiprophetenbuchrolle Hos* - Am* dem Thema des „Tages YHWHs" keine besondere Aufmerksamkeit[14].

Erst im Kontext des „D-Korpus" gewinne der „Tag YHWHs" allmählich an Gewicht, da er durch die Zephanjaschrift zum zentralen Inhalt erhoben werde. Zeph 1,7.14-16 stellen nach Meinung Scharts offenbar Verkündigung

---

9   Vgl. auch Kessler, Buch, 144, der unter der Voraussetzung der Lektüre des Dodekapropheton als Einheit in Mi 2,4; 4,1.6; 5,1 „Tag YHWHs"-Belege erkennen will.

10  S. Nogalski, Day(s), 193ff. Seine „Tag YHWHs"-Belege listet Nogalski, Day(s), auf Seite 195 Anm. 10 auf.

11  S. Wolfe, Editing, 103f.

12  S. genauer Schart, Entstehung, 7f.

13  S. Schart, Entstehung, 7.98

14  S. allein die Berücksichtigung des Tiervergleichs Hos 13,7-8 und Am 5,19 bei Schart, Entstehung, 134f.

Zephanjas dar: „Es scheint so, daß Zefanja den Begriff aus Am 5,18 aufgegriffen und zur beherrschenden Perspektive seiner Botschaft gemacht hat"[15].
Jedoch betont Schart im Folgenden die literarischen Beziehungen zwischen
der Beschreibung des „Tages YHWHs" in Zeph und der Amosschrift: Zeph
habe nicht nur die Begrifflichkeit von Am 5,18.20 aufgenommen („Tag
YHWHs", Dunkel und Finsternis), sondern weitere Termini aus der gesamten
Amosschrift (Widderhorn und Alarm: Zeph 1,16; Am 1,14; 2,2, den Aufruf
„still!": Zeph 1,7; Am 6,10; 8,3, vielleicht Zeph 2,3; Am 5,15, bitter Zeph
1,14; Am 8,10; durchsuchen Zeph 1,12; Am 9,3; Krieger Zeph 1,14; Am
2,14; Nähe des „Tages YHWHs" Zeph 1,7.14; Am 6,3). Aus der Hoseaschrift
habe Zeph wohl die Rede vom glühenden Zorn YHWHs übernommen (Zeph
2,2; Hos 11,9). Schart interpretiert auf der Ebene einer noch nicht durch D
redigierten Zephanjaschrift einerseits den „Tag YHWHs" als nationale Katastrophe, nicht als Bestrafung gottwidrigen Verhaltens, da erst D mittels
1,17 einen Schuldaufweis eintrage. Andererseits wird er genau aufgrund dieses Befundes „das Gefühl nicht los, daß hier ältere prophetische Schriften
vorausgesetzt sind"[16], das Verständnis einer vorexilischen Zephanjaschrift
also scheinbar bereits die Kenntnis anderer Prophetenschriften erfordere.
Hinsichtlich Zeph 2,1-3 verwirrt Schart seine Leser: einmal rechnet er den
Text den Zeph-Tradenten zu, die Spitzenaussagen von Trad-Hos und Trad-
Am kombiniert hätten[17]; ein anderes Mal weist er ihn D-Zeph zu, wodurch
(samt dem Einfügen der Umkehrperspektive: zusammen mit 3,11-13) Zeph
der Dreierrolle Hos* - Am* - Mi* hinzugefügt worden sei[18]; ein weiteres Mal
führt er den Text auf einen nach D operierenden Redaktor zurück, der die
einhämmernde Darstellung des „Tages YHWHs" in Zeph 1 als Folie für einen Aufruf zur allerletzten Umkehrmöglichkeit verstanden wissen wollte[19].
Jedenfalls habe auch im Kontext des D-Korpus der „Tag YHWHs" noch keine überragende Bedeutung: neben zahlreichen anderen dominierenden Intentionen kündige lediglich die „jeweils zweite Schrift [...] das Kommen des
‚Tages Jahwes' als eines Gerichtstages (Am 5,18-20; Zef 1) an. In Am richtet
sich dieser Tag gegen das Nordreich, in Zef gegen Juda und Jerusalem"[20].

Auch beim weiteren Anwachsen des Prophetenbuches um Nah/Hab und
Hag/Sach komme dem „Tag YHWHs" keine besonders gewichtige Rolle zu:
er bezeichne „die Katastrophe des Exils und gehörte für die nachexilische
Gemeinde der Vergangenheit an"[21].

Ein entscheidender Schritt werde allerdings mit der Eingliederung von
Joel und Ob in das werdende Dodekapropheton getan. Beide Schriften wie-
sen eine Reihe von Bezügen auf und verträten die gleiche „Tag YHWHs"-

---

15  Schart, Entstehung, 214.
16  Schart, Entstehung, 215.
17  So Schart, Entstehung, 218.
18  So Schart, Entstehung, ebenfalls 218.
19  So Schart, Entstehung, 216.
20  Schart, Entstehung, 221.
21  Schart, Entstehung, 270.

Vorstellung: ein Gericht über alle Völker vom Zion aus, das nur die über-
stünden, die auf dem Zion Zuflucht suchten; für ein Gericht an Israel sei in
diesem Konzept kein Platz, es „scheint ersetzt durch den Gedanken, daß Gott
selber die Völker zum Kampf gegen den Zion reizt"[22]. Joel sei außerdem vielfach auf Am bezogen und zusammen mit Ob ganz bewusst als Rahmen um
Am gesetzt worden. Aus der sich so ergebenden „Leseperspektive geurteilt
muß sich Am 5,18-20 auf die Ankündigung des Tages Jahwes in Joel beziehen. Die von Amos angeredeten Hörer wünschen sich den Tag Jahwes herbei, vermutlich weil sie sich eine Verherrlichung Israels erwarten. Amos erinnert sie aber daran, daß sie die Botschaft des Joel nicht verkürzen dürfen
[...]"[23]. Auch Zeph werde angesichts zahlreicher Bezüge als schriftlicher Text
von Joel vorausgesetzt. „Die Formulierungen und Intentionen beider Schriften stimmen so sehr überein, daß Zef sich in der Abfolge des Zwölfprophetenbuchs wie eine bekräftigende Wiederaufnahme der Botschaft von Joel
liest. Auf diese Weise wird die Ankündigung des Tages Jahwes als zentrales
Thema der Prophetie Israels hervorgehoben. Um den Eindruck vollkommen
zu machen, daß Joel und Zef vom gleichen Tag Jahwes reden, wurden in Zef
1,10.12 eschatologische Formeln nachgetragen (בעת ההיא wie in Joel 4,1;
ביום ההוא wie in Joel 4,18). Damit wurde der eschatologische Charakter des
Tages Jahwes in Zef betont"[24]. Im „JOK" (= „Joel-Obadja-Korpus"), auf dessen Stufe auch Sach 14 in das Dodekapropheton integriert worden sei, begegne die Ankündigung des „Tages YHWHs" als Gerichtstag über die ganze
Welt als entscheidende Sinnlinie, weshalb die hier in das Dodekapropheton
eingefügten Prophetenschriften, weil ihre Verortung gegenüber der Botschaft
vom „Tag YHWHs" uninteressant sei, auch nicht mehr datiert wären. Schart
stellt bei den betreffenden Texten, die im „JOK" die Nähe des „Tages
YHWHs" verkündigten (Joel, Ob, Zeph, Sach 14)[25], eine ähnliche Struktur
fest und beschreibt diese mit fünf typischen Formelementen (1. Entsetzen
macht sich breit, 2. begründendes kî, 3. Nähe des Tages YHWHs, 4. Tag
YHWHs, 5. nähere Charakterisierung des Tages YHWHs), möchte dies aber
rein als Beschreibung eines Textmusters verstehen fernab von der Rekonstruktion einer Gattung mit einem eigenen Sitz im Leben[26].

Im Blick auf die abschließende Redaktionsphase des Dodekapropheton
erwägt Schart, dass Mal 3,1b-4 (Mal 3,22-24 noch später) hinzugefügt worden sei, „um der Einbindung des Mal in das Zwölfprophetenbuch dadurch zu
dienen, daß die in Mal enthaltene eschatologische Konzeption mit dem in
JOK enthaltenen Tag Jahwes-Konzept verbunden wird"[27].

Stellt die Position von Schart aufs Ganze gesehen einen eindrücklichen
Entwurf dar, der Traditions- bzw. Redaktionsgeschichte und synchrone Le-

---

22  Schart, Entstehung, 273.
23  Schart, Entstehung, 265.
24  Schart, Entstehung, 269f.
25  S. Schart, Entstehung, 279ff.
26  So Schart, Entstehung, 280 Anm. 52.
27  Schart, Entstehung, 295.

seweise miteinander zu verbinden sucht, so stellen sich doch im Detail einige Fragen. Zum Beispiel bleibt gerade im Blick auf Am und Zeph oft unklar, ob Schart die literarischen Bezüge traditionsgeschichtlich oder redaktionskritisch gedeutet wissen möchte. Seine Argumentation, nach der er sowohl Amos als auch Zephanja die Verkündigung des „Tages YHWHs" nicht abspricht, legt hier zunächst ein traditionsgeschichtliches Verhältnis nahe. Die Feststellung, dass der „Tag YHWHs" im „D-Korpus" ein gewisses Gewicht besitze, muss dann als eine synchrone Beobachtung auf der Ebene des „D-Korpus" angesehen werden. Umso schwerer wiegen dann die widersprüchlichen Aussagen in Bezug auf Zeph 2,1-3. Hier wäre weiter zu fragen, ob und wie die diversen „Tag YHWHs"-Ansichten in Zeph auf eine Linie zu bringen sind. Grundsätzlich bleibt auch offen, ob die einzelnen Schriften, die die „Tag YHWHs"-Thematik enthalten, notwendigerweise die Kenntnis anderer Schriften voraussetzen oder nicht auch sinnvoll in sich zu verstehen sind. Was würde dann aber die Differenz der verschiedenen „Tag YHWHs"-Konzepte bedeuten? Sollte wirklich mit Joel, Ob und Sach 14 ein Redaktionsgang im Dodekapropheton erfasst werden können, inwiefern fügten sich dann Schriften wie Hos, Mi, Nah, Hab, Hag und Sach 1-8 in die vermeintlich umfassende eschatologische „Tag YHWHs"-Sinnlinie ein? Wenn Am 5,18-20 eine so wichtige Korrekturrolle spielt, so fragt es sich, weshalb dieser Text im „JOK" scheinbar untergeht, wenn vor allem Joel, Ob, Zeph und Sach 14 aufeinander bezogen sein sollen. Aber sind nicht zwischen diesen „Tag YHWHs"-Texten so erhebliche Unterschiede festzustellen, welche die Annahme einer Redaktionsphase als wenig überzeugend erscheinen lassen? Werden diese Unterschiede überspielt, hat es den Anschein, dass das synchrone Lesen die diachrone These begründet.

Bosshard-Nepustil[28] rückt die „Tag YHWHs"-Texte literargeschichtlich enger zusammen und erinnert damit an den Versuch von Wolfe. Er setzt beim Jesajabuch an und rechnet die „Tag YHWHs"-Texte darin – Jes 2,10-17[18]; 13,2-8.14-16; 22,1-5.7-14.15-25 – alle zu der gleichen Schicht, nämlich der sogenannten „Assur/Babel-Redaktion" nach 562 v. Chr.. Der „Babel-Schicht" kurz vor 539 v. Chr. weist er Jes 13,1.17-22 zu. Entsprechende Schichten versucht Bosshard-Nepustil nun im Dodekapropheton herauszupräparieren.

Eine „Assur-Babel-Redaktion[XII]", die mit Vorformen von Hos, Joel, Am, Mi, Nah, Hab und Zeph eine Vorstufe des Dodekapropheton geschaffen habe und am Aufbau des entsprechenden Jesajabuchs orientiert gewesen sei, habe u. a. die Texte Joel 1,1 - 2,11*; Am 5,18-20 und Zeph 1,1.4-16.17aα formuliert. Eine „Babel-Redaktion[XII]" sieht Bosshard-Nepustil hinsichtlich Joel 2,12-27 am Werk.

Nun stelle sich die „Frage, ob die Assur/Babel-Schicht den Begriff יום יהוה bzw. eine bestimmte Vorstellung vom יום יהוה in I Jes bereits vorgefunden hat, oder ob sie dies zur Hervorhebung der zentralen Zäsur 701 bzw.

---

28 S. zum Folgenden Bosshard-Nepustil, Rezeptionen, 139ff.344ff. sowie die Übersichtstabellen 470f.474f. und den Überblick 430 Anm. 2.

587/6 v. Chr. und der jeweils anschließenden Zeit nicht selbst in das Buch
eingebracht hat. Ohne hier auf die sich mit dem יום יהוה verbindende Problematik – etwa seine Herkunft überhaupt – eingehen zu können, glauben wir,
daß letzteres der Fall ist, wenn auch das der Assur/Babel-Schicht vorliegende
I Jes-Buch und die Erzählungen schon gewisse Ansätze dafür bieten, vgl.
30,8; 37,3, auch 7,17; 9,3; ?10,3"[29]. Dafür spreche nämlich derselbe Sachablauf in den Texten (2,12ff.; 13,6; 22,5). Aus dieser Sichtweise, die As-
sur/Babel-Redaktion nach 587/6 hätte den Begriff „Tag YHWHs" eingetragen und auf die Ereignisse 701 bzw. 587/6 bezogen, folge, dass der „Tag
YHWHs" schon „in den ältesten Belegen faktisch auf ein zurückliegendes
Ereignis bezogen" sei, und zwar „ungeachtet dessen, ob im Vorblick (2,12ff.;
13,6) oder im Rückblick (22,5) formuliert wird"[30]. Ein eschatologischer Sinn
sei daher dem „Tag YHWHs" nicht abzugewinnen.

Die „Tag YHWHs"-Thematik begegne dann erst wieder in späten Fort-
schreibungsschichten. Joel 4; Zeph 1,2f.17aβb.18; Ob 15a.16-21 gingen auf
eine nach 312/1 v. Chr. arbeitende Redaktion zurück, die analog zu Jes 13,9-
13 arbeite, Zeph 2,1-3 auf eine zwischen 311 und 302/1 v. Chr. redigierende
Hand und Sach 14; Mal 2,17 - 3,5; 3,13-21 auf eine zwischen 240 und 220
v. Chr. tätige Redaktionsschicht.

Hatte Wolfe trotz seiner These eines „Day of Jahwe Editor" an einer
volkstümlichen Erwartung des „Tages YHWHs", die Amos vorgegeben gewesen sei, festgehalten[31], stellt Bosshard-Nepustil den „Tag YHWHs" durchgängig als redaktionelles Theologumenon hin. Auch an diesen Entwurf sind
einige Anfragen zu richten. In methodischer Hinsicht wirkt es problematisch,
dass Qualität und Intentionalität der Wortbezüge nicht hinreichend reflektiert
werden. Zwar beeindruckt die Idee, die „Tag YHWHs"-Theologie auf eine
exilische redigierende Hand und eine späte zweite Phase zurückzuführen.
Jedoch bedürfte die These, Am 5,18-20 stelle einen relativ späten Redaktionstext dar, einer eingehenderen Begründung. Problematisch scheint es, diesen Text mit Joel 1-2* auf eine Stufe zu stellen. Auch die Zuordnung der anderen Texte zu Redaktionsschichten des werdenden Dodekapropheton ruft
Bedenken hervor: sprechen nicht manche Differenzen zwischen diesen Texten und ihr jeweils eigenes Profil gegen das Vorliegen einer gemeinsamen
Schicht? Erweisen Stil und Intention Joel 4; Zeph 1,2f.17aβb.18; Ob 15a.16-
21 einerseits und Sach 14; Mal 2,17 - 3,5; 3,13-21 andererseits wirklich als
Bestandteile gleicher Redaktionsgänge?

---

29  Bosshard-Nepustil, Rezeptionen, 139.
30  Bosshard-Nepustil, Rezeptionen, 141.
31  S. Wolfe, Editing, 103.

## 1.3. Resümee

Die Durchsicht dieser verschiedenen Ansätze macht auf der einen Seite deutlich, wie sehr der „Tag YHWHs" bei synchronen, aber auch bei diachron orientierten Ansätzen eine Rolle spielt.

Gleichzeitig melden sich jedoch auf der anderen Seite auch nicht unerhebliche Bedenken, da die Texte nicht immer völlig befriedigend untersucht, wohl aber in die jeweiligen redaktionsgeschichtlichen Modelle eingeordnet werden – und dies, obwohl sie für das Dodekapropheton so wichtig scheinen.

Daher dürfte es sich lohnen, den Fokus auf die betreffenden Texte zu richten und diese einmal gesondert zu analysieren. Nicht nur aufgrund der Schwachpunkte der bisherigen Forschungen verspricht dies neue Einsichten. Der Vorteil gerade eines Ansatzes bei einem thematischen Komplex wie dem „Tag YHWHs" besteht darin, dass weder eine Schrift bevorzugt analysiert wird oder nur die Nahtstellen zwischen den Schriften ins Blickfeld rücken und dass thematische Linien nicht ohne Rückfrage nach der Entstehung der Texte verabsolutiert werden.

## 2. Überlegungen zur Methodik

### 2.1. Zum Begriff der Intertextualität

Bei der Sichtung bisheriger Forschungen zum Dodekapropheton ist deutlich geworden, dass – bevor ein neuer Beitrag geboten werden kann – zwei Problemkomplexe dringend der genaueren Reflexion bedürfen, nämlich zum einen der Umgang mit den vielfach strapazierten „(Wort-)Bezügen", zum anderen die Differenz von Synchronie und Diachronie.

Dass genau diese beiden Problemkomplexe im Brennpunkt der Unsicherheit zu stehen kommen, mag damit zu tun haben, dass die Bibelwissenschaften in den letzten Jahren verstärkt einen Begriff aufgreifen, unter den nahezu alle Aspekte, die mit diesen beiden Problemen berührt sind, subsumiert werden können und dadurch verwischt zu werden drohen. Es handelt sich hierbei um den – selbst klärungsbedürftigen – Begriff der „Intertextualität".

Versucht die Literaturwissenschaft diesen zu definieren, lässt sich – so ein Breitenwirkung beanspruchender Vorschlag – als kleinster gemeinsamer Nenner festhalten, „daß Intertextualität einen Text-Text-Bezug bezeichnet. Literatur wird dabei nicht als eine kontinuierliche Linie aufeinanderfolgender Werke gedacht, sondern als Textuniversum, ein Netzwerk, in dem die Texte miteinander in Kontakt treten und sich aufeinander beziehen, so daß (jeder) Text als ein ‚Gewebe' [...], ein ‚Mosaik von Zitaten' [...] erscheint."[32] Zu beachten ist, dass der Begriff des „Zitats" in dieser Definition als ein Oberbe-

---

32 Schahadat, Intertextualität, 366. Kritisch zum ideologischen Hintergrund eines derart weiten Intertextualitäts-Verständnis vgl. Tegtmeyer, Begriff, 51ff.56.

griff fungiert. Differenzierter wäre etwa folgendermaßen zu definieren: „Ein literarisches Phänomen heißt genau dann *intertextuell*, wenn es (a) auf Zitieren und/oder (b) auf Thematisieren und/oder (c) auf Imitieren eines Textes oder mehrerer Texte (‚Prätexte') durch einen anderen Text beruht (Palintextualität, Metatextualität, Hypertextualität) und/oder wenn es (d) auf Imitieren und/oder (e) auf Thematisieren und/oder (f) auf Demonstrieren von poetischen Mustern [gemeint sind – so der Autor zuvor selbst – ‚Textklassen'; M. B.] beruht (Similtextualität, Thematextualität, Demotextualität)."[33]

Dies bedeutet, dass vielfältigste Text-Text-Bezüge vertreten werden können, sofern man sich bewusst macht, dass diese auf ganz verschiedene Arten kenntlich werden und auch ganz unterschiedlich eng erscheinen. So wird etwa sehr differenziert eingeräumt, dass die Text-Text-Bezüge durch den Autor unbewusst oder bewusst (und dabei mit oder ohne die Absicht, dies dem Leser kenntlich zu machen) vorgenommen werden können und umgekehrt dem Leser bewusst oder unbewusst bleiben (unabhängig davon, wie dies der Autor intendiert) können[34]. Außerdem wird deutlich, dass intertextuelle Phänomene zum einen auf Einzeltexte, zum anderen auf Textsorten bezogen, und dabei einerseits in synchroner Perspektive und andererseits auch in diachroner Perspektive identifiziert werden können[35].

Daraus folgt nun, dass unter dem Begriff der Intertextualität synchrone wie diachrone Erklärungen von Text-Text-Bezügen sowie deren vielfältigste Verursachungen und Wirkungen subsumiert werden können. Damit aber kann der weit gefasste und differenziert verwendete Begriff einerseits unbefangen in der atl. Wissenschaft rezipiert werden, da sowohl die gattungskriti-

---

33 Stocker, Theorie, 72; vgl. dazu ebd., 50ff. sowie die Tabelle (69). Andere bezeichnen intertextuelle Markierungen leichter verständlich als „Zitat" (jetzt im engeren Sinn zu verstehen), „Allusion" (Anspielung) [Trimpe, Schöpfung, 52, möchte darunter Wiederholungen von Lexemen, Lexemkombinationen oder semantischen Feldern, Wiederholungen von längeren Textpassagen oder Textstrukturen oder Gemeinsamkeiten hinsichtlich Thema oder Genre verstehen.], Übersetzung, Parodie und Plagiat: s. Heinemann, Eingrenzung, 22; vgl. ausführlich Helbig, Intertextualität, 83ff.

34 S. das Referat über die Differenzierung durch Füger bei Helbig, Intertextualität, 44ff. Stocker, Theorie, 105, versucht eingrenzend zu postulieren, dass die „Beziehung zwischen einem Text (‚Posttext') und einem oder mehreren anderen Texten (‚Prätexte') oder einer Textklasse [...] dann und nur dann intertextuell [ist], wenn (a) ein desintegratives *Intertextualitätssignal* vorhanden ist, das den Modell-Leser zu einer Änderung der Leserichtung (Digression) veranlasst (SIGNALBEDINGUNG) und wenn (b) die Berücksichtigung bestimmter Prätexte bei der Lektüre des Posttexts (Reintegration) zu dessen vertiefter Deutung führt (FUNKTIONALITÄTSBEDINGUNG)."

35 S. Steyer, Irgendwie, 93(ff.). Gerade letzteres ist zu beachten, weil scheinbar die Tendenz vorherrscht, den Begriff auf die synchrone Ebene zu beschränken und in Richtung eines rezeptionsästhetischen Verständnisses zuzuspitzen. Denn mit der Bezeichnung „Intertextualität" wird oft eine Abgrenzung von einem – gerade bei der diachron orientierten Bibelwissenschaft vorherrschenden – Textbegriff intendiert, der die Frage nach dem Autor und der eindeutigen Intention für zentral hält und eine eindimensionale zeitliche Achse der Textbeeinflussung voraussetzt (s. Schahadat, Intertextualität, 367; Weise, Spezifik, 46f.).

sche als auch die traditionskritische wie auch die redaktionskritische Methode Text-Text-Beziehungen zum Ausgangspunkt der Nachfrage haben. Andererseits aber leistet der Intertextualitäts-Begriff in einer engen Ausprägung
problematischen Tendenzen[36] Vorschub. Die eine problematische Tendenz
wäre eine letztlich nur literarische Erklärung von Text-Text-Bezügen. Die
gegenwärtige Hochschätzung der Redaktionskritik unterliegt genau dieser
Gefahr, Text-Text-Beziehungen als literarische Bezüge wahrzunehmen und
redaktionsgeschichtlich zu erklären. Dies aber muss als zu einseitig angesehen werden. Die andere problematische Tendenz wäre eine bloße synchrone
Konstatierung von Text-Text-Bezügen, ohne diese im Rahmen der diversen
diachronen Möglichkeiten zu erklären[37].

## 2.2. Zum Aspekt der Differenz von synchroner und diachroner Interpretation

Dass auf der Ebene des Endtextes zwischen den „Tag YHWHs"-Texten (und
von diesen ausgehend zu anderen Texten der jeweiligen oder sogar weiteren
Prophetenschriften) Beziehungen bestehen, bedarf beinahe keiner besonderen
Erwähnung. Denn deren Motivik, ja schon der Begriff des „Tages YHWHs"
ist derart prägnant und wirkungsreich, dass auch ein methodisch unvoreinge-
nommener Bibelleser zwischen den „Tag YHWHs"-Texten zahlreiche Bezüge herstellen dürfte.
Mit Text-Text-Bezügen operiert freilich auch eine methodisch geleitete,
synchron ansetzende Exegese, welche die Gestalt des Endtextes zum Ausgangspunkt nimmt, ohne die Frage nach dessen Literargeschichte (wer hat
wann für wen mit welcher Intention den Text bzw. Textteil verfasst?) zu stellen.[38] Zum Beispiel richtet die strukturalistische Exegese das Augenmerk
darauf, den formalen Aufbau eines Textes und die Struktur konstituierende
Elemente minutiös herauszuarbeiten. Linguistische Ansätze bemühen sich
um eine philologisch präzise und dabei quasi mathematisch genaue Beschreibung eines Textes. Demgegenüber legt der New Literary Criticism bzw. Ap-
proach weniger Gewicht auf den Mikrokosmos eines Textes, sondern betrachtet größere Einheiten und präsentiert die Ergebnisse in größerer Nähe
zur Alltagssprache. Die Bibel wird als ein Werk der Weltliteratur verstanden,
das in seiner besonderen Ästhetik erfasst werden soll. Dementsprechend bearbeiten Forscher dieses Zweiges nicht ausschließlich biblische Texte, sondern genauso auch andere Literaturwerke. Der kanonische bzw. holistische
Ansatz versteht die Bibel dagegen bewusst als Heilige Schrift und sucht de-

---

36 Eine Tendenz, die durch die Krise der Methoden wie Literarkritik, Gattungskritik und
   Überlieferungskritik, die zur Anvisierung der möglichst konkreten historischen Verortung von Einzelabschnitten entwickelt wurden, hervorgerufen wird, weshalb stattdessen
   der vorliegende Text ein viel stärkeres Gewicht erhält (vgl. Alkier, Intertextualität, 2f.).
37 Hierzu vgl. Kratz, Exegese, 63.
38 Zum Folgenden s. ausführlich Oeming, Hermeneutik, 63ff.

ren organische Einheit ernst zu nehmen. Daher werden auch hier die größeren Einheiten und weniger isolierte Einzeltexte in den Blick genommen.

Nun soll hier die Bereicherung der traditionellen Exegese durch Beobachtungen der synchronen Ansätze nicht in Abrede gestellt werden. Die oben vorgestellten und weitere „Lektüren" des Dodekapropheton fördern zweifellos interessante Textwahrnehmungen zu Tage.

Dennoch ist über eine synchrone Ebene hinaus der Wert einer diachronen Interpretation der Text-Text-Bezüge von großer Bedeutung, diese damit sinnvoll und auch geboten.[39] Denn zum einen vermag die Frage nach dem Autor bzw. Redaktor, nach der ursprünglichen Intention eines Textes, nach seiner historischen Verortung und die dadurch erreichte Verfremdung des Textes der Gefahr seiner willkürlichen Auslieferung an den Interpreten und der Gefahr einer persönlich bevorzugten Textauswahl durch den Interpreten entgegenzutreten[40]. Dies ist eine wichtige Bedingung dafür, dass an der normativen Bedeutung der biblischen Texte für die christliche Kirche festgehalten werden kann. Zum anderen wird die historische Analyse der Beziehungen eines Textes bzw. einzelner Textbestandteile der Einsicht gerecht, dass es sich bei biblischen Texten vielfach um Traditionsliteratur handelt, die im Lauf der Zeit verschiedene Aspekte miteinander in Beziehung gesetzt hat, so dass diese jetzt gemeinsam den gegenwärtigen Endtext prägen und daher auch profiliert vernommen werden wollen[41]. Differente Textaussagen brauchen daher nicht überspielt zu werden, sondern bereichern vielmehr den Aussagegehalt des Endtextes. Daher ist die diachrone Betrachtungsweise von Texten notwendig und sinnvoll.

Auch diachrone Methoden haben allerdings Text-Text-Bezüge zum Gegenstand der Auswertung[42]. Über deren Qualität scheint aber kriteriologisch nicht hinreichend reflektiert zu werden[43]. Deshalb kann z. B. Nogalski vorgeworfen werden, dass zwischen nahezu allen Dodekapropheton-Texten ähnliche Stichwörter gefunden werden könnten[44]. Und am Vorgehen Bosshard-Nepustils kann kritisiert werden, dass die vermeintlichen Bezüge außer Kontrolle gerieten[45]. Das bloße Vorhandensein eines irgendwie gearteten Text-Text-Bezugs rechtfertigt noch lange nicht (schon gar nicht innerhalb einer nur vorläufigen Größe, als die das Dodekapropheton nun einmal anzusehen ist) eine redaktionsgeschichtliche Auswertung in dem Sinn, dass hier die gleiche Schicht zu Wort käme oder dass hiermit Schriften übergreifende Zu-

---

39  Vgl. zu den folgenden Kritikpunkten auch Steck, Exegese, 79; Oeming, Hermeneutik, 69.75.82.101.

40  Vgl. Heinemann, Eingrenzung, 29f., der im Rahmen der Intertextualitäts-Debatte darauf hinweist, dass Texte als Instrumente kommunikativen Handelns an Textproduzenten gebunden und auf bestimmte Effekte bei Rezipienten gerichtet sind. Vgl. außerdem Steyer, Irgendwie, 103f.

41  Vgl. auch Kratz, Exegese, 63.

42  S. bereits oben (S. 35f.) und vgl. auch Schultz, Ties, 31.

43  Vgl. auch Schultz, Ties, 30f.; Cuffey, Remnant, 203f. S. außerdem bereits oben S. 20ff.

44  S. Cuffey, Remnant, 203; Ben Zvi, Books, 139ff.

45  S. Schart, History, 41.

sammenhänge geschaffen werden sollten. Daher geht es im Folgenden darum, die diversen Möglichkeiten der diachronen Bewertung von Text-Text-Bezügen ins Bewusstsein zu rufen, um Einseitigkeiten vermeiden zu helfen, und Kriterien zu benennen, die eine möglichst präzise Beurteilung der zu Tage tretenden Bezüge[46] ermöglichen. Nur so bleibt die Relevanz der diachronen Textauslegung gewahrt. Denn gerade durch die Präzision und Differenziertheit im diachronen Bereich kann dieser sein kritisches Potential gegenüber synchronen Beobachtungen behaupten.

## 2.3. Zum Aspekt des diachronen Umgangs mit „Bezügen"

Wie bereits gesagt darf eine diachrone Auswertung von Text-Text-Bezügen – trotz der derzeitigen Hochkonjunktur der Redaktionskritik – nicht automatisch zu einer redaktionsgeschichtlichen Hypothese – jetzt verstanden als Entstehungshypothese zum Dodekapropheton – führen. Denn Beziehungen zwischen Texten können durchaus unterschiedliche Ursachen haben[47]. Darauf wird auch in der Intertextualitätsdebatte hingewiesen[48].

Gegenüber Tendenzen, jede Art von Text-Text-Bezug ausschließlich literarisch zu erklären, die aus einem Unbehagen über Rückfragen hinter den uns überlieferten Text zurück resultieren mögen, darf nicht vergessen werden, dass eine Text-Text-Beziehung schlicht daraus resultieren kann, dass zwei Autoren unabhängig voneinander geprägte Vorstellungen[49] aufgreifen, weil sie in der gleichen geistigen Welt verwurzelt sind. Damit wäre *erstens* die Möglichkeit einer *traditionskritischen Auswertung* angesprochen. Der Begriff der „Tradition" ist hierbei allgemein zu verstehen als gemeinsame Vorstellung oder geprägter Sachverhalt. Dieser wird etwa kenntlich als grundsätzliches Denkmuster, als geistige Überzeugung bestimmter Gruppen, als ein besonderes Wissen oder als eine bestimmte Verwendung einzelner Begriffe.[50] Nachzuweisen ist eine solche gemeinsame Vorstellung dadurch, dass in mindestens zwei literarisch voneinander unabhängigen Texten übereinstimmende Zentral- oder Leitbegriffe, ein gemeinsames Wortfeld oder eine sachlich vergleichbare Formulierungsstruktur begegnen und sich so Hinweise auf eine geprägte Rede- oder Denkweise ergeben. Daher resultiert ein Text-Text-

---

46 Vgl. auch Albertz, Exile, 234f.
47 Vgl. das oben (S. 21) bereits zitierte Votum von Jones, Formation, 22f.
48 S. oben S. 34.
49 Davon zu unterscheiden sind freilich die geprägten Formen bzw. Formelemente, die nach einer gattungskritischen Erklärung verlangen. Darauf soll hier jedoch lediglich hingewiesen werden.
50 S. Steck, Exegese, 130ff. Fohrer u. a., Exegese, 102ff., wollen zwischen Motiv, worunter noch einmal differenziert wird (Bilder, Themen, Züge), und Tradition unterscheiden. Im Gegensatz zum Motiv existiere eine Tradition unabhängig vom jeweiligen Text und werde selbständig überliefert, wobei hierfür ein Interesse eines spezifischen Tradentenkreises plausibel zu machen sei. Vgl. außerdem Rösel, Traditionskritik/Traditionsgeschichte, 740.

Bezug nach traditionsgeschichtlichem Verständnis daraus, dass (mindestens) zwei Autoren die gleiche sachlich-inhaltlich geprägte Vorstellung aufgreifen. Es war nicht die Intention des einen Autors auf den Text des anderen zu verweisen. Dass der gegenwärtige Leser dies so wahrnehmen kann, ist nach traditionsgeschichtlichem Verständnis (mehr oder weniger) ein Produkt des Zufalls.

In der derzeitigen Forschung ist allerdings zu beobachten, dass oft (und nicht nur wenn es sich um späte Texte handelt) literarische Erklärungen der Text-Text-Bezüge vorherrschen, auch wenn diese als „traditionsgeschichtlich" bezeichnet werden. Dies mag damit zusammenhängen, dass zum einen institutionelle Haftpunkte für geprägte Vorstellungen fraglich geworden sind und zum anderen solche aufgegriffene Vorstellungen sich oft als überhaupt nur durch schriftstellerische Tätigkeit geprägte erweisen. Dennoch ist an der Möglichkeit einer traditionsgeschichtlichen Interpretation festzuhalten, die mit dem Aufgreifen vorgeprägter Sachverhalte rechnet, ohne dass diese schriftlich vorliegen. Denn einmal darf das begrenzte Wissen, das als institutionelle Verortung von Traditionen derzeit scheinbar nur die Vorstellung von einem Bibliotheks- und Schulbetrieb[51] erlaubt, nicht zu einer absoluten und ausschließlichen Erklärungsmöglichkeit werden. (Denn was haben die diversen Bevölkerungsschichten diskutiert, geprägt und tradiert?) Andererseits ist zu vermuten, dass die verschiedenen, theologisch reflektierenden Kreise in einem gedanklichen Austausch miteinander standen und dabei auch neue geprägte Vorstellungen miteinander diskutiert haben und nicht allein schriftlich kommunizierend nebeneinanderher existiert haben. Es ist anzunehmen, dass es selbst in einem relativ engen Rahmen eines Jerusalemer Bibliotheks- und Schulbetriebs sogar „nebeneinander Lehrer mit verschiedenen Auffassungen und verschiedenen sprachlich-literarischen Tendenzen gegeben hat"[52], da jeder durch ein jeweils eigenes persönliches Umfeld und dessen Denkweise sozialisiert gewesen ist. Darüber hinaus ist zu beachten, dass auch von vornherein schriftlich geprägte Vorstellungen in Kommunikationsprozesse eingehen müssen, um wirksam zu werden, und solche Kommunikationsprozesse nicht ausschließlich schriftlich zu denken sind[53]. Angesichts dieser Überlegungen empfiehlt es sich also, mit der Möglichkeit mündlicher Traditionsbildung auch in der Spätzeit zu rechnen.

Daher ist zwischen einer traditionsgeschichtlichen Interpretation von Text-Text-Bezügen im engeren Sinn (wie eben beschrieben) und der traditionsgeschichtlichen Erklärung der Beziehungen im weiteren Sinn, nämlich durch literarisches Aufgreifen von Prätexten durch Folgetexte zu unterschei-

---

51   Vgl. Lohfink, Bewegung, 335ff., besonders 346.
52   Lohfink, Bewegung, 346f.
53   S. Utzschneider, Künder, 20: „D. h. etwa: er muß als geschriebener Text (vor-)gelesen werden, als gelesener Text besprochen werden und diskutiert werden. Wir rechnen also auch im Gebrauch schriftprophetischer Texte mit einer Kommunikationsumgebung, in der die geschriebenen Texte ‚laut' werden, in der Mündlichkeit und Schriftlichkeit koexistieren."

den. Das wäre die *zweite* Möglichkeit der Erklärung von Text-Text-Bezügen. *Literarische Abhängigkeit* kann aufgrund folgender Kriterien angenommen werden: Je mehr Bezüge ausgemacht werden können, wobei es sich hierbei um zentrale Begriffe, ungewöhnliche Vokabeln in einem engen Kontext[54], Gesamtanlage bzw. Struktur handeln kann[55], desto wahrscheinlicher setzt ein Text literarisch einen anderen voraus und hängt von ihm ab. Die Wahrscheinlichkeit steigt, je vielfältiger die Bezüge sind, und (trotz oben vorgebrachter Bedenken, die vor voreiligen Schlussfolgerungen bewahren sollen) je später solche Bezugnahmen zu datieren sind. Weiter kann von einem Zitat gesprochen werden, wenn mehrere aufeinander folgende Wörter der angenommenen Vorlage identisch wiederholt werden[56]. Lässt sich zwischen zwei oder mehreren Texten literarische Abhängigkeit beobachten, folgt aus dem Befund, dass dem Autor eines Textes Stoff, der in der Gestalt eines (oder mehreren) literarisch fixierten Textes vorlag, aufgegriffen hat. Auf diese Weise hätte er den bereits existenten Text als Formulierungshilfe benutzt oder die bereits schriftlich festgehaltenen Vorstellungen neu zur Sprache gebracht und ausgelegt, und dabei einzelne Aspekte aufgegriffen oder sich durchgängig auf den fixierten Text bezogen. Dieser Vorgang ist wohl am sinnvollsten als schriftgelehrte Exegese zu bezeichnen.

Davon zu unterscheiden wäre jedoch die innerbiblische Adaption[57]. Denn – die enge Definition literarischer Abhängigkeit ein wenig aufweichend – ist damit zu rechnen, dass gerade in der Spätzeit (und vor allem im Umfeld des Jerusalemer Bibliotheks- und Schulbetriebs) Texte aufgrund von Kommunikationsvorgängen, Lektüre und Schreibtätigkeit so bekannt waren, dass auch ohne ihre direkte Vorlage Bezug auf sie genommen werden konnte. Daher ist neben der schriftgelehrten Exegese mit freien Anspielungen und mit aus dem Gedächtnis heraus erfolgten Zitaten als Phänomenen zu rechnen. Damit wird freilich die Grenze zur traditionsgeschichtlichen Erklärung von Bezügen im engeren Sinn wieder fließend.

Da innerbiblische Adaption bzw. schriftgelehrte Exegese, die durch literarische Abhängigkeit kenntlich wird, eine Textbindung voraussetzt[58], stellt sie einen redaktionell zu nennenden Vorgang dar. Von Redaktionsgeschichte ist sie aber zu unterscheiden[59]. Diese zweite Möglichkeit einer Text-Text-

---

54  S. Aejmelaeus, Prophet, 32, die von „drei gemeinsamen, am besten ungewöhnlichen (oder zwei sehr ungewöhnlichen) Vokabeln" spricht.
55  Vgl. Schaefer, Zechariah 14, 70ff., der zwischen Strukturparallelen, thematischen Parallelen und Wortparallelen unterscheidet und diese gewichtet.
56  S. Aejmelaeus, Prophet, 32.
57  Beides ist nicht dasselbe: Utzschneider, Künder, 13, weist unter Berücksichtigung der Arbeiten von Fishbane, Interpretation, und Seeligmann, Voraussetzungen, darauf hin, dass zwischen Adaptionen verschiedener Art und richtiggehender Exegese unterschieden werden muss.
58  Nach Kratz, Redaktionsgeschichte/Redaktionskritik, 369, ist die Textbindung konstitutiv für das Phänomen der Redaktion.
59  Nur wenn diese Unterscheidung bewusst bleibt, kann Schmid, Schriftauslegung, 2ff., der „innerbiblische Schriftauslegung" unter Redaktionsgeschichte subsumiert, und dem Satz

Beziehung ist zwar eine literarische, darf aber nicht von vornherein redaktionsgeschichtlich ausgewertet werden: sie steht zwischen traditions- und redaktionsgeschichtlicher Erklärung. Ein literarischer Text-Text-Bezug kann
demnach nicht automatisch als Hinweis für die Entstehungsgeschichte des
Dodekapropheton fungieren.

Die *redaktionskritische bzw. redaktionsgeschichtliche Auswertung* von
Beziehungen zwischen Texten wäre nun die *dritte* Möglichkeit. Unter dem
umfassenden Begriff der „Redaktion" sind aber verschiedene Vorgänge zu
subsumieren[60]. Zum einen (a) wäre hier die Erstverschriftung bislang münd-
lich überlieferten Stoffs zu nennen, die über ein bloßes Aufzeichnen hinaus
auch eine bestimmte Anordnung, eine gewisse Umformulierung und eine
Strukturierung bewirkt. Als ein weiteres Phänomen (b) stellt sich die Komposition bereits vorliegender literarischer Einheiten dar, wobei hier in einem
gewissen Umfang auch mit der Neubildung von Rahmenformulierungen oder
Verbindungsstücken zu rechnen ist. Davon zu unterscheiden ist sodann (c)
die Kompilation von Quellen, die als weitgehend bloß mechanisches Zusammenstellen zu begreifen ist. Darüber hinaus wäre schließlich (d) die umfangreichere literarische Neuproduktion ein weiterer Aspekt redaktionellen
Arbeitens. Sie kann sich entweder (d1) als Fortschreibung lediglich auf einen
Teilabschnitt beziehen, (d2) als Buch umfassende Bearbeitung (Redaktionsschicht) an mehreren Stellen in einem Buchganzen oder sogar (d3) als Buch
bzw. Schriften übergreifende Bearbeitung über Schriftengrenzen hinaus tätig
sein. Die materiellen und soziologischen Rahmenbedingungen für die Buch-
produktion im alten Israel bzw. Juda stehen dabei der Annahme einer komplexen und differenzierten Entstehungsgeschichte alttestamentlicher Schriften
nicht entgegen[61]. Den Ausgangspunkt der Redaktionskritik können die Kohä-
renzstörungen eines Textes oder größeren Abschnitts bilden, die Unabge-
schlossenheit eines Textes, die Stellung eines Textes im Kontext, die jeweiligen historischen, religions- oder geistesgeschichtlichen Hintergründe und das
theologische Profil eines Textes oder Textteils[62]. Text-Text-Bezüge können
auf gemeinsame Sprache bzw. Stil, die gleichen geistigen oder historischen

---

„Innerbiblische Exegese und die Redaktionsgeschichte der biblischen Bücher sind eins."
von Kratz, Exegese, 69, zugestimmt werden.

60  S. zum Folgenden Steck, Exegese, 77ff.82ff.; Kratz, Redaktionsgeschichte/Redaktions-
kritik, 369.

61  S. dazu Schmid, Buchgestalten, 35ff., besonders 39ff., der für die diversen Redaktions-
arbeiten folgende materiale Möglichkeiten entwirft: technisch einfach hätten Erweiterungen am Anfang oder Ende einer Schriftrolle oder einer Kolumne angebracht werden,
kleinere Zusätze auch an den Kolumnenrand oder zwischen Zeilen eingeschrieben werden können; darüber hinaus müsse aufgrund der begrenzten Haltbarkeit oder aufgrund
des Schreibunterrichts auch immer wieder mit dem Abschreiben von Rollen gerechnet
werden, wobei an Ränder notierte Zusätze eingearbeitet, aber auch weitergehende Fortschreibungen und Redaktionsvorgänge vorgenommen worden sein dürften; sogar umfangreichere Änderungen an bestehenden Rollen durch Schneiden und Nähen seien
denkbar.

62  S. Steck, Exegese, 82ff.; Kratz, Redaktionsgeschichte/Redaktionskritik, 369.

Hintergründe, die gleiche theologische Intention von Texten oder Textteilen eines Autors oder einer übergreifenden Bearbeitung (Redaktionsschicht) verweisen. Sie können aber auch nur Resultat eines Formulierungen aufgreifenden punktuellen Fortschreibens sein oder auf kompositorische und kompilatorische Absichten hinweisen. Zu beachten ist, dass „Vorlage und Redaktion [...] gemeinsam ein neues Ganzes [bilden], und nur dieses neue Ganze repräsentiert den Gestaltungs- und Aussagewillen der Redaktion"[63]. Wichtig und zentral für den Begriff der Redaktion ist nun aber, dass die diversen Vorgänge eine inhaltliche Absicht verfolgen, dass sie somit eine spezifische theologische Intention verraten[64]. Darauf zu achten, scheint gerade für die Spätzeit wichtig. Denn nur so kann der selbst in einem einzigen Bibliotheks- und Schulbetrieb vorhandenen Differenziertheit der Anschauungen und Personen bzw. Gruppen[65] genügend Rechnung getragen werden.

Da der Begriff der Redaktion aber so vielfältige Phänomene bezeichnet – um auf den oben dargelegten zweiten Fall zurückzukommen: redaktionelle Vorgänge in ihrer Vielfalt können immer auch schriftgelehrte Arbeit darstellen –, ist sorgfältig zu prüfen, welche Reichweite redaktionell zu nennende Vorgänge besitzen und welche Schlussfolgerungen redaktionelle Text-Text-Beziehungen jeweils erlauben. Es darf nämlich nicht automatisch gefolgert werden, dass durch redaktionell zu erklärende Text-Text-Beziehungen Schriften miteinander in eine literarische Beziehung gesetzt werden sollten.[66] Denn dies wäre eine Verengung des weiten Verständnisses von Redaktion, die auch Phänomene wie punktuelle Ergänzungen oder umfangreichere Fortschreibungen bezeichnet, die nicht unbesehen als eine ein ganzes Buch umfassende oder gar mehrere Bücher übergreifende Bearbeitungsschicht begriffen werden dürfen.

Noch einmal sei darauf hingewiesen, dass literarische Abhängigkeiten (von möglichen traditionsgeschichtlichen Beziehungen einmal ganz abgesehen) zwischen Texten und schriftgelehrtes Aufgreifen und Neuauslegen nicht

---

63 Kratz, Redaktionsgeschichte/Redaktionskritik, 370; s. auch Steck, Exegese, 79f. Vgl. auch Jeremias, Micha 1, 137: „Streng genommen müsste jedes einzelne Prophetenwort bzw. jeder einzelne Text auf jeder dieser verschiedenen Deutungsebenen [gemeint ist von der Erstverschriftung bis zum fertigen Buch; M. B.] gesondert ausgelegt werden, so dass sein je gewachsener Verständnishorizont – dank der Einbindung in immer umfassendere Kompositionen und Kontexte – sichtbar würde."
64 S. Steck, Exegese, 80f.88; Kratz, Redaktionsgeschichte/Redaktionskritik, 369.370.
65 S. Lohfink, Bewegung, 346f., und bereits oben S. 38.
66 Übrigens wäre nur in diesem Fall die Annahme gesichert, dass der Folgetext auch Rückwirkungen für das Verständnis des Prätextes hätte. Aber es können ja auch bloß Texte punktuell um Beziehungen zu anderen Texten bereichert worden sein oder Texte um Einsichten fortgeschrieben worden sein, die aus der Beschäftigung mit anderen Texten neu gewonnen wurden. Ob in diesem Fall aufgrund des engen sozialen und institutionellen Kontextes (zu diesem Kriterium s. Bormann, Ps 110, 172ff.) hinsichtlich der Schriftgelehrsamkeit im Jerusalemer Tempelbereich angenommen werden darf, dass auch Folgetexte Auswirkungen auf das Verständnis der Prätexte haben, ist möglich, dennoch aber nicht zwingend.

automatisch als Hinweise für Einzelschriften zu einer größeren Einheit zu-
sammenarbeitende Prozesse dienen können.

Nach dem bisher Gesagten versteht sich von selbst, dass die Beweiskraft
von Wortbezügen nicht zu hoch zu veranschlagen ist, da für solche Beziehungen verschiedene Erklärungsmöglichkeiten ins Auge gefasst werden müssen. Eine bloße Auflistung von Wortbezügen zum Erweis redaktioneller Vorgänge, die zur Entstehung von Schriftenkorpora geführt oder Schriften übergreifend gearbeitet hätten, ist als unzureichend zu erachten. Auch synchrone
Beziehungen, selbst wenn diese bei der Erhebung des Aussagewillens eines
neu formulierten Komplexes eine Rolle spielen mögen[67], dürfen angesichts
der diversen diachronen Interpretationsspielräume für Text-Text-Bezüge,
nicht unbesehen in die Beweisführung mit eingebracht werden: eine auf einen
bestimmten Kontext bezogene Lektüreweise kann nicht die Entstehung dieses
Zusammenhangs begründen.

Angesichts der hier vorgetragenen kritischen Überlegungen stellt sich
freilich grundsätzlich die Frage, aufgrund welcher Kriterien überhaupt Redaktionsprozesse, welche die Einheit des Dodekapropheton bewirken, nachgewiesen werden können. Zum einen würde diesen Nachweis die Beobachtung von (sekundären) Passagen ermöglichen, die aus der gleichen Zeit stammen und sich durch gleiche Sprache, gleiche Wendungen, gleichen Stil und
gleiche theologische Intention als zusammenhängend und wahrscheinlich auf
eine Hand zurückgehend zu erkennen geben[68]. Nun ist im Fall der vermutlich
irgendwann einmal entstandenen Gesamtgröße Dodekapropheton die Möglichkeit von Schriftengrenzen überschreitender und Schrift miteinander
verbindender Redaktionstätigkeit genauso einzuräumen wie vorläufig mit der
Möglichkeit zu rechnen ist, dass sich eine gesamte Schrift literarisch sekundär zu ihrem bis zu ihrer Abfassung vielleicht schon bestehenden Schriftenkontext (dessen Existenz eigens nachzuweisen wäre) verhält. Damit zum anderen auch Fortschreibungen, die schriftgelehrte Exegese betreiben, ohne
dass sich entsprechende sekundäre Passagen an anderen Stellen der zu vermutenden Schriftensammlung des werdenden Dodekapropheton herauskristallisieren, als Nachweise für Entstehungsprozesse des Dodekapropheton
herangezogen werden können, müssten solche Fortschreibungen an zentralen
Positionen zu stehen kommen bzw. sich auf Stellen an ebenso zentralen Positionen beziehen. Oder sie müssten im eng begrenzten Schriftenkontext Ver-
ständnisprobleme aufwerfen, so dass für ihre Deutung ein umfassenderer
Kontext vorauszusetzen wäre.

Da ein mehrere Schriften umfassender Zusammenhang nicht unhinterfragt
vorausgesetzt werden kann, und angesichts der durchaus offenen Frage, ob
und inwiefern das Dodekapropheton als Einheit interpretiert werden kann,
empfiehlt es sich daher bei den konkreten Einzeltexten sowie bei deren Stellung und Einbindung im Primärkontext der jeweiligen Prophetenschrift anzu-

---

67 S. Kratz, Redaktion, 13.
68 Vgl. Albertz, Exilszeit, 166.

setzen und erst in einem zweiten Schritt die darüber hinausreichenden Beziehungen zu erörtern und zu klären[69].


### 3. Textbelege für den „Tag YHWHs" im Dodekapropheton

Wie sind nun die „Tag YHWHs"-Texte einzugrenzen, d. h. welche Texte dürfen überhaupt als Belege für den „Tag YHWHs" angesehen bzw. als primärer Ausgangspunkt für eine Untersuchung herangezogen werden?[70] Denn die exakte Formulierung יוֹם יְהוָה begegnet im gesamten Alten Testament nur sechzehn Mal[71], nämlich Jes 13,6.9; Ez 13,5; Joel 1,15; 2,1.11; 3,4; 4,14; Am 5,18(2×).20; Ob 15; Zeph 1,7.14(2×); Mal 3,23, davon immerhin dreizehn Mal im Dodekapropheton.

Sodann wären Belege mit der Wendung יוֹם X-יְהוָה zu beachten, die allerdings nur dann als Hinweis auf den „Tag YHWHs" angesehen werden dürfen, wenn das Element X eine Beziehung zu den eindeutigen „Tag YHWHs"-Texten aufweist. Dann kommen zunächst folgende Stellen in Frage: Ez 7,19; Zeph 1,18; 2,2.3; Thr 2,22. Denn in diesen Belegen nehmen stets Ausdrücke für den Zorn YHWHs den Platz X ein. Heranzuziehen ist zusätzlich Zeph 1,8 (X = זֶבַח), da der Kontext dieser Stelle zeigt, dass Zeph 1,8 in die Gruppe der „Tag YHWHs"-Belege einzuordnen ist. Im Licht von Joel 4 kann wohl auch der eine heilvolle Vorstellung verratende Beleg Jes 14,3 (יוֹם הָנִיחַ יְהוָה) berücksichtigt werden[72]. Die Wendung יוֹם חַג־יְהוָה in Hos 9,5 dagegen stellt vermutlich einen Terminus für den Gottesdienst dar (vgl. etwa Hos 2,15; 12,10)[73].

Als Variation der exakten Wendung kann weiter der Ausdruck יוֹם לַיהוָה angesehen werden, der zweimal auftaucht: in Jes 2,12 und Ez 30,3[74]. Auch diese Formulierung kann gesprengt werden und ist unter Berücksichtigung der eben genannten Bedingung in der Form יוֹם X-לַיהוָה in Jes 34,8; Sach 14,1, in der Gestalt יוֹם X לַאֲדֹנָי יְהוִה צְבָאוֹת in Jes 22,5, in der Form

---

69 Vgl. Albertz, Exile, 235.
70 Vgl. hierzu z. B. Weiss, Origin, Table B; Černý, Day, 17ff. sowie Appendix I, und schließlich Zapff, Prophetie, 68ff., dem ich mich im Wesentlichen anschließe. Auch wenn Zapff im Zusammenhang nach der Frage der Herleitung und Konzeption des „Tages YHWHs" bei der Belegauswahl so restriktiv verfährt, empfiehlt sich m. E. ein ähnlich strenges Auswahlverfahren im Blick auf kompositions- bzw. redaktionsgeschichtliche Fragen.
71 LXX liest zusätzlich in Jer 25,33 (32,33); Ez 7,10 ἡμέρα κυρίου. Gegenüber MT dürfte es sich hierbei aber um sekundäre Spezifizierungen handeln.
72 S. auch Kaiser, ATD 18, 24, der mit dem Kontext von Jes 13 argumentiert.
73 Gegen Petersen, Book, 9, der auch Hos 9,5 zu diesen „Tag YHWHs"-Belegen rechnet.
74 Nicht als „Tag YHWHs"-Belege anzusehen sind die Stellen Ex 16,25; 32,29; Lev 23,34; Dtn 26,3; 46,13; I Chr 29,5.

יוֹם X לֵאלֹהֵינוּ in Jes 61,2 und mit der Formulierung לַאדֹנָי יְהוִה צְבָאוֹת
יוֹם X in Jer 46,10, insgesamt also fünfmal bezeugt[75].

Ob Wendungen, in denen im Kontext des יוֹם das handelnde göttliche
Subjekt erwähnt ist (z. B. Jes 13,13; Jer 50,31; Ez 24,25; Am 3,14; Zeph 3,8;
Mal 3,2.17.21; Thr 1,12; 2,21), und Formulierungen in der Form X-יוֹם ohne
Nennung des Gottesnamens (also z. B. Jes 9,3; 10,3; 13,13; (27,8?;) 30,25;
37,3; 49,8; 63,4; Jer 12,3; 16,19; 17,17.18; 18,17; 27,22; 46,21; 50,27; 51,2;
Ez 7,7; 22,24; 26,18; 27,27; 30,3; 30,9; 34,12; 36,33; Hos 2,2; 5,9; 9,7;
10,14; Joel 2,2; Am 1,14[2×]; 6,3; 8,10; Ob 12-14[76]; Mi 7,4; Nah 1,7; 2,4[77];
Hab 3,16; Zeph 1,15f.[6×]; Sach 14,3[2×]; Thr 2,1) als Belegstellen für den
„Tag YHWHs" angesehen werden dürfen, muss angesichts ihres unmittelbaren Kontextes und ihrer Bezüge entschieden werden (vgl. z. B. auch Jer
30,7).[78]

Belege der Wendung (הַ)הוּא יוֹם(+בְּ) gehören nicht zu dem hier interessierenden Themenkreis, da diese Formulierung völlig unabhängig von einer
„Tag YHWHs"-Vorstellung" grundsätzlich als Zeitadverb verständlich ist.[79]
Nur wenn die Formel im Zusammenhang mit einem klaren יְהוָה יוֹם-Beleg
begegnet, kann sie mit herangezogen werden.[80]

Die bloße Erwähnung des Lexems יוֹם kommt schon gar nicht als „Tag
YHWHs"-Beleg in Frage. Ob vielleicht Assoziationen an den „Tag YHWHs"
geweckt werden sollen[81], bedürfte jeweils einer eingehenden Begründung.

Somit ergibt sich für das Dodekapropheton folgende Verteilung:

| Prophetenschrift | exakt: יוֹם יְהוָה | variiert: יוֹם X-(לְ)יְהוָה | fernere, aber evtl. weitere mög- liche Belege |
|---|---|---|---|
| Hos | – | – | 2,2; 5,9; 9,7; 10,14 |
| Joel | 1,15; 2,1.11; 3,4; 4,14 | – | 2,2 |
| Am | 5,18(2x).20 | – | 1,14(2x); 3,14 |

75  Jes 58,5 scheidet als „Tag YHWHs"-Beleg aus, weil hier das Element X רָצוֹן lautet und
    die Wendung parallel zum Fasttag steht.
76  Zu diesen Stellen vgl. Snyman, Yom, 86f., der die These vertritt, dass die Verse Ob 12-
    14 unter dem „Tag YHWHs" den bereits geschehenen Fall Jerusalems verstünden (ana-
    log Thr 1,12; 2,1.21), während der „Tag YHWHs" in V. 15 auf die künftige Vernichtung
    Edoms vorausblicke. Weniger überzeugend ist dann der Versuch, auch die Zeitangabe
    von V. 8 bereits als „Tag YHWHs"-Beleg zu interpretieren.
77  Nah 3,17 („Tag des Frostes") bezeichnet trotz seiner Affinität zu Joel 1-2 nur die Kälte.
78  Vgl. auch Zapff, Prophetie, 69.
79  S. v. a. Munch, Expression, 6f.56f.; von Soden u. a., יוֹם, 569f. Gegen Gressmann, Ur-
    sprung, 142f.336, aber auch gegen Westermann, Heilsworte, 198f. Sodann gegen Peter-
    sen, Book, 9, der auch Mi 2,4 und Hag 2,23 zu den „Tag YHWHs"-Belegen dazu rech-
    net, gegen Kessler, Buch, 144, der auch Mi 2,4; 4,1.6.9 mit heranziehen möchte, sowie
    gegen den viel zu unbefangenen Umgang mit der Formel auf der synchronen Ebene bei
    Nogalski, Day(s), 193ff., der auch Hos 2,18.20.23; Am 8,9-14; 9,11-15; Ob 11-14 als
    Belege für den „Tag YHWHs" ansieht.
80  So auch Zapff, Prophetie, 68 Anm. 215.
81  So Rendtorff, Book, 150; Nogalski, Day(s), 195f.

| Ob | 15 | – | 12b.14(.12a.13) |
|------|-----------|--------------|-------------------|
| Jon | – | – | – |
| Mi | – | – | 3,6; 7,4 |
| Nah | – | – | 1,7; 2,4 |
| Hab | – | – | 3,16 |
| Zeph | 1,7.14(2×) | 1,8.18; 2,2.3 | 1,15-16 (6×); 3,8 |
| Hag | – | – | – |
| Sach | – | 14,1 | 14,3(2×) |
| Mal | 3,23 | – | 3,2.17.21 |

Die folgende Untersuchung müsste nun eingehend die genannten Belege aller Kategorien analysieren. Eine schwerpunktmäßige Konzentration auf Am 5,18-20, auf den ersten Teil der Zephanjaschrift, auf die „Tag YHWHs"-Texte der Joelschrift und Maleachischrift sowie auf Sach 14 reicht jedoch völlig aus, um aussagekräftige Schlussfolgerungen ziehen zu können. Da sich diese Texte innerhalb des Prophetenbuches an sehr unterschiedlichen Positionen befinden, literarisch überaus komplexe Befunde bieten und traditionellerweise über eine Zeitspanne von mehr als vierhundert Jahren hinweg datiert werden, besitzt das anhand ihrer Analyse erzielte Ergebnis repräsentativen Charakter. Die anderen genannten möglichen Belege werden an Punkten, an denen es sich anbietet[82], knapp zur Sprache kommen.

---

82  Zu den Hos- und Mi- sowie weiteren Am-Stellen s. S. 61ff. Zu Ob s. etwa S. 104 Anm. 166 sowie S. 118.157.184.186ff. Zu Hab 3,16 und Nah 1,7 s. S. 245. Zu Zeph 3,8 vgl. etwa S. 117.196.232.

# Kapitel III: Der „Tag YHWHs"-Text Am 5,18-20

## *1. Die Relevanz des Textes*

Bei der traditionsgeschichtlichen Frage nach der Herkunft der Vorstellung vom „Tag YHWHs" gilt Am 5,18-20 weitgehend als eine Paradestelle. Hier meint man den Begriff „Tag YHWHs" zum ersten Mal greifen zu können. Außerdem scheint die Aussage des Textes hinreichend klar: der Prophet A-mos habe die Erwartung des Volkes, die mit einem heilvollen Eingreifen YHWHs zugunsten Israels rechnete, in ihr Gegenteil verkehrt, den Begriff „Tag YHWHs" negativ qualifiziert und ihn so als eine Gerichtstag über Israel neu geprägt. Im Folgenden soll aufgrund des Interesses dieser Untersuchung die Frage nach Ursprung und Herkunft des „Tages YHWHs" jedoch nicht im Vordergrund stehen[1].

Vielmehr sind hier die Probleme zu behandeln, die für die Frage nach der Einheit des Dodekapropheton relevant sind. In dieser Hinsicht besitzt der Abschnitt Am 5,18-20 nämlich auch einige Bedeutung.

Rendtorff beschreibt auf der synchronen Ebene den Kontrast zwischen Am 5,18-20 und Joel.

Vom Ende der Joelschrift her könnten Leser einen für Israel heilvollen und gegen die Völker gerichteten „Tag YHWHs" erwarten und sich durch die Zitierung von Joel 4,16 in Am 1,2 und durch den Beginn der Amosschrift mit Völkersprüchen, die eine Linie von Joel 4 fortsetzten, darin bestärkt sehen. Am arbeite dann aber sukzessive einen anderen Charakter des „Tages YHWHs" heraus, der nach Joel 2 durchaus auch bekannt sei, nun aber nicht ver-gessen werden dürfe: in das gegen die Völker gerichtete Unheil sei Israel eingeschlossen (Am 2,16), der „Tag YHWHs" sei ein Tag der Bestrafung Israels (Am 3,14) und der Zion gebe keine Sicherheit (Am 6,1). Die Kernstelle Am 5,18-20 bringe dies auf den Punkt. Die in Am 5 vorausgegangenen Aufforderungen zur Umkehr mit dem Vorbehalt des göttlichen „vielleicht" entsprächen ähnlichen Äußerungen in Joel 2.[2]

Auch Nogalski unterstreicht die Verbindung zwischen Joel 1-2 und Am 5.

Schon die Tatsache, dass die gleiche Formulierung, der „Tag YHWHs" sei finster und dunkel, in Joel 2,2 (außerdem in Zeph 1,14) wie in Am 5,18-20 begegne, falle dem Leser ins Auge. Thematische Bezüge und Stichwortverbindungen unterstützten dies: im Kontext Am 5 (V. 4f.16f.) fänden sich ebenso wie in Joel 1,10-12; 2,12 das Wehklagen der Landwirte und die Aufforderung zur Umkehr.[3]

---

1  S. lediglich die Erwägungen auf S. 60f.
2  So Rendtorff, Book, 144ff.; vgl. auch oben S. 25ff..
3  So Nogalski, Day(s), 631f.; vgl. auch oben S. 27f.

Schart und Bosshard-Nepustil nehmen diese Beobachtungen auf, interpretieren sie jedoch redaktionsgeschichtlich. Schart[4] rechnet Am 5,18-20 durchaus zur ältesten Amosschrift. Ihm kommt es aber vor allem auf die literarischen Bezüge an.

Am 5,18-20 habe erstens bereits bei der Verkündigung Zephanjas oder der Fixierung einer Erstausgabe der Zephanjaschrift seine Wirkung entfaltet[5], da Zeph hinsichtlich der Proklamation des „Tages YHWHs" nicht nur die Begrifflichkeit von Am 5,18.20 („Tag YHWHs", Dunkel und Finsternis), sondern weitere Termini aus der gesamten Amosschrift (Widderhorn und Alarm: Zeph 1,16; Am 1,14; 2,2, den Aufruf „still!": Zeph 1,7; Am 6,10; 8,3, vielleicht Zeph 2,3; Am 5,15, bitter Zeph 1,14; Am 8,10; durchsuchen Zeph 1,12; Am 9,3; Krieger Zeph 1,14; Am 2,14; Nähe des „Tages YHWHs" Zeph 1,7.14; Am 6,3) aufnehme. Zweitens habe sich Am 5,18-20 bei der Einarbeitung der Joelschrift als einflussreich erwiesen. Joel sei nämlich vielfach auf Am bezogen und zusammen mit Ob ganz bewusst als Rahmen um Am gesetzt worden. Aus der sich so ergebenden „Leseperspektive geurteilt muß sich Am 5,18-20 auf die Ankündigung des Tages Jahwes in Joel beziehen. Die von Amos angeredeten Hörer wünschen sich den Tag Jahwes herbei, vermutlich weil sie sich eine Verherrlichung Israels erwarten. Amos erinnert sie aber daran, daß sie die Botschaft des Joel nicht verkürzen dürfen [...]"[6].

Bosshard-Nepustil[7] dagegen, der versucht, vergleichbare Redaktionsschichten in Jesaja und im Dodekapropheton zu erweisen, schreibt Am 5,18-20 einer exilischen Redaktion zu.

Die sogenannte „Assur-Babel-Redaktion[XII]" habe mit Vorformen von Hos, Joel, Am, Mi, Nah, Hab und Zeph eine Vorstufe des Dodekapropheton geschaffen, die am Aufbau des entsprechenden Jesajabuchs orientiert gewesen sei, und habe u. a. die Texte Joel 1,1 - 2,11*; Am 5,18-20 und Zeph 1,1.4-16.17aα formuliert. Schon im Blick auf das Jes-Buch stellt Bosshard-Nepustil die „Frage, ob die Assur/Babel-Schicht den Begriff יהוה יום bzw. eine bestimmte Vorstellung vom יהוה יום in I Jes bereits vorgefunden hat, oder ob sie dies zur Hervorhebung der zentralen Zäsur 701 bzw. 587/6 v. Chr. und der jeweils anschließenden Zeit nicht selbst in das Buch eingebracht hat. Ohne hier auf die sich mit dem יהוה יום verbindende Problematik – etwa seine Herkunft überhaupt – eingehen zu können, glauben wir, daß letzteres der Fall ist, wenn auch das der Assur/Babel-Schicht vorliegende I Jes-Buch und die Erzählungen schon gewisse Ansätze dafür bieten, vgl. 30,8; 37,3, auch 7,17; 9,3; ?10,3."[8]

---

4  Zum „Tag YHWHs" s. Schart, Entstehung, 214ff.265.269f.273275f.279ff.295f. Außerdem vgl. bereits S. 12f.28ff.

5  Hierbei äußert sich Schart nicht besonders klar. Einerseits scheint er, Entstehung, 214, die Verkündigung des „Tages YHWHs" durchaus dem Propheten Zephanja zuzugestehen. Andererseits aber spricht er, Entstehung, 217, im Kontext der Notierung und Auswertung der Bezüge von der „D-Zef vorausliegenden Zefanjaschrift", die Am 5 in fest formulierter Gestalt gekannt haben müsse.

6  Schart, Entstehung, 265.

7  Vgl. bereits S. 13ff.31f.

8  Bosshard-Nepustil, Rezeptionen, 139. Für diese These spreche etwa derselbe Sachablauf in den Texten Jes 2,12ff.; 13,6; 22,5. Aus dieser Sichtweise, die Assur/Babel-Redaktion nach 587/6 hätte den Begriff „Tag YHWHs" eingetragen und auf die Ereignisse 701 bzw. 587/6 bezogen, folge, dass der „Tag YHWHs" schon „in den ältesten Belegen faktisch auf ein zurückliegendes Ereignis bezogen" sei, und zwar „ungeachtet dessen, ob im

Ebenso gehe auch im Dodekapropheton der Begriff „Tag YHWHs" erst auf die „Assur/Babel-Redaktion[XII]" zurück. Es „fügt [...] sich gut ein, wenn in Am 5,18-20 das Ende des Nordreichs vergleichbar mit dem – partiellen – Ende des Südreichs (vgl. *Joel, *Zeph) als יום יהוה gefaßt ist, so daß sich eine Teilhabe von Am 5,18-20 an unserer Schicht nahelegt."[9] Wenn mit den mit הוי bedachten Leuten Heilspropheten gemeint seien, passe dies gut zu der Annahme, die „Assur/Babel-Schicht[XII]" sei durch Kultpropheten getragen, sei es dass diese für das Nordreich nur einen Gerichtspropheten für angemessen, sei es dass sie ohnehin nur Kultpropheten aus dem Südreich für legitim hielten. Außerdem könne mit einer Zuordnung von Am 5,18-20 zur „Assur/Babel-Schicht[XII]" die Schwierigkeit vermieden werden, den Text als einsamen Vorläufer des „Tag YHWHs"-Motivs erklären zu müssen.[10]

Mit der Vorstellung dieser Positionen ist die Problemlage umrissen, die es im Folgenden zu untersuchen gilt: Wann ist der Text Am 5,18-20 entstanden? Ist er der älteste Text, der den Begriff „Tag YHWHs" enthält? Gehört er zur ältesten Amosschrift und ist er in diesem Kontext verständlich? Oder verdankt er sich einer späteren Redaktionsschicht? Welchen Charakter besitzen seine vermeintlichen Bezüge?

## 2. Textgrundlage

18a Wehe denen[11], die sich wünschen den Tag YHWHs!
  b Was[12] (bringt) euch denn der Tag YHWHs?
    Er[13] ist Finsternis und nicht Licht!
19aα Zum Vergleich: es flieht ein Mann vor dem Löwen,
    aβ da trifft ihn der Bär,
  bα doch er gelangt ins Haus bβ und stützt seine Hand an die Wand,
    bγ da beißt ihn die Schlange.
20a Ist nicht Finsternis der Tag YHWHs und nicht Licht,
  20b Dunkel[14] und nicht Glanz?[15]

---

Vorblick (2,12ff.; 13,6) oder im Rückblick (22,5) formuliert wird" (ebd., 141). Ein eschatologischer Sinn sei daher dem „Tag YHWHs" nicht abzugewinnen.
9  Bosshard-Nepustil, Rezeptionen, 345.
10  So Bosshard-Nepustil, Rezeptionen, 345.
11  Hardmeier, Texttheorie, 270, übersetzt das personaldeiktisch neutrale Partizip von V. 18b hier mit 2. Person Plural („Wehe! Die ihr den Tag YHWHs herbeiwünscht!").
12  הֲ verstärkt hier das Fragepronomen: s. Gesenius/Kautzsch, Grammatik, §136c.
13  Sollte LXX hier ein והוא gelesen haben, so ist angesichts zahlreicher Parallelen für beide Möglichkeiten kaum zu entscheiden, welche Lesart als schwierigere und demzufolge ursprünglichere aufzufassen ist. MT ist allein aufgrund seines Gewichtes vorzuziehen.
14  Als Substantiv aufzufassen? Dazu s. etwa Wolff, BK.AT XIV/2, 298, Textanm. 20a; Jeremias, ATD 24,2, 74 Anm. 1; Schoblocher, Finsternis, 100. Anders Rudolph, KAT XIII,2, 202 Textanm. 20a.
15  V. 20b kann entweder als Fortsetzung des in V. 20a begonnen Fragesatzes verstanden (dafür spricht das *waw copulativum* jeweils vor den beiden Gliedern in V. 20b; s. etwa

## 3. Literargeschichtliche Probleme

### 3.1. Abgrenzung und Einheitlichkeit

Das einleitende הוֹי fungiert als Aufmerksamkeitserreger, der den Beginn eines neuen Abschnitts markiert. Die vorangehende Einheit ist zudem mit dem sich auf die Botenformel zu Beginn des V. 16 beziehenden Schlusssatz אָמַר יְהוָה klar abgeschlossen. Zwar finden sich zwischen V. 16f. und V. 18ff. Berührungen in Bezug auf das semantische Feld „Wehklage" (in V. 16f.: הוֹי, נְהִי, מִסְפֵּד), jedoch stellt das V. 18 einleitende הוֹי eine Anwendung des der Totenklage entstammenden Klagerufs dar[16], während die Thematik von V. 18ff., die Finsternis des „Tages YHWHs", sich hinsichtlich der Begriffswahl von derjenigen in V. 16f. (Ankündigung kommenden Unheils und Illustration mit der Wehklage) unterscheidet. Außerdem begegnet in V. 18 angesichts der Konstruktion mit Nominal- bzw. Partizipialsätzen ein von V. 16f. verschiedener Stil. Entsprechend grenzt auch die masoretische Setuma nach V. 17 ab.

Als nächster Einschnitt ist V. 21 anzusehen, da hier die Prophetenrede in Gottesrede wechselt und nach den zahlreichen Nominalsätzen, mit denen V. 18 und V. 20 formuliert sind, wieder Verbalsätze gebraucht werden. Inhaltlich sind keine Berührungen zwischen V. 18-20 und V. 21ff. auszumachen, da die Thematik der Ablehnung von Gottesdienst und Opfer durch YHWH die V. 21ff. beherrscht.[17]

Somit stellt der Abschnitt Am 5,18-20 eine klar umrissene und eigenständige Einheit dar. Ihre Struktur kann folgendermaßen bestimmt werden:

18a Wehe gegen die, die sich den „Tag YHWHs" wünschen
18b Direkte Anrede: Infragestellung der „Tag YHWHs"-Vorstellung
18b Gegenposition: Charakterisierung des „Tages YHWHs"
19 Vergleich: dem Unheil ist wie letztlich dem Bär und der Schlange nicht zu entkommen
20 Rhetorische Frage: nochmalige Charakterisierung des „Tages YHWHs"

Der Abschnitt wird vielfach als einheitlich angesehen[18]. Etwa möchte Bosshard-Nepustil mit Beobachtungen zur Struktur des Abschnitts, der ein kohärenter Inhalt entspreche, seine Einheitlichkeit erweisen: er versteht V. 19 (A') und V. 20 (B') als begründende Entfaltung der in V. 18b (B) erfolgten Richtigstellung der Hörererwartung von V. 18a (A).

„In ironischer Aufnahme von V. 18a illustriert V. 19 die Unentrinnbarkeit dessen, was kommt: nicht etwa Heil, sondern vernichtendes Gericht. Und V. 20 kann, dies sachlich

---

Jeremias, ATD 24,2, 74) oder aber als eigenständiger Nominalsatz aufgefasst werden (dazu verweist Wolff, BK.AT XIV/2, 298 Textanm. 20b, auf das abschließende לֹ).

16  Vgl. Wanke, אוֹי, 218.
17  Vgl. die Diskussion bei Schoblocher, Finsternis, 101.
18  S. z. B. Jeremias, ATD 24,2, 75; Rottzoll, Studien, 214; Rudolph, KAT XIII,2, 201ff; Hardmeier, Texttheorie, 270ff.; Schoblocher, Finsternis, 105ff.

voraussetzend, nun in Form einer rhetorischen, Zustimmung fordernden Frage [...] V. 18bβ wiederholen und ausbauen."[19]

So gesehen kann zum einen dem scheinbar aus dem Rahmen fallenden V. 19 eine sinnvolle Funktion in der Einheit zugewiesen werden. Auch dass zum anderen V. 20 noch einmal den Inhalt von V. 18 wiederholt, lässt sich mit dieser Beschreibung des Aufbaus verständlich machen.

Dennoch werden Zweifel an der Einheitlichkeit des Abschnitts geäußert. Zunächst ist V. 19 betroffen. Der Vergleich mit dem Unglücksraben scheint nämlich durchaus eine inhaltliche Verschiebung zu bewirken. Spieckermann weist darauf hin, dass es V. 18 und V. 20 darum gehe, den „Tag YHWHs" als finster und gerade nicht hell zu bestimmen und diese Charakterisierung der Erwartung der Hörer entgegenzusetzen. Der Vergleich V. 19 ziele hingegen darauf, die Unentrinnbarkeit des „Tages YHWHs" zu betonen. Daher könnten beide Aussagen nicht auf der gleichen Ebene liegen.[20] Präzisierend wäre hinzuzufügen, dass die Betonung der Unentrinnbarkeit des Untergangs die virulente Hoffnung auf ein mögliches Entkommen voraussetzt. Dann kann es sich bei diesem Untergang aber nicht um den „Tag YHWHs" gehandelt haben, da dieser in den Hörererwartungen wohl durchweg positiv besetzt war. Wolff versucht zwar, die verschiedenen Aussagen – Unheil statt Heil und Unentrinnbarkeit – miteinander zu harmonisieren:

> „Daß Israel wiederholt dem Feind entrinnen konnte, Rettung erfuhr und ihm insofern der Tag Jahwes Jubel und Beute bedeutet, schließt nicht aus, daß er nun den Tod bringt"[21].

Die Betonung der Unentrinnbarkeit setzt aber zum Verständnis eine negative Vorstellung vom „Tag YHWHs" voraus, was nicht dazu passt, dass sich die Hörer des Amos nach V. 18 den „Tag YHWHs" als positives Ereignis wünschen. Daher wirkt es auf den ersten Blick plausibel, V. 19 als eine ursprünglich nicht mit den V. 18.20 verbundene, eigene Einheit anzusehen[22].

Dann stellten die verbleibenden V. 18.20 jedoch keinen stimmigen Text dar. Denn die Feststellung des finsteren Charakters des „Tages YHWHs" (V. 18b) und die rhetorische Frage mit dem gleichen Inhalt (V. 20a), müsste, wenn V. 19 nicht dazwischen steht, als störende Wiederholung angesehen werden. Deshalb wird entweder V. 18 insgesamt für ursprünglich und V. 20 für einen wiederholenden Nachtrag gehalten[23]. Oder es wird der zweite Satz

---

19 Bosshard-Nepustil, Rezeptionen, 345 Anm. 3. Vgl. ähnlich auch Hardmeier, Texttheorie, 270ff.; Schoblocher, Finsternis, 105ff.
20 So Spieckermann, Dies, 199f.; vgl. auch Fritz, Amosbuch, 37.
21 Wolff, BK.AT XIV/2, 301.
22 Zusätzlich könnte geltend gemacht werden, dass durch anaphorische Elemente oder lexematische Entsprechungen ein Bezug auf den „Tag YHWHs" nicht gegeben ist, V. 19 mit der Vergleichspartikel כַּאֲשֶׁר recht spröde an V. 18 angeschlossen ist und V. 19 auch syntaktisch auffällt, da er nur aus Verbalsätzen besteht, V. 18.20 dagegen aus Partizipial- bzw. Nominalsätzen.
23 So Fritz, Amosbuch, 38 Anm. 23.

von V. 18b (הוּא־חֹשֶׁךְ וְלֹא אוֹר) als sekundär beurteilt[24]. Oder es kann auch V. 18b (ohne die Frage, weil im gesamten Abschnitt nur hier eine direkte Anrede [לָכֶם] vorliegt) als ursprünglich angesehen und V. 20a für redaktionell gehalten werden[25]. Die zuletzt genannte Sichtweise würde auch gattungskritisch gestützt. Denn die Textteile V. 18ab(zweiter Satz).20b bildeten ein klares Wehewort, während mit den Fragen V. 18b(erster Satz).20a diskursive Elemente begegnen[26].

Wird V. 19 als ursprünglich eigenständig angesehen, wird er gewöhnlich als Sprichwort bzw. Bildwort bezeichnet[27]. Bei seiner Deutung werden jedoch Probleme offenbar. Bei Spieckermann befriedigt nicht, dass die Herkunft des Sprichworts unbestimmt bleibt. Fritz interpretiert:

---

24　Einige Kommentare (z. B. Wolff, BK.AT XIV/2, 298 Textanm. 18b-b) sehen den Satz, wie seine Auslassung in den Übersetzungen zeigt, offensichtlich als Glosse an, da er zu früh den Charakter des „Tages YHWHs" enthülle: die prägnante Aussage, der „Tag YHWHs" sei Finsternis und nicht Licht, nehme die Charakterisierung von V. 20 mit der Zustimmung heischenden rhetorischen Frage vorweg. Dieses Urteil setzt aber die Einheitlichkeit des Abschnitts V. 18-20 voraus und ist daher nicht zwingend. Außerdem wird man kaum von einer Glosse (Vgl. dazu die Definition von Utzschneider-Nitsche, Arbeitsbuch, 274: „*Glosse:* Eine kurze Einschreibung, die deutlich erklärenden Charakter hat." Steck, Exegese, 77, rechnet auch Glossen zu redaktionellen Vorgängen.) sprechen können: dass eine Glosse so präzise mit den Formulierungen des fortlaufenden Abschnitts übereinstimmte, ist ungewöhnlich; inhaltlich brächte sie keinen über den Text hinausgehenden Aspekt ein. Schon eher könnte man in dem Satz daher eine kompositorische bzw. redaktionelle Bildung sehen, die bei der Komposition mit V. 19 bereits V. 18 eine klare Aussage über den „Tag YHWHs" ermöglichen sollte, bevor mit V. 19 schon ein weiterer Aspekt angesprochen wird: So urteilen Willi-Plein, Vorformen, 37, und Spieckermann, Dies, 197f.

25　So Levin, Amosbuch, 266 Anm. 12; Lescow, Buch, 19 (auch V. 20b sei sekundär, jedoch älter als V. 20a). – Kratz, Worte, 79.80, entscheidet sich nicht definitiv für eine der Alternativen.

26　Die für einen Weheruf ungewöhnlichen Fragen notieren genauso auch Wolff, BK.AT XIV/2, 299; Jeremias, ATD 24,2, 76, ohne jedoch literargeschichtliche Konsequenzen zu ziehen. Hardmeier, Texttheorie, 270f. und 273, hingegen bestimmt die Am 5,18-20 zugrunde liegende Gattung als Disputationswort. Zwar sind auch in den Weheworten Jes 1,4-9; 10,5-15; 29,15f.; 45,9-13 diskursive Elemente ersichtlich. Aber die Annahme ist nicht unbegründet, dass diese Elemente erst im Lauf der Komposition bzw. Redaktion entstanden sind oder dass es sich bei diesen Texten um gattungsgeschichtlich bereits sehr fortgeschrittene Produkte handelt (s. z. B. Kaiser, ATD 17, 33.219ff.; ders. ATD 18, 219; Westermann, ATD 19, 134f.)

27　S. Fritz, Amosbuch, 37; Kratz, Worte, 79; Spieckermann, Dies, 198. Aufgrund der Einzigartigkeit des in V. 19 geschilderten Vorgangs ist der Spruch freilich mit einer Parabel (so klassifiziert Waschke, Vision, 443, den V. 19) verwandt (vgl. II Sam 12,1-4; Mt 20,1ff.). Jedoch widerrät die Kürze von V. 19 einer derartigen Gattungsbestimmung (s. Kaiser, Einleitung, 153). Außerdem ist die Einleitung von V. 19 mit כַּאֲשֶׁר so holprig, dass die Zuordnung des bildhaften Spruches zu einer Sache auch erst sekundär bewirkt worden sein kann.

„Das Bild von dem Menschen, der seinem Geschick nicht entfliehen kann, ist klar und spricht für sich: Wie der Mensch, so kann Israel dem, was Jahwe beschlossen hat, nicht entrinnen, das Unheil wird mit Sicherheit eintreffen."[28]

Nun muss aber hierfür ein entsprechender Situationsbezug postuliert werden, was methodisch schwer abzusichern ist. Anders verhält es sich etwa bei dem Spruch Am 3,12, der den Vergleich explizit auf die aktuelle Situation hin anwendet. V. 19 setzt daher zu seinem Verständnis unbedingt den Kontext V. 18.20 voraus. Die Rekonstruktion von Vorstufen, die der Fixierung auf der Ebene der Amosschrift vorausgehen, sind daher problematisch.

Deshalb wirkt eine Interpretation von Am 5,18-20 als literarisch einheitlich fixiertem Text am überzeugendsten.[29] Wie oben bereits gesagt, beleuchtet dieser zwei Aspekte des „Tages YHWHs": seinen finstern Charakter und seine Unentrinnbarkeit. Mit welchen Kompositions- und Redaktionsstrukturen im Ganzen der Amosschrift steht der Abschnitt Am 5,18-20 aber in Beziehung und wie ist er zu datieren?

## 3.2. Kompositionelle Stellung und Datierung

Die kompositionelle Makrostruktur der Amosschrift arbeitet eingehend Jeremias heraus.

Nach seinem Modell ist die Amosschrift zunächst in den mittleren Wortteil (Kap. 3-6) und die beiden äußeren Rahmenteile Völkersprüche (Kap. 1-2) und Visionsberichte (Kap. 7-9) zu untergliedern. Der Mittelteil wiederum wird durch zwei Teilüberschriften (3,1; 5,1) in zwei Teile geteilt, deren erster (Kap. 3-4) als YHWHrede gegen das Gottesvolk (בְּנֵי יִשְׂרָאֵל: 3,1.12; 4,5) und deren zweiter (Kap. 5-6) als Prophetenrede gegen den Staat (בֵּית יִשְׂרָאֵל: 5,1.3.4.25; 6,1.14) wahrgenommen werden will. Im Blick auf den zweiten Teil Kap. 5-6 fällt nach Jeremias in 5,1-17 eine Ringkomposition auf. Die beiden folgenden Großabschnitte sind – so Jeremias – überlegt gestaltet und der Überschrift „Leichenklage" (5,1) unterstellt. Denn auf „den Weheruf im engeren Sinne (5,18-20; 6,1-7) folgt [...] in der Gottesrede die sachliche Begründung mit Nennung dessen, was Jahwe zuwider ist (‚ich hasse ... ', 5,21-24; 6,8-11)", im Anschluss daran „eine didaktische Frage [...], die auf Einsicht der Leser aus ist (5,25; 6,12f.), bevor der Abschluß zum Anfang zurückkehrt und Jahwe beim Vollstrecken des Todesurteils beschreibt (5,27; 6,14)"[30]. Diese Struktur lässt sich wie folgt schematisieren:

| | | | |
|---|---|---|---|
| 1. | 5,18-20 | 6,1-7 | Weheruf |
| 2. | 5,21-24 | 6,8-11 | Gottesrede: ich hasse ... (Begründung) |
| 3. | 5,25-26 | 6,12-13 | didaktische Frage |
| 4. | 5,27 | 6,14 | YHWH als Vollstrecker |

Jeremias vertritt nun die These, dass dieser überlegte Aufbau bereits auf die Erstausgabe der Amosschrift, die nach dem Fall Samarias erfolgte, zu-

---

28  Fritz, Amosbuch, 37; s. auch Kratz, Worte, 79.

29  Vgl. auch Schoblocher, Finsternis, 102f., die die Wiederholung von V. 18b (zweiter Satz) und V. 20a als Inklusion interpretieren.

30  Jeremias, Amos 3-6, 153.

rückgehe[31]. Zwar beinhalte er in seiner Jetztgestalt eindeutig Textmaterial aus exilisch-nachexilischer Zeit (etwa die Doxologie 5,8, ihre Erweiterung durch 5,9 und weitere Zusätze: 5,5aβ.6.13.22aα.26)[32] und wolle auch dementsprechend interpretiert werden. Allerdings könnten aus dem verbleibenden Textbestand keine Hinweise darauf gewonnen werden, dass dieser erst aus der Exils- oder Nachexilszeit stamme.

Vielmehr müssten der Schuldaufweis der Rechtsverfälschung oder die Warnung vor Wallfahrten als für das Exil untypische Themen erachtet werden[33]. Die eigentümlichen Formulierungen שארית יוסף in 5,15 und שבר יוסף in 6,6 sprächen klar für die Zeit des letzten Jahrzehnts staatlicher Existenz des Nordreiches Israel oder sogar für die Zeit nach dem Fall Samarias[34]. 6,2 visiere wahrscheinlich zeitgeschichtliche Ereignisse des Jahres 738 an[35]. Weiter sei die Beobachtung von Gewicht, dass die in 5,1-17 breit ausgeführte Rechtsthematik anders als die Sozialkritik des Amos nicht zu einer Verurteilung und Strafansage, sondern lediglich zu einer ultimativen Vermahnung führe (5,14f.). Genauso verhalte es sich mit 6,12, wo das Thema Recht mit einer Frage eingeführt werde, und mit 5,24, wo sich vor die Strafansage in 5,17 noch eine in hoseanischer Tradition formulierte didaktische Frage schiebe (5,25). Da sich nun 5,25 als Werk der Schüler erweise, 5,25 und 6,12 innerhalb der Komposition sich an strukturell analoger Stelle befänden und beide Stellen sachlich der Ringkomposition 5,1-17 entsprächen, dürfte die planvolle Zusammenstellung der Worte in Kap. 5-6 durch Amos-Schüler erfolgt sein[36], die angesichts der Erfahrung des Untergangs des Nordreiches zum einen die sich nun bewahrheitende Botschaft des Amos gewahrt wissen, zum anderen diese der gegenwärtigen Generation als Warnung zugänglich machen wollten. Amos scheint ein „unerbittlich harter Gerichtsprophet"[37] gewesen zu sein. Seine Tradenten aber hätten offenbar mehr getan als bloß seine Worte zusammengestellt. Sie hätten einerseits im Zuge der Komposition die Anklagen des Amos verschärft, andererseits aber auch mit Verweis auf YHWHs „vielleicht" zum Neuanfang der Rechtsverwirklichung aufgerufen und so hoffnungsvolle Akzente in die Amos-Überlieferung eingezeichnet.[38]

Diese Auffassung besitzt m. E. erhebliche Plausibilität. Freilich sind gerade im Blick auf die Makrostruktur (auch des vermuteten Erstbestands) einige Unschärfen einzugestehen. Es ist jedoch zu bedenken, dass die Tradenten der Amosworte bei der Zusammenstellung des überkommenen Materials mit diesem hantieren mussten, an dieses gebunden waren, und von daher gar nicht in der Lage gewesen sein konnten, den späteren Lesern eine derart klar gegliederte Amosschrift zu präsentieren, die zu keinerlei Fragen mehr Anlass gegeben hätte. So kann wohl mit gutem Grund an der Auffassung von Jere-

---

31  S. Jeremias, ATD 24,2, XIXf.
32  Dazu s. Jeremias; ATD 24,2, jeweils zur Stelle. Auf die frühesten Tradenten führt er etwa 5,4f.14f.; 6,2.6b.9-10 zurück.
33  So Jeremias, Tod, 218.
34  So Jeremias, Tod, 222f.; ders., Amos 3-6, 154 Anm. 28; ders., ATD 24,2, 72.89.
35  So Jeremias, ATD 24,2, 89.
36  S. Jeremias, Tod, 219ff.
37  Jeremias, Amos 3-6, 155.
38  S. Jeremias, Amos 3-6, 155.156.

mias als Arbeitshypothese festgehalten werden[39]. Diese unterstützt auch Blum mit seiner Analyse des in der Komposition parallel stehenden Abschnitts Am 6,1-7.

Dieser enthalte zwar Elemente, die auf eine Abfassung in Juda hindeuteten (V. 2, „Zion" in V. 1aα[40] und V. 6b), wobei es sich hierbei jedoch um judäische Aktualisierungstätigkeit handle, die teils literarisch abhebbar (V. 2), teils begründbar als diachrone Textveränderung anzusehen sei. So werde „eine scharf profilierte Applikation des gegen die Führenden in Samaria gerichteten Amoswortes auf die Situation in Jerusalem wenige Jahre nach dem Fall des Nordreiches"[41] sichtbar, die voraussetzt, dass der Abschnitt 6,1-7 zur frühesten Amosschrift gehört hat und Worte des Amos widerspiegele[42].

Das Festhalten an einer Amosschrift im ausgehenden 8. Jh., die in der Tradition des Amos Schuldaufweis und Unheilsansage miteinander verknüpft, wird jedoch auch heftig kritisiert.

So schreibt Fritz einer Amos-Schule, die er in den Jahren 750-720 (Am 3-6*.7*) und über 720 hinaus (Am 1-2*.3-6*.7-9*) tätig sieht, den weitaus größten Teil aller in der Amosschrift niedergelegten Worte zu[43]. Auf Amos selbst gingen lediglich 3,12abα*; 5,3; 7,1-6 zurück. Er habe zwar Unheil geschaut, jedoch unbestimmt und ohne Schuldaufweis; vielmehr habe er versucht, dieses Unheil durch Fürbitte abzuwenden. Gerichtsankündigungen mit Begründungen gingen aber erst auf die Amos-Schule zurück, die die Botschaft des Amos verschärfe, indem sie mit dem Amosbuch als groß angelegtem *vaticinium ex eventu* das eingetroffene Unheil als vom Volk verschuldetes, gerechtes Gericht YHWHs deute.[44] So bleibe „Gott in seiner unendlichen Überlegenheit und in seiner Gerechtigkeit gewahrt und werden Zerstörung und Verbannung erst annehmbar"[45].

Pohlmann bringt geistesgeschichtliche Überlegungen mit ins Spiel: Die Verkündigung des bevorstehenden Untergangs hätte in vorexilischer Zeit als ohne jede Perspektive für die Zeitgenossen erscheinen müssen, wenn ihnen jeglicher Handlungsspielraum bestritten worden wäre, in dem sie der Gegenwartskritik Rechnung hätten tragen können. Auch an YHWH als Garanten

---

39   Auch die Analysen von Kratz, Worte, 67ff.84, führen auf der Ebene des frühen „literarischen Amos" zu keinem völlig anderem Bild. Zu seiner Ablehnung des historischen Amos als Gerichtspropheten s. gleich in diesem Abschnitt.

40   Gegenüber der gezwungen wirkenden Interpretation von Jeremias, ATD 25,2, 83 Anm. 1, wonach „der schriftliche Text von vornherein Judäer im Blick [habe] und [...] mit deren Perspektive (Vertrauen auf Zion) die Zustände in Samaria" beschreibe, wird man mit Blum, Amos, 29, bei der Erwähnung „Zions" mit einer diachronen Textveränderung rechnen müssen. Auf eine Rekonstruktion des ursprünglichen Wortlauts (s. die diversen bei Wolff, BK.AT XIV/2,314f., diskutierten Vorschläge) verzichtet man aber wohl besser.

41   Blum, Amos, 35.

42   S. Blum, Amos, 38f. mit Anm. 55f. Vgl. auch Rottzoll, Studien, 153ff., der aber in 6,1-7 vier Schichten voneinander unterscheiden will.

43   S. Fritz, Amosbuch, 43.

44   S. Fritz, Amosbuch, 41f.

45   Fritz, Amosbuch, 43.

der Weltordnung hätten solche Aussagen massiv zweifeln lassen müssen.
Erst nach der Katastrophe 587 sei eine derartige Verkündigung verständlich:
sie diente jetzt der Reflexion über die Hintergründe des Untergangs und der
Neuorientierung hinsichtlich Gott und Welt.[46]
Schließlich formuliert Kratz:

> „Die unbedingte Gerichtsprophetie ist nicht die Voraussetzung, sondern eine Produkt der
> Überlieferungsbildung in den alttestamentlichen Prophetenbüchern. Ihren ‚Sitz im Le-
> ben' hat sie nicht in der öffentlichen Verkündigung, die dem Volk gar nichts mehr zu sa-
> gen hätte, sondern in der theologischen Reflexion schriftgelehrter Kreise, die Jhwhs
> Handeln zu verstehen und in Worte zu fassen versucht. Davor und daneben existierte ei-
> ne andere Art der Prophetie, die den altorientalischen Analogien nahe verwandt war und
> die politische Krisen des späten 8. und des frühen 6. Jh. auf damals übliche Weise zu ü-
> berwinden suchte."[47]

Eine solche Sichtweise der Prophetenbücher und damit auch der Amosschrift
überzeugt jedoch nicht. Erstens ist die traditionelle Auffassung, dass Spätere
im Zusammenhang der Überlieferung von unabdingbaren Gerichtsworten
Heilsaspekte herausstellten, um einen konstruktiven Umgang mit der überkommenen Botschaft zu ermöglichen, wahrscheinlicher als die Ansicht, das
vage geäußerte Unheil wäre unter dem Eindruck geschichtlicher Ereignisse
verstärkt worden, oder als die Auffassung, die Unheilsbotschaft wäre den
Propheten erst angedichtet worden. Denn es ist kaum vorstellbar, weshalb
eine Verschärfung nur vager Unheilsbotschaft oder erst eine Erdichtung derselben eine Verarbeitung der unheilvollen Gegenwart ermöglicht haben soll[48].
Brauchte es zur Bewältigung der Katastrophe keinen positiven Ausblick? Der
Vorgang, dass mit dem Herausstellen positiver Aspekte das Weiterleben mit
der Botschaft angesichts ihrer bitteren Erfüllung ermöglicht wurde, stellt sich

---

46　S. Pohlmann, Erwägungen, 330ff.
47　Kratz, Redaktion, 20f.; vgl. auch ders., Das Neue, 19; ders., Worte, 86f. (erst der „litera-
　　rische Amos" habe nach dem Untergang des Nordreiches 722 die altorientalischen Ver-
　　stehensvoraussetzungen durchbrochen und sei zum Gerichtspropheten mutiert). Vgl.
　　hierzu auch die von Becker, Prophet, 161ff., herausgestellte Fürbitter-Funktion der Pro-
　　pheten, die zwar nicht anhand von Am 7,1-7 für Amos nachzuweisen sei, sondern nur
　　aus religionsgeschichtlichen Gründen für Amos angenommen werden könne. Becker
　　vertritt sodann ein ähnliches Prophetenverständnis: Die prophetische Fürbitterfunktion
　　stelle nämlich die herkömmliche These in Frage, dass es sich bei den so genannten klas-
　　sischen Propheten vor allem oder ausschließlich um Unheilspropheten handle, die von
　　der Gewissheit der kommenden Katastrophe überzeugt seien. Die Bücher, die die Pro-
　　pheten in diesem Sinn zeichneten, träfen nämlich keineswegs den historischen Prophe-
　　tismus. Denn „neben dem alles dominierenden unheilsprophetischen Strang" gäbe es
　　„hier und da heilsprophetische Anteile, die nach einhelligem Urteil zum ältesten Bestand
　　der Überlieferung zu rechnen sind" (Jes 8,1-4; 17,1-3). Daher stelle sich „die Frage, ob
　　die ‚historischen' Propheten überhaupt Künder des Gerichts (für das eigene Volk) waren
　　oder ob sie nicht erst in den werdenden Büchern dazu *gemacht* wurden" (ebd., 162).
48　Vgl. auch Gertz, Mose, 18: es „ist zu fragen, ob die Feststellung des Endes ex eventu
　　ohne Angabe von Gründen als Äußerung einer Krisenbewältigung verständlich zu ma-
　　chen ist": außerdem Gertz, Gerichtsankündigung, 163ff.; Leene, Das Neue, 27.

nach wie vor als einleuchtendes Modell dar. Zweitens scheint es auch nicht völlig plausibel, das in Israel mögliche Gottesverständnis mit dem der altorientalischen Umwelt über einen Leisten zu scheren[49]. Drittens: wenn Gestalten wie Amos derart reduziert werden, fragt es sich, wodurch denn der Impuls zum Weiterdenken von dessen „Botschaft" überhaupt motiviert gewesen sein soll. Viertens lassen manche Formulierungen noch konkrete Auseinandersetzungen erahnen[50], so dass die Annahme der Verschriftlichung von prophetischer Verkündigung zumindest zum Teil mehr für sich hat als die These, es handle sich nur um späte Schriftgelehrtenarbeit. Fünftens zeigen literarhistorische Beurteilungen der Prophetentexte, dass ihre Entstehung und Weitertradierung in vorexilischer Zeit durchaus als wahrscheinlich anzusehen ist (s. etwa die oben skizzierten Thesen von Jeremias oder Blum). Sechstens ist das Vorliegen von Texten, die über die Ablehnung der prophetischen Botschaft reflektieren (z. B. I Reg 19; Jes 6; Jer 15,10-21; 20,7-18; Ez 2,1 - 3,11), wohl nur dann erklärbar, wenn solche Ablehnung ein gravierendes Problem dargestellt hat, was wiederum die Historizität prophetischer Unheilsverkündigung wahrscheinlich macht[51].

Aufgrund dieser Überlegungen ist m. E. mit guten Gründen an der Position von Jeremias festzuhalten[52], wonach Amos ein unerbittlicher Unheilsprophet gewesen ist, auf den auch ein großer Teil der in der Amosschrift aufbewahrten und zusammengestellten Sprüche zurückgeht, und wonach seine Tradenten angesichts der geschichtlichen Ereignisse diese Botschaft durch Überlieferung und Komposition bewahrt, vertieft, aber gerade auch mit positiven Ansätzen verstärkt haben. Wenn aber die Unheilsbotschaft bereits von Anfang an zur Amosschrift dazugehört hat, ist auch der Text Am 5,18-20 in einer solchen frühen Fassung von Am zu verorten.

Dies geht *erstens* in kompositioneller Hinsicht daraus hervor, dass auch der parallel komponierte Abschnitt 6,1-7, wie oben bereits gesagt, in der frühesten Amosschrift enthalten gewesen sein dürfte. Befand sich das „zweite Wehe" in der Erstkomposition, ist dies ein Argument dafür, dass auch das „erste Wehe" 5,18-20 schon in der frühesten Amosschrift seinen Platz hatte, zumal zwischen beiden Abschnitten inhaltliche Übereinstimmungen auszumachen sind.

*Zweitens* legt auch die Theologie des Abschnitts 5,18-20 die Annahme seiner frühen Präsenz in der Amosschrift nahe: Zum einen fügt sich die Umkehrung der Hörererwartung, die negative Beschreibung des „Tages YHWHs" in V. 18.20 bzw. die Totenklage über diejenigen, die sich von ihm Positives erhoffen, gut dazu, dass Amos sich auch anderweitig gegen positive

---

49  S. z. B. Beck, Elia, 5ff.11ff.28f., und vgl. die vorsichtige Äußerung von Gertz, Mose, 18, die „religionsgeschichtliche Wirklichkeit dürfte aber komplexer sein", die gegen die These gerichtet ist, die Unheilsprophetie sei als Krisenbewältigung aus dem historischen Verlauf (nämlich dem Untergang des Staates) abzuleiten.

50  Vgl. W. H. Schmidt, Zukunftsgewißheit, XII.

51  Vgl. W. H. Schmidt, Zukunftsgewissheit, XVIIIf.

52  Vgl. auch Gertz, Gerichtsankündigung, 169f.

Einstellungen seiner Hörer gewandt hat (s. 3,12; 4,4f.; 6,1[53])[54]. Zum anderen stimmt die Betonung der Unentrinnbarkeit des Unheils V. 19 mit der unbedingten Unheilsansage überein, welche nach der Auffassung von Jeremias ein Charakteristikum der harten Unheilsbotschaft des Amos darstellt.

*Drittens* zeigt auch der Sprachgebrauch und die mit diesem übereinstimmende Intention, dass Am 5,18-20 mit den früh zu datierenden Texten der Amosschrift auf einer Ebene liegt. Einmal kündigt der parallele Abschnitt 6,1-7 mit seinem Wehe den sich in ähnlich falscher Sicherheit wiegenden Einwohnern Samarias die Deportation an. Wie 5,18 vom יוֹם יְהֹוָה spricht, so redet 6,3 vom יוֹם רָע als Tag des Unheils, der mit V. 7 hinsichtlich der Deportation näher bestimmt wird. 6,3 und 5,19 stimmen darin überein, dass in ihnen das Verdrängen dieses Tages kritisiert wird.

Sodann spricht auch die Stellung des Abschnitts 5,18-20 hinter der Komposition 5,1-17* dafür, dass nach dem Verständnis der Amos-Tradenten der „Tag YHWHs" die durch die Assyrer erfolgte Verwüstung Israels bezeichnet. Die nach V. 16f. allgemein herrschende Wehklage wird damit begründet, dass YHWH selbst in Israel einherschreitet und den angekündigten Untergang bewirkt (vgl. V. 1-3). Dies entspricht zum einen der Formulierung יוֹם יְהֹוָה, nach der YHWH das Subjekt des Geschehens ist. Zum anderen zeigt schon der Kontext V. 16f., dass mit dem „Tag YHWHs" in V. 18-20 die assyrische Invasion gemeint ist[55].

Weiter findet sich die das Fliehen bezeichnende Wurzel נוס (5,19) in der Israel-Strophe der Völkersprüche, und zwar einmal als Verbform (2,16), einmal im Substantiv מָנוֹס (2,14). Die Israel-Strophe stellt zweifellos den Höhepunkt des ersten Teils der Amosschrift dar[56]. Hier begegnet die Wurzel נוס ebenso wie in 5,19 im Zusammenhang mit dem angekündigten Untergang Israels. Hier wird ebenso wie in 5,19 herausgestellt, dass das Entfliehen „an jenem Tag" (בַּיּוֹם־הַהוּא) praktisch nicht möglich ist.[57]

Schließlich steht der Abschnitt 5,18-20 auch mit der letzten Vision 9,1-4 in Beziehung, von der möglicherweise zumindest ein aus den V. 1.4b beste-

---

53 Weitere vergleichbare Texte wären Am 3,2 und 9,7. Aber nach Jeremias, ATD 24,2, 32.129, geht 3,2 auf die frühen Tradenten zurück, und 9,7 dürfte erst nachexilischen Ursprungs sein.

54 Angesichts des Wortlauts von V. 18 kann die These von Weiss, Origin, 41ff., vor Amos habe noch keine „Tag YHWHs"-Vorstellung existiert, nicht recht überzeugen. Teilweise positiv rezipiert wird diese These von Hoffmann, Day, 40ff., der zwischen Terminus („Tag YHWHs"), der nicht vorgeprägt gewesen sein müsse, und Konzept (nach Hoffmann die Theophanie), das sehr wohl vorhanden gewesen sein müsse, damit Amos es mit dem Terminus belegen konnte, differenziert.

55 Vgl. etwa Wolff, BK.AT XIV/2, 302.

56 S. etwa Jeremias, ATD 24,2, 20.

57 Der Bezug ist selbst dann vorhanden, wenn man mit Dietrich, JHWH, 320ff., den Grundbestand der Israel-Strophe auf V. 6.13-15aα.16*(nur Gottesspruchformel) beschränkt. Fraglich an dieser Literarkritik scheint jedoch, dass zum Teil zu formalistisch argumentiert wird und auch die Kriterien nicht immer hinreichend klar sind.

hender Grundbestand zur älteren Amosschrift dazugehört hat[58]. In der fünften
Vision findet sich wiederum die Wurzel נוס (9,1), und zwar im thematisch

---

58  Zwar wird z. B. von Waschke, Vision, 436ff., und Bergler, Mauer, 450ff. (vgl. auch
    Gertz, Gerichtsankündigung, 158ff., der die Philisterstrophe Am 1,6-8 ebenfalls für se-
    kundär hält, woraus sich eine Entsprechung von vier Völkerstrophen und vier Visionen
    ergibt), bestritten, dass die fünfte Vision Teil des ältesten Visionszyklus der Amosschrift
    gewesen sei: die Spruchgruppe 8,4-14 trenne die Vision 9,1-4 von den Visionen eins bis
    vier ab, die auf den Höhepunkt „das Ende ist gekommen" zuliefen; die Einleitung der
    fünften Vision unterscheide sich von denen der ersten vier; die Satzgefüge in V. 2-4a,
    wo mit אִם Nebensätze eingeleitet und mit מִשָּׁם Hauptsätze fortgeführt würden, hätten in
    der gesamten Amosschrift keine Entsprechungen; ebenso singulär in Am seien die hym-
    nische Redeform der Hyperbel (Übertreibung), die Gliederung in Unterwelt und Himmel
    bzw. Berg und Meer (vgl. Ps 139,8ff.) und die in V. 2-4 genannten Fluchtorte; חֶרֶב als
    Gerichtswerkzeug (9,1) finde sich zwar noch in 7,9.11.17; 9,10, aber in Verbindung mit
    dem Verb הרג und YHWH als Subjekt nur noch in dem späteren Text 4,10; in 9,4 be-
    gegne das Schwert hingegen als hypostasierte Größe; die Schlange in 9,3 spiele auf das
    mythische Meeresungeheuer Leviathan an, während sie in 5,19 das Kriechtier des Lan-
    des bezeichne; die übrigen atl. Belegstellen von הלך בַּשְּׁבִי hätten eindeutig das babylo-
    nische Exil im Blick; für den Sachverhalt der Verbannung werde in Am sonst die Wurzel
    גלה gebraucht (1,5.15; 5,5.27; 6,7); das Gegensatzpaar טוֹב und רָעָה (9,4b) begegneten
    auch in 5,14f., aber bereits als Auslegung von 5,4f.; außerdem werde hier die Forderung
    an Israel (5,14f.) als letzte Entscheidung YHWHs deklariert. So ergebe sich, dass „es
    sich bei der Schlußvision des Amos um eine exilische Interpretation" handle, die „eine
    Explikation zu den vorausgehenden Visionen und zu der gesamten Botschaft des Amos"
    darstelle. „Mit ihr soll die Wahrheit seiner Verkündigung bestätigt und für die eigene
    Generation aktualisiert werden" (Waschke, Vision, 69). – Diese Beobachtungen wirken
    aufs Ganze gesehen zwar erdrückend, sind jedoch bei genauerem Hinsehen durchaus von
    unterschiedlichem Gewicht. Denn erstens spricht einiges für eine literargeschichtliche
    Entwicklung (vgl. Jeremias, ATD 24,2, 126 Anm. 13, und vor allem Willi-Plein, Vor-
    formen, 52ff. [die V. 2-4a seien sekundär], außerdem Rottzoll, Studien, 94ff.104 [noch
    differenzierter: ursprünglich V. 1a, nach 722 V. 1b, nachexilisch bereits V. 4b, noch spä-
    ter V. 2 und V. 3-4a]): Einmal fällt die Satzkonstruktion in V. 2-4a in ihrem Kontext auf.
    Sodann unterscheidet sich diese Passage von ihrem Zusammenhang: im Gegensatz zu
    V. 1.4b vollzieht in V. 2-4a nämlich jeweils eine Hypostase YHWHs das Gericht (seine
    Hand, die Schlange, das Schwert). Dass oben im Himmel und auf dem Karmel YHWH
    direkt handelt, entspricht dem Eindruck, dass in den V. 2-4a ein Entrücken YHWHs in
    die Transzendenz vorausgesetzt ist. In V. 1.4b greift YHWH dagegen selbst ein. Schließ-
    lich scheinen die kosmischen Bilder die Szenerie von 9,1 zu durchbrechen. Daher liegt
    die Vermutung nahe, dass in V. 2-4a eine weiter entwickelteres Gottesbild vorliegt als in
    V. 1.4b. Zweitens sind die Beobachtungen Waschkes in Bezug auf V. 2-4a weit weniger
    gewichtig: denn wie er selbst sieht, ist das Gegensatzpaar טוֹב und רָעָה (9,4b) auch in
    5,14f. und das חֶרֶב als Gerichtswerkzeug (9,1) auch in 7,9.11.17 belegt, in Texten also,
    die der vorexilischen Amosschrift zuzurechnen (s. Utzschneider, Amazjaerzählung,
    99.101) sind. Die Vorstellung, dass YHWH zum Unheil kommt, stimmt dabei klar mit
    der Botschaft der ältesten Amosschrift überein (s. z. B. 5,17; 7,9). Drittens könnten die
    formalen Unterschiede zwischen der fünften Vision und den Visionen eins bis vier durch
    die Schlussstellung des Abschnitts bedingt sein. Sollten die Formulierungen in V. 1 auf
    den Tempelbereich hindeuten, gesteht Waschke selbst ein, dass diese in Bezug auf Beth-
    el gedeutet werden können (vgl. 7,13).

gleichen Zusammenhang, nämlich in der Betonung der Unmöglichkeit, dem kommenden Gericht zu entrinnen. Weiter resümiert 9,4b[59], dass YHWH zum Bösen und nicht zum Guten kommen werde, also den Untergang Israels bewirken werde. Das entspricht wiederum sachlich der genauso gegen falsche Erwartungen gerichteten Bestimmung des „Tages YHWHs" als Unheilstag in 5,18-20.

Somit erweist es sich entsprechend einem breiten Forschungskonsens als überaus wahrscheinlich, dass der Abschnitt 5,18-20 Verkündigung des Amos widerspiegelt und Bestandteil einer frühen Fassung der Amosschrift war.[60] Allein[61] Bosshard-Nepustil möchte in Am 5,18-20 einen Text einer exilischen Redaktion des Dodekapropheton erkennen[62]. Jedoch wird sich zeigen, dass weder die von ihm als Beweis angeführten Wortparallelen mit Joel und Zeph so überzeugend sind, dass sie die eben entfalteten Beobachtungen entkräften könnten. Denn die Intention von Am 5,18-20 stimmt sowohl mit der zu vermutenden Verkündigung des Amos als auch mit der Absicht der Amosschrift seiner frühen Tradenten völlig überein[63], so dass die Annahme, hier würde es sich um einen späteren Redaktionstext handeln, von daher nicht nur unnötig, sondern – fordert man methodisch für eine Redaktionsschicht ein eigenes theologisches Profil – auch wenig wahrscheinlich ist. Noch kann

---

59  Nach Jeremias, ATD 24,2, 127, ein Summarium am Ende der älteren Amosschrift.
60  Vgl. z. B. Jeremias, ATD 24,2, 75f.; Rottzoll, Studien, 210ff.; Levin, Amosbuch, 266; Wolff, BK.AT XIV/2, 299; Zapff, Prophetie, 72. Aufgrund seines anderen Prophetenverständnisses urteilt Kratz, Worte, 84 zwar, dass „5,18aβ.20 (oder 5,18aββ.20b)" und 5,19 im literarischen Grundbestand der Amosschrift „zum ersten Mal in einen literarischen Zusammenhang gebracht und im Sinne der Gerichtsprophetie theologisch interpretiert wurden". Er führt jedoch beide in 5,18-20 zusammengefügten Einheiten auf den Propheten Amos zurück, der mit diesen Worten eine sich anbahnende Katastrophe zum Ausdruck gebracht habe (s. ebd., 80). Fritz, Amosbuch, 37ff., spricht sich letztlich gegen die Echtheit sowohl von V. 19 als auch V. 18 aus, verortet den Weheruf aber immerhin in einer frühen Phase der Amos-Schule. Lescow, Buch, 19f. samt Anm. 4, erkennt in V. 18* ein altes Amoswort, hält aber die Korrektur einer landläufigen Vorstellung durch rhetorische Fragen, wie sie in V. 18b.20a vorliegen, in vorexilischer Zeit nicht für denkbar. Bei diesem Urteil steht er freilich unter dem Systemzwang seines Stufenschemas, das V. 18-20 in der Form einer nachexilischen Tora-Predigt erscheinen lasse.
61  Die leider unbegründete Notiz „Am 5.18.20 (nachexil.)" bei Schulz, Nahum, 93 Anm. 272, braucht nicht weiter verfolgt zu werden. Genauso wenig hält Kaiser, ATD 18, 16, Argumente für die Frage bereit, ob „die ganze Vorstellung nicht vielmehr erst auf dem Boden nachexilischer Erwartungen erwachsen ist", denn er fährt mit der Forderung fort, dass dies „im Zusammenhang mit der Erhellung der Redaktionsgeschichte der Prophetenbücher weiterer Klärung" bedürfe. Winter, Analyse, 347, vermag für seine Ansicht, Am 5,18-20 stamme nicht von Amos, nur ein äußerst schwaches Argument zu nennen: „V. 18.20 können von Amos nicht gesprochen sein, da die ernste Situation die Frage in V. 20 nicht zugelassen hätte." Präzise verorten kann Winter, Analyse, 346f., den Abschnitt bzw. seine Bestandteile jedoch nicht.
62  S. Bosshard-Nepustil, Rezeptionen, 344f.
63  Selbst Bosshard-Nepustil, Rezeptionen, 347, muss zugeben, dass sich am Verständnis der Amosschrift durch die Erweiterung um Am 5,18-20 u. a. nichts ändert.

der Einwand, dass Am 5,18-20 als zeitlicher Vorläufer des „Tag YHWHs"-Motivs schwer zu erklären sei, als gewichtiges Argument angesehen werden. Denn Am 5,18-20 muss gar nicht einen so einsamen Vorläufer darstellen, wenn die „Tag YHWHs"-Verkündigung in Zeph 1 vorexilisches Material enthielte, was noch zu klären sein wird, und auch der Grundbestand von Jes 2 aus vorexilischer Zeit stammte[64]. Außerdem dürften sich für die Vorstellung vom „Tag YHWHs" unabhängig von den Tradenten der Prophetenschriften existierende Tägerkreise erweisen lassen, sodass Amos, Jesaja und Zephanja jeweils auf diese Tradition zurückgreifen konnten, ohne dass sie literarisch aufeinander Bezug nehmen mussten, und die zeitlichen Lücken zwischen den prophetischen „Tag YHWHs"-Belegen als unproblematisch anzusehen sind.

Es soll im Folgenden zwar keine detaillierte traditionsgeschichtliche Rückfrage nach dem „Tag YHWHs" erfolgen. Jedoch seien wenigstens einige mögliche Verortungen der Vorstellung angedeutet.

Etliche Beobachtungen sprechen dafür, dass der „Tag YHWHs" einen kultischen Tag bezeichnet und somit im Kult zu Hause ist[65]: die Licht-Motivik (s. Am 5,18.20; [Sach 14,7;] negiert in Jes 13,10; Ez 30,3; Joel 2,10; Zeph 1,15) ist kultisch konnotiert (s. Ez 1,4.13.27; 10,4; Ps 18,13); das Verb קום in Jes 2,19.21 und der Gottesname Schaddaj in Jes 13,6 sind kultisch geprägt; in den Kult verweisende Wortfelder finden sich in Zeph 1,7 („Schlachtopfer", der mit הס beginnende kultische Ruf, das Verbum קדש); Jes 34,6 („Blut", „Fett", Opfertiere, „Schlachtopfer"); Jer 46,10 („Blut", „Schlachtopfer"); Sach 14,16.20f. (universales Laubhüttenfest, Gefäße, „Altar", die Wurzel קדש); auf Am 5,18-20 folgt ein kultkritischer Abschnitt; mit dem Zentralbegriff „Tag YHWHs" verwandt sein könnten der akkadische *ûm ili* („Tag Gottes") mit seinem liturgischen Charakter sowie Hos 2,15 („Tage der Baale") und 9,5 („Festtag YHWHs"); außerhalb der Prophetie finden sich (variierte) „Tag YHWHs"-Belege in den Klageliedern (Thr 1,12; 2,1.21.22).

Andere Indizien legen die Annahme nahe, dass man unter dem „Tag YHWHs" den YHWHkrieg verstanden und die „Tag YHWHs"-Vorstellung demzufolge im Bereich des Militärwesens gepflegt hat[66]: auf den Krieg verweisende Wortfelder begegnen in Jes 2,15 („Türme", „Mauern"); 13,15ff. („durchbohren", „durchs Schwert fallen", „Häuser plündern", „Frauen schänden"); 22,1-14 („Schwert", „Kampf", „Anführer", „Bogen", „Köcher", „Wagen", „Reiter", „Schild"); Ez 7,14ff. („ins Horn blasen", „Schlacht", „Schwert"); 13,5 („Schlacht"); 30,2ff. („Schwert"); Joel 2,7-9 („Krieger", „Schlacht", „Mauer"); Zeph 1,14.16 („Krieger", „Horn", „Lärmblasen", „be-

---

64   Dazu vgl. die Überlegungen unten S. 109.

65   Trotz nicht unerheblicher Differenzen zwischen den zu nennenden Forschern s. hierzu z. B. Mowinckel, Psalmenstudien II, 213ff.229ff.; Gray, Day, 23f.; Weiser, ATD 24, 170; Seybold, Prophetie, 39ff.; ders., ZBK.AT 24,2, 100f.; Bergler, Joel, 185; Ahlström, Joel, 64ff.; Stolz, Kriege, 159ff.

66   S. hierzu z. B. von Rad, Theologie II, 129ff.; ders., Origin, passim; Müller, Ursprünge, 72ff.; Eggebrecht, Bedeutung, 41ff.; Irsigler, Gottesgericht, 319ff.336ff.; ders, HThKAT, 124f.128ff.; Jeremias, Theophanie, 97ff.; ders., ATD 24,2, 76.

festigte Städte", „hohe Zinnen"); Sach 14,1-3 („Beute", „Kampf", „Stadt einnehmen", „Häuser plündern", „Frauen schänden", „kämpfen", „Kriegstag"); der „Tag YHWHs" wird in Joel 4; Sach 14 als Völkerkampf gezeichnet; kompositionell betrachtet verstehen Am 5,18-20 und Zeph 1,7-16 den „Tag YHWHs" als Israel bzw. Juda treffende, kriegerische Katastrophe; mit dem Zentralbegriff „Tag YHWHs" vergleichbar sind die Kriegsereignisse anvisierenden Ausdrücke „Tag Midians" (Jes 9,3), „Tage von Gibea" (Hos 9,9; 10,9) oder „Tag Jerusalems" (Ps 137,7).

Wieder andere Hinweise sprechen für eine Herkunft des „Tages YHWHs" aus der allgemein orientalischen Omendeutung, genauer der Menologie bzw. Hemerologie[67]: in solchen günstige wie ungünstige Tage aufzählenden Listen finden sich dem Ausdruck „Tag YHWHs" entsprechende Zuordnungen von Gottheiten zu bestimmten Tagen, außerdem eine Zeph 1,15-16 vergleichbare Terminologie.

Ohne an dieser Stelle die genannten Beobachtungen bewerten und in eine Auseinandersetzung mit den diversen Herleitungsveruchen eintreten zu wollen[68], sei aber zumindest doch festgehalten, dass die in Frage kommenden Situierungen – auch abgesehen von einer konkret vertretenen These – die Annahme erlauben, dass Propheten wie Amos, Jesaja oder Zephanja die „Tag YHWHs"-Vorstellung außerhalb ihrer Verwendung bei den prophetischen Vorgängern vorfinden und unabhängig voneinander aufgreifen konnten.

## 4. (Vermeintliche) „Tag YHWHs"-Bezüge in Am, Hos und Mi

### 4.1. Am 9,3; 8,9-10

Oben wurde bereits herausgearbeitet, dass der Abschnitt 5,18-20 Bezüge zu Am 6,3 (יוֹם רָע); 2,14 (מָנוֹס) 2,16 (נוּס); 9,1 (נוּס) besitzt und damit zu Stellen, die einer frühen Amosschrift zuzurechnen sind. Aber auch spätere Texte weisen Verbindungen mit 5,18-20 auf.

*Erstens* ist in 9,3, einer vermutlich erst exilischen Erweiterung[69], wie in 5,19 von einer beißenden Schlange zur Veranschaulichung des unheilvollen Eingreifens YHWHs die Rede (נְחַשׁ נ)[70]. Da das Bild der beißenden Schlange in diesem Sinn nur selten belegt ist (Num 21,6.9 [wohl erst spätdtr.[71]]; Jer 8,17[72])[73], könnte es aus Am 5,19 entlehnt worden sein. Aller-

---

67 Hierzu s. Spieckermann, Dies, 200ff.; Černý, Day, 77ff.
68 Auch Zapff, Prophetie, 72ff.82f. („Der Ursprung des Tages liegt nach wie vor im Dunkeln.") und Barton, Day, 70 („There seems little hope of deciding rationally between these two explanations [gemeint sind die Herleitungen aus dem Kult und aus der YHWHkrieg-Tradition; M. B.] of the Day of Yahweh in Amos.") vermeiden es, sich festzulegen.
69 S. dazu oben Anm. 58.
70 Vgl. Willi-Plein, Vorformen, 53.
71 S. Aurelius, Fürbitter, 146ff.; vgl. auch L. Schmidt, ATD 7,2, 102f.105f.

dings findet sich die Schlage als Meeresungeheuer stimmig in einem Kontext, der mit Totenreich, Himmel, Karmelgebirge und Meeresgrund verschiedene extreme und real (abgesehen vom Karmel) nicht zu erreichende Fluchtpositionen nennt. Am 5,19 schildert dagegen einen zwar außergewöhnlichen, aber alltäglich gut vorstellbaren Vorgang: die Schlange sticht gut getarnt von einer Mauer heraus zu. Die beiden Texte können somit völlig unabhängig voneinander entstanden sein. Da die Intention der Erweiterung V. 2-4a – niemand kann dem künftigen Unheil entkommen – jedoch mit 5,19 übereinstimmt, ist es nicht völlig unwahrscheinlich, dass das Bild von der Schlange in V. 3 durch 5,19 mit angeregt wurde[74]. Für die mögliche intertextuelle Folgerung, das in der fünften Vision geschilderte Geschehen sei als „Tag YHWHs" zu begreifen, ist die Beziehung zu 5,19 jedoch zu unsicher.

*Zweitens* ist ein Blick auf Am 8,9-10 zu werfen. Die beiden Verse befinden sich in dem längeren Abschnitt 8,3-14, der allgemein als spätere Fortschreibung angesehen wird. Denn hier werden vorhergehende Amosworte zitiert, miteinander kombiniert und weitergedacht; hier finden sich zahlreiche gliedernde Rahmenformeln (Gottesspruchformel, „an jenem Tag"), die in den vorherigen Kapiteln sparsam gebraucht wurden, aber in der Spätzeit der Prophetie häufig Verwendung finden.[75] Die V. 9-10 werden durch solche Formeln eingeleitet. In ihnen begegnen Lexeme, die für eine Beziehung zu 5,18-20 sprechen könnten: אוֹר, חֹשֶׁךְ und יוֹם מַר, womit über Zeph 1,14 und die analoge Formulierung יוֹם רָע in Am 6,3 der „Tag YHWHs" gemeint sein könnte. Außerdem schließen V. 9-10 hinsichtlich der Themen Trauer, Leichenklage, Feste und Lieder auch den Kontext von 5,18-20 mit ein.[76] Ist der „Tag YHWHs" in 8,9-10 also (analog zu Jes 13,10; Joel 2,10; 3,4; 4,15) in kosmische Dimensionen hinein weitergedacht worden? Dagegen spricht jedoch, dass die Verknüpfungsformel zu Beginn von V. 9 sich auf V. 8 bezieht und damit das Erdbeben mit weiteren Motiven neu auslegt. Sodann drücken חֹשֶׁךְ und אוֹר in V. 9 wohl lediglich aus, dass YHWH den Tag zur Nacht machen, so wie er auch Feste in Trauer und Lieder in Leichenklage verwandeln wird (vgl. 4,13; 5,8; 9,5-6). In diesem Sinn als Trauertag ist auch die Formulierung יוֹם מַר verständlich, denn מַר „bezeichnet vor allem die Bitternis der Weinens (Jes 337), des Schreiens (Ez 2730), der Totenklage (Ez 2731 [...]) und des Todes Qoh 726 Hi 2125 1 S 1532 [...])"[77]. Also ist Am 8,9-10 schwerlich als „Tag YHWHs"-Text zu bezeichnen[78].

---

72  Nach Wanke, ZBK.AT 20.1, 101, ist V. 17 eine spätere Ergänzung.

73  Einen anderen Sinn zeigen die weiteren Belege Gen 49,17; Prov 23,32; Koh 10,8.11.

74  So Jeremias, ATD 24,2, 126 Anm. 13.

75  S. Jeremias, ATD 24,2, 114 (Zeit Jeremias bis in exilisch-nachexilische Zeit); ders., Am 8,4-7, 231ff.242f. (ausgehendes 7. bzw. beginnendes 6. Jh.); Rottzoll, Studien, 262f. (5. Jh.); Wolff, BK.AT XIV/2, 374, wollte das meiste Spruchgut aus 8,(3)4-14 allerdings der Amos-Schule vor dem Einmarsch Tiglatpilesers 733 zuschreiben.

76  Vgl. Jeremias, ATD 24,2, 119; Rottzoll, Studien, 262.

77  Wolff, BK.AT XIV/2, 379.

78  Gegen Fohrer, Tag, 33.

Auch wenn eine intertextuelle Beziehung zu 5,18-20 nicht grundsätzlich zu bestreiten ist, kann die redaktionsgeschichtliche Lösung von Bosshard-Nepustil nicht überzeugen, der den Text ohne jede Begründung seiner „Assur/Babel-Redaktion[XII]" zurechnet und so mit Am 5,18-20 auf eine Ebene stellt[79]. Schon die kosmische Akzentuierung in 8,9-10, die über den Horizont von 5,18-20 hinausgeht, bleibt bei einer solchen Annahme unberücksichtigt.

Nogalski möchte in Am 8,9-10 auch Sprache von Hos (Kap. 11: die Wertschätzung bzw. Trauer über den einzigen Sohn), Mi (1,16: קרח) und Zeph (מַר) erkennen[80]. Aber auch diese These kann nicht recht überzeugen[81]. Denn zum einen spielt die Wurzel קרח auf einen breit bezeugten Trauerbrauch an (s. z. B. Jes 15,2; Jer 7,29; 16,6; Ez 27,31) und lässt sich daher nicht als bewusstes Zitat von Mi 1,16 verstehen. Wie eben bereits deutlich wurde, weist das Adjektiv מַר nicht zwingend auf Zeph 1,14 (יוֹם יְהוָה מַר) hin. Zum dritten dürfte die Trauer um den einzigen Sohn als Vergleich eher mit Jer 6,26 zusammenhängen als auf Hos 11 anspielen.

Schart hingegen verzichtet darauf, die Fortschreibung Am 8,9-10 mit Schichten in Verbindung bringen, die er für das (werdende) Dodekaprophe-ton herausarbeitet[82]. Diese Auffassung dürfte den Beobachtungen tatsächlich am ehesten gerecht werden. Gleichzeitig lässt sie kritisch rückfragen, ob denn wirklich schon seit der Exilszeit damit begonnen worden ist, Vorstufen des Dodekapropheton zu redigieren.

## 4.2. Am 1,14; 3,14

Außerdem ist noch auf Stellen einzugehen, die oben unter den ferner liegenden, aber eventuell weiteren „Tag YHWHs"-Belegen aufgelistet wurden.

Erstens wird in Am 1,14 in einer Unheilsankündigung gegen Ammon ein יוֹם מִלְחָמָה und parallel dazu ein יוֹם סוּפָה erwähnt, an denen bzw. an dem YHWH Feuer an Rabba legen will. Zwar erscheint YHWH als handelndes Subjekt. Es bestehen aber keine Lexemverbindungen zu 5,18-20. Dort findet sich auch noch nicht (wie dann z. B. später in Zeph 1,15f.) die Konstruktion X-יוֹם. Da Am 1,14 ebenfalls in der frühesten Amosschrift enthalten gewesen sein dürfte[83], sind die fehlenden Übereinstimmungen mit 5,18-20 von eminenter Bedeutung. Aus ihnen ergibt sich nämlich, dass eine „Tag YHWHs"-Vorstellung für 1,14 auszuschließen ist. Auch wenn man intertextuelle Bezüge zu späteren „Tag YHWHs"-Texten sehen möchte, ist die eben gewonnene diachrone Erkenntnis für die Frage nach der Geschichte

---

79  S. Bosshard-Nepustil, Rezeptionen, 345.

80  S. Nogalski, Day(s), 633.

81  Auch Nogalski, Day(s), 633, selbst schränkt die Bedeutung dieser Bezüge wieder ein.

82  S. Schart, Entstehung, 100, wo er die Stelle unter der Überschrift „Nicht eingeordnete Zusätze" verortet, die „nur eine auf ihren unmittelbaren Kontext bezogene Funktion zu haben" scheinen.

83  S. z. B. Jeremias, ATD 24,2, 13.

der „Tag YHWHs"-Vorstellung und der Entstehung des Dodekapropheton
von einiger Bedeutung.

Zweitens findet sich in 3,14 die Formulierung יוֹם פָּקְדִי פִשְׁעֵי יִשְׂרָאֵל.
Wieder erscheint YHWH als strafendes Subjekt an einem „Tag". Die
Aufforderung an unbestimmte Adressaten, die erweiterte Gottesspruchformel
als textgliederndes Element und die plötzliche (und kultkritisch zu
verstehende) Hinwendung zu Bethel weist 3,13f. als spätere Erweiterung von
3,12.15 aus[84]. Angesichts der mit Hos verwandten Bethel-Kritik schreibt
Schart Am 3,13f. den Tradenten von Hos und Am zu[85]. Allerdings sprechen
die Einzelheiten, die Jeremias herausarbeitet, nämlich die Bezeichnung
„Haus Jakob" für das Gottesvolk, das Anliegen des Warnens (vgl. Dtn 8,19;
32,46; I Sam 8,9; II Reg 17,13.15), die Übertragung dieser prophetischen
Aufgabe auf die Gemeinde, die Wendung יוֹם פָּקְדִי (nur noch Ex 32,34; Jer
27,22) und das Wissen um die Hauptsünde „Bethel" (s. II Reg 23,15) für eine
spätere Entstehung von Am 3,13f.[86] Dann muss umso mehr auffallen, dass es
zu anderen „Tag YHWHs"-Texten keinerlei Beziehungen lexematischer oder
motivlicher Art gibt. Daraus folgt zum einen, dass die mögliche Vermutung,
in Am 3,14 liege ein Beleg für den „Tag YHWHs" vor, als unwahrscheinlich
anzusehen ist. Zum anderen ergibt sich, dass eine Heranziehung von Stellen,
in denen die Formulierung X-יוֹם belegt ist oder im Kontext eines יוֹם YHWH
als handelndes Subjekt erscheint, als vermeintliche „Tag YHWHs"-Belege
bislang nicht zu rechtfertigen ist.


## 4.3. Hos 2,2; 5,9; 9,7; 10,14; Mi 3,5-8; 7,4b; 7,8

Gewichtigen und eindeutigen „Tag YHWHs"-Texten im Dodekapropheton
(etwa in Zeph oder Joel) werden eigene Kapitel vorbehalten sein. An dieser
Stelle sollen jedoch vermeintliche Belege in Hos und Mi in den Blick genommen werden, da einerseits etwa nach Schart die beiden Schriften Hos und
Mi schon früh mit Am zusammengestellt worden seien[87], andererseits solche

---

84  S. Jeremias, ATD 24,2, 39; Schart, Entstehung, 68; Rottzoll, Studien, 132ff.
85  S. Schart, Entstehung, 69.130f.316.
86  S. Jeremias, Jakob, 269; Rottzoll, Studien, 139f.
87  An Texten, mit denen Amos- und Hoseaschrift aufeinander zu redigiert worden seien,
    nennen Jeremias, Anfänge, passim, Hos 4,15; 8,14; Am 1,5; 2,8; 3,2; 5,25; 6,8 und
    Schart, Entstehung, 133ff.151ff., Hos 1,2*.3-4.5(?).6.8-9; 4,1a.bβ; 5,1*; 11,11 (nur Got-
    tesspruchformel); 13,14bβ; Am 2,8aβ.bβ.9(?); 3,1aα.2.13-14; 5,12a; 6,8; 7,9.11b(?).
    17bβ; 8,3.14; 9,3*.4b. Jeremias ist jedoch lediglich der Auffassung, dass die beiden
    Schriften unter Kenntnis der jeweils anderen bearbeitet wurden, während Schart für die
    Existenz einer Zweiprophetenbuchrolle plädiert. – Schart, Entstehung, 201ff. (Zusam-
    menfassung), vertritt darüber hinaus die These, dass es eine selbständige Michaschrift
    nie gegeben habe. Schon durch die Tradenten sei Mi von vornherein auf die Zweipro-
    phetenbuchrolle Hos-Am hin konzipiert worden. Diese Tradenten hätten selbst die kom-
    positionellen Charakteristika der Gesamtschrift formuliert (die Einleitung 1,2b.5a.6-7,
    die Überleitung zur Jerusalem-Kritik 1,9.12b, die Höraufrufe 3,1.9, die Hinweise auf das

Belege gerne bei einer synchronen Lektüre berücksichtigt werden[88]. Hier ist nun zu prüfen, ob die vermeintlichen „Tag YHWHs"-Stellen Hos 2,2; 5,9; 9,7; 10,14 und Mi 3,6; 7,4; 7,8 wirklich den „Tag YHWHs" verkünden, wie dies eine synchrone intertextuelle Lektüre nahe legen könnte, oder nicht.

In Hos 5,9; 9,7; 10,14 findet sich die Kombination X-יוֹם mit X als Platzhalter für einen Unheil bezeichnenden Begriff[89]: In Hos 5,9 meint der יוֹם תּוֹכֵחָה („Tag der Strafe") die Strafe YHWHs an Israel für den Bruderkrieg gegen Juda. Ebenso verhält es sich mit den יְמֵי הַפְּקֻדָּה („Tage der Heimsuchung") und יְמֵי הַשִׁלֻּם („Tage der Vergeltung") in 9,7. Hos 10,14 erwähnt im Zusammenhang der Einschärfung der Kriegsgefahr angesichts eines sich einstellenden Sicherheitsgefühls nach dem Tod Tiglat-Pilesers III. 727[90] in einem Rückblick[91] einen „Tag der Schlacht" (יוֹם מִלְחָמָה; vgl. Am 1,14). Da in diesen Texten und überhaupt in der gesamten Hoseaschrift weder die Wendung יוֹם יְהִיה noch die für den „Tag YHWHs" in Am 5,18.20 charakte-

---

Recht 3,1b und auf die Verkehrung von gut und böse 3,2a). Dabei hätten sie auf Stil und Vokabular der Texte zurückgegriffen, die das Zweiprophetenbuch Hos-Am geschaffen hätten. Die D-Redaktion habe bereits ein Dreiprophetenbuch vorgefunden und durch den Abschnitt 6,2-16* erweitert und abgeschlossen (6,8 als Zusammenfassung der grundlegenden Werte der prophetischen Kritik), außerdem dies wohl ihr redigierte Zephanjaschrift hinzugesetzt. Jeremias, Micha 1, 145ff., datiert die Einleitung Mi 1,3-7 erst exilisch, äußert sich nicht zu der These, Mi sei schon früher auf Hos und Am hin konzipiert worden, unterstützt mit seinen Beobachtungen zu Mi 1,3-7 jedoch die Annahme einer exilischen Vierprophetenbuchrolle. Ob der Text aber wirklich nur von Lesern verstehbar ist, die Hos und Am bereits kennen (so Jeremias, Micha 1, 147; auch Kessler, Buch, 141), scheint zweifelhaft. Außerdem besitzt nach Jeremias, Micha 1, 148f., Mi 1,2 wohl wieder nur eine Funktion im Rahmen der Michaschrift. Kessler, HThKAT, 82, anerkennt zwar die Anklänge des älteren Michatextes an Am (Mi 2,3 / Am 3,1; Mi 2,3 / Am 5,13; Mi 3,2a / Am 5,15; Mi 3,1.8.9 / Am 5,7.15.24; 6,12; Mi 3,1.9 / Am 3,1; 4,1; 5,1; 8,4), erklärt diese Übereinstimmungen damit, dass „die jeweiligen Tradentenkreise in engem Bezug zueinander stehen, zumal nach dem Fall Samarias die Amosüberlieferung mit größter Wahrscheinlichkeit in Juda weitergeführt wurde" (ebd., 49), rechnet aber gegen Schart nur mit gegenseitiger Beeinflussung der jeweiligen Tradenten, ohne dass die Michaschrift an Am angeglichen worden wäre, da s. E. die Bezüge in Mi auf Am sich nicht literarkritisch herauslösen ließen. Erst auf späteren Ebenen der Fortschreibung sei eine bewusste Bezugnahme des Michatextes auf Hos und Am zu erweisen, nämlich bei Mi 1,2-7 (frühe Perserzeit; vgl. auch ders., Buch, 140f.); 6,9-16 (fortgeschrittene Perserzeit) und 7,8-20 (Ende Perserzeit oder hellenistische Zeit). Mi 1,2-7 sei als Abschluss des Samaria-Themas auf der Vierprophetenbuchrolle konzipiert worden. Wie Kessler aber selbst zugibt, können die von ihm genannten Bezüge die These einer Viererrolle nicht begründen, sondern setzen sie voraus.

88   S. Nogalski, Day(s), 197ff., und vgl. S. 27.
89   Irrelevant sind daher Hos 12,2 („alle Tage); 2,5 („Tag ihrer Geburt"); 2,17 („Tage ihrer Jugend"); 2,15 („Tage der Baale"); 9,5 („Tag des Festes YHWHs"); 9,9; 10,9 („Tage von Gibea"); 12,10 („Tage der Begegnung"); 7,5 („Tag ihres Königs").
90   S. Jeremias, ATD 24,1, 133.
91   Welche Ereignisse sich dahinter verbergen, ist nicht zu klären; s. Jeremias, ATD 24,1, 137.

ristischen Lexeme אֹפֶל, חֹשֶׁךְ, אוֹר, נֹגַהּ begegnen, ist die Annahme, dass die genannten Texte auf den „Tag YHWHs" zielen, wenig wahrscheinlich. Hinzu kommt, dass nicht einmal die ähnlich konstruierten Stellen in der Amos-schrift (Am 1,14; 3,14) als Belege für den „Tag YHWHs" anzusehen sind. Weiter verwendet Hos 9,7 יוֹם im Plural und kann daher nicht den stets im Singular belegten „Tag YHWHs" anvisieren. Außerdem wäre, wenn in der Volkserwartung eine heilvolle „Tag YHWHs"-Vorstellung präsent gewesen ist, wie Am 5,18-20 nahe legt, zu erwarten, dass die kritische prophetische Verkündigung die Bezeichnung „Tag YHWHs" exakt aufgegriffen hätte. Also kommen Hos 5,9; 9,7; 10,14 nicht als Belege für den „Tag YHWHs" in Frage. Auf der anderen Seite ist freilich nicht auszuschließen, dass man in späterer Zeit, als die Bezeichnung gegen das eigene Volk gerichteter Kriegs-ereignisse als „Tag YHWHs" geläufig war (s. etwa Zeph 1,7.14.15-16; Thr 2,21.22), diese Stellen als Hinweise auf (vergangene) „Tage YHWHs" gele-sen hat.

Hos 2,2 nennt in einem späteren Heilswort[92] einen „Tag Jesreels". Wie die anderen Heilsankündigungen in Hos 2,1-3 greift auch diese auf einen ur-sprünglich Unheil bezeichnenden Kindernamen in Hos 1 zurück. Der „Tag Jesreels" ist somit allein auf Hos 1,4 bezogen, und bezeichnet mit mehreren möglichen Assoziationen[93] einen Neuanfang Gottes. Eine Umkehrung un-heilvoller „Tag YHWHs"-Terminologie findet sich in Hos 2,2 genauso wenig wie Übereinstimmungen mit Heilstexten, die den „Tag YHWHs" in Aussicht stellen. Daher kann auch das Adjektiv גָּדוֹל als einziges Element keine Beziehung zu Joel 2,11[94] oder anderen „Tag YHWHs"-Texten begründen.

Im Abschnitt gegen die falschen Propheten Mi 3,5-8 finden sich mit Am 5,18-20 verwandte Lexeme: נשׁ (Mi 3,5); „Tag" und „Finsternis" in Mi 3,6 (קדר + יוֹם, חֹשֶׁךְ) (vgl. Jer 4,28; Joel 2,10; 4,15). Die Ankündigung des sich verfinsternden Tages (יוֹם + Artikel) steht aber zu der Aussage parallel, dass die Sonne über den Propheten untergehen werde und dient somit der Un-heilsankündigung gegen die Propheten. Darauf zielt auch der Satz ab, dass die Finsternis wie die Nacht den Propheten keine Wahrsagung bzw. Gesichte ermöglichen werde. Das „Beißen" bzw. „Fressen" dient der Beschreibung der Bestechlichkeit der Propheten, die je nach Gabe von Speisen dem Geber Heil oder Unheil ankündigten[95]. Daher ist mittels dieser gemeinsamen Stichwörter weder ein Bezug zum „Tag YHWHs" erweisbar noch zur allgemeinen, das ganze Volk betreffenden Unheilsankündigung in Am.[96] Mi 3,6 zeigt lediglich, dass man Unheil mit der Metapher der Finsternis explizieren konnte, ohne dabei bereits ein bestimmtes Konzept wie den „Tag YHWHs" zu assoziieren.

---

92  S. Jeremias, ATD 24,1, 34.
93  S. dazu Jeremias, ATD 24,1, 35f.
94  So aber Scoralick, Güte, 150.
95  Anders Schart, Entstehung, 188f., der sehr wohl eine Beziehung zu Am 5,19 gegeben
     sieht, doch vgl. dazu Kessler, HThKAT, 152 (Übersetzung) und 155 (Auslegung).
96  Vgl. Kessler, HThKAT, 156.

„Licht" und „Finsternis" (אוֹר, חֹשֶׁךְ) begegnen in dem späten Vers Mi 7,8[97]. Jerusalem drückt in einem Lied sein Vertrauen zu YHWH aus, der als Licht in der finsteren Situation bezeichnet wird (vgl. auch 7,9). Auch hier liegt daher eine Anspielung auf den „Tag YHWHs" fern.[98]

In Mi 7,4b, einem Nachtrag[99] zur vermutlich nachexilischen[100] Wehklage 7,1-7, wird die Formulierung X-יוֹם gebraucht, wobei hier aber X das den Tag ankündigende Subjekt bezeichnet und das Unheil erst in einer zweiten Apposition genannt wird: „Der Tag deiner Späher, deine Heimsuchung ist gekommen, jetzt wird eintreten Verwirrung!" Dieser Gebetsruf dürfte einen Rückblick darstellen auf das mittlerweile eingetroffene Unheil, das die Propheten = „Späher" (zu צפה vgl. Jes 21,6.8; Hab 2,1) angekündigt hatten. פְּקֻדָּה („Heimsuchung") findet sich (wie auch das Verb פקד) in den Prophetenbüchern öfter als Bezeichnung für die kommende Strafe (s. z. B. Jer 5,9.29; Am 3,2.14; Hos 1,4; 4,9; 9,9; Zeph 1,8.9) und dürfte hier wie der „Tag der Heimsuchung" in Hos 9,7 (s. auch Jes 10,3 und vgl. Jer 46,21; 50,27) auf eine Katastrophe anspielen, vor der die Propheten gewarnt hatten. מְבוּכָה („Verwirrung") wird nur noch in Jes 22,5 gebraucht (das Verb בוך begegnet nur in Ex 14,3; Est 3,15 und im „Tag YHWHs"-Text Joel 1,18) und dort (neben anderen Substantiven) als Genitiv von יוֹם.[101] Daher dürfte eine literarische Anleihe[102] bei Jes 22,5 wahrscheinlich sein. Dann liegt nahe, dass mit dem „Tag deiner Späher, deine Heimsuchung", ein Rückblick auf den eingetroffenen und durch die Propheten angekündigten „Tag YHWHs" gemeint ist[103]. Es fällt auf, dass die engste Beziehung aufgrund des seltenen מְבוּכָה zu einem Text außerhalb des Dodekapropheton besteht. Starke Verbindungen zu Texten innerhalb des Dodekapropheton finden sich höchstens zu Hab 2,1 und Hos 9,8, in denen die Propheten ebenfalls als

---

97 Nach Kessler, HThKAT, 47, gehört der Michaschluss 7,8-20 zur am Ende der Perserzeit oder bereits in hellenistischer Zeit erfolgten Schlussredaktion.

98 Vgl. Kessler, HThKAT, 301f.

99 S. Wolff., BK.AT XIV/4, 176: die Anrede an eine 2. Person Singular, die als Gebetszwischenruf an YHWH zu verstehen sei, unterbreche den Zusammenhang, da das Thema von V. 4a, die Ehrlichkeit, in V. 5 weitergeführt werde. Anders Kessler, HThKAT, 290 (V. 4b habe eine Scharnierfunktion). Wolff, BK.AT XIV/4, 175 Textanm. 4d sowie 181, möchte zusätzlich פְקֻדָתְךָ in V. 4b als sekundär ansehen, aber gewichtige Kriterien liegen dafür nicht vor.

100 Wolff, BK.AT XIV/4, 177, datiert Mi 7,1-7 aufgrund von verwandten Texten vor allem bei Tritojesaja in frühnachexilische Zeit. Kessler, HThKAT, 47, denkt bereits an die fortgeschrittene Perserzeit (Mitte bis Ende des 5. Jh.).

101 Bosshard-Nepustil, Rezeptionen, 346 samt Anm. 2, ordnet Mi 7,4b aufgrund der genannten Bezüge seiner „Assur/Babel-Redaktion[XII]" zu. Mi 7,4b habe dabei die Ereignisse 701 v. Chr. (Mi), 722 (Hos 9,7) und 587 (Zeph 1,8.9.12: פקד) im Auge. Diese Datierung scheitert jedoch daran, dass wohl schon die Grundschicht Mi 7,1-4a.5-7 in nachexilische Zeit gehört (s. oben Anm. 100).

102 Einerseits spricht zwar das seltene מְבוּכָה für einen Rückgriff, andererseits aber finden sich keine weiteren gemeinsamen Vokabeln.

103 Vgl. auch Fohrer, Tag, 32f.

„Späher" bezeichnet werden[104]. Der Begriff der Heimsuchung ist zu häufig belegt, als dass er einen Anhaltspunkt darstellen könnte. Für die Annahme, Mi 7,4b habe bereits eine Vorform des Dodekapropheton vor Augen, reichen die Beobachtungen nicht aus. Auch dass Mi 7,4b von einer Mehrzahl von „Spähern" spricht, die einen gewissen „Tag" angekündigt hätten, lässt keine klaren Schlüsse zu, ob der Rückblick bereits auf eine Mehrzahl von Prophetenschriften bezogen ist: von einer Mehrzahl Unheil ankündigender Propheten hat man in der nachexilischen Zeit nämlich auch so gewusst.

Ein möglicher synchroner Lesevorgang, nach dem der Text aufgrund der Formulierung mit יום und פְּקֻדָּה mit dem durch Hos angesagten Unheil, dem in Am angekündigten Gericht, dem in Mi verkündigten Untergang und der in Zeph folgenden Katastrophe auf einer Linie stehe, lässt sich durch diachron orientierte Rückfragen nicht erhärten.

Aus diesen Überlegungen ergibt sich zweierlei: Einerseits kann Mi 7,4b als eine Anspielung auf den „Tag YHWHs" angesehen werden. Andererseits sind keine Folgerungen für die Redaktionsgeschichte des Dodekapropheton möglich. Denn über die Tradition prophetischer Überlieferung und die Kenntnis von Jes 22,5 hinaus sind keine Voraussetzungen für das Abfassen und Verstehen von Mi 7,4b erforderlich.

### 5. Ergebnisse

Die Beobachtungen anhand von Am 5,18-20 und vermeintlichen Bezugstexten fördern folgendes Ergebnis zu Tage: Angesichts des Sprachgebrauchs und der Theologie und aufgrund von Beobachtungen zur Komposition von Am ist davon auszugehen, dass Am 5,18-20 zur ältesten Fassung der Amosschrift des ausgehenden 8. Jh. v. Chr. gehört hat und wohl auch Verkündigung des Amos widerspiegelt. Der „Tag YHWHs" wird hier Hörer- bzw. Lesererwartungen entgegengesetzt, die ein Erscheinen YHWHs zugunsten Israels erwarten, und dient zur prägnanten Bezeichnung des unheilvollen Handelns YHWHs, das Erdbeben, Deportationen, Verwüstungen und letztlich in der Rückschau den Untergang des Nordreiches Israel umfasst. In welcher Weise die „Tag YHWHs"-Vorstellung abgesehen von ihrer prophetischen Neuinterpretation geprägt gewesen war, muss im Rahmen der Fragestellung dieser Arbeit nicht geklärt werden. Deutlich aber ist jedenfalls, dass der Begriff „Tag YHWHs" nicht bloß ein redaktionelles Theologumenon darstellt und dass er unabhängig von der Kenntnis anderer prophetischer Texte aufgegriffen werden kann. Thesen, die Am 5,18-20 zu späteren Schichten und zu einer Schriften übergreifenden Redaktion rechnen, erweisen sich damit als unwahrscheinlich. Ob Am 5,18-20 von späteren

---

104 Für die Annahme literarischer Abhängigkeit fehlen weitere übereinstimmende Lexeme. Zwar findet sich in Hos 9,9 noch die Wurzel פקד, diese aber kann angesichts ihres häufigen Vorkommens hier die mögliche Vermutung einer Abhängigkeit nicht stützen.

Verfassern zitiert, adaptiert bzw. exegesiert wurde, ist in den folgenden Kapiteln zu prüfen.

Obwohl gewisse Bezüge von Am 5,18-20 zu weiteren (ebenfalls älter 1,14, jünger dagegen 3,14; 8,9-10; 9,3) Texten der Amosschrift ersichtlich sind, konnte gezeigt werden, dass es sich bei diesen jedoch nicht um „Tag YHWHs"-Texte handelt. Offensichtlich ist am prophetischen „Tag YHWHs"-Verständnis im Rahmen von Am, sei es in Verbindung mit Zuspitzungen der Unheilsverkündigungen auf Juda hin, sei es im Zusammenhang mit Heilsfortschreibungen, nicht weiter gearbeitet worden.

Eine synchron-intertextuelle Leseweise könnte (abgesehen von den markanten „Tag YHWHs"-Texten) Bezüge zu Hos 2,2; 5,9; 9,7; 10,14; Mi 3,6; 7,4.8 postulieren und diese für die These, dass der „Tag YHWHs" als bewusst gestaltete Sinnlinie im Dodekapropheton zu begreifen sei, mit heranziehen. Eine Betrachtung dieser Stellen hat jedoch ergeben, dass sie – abgesehen von Mi 7,4b – nicht als primäre „Tag YHWHs"-Belege in Frage kommen und allenfalls später als Hinweise auf vergangene „Tage YHWHs" gelesen werden konnten. Dieser Befund ist aber für die Annahme einer bewusst konzipierten „Tag YHWHs"-Lektüre des Zwölfprophetenbuches nicht ausreichend. Im Gegenteil fällt ins Gewicht, dass Mi 7,4b als klare „Tag YHWHs"-Stelle keine Bezüge zu Dodekapropheton-Texten besitzt.

# Kapitel IV: Die „Tag YHWHs"-Texte in der Zephanjaschrift

## 1. Die Relevanz der Zephanjaschrift

### 1.1. Die Belege für den „Tag YHWHs"

Mehrfach wird in der Zephanjaschrift der „Tag YHWHs" erwähnt: Schon die exakte Formulierung יוֹם יְהוָה begegnet dreimal, nämlich Zeph 1,7.14(2×). Zusätzlich wird in 1,15-16 der „Tag YHWHs" – dass es sich um ihn handeln muss, ist angesichts anaphorischen הַיּוֹם הַהוּא zu Beginn von V. 15 nicht zu bestreiten – mehrfach mit anderen Formulierungen (ohne Gottesnamen) beschrieben, die Unheil ausdrücken sollen, wobei יוֹם עֶבְרָה bekanntlich die wirkungsreichste darstellt. Aber die „Tag YHWHs"-Belege in der Zephanjaschrift reichen noch über Kap. 1 hinaus: in 2,2b.3[1] heißt der „Tag YHWHs" יוֹם אַף־יְהוָה; möglicherweise spricht 3,8 mit der Formulierung לְיוֹם קוּמִי לְעַד ebenfalls von ihm.[2] Zusätzlich finden sich in der Zephanjaschrift Wendungen, die den Terminus יוֹם verwenden und daher als Anspielungen auf den „Tag YHWHs" verstanden werden können. Zumindest die Ausdrücke בְּיוֹם זֶבַח יְהוָה in 1,8a und בְּיוֹם עֶבְרַת יְהוָה in 1,18a greifen aufgrund ihres unmittelbaren Bezugs zum jeweils Vorhergehenden auf den „Tag YHWHs" zurück. Ob die Formeln (וְהָיָה) בַּיּוֹם הַהוּא in 1,9a.10a; 3,11a.16a aber auf die Vorstellung vom „Tag YHWHs" bezogen sind, muss gesondert geprüft werden.

Aufgrund dieses Befundes, dem Vorliegen etlicher „Tag YHWHs"-Belege wundert es nicht, dass bereits traditionsgeschichtlich betrachtet nach der Einschätzung von Rads die „Weissagung Zephanjas vom Tag Jahwes […] gewiß zum Wichtigsten, was uns an Material für den Vorstellungskreis vom Tag Jahwes zur Verfügung steht", gehört[3].

Aber gerade auch im Zusammenhang mit der Frage nach der Einheit des Dodekapropheton besitzt angesichts der relativ großen Zahl der „Tag YHWHs"-Stellen die Zephanjaschrift enorme Relevanz. Schart urteilt: „Zef ist für das Zwölfprophetenbuch in redaktionsgeschichtlicher und traditions-

---

1    Mit dem undeterminierten יוֹם in 2,2a (so nur noch in 1,15f., wo der Bezug auf den „Tag YHWHs" aber durch den Kontext gesichert ist) ist schwerlich der „Tag YHWHs" gemeint, sondern hier soll ausgedrückt werden, wie schnell die Zeit vergeht; mit Koenen, Heil, 29 Anm. 21.

2    Die Konjekturvorschläge für 3,18 (יוֹם מוֹעֵד und יוֹם שְׂאֵת עָלָיו) wären möglicherweise weitere Belege, jedoch müssen sie aufgrund ihrer Unsicherheit außer Betracht bleiben.

3    Von Rad, Theologie Bd. II, 131.

geschichtlicher Hinsicht von besonderer Bedeutung, insofern Zef das Konzept vom ‚Tag Jahwes' zum zentralen Inhalt erhebt."[4]

## 1.2. Zeph im Kontext der Frage nach der Einheit des Dodekapropheton

Folgt man einem synchronen Leseansatz für das Dodekapropheton, erscheint der „Tag YHWHs" nicht nur innerhalb der Zephanjaschrift als dominierendes Thema, sondern Zeph ist mit seinem Schwerpunkt gerade für die Einheit des Dodekapropheton von einiger Bedeutung.

Rendtorff stellt heraus, dass zum einen die Besonderheit von Zeph darin bestehe, eine Begründung für den „Tag YHWHs" zu liefern (Zeph 1,4-6.11-13), die in den vorangegangenen Schriften noch nicht klar expliziert worden sei. YHWH reagiere mit seinem Eingreifen auf die Sünden Judas auf kultischem Gebiet und hinsichtlich sozialer Ausbeutung. Zum anderen sei der zurückhaltende Aufruf zur Umkehr angesichts der möglichen Verschonung (2,1-3) sehr wichtig für das Verständnis des Dodekapropheton insgesamt. Da Am 5,14f. und Joel 2,12-14 entsprechende Gedanken äußerten, folge im Blick auf diese drei Schriften: „Thus, in a certain way, they provide the message of the whole book."[5] Zum dritten bewirke Kap. 3 mit seinem Ausblick in die Zukunft einen wichtigen Wandel im Vergleich zu Kap. 1, so dass im Gerüst des Zwölfprophetenbuchs die letzten Worte vor der Zerstörung Jerusalems die „Erwartung einer friedvollen und freudvollen Zukunft Israels" böten[6]. Daher sei Zeph als ein Kompendium der Vorstellungen vom „Tag YHWHs" zu begreifen[7].

In diachroner Hinsicht sind einige Versuche im Gespräch, die – angeregt durch die „Entdeckung der Einheit des Dodekapropheton" – die Zephanjaschrift im Rahmen des Dodekapropheton verstehen wollen und angesichts von Wortbezügen und konzeptionellen Übereinstimmungen Schriften übergreifende Redaktionen herausarbeiten, die Zeph als Teil des Dodekapropheton erscheinen lassen oder sogar mit dem Jesajabuch in Beziehung setzen[8].

Nach Nogalski[9] habe die Zephanjaschrift im „Deuteronomistic corpus" (Hos, Am, Mi, Zeph) von 1,1 bis 3,8a gereicht, wobei die Fremdvölkersprüche und der Abschluss durch 3,1-8a ähnlich wie Am 1-2 fungierten. Zeph habe hier die Bedeutung, die – nach der fehlenden Beachtung der Warnungen nun erforderliche – Ankündigung der Zerstörung Jerusalems zu bieten. Klar dtr. seien dabei die Stellen 1,1.13.17* Die Heilsworte in 3,9ff. gingen auf mehrere Redaktionsgänge zurück, wobei zu unterscheiden sei zwischen Heilszusätzen zur Zephanjaschrift des „Deuteronomistic corpus" und Heilszusätzen, die im Rahmen des Dodekapropheton zu verstehen seien. Zu ersteren wären etwa 3,11-13 (Rest-Motiv analog Am 9,7-10, Wortbezüge zu Mi 6); 3,14-17 (vgl. Am 9,11ff.; Mi 4,1ff.) zu rechnen, zu letzteren 3,8b.9-10 und 3,18-20. In 3,18-20 zeigten sich sowohl Bezüge zu Mi 4,6f. als auch zu Hag/Sach 1-8, wodurch das Ende von Zeph vorwärts blicke zur Rückkehr der Exilierten und so Hag und den Wiederaufbau des Tempels vorbereite. Außerdem seien zwischen 3,9-10

---

4  Schart, Entstehung, 214.
5  Rendtorff, Book, 149.
6  Rendtorff, „Tag Jhwhs", 9.
7  So ebd., 7.
8  Vgl. S. 9ff.28ff.
9  S. Nogalski, Precursors, 171ff.

(sowie 2,13-15) und Jes 34.35 Bezüge zu beobachten[10], die eine Stellung von Zeph im Ge-
samtzusammenhang des Dodekapropheton vergleichbar derjenigen von Jes 34-35 im Jesajabuch erkennen ließen, „namely as a literary precursor to the return of the exiles"[11]. Beach-
tenswert sei weiter in Zeph 1 die Dichotomie zwischen einem Gericht gegen Juda/Jerusalem
(so im „pre-existing corpus" Zeph 1,8-12.14.16b.17-18a; 2,1-3) und einem universalen Gericht (1,2-3.7.15-16a.18b) Da sich hier redaktionelle Ausweitungen wie auch in Nah 1 und
Hab 3 und Bezüge zu Joel zeigten, seien diese Passagen auf die „Joel-related layer" zurückzuführen.

Für Schart[12] bildet die „D-Ausgabe" von Zeph, die gleichzeitig die Viererrolle Hos*-
Am*-Mi*-Zeph* geschaffen habe, den Ausgangspunkt (wenngleich auch er mit einer vorausgehenden Zephanjaschrift, die sogar schon unter Berücksichtigung von Am abgefasst
worden sei, rechnet[13]). Diese „D-Ausgabe" habe 1,1.4*.5-18aα; 2,4-6.8-9.12-15; 3,1-8 und
wahrscheinlich auch 2,1-3; 3,11-13 umfasst, wobei konkret 1,1.6.13b.17aβ auf die „D-
Redaktion" zurückgingen. Spätere Nachträge und Zusätze bringt Schart mit dem Anwachsen
des Dodekapropheton um weitere Prophetenschriften in Verbindung. Zum Beispiel stehe mit
dem Anwachsen der Viererrolle um Nah/Hab die Vorschaltung von 1,2-3 mit deren Schöpfungsthematik in Verbindung. Als die Schriftsammlung um Hag/Sach 1-8 bereichert wurde, sei die Zeit für Heilsworte (3,14ff.) reif gewesen (keine redaktionellen Zusammenhänge).
3,9-10 seien im Zuge der Erweiterung um Joel/Ob an 3,8 angefügt worden, um eine Sach 14
vergleichbare Konzeption (Völkergericht und Völkerwallfahrt) herzustellen (hierzu evtl.
auch 3,20). Auf die gleiche Schicht gingen auch die Formeln in 1,10.12 zurück, die den bereits vergangenen „Tag YHWHs" zu einem noch ausstehenden eschatologischen Gericht
umgeprägt hätten. Eine letzte Phase (Jon/Mal) trage den Gedanken der YHWHverehrung
durch alle Heiden 2,11 (vgl. Mal 1,11.14) in die Zephanjaschrift ein.

Bosshard-Nepustil[14] hält aufgrund von den Endtext betreffenden Beobachtungen den
Textbestand 1,4-16; 2,4-6.8-9a.12.13-15; 3,8a für die älteste Schicht in Zeph[15]. Diese gäbe
aber zu Fragen Anlass (Sachverhältnis zwischen 1,4-16 und 2,4-15*? Warum feindliches
Vorgehen erst in 1,10f. und nur indirekt sichtbar? Warum auf Jerusalem konzentriert? Warum gerade diese Auswahl von Fremdvölkersprüchen?), die innerhalb von Zeph nicht zu
beantworten seien. Deshalb bezieht Bosshard-Nepustil zunächst den Kontext des Dodekapropheton in die Erklärung mit ein. Hier zeige sich, dass der Grundbestand von Zeph das
„Tag YHWHs"-Gericht mit dem Gericht durch Babel in Hab 1,1 - 2,16* gleichsetze und der
in Joel 1,1 - 2,11 beschriebene „Tag YHWHs" auf denjenigen hin transparent sei, den die
älteste Zeph-Schicht ansage. Zeph*, Hab* und Joel* bildeten eine gemeinsame literarische
Ebene. Jedoch seien die genannten Fragen auch im Kontext des Dodekapropheton nicht zu
beantworten. Hier helfe erstens Jes 22,1-5.7-14, von dem Zeph 1,4-16 abhängig sei: das erst
in Zeph 1,10f. erwähnte, feindliche Vorgehen erkläre sich nämlich dadurch, dass auch in Jes
22 erst in V. 7 der Feind explizit genannt werde. Die Differenzen zwischen beiden Texten
beruhten darauf, dass Jes 22 auf 701 abhebe und auf 587 hin transparent sei, Zeph 1 jedoch
nur 587 im Blick habe. Zweitens entspreche der Bestand der Fremdvölkerworte genau dem-
jenigen, den die „Assur/Babel-Redaktion" in Jes 14,28 - 20,5* verfasst habe. Drittens nähme

---

10    Vgl. bereits Bosshard, Beobachtungen, 34f.51.
11    Nogalski, Precursors, 200.
12    S. Schart, Entstehung, 204ff.
13    So ebd., 217.
14    S. Bosshard-Nepustil, Rezeptionen, 317ff.; vgl. auch den früheren Aufsatz: Bosshard,
      Beobachtungen, 34f.49ff.
15    Die Möglichkeit der Existenz von Vorstufen räumt Bosshard-Nepustil, Rezeptionen,
      337, immerhin ein.

Zeph* auch auf das Jer-Buch Bezug, da die Fremdvölkersprüche sich zusätzlich an Jer 47-49* orientierten und Zephanja nach der Überschrift als früher Zeitgenosse Jeremias ausgewiesen werde. Viertens beziehe sich Zeph* auch auf das DtrG (s. 1,4-6) und bestimme das Gericht somit als Vollendung der Josianischen Reform. Insgesamt werde somit klar der redaktionelle Charakter der ältesten Zeph-Schicht („Assur-Babel-Redaktion[XII]" nach 562) sichtbar. Ob dahinter aber Sprüche eines Propheten Zephanja stünden oder ein reiner Redaktionstext vorliege, es also keine Prophetengestalt gegeben habe, müsse offen bleiben. Da 2,13-15 starke Bezüge zu Fremdvölkersprüchen gegen Babel aufweise, gehe dieser Abschnitt aber wohl auf das Konto der „Babel-Redaktion[XII]" um 520[16]. Auch den weiteren Textbestand in Zeph erklärt Bosshard-Nepustil mit dem Modell Schriften bzw. Buch übergreifender Redaktionen (im Anschluss an Steck). In der späten Perserzeit habe eine Zwölfprophetenbuch-Redaktion zusammen mit der Mal-Grundschrift auch Zeph 2,11; 3,1-7 in Zeph inkorporiert[17]. In der Zeit Alexanders habe sich eine neben Joel 2,10(?); 4*; Ob 15a.16-21 auch Zeph 1,2f.17aβb.18; 2,7.9b.10; 3,8b.14-19 enthaltende Redaktion etwas nach 312/311 an dem durch die „Heimkehr-Redaktion" geprägten Jesajabuch (vgl. Stecks „Mehrprophetenbuch Fortschreibung I") orientiert. Zwischen 311 und 302/1 sei durch eine weitere Schicht mit Anhalt am durch die vorletzte Redaktion geprägten Jesajabuch (vgl. Stecks „Mehrprophetenbuch Fortschreibung II") neben Mi 4,5(?.)11-13; Sach 11,4 - 13,9 auch Zeph 2,1-3 hinzugefügt worden. Schließlich gehe Zeph 3,9f.11-13.20 sowie Sach 14; Mal 2,17 - 3,5; 3,13-21 zwischen 240 und 220 auf eine sich am durch die Schlussredaktion geprägten Jesajabuch (vgl. Stecks „Mehrprophetenbuch Fortschreibung III") orientierende Redaktion zurück[18].

Positiv ist bei den eben vorgestellten Positionen zu vermerken, dass sie von literargeschichtlichen Argumentationen auszugehen versuchen, die angesichts des komplexen Textbefundes geboten scheinen[19]. Ob diese überzeugen, ist zwar wie bei allen solchen Entscheidungen eine andere Frage. Aber es fällt doch das gravierende Problem auf, dass manche Spannungen nicht wahrgenommen werden wollen oder überspielt werden. Außerdem muss kritisiert werden, dass marginale Wortbezüge und Strukturvergleiche zu unbefangen redaktionsgeschichtlich interpretiert werden. Bei der Auswertung der Text-Text-Bezüge bedarf es also unbedingt einer klaren Anwendung der Methodik.

## 1.3. Orientierung über weitere Forschungsansätze

Neben den eben genannten Positionen nehmen zahlreiche Forschungsansätze die Zephanjaschrift als eigene Größe wahr, wie es ja etwa auch ihre Überschrift nahe legt. Eine Untersuchung der „Tag YHWHs"-Texte hat auch diese Ansätze zu berücksichtigen. Die gegenwärtige Forschungslage – abgesehen

---

16  S. ebd., 393ff.

17  S. ebd., 422f.

18  S. ebd., 430 Anm. 2.

19  Vgl. Irsigler, HThKAT, 36f., der ganz klar hervorhebt, dass Zeph „sicher nicht" „als eine geschlossene literarische Einheit betrachten werden kann", sondern dass wir „davon ausgehen müssen, dass die Endgestalt des Prophetenbuchs durch Komposition vorgegebener textlicher Einheiten, durch ihre Fortschreibung und ihre redaktionelle Bearbeitung entstanden ist", und dass „mit einer komplizierteren Gesamtstruktur zu rechnen" ist.

von den unter 1.2. vorgestellten Thesen – ist äußerst komplex und wird über-
schaubar, wenn man sie auf vier charakteristische Positionen reduziert:

*Position 1* fasst abgesehen von geringfügigen Spuren späterer Bearbeitung nicht nur nahezu den gesamten Textbestand als authentisches Spruchgut
Zephanjas auf, sondern schreibt Zephanja auch die dreiteilige Komposition
des Büchleins zu.

Nach Weigl[20] wäre Zephanja selbst Autor der meisten Sprüche, und auch deren Anordnung mittels dreier Kompositionen gingen auf ihn zurück. Ausnahmen bildeten lediglich
kleinere Zusätze (1,3c.4b.9a.17c.18b-e; 2,7a.d.e.9g-10c; 3,5e.8f.10a), Schluss (3,16-20) und
Überschrift (1,1). Zentrale Bedeutung für die zwei Textstränge miteinander verschränkende
erste Komposition (1,2-18) habe die Schilderung des YHWHtages in Jerusalem als Exempel
und Zentrum der Welt (vgl. den universalistischen Rahmen 1,2-3.17-18a und den Hauptak-
zent in 1,10c-11). Die zweite (2,1 - 3,5) kontrastiere die positiv gewerteten Armen (2,1-3)
mit dem heillos verdorbenen Jerusalem (3,1-5), das in bedenkliche Nähe zu den klassischen
Feindbildern der Fremdvölker (2,4-15) gerückt sei. Das Heil könne nun nur noch von den
Rändern ausgehen, den Armen des Landes und den entlegensten Völkern (Zentralstellung
von 2,11). Diesen Aspekt baue die dritte Komposition (3,6-15) dann insofern aus, als sie den
Armen, den bisherigen Opfern der Geschichte, nach Vernichtung der Oberschicht
(Zentralstellung von 3,11c) eine Subjektrolle zubillige (daher auch der Titel der Arbeit:
„Zefanja und das Israel der Armen"). Sie führten die sozialen und religiösen Grundwerte
wieder in Jerusalem ein (3,12-13), das daraufhin Grund zum Jubel habe (3,14-15) und für das
Eintreffen der wallfahrenden Völker (3,9-10) bereit sei. Genau hier liege auch das Zentrum
der Theologie Zephanjas: „Wenn sich Jerusalem, und in ihm in erster Linie die Mächtigen
und Wohlhabenden, nicht mehr zu einer grundlegenden Änderung ihrer religiösen und
sozialen Praxis durchringen können – und dies ist aufgrund der Erfahrungen des Propheten
zu befürchten – wird Jahwe in Zukunft zur Durchsetzung seines Geschichtsplanes andere,
bislang ungeahnte Wege beschreiten. Zu Trägern des Heiles werden die bisherigen Opfer der
Geschichte: Arme und Kleingehaltene, die sprichwörtlichen ‚Randexistenzen'. [...] Parallel
zu dieser Revolution in Israel wird eine keineswegs weniger brisante Entwicklung verlaufen:
Die fernsten Völker [...] werden, durch Jahwes Initiative zu Gläubigen gewandelt, nach
Jerusalem kommen, um Jahwe den ihm zustehenden Tribut zu entrichten. Erst aus diesem
Zu- und Miteinander der von Jahwe neu konstituierten Geschichtsmächte kann auch für
Jerusalem, ja ganz Israel, neues Heil werden."[21]

Sweeney formuliert die These, „that although some later glosses appear in the text, the
book as a whole has a coherent structure which derives from the late seventh-century prophet
Zephaniah", der damit das Anliegen verfolgt habe, zur Unterstützung der politisch-religiösen
Reform Josias aufzurufen.[22]

*Position 2* führt den größten Teil des Textbestandes zwar ebenfalls auf eine Hand zurück, datiert diesen aber – als Komposition verstanden – in die
postmonarchische Zeit und hält eine Rückfrage nach der Verkündigung der
Prophetengestalt nicht für möglich.

---

20  S. Weigl, Zefanja, 242ff. Vgl. auch Lohfink, Zefanja.
21  Weigl, Zefanja, 255f.
22  Sweeney, Reassessment, 391.

Ben Zvi[23] schreibt den größten Textanteil einem „compositional level" zu. Diese Komposition, bereits nach dem dreigliedrigen eschatologischen Schema aufgebaut, sei in einer gebildeten Gruppe der Nachexilszeit zu verorten, der vor allem eine bestimmte religiöse Haltung wichtig sei (Vertrauen zu YHWH, Demut, Wahrhaftigkeit). Diese fühle sich von Reichen und Gottlosen verachtet, setze sich mit Problemen wie Theodizee, Beziehung YHWHs zu den Völkern, Brüchigkeit der derzeitigen und Hoffnung auf eine bessere Welt auseinander, wobei ihr an politischer Aktivität nicht gelegen sei. Sowohl der Autor dieser Komposition als auch der Prophet hätten nur sekundäre Bedeutung gegenüber der Botschaft des Textes, wichtig sei allein das Wort YHWHs. Die Figur Zephanjas sei lediglich zur historischen Verortung der Botschaft notwendig, die damit gegenüber aktuellen Prophetien aus der Zeit des Autors an Autorität gewinne und sich – die Unheilsansagen der Kap. 1 und 2 seien in den Tagen der Hörer/Leser bereits erfüllt – als verlässlich erweise. Ben Zvi gesteht zwar durchaus zu, dass auch „pre-compositional material" verschiedener Herkunft (z. B. 1,4-6.7.8-9.10-11.14-16; 2,4.5-7; 3,3-4) reflektiert werde, nur sei dieses eben nicht mit einer Zephanjanischen Quelle zu verwechseln. Die Frage nach der originalen Verkündigung Zephanjas müsse als unmögliches Unterfangen beurteilt werden. Nur so viel lasse sich sagen, dass im Lauf der Zeit bestimmte Traditionen mit Zephanja verbunden worden seien. Außerdem ließe sich mit den „post-compositional additions" (1,3.17; 3,5) ein weiteres Entwicklungsstadium ausmachen.

Unter *Position 3*[24] lassen sich literarisch stärker differenzierende Modelle zusammenfassen, die auf der einen Seite bis zur authentischen Verkündigung Zephanjas vorstoßen, auf der anderen Seite aber mit mehreren Redaktionsgängen rechnen. Ob ein erstes Zephanjabuch bereits vorexilisch (z. B. Neef, Striek) oder erst in exilischer Zeit und womöglich von dtr. Kreisen (z. B. Seybold) herausgegeben wurde und wie oft dieses dann redaktionell überarbeitet wurde, wird allerdings unterschiedlich beantwortet.

Neef[25] untergliedert den Textbestand in 4 Bereiche: A) Gerichtsworte gegen Juda/Jerusalem (1,2f.4-6.8f.10f.12f.17f; 3,1-8), B) Rede vom „Tag YHWHs" (1,7.14-16; 2,1-3), C) Gerichtsworte gegen Völker (2,4-15) und D) Heilsworte für Völker und Juda/Jerusalem (3,9-20). A, B, und C gingen in ihrem Grundbestand auf Zephanja (um 630 v. Chr.) zurück und wurden ursprünglich unabhängig voneinander gesprochen. Von einem Vertrauten Zephanjas wären zwischen 622 und 612 v. Chr. diese Worte zusammengefasst und in ihre jetzige Reihenfolge gefügt worden. Ob auf das Konto dieses Erstredaktors in A die Einschübe 1,2.3b.8aα.9aβ*.10aα.12aα und Zusätze 1,13b.18aβγb; 3,8bγ zu verbuchen seien, lässt Neef offen. Jedenfalls wären in einem dritten Schritt in exilisch-nachexilischer Zeit die Heilsworte D angefügt und die Zusätze 2,7.9b.10f; 3,5 vorgenommen worden. Zusätzlich sei mit Glossen (1,3aγ.4bαβ.5bα; 2,5bα; 3,10bα) zu rechnen. Zuletzt sei Zeph durch 1,1, und 3,20b gerahmt worden.

Vlaardingerbroek unterscheidet grob drei verschiedene Textgruppen. Den größten Umfang nähmen Texte ein, die auf den Propheten Zephanja, der zur Zeit Josias (ob vor oder nach der Reform sei nicht mehr zu entscheiden[26]) zurückgingen, nämlich in 1,2 - 2,3*; 2,4-

---

23  S. Ben Zvi, Study, 347ff. sowie 325ff. Vgl. außerdem die Destruktion der These einer „dtr. Redaktion" der Zephanjaschrift von dems., Redaction, passim.

24  Zu auch älteren Forschungen, die unter Position 3 zu subsumieren wären, s. Striek, Zephanjabuch, 15ff.

25  S. Neef, Gottesgericht, 539ff. Vgl. auch Ryou, Oracles, 309ff.

26  S. Vlaardingerbroek, HCOT, 17, nach ausführlicher Erörterung der Probleme.

15*; 3,1-8*; 3,11-13*. Sodann könnten in 1,9 (nur הַהוּא בְּיוֹם); 1,13b; 2,3aα*β (von כָּל bis פָּעֲלוּ); 2,5bα₁; 2,7aα₁bβ; 2,9b.10.11; 3,5.9-10.14-19 Ergänzungen des nachexilischen Herausgebers erkannt werden, der das Buch in seine gegenwärtige Gestalt gebracht habe. Schließlich lägen mit 1,3b; 1,4b* (הַכֹּהֲנִים־עִם); 1,5bα.17aβ.18bβγ; 2,6a*; 3,8bβγ.20 späte Zusätze vor.[27]

Nach der literarkritischen Hypothese von Striek[28] wäre mit neun Schichten zu rechnen: Erstens mit Einzelworten Zephanjas, zu datieren zwischen 639 und 612 v. Chr. (Gerichtsworte gegen Juda/Jerusalem 1,[4a.]4b*.5a*.8f.*12f.*17*; 3,1.3f., Ankündigung des „Tages YHWHs" 1,10f.*14b-16, Fremdvölkerworte 2,4*.5-7*.9a*.13f., und ein imperativischer Aufruf 2,1-2b) und zweitens mit einem vor-dtr. Zephanjabuch, entstanden zwischen 612 und 587 (evtl. 597), auf dessen Herausgeber die Stellen 1,3b.(4a.)7.8a.9a.10a. 12a.13b.14a.18; 2,2b.3b.5; 3,5.6.8. zurückgingen. Drittens wäre in 1,1.4b.5a*; 3,2.7 eine dtr. Redaktion tätig gewesen. Weitere Schichten bezeichnet Striek mit (viertens) Heilsansagen für Juda innerhalb der Fremdvölkerworte (2,5a*.7*.8.9*.10), (fünftens) „Tag YHWHs" für die Demütigen des Landes (1,6; 2,2bβ.3a; 3,11-13), (sechstens) „Tag YHWHs" als Heil für die fernen Völker (2,11; 3,9-10*.14-17), (siebtens) „Tag YHWHs" als zweite Sintflut (1,2-3a) und (achtens) „Tag YHWHs" als Heil für die jüdische Diaspora (3,10bα.18-20). Schließlich stellten neuntens 1,3aβ.17aβ; 2,5 (Kanaan) 3,5bβ noch Glossen dar.

Seybold[29] geht davon aus, dass von Zephanja selbst wahrscheinlich nur Fragmente (aus Aufzeichnungen Zephanjas selbst) überliefert seien. Aus ihnen sei jedoch ersichtlich, dass Zephanja mit satirischen Mitteln eine todernste Botschaft vorgetragen habe[30]: den Zorn Gottes, der kommen werde, um aufzuräumen. In exilischer Zeit seien die Zephanja-Worte von Deuteronomisten mit Erklärungen versehen (1,4ff.13.17b; 2,2f.7ff.; 3,2.4f.7.8ff.) und als eine Dokumentation herausgegeben worden, welche die in der Katastrophe 587 v. Chr. eingetroffene Unheilsweissagung aufbewahren wollte. Die Anhänge 3,11-20 aus spätexilisch-frühnachexilischer Zeit ließen den Leser dagegen hoffnungsvoller in die nachexilische Zeit blicken. Schließlich lasse sich noch eine weitere, kosmisch orientierte apokalyptische Bearbeitung ausmachen (1,3.18; 2,2.3.11; 3,8). Das theologische Zentrum der Zephanjaschrift in allen ihren Überlieferungs- bzw. Redaktionsphasen stelle das Wort vom „Tag YHWHs" in 1,14-16 dar. Zephanja habe wie Amos einen Tag des Gerichts darunter verstanden. Die dtr. Ausgabe dokumentiere, dass sie die Katastrophe 587 v. Chr. als Eintreffen dieses Tages verstanden habe. Die hoffnungsvollen Anhänge erwarteten sodann neue YHWHtage der Freude, der Reinigung und Wiederherstellung. Die apokalyptischen Bearbeiter schließlich dächten an den letzten Tag des Gerichts, an dem diese Schöpfung und dieser Äon vergehe.

Irsigler[31] nimmt insofern eine Mittelposition ein, als er mit einer vorexilischen Sammlung und Komposition rechnet, ohne dass diese aber Buchcharakter besessen habe. In seinem Kommentar vertritt er einen Werdegang der Zephanjaschrift in zehn Stufen, bei denen außerdem zum Teil noch mehrere Hände am Werk gewesen sein dürften. Erstens ließen sich elf primären Logien (1,4-5*; 1,8-9*; 1,12-13*; 1,7; 1,14-16; 2,1-2*.3*; 1,10-11*; 3,1.3-4; 2,4; 2,5-6*; 2,12*.13-14*) auf Zephanja zurückführen, der noch vor der Reform 622 v. Chr. in

---

27  S. Vlaardingerbroek, HCOT, 19f.

28  S. Striek, Zephanjabuch, 217ff.

29  S. Seybold, ZBK.AT 24,2, 85f., sowie ders., Prophetie, 63ff.

30  Vgl. daher den Titel der dem Kommentar in ZBK.AT vorausgehenden Studie: „Satirische Prophetie". Seybold hebt dort, 9, als Ausgangspunkt der Suche nach dem Propheten Zephanja die mittelalterlichen Darstellung Zephanjas mit Lampe in der Hand hervor, wodurch er mit dem Kyniker Diogenes verglichen werde, der für seinen sarkastischen Humor und den schlagfertigen Witz bekannt gewesen sei.

31  S. Irsigler, HThKAT, 59ff.

der frühen Regierungszeit des Königs Josia aufgetreten sei. Zweitens sei in vorexilischer Zeit zwischen 597 und 586 eine erste Gesamtkomposition dieser Worte erfolgt, wobei die Verknüpfungsformeln in 1,8a.10a.12a und die Unheilsankündigung 3,6-8* von dieser Bearbeitung stammten. Drittens wollte eine dtr. geprägte Redaktion in der Exilszeit Zeph „als Dokumentation der Verfehlungen Judas und Jerusalems verstehen und begründen, wie es zum Ende Jerusalems und des Staates Juda und zuvor schon zum Untergang Nord-Israels kommen konnte" (62). Diese Redaktion ist in 1,1; 1,4* (an diesem Ort); 1,13* (Vergeblichkeitsfluch); 3,2 zu greifen, „spätdtr." in 1,6; 1,17*. Außerdem äußere sich in Verbindung mit dem Schuldaufweis dieser Phase eine Theodizeetendenz – 3,8* (מִשְׁפָּט) –, die in dem doxologischen Nachtrag 3,5 weitergeführt werde. Viertens seien in exilischer Zeit Unheilsankündigungen gegen Völker ergänzt worden (2,8-9*; 2,15). Aus nachexilischer Zeit stammten zunächst fünftens die Verheißung eines armen Restes (3,11-13) und die Ermutigung der YHWH-Treuen 2,3*, sowie sechstens die nationalprophetische Verheißung für den Rest von Juda (2,7; 2,9*). Siebtens setze der Aufruf zur Freude 3,14-15 und das Ermutigungswort an Zion 3,16-17.18 die Sprache Deuterojesajas voraus. Achtens habe man die Unheilsbotschaft Zephanjas universal und eschatologisch durch 1,2-3* und 1,17-18*, dann durch die Zusätze in 1,18* und 3,8* ausgeweitet. Eine neunte Schicht (zeitlich teils vor der achten anzusetzen) verantworte die Heilsverheißungen für die Völker (2,11; 3,9-10*). Die zehnte und letzte Phase erhoffe in ptolemäischer Zeit mit 3,18-19 und 3,20 die Sammlung des verstreuten YHWH-Volks und eine ruhmvolle Schicksalswende. Aus noch späterer Zeit (2. Jh. v. Chr.) ließen sich einige Glossen herleiten (1,3*; 3,10*), da sie im ältesten LXX-Text noch nicht vorhanden gewesen sein dürften.

Perlitt betont, dass alles, was in der vom 6. bis zum 4. Jh. v. Chr. reichenden Periode der Buchwerdung geschah, „zeitlich ungewiss und darum ein Tummelfeld für literar-, kompositions- und redaktionsgeschichtliche Hypothesen" ist[32]. Er rechnet mir einer Sammlung von Sprüchen Zephanjas aus exilischer Zeit (Kap. 1*) mit der Absicht der Dokumentation der erfüllten Unheilsankündigungen, sieht in den Fremdvölkersprüchen 2,4-15 eine „Pflichtübung derer, die das Buch komponierten"[33] und erkennt in Kap. 3 unterschiedliche Textbildungen „mit einer tiefen Staffelung der Heilsworte"[34].

*Position 4* arbeitet dagegen nicht historisch-kritisch, sondern konzentriert sich auf die überlieferte Endgestalt der Schrift.

House interpretiert die Zephanjaschrift als prophetisches Drama[35]. Berlin sieht in Zeph, ein „highly literary work", ein Beispiel für Intertextualität, da Zeph Gedanken und Phraseo-

---

32  Perlitt, ATD 25,1, 98f.

33  Perlitt, ATD 25,1, 123; vgl. auch ebd., 98.

34  Perlitt, ATD 25,1, 99.

35  House, Zephaniah (vgl. auch das Referat bei Utzschneider, Reise, 53ff.), 55ff. geht einerseits programmatisch von der Einheit der Zephanjaschrift aus. Der Text sei in sieben Redeteile aufgeteilt, in denen sich jeweils YHWH und der Prophet abwechselten (1.: 1,2-6 / 1,7, 2.: 1,8-13 / 1,14-16, 3.: 1,7 / 1,18 - 2,7, 4.: 2,8-10 / 2,11, 5.: 2,12 / 2,13 - 3,5, 6.: 3,6-13 / 3,14-17, 7.: 3,18-20). Den Plot bilde das Schema von Lösung und Konflikt, das nach und nach die Gerichtsansage des „Tages YHWHs" über Jerusalem und die Völker in eine Reinigung für den Rest überführt werde (3,6-13, vorabgebildet in 2,3.7.9). Handelnde Charaktere seien YHWH, der sich von einem zornigen zu einem gerechten, aber barmherzigen Gott entwickle, und der Prophet, der sich von einem Interpreten des Zornes YHWHs zu einem Teilhaber seiner Offenbarung wandle. Die explizit Angesprochenen (etwa die Einwohner Jerusalems, die Völker oder der Rest) als weitere Handlungsträger werden von House nicht berücksichtigt. Anders als erzählende Literatur, die

logie mit weiten Teilen des Alten Testaments (Gen 1-11, DtrG, Prophetenbücher, Psalmen und Weisheitsliteratur) teile[36]. Sie versteht Zeph als ein einheitliches Buch, das eine einheitliche prophetische Botschaft enthalte[37]. Als Autor käme eine unbekannte Person aus der nachkönigszeitlichen Gesellschaft in Frage, der von einem königszeitlichen Propheten Zephanja weiß und diesen zum fiktiven bzw. impliziten Autor mache[38].

Sämtliche Positionen haben ihre Stärken, aber auch ihre Schwächen. Positiv an den Positionen 1 und 4 ist anzusehen, dass sie den Blick auf die vorliegende Endgestalt von Zeph richten und so auf Kompositionsstrukturen aufmerksam machen, die bei zu diffiziler literarhistorischer Arbeit leicht aus dem Blick geraten. Außerdem arbeiten sie zahlreiche Bezüge von Zeph zu anderen atl. Texten heraus. Position 3 kommt das Verdienst zu, in diachroner Hinsicht unterschiedliche theologische Schichten herauszupräparieren, die die Zephanjaschrift prägen: etwa eine dtr. orientierte Sichtweise in 1,4-6, apokalyptisch denkende Stimmen in 1,2-3.17-18; 2,2; 3,8, armentheologische Zirkel in 2,1-3; 3,11-13, völkerpositive (2,11; 3,9-10) und diasporaorientierte (3,18-20) Erweiterungen. Gegen die Positionen 1, 2 und 4 ist jedoch einzuwenden, dass zahlreiche Spannungen (grob z. B. nur: Vernichtung der gesamten Schöpfung – Heil für Zion und sogar für die Völkerwelt, lokales Unheil über Jerusalem – universales Weltgericht) eine literargeschichtliche Lösung nahe legen. Problematisch an Position 2 ist zum einen, dass eine Rückfrage nach der Verkündigung Zephanjas nicht nur unterbleibt, sondern auch methodisch ausgeschlossen wird. Wenn die neuere Prophetenforschung aber betont, dass ein Prophet grundsätzlich nur im Licht der Schriftlichkeit erscheint[39], bestreitet sie doch nicht die Möglichkeit, trotzdem mit einer gewissen Wahrscheinlichkeit bis zur Verkündigung des Propheten vorzustoßen. Die Kritik an einzelnen Forschern im Rahmen von Position 3 kann nur im Detail erfolgen. Bemerkenswert ist, dass sämtliche Positionen[40] die „Tag YHWHs"-Vorstellung bzw. eine erste davon bereits der Person Zephanjas bzw. zumindest der Erstausgabe seiner Sprüche zuschreiben.

---

eine große Zeitspanne umfasse, entfalte sich Zephanjas Handlung gerafft und kompakt in scheinbarer Ewigkeit oder zeitloser Gegenwart. Andererseits setzt House das so gewonnene Ergebnis der Analyse von Zeph mit der Genre-Theorie in Beziehung (91ff.) und kommt so zu dem Ergebnis, dass Zeph am ehesten mit einem Drama zu vergleichen sei. Zu kritischen Bemerkungen s. Utzschneider, Reise, 53ff., und Roberts, OTL, 161f.

36  S. Berlin, AB 25A, 13ff. Dazu vgl. auch Irsigler, HThKAT, 49ff.
37  S. Berlin, AB 25A, 20.
38  S. Berlin, AB 25A, 33.
39  S. z. B. Jeremias, Prophetenwort, 24f.; Steck, Prophetenbücher, 9ff.
40  Position 2 sieht immerhin in 1,14-16 „pre-compositional" material verarbeitet (s. Ben Zvi, Study, 288). Innerhalb Position 3 erkennt Neef, Gottesgericht, 541f., zwar den redaktionellen Charakter der „Tag YHWHs"-Passagen 1,7.14-16 (2,1-3), führt diese aber dennoch auf Zephanja zurück. Im Rahmen des Dodekapropheton-Ansatzes schreibt Nogalski, Precursors, 194ff.198, mit 1,14.16b den Grundbestand innerhalb V. 14-16 dem „pre-existing corpus" zu. Levin, Anfänge, 226, hält zwar 1,14-16 für den Kern der Zephanjaschrift, bestreitet aber dessen Entstehung in vorexilischer wie exilischer Zeit.

Die folgende Analyse der „Tag YHWHs"-Texte der Zephanjaschrift findet einerseits auf dem Hintergrund der eben vorgestellten Forschungsbreite statt. Andererseits zeigt dieser Überblick auch die Notwendigkeit einer genauen Untersuchung, um überzeugende Schlussfolgerungen im Blick auf die Frage nach der Einheit des Dodekapropheton ziehen zu können.

## 1.4. Folgerungen für die Untersuchung

Im Folgenden ist der zahlreiche Probleme berührende Komplex 1,2-18 sowie der Abschnitt 2,1-3 genauer zu analysieren. Auf eine Untersuchung des Abschnitts 3,6-8 (hier insbesondere V. 8) muss im Rahmen dieser Arbeit verzichtet werden[41]. Der Überblick über die diversen in der Forschung vertretenen Positionen zur Zephanjaschrift gibt für die Analyse eine Reihe von Fragen mit auf den Weg.

In einem ersten Schritt sollen die betreffenden Texte in Auseinandersetzung mit den diversen Positionen der literarhistorisch arbeitenden Forschung jeweils literargeschichtlich untersucht werden. Schon hier dürften Anhaltspunkte erkennbar sein, ob die redaktionsgeschichtlichen Thesen der Vertreter der Einheit des Dodekapropheton angesichts einer genaueren Analyse der Zephanjaschrift zu bewähren sind oder nicht. Zweitens steht dann eine Auswertung der Bezüge an. Wie sind die Verbindungen zu anderen „Tag YHWHs"-Texten und weiteren Texten des Dodekapropheton am angemessensten zu bestimmen? Hierbei wird sich zeigen, welcher Grad an Wahrscheinlichkeit den bisher vertretenen Thesen zur Einheit des Dodekapropheton zukommt.

Insgesamt werden sich Antworten auf folgende Fragen herauskristallisieren müssen: Lassen sich Spuren einer dtr. beeinflussten „D-Redaktion" ausmachen? Ist eine an der Joelschrift orientierte und diese in das Dodekapropheton integrierende Redaktion zu finden? Zeigen sich Passagen, die mit der Erweiterung einer Prophetensammlung um Nah und Hab in Verbindung stehen? Sind Teile von Zeph mit Stellen in anderen Prophetenbüchern wie Ob oder Joel auf eine Schriften übergreifende Redaktiontätigkeit zurückzuführen, die bereits eine umfassendere Schriftensammlung voraussetzen? Oder sind die Bezüge zu anderen Texten des Dodekapropheton eher als punktueller Auslegungsvorgang, schriftgelehrte Arbeit bzw. innerbiblische Adaption zu begreifen, die kein umfassendes redaktionelles Konzept im Sinn

---

41 Perlitt, ATD 25,1, 138, verneint sogar, dass es sich bei Zeph 3,8 um einen „Tag YHWHs"-Beleg handelt und begründet dies damit, dass der in 3,8 genannte Tag nicht nahe sei, sondern geduldig erwartet werden solle. Diese Begründung ist aber problematisch, wenn man die „Tag YHWHs"-Vorstellung bedenkt, die sich in nachexilischer Zeit herausgebildet hat (zu den entsprechenden Texten s. die folgenden Kapitel). Außerdem zeigt die letzte Zeile von 3,8, die wörtlich mit der auf den „Tag YHWHs" bezogenen Ergänzung Zeph 1,18aβγ identisch ist, dass 3,8 offenbar als Ankündigung des „Tages YHWHs" verstanden wurde; vgl. auch Irsigler, HThKAT, 347.353, der einen kontextuellen Anschluss an den „Tag YHWHs" von 1,7.14-16.18; 2,1-3 wahrnimmt.

einer Dodekapropheton-Redaktion erkennen lässt? Oder legt sich gar eine traditionsgeschichtliche Erklärung der Ähnlichkeiten zwischen den einzelnen Texten nahe?

## 2. Zeph 1,2-18

### 2.1. Zur Stellung in der Zephanjaschrift

Der erste zur Untersuchung anstehende Abschnitt Zeph 1,2-18 wurde deshalb so umfassend gewählt, weil nur eine Analyse dieses gesamten Komplexes darüber Aufschluss geben kann, wie die in ihm enthaltenen „Tag YHWHs"-Stellen literarhistorisch zu verorten sind, aufgrund welcher Impulse sie redaktionell bearbeitet und neu verstanden wurden und wie ihre Bezüge zu anderen Texten des Dodekapropheton zu bestimmen sind.

Mit der Auswahl von 1,2-18 ist freilich die Frage berührt, nach welchem Gliederungsprinzip Zeph aufgebaut ist.[42] Strittig ist vor allem, ob der Abschnitt 2,1-3 abschließend zu Kap. 1[43] oder aber zu den ab 2,4 folgenden Fremdvölkersprüchen zu rechnen ist[44], ob dann dieser Völkerteil mit 2,15[45] oder erst später[46], etwa mit 3,5[47] oder mit 3,8[48] endet.

---

42  S. die Überblicke über die verschiedensten Gliederungsvorschläge bei Weigl, Zefanja, 230ff., Weimar, Zef 1, 809ff. samt Anm.; ders., Zefanja, 724 ff. samt Anm., und Irsigler, HThKAT, 40ff. Die Undurchsichtigkeit mag auf der zu vermutenden komplexen literargeschichtlichen Entwicklung beruhen.

43  Dafür spräche, dass hier wie im vorangegangenen Kap. 1 vom „Tag YHWHs" (s. V. 2.3) die Rede ist und erst mit V. 4 ein völlig neues Thema – das Gericht an den Völkern – beginnt; s. z. B. Bosshard, Beobachtungen, 49f.; Irsigler, Gottesgericht, 168.

44  Hinweise dafür wären, dass das die Völkersprüche in 2,4 einleitende כִּי ein zu schwaches semantisches Signal für den Beginn eines Großabschnitts wäre (vgl. dazu Ryou, Oracles, 294f., der zunächst einmal versuchsweise eine Abgrenzung von 2,1-4 vornimmt), die Imperative in 2,1-3 diese Passage recht deutlich von Kap. 1 abheben und der Universalismus in 1,18 sich auf die Anfangsverse des Kap. bezieht und damit den ersten Teil abschließt; s. z. B. Weigl, Zefanja, 243f.247; Schart, Entstehung, 204; Weimar, Zef 1, 810f. Die Unsicherheit bezüglich der Einordnung von 2,1-3 mag vielleicht auch dadurch bedingt sein, dass dieser Abschnitt inhaltlich eher zu Kap. 1 gehört, „auf der redaktionellen Ebene aber zu Kap. 2 zu ziehen" ist (Koenen, Heil, 35).

45  Dafür ließe sich geltend machen, dass ab 3,1 wieder Jerusalem im Blickpunkt ist und dass formal-stilistische Erscheinungen innerhalb der einzelnen Teile deren Zusammenhalt sichern und rückbindende Verknüpfungen in den eröffnenden Abschnitten 2,1-3; 3,1-5 zu beobachten sind; s. z. B. Weimar, Zefanja, 727f.

46  Dafür spräche, dass das in 3,1 beginnende Wehewort gegen Jerusalem ohne jede klare Zäsur vom vorangehenden Wort gegen Ninive abgegrenzt ist: zunächst ist überhaupt nicht klar, dass mit der Stadt in 3,1 Jerusalem gemeint ist.

47  Hinweise dafür wären, dass mit V. 5 das Wehewort gegen Jerusalem endet, und mit V. 6 eine neue Gedankenbewegung einsetzt; s. z. B. Weigl, Zefanja, 247ff.

Je nachdem betont man entweder den beinahe klassischen Aufbau von Zeph nach dem dreigliedrigen eschatologischen Schema[49] oder man spricht von mehreren Ringkompositionen[50]. Bei letzteren Strukturierungsversuchen wird stets der kunstvolle Aufbau von Zeph hervorgehoben. Dieser ist jedoch für den Erstleser wenig offensichtlich[51]. Demgegenüber springt die grobe Abfolge von Unheilsankündigungen gegen Juda/Jerusalem, Fremdvölkersprüchen und Heilsankündigungen unmittelbar ins Auge, so dass eine Gliederung nach dem dreigliedrigen eschatologischen Schema überzeugender scheint. Freilich sind manche Unschärfen einzuräumen[52], aber gerade diese Offenheit bei gleichzeitiger unmittelbarer Erkennbarkeit dürfte die Stärke dieses Schemas ausmachen.

In jedem Fall stellt Zeph 1,2-18 den ersten Teil der Zephanjaschrift dar. Ob auch der Abschnitt 2,1-3 zu ihm gehört, ist später[53] zu erörtern. Dieser erste Teil wäre mit „Unheilsankündigungen gegen Juda/Jerusalem" zu überschreiben. Freilich abstrahiert dies den komplexen Textbefund. Was ist mit dem „Tag YHWHs" also genau gemeint, welche Bandbreite besitzt dieser Terminus aufgrund seiner Stellung, ist sein Bedeutungsspektrum womöglich gewachsen und sind hierbei Redaktionsvorgänge im Dodekapropheton mit verantwortlich gewesen?

---

48   Dafür ließe sich geltend machen, dass mit den ab 3,9 folgenden Heilsworten ein völlig neues Thema beginnt, V. 8 abschließend wirkende universal-vernichtende Aussagen enthält (vgl. 1,18), die Gottesspruchformel in V. 8 textgliedernde Funktion besitzt und der Abschnitt 3,6-8 auf die Völkervernichtung zurückblickt; s. z. B. Bosshard, Beobachtungen, 50; Schart, Entstehung, 204f.; Ryou, Oracles, 283ff.

49   So z. B. Bosshard, Beobachtungen, 50; Ben Zvi, Study, 325ff.; Irsigler, Gottesgericht, 168; Perlitt, ATD 25,1, 98; Nogalski, Precursors, 171; Neef, Gottesgericht, 538. Vgl. Fohrer, Prophetie, 261.

50   So z. B. Weigl, Zefanja, 243ff.; Weimar, Zef 1, 810f.; ders., Zefanja, 728f. (s. außerdem die graphische Darstellung der kompositionellen Strukturschemata bei dems., Zef 1, 825; Zefanja, 738.751); Zenger, Zwölfprophetenbuch, 567f.

51   Dies gilt einerseits in Bezug auf Weimar, Zef 1, 809ff.; Zefanja, 724ff., der zum einen höchst akribisch arbeitet und zum anderen seine zweifellos eindrucksvollen Beobachtungen auch erst interpretieren und gewichten muss, um am Ende glatt aufgehende Muster zu gewinnen, und andererseits im Blick auf Weigl, Zefanja, 242ff., der den bereits literarkritisch untersuchten und damit hypothetisch erschlossenen Text zur Grundlage seiner Gliederung macht, dabei aber weder die verschiedenen Zusätze noch den Abschnitt 3,16ff. berücksichtigt.

52   Kaiser, Einleitung, 239, stellt zwar die Nähe zum dreigliedrigen eschatologischen Schema fest, weist aber darauf hin, dass die bis 2,15 vorliegende Abfolge Drohworte gegen Juda/Jerusalem – Drohworte gegen Völker in 3,1-8 nochmals wiederholt werde und ab 3,9 zunächst ein Heilswort für die Völker vor einem solchen für Israel (ab 3,11) begegne; vgl. auch Rudolph, KAT XIII/3, 255f. Auch Ben Zvi, Study, 325, räumt ein, dass manche Texteinheiten nicht glatt in diesem Aufbauschema unterzubringen sind.

53   S. unten S. 125.

## 2.2. Textgrundlage

2₁ Ein-, ja einsacken will ich[54] alles 2₂ vom Angesicht des Erdbodens – Spruch YHWHs.
3aα₁ Einsacken will ich Mensch und Vieh, aα₂ einsacken will ich die Vögel des Himmels
und die Fische des Meeres [, aβ nämlich was die Gottlosen straucheln lässt][55], b₁ und ich will
ausrotten den Menschen b₂ vom Angesicht des Erdbodens – Spruch YHWHs.[56]
4aα Und ich will ausstrecken meine Hand gegen Juda aβ und gegen alle Einwohner Jerusalems. bα Und ich will ausrotten von diesem Ort[57] das Übriggebliebene[58] des Baal, bβ den[59]

---

54  Die im MT begegnende Form אָסֵף (so auch zweimal in V. 3) stellt eine 1. Person Singu-
    lar (Jussiv) Imperfekt Hifil von סוּף dar. Wirkt eine derartige Jussiv-Form der 1. Person
    schon ungewöhnlich, so auch die Konstruktion einer finiten Verbform mit einem *infiniti-
    vus absolutus* einer anderen Wurzel. LXX und Peschitta scheinen eine Form von אָסַף
    vorauszusetzen. (S. hierzu die Diskussion bei Weigl, Zefanja, 6f.) Daher wird man, ohne
    in den Konsonantenbestand eingreifen zu müssen, dem Vorschlag der BHS folgen und
    die Form אָסֵף lesen, die mit dem vorangehenden *infinitivus absolutus* zusammen eine
    klare *figura etymologica* ergibt. Die Verbform אָסֵף kann zum einen als Partizip Kal be-
    stimmt werden (was hymnischen Stil verriete). Da das Subjekt mit dem Verb וְהִכְרַתִּי je-
    doch bis V. 3b auf sich warten ließe und die erste Form in V. 2 durch die Gottesspruch-
    formel von diesem finiten Verb und damit dem Subjekt abgetrennt wäre, ist diese Auf-
    fassung weniger wahrscheinlich. Daher bietet sich die andere Möglichkeit an, die Verb-
    form als 1. Person Singular Imperfekt Kal zu verstehen („ich werde einsammeln"; so ur-
    teilen die meisten Exegeten). אָסַף bildet im Imperfekt zwar meistens Formen eines star-
    ken Verbs *(primae gutturalis)*, jedoch sind mehrfach auch Imperfekt-Bildungen nach der
    Verbgruppe *primae Aleph* belegt (z. B. I Sam 15,6; II Reg 22,20; Mi 4,6; Ps 104,29;
    II Chr 34,28), und zwar auch mit dem Stammvokal „e" (Ps 104,29). Die Auffassung,
    dass mit den Konsonanten אָסַף ein Imperfekt vorliegt, wird durch die *perfectum conse-
    cutivum*-Form in V. 3b gestützt.
55  Dieser Satz („und das, was die Gottlosen straucheln lässt"; Partizip feminin Plural Hifil:
    gegen den Vorschlag von BHS [„und ich werde ... straucheln machen"], der keinen An-
    halt an der Textüberlieferung hat und sich lediglich dem Interesse verdankt, analog zum
    Kontext eine Verbform zu lesen) fehlt im zu vermutenden LXX-Originaltext, der somit
    die *lectio brevior* darstellt. Da literarische Beobachtungen die Passage als sekundär er-
    weisen (sie unterbricht den Textfluss – die Vernichtung über die Tiere bis hin zum Men-
    schen – und verschiebt die Aussageabsicht des Textes von der universalen auch die
    Tierwelt betreffenden Vernichtung auf die Tierdarstellungen als den Menschen verfüh-
    rende Kultobjekte), dürfte LXX tatsächlich den ursprünglichen Text und V. 3aβ eine
    Glosse darstellen. Dann stammt die Passage also frühestens aus dem 2. Jh. – eine gängi-
    ge Entscheidung: s. z. B. ausführlich Irsigler, Gottesgericht, 11ff.; ders., HThKAT,
    95.100f. (Anders Scholl, Die Elenden, 239.)
56  Klare Parallelismen als Kennzeichen der Posie finden sich in V. 2-3 nicht. Auch V. 3aα
    wird man aufgrund des dann ungewöhnlichen Metrums (3+4) und der Formulierung mit
    demselben Verb nicht als Parallelismus ansehen können. Seybold, ZBK.AT 24,2, 93,
    möchte in V. 2 einen poetisch gestalteten Spruch erkennen; dagegen s. aber Elliger, ATD
    25, 60; Edler, Kerygma, 74; Loretz, Textologie, 221 samt Anm. 1.
57  BHS schlägt vor, die Wendung aus metrischen Gründen zu streichen. Aber erstens liegen
    für einen derartigen Eingriff in MT keinerlei Textzeugen vor und zweitens ist die Argu-
    mentation mit dem Metrum höchst problematisch. Zwar möchte z. B. Irsigler, HThKAT,
    103f.106 (vgl. auch Perlitt, ATD 25,1, 105), die Wendung als Zusatz erkennen. Jedoch
    steht das Interesse im Hintergrund, V. 4-5 als poetischen Prophetenspruch herauszuar-

Namen der Götzenpriester[60] 5a und die sich niederwerfen auf den Dächern vor dem Heer des

---

beiten. Vom Textbefund her wahrscheinlicher ist zunächst aber die Annahme seiner literarischen Integrität, woraus folgt, dass hier prosaische Sprache vorliegt: s. auch Anm. 65
sowie S. 90.

58  LXX liest stattdessen „die Namen", was als Angleichung an den folgenden Satz zu erklären ist. Dem hebräischen Text dürfte schon aus Gründen der Bezeugung Priorität zukommen. S. auch Weigl, Zefanja, 19. Durch keinen Anhalt in der Textüberlieferung gerechtfertigt ist die von Dietrich, Gott, 466f. Anm. 14, vorgeschlagene Konjektur אשרת
הבעל („die Aschera des Baal").

59  Das von zahlreichen hebräischen Handschriften und Übersetzungen hier zusätzlich bezeugte „und" dürfte eine Glättung, MT die *lectio difficilior* darstellen. S. auch Weigl, Zefanja, 19.

60  MT bezeugt zusätzlich „mit den Priestern" und verwendet dafür das geläufige Wort כהן.
Im zu vermutenden LXX-Originaltext werden Priester nur einmal erwähnt. Die Annahme liegt nahe, die LXX-Lesart stelle als *lectio brevior* den ursprünglichen Text dar, zumal das zusätzliche כהן im MT als Glosse erklärbar ist, die das weniger geläufige
כְּמָרִים (nur noch II Reg 23,5; Hos 10,5) erläutern wollte – eine übliche Entscheidung: s.
z. B. Weigl, Zefanja, 19f.

61  Das nochmalige (s. V. 5a) Partizip von חוה („und die sich niederwerfen") fehlt im zu
vermutenden LXX-Originaltext, weshalb dieser als *lectio brevior* den ursprünglichen
Text darstellen und MT somit durch *aberratio oculi* entstanden sein könnte. Allerdings
hätte der ursprüngliche Text im Folgenden zweimal die Partizipialform הַנִּשְׁבָּעִים („die
schwörenden") gelesen (vgl. Anm. 63) und ist somit nicht frei on Wiederholungen.
Nimmt man versuchsweise die Ursprünglichkeit des Partizips von חוה an, ist außerdem
die Struktur A-A'/B'-B (A: חוה + Fremdgötter als Objekt, A'/B': חוה / שבע + YHWH als
Objekt, B: שבע + Fremdgott als Objekt) zu beobachten. Dies lässt es als plausibel erscheinen, dass doch MT den ursprünglichen Text wiedergibt. Denn es ist wahrscheinlicher anzunehmen, dass LXX die Struktur nicht wahrgenommen und angesichts der Häufung von Partizipien den Text geglättet hat, als dass MT die komplexe Struktur erst sekundär hergestellt hat. Vgl. auch Weigl, Zefanja, 20; Barthélemy, Critique, 884.

62  Der Vorschlag der BHS, hier analog zu Dtn 17,3; Jer 8,2 לְיָרֵחַ (Mondgott) zu lesen, ist
durch nichts gerechtfertigt.

63  Dieses Partizip von שבע zu streichen (so z. B. Rudolph, KAT XIII,3, 262; Edler, Kerygma, 15 Anm. 5a), ist nicht gerechtfertigt, weder aus vermeintlich metrischen Gründen
(ein problematisches Argument), noch aufgrund der angeblich ungewöhnlichen
Konstruktion ל + שבע (noch belegt in Jes 19,18; II Chr 15,14).

64  Wenn auch textkritisch gesehen die Lesart des MT aufgrund ihres Gewichtes den ursprünglichen Text darstellt, wird wohl die Lesart der LXX nach der Rezension Lukians,
und davon abhängig die Peschitta und Vulgata, die inhaltliche Intention richtig erfasst
haben: es geht um die Anklage der Verehrung eines fremden Gottes. Ob es sich dabei allerdings um Milkom gehandelt hat, ist eine andere Frage; vgl. z. B. Seybold, ZBK.AT
24,2, 95; Berlin, AB 25A, 76f.; Perlitt, ATD 25,1, 106.

65  Ist man bei der Lektüre von V. 4 zunächst („Und ich will ausstrecken meine Hand gegen
Juda / und gegen alle Einwohner Jerusalems", 3+3 Hebungen bzw. 16+16 Konsonanten)
noch geneigt, mit einem poetischen Spruch zu rechnen (vgl. Elliger, ATD 25, 58; Irsigler, HThKAT, 103f. [V. 4-5]), so widerrät der Fortgang des Textes aufgrund seiner
zahlreichen Beiordnungen, die nicht mehr den Charakter eines Parallelismus, sondern
den einer bloßen Aufzählung besitzen, einer solchen Annahme; s. auch Seybold, Prophetie, 76; ders., ZBK.AT 24,2, 93; Loretz, Textologie, 221 Anm. 2.

Himmels bα und die sich niederwerfen[61], sich YHWH[62] zuschwören[63] bβ und schwören bei ihrem König(sgott)[64] 6a und die abweichen von YHWH b und die YHWH nicht suchen und ihn nicht fragen.[65]

7a Still vor dem Angesicht des Herrn YHWH,
bα denn nahe ist der Tag YHWHs,
bβ denn zugerichtet hat YHWH ein Schlachtopfer[66],
geweiht hat er seine Gerufenen.
8aα₁ Und es wird geschehen aα₂ am Tag des Schlachtopfers YHWHs,
aβ da werde ich heimsuchen die Beamten
und die Söhne[67] des Königs
b und alle, die sich kleiden
mit fremdem Kleid.[68]
9a₁ Und ich werde heimsuchen a₂ jeden, der springt
über die Schwelle an jenem Tag[69],
b die anfüllen das Haus ihres Herrn
mit Gewalttat und Betrug.[70]
10aα₁ Und es wird geschehen an jenem Tag – Spruch YHWHs[71] –.
aα₂ Horch! Geschrei vom Fischtor her
aβ und Geheule von der Neustadt
b und großer Krach von den Hügeln.[72]

---

66  Der Lesart der LXX („sein Schlachtopfer") entspräche im MT ein Suffix am Substantiv זֶבַח. Jedoch fehlt dieses in der gesamten hebräischen Textüberlieferung. In der LXX ist daher eine Angleichung an das folgende Satzglied zu vermuten. MT dürfte also die ursprüngliche Lesart darstellen; so auch Weigl, Zefanja, 58.

67  Die LXX liest hier „Haus". Wahrscheinlich handelt es sich bei dieser Übersetzung um einen Lesefehler (בני vgl. בית), der hebräische Handschriftenbefund spricht eindeutig für MT. Vgl. Weigl, Zefanja, 34 (Druckfehler: lies „ת" statt „Ü"). Wenn freilich בן als eine Gruppenbezeichnung zu begreifen ist, besitzen beide Lesarten den gleichen Sinn.

68  Mit Elliger, ATD 25, 58, wird man gegen Loretz, Textologie, 222, in V. 8b 2+2 Hebungen annehmen dürfen. Freilich umfasst der Satzteil zwei Kola (statt 20 Konsonanten also 11+9!), jedoch müssen m. E. aufgrund der großen Unsicherheit, was hebräische Poesie und Metrum angeht, solche Möglichkeiten der Dichtung zugestanden werden.

69  Elliger, ATD 25, 58, scheint zwar recht zu sehen, dass die Wendung ביום ההוא als redaktionell anzusehen sein wird. Dass er diese Schwierigkeit aber mit einer Konjektur („über die Schwelle des Palastes") überwinden möchte, um an seiner metrischen Einordnung von 2+2 festhalten zu können, ist methodisch unzulässig.

70  Mit Elliger, ATD 25, 58, der 3+2 Hebungen rekonstruiert. Gegenüber starrer Kolometrie (16+8 Konsonanten; s. Loretz, Textologie, 222) wäre hier wiederum die dichterische Freiheit stärker zu veranschlagen.

71  Durch die Gottesspruchformel soll V. 10f. analog V. 8f.12f. als YHWHrede ausgewiesen werden, während V. 10f. selbst keinen Anhalt dafür bietet; s. Irsigler, Gottesgericht, 96; Ben Zvi, Study, 283.

72  Dass Elliger, ATD 25, 59, mitten im Zusammenhang (Geschrei / vom Fischtor) die Kola trennen will (2+2+2), ist wenig überzeugend. Eher dürfte der Vorschlag von Loretz, Textologie, 222, V. 10-11 nicht in drei Bikola, sondern in zwei Trikola zu unterteilen, angesichts der Parallelismen, der Satzkonstruktion und der (freilich erst sekundär erfolgten) Verseinteilung dem Textbefund nahe kommen; vgl. Striek, Zephanjabuch, 58. Dann hätte man wohl mit 4+2+3 Hebungen zu rechnen. Ansonsten wäre mit BHS

11a Heulet[73], Bewohner des Mörsers,
bα denn vertilgt ist das ganze Volk der Händler,
bβ ausgerottet sind alle mit Geld beladenen[74].
12aα Und es wird geschehen zu jener Zeit,
aβ da werde ich durchsuchen Jerusalem mit Lampen[75]
bα₁ und werde heimsuchen die Männer,
bα₂ die dick geworden sind auf ihren Hefen[76],
bβ die denken in ihren Herzen:
bγ weder gut wird es YHWH machen
noch böse.
13aα Und es wird ihr Reichtum zur Beute werden
aβ und ihre Häuser zur Verwüstung.
bα Und bauen sie Häuser, sollen sie (sie) nicht bewohnen, bβ und pflanzen sie Weinberge,
bγ sollen sie nicht trinken deren Wein.[77]
14aα Nahe ist der große Tag YHWHs,
aβ nahe und sehr eilig[78].

---

V. 10aα₂/10aβ (4+2), 10b/11a (3+3) und 11bα/11bβ (3+3) zu unterteilen und zwischen S. 10b und 11a ein Parallelismus zu suchen.

73 Man kann fragen, ob die Verbform הֵילִילוּ statt Imperativ (analog Jes 13,6; 23,1.6.14; Jer 25,34; 48,20; 51,8; Ez 30,2; Joel 1,13; Sach 11,2; der kî-Satz 11b.c wäre dann Begründung) auch als 3. Person Plural Perfekt („es heulen die ...") bestimmt werden kann (so in Jer 48,39; Joel 1,11, sogar in Verbindung mit einem kî-Satz). Denn das כִּי ist grundsätzlich polysem und eine Perfekt-Verbform (etwa im Sinn eines *perfectum propheticum*) würde sich gut zum unmittelbaren, ein Geschehen beschreibenden Kontext fügen. Jedoch finden sich zahlreiche Übereinstimmungen mit Texten, die zur Gattung „Aufruf zur Volksklage" (Wolff) zu rechnen sind (1. Aufruf, 2. Nennung der Adressaten, 3. Begründung des Aufrufs mit einleitendem kî; vgl. Jes 14,31; 23,1-14; 32,11-14; Jer 6,26; 25,34; 49,8; Ez 21,17; Joel 1,5-14; Sach 11,2). Nahe stehen außerdem Ez 30,2-3; Joel 1,13ff., wo der imperativische Aufruf ganz in der Nähe zur Ankündigung des „Tages YHWHs" zu stehen kommt. Daher hat man wohl an der gewöhnlichen Auffassung, es handle sich hier um einen Imperativ, festzuhalten; vgl. z. B. Weigl, Zefanja, 71f.; Striek, Zephanjabuch, 57 Anm. 155; Irsigler, Gottesgericht, 325f. Anders offenbar Ben Zvi, Study, 80, wenn er erklärt, dass „no one is ever referred in the second person in Zephaniah 1".

74 Das Adjektiv נְטִיל kann entweder intransitiv („beladen") oder transitiv („abwägend", daher die beliebte Übersetzung „Silberwäger") wiedergegeben werden. Irsigler, HThKAT, 153, plädiert angesichts der Übersetzungen für ein intransitives Verständnis.

75 LXX und Peschitta lesen hier Singular. Da jedoch kein Grund besteht, an der Ursprünglichkeit von MT zu zweifeln, dürfte die Variante als Erleichterung der poetischen pluralen Ausdrucksweise anzusehen sein. Vgl. Weigl, Zefanja, 43; Irsigler, HThKAT, 156; Perlitt, ATD 25,1, 111 Anm. 17.

76 LXX leitet die Form nicht vom seltenen Lexem שֶׁמֶר I ab (Jes 25,9; Jer 48,11; Ps 75,9), sondern fälschlicherweise vom Verbum שׁמר und kommt daher zu der Übersetzung „die Männer, die ihre Gebote verachten". S. Weigl, Zefanja, 43.

77 Vgl. auch Irsigler, HThKAT, 156, der hier ebenfalls nicht mit poetischer Sprachform rechnet.

78 Eine Textänderung, wie BHS sie vorschlägt, ist unnötig: entweder kann מַהֵר als verkürzte Partizipialform (so Gesenius/Kautzsch, Grammatik, §52s, und die meisten Kom-

bα Horch! Der Tag YHWHs: bβ bitter ist er,
schreien wird da ein Krieger.[79]
15a Ein Tag des Zorns ist jener Tag,
bα₁ ein Tag der Angst und der Bedrängnis,
bα₂ ein Tag der Verwüstung und der Verödung,
bβ ein Tag der Finsternis und des Dunkels,
bγ ein Tag des Gewölks und Wolkendunkels,
16a ein Tag des Horns und des Lärmblasens
bα gegen die befestigten Städte
bβ und gegen die hohen Zinnen.
17aα₁ Und ich werde bedrängen den Menschen
aα₂ und sie sollen wandeln wie die Blinden,[80]
[aβ denn gegen YHWH haben sie gesündigt.][81]

---

mentare) oder als adverbieller *infinitivus absolutus* (so Irsigler, HThKAT, 166) aufgefasst werden.

79  Der Vorschlag von BHS („Schneller ist der Tag YHWHs als ein Läufer und eiliger als
ein Krieger."), der geringfügig in den Konsonantenbestand eingreifen und zusätzlich andere Wortabtrennungen annehmen muss, fügt sich zwar gut in den Aufbau von V. 14-16
(Ankündigung und Beschreibung, hier erst am Ende kriegerische Stoßrichtung). Jedoch
bietet zum einen MT klar die *lectio difficilior*. Zum anderen gibt es keinerlei Textzeugen
für eine solche Änderung, im Gegenteil lassen sich die Abweichungen der LXX einerseits gut von MT her erklären und scheint andererseits auch die Wortabgrenzung von
MT vorauszusetzen. S. auch Ben Zvi, Study, 118ff.; Weigl, Zefanja, 76; Striek, Zephanjabuch, 61ff.; Perlitt, ATD 25,1, 113.114. (Irsigler, HThKAT, 166f., begründet die Konjektur – methodisch fragwürdig – mit Beobachtungen zur literarischen Kohärenz von
V. 14-16.)

80  Loretz, Textologie, 223, und Elliger, ATD 25, 66, rechnen hier nicht mit poetischer
Sprache. Elliger gesteht immerhin zu, dass man „zur Not" in V. 17-18 noch ein paar Sti-
chen rekonstruieren könne und der Abschnitt den Parallelismus nur „fast ganz" vernach-
lässige, wobei dieses Urteil mit der literargeschichtlichen Einordnung von V. 17-18 zu-
sammenhängt. Geht man jedoch möglichst unvoreingenommen an die beiden das Kap. 1
abschließenden Verse heran, sind einerseits Parallelismen erkennbar, andererseits spricht
auch die Konsonantenzahl nicht gegen die Annahme poetischer Sprache (in 17aα₁/17aα₂:
2+2 [10+11 Konsonanten]; in 17bα/17bβ: 3+2 [11+11 Konsonanten]).

81  V. 17aβ wird gelegentlich auf eine dtr. (so Nogalski, Precursors, 191) bzw. „D-
Redaktion" (so Schart, Entstehung, 211) zurückgeführt. Dies ist angesichts der Belege
von חטא, die angesichts ihrer Kontextstellung das Fremdgötterverbot tangieren (z. B.
Dtn 1,41; 9,16; 20,18; I Sam 7,6; 12,23; II Reg 17,7; Jer 3,25; 16,10; 44,23; anders jedoch etwa Jer 50,7.14), zunächst einmal durchaus denkbar. Auch ist evident, dass
V. 17aβ nicht zum ursprünglichen Text gehört haben kann, weil der invertiert konstruierte Satz mit dem Sündenbegriff ein aus dem Textduktus herausfallendes neues Thema
einführt und den offensichtlichen Zusammenhang zwischen V. 17aα und V. 17b sowie
die Parallelismen unterbricht. Allerdings ist ein dtr. oder dtr. geprägtes Profil gerade in
Zeph 1,17 nicht ersichtlich. Vielmehr handelt es sich hier um ein recht pauschales Sün-
denverständnis (vgl. Irsigler, HThKAT, 182f., der den Satz als frühapokalyptisch charakterisiert). Außerdem ist der Satz an eine kompositorisch nicht besonders geschickte
Stelle platziert worden. Daher hat die Annahme, es handle sich um eine Glosse (vgl. Jer
50,14), mehr Wahrscheinlichkeit für sich; so z. B. auch Ben Zvi, Study, 129; Seybold,
ZBK.AT 24,2, 102; Weigl, Zefanja, 90; Edler, Kerygma, 106; Striek, Zephanjabuch,

bα Und es soll ausgegossen werden ihr Blut wie Staub
bβ und ihr Lebenssaft[82] wie Kot.
18aα₁ Auch ihr Silber, auch ihr Gold,
       nicht vermag es sie zu retten
aα₂ am Tag des Zornes YHWHs,
aβ sondern im Feuer seines Eifers aγ wird verzehrt werden die ganze Erde, bα denn Vertilgung, gewiss Vernichtung wird er bringen bβ allen Bewohnern der Erde[83].[84]


## 2.3. Literargeschichtliche Probleme

Der Aufbau des Teils Zeph 1,2-18 lässt sich folgendermaßen veranschaulichen:

| | |
|---|---|
| 2-3 | Ankündigung der Vernichtung der ganzen Schöpfung |
| 4-6 | Ankündigung der Ausrottung der Götzendiener Judas/Jerusalems |
| 7-16 | Der „Tag YHWHs" |
| 7 | Ankündigung des nahen „Tages YHWHs" als Schlachtopfer |
| 8-9 | Ankündigung der Heimsuchung der Oberschicht |
| 10-11 | Beschreibung des Unheilsgeschehens in Jerusalem |
| 12-13 | Ankündigung der Heimsuchung der Gleichgültigen |
| 14 | Ankündigung des nahen „Tages YHWHs" in kriegerischem Kolorit |
| 15-16 | Beschreibung des „Tages YHWHs" |
| 17-18 | Ankündigung der Vernichtung von Mensch und Erde |

Freilich ist mit dieser schematischen Darstellung nur die Endgestalt, und diese nur sehr grob, erfasst. Schon die Beobachtungen, dass der „Tag YHWHs" teilweise universal (V. 2-3.18*) und teilweise lokal (V. 4ff.) gedacht ist, dass teilweise YHWHrede (V. 2-6.8f.12.17) und teilweise Prophetenrede (V. 7.14-16.18) begegnet und dass zahlreiches Formelgut (in V. 2.3.8.10.12.15) verwendet wird, erfordern eine detaillierte literargeschichtliche Analyse.

V. 2 setzt mit der *figura etymologica* aus *infinitivus absolutus* und 1. Person Singular Imperfekt der Wurzel אסף klar ein. Als Sprecher weist die abschließende Gottesspruchformel YHWH aus. V. 3 enthält zunächst zwei Sätze, die mit 1. Person Singular Imperfekt des gleichen Verbs wie in

---

116; Irsigler, Gottesgericht, 110f.; ders., HThKAT, 182f.; Perlitt, ATD 25,1, 116; sowie die Tabelle bei Edler, Kerygma, 261. Die Zuordnung zu einer dtr. bzw. „D-Redaktion" überzeugt somit nicht.

82  Zur Problematik von לְחוּם (nur noch und dort erst sekundär belegt in Hi 20,23, kann „Fleisch" „ausgegossen" werden?) s. die Überlegungen von Weigl, Zefanja, 89, und den Ableitungsversuch von Irsigler, Gottesgericht, 56ff. ders., HThKAT, 179f., von לֶחַ.

83  Die Übersetzung von אֶרֶץ mit „Erde" hat angesichts der literargeschichtlichen Beurteilung von Zeph und der Berücksichtigung der Bezüge, was hier natürlich schon mit hineinspielt, die stärkeren Argumente für sich: s. unten S. 112ff.

84  Der ab V. 18aβ verbleibende Vers lässt sich wirklich nicht mit poetischen Kriterien beschreiben: s. Seybold, ZBK.AT 24,2, 102; Elliger, ATD 25, 66; Loretz, Textologie, 223.

V. 2 gebildet sind und fährt dann (die Glosse V. 3aβ ausgenommen) mit einer
1. Person Singular *perfectum consecutivum* fort. Wiederum zeigt die abschließende Gottesspruchformel, dass YHWH sprechendes Subjekt ist. Die
Verben אסף und כרת (Hifil) drücken YHWHs vernichtendes Wirken aus.
Die Wendung מֵעַל פְּנֵי הָאֲדָמָה begegnet in V. 2 sowie am Ende von V. 3
und stellt somit eine Inklusion dar, die beide Verse zusammenbindet. Auch
die Explikation des nicht näher bestimmten כֹּל von V. 2 im sich anschließenden V. 3 durch Mensch und Tier spricht für die enge Zusammengehörigkeit der beiden Verse.[85] Insgesamt ist eine zunehmende Fokussierung zu beobachten: von „allem" reicht die Vernichtung über die diese Totalität konkreter umschreibenden Lebewesen-Paare bis hin zum Menschen. Aufgrund dieser Beobachtungen kommt der Gottesspruchformel am Ende von V. 2 kaum
textgliedernde Funktion zu[86]. Auch Spannungen oder Widersprüche sind
nicht mit ihr verbunden[87]. Daher soll die Formel wohl eher die Brisanz der
Ankündigung mit dem Verweis auf Gottes Wort unterstreichen. Am Ende
von V. 3 ist die Gottesspruchformel allerdings sehr wohl zur Abgrenzung
heranzuziehen. Denn im Folgenden begegnet zwar noch YHWHrede, aber
nun werden konkrete Gruppen in Juda/Jerusalem als Objekte der Vernichtung
bezeichnet.

Die V. 2-3 mit ihrer schöpfungstheologischen Weite und pauschalen Ausrottung der Menschen stellen somit eine eigene Größe dar, die mit den folgenden Unheilsankündigungen nicht auf einer literarischen Ebene liegen
kann. Ihr allein fehlt jedoch eine Begründung für die umfassende Vernichtung. Da diese wiederum erst aus dem folgenden Text, d. h. aus der Beschreibung der verschiedenen Personengruppen, zu ersehen ist[88], sind die
V. 2-3 als eine später hinzugekommene Einleitung[89] zu begreifen, die das in
Kap. 1 vorhandene Spruchgut inhaltlich voraussetzt.

V. 4 lenkt in einem ersten Schritt (V. 4a) den Blick auf Juda/Jerusalem.
Ein zweiter Schritt nennt im Anschluss an die Ankündigung der Vernichtung
zahlreiche Objekte (teils Substantive, teils Partizipien, schließlich ein Rela-

---

85 S. Ben Zvi, Study, 271; Edler, Kerygma, 77f.; Weigl, Zefanja, 7f.; Irsigler, Gottesgericht, 93ff.391ff. Aufgrund des redaktionell-kompositorischen Charakters von 1,2-3 ist
   die Textabfolge m. E. unbedingt als eine Fokussierung zu begreifen. Koenen, Heil, 37,
   bestimmt zwar die V. 2-4a als Abschnitt, dagegen spricht aber zum einen die textgliedernde Funktion der Gottesspruchformel und zum anderen die thematische Fixierung auf
   die gesamte Schöpfung in V. 2-3, die nicht schon die Vernichtung Judas/Jerusalems enthält.
86 Gegen Seybold, Prophetie, 13f.21f.; ders., ZBK.AT 24,2, 93, und Schwally, Buch, 168f.,
   die zwischen V. 2 und V. 3 trennen.
87 Dass Striek, Zephanjabuch, 89, zwischen der Androhung des Gerichts für Mensch und
   Tier in 1,2-3aα und für allein den Menschen in 1,3b eine „unerträgliche Spannung"
   sieht, halte ich für überzogen.
88 S. Edler, Kerygma, 77; Irsigler, Gottesgericht, 394.400.
89 Vgl. Irsigler, HThKAT, 96: „Motto über mindestens die Unheilsworte der Zefanjaschrift".

tivsatz) in der Form einer Aufzählung (V. 4b-6).[90] Von den übergeordneten Verben her geurteilt ist der Abschnitt weiterhin als YHWHrede formuliert.

Da die Verben im *perfectum consecutivum* konstruiert sind, setzen sie die YHWHrede von V. 2-3 fort. Nachdem V. 4a mit וְנָטִיתִי den Ort des Geschehens auf Juda/Jerusalem eingrenzt, spitzt V. 4b-6 mit וְהִכְרַתִּי die „Gegenstände" der Vernichtung auf Götzendiener zu und greift dabei eine Verbform von V. 3b auf. Mit einem *perfectum consecutivum* im Sinn eines Imperfekt kann schwerlich einmal das Spruchkorpus einer Prophetenschrift begonnen haben[91]. Daher wäre es die einfachste Annahme, die V. 4-6 als eine Fortschreibung von V. 2-3 anzusehen[92]. Allerdings ist auch damit zu rechnen, dass ein ursprüngliches Imperfekt nachträglich in ein *perfectum consecutivum* geändert worden sein kann[93], wie im Nahkontext etwa V. 8aβ vermuten lässt. Dann hätte V. 4-6 bereits vorgelegen und wäre im Zusammenhang mit der Vorschaltung der V. 2-3 geändert worden, um eine von der ganzen Schöpfung bis hin zu Juda und Jerusalem fortlaufende Vernichtungsaktion YHWHs zu verdeutlichen. Eine Entscheidung zwischen beiden Lösungen muss hier

---

90 Koenen, Heil, 37.39, möchte die Einheit V. 2-6 (insgesamt YHWHrede) dagegen nicht zwischen V. 3 und V. 4 trennen, sondern in die beiden Abschnitte V. 2-4a und den begründenden Zusatz V. 4b-6 unterteilen. Dagegen sprechen aber das textgliedernde Signal der Gottesspruchformel am Ende von V. 3, die Inklusion zwischen V. 2 und V. 3b, der auf Juda/Jerusalem gerichtete Fokus von V. 4a und das Verb וְהִכְרַתִּי in V. 4b, das die Reihe der Vernichtungsaussagen fortsetzt.

91 Irsigler, HThKAT, 105, hält angesichts von Ez 11,17; 25,13 eine *perfectum consecutivum*-Form in der Redeeröffnung für möglich (s. auch Elliger, ATD 25, 61). Jedoch sind die Ez-Belege nicht besonders gewichtig, da beide *perfecta consecutiva* nach Einleitungsformeln begegnen und einen vorhandenen Text fortsetzen. Ez 11,17 stellt eine Fortschreibung von V. 16 innerhalb des Abschnitts Ez 11,14-21 dar (s. Zimmerli, BK.AT XIII/1, 251: V. 17 trage die „volle Verheißung der bevorstehenden Sammlung aus den Völkern und der neuen Verleihung des ‚Landes Israel'" nach). Ez 25,13 führt trotz dazwischen geschobener Redeeinleitung als Unheilsankündigung die Begründung in der Rede von 25,12 weiter. (Dass die Verwendung einer *perfectum consecutivum*-Form an dieser Stelle zumindest ungewöhnlich ist, zeigt übrigens der parallel aufgebaute Abschnitt Ez 25,15-17.) Bergsträsser, Grammatik, nennt in Teil 2, § 9g, als Beispiele für selbständiges *perfectum consecutivum* zu Beginn einer Rede (davon zu unterscheiden ist das formelhafte וְהָיָה) Ez 11,17; 17,22; 30,10. Auch die beiden letzten Stellen zeigen den Befund, dass trotz einer Einleitungsformel die Rede an eine bereits vorliegende Spruchpassage anknüpft und diese weiterführt. So dürfte Ez 17,22-24 als Nachtrag zur Bildrede (V. 3-10) samt göttlicher Deutung (V. 11-18.19-21) zu verstehen sein (s. Zimmerli, BK.AT XIII/1, 377) und Ez 30,10-12 als geschichtliche Auslegung des Zusammenhangs V. 1-9 (s. Zimmerli, BK.AT XIII/2, 728f.). Der Beweis, dass mit einem *perfectum consecutivum* ein neuer selbständiger Text beginnen kann, ist also mit diesen Belegen nicht erbracht. Auch wenn es zu gewagt erscheinen mag, dies grundsätzlich zu behaupten, ist doch ein *perfectum consecutivum* zu Beginn einer eigenen Prophetenschrift derart auffällig, dass es als wahrscheinlich gelten muss, dass mit der jetzt vorliegenden Gestalt von V. 4ff. die Zephanjaschrift nicht begonnen haben kann.

92 So Levin, Anfänge, 224.

93 So Nogalski, Precursors, 189; Bosshard-Nepustil, Rezeptionen, 318 Anm. 2.

zunächst offen bleiben[94]. Vorweggenommen sei jedoch, dass V. 4-6 nicht zu
den älteren Zephanja-Sprüchen gehört haben kann[95], da dann nicht erklärbar
wäre, weshalb V. 4-6 außerhalb des durch die V. 7.14-16 gebildeten Rahmens zu stehen kommt.

Ob V. 4-6 aus der Hand eines Verfassers stammt, ist strittig. Man wendet
erstens dagegen ein, dass die Wendung מִן־הַמָּקוֹם הַזֶּה in V. 4 aufgrund ihrer
lokalen Einschränkung und womöglich ihrer Assoziation des Tempels zum
zunächst angesprochenen Kollektiv der Bewohnerschaft in Spannung stehe
und sich auch metrisch schlecht in den Kontext einfüge. Zweitens bewirke
V. 6 wegen der Erwähnung YHWHs innerhalb der YHWHrede und der inhaltlichen Ausdehnung von Götzendienern zu Leuten, die ganz allgemein
YHWH nicht suchen, eine Differenz zu V. 4f.[96] Jedoch sind diese Argumente
nicht völlig überzeugend: Zunächst bezeichnet die Wendung מִן־הַמָּקוֹם הַזֶּה
im DtrG nicht immer zwingend den Tempel[97] und fügt sich als Bezugnahme
auf Jerusalem sinnvoll in den Duktus des zunehmend fokussierenden Abschnitts ein. Weiter ist bei aller Problematik der Argumentation mit dem Metrum zusätzlich zu beachten, dass in V. 4-5 bzw. V. 4-6 angesichts der bloßen
Aufzählung und Aneinanderreihung von Objekten ohnehin keine poetische
Sprache vorliegen dürfte[98]. Die Erwähnung YHWHs in der YHWHrede muss
angesichts von V. 5b, wo kein weiteres Indiz für eine sekundäre Überarbeitung ersichtlich ist, als grundsätzlich möglich angesehen werden[99]. Daher
scheidet dieses Indiz als literarkritisches Kriterium aus. Zwar könnte V. 6
aufgrund der zusätzlich Beobachtung einer inhaltlichen Ausweitung durchaus
eine Ergänzung darstellen[100]. Diese verbleibt jedoch als einzige Spannung.
Außerdem ist ohne weiteres vorstellbar, dass ein Verfasser bereits beide Aspekte, den des Götzendienstes und den der Vernachlässigung YHWHs, anspricht. Zwar hätte er dabei YHWH in Gestalt von Suffixen der 1. Person
Singular erwähnen können. Aber angesichts des in V. 4 beginnenden aufzählenden Stils kommt der Erwähnung YHWHs als Objekt in der YHWHrede
hier kein entscheidendes Gewicht zu. Daher ist es insgesamt wahrscheinlicher, die V. 4-6 als ein einheitliches Produkt zu bezeichnen[101].

---

94  S. weiter auf S. 118ff.
95  Etwa Irsigler, HThKAT, 59f.; möchte Zeph 1,4-5 als Beginn einer vorexilischen Komposition von Zephanja-Sprüchen erweisen und V. 4-5 auf die Verkündigung Zephanjas zurückführen.
96  So z. B. Irsigler, Gottesgericht, 99.101f.109; ders., HThKAT, 105f.; Edler, Kerygma, 79f.101f.; Striek, Zephanjabuch, 94f.100f.; Perlitt, ATD 25,1, 105. Vgl. auch Schart, Entstehung, 209; außerdem Levin, Anfänge, 224.
97  S. z. B. Dtn 1,31; 9,7; 11,5; 29,6; II Reg 22,16.19; Jer 32,37(?).
98  Vgl. oben Anm. 57.65.
99  Vgl. Weigl, Zefanja, 23, der die Erwähnung YHWHs in einer YHWHrede als legitimes Mittel eines Autors bezeichnet. Im Blick auf V. 5 vgl. auch Irsigler, HThKAT, 105.
100 Vgl. Perlitt, ATD 25,1, 106.
101 So auch Seybold, ZBK.AT 24,2, 93ff.; Weigl, Zefanja, 21ff.

Mit V. 7 liegt ein klarer Neueinsatz vor[102]. Der Vers beginnt mit der hier als Aufmerksamkeitserreger fungierenden Aufforderung הַס ("Still!" bzw. „Psst!") in einem elliptischen Satz. Da auch abgesehen von der geprägten Wendung V. 7bα YHWH in 3. Person begegnet, liegt eindeutig Prophetenrede vor. Erstmals findet sich auch eindeutig poetische Sprache.

Zuweilen wird die Einheitlichkeit bestritten, da das doppelte Vorkommen der Konjunktion כִּי eine Spannung darstelle, demnach also erst die spätere Einfügung V. 7bα das Thema „Tag YHWHs" eingebracht habe[103]. Dagegen spricht allerdings, dass auch anderweitig Häufungen von כִּי-Sätzen begegnen, ohne dass an der jeweiligen Einheitlichkeit zu zweifeln ist (s. etwa Jes 40,2; Jer 4,30; 50,11). Sodann wirkt der gesamte V. 7 sinnvoll strukturiert[104]. Metrum sowie die chiastische Anordnung[105] der Sätze lassen den Vers als kohärent erscheinen. Weiter ist zu beachten, dass sich auch anderweitig der „Tag YHWHs" im Zusammenhang mit einem als Schlachtopfer bezeichneten Gericht (s. Jes 34,6f.8; Jer 46,10; Thr 2,21) findet. Daher spricht alles für die Einheitlichkeit von V. 7.

Fraglich ist, ob der Spruch als abgeschlossene Einheit[106] anzusehen ist, da er aufgrund der Bezeichnung als Schlachtopfer offen lässt, was mit dem „Tag YHWHs" genau gemeint ist. Deshalb wurde eine ursprüngliche Verbindung von V. 7 und V. 14-16 erwogen, aber diese lässt sich kaum erweisen[107]. Es scheint bereits fraglich, dass ein vermeintlicher Zusammenhang sekundär auseinander gerissen worden sein soll. Außerdem führen V. 14-16 nicht aus, wonach die Erwähnung eines Schlachtopfers in V. 7 verlangt. Das Geschehen des Schlachtopfers scheinen eher die dazwischen stehenden V. 8-13* zu erklären[108], ganz gleich, ob man Gäste und Geopferte in eins setzt und mit den

102 Vgl. Ben Zvi, Study, 277; Weigl, Zefanja, 21.35.58f.
103 So etwa Seybold, Prophetie, 24: V. 7bα habe als redaktioneller Zusatz den ursprünglich selbständigen V. 7 mit V. 14 verbunden. Striek, Zephanjabuch, 49ff., hält an der Spannung fest, bezeichnet V. 7 als ein um die „Tag YHWHs"-Ankündigungsformel erweitertes Fragment und führt dann doch den gesamten V. 7 auf eine Buchredaktion zurück, da die literarisch sekundäre Rede vom „verzehrenden Feuer" in V. 18* mit dem beim Schlachtopfer implizierten „Essen" verbunden sei.
104 Dazu s. ausführlich Irsigler, Gottesgericht, 279ff.; ders., HThKAT, 123f.
105 Irsigler, Gottesgericht, 289, meint damit den durch כִּי bewirkten Satzchiasmus. Vielleicht kann man darüber hinaus auch noch inhaltliche Entsprechungen feststellen: etwa zwischen V. 7a und V. 7bβ (2. Hälfte) (still / rufen, Angesicht / Heiligung) und V. 7bα und V. 7bβ (1. Hälfte) („Tag YHWHs" / Schlachtopfer)?
106 So Weigl, Zefanja, 59; Irsigler, Gottesgericht, 297; ders., HThKAT, 123f.
107 So aber Edler, Kerygma, 185f., der sich für eine ursprüngliche Verbindung mit V. 14-16 ausspricht, da V. 7 die Gottesreden 1,4-5 und 1,8-9 unterbreche, V. 7 nach einer Fortsetzung verlange und die inhaltliche Verwandtschaft zwischen 1,7 und 1,14-16 (vgl. 7b und 14a) offensichtlich sei. Dagegen macht Irsigler, Gottesgericht, 109, darauf aufmerksam, dass man für den Fall, dass die Verse zusammengehörten, eine gewisse Erläuterung der dunklen Worte vom Schlachtopfer (V. 7) in V. 14-16 erwarten könnte. Perlitt, ATD 25,1, 107, bezeichnet eine Umstellung als methodisch fragwürdig.
108 Vgl. den im Kult beheimateten und Heil anzeigenden Aufruf (vgl. Hab 2,20; Sach 2,17; Neh 8,11) „Still vor dem Herrn YHWH!", der hier imitiert und gleichzeitig ins Gegenteil

Einwohnern Jerusalems identifiziert[109], in den Gästen die Völker sieht, die an Jerusalem das Opfer als Strafgericht vollziehen[110], oder die Entscheidung zwischen beiden Möglichkeit als gewollt unbestimmt offen lässt[111]. Daher ist auf der literarischen Ebene V. 7 als Kopf der größeren kompositorischen Einheit V. 7-13*, also als Beginn der Zusammenstellung des Spruchguts von V. 8-13* zu verstehen[112]. Dass V. 7 allein „sich primär nur als mündliche Rede, aus der direkten Konfrontation von Sprecher und Adressaten" erklärt[113], ist denkbar, aber methodisch nur schwer in den Griff zubekommen.

Öfter wird die Meinung vertreten, dass V. 7 den Zusammenhang zwischen V. 4-6 und V. 8ff.* unterbreche[114]. Allerdings sind zwischen V. 4-6 einerseits und V. 8ff.* andererseits keine signifikanten inhaltlichen und lexematischen Verbindungen zu ersehen[115]. Denn zum einen ist die geprägte Sprache von V. 4-6 im Gegensatz zu den folgenden Versen offensichtlich. Zum anderen nehmen die V. 4-6 aufgrund der Dominanz der Thematik des Götzendienstes eine Sonderstellung ein. Abgesehen von der Konstruktion mittels *perfectum consecutivum* bestehen auch keine formalen Entsprechungen. Im Gegenteil liegen in den V. 8-13 poetisch konstruierte Sprüche vor, V. 4-6 stellen dagegen eine prosaische Aufzählung dar. Wer hätte außerdem den angeblichen Zusammenhang zwischen V. 4-6 und V. 8ff. unterbrechen sollen? Daher ist die bisher entwickelte Ansicht wahrscheinlicher, wonach V. 7 als Beginn eines eigenen, von V. 2-3.4-6 unabhängigen Zusammenhangs fungiert, dem entweder die V. 4-6 vorgeschaltet wurden oder der zuerst mit den V. 2-3 eine Erweiterung erfuhr, die dann durch die V. 4-6 fortgeschrieben wurde. Da die Aufforderung zum Schweigen und die Metapher des „Schlachtopfers" auf den Tempelkult verweisen, stellt sich für den Leser als Ort der folgenden Sprüche Jerusalem dar. Da die Sprüche in V. 8-13 das „Schlachtopfer" YHWHs illustrieren, erfährt auch die Frage nach den Adressaten des „Tages YHWHs" durch die kompositionelle Stellung von V. 7 eine Beantwortung.

V. 8 beginnt mit der Formel וְהָיָה בְּיוֹם, die um den zentralen Terminus aus V. 7, nämlich זֶבַח (יְהוָה), erweitert ist. So ist der folgende Spruch inhaltlich klar auf V. 7 bezogen. Dies ist in syntaktischer Hinsicht nicht anders:

---

verkehrt (vgl. auch Am 6,10) werde. Außerdem erscheint YHWH hier in der Funktion des Opferherrn, wohingegen er sonst durch eine Theophanie als Schöpfer oder König auftritt und anderen Akteuren die Heiligung überlässt. Vgl. weiter I Sam 16,5; II Reg 10,19f.; Jes 13,3; 34,2.6ff.; Jer 46,10; Ez 39,17.19.

109 So z. B. Fohrer, Tag, 37.
110 So z. B. Edler, Kerygma, 188ff.; Rudolph, KAT XIII,3, 266; Weigl, Zefanja, 62f. Ähnlich auch Elliger, ATD 25, 63 (die himmlischen Heerscharen vollziehen das Opfer), und Seybold, Prophetie, 24f. (parodistische Kultkritik: gottesdienstliche Feier mit fremden Völkern im Tempelhof).
111 So Irsigler, Gottesgericht, 292ff.; ders., HThKAT, 132; Ben Zvi, Study, 85.
112 Vgl. auch Weimar, Zef 1, 829; Ben Zvi, Study, 277; Nogalski, Precursors, 189ff.
113 Irsigler, Gottesgericht, 297.
114 So Edler, Kerygma, 185; Scholl, Die Elenden, 239; Nogalski, Precursors, 189f.
115 Vgl. Ben Zvi, Study, 274; Weigl, Zefanja, 16f.

Das V. 8aβ einleitende Verbum ist ein *perfectum consecutivum*. Demnach hängt V. 8aβ-9 mit der einleitenden Wendung V. 8aα und damit mit V. 7 zusammen.

In den folgenden Sprüchen stellt sich der sprachliche Befund anders dar: V. 10aα₂-11 enthält zunächst drei Nominalsätze, anschließend eine imperativische[116] Aufforderung und schließlich eine Begründung mit zwei Verbalsätzen im Perfekt. V. 12aβ-13 beginnt mit Imperfekt und fährt mit *perfectum consecutivum* fort. Aus dem vorliegenden Textzusammenhang sind beide Sprüche angesichts der Formeln וְהָיָה בַּיּוֹם הַהוּא und וְהָיָה בָּעֵת הַהִיא leicht voneinander abgrenzbar. Sie sind abgeschlossen und aus sich heraus verständlich und dürften ehemals eigenständig gewesen sein. Nun sind sie durch die Formeln in ein größeres Gefüge gebracht und jeweils miteinander verbunden worden. Nur über diese redaktionell gebildete Verkettung sind sie letztlich auch auf V. 7 bezogen, da ansonsten keine inhaltlichen Verbindungen zu V. 7 bestehen[117]. Wahrscheinlich haben bereits bei der Erstkomposition die Formeln der Zusammenstellung und Gliederung des Spruchmaterials gedient. Die Annahme, dass sie später redaktionell eingestreut worden seien, um die älteren Texte zu eschatologisieren, wie Schart behauptet[118], ist durch nichts gerechtfertigt. Denn die Formeln können durchaus auch im nicht eschatologischen Sinn und völlig unabhängig von der Vorstellung vom „Tag YHWHs" gebraucht werden[119]. Man kann angesichts der unterschiedlichen Formulierung der Verbindungsformeln mit mehreren Kompositionsgängen rechnen[120]. Andererseits zeigt auch die Formel בַּיּוֹם הַהוּא in V. 9, dass sich der Kompositor schon bald vom expliziten „Tag YHWHs"-Bezug, wie er allein in V. 8aα vorliegt, entfernen kann. Womöglich soll auch ganz bewusst eine Abstufung der Unheilsereignisse erreicht werden. Dann wären „die höfischen Herren Jerusalems von V. 8b-9 die zuerst und vor allem vom Schlachttag JHWHs Betroffenen"[121], während das Händlervolk von V. 10f. und die

---

116 S. oben Anm. 73.

117 S. Edler, Kerygma, 103ff.; Irsigler, Gottesgericht, 96f.110.111f.; Weigl, Zefanja, 35f.43.66; Striek, Zephanjabuch, 55.57.106f.; Seybold, ZBK.AT 24,2, 96f.98f., sowie die den Konsens dokumentierende Tabelle bei Edler, Kerygma, 261.

118 S. Schart, Entstehung, 278f. Vgl. dazu von Soden u. a., יוֹם, 570: die Formel „ist in jüngeren Prophetenüberlieferungen zu einem Merkmal eschatologischen Stils geworden" (Sæbø). Vgl. z. B. בַּיּוֹם הַהוּא z. B. in Sach 14,4.6.8 u. ö., בָּעֵת הַהִיא z. B. in Jer 3,17 u. a.

119 Und dies nicht nur in den Geschichtsbüchern (בַּיּוֹם הַהוּא z. B. Gen 30,35; 33,16; 48,20; Ex 5,6; Ex 8,18; 13,8, בָּעֵת הַהִיא z. B. Gen 21,22; 38,1; Num 22,4; Dtn 1,9; Jdc 11,26), sondern auch in der Prophetie (בַּיּוֹם הַהוּא z. B. in Jer 4,9; Hos 1,5; Am 2,16; Mi 2,4 – bis dahin findet sich in der jeweiligen Schriften der „Tag YHWHs" noch überhaupt nicht eingeführt!, בָּעֵת הַהִיא z. B. Jer 4,11; 8,1; Am 5,13; Mi 3,4). Die zum Teil ersichtliche zeitadverbielle Funktion der Formeln zeigt, dass diese das „Tag YHWHs"-Konzept nicht voraussetzen.

120 Irsigler, HThKAT, 137, vermutet, dass in einem ersten Schritt zunächst nur V. 8f. an V. 7 angefügt wurde.

121 Irsigler, HThKAT, 137.

selbstzufriedenen unbeweglichen religiös gleichgültigen Reichen von V. 12f. zwar betroffen, aber nicht im Zentrum des Vernichtungsschlags YHWHs stünden. In jedem Fall illustrieren nun die V. 8-13 insgesamt das Geschehen am „Tag YHWHs" und verdeutlichen so die Rede vom „Schlachtopfer" in V. 7.

Die Einheitlichkeit steht lediglich im Blick auf V. 13 in Frage. Hatte V. 13a die Vernichtung des Reichtums und Verwüstung der Häuser als Strafe angekündigt, so formuliert V. 13b die Vergeblichkeit von Häuserbau und dem Anlegen von Weinbergen. Aufgrund dieser Spannung wird V. 13b als eine Ergänzung anzusehen sein[122]. Immerhin steht V. 13b mit seinen Bildern Häuserbau und Weinberge in sinnvoller Beziehung zu V. 12aβ-13a (Weinhefen, Verwüstung der Häuser).

Der folgende Abschnitt V. 14-16 ist dadurch von seinem Kontext abgrenzbar, dass er bei klarer poetischer Formung[123] nahezu ausnahmslos durch Nominalsätze konstruiert ist[124] und ebenso ausnahmslos um das Thema des „Tages YHWHs" kreist.

Ob der Abschnitt auf eine Hand zurückgeht, ist strittig. Einerseits hält Striek V. 14a für sekundär, weil die Interjektion קוֹל einen Neueinsatz darstelle, die Spannung zu beobachten sei, dass die drängende Nähe von V. 14a in V. 14b zurücktrete, und in V. 14a die „Tag YHWHs"-Ankündigungs-

---

122 S. Elliger, ATD 25, 65 (V. 13b „zerstört die Pointe, indem er die Drohung mit dem Nichts verharmlost, als ob nach der Katastrophe noch wieder Häuser gebaut werden könnten".); Irsigler, Gottesgericht, 104ff.; ders., HThKAT, 157; Schart, Entstehung, 210; Edler, Kerygma, 81; Seybold, Prophetie, 33; ders., ZBK.AT 24,2, 99 (der außerdem 13ab als sekundären Schluss bezeichnet, der im Zusammenhang mit dem Auseinanderreißen der ursprünglichen Einheit V. 12f.*17f.* an seine jetzige Stelle geraten sein soll); Neef, Gottesgericht, 540. Jedenfalls gegen Weigl, Zefanja, 44, der die Spannung mit der Überlegung abzumildern können meint, dass in der Zeitspanne zwischen der Unheilsankündigung 13a-b bis zum Eintreffen der Vernichtung Gelegenheit zum Bau von Häusern und Anlegen von Weinbergen wäre, so dass die Ankündigung der Erfolglosigkeit solchen Tuns durchaus nicht überflüssig oder unlogisch wäre. Rudolph, KAT XIII,3, 269, nivelliert die Spannung: „Die Häuser werden ausgeplündert und verwüstet, Hausbau und Weinbergerwerb, das Statussymbol der Emporgekommenen, verliert damit seinen Sinn." Ebenfalls gegen Nogalski, Precursors, 190f. (aufgenommen von Scholl, Die Elenden, 238), der V. 13 als ganzen für dtr. hält. Aber dabei wird erstens die oben genannte Spannung übersehen. Zweitens ist fraglich, ob mit den in V. 13 enthaltenen Elementen Reichtum, Häuser und Wein wirklich eine Entsprechung zu den zuvor genannten Gruppen Palast- und Tempelpersonal (V. 8f.), Reiche/Kaufleute (V. 10f.) und Gleichgültige (Wein-Metapher, V. 12) intendiert ist, wie Nogalski anführt, zumal bereits in V. 13a die ersten zwei Elemente genannt sind und V. 13b erst in seinem zweiten Element dies weiterführt.

123 Dazu s. Irsigler, Gottesgericht, 299ff.; Seybold, Prophetie, 40; ZBK.AT 24,2, 100: „Diese offenbar nach poetischen Regeln (Alliteration, Assonanz) gewählten Ausdrucksformen bieten mehr Klang, Ton und Melodie (a-o-Variation, lang gedehnte Silben) als Sinngehalt und Aussage. Erst gegen Ende (V. 16) wird die Rede sprechender und die Worte werden konkret."

124 Dass in V. 14aβ ein Infinitiv in adverbieller Funktion und in V. 14bβ ein Partizipialsatz vorliegt, fügt sich in die Nominalsatzreihe gut ein.

formel begegne, die sich bereits in V. 7 als Zusatz herauskristallisiert habe[125]. Diese Argumentation ist aber kaum überzeugend. Nicht einmal die vermeintliche Spannung als stärkstes Argument ist so gewichtig, dass eine literarische Differenzierung angebracht ist.

Andererseits vertritt Nogalski die These, dass V. 15-16a (zusammen mit V. 2-3) als Erweiterung im Zuge der Redaktion des Dodekapropheton (im Zusammenhang mit der „Joel related layer") zu verstehen sei. Denn erstens fänden sich nur in V. 15-16a Parallelen zu anderen Texten, nämlich Joel 2,1 (V. 16a), Joel 2,2 (V. 15) sowie Hab 3,16 (V. 15: יוֹם צָרָה) und 3,8 (V. 15: עֶבְרָה). Zweitens setze V. 16b mit den Präpositionen עַל sinnvoller das Verb צרה von V. 14 fort und füge sich weniger gut zu dem Lärmblasen bzw. Kriegsgeschrei in V. 16a. Drittens werde in den V. 15-16a das gegen Juda/Jerusalem gerichtete Gericht für kultische, soziale und religiöse Verirrungen nun universal ausgedehnt.[126] Diese Argumente überzeugen jedoch nicht: Zunächst einmal lassen sich die Präpositionen in V. 16b (עַל) genauso gut an V. 16a („Lärmblasen gegen") anschließen und erweisen damit nicht zwingend einen Zusammenhang mit V. 14 („schreien gegen"). Denn zum einen ist nicht gesichert, dass das Verb צרה („schreien") in V. 14 eine Fortsetzung mit einer Präposition erfordert[127]. Zum anderen zeigt Jes 2,12ff., dass im Kontext des „Tages YHWHs" die Präposition עַל durchaus ohne Bezug auf ein Verb der Anvisierung vom Unheil betroffener Objekte dienen kann. Weiter darf man wohl kaum das bloße Vorhandensein von Parallelbefunden zu anderen Texten als Kriterium für die Uneinheitlichkeit eines Textes heranziehen. Durchaus richtig gesehen ist zwar, dass V. 16b den „Tag YHWHs" wie schon V. 14b noch einmal in kriegerischem Sinne beschreibt. Aber aus den eindrücklichen Schilderungen des „Tages YHWHs" in V. 15.16a sind keine uni-

---

125 So Striek, Zephanjabuch, 63f. Striek fügt als weiteres Argument hinzu, dass sich die „Tag YHWHs"-Ankündigungsformel nur noch in späteren Texten finde, nämlich Jes 13,6; Ez 7,7; 30,3; Joel 1,15; 2,1; 4,14; Ob 15. Dass er andererseits die Auffassung vertritt, Jes 13,6; Ez 30,3 und Joel 1,15 würden Zeph 1,7.11.14 bereits voraussetzen, ist schwer verständlich.

126 So Nogalski, Precursors, 194ff. (teilweise aufgenommen von Scholl, Die Elenden, 240), der zu dem Phänomen der redaktionell erfolgten universalen Ausdehnung eines ursprünglich gegen eine spezifische Gruppe gerichteten Gerichts Nah 1 und Hab 3 als Analogien anführt.

127 Es begegnet außer Zeph 1,14 nur noch ein einziges Mal, nämlich in einer Hifil-Form in Jes 42,13. Die dort folgende Präposition עַל ist jedoch aufgrund des Parallelismus nicht auf צרה bezogen, sondern – verbunden mit dem Objekt „Feind" – auf das folgende Verb גבר. S. außerdem Schart, Entstehung, 210, der auf Nogalskis Belegstelle Jer 25,30 und das dort gebrauchte Verb שאג in Verbindung mit עַל eingeht. Ein Kriegsschrei gegen etw. dürfte auch hier nicht der Sinn der Aussage sein, sondern eher, dass das Brüllen YHWHs über die Weiden hinweg ertönt. Zwar begegnet das in V. 16 vorliegende Substantiv תְּרוּעָה einmal in Verbindung mit der Präposition עַל (II Chr 13,12) und einmal mit der Präposition אֶל (Jer 49,2) konstruiert, jedoch ist diese stets von einem Verb abhängig. Dennoch dürfte die Konstruktion von V. 16 als einheitlichem Vers möglich sein, gerade wenn man bedenkt, dass der mittels Nominalsätzen gebildete Kontext den Verzicht auf ein Verb nahe gelegt haben dürfte.

versalen Tendenzen ersichtlich. Vielmehr sollen die zum Teil aus der Theophanie-Tradition entnommenen Ausdrücke lediglich den bedrohenden Charakter des Geschehens ausmalen. Auch der Hinweis von Weimar auf die analog in V. 8a.9a.10a(.12a) begegnende textgliedernde Formel הַהוּא הַיּוֹם im
ersten Stichos von V. 15[128] ist nicht von Gewicht. Denn die Formel ist in
V. 15 in die metrische Struktur integriert und führt von der Ankündigung der
Nähe des „Tages YHWHs" in V. 14 unauffällig zu seiner Beschreibung weiter, die anders als V. 8-13 von vornherein als Beschreibung des „Tages
YHWHs" vorgesehen war, so dass das Element הַהוּא הַיּוֹם hier keinen
literarischen Schnitt markiert.

Somit ist an der Einheitlichkeit der V. 14-16 festzuhalten[129]. Zwar wirken
die V. 14-16 zunächst in sich abgeschlossen. Jedoch bliebe dann die gewichtige Frage offen, welchen Adressaten aus welchem Grund der „Tag YHWHs"
angekündigt wird. Verdankte sich V. 14-16 der direkten Konfrontation zwischen dem Propheten und seinen Hörern, wären diese Leerstellen verständlich. Problematisch an dieser Vermutung ist freilich die methodische Nach-
weisbarkeit. Deshalb ist das Augenmerk vielmehr auf die literarische Beziehung der V. 14-16 zu ihrem Kontext zu richten. Denn auf der kompositionellen Ebene lässt sich mit den Jerusalemer Oberschichtskreisen sowohl ein Ad-
ressatenkreis als auch aufgrund ihrer Beschreibung eine Begründung für den
„Tag YHWHs" angeben.

Zu diskutieren ist dann erstens die Annahme, dass die V. 14-16 zusammen mit V. 7-13a(.13b?) schon auf der Ebene einer Primärkomposition zu
stehen kommen. Die These Edlers, dass V. 7 und V. 14-16 zusammen eine
ursprüngliche literarische Einheit gebildet hätten, die authentische Verkündigung Zephanjas darstelle[130], kann, wie oben bereits gezeigt wurde, allerdings
kaum überzeugen. Eher vertretbar wäre aber die Position Irsiglers, der in V. 7
und in V. 14-16 jeweils eigene Zephanja-Logien sieht, die im Rahmen der
vorexilischen ersten Gesamtkomposition in einen literarischen Zusammenhang gebracht worden seien[131]. Freilich lässt sich gegen eine Herleitung vom
Propheten Zephanja einwenden, dass aus den V. 14-16 ein Verständnis vom
„Tag YHWHs" hervorgeht, das sich von der aus V. 8-13a ersichtlichen Vorstellung unterscheidet[132]. Denn V. 16 gibt zu erkennen, dass sich der „Tag
YHWHs" gegen eine Mehrzahl von befestigten Städten richtet, während zuvor allein Jerusalem im Blick war. Auch ist aufgrund der Beschreibungen des
„Tages YHWHs" eine Begrenzung auf bestimmte Bevölkerungsschichten,

---

128 S. Weimar, Zef 1, 829.
129 Dies wird fast ausnahmslos so gesehen: s. die Tabelle bei Edler, Kerygma, 261; außerdem Weigl, Zefanja, 77f. Auch Irsigler, Gottesgericht, 109, zweifelt trotz des von ihm
   gefundenen „gewissen metrischen Unterschieds" nicht daran, dass V. 14-16 als Thema
   und Ausführung zusammen gehören.
130 So Edler, Kerygma, 185f. Dagegen etwa Irsigler, Gottesgericht, 109.
131 So Irsigler, HThKAT, 59f.176f.
132 Vgl. Ben Zvi, Study, 288, der in Zeph 1,14-16 zwar „pre-compositional material" verarbeitet sieht, aber aufgrund des Einflusses von Weisheitsliteratur und späten Psalmen erst
   mit einer Abfassung in postmonarchischer Zeit durch den „compositional level" rechnet.

die in V. 8-13a anvisiert waren, nicht mehr gegeben. Allerdings ist die Text-basis, die für eine Rekonstruktion der Verkündigung Zephanjas zur Verfü-gung steht, nämlich die V. 8-13a – diese Unheilsankündigungen lassen sich sinnvoll im Rahmen der spätvorexilischen Verkündigung Zephanjas verste-hen[133] –, äußerst schmal. Daher ist es nicht sicher, welches Gewicht den ge-nannten Unterschieden zukommt[134]. Deshalb lässt man es besser offen, ob Zephanja den „Tag YHWHs" verkündet hat oder ob V. 7 und die V. 14-16 auf eine spätere Kompositionstätigkeit zurückgehen.

Jedenfalls ist eine Verbindung der V. 14-16 mit den V. 7-13a auf der E-bene einer Primärkomposition eine sinnvolle Vorstellung. Denn V. 7 und V. 14 stimmen stilistisch darin überein, dass jeweils Aufmerksamkeitserreger die Hörer bzw. Leser in Bann ziehen sollen, die „Tag YHWHs"-Ankündigungsformel gebraucht wird und die Charakterisierung des „Tages YHWHs" – als Schlachtopfer[135] und mit schreiendem Krieger[136] – gleicher-maßen vage wie Spannung erzeugend erscheint. V. 7 und V. 14-16 bilden so eine Klammer um das Spruchmaterial. V. 14aα variiert nämlich die „Tag YHWHs"-Ankündigungsformel von V. 7, indem das einleitende כִּי wegge-lassen und das Adjektiv גָּדוֹל hinzugefügt wird. V. 14aβ greift außerdem noch einmal das Adjektiv קָרוֹב auf und verdeutlicht dieses inhaltlich durch die Wendung מַהֵר מְאֹד. Dann geht der Abschnitt ins Beschreibende und Lehrhafte über. Aus diesem Vorgehen wird die Intention ersichtlich, die Qua-lifizierung des Geschehens als „Tag YHWHs", die aufgrund der immer we-niger spezifischen Anschlüsse der Unheilsankündigungen an V. 7 zunehmend verblasst war, abschließend noch einmal deutlich hervorzuheben. Die V. 7-16 umfassende Komposition lässt eine Reflexionstätigkeit erkennen, die das mit den Sprüchen V. 8-13a(.13b?) angekündigte Unheil rahmt und so als „Tag YHWHs" interpretiert. Wahrscheinlich ist hierbei die Erfahrung der Kata-strophe 587 v. Chr. vorausgesetzt. Denn eine vorexilische Zephanjaschrift dürfte es nicht gegeben haben: schon die literarisch einheitliche[137] Überschrift

133 Ohne unreflektiert eine Datierung Zephanjas in die Zeit vor 622 vertreten zu wollen, möge hier ein Verweis auf Irsigler, HThKAT, 67ff.135ff., und Striek, Zephanjabuch, 53ff.106ff., genügen. Gegenüber der These von Levin, Anfänge, 224, dass die Über-schrift 1,1, die auf Informationen aus 1,4-6 beruhe, erst sehr spät an den Anfang einer bis dahin anonymen Zephanjaschrift gesetzt worden sei, ist einerseits darauf hinzuweisen, sich die Datierung Zephanjas in 1,1 keineswegs nur in 1,4-6 bestätigt, und andererseits zu bedenken, dass einiges, selbst wenn die Datierung 1,1 ein sekundäres Produkt darstel-len sollte, für ein vorexilisches Auftreten Zephanjas spricht.
134 Irsigler, HThKAT, 177, meint deshalb, dass zumal die V. 14-16 „in der Prophetie Zefan-jas doch eher fortgeschrittene Stufe darstellen, schon eine Summe ziehen".
135 Dazu s. oben S. 91.
136 Wer dieser Krieger ist (gegen Jerusalem heranziehende Völker, nichts ausrichten kön-nende Soldaten Judas oder YHWH selbst [vgl. Jes 42,13]?) und weshalb er bzw. sie schreien (zum Angriff oder aus Entsetzen?), wird nicht verraten.
137 Dass Nogalski, Precursors, 187, die zweite Hälfte von Zeph 1,1 („des Sohnes des Hiski-jah in den Tagen des Joschijahu, des Sohnes des Amon, des Königs von Juda") als dtr. Erweiterung bezeichnet, basiert nicht auf literarkritischen Kriterien.

1,1[138] setzt aufgrund ihrer in der Wortereignisformel greifbaren Wort-
theologie und angesichts der Wendung „in den Tagen Josias", die während
der Regierungszeit Josias (639-609 v. Chr.) nicht möglich und kurz danach
nicht sinnvoll ist[139], die Exilszeit voraus. Sie ähnelt außerdem den
Überschriften Jer 1,2-3; Hos 1,1; Am 1,1b*; Mi 1,1*, die offensichtlich das
in der Exilszeit entstandene DtrG[140] benutzen[141].

Dass die V. 14-16 hingegen zusammen mit den V. 2-3 eine Bearbeitungsschicht bilden könnten – das wäre die Konsequenz aus der These Nogalskis,
der V. 2-3 und V. 15-16a seiner „Joel related layer" zuschreibt[142] – ist keine
überzeugende Annahme. Gegen sie spricht zum einen, dass die Begriffe
„Sturm", „Finsternis" und „Wolken" in V. 15f. schwerlich auf ein die Vernichtung der Schöpfung bedrohendes Geschehen anspielen. Zum anderen
fällt der stilistische Unterschied auf, dass die V. 2-3 anders als V. 14-16 nicht
in poetischer Sprache formuliert sind.

Die anschließenden V. 17-18 setzen mit der Formulierung in Verbalsätzen und dem Wechsel in YHWHrede völlig neu ein. Sie beginnen mit *perfectum consecutivum* und führen die „Tag YHWHs"-Passage V. 14-16 weiter.
Seybold vermutet angesichts des syntaktischen Befundes zwar eine ursprüngliche Verbindung von V. 12f.* mit V. 17f.*, die dadurch gestützt werde, dass
die in beiden Abschnitten enthaltenen Bilder aufeinander bezogen seien: der
Vergleich mit den Blinden (V. 17aα) stimme mit dem Durchsuchen Jerusalems mit Lampen (V. 12) oder die Androhung des Ausgießens (V. 17b) mit
dem Weinhefen-Bild (V. 12) überein[143]. Demgegenüber sind jedoch die Unterschiede zu beachten, dass V. 17 allgemein den Menschen bedroht, als Ob-

---

138 Eine Zephanjaschrift ohne Überschrift hat wohl kaum jemals existiert. Freilich kann man
    überlegen, ob durch Zeph 1,1 eine ältere Überschrift verdrängt wurde. Nachzuweisen ist
    solches jedoch nicht. Daher kann man für die vorexilische Zeit wohl höchstens mit der
    Existenz eines „Flugblatts", auf dem ein paar Sprüche und der Name Zephanjas ver-
    zeichnet gewesen sein mögen, rechnen.

139 S. Perlitt, ATD 25,1, 101.

140 Die Grundschrift DtrH ist mit guten Gründen exilisch zu datieren: s. z. B. Nentel, Trä-
    gerschaft, 301ff.

141 Vgl. hierzu Koch, Profetenbuchüberschriften, 176f., der die Auffassung vertritt, dass die
    mit der Nennung von israelitischen und judäischen Königen und Königssynchronismen
    arbeitenden Datierungen in den Überschriften der Prophetenbücher das DtrG als Quelle
    benutzten, ohne dass dies auf eine dtr. oder dtr. geprägte Redaktion schließen lasse. Vgl.
    auch Ben Zvi, Redaction, 250ff. Ob man die Überschriften wirklich redaktionsgeschicht-
    lich auswerten und einer dtr. bzw. „D-Redaktion" zuschreiben kann, wie dies Nogalski,
    Precursors, oder Schart, Entstehung, 39ff.48.218ff., tun, scheint mir keineswegs sicher,
    zumal Überschriften leicht imitiert werden können (vgl. Joel 1,1). Gerade Am 1,1 wider-
    spricht der Annahme eines dtr. bzw. „D-Korpus", da hier bei Annahme einer dtr. gepräg-
    te Redaktion unbedingt eine entsprechende Worttheologie zu erwarten wäre, wie sie in
    Mi 1,1 redaktionell eingebracht wurde (s. etwa Wolff, BK.AT XIV/4, 2ff.) und mit Hos
    1,1 vor Hos 1,2 vorgeschaltet wurde. Kritisch vgl. auch Rudnig-Zelt, Genese, 359 samt
    Anm. 25.26; Koch, Profetenbuchüberschriften, 168 Anm. 8.

142 S. Nogalski, Precursors, 191ff. Vgl. auch Levin, Amosbuch, 266.

143 S. Seybold, Prophetie, 34.

jekte des Ausgießens Blut und Eingeweide genannt werden und das Tappen
im Dunkeln logisch nicht mit dem Durchsuchen Jerusalems bei Lampenschein in Einklang gebracht werden kann[144]. Außerdem fragt man sich, weshalb denn dieser vermeintliche Zusammenhang sekundär aufgebrochen worden sein sollte[145]. Daher sind die V. 17-18 wahrscheinlich eher als Fortschreibung des Abschnitts V. 14-16 zu begreifen. Mit Irsigler sind so auch die Anklänge an den vorhergehenden Textzusammenhang – und zwar V. 7-16! –
einleuchtender zu bestimmen[146]: Das Verb צרר (V. 17aα₁) nimmt den „Tag
der Bedrängnis" (V. 15) auf; der Vergleich mit den Blinden (V. 17aα₂) veranschaulicht den „Tag der Finsternis" (V. 15); dass das Blut des Menschen ausgegossen werden soll (V. 17b), führt den „Tag des Schlachtopfers" (V. 7) vor
Augen; die Bestreitung einer Rettung durch Silber oder Gold (V. 18aα₁)
greift auf die Kaufleute und reichen Herren aus V. 11 und V. 12f. zurück. Die
pauschale Rede vom Menschen fasst dabei resümierend die Unheilsankündigungen gegen die zuvor genannten Gruppen zusammen[147].

Der Abschnitt V. 17-18 ist jedoch kaum in einem Guss entstanden. Wenn
V. 17aβ als Glosse zu beurteilen ist[148], dann reicht die mit V. 17 beginnende
YHWHrede bis V. 18aα₁. Freilich spricht YHWH in 1. Person explizit lediglich in V. 17aα₁. Die V. 17aα₂.b.18aα₁ widersprechen dem jedoch nicht. Für
die Kohärenz dieser Sätze lässt sich hingegen geltend machen, dass das Objekt „Mensch" von V. 17aα₁ in V. 17aα₂ als Subjekt im Plural aufgegriffen
wird und die Suffixe der 3. Person maskulin Plural in V. 17b.18aα₁ sich darauf zurück beziehen. Außerdem lassen sich V. 17aα.b.18aα₁ metrisch einordnen. Der Verweis auf den Zornestag V. 18aα₂ (בְּיוֹם עֶבְרַת יְהוָה) bindet den
Abschnitt V. 17-18aα₁ explizit mit V. 15-16 zusammen. Er kann daher entweder den Abschluss der Fortschreibung markieren. Oder aber es kommt hier
bereits die nächste Schicht zu Wort, da YHWH in 3. Person begegnet. Da es
sich bei der Formulierung יוֹם־X יְהוָה jedoch um einen geprägten Ausdruck
handelt, ist die Erwähnung YHWHs in der YHWHrede nicht als störend zu
empfinden. Daher dürfte V. 18aα₂ durchaus den Abschluss der Fortschreibung V. 17f.* gebildet haben. In jedem Fall liegt ab V. 18aβ klar Prophetenrede vor, da sowohl im sich auf den formelhaften Verweis beziehenden Suffix in V. 18aβ als auch in der Verbform von V. 18b YHWH klar in 3. Person
begegnet. Auch ist dieser letzte Abschnitt V. 18aβγb nicht mehr poetisch
formuliert. Hier ist die Vernichtung der ganzen Erde bzw. aller ihrer Bewohner im Blick. Daher dürfte in diesem zweiten Teil von V. 18 die Fortschreibungsarbeit einer weiteren Hand vorliegen.

Nun kann nach Beziehungen von V. 17-18 zu weiteren Teilen von Kap. 1
gesucht werden. Als eine erste Lösung wird in den V. 17.18aα₁ das komposi-

---

144 Dass Seybold, ebd., aus diesen Unterschieden ironischen Sprachgebrauch ableitet, setzt
    zu unvorsichtig die literarische Hypothese voraus.
145 S. auch Perlitt, ATD 25,1, 113.
146 S. zum Folgenden Irsigler, HThKAT, 180f.
147 Vgl. auch Edler, Kerygma, 200; Nogalski, Precursors, 192; Ben Zvi, Study, 127f.
148 S. oben Anm. 81.

torische Gegenstück zu V. 2-3 gesehen[149]. Dabei ist zwar einerseits der literarische Bruch ernst genommen und andererseits richtig erkannt, dass hier wie
dort pauschal von der Vernichtung des Menschen die Rede ist und jeweils
YHWHrede vorliegt. Gegen einen kompositorischen Zusammenhang spricht
aber, dass in 17-18aα eine totale Vernichtung der gesamten Schöpfung wie in
1,2-3 gerade nicht erkennbar ist[150]. Außerdem zeigt V. 17-18aα starke Bezüge
zu V. 7-16. Zwar begegnet das Substantiv אָדָם in der Zephanjaschrift nur in
1,3 und 1,17, aber als überaus geläufige Vokabel kann diese Beobachtung
keinen zwingenden Charakter besitzen, zumal aus 1,17 die für 1,3 spezifische
universalistische Prägung nicht klar hervorgeht. Außerdem ist V. 17-18aα im
Gegensatz zu V. 2-3 poetisch formuliert. Eine zweite Lösung beurteilt den
gesamten Schlussabschnitt V. 17-18 als Entsprechung zu V. 2-3[151]. Zwar ist
hierbei berücksichtigt, dass erst V. 18aβγb der Erde als ganzer und allen ihren
Bewohnern Unheil ansagt und daher beide Verse V. 2-3 entsprechen. Der
literarische Bruch aber wird überspielt. Daher erscheint eine dritte Lösung
nahe liegend, die nur V. 18aβγb als Gegenstück zu V. 2-3 versteht, da erst
hier proto-apokalyptisches Denken wie in V. 2-3 und 3,8 auszumachen sei,
das die Vernichtung auf die gesamte Schöpfung ausdehne[152]. Zwar kann dagegen eingewandt werden, dass terminologische Unterschiede zu V. 2-3 (dort
אֲדָמָה – hier אֶרֶץ, dort אָדָם – hier יֹשְׁבֵי הָאָרֶץ, dort אסף/כרת – hier כָּלָה
עשׂה) bestehen[153]. Aber einmal stimmen V. 2-3 und V. 18aβγb inhaltlich in
der Erwartung des Endes der gesamten Welt überein. Weiter zeigt Ez 38,18-
20 als Paralleltext zu Zeph 1,2-3 + 1,18*, dass trotz unterschiedlicher Terminologie V. 2-3 einerseits und V. 18aβγb andererseits durchaus von der gleichen Hand stammen dürften. Außerdem ist V. 18aβγb wie V. 2-3 prosaisch
gestaltet. Dass V. 2-3 in YHWHrede, V. 18aβγb hingegen in Prophetenrede
formuliert ist, mag daraus resultieren, dass die Wendung בְּיוֹם עֶבְרַת יְהוָה
V. 18aα₂ vorgefunden und an sie angeknüpft wurde.

Aufgrund dieser ganzen Beobachtungen stellt sich der literarische Werdegang von Zeph 1,2-18 folgendermaßen dar: Als Kernbestand von Kap. 1 ist
der Textbereich V. 7-13a.14-16 anzusehen. Um Unheilsankündigungen gegen Jerusalemer Oberschichtsgruppen liegen mit V. 7 und V. 14-16 „Tag
YHWHs"-Ankündigungen als Rahmen. Diesen Textzusammenhang fasst
zweitens V. 17-18aα zusammen. Drittens wird mit V. 2-3 und V. 18aβγb ein
universaler Rahmen gelegt, der die Vernichtung der gesamten Schöpfung
ankündigt. Wie V. 4-6 und V. 13b in die Literargeschichte einzuordnen sind,

---

149 So Weimar, Zef 1, 830; Weigl, Zefanja, 97. Letzterer versucht wie in 1,2-3 einen Bezug
   zur Urgeschichte aufzuweisen: indem sein Körper wie Staub werden und sein Inneres
   wie Exkremente weggeworfen werden solle, werde die Erschaffung des Menschen rückgängig gemacht. Kritisch s. jedoch unten S. 111.
150 So auch Nogalski, Precursors, 191.
151 S. Elliger, ATD 25, 61.66; Bosshard-Nepustil, Rezeptionen, 318; Perlitt, ATD 25,1, 116.
152 So Seybold, ZBK.AT 24,2, 102; Ben Zvi, Study, 291 (ezechielische Sprache wie in V. 2-
   3); Neef, Gottesgericht, 533.540f.
153 Diese werden betont von Edler, Kerygma, 83; Irsigler, Gottesgericht, 112f.; Weigl, Zefanja, 90; Schart, Entstehung, 206f.; Striek, Zephanjabuch, 121.

blieb bislang offen. Um die diversen Stufen der Textwerdung genauer fassen und schließlich auch absolut einigermaßen datieren zu können, sind nun die Bezüge der betreffenden Verse genauer zu berücksichtigen.

## 2.4. Auswertung der Bezüge

### 2.4.1. V. 7.8-13a.14-16

V. 7a zeichnet sich durch einen Aufruf zum Schweigen aus, für den die Form הַס (ein Imperativ Piel maskulin Singular vom Verbum הסה?) und das Substantiv פָּנֶה im *status constructus* Plural mit der Präposition מִן (also die Form מִפְּנֵי) und YHWH im Genitiv charakteristisch ist. Ein klarer Text-Text-Bezug besteht diesbezüglich zu Hab 2,20 und Sach 2,17. Nogalski bezeichnet Zeph 1,7 daher als Zitat von Hab 2,20[154]. Außerdem begegnet in allen drei Texten die Wurzel קדשׁ, in Hab 2,20; Sach 2,17 mit Suffix im Genitiv, der jeweils von einem den Tempel bezeichnenden Substantiv abhängt (Hab 2,20: הֵיכָל, Sach 2,17: מָעוֹן), in Zeph 1,7 dagegen als das Handeln YHWHs ausdrückendes Verbum. Somit fällt auf, dass der Schweigensruf in Hab 2,20 und Sach 2,17 im Kontext der Vorstellung vom Wohnen YHWHs im Tempel begegnet. Dieser Gesichtspunkt fehlt zwar in Zeph 1,7, aber die Erwähnung von Heiligung und Schlachtopfer in V. 7bβ verweist auf kultische Vollzüge. Dass es zum Schlachtopfer einer Heiligung (קדשׁ) und eines Rufens (קרא) bedarf, zeigen etwa I Sam 16,3.5; II Reg 10,19f. Auch Joel 1,14; 2,15[155], wo in einer Notsituation zum Fasten aufgerufen wird, unterstreicht die kultische Bedeutung der Vokabeln קדשׁ und קרא. Da sich für die drei Belege die gleiche Intention, vor YHWH zur Stille aufzurufen, und der Tempelkult als soziokultureller Hintergrund herauskristallisiert (vgl. auch Neh 8,11), ist eine gattungskritische Auswertung am wahrscheinlichsten: offensichtlich ist die geprägte Wendung im Kult verankert gewesen[156] und wurde aufgegriffen, um ein entsprechendes Szenario für das Einschreiten YHWHs zu zeichnen.

Wenn man von der Bezeichnung der Strafe YHWHs als „Schlachtopfer" einerseits" und „Tag YHWHs" andererseits ausgeht, werden Text-Text-Bezüge von Zeph 1,7 zu Jes 34,6; Jer 46,10 erkennbar. Diese Stellen erweisen sich jedoch als traditionsgeschichtlich jünger: YHWHs Strafaktion gegen Edom betrifft laut Jes 34,5-15[157] nicht nur die Edomiter, sondern auch

---

154 S. Nogalski, Precursors, 190 Anm. 50.

155 Aufgrund der von Zeph 1,7 völlig verschiedenen Intention wäre die mögliche Annahme literarischer Abhängigkeit abwegig.

156 So z. B. Irsigler, HThKAT, 124 („kultische Schweigensformel"); ders., Gottesgericht, 284; Seybold, Prophetie, 24 („Kultruf"); Elliger, ATD 25, 62 („liturgische Formel"). Gegen eine Schriften übergreifende redaktionsgeschichtliche Auswertung wendet sich auch Perlitt, ATD 25,1, 107.

157 Z. B. verstehen Steck, Heimkehr, 52ff.; Kilian, NEB 32, 196.198; Zapff, Prophetie, 243ff., Jes 34,5-15 als ursprüngliche Einheit, die sekundär um die V. 2-4 einerseits, die das Edomgericht in ein Weltgericht ausweiten, und um die V. 16-17 andererseits, die

die im Gebiet Edoms wohnenden Tiere (s. 34,7). Sie wird als Vollstreckung des Banns, Gericht und Rache bezeichnet. Schließlich wird das Resultat der Verwüstung ausführlich ausgemalt. Jer 46,3-12[158] enthält zur Veranschaulichung des Eingreifens YHWHs ebenfalls, hier aber auf Ägypten bezogen, in V. 10 die Vorstellung der Rache YHWHs an seinen Feinden und die des trunkenen Schwerts. Möglicherweise sind Jes 34,6 wie Jer 46,10 als lose Adaptionen von V. 7 zu bewerten.

Die in V. 14 vorgenommene Bezeichnung eines Tages als groß (גָּדוֹל) findet sich noch in Jer 30,7; Hos 2,2; Joel 2,11; 3,4; Mal 3,23. Da die drei letzten Stellen wie Zeph 1,14 vom „Tag YHWHs" handeln, sind bei ihnen die Text-Text-Beziehungen besonders stark. Sie sind der literarischen Abhängigkeit von Zeph verdächtig[159].

Hos 2,2, ein exilisch-nachexilisches Heilswort[160], ist aufgrund der Formulierung „Tag Jesreels" ganz auf seinen hosenaischen Kontext (s. Hos 1,4) fixiert. Darüber hinaus gehende Bezüge zu Zeph 1,14 oder den anderen „Tag YHWHs"-Texten sind nicht ersichtlich, so dass entsprechende literarische Anleihen nicht angenommen werden können.[161]

Jer 30,7 erwähnt in der Form eines Weheworts, das am Ende auf eine Heilsverheißung für Jakob hinausläuft, den „großen Tag". Dieser wird zusätzlich als Zeit der „Angst" (צָרָה) bezeichnet, was mit Zeph 1,15 übereinstimmt. Den Verdacht, dass Jer 30,7 bereits Zeph 1,14f. voraussetzt, bestätigt die Unvergleichlichkeitsaussage מֵאַיִן כָּמֹהוּ, die dafür spricht, dass auch Joel 2,1-11 (s. dort V. 2 und die Bezeichnung des „Tages YHWHs" als groß in V. 11) schon im Hintergrund steht[162]. Jer 30,7 hätte dann also aus bekannten und schriftlich vorliegenden „Tag YHWHs"-Texten einige prägnante Ausdrücke aufgegriffen, ohne dass die literarische Aufnahme einer

---

YHWHs Urheberschaft unterstreichen sowie auf das Jesajabuch verweisen, erweitert worden seien.

158 Gegen Huwyler, Jeremia, 95f.100, der Jer 46,3-12 für weitgehend einheitlich hält und auf die Verkündigung Jeremias um 605 (Schlacht von Karkemisch: s. V. 2) zurückführt, lässt Wanke, ZBK.AT 20.2, 389.391f., die genauere Datierung des s. E. frühestens exilischen Textes offen, beurteilt aber die prosaisch formulierten historisierenden V. 2 und V. 10aα.bβ als Erweiterungen.

159 In späteren Kapiteln ist näher auf sie einzugehen: s. unten S. 171ff.184f.306. Vorweg sei darauf hingewiesen, dass sie angesichts der Vielzahl der aufgegriffenen Motive (kosmische Bedrohungen, Geistausgießung, Vorbotenvorstellung usw.) eine weiter fortgeschrittene Vorstellung repräsentieren.

160 S. Jeremias, ATD 24,1, 34.

161 Vgl. bereits oben S. 66.

162 Vgl. Levin, Verheißung, 179, der Jer 30,7 (aber nur einen Grundbestand des Verses) als junge nachträgliche Deutung des קוֹל-Wortes Jer 30,5-6* bezeichnet (vgl. das קוֹל in Zeph 1,14b!), das zum ältesten Jer-Buch gehört habe (s. ebd., 153 samt Anm. 22, 179.194). Die Text-Text-Beziehungen von Jer 30,7 auf Zeph 1,14f. und Joel 2,2.11 sprechen gegen die These Schmids, Buchgestalten, 113ff.212ff. (vgl. auch Wanke, ZBK.AT 20.2, 269f.), dass Jer 30,5-7 als einheitlicher Abschnitt zur Grundkomposition von Jer 30-31 gehörte, die s. E. spätexilisch anzusetzen wäre.

bestimmten Stelle ersichtlich ist. Daraus ist freilich nicht zu schließen, dass das Dodekapropheton als ganzes oder zumindest als Joel und Zeph bereits enthaltende Größe schon bestanden hätte.

Ein weiterer Bezug von Zeph 1,14 könnte zum Unheilsszenarium gegen Moab Jer 48,14-17 bestehen, da nur in diesen beiden Texten das Verb מָהַר mit dem Substantiv מַאֵר kombiniert ist (V. 16). Darüber hinaus wird in Jer 48,14 die Macht der Kriegsleute bestritten, was möglicherweise auch die Intention von Zeph 1,14 ist, in 48,15 die Eroberung von Städten angekündigt (vgl. Zeph 1,16) und der Untergang Moabs in 48,15 als Schlachtvorgang dargestellt (vgl. Zeph 1,7). Letzteres wird in Jer 48,15 aber gerade nicht mit Opferterminologie beschrieben. Die Erwähnung von Kriegsleuten und der Eroberung von Städten betrifft außerdem geläufige Begriffe. Daher ist eine bewusste Beziehung zwischen beiden Texten eher auszuschließen.

Da das Verbum צרח nur in Zeph 1,14 und Jes 42,13 belegt ist, stellt sich auch hier die Frage nach einem Text-Text-Bezug. Der Hymnus Jes 42,10-13 lässt in V. 13 YHWH gegen seine Feinde das Kriegsgeschrei erheben und bezeichnet ihn dementsprechend als Krieger. Wie in Zeph 1,14 begegnet dort auch die Wurzel גבר, und zwar als Substantiv und als Verb. Diese ist jedoch sehr geläufig, so dass sich die Übereinstimmung zwischen beiden Texten auf das Verbum צרח beschränkt. Daher kann nicht mit literarischer Abhängigkeit gerechnet werden[163].

V. 7 und V. 14 (ohne כִּי) enthalten die so genannte „Tag YHWHs"-Ankündigungsformel כִּי קָרוֹב יוֹם יְהוָה, woraus sich Text-Text-Bezüge zu Jes 13,6; Ez 7,7 (ohne כִּי; statt „Tag YHWHs" יוֹם מְהוּמָה); 30,3 (לַיהוָה); Joel 1,15; 2,1 (Wortumstellungen); 4,14; Ob 15 ergeben. Irsigler vertritt angesichts der breiten Streuung und konstanten Verwendungsweise der Formel die gattungskritische Ansicht, dass diese „Tag YHWHs"-Ankündigungsformel bereits der Verkündigung Zephanjas in geprägter Gestalt vorgegeben gewesen sei. Ihr Sitz im Leben sei in der Eröffnung von Kriegen Israels gegen Feindvölker, also in für Israel positiv ausgehenden YHWHkriegen zu vermuten, wo sie als Aufforderung an die das Gericht vollstreckenden Israeliten vom charismatischen Führer gesprochen worden sei.[164] Bergler spricht sich nach einer Kritik der von Irsigler herangezogenen Belege für einen kultischen Sitz im Leben der „JJAF" (= „Jom-Jahwe-Ankündigungsformel") aus. Sie sei in Klageliturgien zu verorten, welche die universale „Tag YHWHs"-Konzeption vergegenwärtigt, lokalisiert und historisiert hätten.[165] An beiden Thesen ist jedoch problematisch, dass die genannten Texte Jes 13,6; Ez 7,7; 30,3; Joel 1,15; 2,1; 4,14; Ob 15 sämtlich den Charakter schriftgelehrter Prophetie besitzen und (zumindest teilweise) im Verdacht stehen, von Zeph

---

163 Da in Jes 42,13 YHWH Subjekt des Kampfgeschehens ist, liegt dort die Aufnahme der YHWHkriegstradition nahe, worauf auch die Wurzeln יצא und רוע (vgl. Jos 6,10; I Sam 17,20) verweisen.

164 S. Irsigler, Gottesgericht, 319ff.; ders., HThKAT, 125.

165 Bergler, Joel, 184f.; vgl. auch Lutz, Jahwe, 143f.

1,7.14 literarisch abhängig zu sein[166]. Deshalb scheint eine gattungskritische Auswertung kaum überzeugend. Da Zeph 1,7.14 die ältesten Stellen bietet, ergibt sich dann die Folgerung, dass Zephanja bzw. der Kompositor von Zeph 1,7-16 die Formulierung, die von den späteren Texten in schriftgelehrter Arbeit aufgegriffen wurde, geprägt hat[167]. Für die Annahme vorgegebenen Formelguts fehlen Belege.

V. 15a qualifiziert den „Tag YHWHs" als Tag des Zorns. Vom „Tag des Zorns" ist noch in Jes 13,9.13 (עֶבְרָה, אַף), Ez 7,19 (עֶבְרָה)[168]; 22,24 (זַעַם); Thr 1,12; 2,1.21.22 (אַף) die Rede. Gegen fremde Völker ist der „Tag des Zorns" (אַף) in Ps 110,5 gerichtet. Als allgemeines Geschick begegnet er in Hi 20,28 (אַף); 21,30 (עֶבְרָה); Prov 11,4 (עֶבְרָה). Die zuletzt genannten Stellen aus der Weisheitsliteratur reflektieren über die Rettungsmöglichkeiten, wobei Prov 11,4 von der Einsichtigkeit des Tun-Ergehen-Zusammenhangs ausgeht, während Hi 21,30 diesen bestreitet. Beiden aber scheint die Idee eines Zornestages selbstverständlich zu sein. Sie dürften daher die von der Prophetie geprägte Vorstellung voraussetzen, dass der Zornestag kein nur vergangenes Ereignis darstellt, sondern sich künftig noch ereignen wird. Ez 22,24; Thr 1,12; 2,1.21.22 blicken klar zurück. Jes 13 dagegen stellt den Zornestag als künftiges Ereignis dar: auf diesen Text wird später zurückzukommen sein[169].

V. 15bα₁ bezeichnet den „Tag YHWHs" als Tag der Bedrängnis, der Not bzw. der Angst. Die Begriffe צָרָה und מְצוּקָה malen dabei die besondere Schwere der Situation aus. Diese wiederum kann in einer nicht näher bezeichneten oder vielgestaltigen äußeren Not (Ps 20,2; 50,15; 107,6.13.19.28; Prov 24,10; 25,19), einer inneren Seelennot (Ps 25,17), das Ergehen des Frevlers (Hi 15,24) oder einer Feindbedrohung (Jes 37,3; Jer 16,19; Ob 14; Nah 1,7; Hab 3,16) bestehen. Eine spezifische inhaltliche Füllung der beiden Substantive ist nicht ersichtlich[170]. Gemeinsam finden sie sich außer Zeph 1,15 nur noch in Ps 25,17. Aber auch diese Parallele trägt nichts für die Erhellung von Zeph 1,15 aus. So geht es wohl V. 15bα₁ vor allem darum, das besonders Schlimme des „Tages YHWHs" zur Sprache zu bringen.

---

166 So auch Hossfeld, Untersuchungen, 202. Zu Jes 13,6 und Joel 2,1 s. gleich S. 107f.108, zu Joel 1,15; 2,1; 4,14 s. unten S. 156f.171ff.194. Zu Ob 1,15a, einer Erweiterung (s. Dietrich, Obadja/Obadjabuch, 717; Weimar, Obadja, 61f.; Barton, OTL, 151), s. Weimar, Obadja, 88. Ez 30,1-9 nimmt wohl einerseits auf Ez 7 und andererseits auf Jer 46 Bezug: s. Pohlmann, ATD 22,2, 414; vgl. bereits Zimmerli, BK.AT XIII/2, 728f. Es verbleibt Ez 7,7 der aber angesichts der deutlich von Zeph 1,7.14 unterschiedenen Formulierung nicht als Beleg für die Annahme geprägter Redeweise dienen kann.

167 Dass Schart, Entstehung, 280ff., der „Tag YHWHs"-Ankündigungsformel im Rahmen seines „Joel-Obadja-Korpus" besondere Aufmerksamkeit widmet, stellt eine rein synchrone Auslegung dar.

168 Ez 7,19a* ist textkritisch nicht gesichert; vgl. auch S. 111 samt Anm. 195.

169 S. unten S. 108.

170 So auch Lutz, Jahwe, 133.

Die Umschreibung des „Tages YHWHs" als Sturm bzw. Verwüstung in
V. 15bα₂ ist ähnlich unbestimmt[171]. Die Substantive שׁוֹאָה und מְשׁוֹאָה finden
sich noch in Jes 10,3; 47,11; Ez 38,9; Ps 35,8; 63,10; Prov 1,27; 3,25 sowie
Hi 30,3; 38,27 und betonen das Verderben des hereinbrechenden Ereignisses.
Beide Begriffe zusammen begegnen neben Zeph 1,15 nur in Hi 30,3; 38,27
und beschreiben dort die Trostlosigkeit der Wüste; zu einer tieferen Erkenntnis führt diese Parallele nicht.

V. 15bβ zeichnet den „Tag YHWHs" mit dem Prädikat der Finsternis
(אֲפֵלָה, חֹשֶׁךְ) negativ. Die Vermutung, dass hierbei an das Chaos vor der
Schöpfung (s. Gen 1,2.4.5.18) wie auch an jenes nach der Revozierung derselben (s. Jer 4,23) gedacht wäre oder Erinnerungen an die ägyptischen Pla-
gen wachgerufen würden (in Ex 10,22 begegnen beide Begriffe), scheitert an
der Datierung dieser Texte[172]. Die Lexeme אֲפֵלָה und חֹשֶׁךְ finden sich beide
ebenso in Jes 58,10; 59,9, beschreiben hier aber den gegenwärtigen Zustand
der Heilsverzögerung. Falsche Wege der Gottlosen haben beispielsweise
I Sam 2,9; Ps 35,6; 107,10.14; Prov 4,19 zum Gegenstand. Die Scheol anvisieren Ps 88,13; Hi 10,21; 17,23. In Hi 3,4.5 verflucht Hiob den Tag seiner
Geburt. Belege wie Dtn 4,11; 5,23; Jes 60,2; Ps 18,12.29 bringen die Theophanie-Tradition zur Sprache.

Diese Tradition wird recht deutlich bei der Schilderung des „Tages
YHWHs" mit Wolkendunkel (עָנָן, עֲרָפֶל) in V. 15bγ aufgegriffen: beide
Begriffe begegnen in Dtn 4,11; 5,22; Ps 97,2; Hi 38,9, עֲרָפֶל allein in diesem
Sinn in I Reg 8,12; Jes 60,2; Ps 18,10. Entsprechend begegnet die Termino-
logie auch in der Sinai- (s. z. B. Ex 19,16: עָנָן; 20,21: הָעֲרָפֶל אֲשֶׁר־שָׁם
הָאֱלֹהִים) Überlieferung[173].

Schließlich beschreibt V. 16 den „Tag YHWHs" in kriegerischem Kolo-
rit. Die beiden Substantive שׁוֹפָר und תְּרוּעָה sind für sich genommen teils
kultisch (תְּרוּעָה: Lev 23,24; 25,9; Num 10,5-6; 23,21; 31,6; שׁוֹפָר: Lev 25,9,
in theophanem Kontext Ex 19,16; 20,18, im Zusammenhang der Königserhe-
bung II Sam 15,10; I Reg 1) und teils kriegerisch (תְּרוּעָה: Jos 6; I Sam 4,6;
שׁוֹפָר: Jos 6; Jdc 3,27; 6,34; 7,18ff.; I Sam 13,3; II Sam 2,28; Jer 4-6) konnotiert. Auch ihre Kombination findet sich sowohl im kriegerischen (Jos 6,5.20;
Jer 4,19; Am 2,2) und kultischen Sinn (Lev 25,9; II Sam 6,15; Ps 47,6). Erst
die in V. 16b angegebene Richtung des „Tages YHWHs" gegen befestigte
Städte (vgl. Dtn 3,4-6; 9,1; Jos 14,12) verschafft Klarheit über die kriegerische Bedeutung von V. 16.

Hat nun die Schilderung des „Tages YHWHs" in Zeph 1,15-16 nur eine
Tradition aufgegriffen und selbständig weiter geformt, hat sie literarische

---

171 So auch Lutz, Jahwe, 133f.

172 Jer 4,23-26 dürfte als eine protoapokalyptische Erwartung zu begreifen sein (s. Wanke,
    ZBK.AT 20.1, 64), die Plage der Finsternis Ex 10,21ff. stammt nach Kohata, Jahwist,
    103ff.126; L. Schmidt, Beobachtungen, 45ff.83; Gertz, Tradition, 163ff., von der Endre-
    daktion des Pentateuch, und die Belege Gen 1,2.4.15.18 gehören zur Priesterschrift.

173 Vgl. Irsigler, HThKAT, 173f. Ex 14,20 (וַיְהִי הֶעָנָן וְחֹשֶׁךְ) ist textlich nicht gesichert: s.
    etwa Houtman, Exodus 2, 267f.

Vorlagen neu ausgelegt oder lässt die Passage gar einen das Dodekapropheton bildenden Redaktionsvorgang erkennen?

Schart vertritt die These, dass bereits eine (einer „D-Ausgabe" vorausge-
hende) Zephanjaschrift, und zwar gerade hinsichtlich der Schilderung des
„Tages YHWHs" in Zeph 1,7.14-16; 2,1-3, die Amosschrift gekannt habe
und auf sie bezogen sei. Hier sei auf Zeph 1,7.14-16 eingegangen. V. 7 setze
nach Schart Am 6,10; 8,3 voraus (הַס), und V. 7 und V. 14 spielten mit der
Vorstellung der Nähe des „Tages YHWHs" auf Am 6,3 an. Weiter sei der
Ausdruck „bitter" (מַר) in V. 14 auf Am 8,10 und der Kriegsheld (גִּבּוֹר) auf
Am 2,14 bezogen. Dunkel (אֲפֵלָה) und Finsternis (חֹשֶׁךְ) in Zeph 1,15 bezö-
gen sich auf Am 5,18.20, die Erwähnung von Widderhorn (שׁוֹפָר) und
Kriegsgeschrei (תְּרוּעָה) in Zeph 1,16 auf Am 1,14; 2,2.[174] Freilich ist es
möglich, diese Texte in intertextueller Beziehung zu lesen. Aber ob diese
Beobachtungen für eine redaktionsgeschichtliche Hypothese bzw. für die
Annahme literarischer Abhängigkeit genügen, ist doch stark anzuzweifeln.
Die Problematik einer vorexilischen Entstehung von Zeph kann dabei ausge-
klammert bleiben[175]. Kritisch ist nämlich anzumerken, dass Am 6,10 und 8,3
zur Stille aufrufen, um die tödliche Nähe YHWHs zu verhindern, die aufgrund der Nennung seines Namens eintreten würde[176]. Weder diese Intention
noch weitere Begriffe stimmen mit Zeph 1,7.14 überein. Daher kommt eine
literarische Abhängigkeit nicht in Frage. Die Beziehung zwischen diesen
Texten kann daher lediglich traditionsgeschichtlich beschrieben werden: Am
6,10 greift den Kultruf auf, der bei Zeph 1,7 seinerseits sehr direkt im Hintergrund steht, und transponiert ihn in eine andere Situation. Der Hinweis auf
den nahen „Tag YHWHs" durch die Ankündigungsformel in Zeph 1,7.14
entspricht inhaltlich zwar dem Vorwurf Am 6,3, die Sorglosen glaubten sich
vom bösen Tag fern. Aber auch in diesem Fall lässt sich aufgrund des Fehlens übereinstimmender auffälliger Begriffe keine literarische Abhängigkeit
erweisen, sondern allein sachliche Verwandtschaft vermuten. Mit dem Prädikat „bitter" (מַר) werden auch andere Zusammenhänge versehen, die Unheil
für Israel bzw. Juda aussagen (z. B. Jer 4,18; Hab 1,6; außerdem die oben zu
Am 8,10 genannten Stellen). Der „Kriegsheld" (גִּבּוֹר) findet sich zahlreich in
verschiedenen Kontexten. Die Lexeme „Widderhorn" (שׁוֹפָר) und „Kriegsgeschrei" (תְּרוּעָה) sind ebenfalls häufig und in diversen Zusammenhängen
belegt. Auch ihre Kombination im kriegerischen Sinn findet sich nicht nur in
Am 2,2, sondern auch in Jos 6,5.20 oder Jer 4,19. Welches Interesse Zeph
1,15-16 ausgerechnet an der Moab- und der Ammon-Strophe in Am gehabt
haben soll, dass von dort her die Begrifflichkeit aufgenommen worden wäre,
lässt sich nicht ermitteln. Das Substantiv אֲפֵלָה begegnet in Am überhaupt
nicht.

---

174 So Schart, Entstehung, 216. Vgl. auch Nogalski, Day(s), 205. Eine weitere Auseinander-
    setzung erfolgt unten S. 135ff.

175 S. dazu S. 97f.

176 Vgl. Jeremias, ATD 24,2, 91.114f. sowie XXI, der Am 6,9-10 und 8,3 auf Tradenten aus
    der Zeit Jeremias zurückführt.

Die Überprüfung der Beobachtungen Scharts zeigt, dass der Bezug auf Am nicht besonders stark ist. Die Streuung der vermeintlich prägnanten Begriffe über die gesamte Amosschrift hinweg begründet keineswegs die literarische Berücksichtigung von Am insgesamt, sondern führt vielmehr die Zufälligkeit der angeblichen Bezüge vor Augen, zumal angesichts der oben referierten, die Beschreibung des „Tages YHWHs" erhellenden Belege. Hingegen muss es als wahrscheinlich erachtet werden, dass die Kombination der verschiedenen Begriffe zur Beschreibung des „Tages YHWHs" in Zeph 1,7.14-16 aufgrund ihrer Geläufigkeit sowohl einem Propheten als auch einer redigierenden Hand möglich war, ohne dass die Amosschrift als literarische Vorlage gedient hat und unter der Perspektive des „Tages YHWHs" gelesen worden ist. War die „Tag YHWHs"-Vorstellung außerdem – wie oben[177] bereits angedeutet – etwa im Kult oder Militärwesen verwurzelt, konnte sie ohne Kenntnis prophetischer Texte aufgegriffen und gestaltet werden. Freilich ist aufgrund der vermutlich recht frühen Fixierung und Weitertradierung der Amosschrift damit zu rechnen, dass dem Verfasser von Zeph 1,14-16 die Botschaft des Amos bekannt und vielleicht sogar in schriftlicher Form zugänglich gewesen sein wird. Nun greift er aber aus dem „Tag YHWHs"-Text Am 5,18-20 allein das Prädikat der „Finsternis" auf[178]. Da dort neben dem zentralen Begriff יוֹם יְהוָה auch dessen Qualifikation als „finster" (חֹשֶׁךְ) und „dunkel" (אָפֵל; hapax legomenon, in V. 15 stattdessen אֲפֵלָה) belegt ist, kann jedoch immerhin eine lose Adaption von Am 5,18-20 angenommen werden. Die These aber, Zeph* sei im Blick auf Am hin abgefasst worden, lässt sich nicht halten.

Weiter ist auf die These Nogalskis einzugehen, der V. 15-16a seiner „Joel related layer" zuschreibt. Er begründet dies damit, dass Zeph 1,15bβγ wörtlich mit Joel 2,2aα übereinstimmt und dass das in Zeph 1,16a erwähnte שׁוֹפָר auch in Joel 2,1 genannt wird. Mit Zeph 1,15-16a hänge aufgrund des gleichermaßen universalen Charakters auch Zeph 1,2-3 und 1,18b zusammen. Weitere Texte der gleichen Schicht wären Hab 3,16 (יוֹם צָרָה) und 3,8 (עֶבְרָה).[179] Diese These ist jedoch problematisch. Zum einen fällt auf, dass das in Joel 2,1 genannte שׁוֹפָר dort der Aufforderung zum Alarm dient und somit ein andere Funktion als in Zeph 1,16 besitzt. Dass Zeph 1,16 den Begriff von Joel 2,1 her aufgegriffen haben könnte, scheint daher fraglich, zumal Zeph 1,16 das שׁוֹפָר noch mit תְּרוּעָה zu einer weiteren Beschreibung des „Tages YHWHs" kombiniert. Sodann ist zu beachten, dass in Joel 2,2aα die Dunkelheit des „Tages YHWHs" der Begründung zur Aufforderung zum

---

177 S. S. 60f.

178 Irsigler, HThKAT, 169, begründet die Kenntnis von Am 5,18-20 mit den Motiven der Beschreibung des „Tages YHWHs". Aber das Motiv der „Finsternis" stellt die einzige Gemeinsamkeit dar.

179 S. Nogalski, Precursors, 194ff. Vgl. auch Levin, Amosbuch, 266, der folgende Entwicklung skizziert: Am 5,18-20 stelle den ältesten Text dar; dann kombiniere Ez 7,6-7 die Amos-Motive „Tag YHWHs" und „Ende", Joel 2,1-2 greife dies auf und füge den Begriff des „Kommens" hinzu; das Ende des Auslegungsvorgangs markiere Zeph 1,14-16* + 1,2*.

Alarm dient. In Zeph 1,15 dagegen ist die Finsternis des „Tages YHWHs" eine Beschreibung desselben unter mehreren. Weshalb sollte Zeph 1,15 Joel 2,2 zitieren, nur um die ohnehin eindrückliche Beschreibung zu vertiefen und ohne dass damit der Text Joel 2,1-11 eine erhellende Funktion für das Verständnis von Zeph 1,15-16 bekäme? Daher ist der umgekehrte Vorgang wesentlich wahrscheinlicher, dass Joel 2,2 den Zephanja-Text zitiert. Damit verweist die Aufforderung zum Alarm Joel 2,1-2aα auf die Schrecknis des „Tages YHWHs", wie sie in Zeph 1,15-16 ausführlich dargestellt ist. Somit ist an der traditionellen Auffassung, dass Joel 2,2aα ein Zitat aus Zeph 1,15 darstellt, festzuhalten.

Die Sichtweise, dass Zeph 1,14-16 den älteren und Joel 2,2 den rezipierenden Text darstellt, wird durch einen Blick auf den Text Jes 13[180], von dem Joel literarisch abhängig sein dürfte[181], bestätigt, denn Jes 13 greift seinerseits auf Zeph 1 zurück. Dafür spricht zum einen, dass Zeph 1,15f. und Jes 13,9.13 den „Tag YHWHs" als Tag des Zorns bezeichnen. Jes 13,9.13 gebraucht wie Zeph 1,15 mit der prägnanten *status constructus*-Verbindung das Substantiv עֶבְרָה, formuliert jedoch wesentlich ausführlicher und motivreicher. Wie Zeph 1,15 enthält Jes 13,10 das Motiv der theophanen Finsternis. Als gemeinsames Lexem begegnet die Wurzel חשׁך, wieder aber beschreibt Jes 13,10 das Geschehen umfassender als es die *status constructus*-Verbindung in Zeph 1,15 leistet. Weitere Übereinstimmungen zeigen sich unter Berücksichtigung des größeren Kontextes Zeph 1,7-16. Beide Texte enthalten nämlich das Motiv des Häuserplünderns (Jes 13,16; Zeph 1,13a), den Aufruf zum Heulen הֵילִילוּ (Jes 13,6; Zeph 1,11), den Jes 13,6 mit der „Tag YHWHs"-Ankündigungsformel verknüpft, die in Zeph 1,7.14 in anderen Kontexten existiert, und gemeinsame Lexeme wie קוֹל (Jes 13,4; Zeph 1,14), גִּבּוֹר (Jes 13,3; Zeph 1,14), קרא + קדשׁ (Jes 13,3; Zeph 1,7) und פקד (Jes 13,4.11; Zeph 1,8.9). Da durchweg Jes 13 den ausführlicher beschreibenden Text darstellt, ist er mit großer Wahrscheinlichkeit der spätere.[182]

---

180 Jeremias, „Tag Jahwes", 132ff., vertritt die These, dass im Fall von Jes 13 ein universal ausgerichteter Völkertext (V. 2-16) sekundär als Unheilsankündigung gegen Babel (V. 1.17-22) genutzt worden sei (s. das Suffix in V. 17!), und greift damit auf Bosshard-Nepustil, Rezeptionen, 68ff. (13,2-16* stamme von der „Assur/Babel-Redaktion" nach 562, 13,1.17-22 von der „Babel-Redaktion" kurz vor 539) zurück. Anders Steck, Heimkehr, 54f. Anm. 31, oder Zapff, Prophetie, 227ff.238 (die Grundschicht 13,17-22a sei um 540, die Ergänzungsschicht 13,1b-16.22b in der Mitte des 4. Jh. zu datieren). Wildberger, BK.AT X/2, hält zwar an der Einheitlichkeit von Jes 13,2-22 fest (ebd., 506ff.), notiert aber Zweifel, ob wirklich Babel oder eine andere oder gar die Weltmacht schlechthin Adressatin sei (ebd., 527).

181 S. dazu 156f.171ff.

182 Vgl. auch Jeremias, „Tag Jahwes", 130.134. Zapff, Prophetie 204ff. Unter Systemzwang steht vermutlich Bosshard-Nepustil, Rezeptionen, 330 samt Anm. 2, der umgekehrt urteilt, Zeph 1,4-16.17aα; 2,4-12*; 3,8a habe Jes 13 (ohne V. 9-13) und weitere Texte aus Jes im Blick.

Irsigler bringt eine literarische Anknüpfung von Zeph 1,14-16 an Jes 2,12-17[183] ins Gespräch, da der Aufbau der Texte vergleichbar sei. In Jes 2 folge auf die nominale Ankündigung des „Tages YHWHs" in V. 12 zehnmal (V. 12-16) die Präposition עַל zur Einführung der Objekte bzw. Bereiche, gegen die sich der „Tag YHWHs" richte. Dabei sei die Monotonie der עַל-Phrasen der Wirkung der יוֹם-Prädikate in Zeph 1,15-16 vergleichbar. Schließlich rufe Jes 2,12-17 „die Vorstellung eines gewaltigen theophanen Sturmes hervor, der sich ähnlich wie in Zef 1,14-16 kriegerisch zuspitzt und auf militärische (und wirtschaftliche) Machtmittel der Menschen zielt (Jes 2,15-16; Zef 1,16)."[184] Die Text-Text-Bezüge umfassen somit über den Begriff des „Tages YHWHs" hinaus die auffällige Verwendung der Präposition עַל und die (allerdings keineswegs seltenen) Adjektive גָבֹהַּ und בָּצוּר, mit denen in Jes 2,15 und Zeph 1,16 jeweils die Stoßrichtung des „Tages YHWHs" gegen Befestigungen beschrieben wird. Beide Texte zeichnet außerdem ein monoton-bedrohlicher Charakter aus. Da die Gemeinsamkeiten, zumal die wörtlichen Übereinstimmungen, jedoch nicht derart prägnant sind, wird man die Annahme einer literarischen Abhängigkeit nicht zu streng formulieren können. Allenfalls handelt es sich wohl um lose literarische Anleihen im Sinne einer Adaption, doch in welcher Richtung? Die Aussage, dass der „Tag YHWHs" sich gegen Befestigungsanlagen richten wird, ist im Zusammenhang von Jes 2,12-17, der auf die Erniedrigung alles hochmütigen menschlichen Gebarens zielt (s. V. 12.17), stimmig integriert. Demgegenüber verlässt die kriegerische Zuspitzung in Zeph 1,16 die יוֹם-Reihung und damit den Kontext der Beschreibung der bedrohlichen und vernichtenden Wirkung des „Tages YHWHs". Daher ist die Ansicht Irsiglers, dass Zeph 1,14-16 den Text Jes 2,12-17 voraussetze, wahrscheinlicher als eine mögliche umgekehrte Meinung. Diese ergäbe sich, wenn man etwa der Spädatierung Beckers folgte, der den Text für eine Zukunftserwartung eschatologisch gesinnter Kreise versteht, die mit dem baldigen Weltende rechneten[185]. Gerade eine solche eschatologische Haltung geht aber aus Jes 2,12-17 nicht hervor[186].

Schließlich sei an dieser Stelle noch die These Bosshard-Nepustils erwähnt, der Zeph 1,4-16.17aα; 2,4-12*; 3,8a als einen Redaktionstext seiner „Assur/Babel-Redaktion" beurteilt, der von Jes 22,1-5.7-14 literarisch abhängig sei. Seine Argumente dafür sind erstens zahlreiche Wortberührungen: zu נגות V. 5 vgl. Jes 22,1; zu יוֹם יהוה in V. 7.14(-16) vgl. Jes 22,5; zu שַׁעַר in V. 10 vgl. Jes 22,7; zu יְרוּשָׁלַם in V. 12 s. Jes 22,10; zu בַיִת in V. 13 vgl. Jes 22,10; zu עִיר in V. 16 vgl. Jes 22,9; zu בצר in V. 16 vgl. Jes 22,10. Zweitens seien Übereinstimmungen in der groben Textabfolge ersichtlich.

---

183 Es dürfte am sichersten sein, die V. 12-17 als Kern des Textes Jes 2,6-22 anzusehen, der eine komplexe Literargeschichte aufweist; s. z. B. Wildberger, BK.AT X/1, 95f.; Kilian, NEB 17, 30f.; Kaiser, ATD 17, 75; Becker, Jesaja, 169.

184 Irsigler, HThKAT, 169.

185 So Becker, Jesaja, 170f.; vgl. auch Kaiser, ATD 18, 75.

186 Vgl. etwa auch Kilian, NEB 17, 31f., und Wildberger, BK.AT X/1, 105(ff.)115.

Außerdem stimmten Bezüge von Zeph 1 mit Texten innerhalb des Dodekapropheton überein: zu מִרְמָה in V. 9 vgl. Hos 12,1.8; Am 8,5; Mi 6,11; zu
dem Gedanken der Sinnlosigkeit von Versuchen, dem Gericht zu entgehen, in
V. 12 vgl. Am 9,3; zu V. 13b vgl. Am 5,11.[187] Nun sind die Beziehungen zu
den Texten des Dodekapropheton (abgesehen von Am 5,11) alles andere als
signifikant. Zahlreicher sind die Wortbezüge zu Jes 22,1-14, doch betreffen
sie kaum prägnante Ausdrücke. Freilich wird in Jes 22,1-14 analog zu Zeph 1
ein die Stadt Jerusalem betreffendes Geschehen beschrieben. Aber in Jes 22
wird wesentlich konkreter eine militärische Bedrohung geschildert (s. V. 7-
11), während in Zeph 1 das Unheil mit dem bedrohlichen „Tag YHWHs" zur
Sprache gebracht wird. In Jes 22 eröffnet YHWH mit dem Hinweis auf eine
Bußhandlung eine Möglichkeit der Verschonung, während in Zeph 1 dergleis-
chen nicht der Fall ist. Auch Bosshard-Nepustil selbst nennt einige Unterschiede zwischen Zeph 1 und Jes 22[188] und versucht diese als bewusste Ver-
schiebungen zu erklären. Aber dadurch wird doch nur die Hypothese einer
Abhängigkeit durch eine weitere Hypothese potenziert, was nicht gerade deren Wahrscheinlichkeit erhöht. Da die in Zeph 1 komponierten Sprüche auf
verschiedenen literarischen Ebenen liegen dürften, ist ein Herausarbeiten von
Gemeinsamkeiten der beiden Texte noch schwieriger. Daher ist die Annahme
einer Orientierung von Zeph 1 an Jes 22,1-14 kaum weiterführend.

Bosshard-Nepustil vertritt weiter die Hypothese, dass Joel 1,1 - 2,11 und
Zeph 1,4-16.17aα; 2,4-12*; 3,8a eine gemeinsame literarische Schicht bildeten[189]. Zum einen scheitert diese Annahme jedoch an der fehlenden literarischen Differenzierung in Zeph 1. Zum anderen können die wenigen Wortbezüge, die in Zeph auf 1,14-16 konzentriert sind, keine gemeinsame Verfas-
serschaft beweisen, sondern resultieren wie gesagt vermutlich auf einem Ab-
hängigkeitsverhältnis. Zum dritten nennt Bosshard-Nepustil zwar noch eine
Strukturparallele, welche die Hypothese zusätzlich stützen solle: in Zeph 1,7 /
Joel 1,15 finde sich in einigem Abstand vor dem „Tag YHWHs"-Hauptbeleg
Zeph 1,14-16 / Joel 2,1-11 die „Tag YHWHs"-Ankündigungsformel, die zu
Beginn des Hauptbelegs leicht abgewandelt wieder auftauche. Diese (ver-
meintliche) Parallele ist aber alles andere als überzeugend.

Insgesamt wird deutlich, dass sich die These einer Schriften übergreifen-
den Redaktion bzw. die Annahme einer Erweiterung, die auf andere
Prophetenschriften (im Dodekapropheton oder Jes) bewusst anspielt und
diese mit zur Sprache bringt, an Zeph 1,7-16* schwerlich bewähren lässt.
Auch wenn Zeph 1,14-16 möglicherweise an anderen Texten lose Anleihen
für seine Formulierung nimmt (Jes 2,12-17; Am 5,18-20), ist kein über die
Zephanjaschrift hinaus reichender theologischen Impuls erkennbar.
Literarische Beziehungen zu anderen Dodekapropheton-Texten sollten mit
V. 14-16 sicher nicht hergestellt werden.

---

187 S. Bosshard-Nepustil, Rezeptionen, 326f.
188 S. Bosshard-Nepustil, Rezeptionen, 327f.
189 S. Bosshard-Nepustil, Rezeptionen, 325 samt Anm. 2.

## 2.4.2. V. 17-18aα

Wie bereits gesagt[190] nimmt V. 17-18aα eng auf den vorhergehenden Textbestand V. 7-16 Bezug. Gleichzeitig kommen in V. 17-18aα einige anderweitig belegte Motive zur Sprache.[191] Der Vergleich mit den Blinden in V. 17aα₂ findet sich in Jes 59,10; Thr 4,14 zur Schilderung der gegenwärtigen Unheilszeit (vgl. außerdem Dtn 28,29; Hi 5,14; 12,25).

Die drastische Ausdrucksweise in V. 17b führt Aussagen weiter, die das Gemetzel bei der Einnahme Jerusalems beklagen (s. Ps 79,2-3). Der Vergleich des Leidens oder der Vernichtung mit wertlosem Staub ist aber auch anderweitig gebräuchlich (s. II Reg 13,7; Jes 41,2; Ps 18,43; Hi 30,19). Weigl erwägt eine Anspielung auf Gen 2,7, da in beiden Stellen אָדָם als Objekt begegne, das Lexem עָפָר verwendet werde und die Wurzeln יָצַר und צרר sich graphisch und lautlich ähnelten. Aus dieser Anspielung ergebe sich die Intention, dass das Wegwerfen des Körpers die Erschaffung des Menschen rückgängig mache.[192] Die vermeintlichen Übereinstimmungen sind äußerst dünn: die Verben differieren, אָדָם ist ein Allerweltswort und עָפָר ist in Gen 2,7 Urstoff, in V. 17-18aα dagegen Bezeichnung des Straßendrecks.[193]

Die Hervorhebung der Rettungslosigkeit durch die Nutzlosigkeit des Reichtums[194] in V. 18aα ähnelt zum einen weisheitlichen Aussagen (s. Ps 49,8f.; Prov 11,4). Zum anderen kann dies auch auf politische Erfahrungen mit Tributleistungen (z. B. II Reg 23,35) anspielen. So interpretiert jedenfalls Jes 13,17, wo den Babyloniern der Untergang durch die Meder angekündigt wird, die sich in ihrer Grausamkeit durch kein Lösegeld beeindrucken lassen. Schließlich finden sich vergleichbare Aussagen auch in Ez 7 (s. V. 11ff.19). Literarische Abhängigkeit ist jedoch erst in Bezug auf das späte, in LXX noch nicht belegte[195] Zitat von Zeph 1,18aα in Ez 7,19a* auszumachen, aus dem hervorgeht, dass Ez 7 unter Kenntnis von Zeph 1 als „Tag YHWHs"-Text gelesen wurde. Zuvor ist lediglich traditionsgeschichtliche Verwandtschaft anzunehmen.[196]

---

190 S. oben S. 99.

191 Vgl. die Kommentare, z. B. Irsigler, HThKAT 182ff.

192 So Weigl, Zefanja, 93.97. Zusätzlich argumentiert er mit dem Wortspiel אֲדָמָה - אָדָם, das Gen 2,7 und Zeph 1,2-3 gemeinsam hätten.

193 Weigl, Zefanja, 93, muss selbst einräumen, dass sich eine Anspielung an Gen 2,7 nicht stringent beweisen lässt.

194 Gefragt werden kann immerhin, ob mit „Silber" und „Gold" womöglich Götzenbilder, die keine Rettung bewirken, gemeint sein können; vgl. etwa Jes 2,20; 40,19; Jer 10,4.9; Hos 8,4. Dann aber wäre die Glosse in Zeph 1,17*, welche die Sünde gegen YHWH in den Text einbringt, eher nach V. 18aα₁ zu erwarten. Außerdem sprechen die Paralleltexte Jes 13,17 und Ez 7,11ff.19 gegen ein solches Verständnis.

195 Vgl. Pohlmann, ATD 22,1, 112 sowie 120 Anm. 524; Zimmerli, BK.AT XIII/1, 164 Textanm. 19b.

196 Da Ez 7,7 das Adjektiv קָרוֹב verwendet, יוֹם mit Artikel auf eine geprägte Vorstellung von einem besonderen Tag schließen lässt und die Wendung יוֹם מְהוּמָה mit Jes 22,5 (dort ohne Artikel) übereinstimmt, ist Ez 7 als ein „Tag YHWHs"-Text anzusehen; s.

Somit zeigt sich, dass Zeph 1,17-18aα als eine allein auf Zeph 1 bezogene Fortschreibung anzusehen ist.

### 2.4.3. V. 2-3 und V. 18aβγb

Die V. 2-3 bieten eine ganze Reihe von Text-Text-Bezügen. Zum einen stimmt die Auflistung von Menschen, Landtieren, Vögeln und Fischen teilweise mit weisheitlichen Reihen überein (s. I Reg 5,13; Ps 8,8f.; Hi 12,7-8). Zum anderen aber erinnert die Aufzählung der Lebewesen an die Urgeschichte, d. h. an die Erzählungen von Schöpfung (s. Gen 1,20ff.P; 2,20J) und Sintflut (s. Gen 6,7J; 7,21J.23P). Dass die Beziehungen zur Urgeschichte wesentlich enger sind, zeigen die auch dort belegten Wendungen מֵעַל פְּנֵי הָאֲדָמָה (s. Gen 6,7; 7,4J[197]) und das Nebeneinander von אָדָם und בְּהֵמָה (s. Gen 6,7; 7,23J[198]), die wie in Zeph 1,2-3 die Vernichtung ausdrücken. Da die Reihenfolge in V. 3 – Mensch, Vieh, Vögel, Fische – die Reihenfolge ihrer Erschaffung in Gen 1,20ff. umkehrt, kündigt V. 2-3 analog zur Sintflut die Rücknahme der Schöpfung an.[199] Angesichts dieser Intention und der wörtlichen Übereinstimmungen wird man davon ausgehen können, dass Zeph 1,2-3 literarisch auf Texte der Urgeschichte zurückgreift, d. h. im Sinn innerbiblischer Exegese eine Neuauslegung vornimmt.

Gleiches ist in weiteren prophetischen Texten zu beobachten, zu denen auch Zeph 1,2-3 Text-Text-Bezüge aufweist. Zum einen wäre Jer 4,23-26 zu nennen, wo der literarische Bezug zur priesterschriftlichen Urgeschichte aus dem seltenen Wortpaar תֹהוּ וָבֹהוּ[200] (s. Gen 1,2), der Finsternis (s. Gen 1,2-3) und der exemplarischen Nennung von Mensch und Vögeln hervorgeht. Zum anderen dürfte Ez 38,19-20 eine literarische Beziehung zu Texten der Urgeschichte aufweisen, da über die Aufzählung von Fischen, Vögeln, Feldtieren und Menschen hinaus noch die auffällige, da in Gen 1,26; 6,7;

---

auch Zimmerli, BK.AT XIII/1, 166; Schöpflin, Theologie, 249.253f. Die literarischen Verhältnisse sind jedoch kompliziert: s. etwa Zimmerli, BK.AT XIII/1, 165ff.; Pohlmann, ATD 22,1, 113ff.; vgl. aber Schöpflin, Theologie, 249.253.

197 S. außerdem Gen 4,14; Ex 32,12; Dtn 6,15; I Sam 20,17; I Reg 9,7; 13,34; Jer 28,16; Am 9,8.

198 S. außerdem (weiter auseinander in Gen 1,16; 2,20; 7,21) Ex 8,13f.; 9,9f.; 9,19.22; 12,12; 13,2.15; Lev 7,21; 27,28; Num 8,17; 18,15; 31,11.26; Jer 7,20; 21,6; 27,5; 31,27; 32,43; 33,10.12; 36,29; Ez 14,13.17.19.21; 25,13; 29,8.11; 36,11; Jon 3,7.8; Hag 1,11; Sach 2,8; Ps 36,7.

199 Vgl. z. B. Edler, Kerygma, 76f.; Weigl, Zefanja, 11ff.; Nogalski, Precursors, 188; de Roche, Zephaniah 1,2-3, 106f.; Irsigler, HThKAT, 97ff.; Perlitt, ATD 25,1, 103.

200 Nach BHS ist die Wendung textkritisch nicht gesichert. Es ist jedoch zu fragen, ob sich angesichts der uneinheitlichen Übersetzung der LXX von תהו ובהו (s. zu Gen 1,2; Ez 34,11; Jer 4,23) überhaupt feststellen lässt, ob LXX in Jer 4,23 tatsächlich nur das zweite Element בהו gelesen hat.

7,8.14.23; 8,17.19; 9,2 erwähnte Bezeichnung רֶמֶשׂ עַל־הָאֲדָמָה[201] genannt
wird.

Andere prophetische Texte vertreten zwar sachlich ähnliche, d. h. den
gesamten Kosmos tangierende Unheilsvorstellungen: s. z. B. Jes 13,5.9.12f.;
24,1.3.4.18-20; Hos 4,3; Joel 2,3.10; 3,4; 4,15f.; Am 8,8f.; 9,5f.; Mi 1,3-4;
Nah 1,3-5; Hab 1,6-11. Ihnen fehlt aber ein klarer Rückgriff auf die
Urgeschichte. Sie zeichnet stattdessen theophane Sprachtradition aus.

Weiter ist zu beachten, dass V. 2-3 mit dem Motiv der Ernte (אסף) für
die Vernichtung (parallel dazu schließlich: כרת Hifil) geprägte prophetische
Sprache aufgreift (s. Jer 8,13; Ez 34,29; Hos 4,3; außerdem Joel 4,13; Am
2,3; 8,1-3)[202].

Obwohl terminologische Differenzen zu V. 2-3 bestehen, ist in V. 18αβγb
ein entsprechendes Denken ersichtlich. Außerdem zeigt Ez 38,18-20, dass
trotz der Unterschiede beide Stellen gut von der gleichen Hand stammen
können.[203] Die Formulierung „alle Bewohner der Erde"[204] meint wie in V. 2-3
sämtliche Lebewesen (s. Hos 4,3). Deren Vernichtung wird durch eine Kombination mehrerer geprägter Wendungen ausgedrückt. Vom verzehrenden
(אכל) Feuer als Bild für das Unheilswirken YHWHs ist etwa in Jes 26,11;
29,6; 30,27.30; 33,14; Jer 5,14; Ez 15,7; 19,12; Am 1,4.7.10 u. ö. die Rede.
Die Erde als Objekt desselben findet sich nur in Dtn 32,22. Die Wendung
עשׂה כָלָה („Vernichtung bewirken") begegnet etwa in Jes 10,23 und negiert
in Jer 4,27; 5,18; 30,11; Nah 1,8f. Die Erde als Objekt der Vernichtung
(כָּלָה) wird in Jes 10,23; 28,22; Jer 4,27 genannt. Vom „Feuer des Eifers"
YHWHs spricht nur noch Ez 36,5 (vgl. Ps 79,5). Enge Text-Text-Bezüge
zeigen sich zwar nicht, aber der Befund verrät, dass wiederum
spätprophetische Sprache V. 18αβγb prägt.

Die Ankündigung einer totalen Vernichtung der Erde stellt im weiten
Rahmen prophetischer Unheilsansagen einen schmalen Ausschnitt dar. Für
die Apokalyptik dagegen ist der Gedanke wesentlich. Denn der apokalyptische Dualismus (bzw. die „Zwei-Äonen-Lehre") zeichnet sich durch die beiden Elemente des Weltendes durch eine kosmische Katastrophe und der neu-
en Welt nach universalem Gericht und Totenauferstehung aus[205]. Da in Zeph
1,2-3.18αβγb das erste Element in seiner ganzen Schärfe klar ersichtlich ist,

---

201 Sowohl das Verb als auch das Substantiv der Wurzel רמשׂ sind ganz überwiegend in der
 Urgeschichte belegt!
202 Berlin, AB 25A, 72, verweist auf die Verwendung von אסף in Joel 2,10; 4,15, beachtet
 dabei aber nicht, dass der Zusammenhang dort ein anderer ist.
203 Vgl. bereits oben S. 100.
204 Für die Übersetzung von אֶרֶץ mit Erde plädieren z. B. Edler, 83f.; Seybold, ZBK.AT
 24,2, 101f.; Irsigler, Gottesgericht, 169f.445f.; vgl. auch Nogalski, Precursors, 192. Gegen Striek, Zephanjabuch, 120ff.191f., der den Zusammenhang zwischen 1,2-3 und
 1,17-18 fälschlicherweise auf das אָדָם in 1,17 beschränkt, und das gegen ihn sprechende
 Argument, 3,8 sei im Kontext von Völkern universal gedacht, nicht widerlegt.
205 Vgl. etwa Schreiner, Apokalyptik, 112ff.

wird hier frühapokalyptisches Denken erkenntlich.[206] Eine vergleichbare Aussage findet sich z. B. in der syrischen Baruch-Apokalypse: „Denn siehe, die Tage werden kommen, daß alles, was gewesen ist, zur Nichtigkeit dahingerafft (soll) werden. Dann wird es sein, als ob es nie gewesen wäre."[207]
Da sich die V. 2-3 als Einleitung und V. 18aβγb als Abschluss von Kap. 1 sekundär zu ihrem Kontext verhalten und aufgrund des Rückgriffs auf die Urgeschichte und wegen des protoapokalyptischen Denkens wohl erst aus spätnachexilischer[208] Zeit stammen, werden die beiden Stellen auf Schriften übergreifende Redaktionsarbeit zurückgeführt.
Schart rechnet Hos 4,3 und Zeph 1,2-3 (ohne V. 18aβγb), da beide Texte Vernichtungsaussagen darstellen, welche die Schöpfung betreffen, jeweils an programmatischen Stellen stehen, und vielfach wörtlich übereinstimmen, derselben Redaktionsschicht zu[209]. Darüber hinaus gingen diese beiden Stellen samt der Hymnenschicht von Am (4,13; 5,8-9; 9,5-6) und Mi 1,3-4 mit der Eingliederung von Nah/Hab in das „D-Korpus" Hos-Am-Mi-Zeph einher, denn die Formulierung כָּל־יוֹשֵׁב בָּהּ begegne neben Hos 4,3 nur noch in Am 8,8; 9,5; Nah 1,5, und diese Texte seien schöpfungstheologisch geprägt[210]. Nun weisen die Am-Hymnenstücke im Vergleich zu Hos 4,3; Zeph 1,2-3 doch erstens den Unterschied auf, dass sie – freilich im Kontext von Unheilsankündigungen – die Macht YHWHs als Schöpfer betonen, ohne aber die Vernichtung der Schöpfung anzusagen. Auch wenn Am 1,2 als Beginn der Amosschrift, in dieser Hinsicht also vergleichbar mit Hos 4,3 und Zeph 1,2-3, mit den Hymnenelementen zusammenzusehen ist[211], findet sich der Gedanke der endgültigen Revozierung der Schöpfung hier nicht. Zweitens sind in Hos 4,3 und Zeph 1,2-3 keine hymnischen Formelemente nachweisbar; Zeph 1,2-3 stellt eine Unheilsankündigung, Hos 4,3 wohl eine Unheilsschilderung dar. Drittens dürften die Am-Hymnen bereits in exilisch-nachexilischer Zeit konzipiert worden sein[212], während die Einleitung Zeph 1,2-3 aufgrund ihres frühapokalyptischen Gepräges erst sehr viel später entstanden sein kann. Daher ist es wenig wahrscheinlich, dass Hos 4,3; Zeph 1,2-3 mit den Am-Hymnen eine gemeinsame Schicht bilden.

---

206 So z. B. auch Seybold, Prophetie, 23.100; ders., ZBK.AT 24,2, 94.102; Irsigler, HThKAT, 101.185f.; Striek, Zephanjabuch, 91.
207 Übersetzung nach Klijn, JSHRZ V/2, 143. Vgl. außerdem syrBar 32,6; 44,9; IV Esr 7,31.75; äthHen 10,2; 45,5f.; 72,1; 91,16.
208 S. auch Irsigler, HThKAT, 101.
209 So Schart, Entstehung, 206.241. Vgl. bereits Irsigler, Gottesgericht, 403.
210 So Schart, Entstehung, 241ff.246ff.
211 Schart, Entstehung, scheint einerseits Am 1,2 auf die gleiche Redaktionsschicht zurückzuführen (239?.245), andererseits aber eine Abhängigkeit bzw. Anknüpfung der Hymnenschicht an die bereits vorliegende Stelle Am 1,2 zu bevorzugen (56.246), ja sogar eine Zuordnung zur „D-Schicht" vorzunehmen (99). Jeremias, ATD 24,2, 3f., rechnet Am 1,2 zu der Hymnenschicht dazu.
212 S. Jeremias, Mitte, 209f.; ders., ATD 24,2, XXIf.

Freilich könnten noch Hos 4,3 (sekundär[213]) und Zeph 1,2-3 auf die gleiche und dann Schriften übergreifend arbeitende Hand zurückgehen. Folgende Übereinstimmungen zwischen beiden Texten sind auszumachen: Erstens bietet Hos 4,3 eine Zeph 1,2-3 und Gen 1 entsprechende Reihenfolge der Vernichtungsobjekte (Vieh – Vögel – Fische). Zweitens betrifft das Unheil auch nach Hos 4,3 die gesamte Erde, wie die Erwähnung der Tierwelt einschließlich der Fische und die Verwendung des Verbs אָמַל („verwelken") zeigt[214]. Drittens verwendet Hos 4,3 wie Zeph 1,2-3 zur Ansage der Vernichtung das Verb אָסַף, das zwar zunächst nur auf die Fische bezogen ist, aufgrund des גַּם aber die beiden zuvor genannten Verben entsprechend qualifiziert. Allerdings sind auch Unterschiede festzustellen: Erstens stellt Hos 4,3 den Vernichtungsobjekten die Erdbewohner voran. Zweitens besitzt Hos 4,3 abgesehen von der Reihung Vieh – Vögel – Fische keine weiteren Übereinstimmungen mit der Urgeschichte. Drittens nimmt Hos 4,3 im Gegensatz zu Zeph 1,2-3 mit den Verben אָבַל (vgl. Am 9,5) und אָמַל (vgl. Nah 1,4) hymnische Sprachtradition auf. Viertens ist Hos 4,3 poetisch geformt, Zeph 1,2-3 dagegen nicht. Fünftens ist Hos 4,3 als Prophetenrede formuliert, während Zeph 1,2-3 YHWHrede ist. Angesichts dieser Differenzen liegt es nahe, dem zurückhaltenden Urteil Irsiglers zu folgen, der damit rechnet, dass der Verfasser von Zeph 1,2-3 bereits Hos 4,1-3 insgesamt gekannt haben könnte[215]. Trotzdem wird man nicht ausschließen können, dass Hos 4,3 und Zeph 1,2-3 auf die gleiche Hand zurückgehen können. Aber um eine Schriften übergreifende und aufeinander beziehende Redaktion handelt es sich sicher nicht, da die beiden Stellen vereinzelte Erweiterungen darstellen, sich ihnen keine weiteren Belege mit einer entsprechenden Theologie zuordnen lassen und sie keine über die Schriften Hos bzw. Zeph hinausreichende Intention zu erkennen geben.

Freilich muss gefragt werden, ob die Interpretation der Prophetenworte in Hos und Zeph mit der (proto-)apokalyptischen Vorstellung einer totalen Vernichtung ein sinnvolles Verständnis ermöglicht oder ob nicht zu dieser Redaktionsphase eine positive Erwartung mit dazu gehört, die frühapokalyp-

---

213 Formal zeichnet sich Hos 4,3 durch einen anderen Stil aus: V. 3a bietet Verbalsätze mit Imperfekt und *perfectum consecutivum*, V. 3b aufgrund der besonderen Behandlung der Fische einen invertierten Verbalsatz mit Imperfekt. Die V. 1-2 hingegen beginnen mit Imperativ, begründen die Höraufforderung mit Nominalsätzen, setzen in V. 2 durch die *infinitivi absoluti* den nominalen Stil fort, enthalten aber zuletzt zwei invertierte Verbalsätze mit Perfekt. Inhaltlich ist eine Bedeutungsverschiebung von אֶרֶץ zu beobachten. V. 1 ist von einem Rechtsstreit YHWHs mit den Bewohnern des „Landes" die Rede. V. 3 hingegen kündigt allen Lebewesen und damit der gesamten „Erde" den Untergang an. Eine solche universale Unheilsschilderung fügt sich außerdem nicht sinnvoll zur Aufforderung, einem Rechtsstreit zu folgen. Auch die Übereinstimmungen mit Jes 24,2.4.7 bzw. der Kontrast zu Hos 2,20 mag eine spätere Entstehung von V. 3 nahe legen. Daher dürfte sich Hos 4,3 sekundär zu Hos 4,1-2 verhalten: s. auch Jeremias, ATD 24,1, 62; Schart, Entstehung, 206; Nissinen, Prophetie, 224f.

214 S. auch Jeremias, ATD 24,1, 62.

215 Irsigler, HThKAT, 99.

tisch jenseitiges Heil, das endzeitliches Heil nicht mehr als irdisches Heil auffasst, in Aussicht stellt. Hos und Zeph enthalten solche Heilsworte nicht. Daher liegt die Frage nahe, ob entsprechende Texte im Dodekapropheton zu finden sind und ob damit womöglich eine frühapokalyptische Redaktion des (werdenden) Dodekapropheton zu greifen ist. Joel 4* und Sach 14 verraten zwar solches (proto-)apokalyptisches Gedankengut. Aber zwischen diesen Texten und Hos 4,3; Zeph 1,2-3.18aβγb gibt es keine Beziehungen. Daher ist davon auszugehen, dass Hos 4,3 und Zeph 1,2-3.18aβγb lediglich punktuelle Erweiterungen in ihren jeweiligen Schriften darstellen, welche die in den dortigen Nahkontexten bereits vorhandenen Heilsworte mit rezipieren.

Wenn Zeph 1,18aβγb mit 1,2-3 zusammenhängt, finden sich allerdings weitere Bezüge zu den genannten Hymnentexten: in Nah 1,8 begegnet die Formulierung עשה כָּלָה, außerdem ist dort (V. 2) die Rede von YHWHs Eifer, Rache und Zorn, wobei letzterer in V. 6 mit „Feuer" beschrieben wird. Weiter fällt auf, dass die abschließende Wendung in Zeph 1,18 כָּל־יֹשְׁבֵי הָאָרֶץ Nah 1,5; Hos 4,3 (Partizip im Singular); Am 8,8; 9,5 (statt הָאָרֶץ mit Präposition und Suffix) entspricht. Nun geht aber auch aus Zeph 1,18* die Intention der Vernichtung der ganzen Erde hervor, die gerade nicht mit den Hymnentexten übereinstimmt, die aus der Theophanietradition schöpfen. Außerdem sind die genannten Formulierungen keineswegs selten[216]. Weiter ist bei Zeph 1,18aβγb keine poetische Formung ersichtlich. Daher können auch diese Bezüge zu den Hymnentexten die redaktionsgeschichtliche These Scharts nicht stützen.

Nogalski beurteilt Zeph 1,2-3.15-16a.18* als eine Schicht, die den „Tag YHWHs" als lokales Gericht über Juda/Jerusalem universal ausdehne. Die gleiche Intention verfolgten auch Nah 1,2-8.9ff. und Hab 3,1-19 mit ihren theophanen Schilderungen des göttlichen Angriffs. Gemeinsame Stichworte zeigten, dass es sich bei diesen sekundären Textpassagen um ein und dieselbe Redaktionsschicht handle, nämlich, da die Texte außerdem von Joel abhingen (vgl. Zeph 1,15 mit Joel 2,2, Nah 1,3a mit Joel 2,13, Hab 3,16b-17 mit Joel 1-2), um die „Joel related layer"[217]. Gegen diese Ansicht spricht jedoch erstens, dass aus Nah 1,2-8 und Hab 3,1-19 der Gedanke eines universalkosmischen die Schöpfung revozierenden Weltgerichts, wie er für Zeph 1,2-3.18* charakteristisch ist, nicht begegnet. Zweitens kann Nogalskis redaktionskritische Analyse von Zeph 1 nicht voll überzeugen: V. 2-3.18aβγb gehören schwerlich zur gleichen Schicht wie V. 15-16, da V. 18aβγb die Fortschreibung V. 17-18aα und diese wiederum die Komposition V. 7-16 voraus-

---

216 Zu עשה כָּלָה s. Jes 10,23; Jer 4,27; 5,10.18; 30,11; 46,28; Ez 11,13; 20,17. Zu כָּל־יֹשְׁבֵי הָאָרֶץ/בָה s. z. B. Jer 25,29.30 (und ohne die universale Weite etwa Gen 19,25; Num 32,52; Ez 27,35; 32,15; Joel 1,2.14; 2,1).

217 S. Nogalski, Precursors, 194ff.; ders., Processes, 104ff.175ff. Die theophanen Hymnen Nah 1,2-8 und Heb 3,1-19 seien bereits vorgefunden, aber auch redaktionell erweitert worden (Nah 1,2b-3a.4a.6a; Hab 3,16b-17).

setzt. Außerdem hat es sich als wahrscheinlicher erwiesen, dass Joel 2,2 von Zeph 1,15 abhängig ist, nicht umgekehrt[218].

Möglich wäre allenfalls noch, dass wenigstens die V. 2-3.18aβγb als späte Stücke die Joelschrift voraussetzen. Man könnte versucht sein zu behaupten, dass die Zephanjaschrift frühapokalyptisch bearbeitet wurde, um eine der Joelschrift entsprechende Gesamtkonzeption zu erhalten. Dagegen spricht jedoch, dass in Zeph 1,2-3.18*[219] etwa die für Joel charakteristische Zionstheologie, sein Exodusbezug oder das von der Reue YHWHs geprägte Gottesverständnis nicht ersichtlich ist. Daher kann keine Abhängigkeit von Joel, welche die These einer Schriften übergreifenden Redaktion nahe legen würde, behauptet werden. Nicht einmal die traditionsgeschichtliche Annahme, dass jeweils ähnliches geprägtes Gedankengut vorliege, lässt sich absichern. Denn den Gedanken einer totalen Vernichtung der Schöpfung vertritt die Joelschrift nicht. Konkrete Text-Text-Bezüge zwischen Zeph 1,2-3.18aβγb und Joel liegen nicht vor. Auch dass die Berücksichtigung der Tierwelt durch Joel 1,18.20 initialisiert worden sein könnte, überzeugt nicht. Denn dort wird lediglich die Auswirkung der Dürre auf die Tierwelt beschrieben. Somit verdankt sich Zeph 1,2-3.18aβγb nicht der Einbindung der Joelschrift ins Dodekapropheton.

Einzugehen ist noch auf die These von Bosshard-Nepustil, der in Zeph 1,2-3.17aββ.18 zusammen mit Zeph 2,7.9b.10; 3,8b.14-19; Joel (2,10?;) 4; Mi 1,2-5a?; 4,6f.? (; 5,6-8?); 7,11-13; Ob 15a.16-21; Jon 2,2/3-10(?) eine etwas nach 312/11 zu datierenden Redaktionsschicht des Dodekapropheton erkennen möchte, der im Jesajabuch unter anderem 13,9-13 entspreche, und die „mit der Rettung des Zion-zentrierten Israel aus einem umfassenden Weltgericht, mit Sammlung und Heimzug der Diaspora und mit der Ausdehnung des Landes auf davidisches Ausmaß befasst" sei[220]. Es bleibe hier[221] dahingestellt, ob sich diese These anhand der Texte zu bewähren vermag, welche die Vorstellung eines Weltgerichts mit der der Rettung Israels verbinden (etwa Joel 4; Ob 15a.16-21; Mi 7,13 in seinem Kontext). Im Blick auf die Texte der Zephanjaschrift wird jedoch eine Reihe von Problemen offenbar. Es wurde schon darauf hingewiesen, dass erstens die Einleitung der Michaschrift Mi 1,2ff. kaum auf die gleiche Hand wie Zeph 1,2-3 zurückzuführen ist und zweitens konkrete Bezüge zur Joelschrift nicht zu finden sind. Drittens erwartet Zeph 1,2-3.18aβγb; 3,8bβγ die Vernichtung der gesamten Schöpfung und schließt als Rahmen um die Unheilsankündigungen gegen Juda/Jerusalem auch dessen Untergang mit ein. Auch wenn die Heilsankündigungen der Zephanjaschrift im Anschluss daran noch gelesen werden wol-

---

218 S. oben S. 95.107f.

219 Auch nicht unter Berücksichtigung des bis dahin vermutlich vorliegenden Textbestandes von Zeph: denn die Erwähnung Zions in Zeph 3,14ff. und der Hinweis auf YHWHs Erbarmen in Zeph 3,17-18 entsprechen nicht der joelischen Konzeption.

220 S. Bosshard-Nepustil, Rezeptionen, 444 Anm. 1; s. auch Steck, Abschluß, 37.197 (Mehrprophetenbuch Fortschreibung I).

221 S. weiter S. 196f.

len, fällt im Gegensatz dazu in den Texten Joel 4; Ob 15a.16-21; Mi 7,13 doch auf, dass dort die Heilsvorstellungen sehr viel enger mit dem Gedanken des Weltgerichts verbunden sind. Genauer handelt es sich bei Joel 4 und Ob 15a.16-21 um ein Völkergericht, das die Tierwelt nicht tangiert. Außerdem zeigen Zeph 2,7.9b restaurativen Charakter, während erst 3,14-19 eschatologisch verstanden werden können. Beides passt jedoch auf keinen Fall zu dem aus 1,2-3.18aβγb; 3,8bβγ hervorgehenden (proto-)apokalyptischen Denken[222]. Eine Redaktionsschicht des Dodekapropheton, die aus den von Bosshard-Nepustil genannten Texten bestanden habe, erweist sich damit also nicht als plausibel.

## 2.4.4. V. 4-6

Die Text-Text-Bezüge zwischen V. 4-6 und dem dtr. Bericht über die Reformmaßnahmen Josias II Reg 22-23 sind evident, da dort nahezu sämtliche in Zeph 1,4-6 genannten Elemente begegnen: die „Einwohner Jerusalems" in Parallelstellung zu Juda s. II Reg 23,2; הַמָּקוֹם הַזֶּה s. 22,16f.19f.; die „Götzenpriester" כְּמָרִים s. 23,5; das „Himmelsheer" s. 21,3.5; 23,4.5; „auf den Dächern" s. 23,12; „YHWH fragen" (דרשׁ) s. 22,13.18; (יְ)אַחֹר vgl. 23,3; schließlich unter terminologisch nicht exakter Entsprechung die Phänomene der Generaloffensive gegen alle Fremdkulte (s. 23,4f.) und der Anbetung YHWHs unter gleichzeitigem Schwören bei Milkom[223] (s. 23,13; I Reg 11,4.33)[224]. Zur Interpretation dieses Befunds bestehen jedoch verschiedene Möglichkeiten.

Erstens wird Zeph 1,4-6 (bzw. ein Grundbestand davon) mitunter als authentische Verkündigung des Propheten Zephanja angesehen; dieser habe gegen religiöse Sachverhalte polemisiert, „die vor der Reform Josias tatsächlich gegeben waren und die durch die Reform tatsächlich verändert wurden"[225]. Dass Zephanja – als Prophet ein Exponent der „YHWH-allein-Bewegung" – inhaltlich zwar entsprechende Anklagen vorgetragen haben kann, wird man kaum bestreiten können, zumal die Zeitsituation sowohl die Präsenz assyrischer Kultelemente als auch deren Verdrängung nahe legt[226] und in der vielleicht authentischen Verkündigung Zephanjas anderweitig e-

---

222 Vgl. beispielsweise nur den literargeschichtlichen Entwurf Irsiglers, HThKAT, 63.

223 Vgl. aber die Übersetzung (S. 83) und dazu Anm. 64.

224 Vgl. etwa Weigl, Zefanja, 32 Anm. 80; Veijola, Zefanja, 12f.; Bosshard-Nepustil, Rezeptionen, 333; Perlitt, ATD 25,1, 104 Anm. 6.

225 Dietrich, Gott, 467, bezüglich V. 4-5. So auch Irsigler, HThKAT, 106.119f.; Striek, Zephanjabuch, 92ff., der mit dem sonst angewandten Kriterium der Originalität der Ausdrucksweise hier aber scheitern muss; Scharbert, Zefanja, 248 (der die Auffassung vertritt, dass der dtr. Berichterstatter Zeph 1,4f. als Vorlage benutzt habe); Edler, Kerygma, 113; Rudolph, KAT XIII,3, 265f.; Schart, Entstehung, 209.

226 S. dazu Uehlinger, Astralkultpriester, 65ff.; ders., Kultreform, 70ff. (gegen die Minimalposition von Niehr, Reform, 47ff.).

benso Kritik an kultischen Praktiken (V. 9[227]) bzw. an der Missachtung
YHWHs enthalten gewesen sein dürfte (V. 12[228]). Jedoch ist damit noch lange
nicht bewiesen, dass V. 4-6 auf die Verkündigung des Propheten zurückgehen. Denn zum einen spricht schon die sprachliche Gestaltung dieser Worte
in Prosa dagegen, dass die V. 4-6 mit V. 9 und V. 12 auf einer Ebene liegen
und die prophetische Verkündigung wiedergeben. Sodann kann erwogen
werden, ob bei einer Abhängigkeit des dtr. Reformberichts II Reg 23 von
Zeph 1,4-6 aufgrund des dtr. Interesses an der Erfüllung von Prophetenworten dort nicht ein entsprechender Hinweis aufgenommen worden wäre (vgl.
etwa II Reg 14,25)[229]. Weiter aber zeigt die Verwendung von בַּעַל in Zeph
1,4[230], dass der „Gottesname" hier als Chiffre für Fremdgötterdienst fungiert[231] und daher mit dem dtr. Baal-Gebrauch übereinstimmt[232]. Außerdem
wirken die fraglichen Elemente in II Reg 22-23, obwohl diese Passage kaum
einheitlich ist, trotzdem stimmig platziert, während die V. 4-6 aus dem Kontext des „Tag YHWHs"-Rahmens Zeph 1,7.14.15-16 herausfallen, innerhalb
dessen sich aber die anderen Unheilsankündigungen befinden. Schließlich
kann II Reg 22-23 deshalb nicht aus den V. 4-6 herausgesponnen worden
sein, weil die hier angesprochenen kultischen Übel der einzige Inhalt des
Reformberichts sind, während sie in Zeph 1 ein nachgetragenes Motiv darstellen[233]. Daher geben die V. 4-6 weder Verkündigung Zephanjas wieder
noch sind sie früher als II Reg 22-23 zu datieren.

Zweitens wird häufig vertreten, dass der Abschnitt Zeph 1,4-6 (bzw. Teile
hieraus) von II Reg 22-23 abhängen und auf eine dtr. Redaktion der Zephanjaschrift zurückgehen könnte.[234] Tatsächlich erinnert die Massivität der An-

---

227 Vgl. Donner, Schwellenhüpfer, 53, mit Uehlinger, Astralkultpriester, 57ff.
228 Warum soll dieses Zitat von „Gottlosen" nicht von Zephanja stammen? Auch wenn
   Seybold, Prophetie, 33, auf den Topos-Charakter dieser Sentenz (vgl. Jer 5,12; Am 9,10;
   Ps 10,4; 14,1; 73,11) verweist, überzeugt sein Urteil nicht, da er m. E. zu stark mit einem
   Vorverständnis vom Propheten Zephanja argumentiert, was natürlich den Verdacht des
   Systemzwangs auf sich zieht.
229 S. Seybold, Prophetie, 77.
230 Dazu s. Spieckermann, Juda, 204. Wie er möchte auch Irsigler, Gottesgericht, 226, die
   gesamten in V. 4-6 aufgelisteten Elemente als Explikation des voranstehenden „Restes
   des Baal" verstehen.
231 Aufgrund der Erwähnung offensichtlich nicht-jahwistischer Religionsäußerungen im
   Kontext, die Anbetung des Himmelheeres und den Schwur bei „ihrem König(sgott)",
   leuchtet es nicht ein, weshalb Uehlinger, Astralkultpriester, 53 Anm. 11, erwägt, es seien
   hier Verhaltensweisen gemeint, die mit einer falschen Vorstellung von YHWH zusammenhängen. Auch Irsigler, HThKAT, 109, ist der Meinung, der Gebrauch von „Baal"
   entspreche hier der Verwendung durch die Propheten Hosea und Jeremia. Religionshis-
   torisch geurteilt sei dies als Möglichkeit im 7. Jh. zwar zugestanden, aber die Auffassung
   des Textes Zeph 1,4-6 tendiert wahrscheinlich doch eher in Richtung Fremdgöttervereh-
   rung.
232 S. Beck, Elia, 246f. Anm. 410, sowie 268ff.
233 S. Perlitt, ATD 25,1, 104f. Vgl. außerdem oben S. 89f.
234 So Seybold, Prophetie, 76ff.; ders., ZBK.AT 24,2, 95; Striek, Zephanjabuch, 92ff. (dtr.
   nur מִן־הַמָּקוֹם הַזֶּה, עִם־הַכֹּהֲנִים und V. 5b; Irsigler HThKAT, 62.108.118 (dtr. in 1,4

klagen des Fremdgötter verehrenden Treibens an Dtr. Gegen eine solche literarhistorische Einordnung spricht jedoch, dass keine typisch dtr. Theologumena vorliegen. Stattdessen deuten einige gerade nicht dtr. Wendungen auf
einen anderen Verfasserkreis hin: עַל יָד נטה mit YHWH als Subjekt findet
sich noch in Ex 7,5; Jes 5,25; 23,11; Jer 6,12; 15,6; 51,25; Ez 6,14; 14,9.13;
16,27; 25,7.13; 35,3), מִן (Hifil) כרת mit YHWH als Subjekt in Ez
14,8.13.17.19.21; 21,8.9; 25,7.13; 29,8; 35,7; Nah 2,14; Ps 34,17; 101,8;
109,15. Beide Wendungen kombiniert begegnen nur noch in Ez 14,13;
25,7.13. Juda und die Bewohner Jerusalems als Adressaten der prophetischen
Unheilsverkündigung stehen nur in Jer 4,4; 8,1; 11,2.9.12; 17,20.25; 18,11;
19,3; 25,2; 32,32; 35,17; 36,31[235] nebeneinander[236]. Die Verbindung des
Verbs כרת mit den beiden Objekten שֵׁם und שְׁאָר findet sich nur noch in Jes
14,22[237]. Das Verbum סוג („abweichen") mit YHWH als Objekt begegnet
(zudem ähnlich konstruiert) nur noch in Jes 59,13. Aus diesen
Beobachtungen folgt, dass ein dtr. geprägter Verfasser für die V. 4-6 nicht in
Frage kommt.

Somit kann auch die These Scharts, V. 6 gehe auf die exilische „D-
Redaktion" zurück, nicht einfach (literarkritisch modifiziert) übernommen
werden[238]. Schart möchte seine These mit dem Argument stützen, dass V. 6
eigentlich nur recht zu verstehen sei, wenn man angesichts der Wendung
בקש אֶת־יְהוָה Hos 3,5; 5,6.15 und angesichts des Verbs דרש (und YHWH
als Objekt) Am 5,4.14 im Auge habe. „Zef 1,6 interpretiert die Am-Passage
wohl so, daß Amos denen, die Gott suchen, in Aussicht gestellt hatte, das
Kommen des Tages Jahwes zu überstehen. Diejenigen aber, die Jahwe nicht
suchen, haben einer letzten ultimativen Vermahnung des Propheten nicht
Folge geleistet, deshalb wird der von Amos angekündigte Tag Jahwes (Am
5,18) gerade sie treffen."[239] Nun stellt diese Interpretation aber ein rein
synchron-intertextuelles Argument dar. Da die Formulierungen auch
anderweitig belegt sind (zu בקש אֶת־יְהוָה vgl. z. B. Ex 33,7; Dtn 4,29; Jes
51,1; Jer 29,13f.; 50,4; Sach 8,21.22, zu דרש mit YHWH als Objekt vgl.
z. B. Gen 25,22; Dtn 4,29; II Reg 1,3.6; 3,11; 8,8; 22,13.18; Jes 9,12; 31,1;
55,6; Hos 10,12) und somit eine geläufige Ausdrucksweise darstellen, konnte

---

מִן־הַמָּקוֹם הַזֶּה und spätdtr., aber noch exilisch 1,6); Perlitt, ATD 25,1, 105; Schart, Entstehung, 208f. (V. 6 stamme von der „D-Redaktion"). Nogalski, Precursors (s. etwa 183
Anm. 35), wertet den Abschnitt nicht für seine These eines dtr. Korpus aus.
235 Keine dieser Stellen stellt altes Überlieferungsgut dar: s. Wanke, ZBK.AT 20, zu den
jeweiligen Stellen.
236 S. bereits Levin, Anfänge, 224f. Vgl. auch Ben Zvi, Study, 274ff., der von „Ezekielian
language" spricht.
237 Hierauf verweist Spieckermann, Juda, 204 Anm. 104.
238 S. Schart, Entstehung, 208f., der sich immerhin bewusst ist, dass der sprachliche Befund
keine Gleichsetzung mit der etwa aus dem DtrG zu eruierenden dtr. Redaktion erlaubt
(vgl. ebd., 46), aber eine exilische Datierung vertritt. Nebenbei bemerkt weist Perlitt,
ATD 25,1, 106, darauf hin, dass sich ausgerechnet der von Schart für die „D-Redaktion"
reklamierte V. 6 am weitesten vom dtr. Charakter der V. 4-6 entfernt.
239 Schart, Entstehung, 208. Vgl. auch Albertz, Exilszeit, 172.

ein Leser mit Sicherheit auch ohne die Lektüre von Hos oder Am die
Aussage Zeph 1,6 verstehen. Dass sich umgekehrt ein Leser des
Dodekapropheton bei Zeph 1,6 an den Hos- oder Am-Kontext zurückerinnert
hat, wird man freilich nicht ausschließen können. Nur kann mit dieser
synchronen Überlegung weder eine Schriften übergreifende Redaktion noch
eine literarische Abhängigkeit begründet werden. Die Argumentation Scharts
ist freilich dadurch bedingt, dass er selbst beobachtet, dass sich die diversen
von ihm eruierten D-Passagen untereinander nicht unerheblich unterscheiden[240]. Dieses Zugeständnis lässt aber die These einer die vier Prophetenschriften Hos, Am, Mi und Zeph betreffenden „D-Redaktion" grundsätzlich
als zweifelhaft erscheinen[241].

Da sich die beiden Möglichkeiten, V. 4-6 auf die Verkündigung Zephanjas oder auf eine dtr. bzw. D-Redaktion zurückzuführen, als problematisch
erwiesen haben, ist nach einer neuen Lösung zu suchen. In jedem Fall ist davon auszugehen, dass die V. 4-6 von II Reg 22-23 literarisch abhängig sind[242].
Außerdem wurden sie wohl durch die Datierung Zephanjas in die Zeit Josias
durch die Überschrift 1,1[243] angeregt. Verschiedene Möglichkeiten sind nun
denkbar:

Erstens könnten die V. 4-6 aufgrund des Beginns mit *perfectum consecutivum* als eine Fortschreibung der V. 2-3 begriffen werden. Der Rückverweis
auf die Reform Josias in V. 4-6 würde das künftige Weltgericht V. 2-3 als
„Reinigungsgericht" interpretieren, „bei dem innerhalb des Gottesvolkes differenziert wird"[244], indem nur die von YHWH trennenden Fremdkulte ausgerottet werden sollten.[245] Gegen ein solches Verständnis spricht jedoch, dass

---

240 So Schart, Entstehung, 156 Anm. 2.

241 Gegen die These einer „dtr. Redaktion" bzw. „D-Redaktion" von Zeph s. auch Ben Zvi,
Redaction, passim.

242 So z. B. Seybold, ZBK.AT 24,2, 95; Perlitt, ATD 25,1, 104f.; Bosshard-Nepustil, Rezeptionen, 334: es „scheint hier der Beginn von Zeph zwar in deutlicher Anlehnung an das
DtrG [...], aber zugleich in kritischer Stellung dazu formuliert zu sein. Kurz: Zeph
1,1a/b.4-16.17aα; *2,4-12; 3,8a ist nicht dtr geprägt".

243 Zu ihr s. bereits oben S. 97.

244 Bosshard-Nepustil, Rezeptionen, 335. Sein Versuch, die V. 4-6 als Teil einer Joel*,
Hab* und Zeph 1,4-16.17aα; *2,4-12; 3,8a umfassenden Redaktionsschicht zu erweisen,
die ein „dtr." Korpus Hos* - Am* - Mi* (+ Nah*) voraussetze, da V. 4-6 nicht nur auf
II Reg 22-23 Bezug nehme, sondern außerdem literarisch V. 4 auf Nah 1,14 (כרת, Göt-
zen ohne Wortbezug); Hos 10,5 (כמרים), V. 5 auf Jes 22,1 (Dächer) und V. 6 auf Mi
2,6; 6,14; Hos 5,10 (סונ) rekurrierten, kann angesichts der wenigen einzelnen Lexeme
und schon aufgrund der angeführten, aber sehr unterschiedlich ausgerichteten Zeph-
Stellen nicht als wahrscheinlich gelten.

245 Vergleichbares Gedankengut wäre dann etwa in äthHen 45,1-6 festgehalten: „1 Und dies
(ist) die zweite Bildrede über die, die den *Namen der Wohnung der Heiligen und den
Herrn der Geister verleugneten*. 2 Und sie werden weder in den Himmel hinaufsteigen
noch auf die Erde gelangen; so wird das Los der Sünder sein, die den *Namen des Herrn
der Geister verleugnet* haben, die also für den *Tag der Not und der Bedrängnis* aufbewahrt werden. [...] 6 Denn ich habe meine Gerechten gesehen und sie mit Heil gesättigt
und sie vor mir wohnen lassen; aber für die Sünder steht bei mir das Gericht bevor, daß

eine Differenzierung zwischen Sündern und Gerechten am Textbefund nicht zu verifizieren ist[246]. Die Alternative wäre, dass die V. 4-6 die in den V. 7-16 niedergelegte Verkündigung Zephanjas deutlicher auf die Zeit Josias beziehen und den Propheten als Kritiker der Verhältnisse vor der Reform erscheinen lassen wollten. Eine solche Absicht könnte zweitens sowohl eine Fortschreibung der V. 2-3 verfolgt haben[247] als auch drittens eine direkt an die Überschrift angefügte Vorschaltung vor V. 7ff. Hält man eine spätere Umformung eines ursprünglichen Perfekt in ein *perfectum consecutivum* für denkbar, wäre die zuletzt genannte Lösungsmöglichkeit die plausibelste.[248]

In jedem Fall aber – das sei abschließend noch einmal hervorgehoben – kommen die V. 4-6 nicht für eine dtr. orientierte, Schriften übergreifende redaktionsgeschichtliche Auswertung in Frage.

## 2.4.5. V. 13b

V. 13b stellt einen so genannten Vergeblichkeitsfluch dar, der eine an sich sinnvolle Tätigkeit mit dem Fluch eines sinnlosen Ergebnisses belegt: Das Bauen von Häusern und das Anlegen von Weinbergen werden nicht zum erwünschten Erfolg führen. Ähnliche Vergeblichkeitsflüche liegen im Dodekapropheton noch in Hos 4,10a[249]; Am 5,11aβb[250] und Mi 6,14aα.15[251] vor und

---

ich sie *vertilge von der Oberfläche der Erde.*" Die Übersetzung stammt von Uhlig, JSHRZ V/6, 585f. (teilweise Kursivdruck von mir). S. aber auch äthHen 46,3-8; syrBar 54,14.22; IV Esr 7,17ff.

246 Vgl. auch Koenen, Heil, 39, der mit einem Verweis auf Seybold, ZBK.AT 24,2,94f., immerhin die Möglichkeit erwägt, dass die V. 4b-6 einen einschränkenden Zusatz darstellen könnten, der nur die Vernichtung der Götzendiener anvisiere, dann aber diese Möglichkeit wieder verwirft, weil er die V. 4b-6 für dtr. hält und (mit Fehlanzeige) nach Beziehungen zu seiner zwischen Gerechten und Sündern differenzierenden Redaktionsschicht (Zeph 2,3.7.9b; 3,11-13) sucht, dabei aber die Möglichkeit einer eigenständigen Fortschreibung bedenkt.

247 So Levin, Anfänge, 224.226.

248 Angesichts der oben genannten Intention der V. 4-6 kann jedoch nicht behauptet werden, dass der „Tag YHWHs" nun den Charakter eines Gerichts gegen den Fremdgötterdienst bekommen habe, auch wenn in der nachexilischen Zeit und unabhängig von dtr. Denken der Fremdgötterdienst durchaus als Problem empfunden wurde (s. etwa Jes 57,3-13a; 65,1-7; 66,17 [vgl. auch I Reg 18,21-40] und vgl. Beck, Elia, 85f.).

249 Jeremias, ATD 24,1, 68, beobachtet, dass in Hos 4,10 anders als im direkten Kontext keine YHWHrede mehr vorliegt sowie die Formulierung „YHWH verlassen" und der Begriff der „Unzucht" erst später (Jer, Ez) belegt sei.

250 Jeremias, ATD 24,2, 63, rechnet zwar mit der Möglichkeit, dass in Am 5,11 ein Amoswort vorliegen könnte, weist andererseits (ebd., 70) aber darauf hin, dass der Vers umständlich eingeführt sei, anders als V. 7.10.12 mit einem eigenen Unheilswort abgeschlossen werde und an der sprachlichen Verzahnung von V. 7.10.12 mit V. 14f. („hassen": V. 10, „im Tor": V. 10.12; „Recht": V. 7) keinen Anteil habe.

stehen jeweils im Verdacht, sich sekundär zu ihren Kontexten zu verhalten.[252] Außerdem bestehen klare literarische Bezüge zur Fluchreihe Dtn 28 (s. V. 30.38-40).

Daher führt Schart diese vier Texte auf die „D-Redaktion" zurück, welche die Prophetenschriften Hos, Am, Mi und Zeph dem dtr. Denken nahe stehend redigiert habe: „Das von den Propheten angekündigte Unheil erscheint so als der beim Bundesschluß am Sinai in Kraft gesetzte Fluch für den Abfall von Jahwes Tora."[253] So plausibel diese These auf den ersten Blick wirkt, letztlich überzeugt sie nicht, und zwar aus folgenden Gründen:

Erstens sind die Abhängigkeitsverhältnisse zwischen den vier Prophetenstellen und Dtn 28 nicht in den Griff zu bekommen. Während Schart eine Abhängigkeit von Dtn 28 annimmt, rechnet umgekehrt Steymans damit, dass die Prophetenworte Dtn 28 vorausgehen[254]. Datierungsfragen verkomplizieren den Sachverhalt[255].

Zweitens scheinen solche Vergeblichkeitsflüche ein durchaus geläufiges altorientalisches Phänomen gewesen zu sein[256], so dass sie daher sowohl von den Propheten aufgegriffen als auch von den Tradenten der prophetischen

---

251 Mi 6,9-16 selbst ist bereits als eine spätere Fortschreibung in der Michaschrift anzusehen. Außerdem ist der Text kaum einheitlich (s. den Wechsel in der Anrede, den nicht zu Beginn stehenden Höraufruf, die unterschiedlichen Strafankündigungen), sondern bestehe – so die vermittelnde Position von Kessler, HThKAT, 275ff. – aus zwei Orakeln gegen Jerusalem (A: V. 9a.12.13.14b; B: V. 9b.10f.14a.15), die ineinander gearbeitet und mit Hilfe von V. 16 in Mi eingefügt worden seien. Vgl. Wolff, BK.AT XIV/4, 170f., der zu Mi 6,14f. auf die längere Reihe Dtn 28,30.31.38-41 verweist, und noch einmal Kessler, HThKAT, 276.280.

252 Hag 1,6 kann hier außer Betracht bleiben, da die Haggaischrift ohnehin erst nachexilisch (s. Hag 1,1) zu datieren ist.

253 Schart, Entstehung, 210; s. auch ebd., 163.200.209. Schart hatte zunächst noch vorsichtiger geurteilt, dass Zeph 1,13b in Anlehnung an Am 5,11 und Dtn 28.30.39 formuliert worden sei; dazu vgl. auch Nogalski, Precursors, 190f., der V. 13 als dtr. bezeichnet, ihn aber ebenso für ein Zitat aus Am 5,11 hält.

254 S. Steymans, Deuteronomium 28, 298.

255 Steymans, Deuteronomium 28, 377 (vgl. auch Otto, Deuteronomium, 69), denkt an den Zeitraum zwischen 672 (Abfassung der literarischen Vorlage, der Nachfolgeeide Asarhaddons) und 612 (Untergang des neuassyrischen Reiches). Steymans nimmt zwar an, dass Dtn 28 zur Zeit Josias bereits vorgelegen habe, erwägt aber immerhin auch Möglichkeiten einer späteren Entstehung, z. B. könnten die Regelung der Nachfolge zwischen Nebukadnezar und Zedekia 597 oder in exilisch-nachexilischer Zeit literarische Interessen weitere Anstöße für die Entstehung des Textes darstellen. Nach Rose, ZBK.AT 5.2, 533ff., hingegen stammten in Dtn 28 lediglich die V. 1*.2*.3.4*.5-9.15*.17-19.20*.25*.45*.46*.69* von den Theologen der Schicht III (=DtrH), während für den gesamten weiteren Textbestand und damit die Ausdehnung des Fluchteils spätdtr. Hände (Schicht IV) verantwortlich seien: diese hätten sich „von Fluchtexten unterschiedlicher Herkunft inspirieren lassen, um ein möglichst düsteres Bild zu zeichnen, das Israel vor Unglauben und Untreue abschrecken soll" (ebd. 538).

256 S. z. B. die Belege bei Schottroff, Fluchspruch, 67f.153ff.; Podella, Notzeit-Mythologem, 434ff.

Überlieferung rezipiert worden sein können[257], um die angesagte Notzeit auf plastische Weise auszudrücken[258]. Eine Kenntnis von Dtn 28 ist also – selbst wenn mit der zeitlichen Priorität dieses Textes gerechnet wird – gar nicht für die Abfassung der Stellen Hos 4,10a; Am 5,11aβb; Mi 6,14aα.15; Zeph 1,13b erforderlich gewesen.

Drittens spricht gegen die Annahme einer Schriften übergreifenden Redaktion, dass Zeph 1,13b keine besondere Bedeutung für die Komposition von Zeph erkennen lässt, sondern vielmehr aufgrund von Stichwortassoziationen („Häuser") in den Text gelangt sein dürfte[259].

Viertens stellt die von Schart formulierte Intention, die prophetische Unheilsankündigung würde als Folge der Fluchandrohung im Fall des Abfalls von YHWHs Gesetz dargestellt werden, eine Überinterpretation dar. Denn weder ist ein expliziter Verweis auf das Gesetz noch eine Aufforderung zum Tun des Willens YHWHs ersichtlich.

Somit ergibt sich, dass eine These, die Hos 4,10a; Am 5,11aβb; Mi 6,14aα.15 und Zeph 1,13b auf eine dtr. geprägte, Schriften übergreifende, Dtn 28,30.38-40 voraussetzende Redaktion zurückführen möchte, nicht überzeugt. Wann Zeph 1,13b in die Komposition 1,7-16 eingeschrieben wurde, muss angesichts der unbestimmbaren Abhängigkeitsverhältnisse zwar offen bleiben. Es spricht aber jedenfalls nichts dagegen, V. 13b der exilisch erfolgten Erstkomposition der Zephanjaschrift zuzurechnen, da sich zu ihr die Wirkung des Vergeblichkeitsfluchs, die Veranschaulichung der Notzeit, gut fügt. Nicht auszuschließen ist auch die Ansicht von Striek, der Zeph 1,13b als Zitat bzw. besser noch Randbemerkung aus Am 5,11 bezeichnet[260]. Dass dann die These Scharts, nach dem die Zephanjaschrift von vornherein auf die Amosschrift bezogen sei[261], eine zusätzliche Stütze erhielte, ist kaum von Gewicht, da diese als die signifikanteste auf keinen Fall die Schwäche der anderen Beobachtungen kompensieren könnte.

---

257 Vgl. die Überlegungen Podellas, Notzeit-Mythologem, 445f., zur möglichen Traditionsgeschichte.

258 Vgl. Podella, Notzeit-Mythologem, 439: „Die Notzeit, von der Menschen, Tiere und Götterwelt gleichermaßen betroffen sind, entsteht dadurch, daß ein Gott aus Zorn seinen Verantwortungsbereich verlässt und für die Menschen unerreichbar wird. Anzeichen der Not ist – wie im atl. Nichtigkeitsfluch – auch hier, daß vitale Lebensäußerungen ihre Wirkung verlieren: Essen und Trinken führen nicht zur Sättigung; der Fortpflanzungsakt bringt keine Nachkommen." Zur Frage nach der „Wanderung zwischen verschiedenen Textgattungen: Fluchabschnitte aus Gesetzbüchern und prophetische Gerichtsworte" (ebd., 433) bietet Podella, ebd., 446, folgende Lösung an: „dieser doppelte Aspekt, Gotteszorn und juridische Verwendung, wurde von den alttestamentlichen Autoren aufgenommen und konnte sowohl in die Gesetzesformulierungen als auch in die prophetischen Gerichtsworte und dann in das dtr Segen- und Fluchschema entlehnt werden."

259 Vgl. auch Striek, Zephanjabuch, 114 Anm. 335, der Zeph 1,13b zu seinem vordeuteronomistischen Zephanjabuch rechnet, sowie Perlitt, ATD 25,1, 113.

260 Striek, Zephanjabuch, 112. Seybold, ZBK.AT 24,2, 99, bezeichnet S. 13c-e dagegen als „ein geflügeltes Wort, das von der Vergeblichkeit der Arbeit handelt".

261 S. Schart, Entstehung, 216, und dazu bereits oben S. 106f.

## 3. Zeph 2,1-3

### 3.1. Zur Stellung in der Zephanjaschrift

Angesichts des abschließend wirkenden Verses 1,18aβγb beginnt mit 2,1 ein neuer Abschnitt[262]. Aber auch die Imperative und die direkte Anrede einer konkreten Personengruppe in V. 1 bewirken einen klaren Neueinsatz. Da am Ende von V. 4 die masoretische Setuma und das in V. 5 einen Neueinsatz markierende הוי einen Einschnitt anzeigen und V. 4 mit כי an V. 3 anzuschließen scheint, könnte die Passage bis einschließlich V. 4 reichen[263]. Dennoch dürfte mit V. 3 das Ende des Textes erreicht sein. Denn zum einen finden sich im folgenden Textbereich die Themen „Tag YHWHs", Gerechtigkeit und Demut nicht mehr. Zum anderen begegnen im Folgenden auch nicht die Adressaten von V. 1-3. Weiter ist der in V. 4 zu beobachtende thematische Wechsel hin zu den Völkern von einigem Gewicht.[264] Das כי kann dann entweder mit einem kompositionellen Eingriff erklärt werden, der die Fremdvölkersprüche als weitere Begründung für den Aufruf von V. 1-3 verstehen möchte[265], oder es besitzt emphatische Bedeutung bzw. hat in diesem Sinn bereits primär zum ersten Fremdvölkerspruch 2,4.5-7 gehört[266]. Schließlich lassen die Aufforderungen in V. 3 mit dem Hinweis auf eine mögliche Verschonung am „Tag YHWHs" keine Fortsetzung mehr erwarten[267]. Mit V. 3 ist der Abschnitt also abgeschlossen.

Fragt man nach seiner Position in der Makrostruktur der Zephanjaschrift, wird – wie bereits gesagt[268] – die Passage teilweise zu den folgenden Fremdvölkersprüchen, teilweise zu den vorangegangenen Unheilsankündigungen gerechnet. Da im Blick auf Adressaten[269] und Inhalt jedoch keine Beziehung zu den Fremdvölkersprüchen erkenntlich ist, fügt sich der Abschnitt 2,1-3 besser zum Teil 1,2-18. Positiv passt die Aufforderung an das (vermutlich judäische) Volk sowohl hinsichtlich der Adressaten als auch angesichts des inhaltlichen Bezugs auf den „Tag YHWHs" sinnvoll zu den Unheilsankündigungen gegen Jerusalemer Oberschichtskreise von Teil 1. Andererseits aber markieren die die Makrostruktur prägenden Textteile Zeph 1,2-3; 1,18aβγb (und 3,8bβγ) bereits vor 2,1-3 einen deutlichen Einschnitt[270]. Dies führt zu

---

262 Vgl. dazu auch oben S. 80f.
263 So Ryou, Oracles, 145.186 samt Anm. 44; Berlin, AB 25A, 95ff.99.
264 S. etwa auch Ben Zvi, 296; Weigl, Zefanja, 103; Striek, Zephanjabuch, 68 Anm. 196.
265 So z. B. Ryou, Oracles, 295f.; Koenen, Heil, 34f.
266 So z. B. Striek, Zephanjabuch, 69 Anm. 201; Irsigler, HThKAT, 198.
267 Vgl. auch Irsigler, HThKAT, 193.
268 S. oben S. 80f.
269 Sollte der Abschnitt 3,1-8 zum Fremdvölkerteil hinzuzurechnen sein (vgl. die diversen, S. 80f. notierten Positionen), stünde er, obwohl Juda/Jerusalem angesprochen wird, aufgrund des Rückblicks in V. 6 trotzdem in Beziehung zu den Unheilsankündigungen gegen die Völker, während gleiches in 2,1-3 nicht der Fall ist.
270 S. etwa Ryou, Oracles, 283f.; Schart, Entstehung, 204f.; Irsigler, HThKAT, 40f. Freilich stehen die Signale in 1,18 und 3,8 im Verdacht, erst spät in der Literargeschichte der

dem Schluss, dass der Abschnitt 2,1-3 als Nachtrag zu Teil 1 (1,2-18) fungiert[271]. Ob in einer früheren Ausgabe die Passage 2,1-3 (oder ein noch zu eruierender Grundbestand) einmal den Schluss von Teil 1 gebildet hat[272] oder auch im literargeschichtlichen Sinn von einem Anhang an die Komposition 1,2-18 gesprochen werden kann, wird noch zu prüfen sein.

## 3.2. Textgrundlage

1a Sammelt euch (wie Spreu) und sammelt[273],
b du Volk, das nach nichts strebt[274]!

---

Zephanjaschrift hinzugefügt worden zu sein. Zu bedenken ist hierbei jedoch, dass aufgrund ihrer Einfügung an den betreffenden Stellen offenbar Einschnitte gesehen wurden, auch wenn umgekehrt wiederum einzuräumen ist, dass auf früheren redaktionellen Stufen andere Kompositionsschemata leitend gewesen sein mögen (vgl. Irsigler, HThKAT, 43).

271 Vgl. auch Perlitt, ATD 25,1, 98.

272 So z. B. Irsigler, HThKAT, 43f.

273 Das Verständnis der beiden Imperative von V. 1a ist äußerst strittig. Das liegt zunächst daran, dass das hier im Kal und Hitpael gebrauchte Verbum קשש sonst nur im Polel belegt ist (eine Ableitung hiervon ist von vornherein wahrscheinlicher als der Vorschlag von Rudolph, KAT XIII,3, 271 Textanm. 1, das im Arabischen häufig belegte Verb קוש heranzuziehen, was die Streichung des Dagesch erforderte). Dabei drückt es immer einen Sammlungsvorgang aus, nämlich von Strohhäckseln (Ex 5,7.12) oder von Holz (Num 15,32.33; I Reg 17,10.12). Da die alten Übersetzungen den Zusammenhang des Hitpael (reflexiv) und Kal (intensivierend, daher ohne Objekt) mit dem Polel bestätigen, werden die Imperative von קשש in Zeph 2,1 oft mit „sammeln" übersetzt: „Sammelt euch und sammelt!" (vgl. Irsigler, HThKAT, 195) bzw. „Tut so als ob ihr Stoppeln sammelt und sammelt Stoppeln!" (so Seybold, Prophetie, 35f., der für das Hitpael eine demonstrative Bedeutung annimmt und außerdem ironisch versteht). Nun ist es aber merkwürdig, dass ausgerechnet dieses seltene Wort gewählt wurde, um ein allgemeines „Sammeln" auszudrücken (so der Einwand von Koenen, Heil, 28). Ein spiritualisierender Sinn („sich sammeln" als „in sich gehen", so Edler, Kerygma, 9.205.208; Elliger, ATD 25, 67) ist aber wenig wahrscheinlich, da die anderen Belege von קשש einen sehr konkreten Vorgang bezeichnen (so die Kritik von Weigl, Zefanja, 100). Daher dürfte der Vorschlag weiterführen, das zugrunde liegende Nomen קש („Strohstoppel") in die Ermittlung der Bedeutung mit einzubeziehen (so Ro, Armenfrömmigkeit, 91f.), ohne allerdings das Nomen als Objekt mit ins Spiel zu bringen (so aber Koenen, Heil, 23; Seybold, Prophetie, 35f., welche die Anweisung, Stroh zu sammeln als Aufforderung zum Zusammensammeln des Lebensnotwendigen verstanden wissen wollen). Angesichts der prophetischen Belege, die in eschatologischer Gerichtsperspektive קש bildhaft als vom Feuer vertilgtes Stroh verstehen (s. Jes 5,24; 33,11; 47,14; Joel 2,5; Nah 1,10; Mal 3,19 – anders nur Jes 40,24; 41,2: Vergleich mit vom Wind verwehter Spreu [dazu vgl. Zeph 2,2 mit מץ]), käme man dann (mit Ro, Armenfrömmigkeit, 92; vgl. auch Berlin, AB 25A, 96) zu der Bedeutung: „Sammelt euch und sammelt (um wie Stroh im Feuer vernichtet zu werden)!" Daraus folgt: „Die Imperative sind ironisch gemeint und implizieren eine unheimliche Drohung; sie weisen den Adressaten nur den Weg, das für

2aα Bevor Beschlossenes ins Leben tritt[275],
    β – wie Spreu zieht vorüber ein Tag[276] –[277]
bα₁ bevor[278] über euch kommt bα₂ die Glut des Zornes YHWHs,
bβ bevor über euch kommt bγ der Tag des Zornes YHWHs,[279]

---

das bevorstehende Jahwegericht notwendige Material zu werden" (Ro, Armenfrömmig-keit, 92).

274 Auch das Verständnis der zweiten Vershälfte ist strittig, und zwar deshalb, weil das Verb כסף (II) so selten belegt ist. Es ist jedoch an allen Stellen mit „sich nach etwas sehnen" / „verlangen nach" wiederzugeben, und zwar im Kal (Ps 17,12; Hi 14,15) genauso wie im Nifal (Gen 31,30; Ps 84,3). Daher kommt z. B. Edler, Kerygma, 209f., zu der Überset-zung „Volk ohne Sehnsucht". Allerdings findet sich an diesen Stellen ein mit ל einge-führtes Objekt, das in Zeph 2,1 fehlt. Deshalb favorisiert Seybold, Prophetie, 37f. (vgl. auch Koenen, Heil, 28; Weigl, Zefanja, 101) eine Ableitung von einem weiteren Verb כסף (I), dem das Substantiv כֶּסֶף zugrunde liege und das daher mit „Silber brechen" wiederzugeben wäre (von Rudolph, KAT, 271 Textanm. 1, spiritualisiert: „Leute, die ihr so ungebrochen seid"). Damit handle es sich um ein „Volk, das kein Silber bricht", also arm ist und kein Geld habe. Das Postulat eines *hapax legomenon* ist ohnehin schon ge-wagt. Darüber hinaus muss es hier als unwahrscheinlich erachtet werden, da כסף (II) ansonsten einen einhelligen Sinn besitzt und eine Abweichung von demselben für die Hörer bzw. Leser schwer zu erkennen wäre. Dass in Zeph 2,1 kein Präpositionalobjekt genannt ist, dürfte an der Bedeutung des Verbs nichts ändern, wohl aber den Akzent auf die vom Verb beschriebene Aktion legen: „Volk, das kein Streben zeigt" / „Volk ohne Sehnsucht" (so mit Irsigler, HThKAT, 196; vgl. auch Ben Zvi, Study, 142; Ro, Armen-frömmigkeit, 93 Anm. 318; Perlitt, ATD 25,1, 119).

275 Die Übersetzung von V. 2aα stammt von Perlitt, ATD 25,1, 118. Sie zeigt, dass MT verständlich ist und sinnvoll interpretiert werden kann: gemeint ist in V. 2a die bedrän-gende Nähe des eintreffenden Unheils. Außerdem ist MT von der Textüberlieferung gut bezeugt. S. auch Weigl, Zefanja, 101f.; Striek, Zephanjabuch, 128f.. Daher kann der Vorschlag der BHS (so z. B. auch Irsigler, Gottesgericht, 62ff.; ders., HThKAT, 197), der zwei Konsonanten (א und ו) ergänzen, eine Umstellung (ח/ר) vornehmen und in die Punktation eingreifen will („bevor ihr verjagt werdet"), nicht überzeugen. Auch Seybold, Prophetie, 38; ders., ZBK.AT 24,2, 103, befürwortet eine Konjektur (lediglich Auslas-sung von zwei Konsonanten: ר, ל zu לרדת חלק „bevor dem Niedertreten die Feldflur [verfällt]", d. h. dann: „Noch eine kurze Zeit bleibt den Armen, [...] sich mit Resten ein-zudecken, bevor das große Zertreten einsetzt und die Feldflut zur Weide der Tiere wird"), die immerhin in dem von ihm rekonstruierten Bild verbleibt.

276 Wiederum ist MT verständlich, sinnvoll und gut bezeugt. Daher überzeugen auch hier die Versuche nicht, eine von MT abweichende Lesart (etwa Irsigler, HThKAT, 197: עבר als Partizip, יום als in den Text eingedrungene Randlesart) zu konstruieren; s. dazu Weigl, Zefanja, 102.

277 Loretz, Textologie, 223, möchte in V. 2a keine Posie erkennen. Vom Konsonantenbe-stand her (9+9) wäre dies aber ohne weiteres möglich. Außerdem können V. 2aα und V. 2aβ als parallele Sätze verstanden werden, die beide die Unberechenbarkeit und Nähe des Tages ausdrücken. S. auch Elliger, ATD 25, 67.

278 Die Kombination von בְּטֶרֶם und לא ist ungewöhnlich, dürfte aber im Sinn einer doppel-ten Verneinung zu deuten sein: s. Gesenius/Kautzsch, Grammatik, §152y; Berlin, AB 25A, 97; Perlitt, ATD 25,1, 119 Anm. 25.

279 V. 2bα und V. 2bβγ würden zwar einen Parallelismus ergeben, dessen Metrum allerdings mit 5+5 zu bestimmen wäre; s. Irsigler, HThKAT, 199. Ob dies angesichts des schwer-

3aα suchet YHWH, alle Demütigen des Landes[280], aβ die sein Recht tun[281]![282]
        bα Suchet Gerechtigkeit,
            suchet Demut[283],
        bβ vielleicht werdet ihr verborgen bleiben
        bγ am Tag des Zornes YHWHs.

### 3.3. Literargeschichtliche Probleme

Der Aufbau des Abschnitts Zeph 2,1-3 lässt sich folgendermaßen veranschaulichen:

1    Ironische Aufforderung an das Volk, sich zum Gericht zu sammeln
2    Zeitangaben
3    Ermahnung an die Demütigen mit Aussicht auf Verschonung am „Tag YHWHs"

In diese Darstellung gehen freilich die oben verhandelten semantischen und die unten noch zu diskutierenden literargeschichtlichen Entscheidungen bereits mit ein. Auf den ersten Blick nämlich ist der Text wenig durchsichtig. Deshalb ist es auch strittig, ob die Prophetenrede[284] Zeph 2,1-3 als literarisch einheitlicher Text[285] begriffen werden kann. Freilich begegnet kein derartig auffälliger Befund wie ein Sprecherwechsel[286]. Die gravierendste Spannung wird in dem Unterschied zwischen den in V. 1 und V. 3 angesprochenen Adressaten konstatiert. In V. 3 handle es sich bei den כָּל־עַנְוֵי הָאָרֶץ – über

---

wiegenden Inhalts gerechtfertigt wäre? (Vgl. dagegen jedoch 1,15.18bβγ; 3,8bβγ.) Elliger, ATD 25, teilt die Zeilen jeweils in 2 Kola mit dem Metrum 3+2 (das ergäben 15+10 bzw. 15+9 Konsonanten). Ryou, Oracles, 182.188, erkennt in V. 2 drei Bikola (3+3, 4+3, 4+3). Loretz, Textologie, 223, rechnet hier nicht mit Poesie.

280 Wenige hebräische Handschriften sowie die Prophetenrolle vom Wadi Murabbaat bezeugen ארץ ohne Artikel. Da diese Lesart Jes 11,4; Am 8,4; Ps 72,12 entspricht, dürfte sie eine Glättung und MT mit Artikel die *lectio difficilior* darstellen.

281 S. Weigl, Zefanja, 103, zur Lesart von LXX und Peschitta. Diese übersetzen פעלו als Imperativ und stellen damit eine Angleichung an V. 3aα dar. Zur Übersetzung mit Präsens s. Gesenius/Kautzsch, Grammatik, §106i.k.

282 Elliger, ATD 25, 67, bestimmt für V. 3a ein Metrum von 4+3. Allerdings ist die Zeile recht umfangreich (s. Loretz, Textologie, 223: beide Kola zusammen ergeben 32 Konsonanten) und man müsste einen synthetischen Parallelismus annehmen. Auch Irsigler, HThKAT, 199, spricht sich gegen eine poetische Einordnung aus.

283 S. Weigl, Zefanja, 103, zur Lesart der LXX.

284 Dazu vgl. Ben Zvi, Study, 296.

285 So Edler, Kerygma, 205; Weigl, Zefanja, 103; Neef, Gottesgericht, 542; ders., Glaube, 150f.

286 Seybold, Text, 50 samt Anm. 5, hält zwar 2,1-2a für YHWHrede, in 2,2b-3 begegne dann YHWH in 3. Person, kann dies aber nur mit der Folge von 1,2(ff.).8f.10f.12f.17f. begründen. Dies aber ist ein zu schwaches Argument, da jeglicher Hinweis aus 2,1-2a selbst fehlt.

die bloße wirtschaftliche Armut (vgl. z. B. Am 2,7; 8,4) hinausgehend[287] – um eine spirituelle Gruppe (vgl. z. B. Jes 11,4; 29,19; 61,1; Ps 9,13.19; 10,12.17; 25,9), die über die rechte religiöse Einstellung verfüge[288]. Diese stehe im Gegensatz zu dem in V. 1 angeredeten Volk (הַגּוֹי לֹא נִכְסָף). Schon die Vertreter einer Ableitung von כסף I („Silber brechen"), aus der eine Identifikation der Angeredeten mit materiell Armen folge, betonen die Differenz der Adressaten von V. 1 und V. 3[289]. Genauso wird im Fall einer Ableitung von כסף II („sich sehnen") darauf hingewiesen, dass die in V. 1 Angesprochenen als Gleichgültige nicht mit der in V. 3 genannten Gruppe in Einklang zu bringen seien[290]. Folglich wird entweder der gesamte V. 3 (evtl. mit Anteilen aus V. 2)[291] oder aber wenigstens V. 3a[292] als Zusatz beurteilt. Diese Argumentation ist zunächst als stichhaltig zu bewerten.

Die Problemlage stellt sich jedoch anders dar, wenn der oben vertretenen semantischen Analyse der Verbformen der Wurzel קשׁשׁ gefolgt wird. Berücksichtigt man nämlich die Verwendung des Nomens קשׁ in der Prophetie, wird in V. 1 ein (Sich-)Sammeln befohlen, das zur Vernichtung führt, wie dies mit Stroh im Feuer geschieht. Die Aufforderung, sich selbst dem Verderben auszuliefern, kann wohl nur ironisch-sarkastisch gemeint sein. Sind die Zeitangaben von V. 2 zu V. 1 zu ziehen, verstärkt der Hinweis von V. 2a, dies solle geschehen, bevor der entsprechende Zeitpunkt festgesetzt werde, nur den Hohn der Aufforderung. Weiter ist zu beachten, dass das mit der Wurzel כסף beschriebene „Volk"[293] trotz anderer Ableitung lautmalerisch an die in V. 11 und V. 18aα angeklagten Personen zurückerinnert. Auch inhaltlich stimmt die Haltung, sich nach nichts bzw. nicht nach YHWH[294] zu sehnen, mit dem überein, wie zuvor die Adressaten der Unheilsverkündigung charakterisiert werden: diesen ist YHWH

---

287 So Weigl, Zefanja, 113. Aber die Einseitigkeit dieser Auffassung zeigt sich schon angesichts des Relativsatzes von V. 3, der die Armen automatisch als solche bezeichnet, die
   Recht tun. Dies spricht aber dafür, dass hier eine Vorstellung zu Wort kommt, die eine
   Bedeutung der Armen als exemplarische Fromme vorauszusetzen scheint.
288 S. etwa Irsigler, HThKAT, 206; Koenen, Heil, 31; Seybold, ZBK.AT 24,2, 103; Ro,
   Armenfrömmigkeit, 105f.; Striek, Zephanjabuch, 132f.
289 S. Seybold, Text, 53f.; ders., Prophetie, 37f.; ders., ZBK.AT 24,2, 103; Koenen, Heil,
   31; Striek, Zephanjabuch, 133. Anders Weigl, Zefanja, 99ff.
290 S. Irsigler, HThKAT, 198f.; Striek, Zephanjabuch, 133; Elliger, ATD 25,69.
291 So z. B. Koenen, Heil, 31. Seybold, Text, 50.53; ders., Prophetie, 37f.98; ders., ZBK.AT
   24,2, 103, unterscheidet mehrere Phasen: V. 1-2a sei ein Logion Zephanjas, V. 2b, V. 3b
   und V. 3a stellten Nachinterpretationen dar.
292 So z. B. Irsigler, HThKAT, 199; Elliger, ATD 25, 69; Striek, Zephanjabuch, 132ff.;
   Perlitt, ATD 25,1, 119; vgl. auch Vlaardingerbroek, HCOT, 114ff. (nur V. 3aα ab כָל
   und V. 3aβ); ebenso Ryou, Oracles, 295.
293 Z. B. Ps 43,1 und Jes 1,4 zeigen, dass mit dem Begriff גּוֹי durchaus auch eine Gruppe
   innerhalb der Gesamtgröße gemeint sein kann. Ryou, Oracles, 196, interpretiert diese
   Bezeichnung als eine Abwertung, da sie einen Begriff gebraucht, mit dem sonst fremde
   Völker belegt werden.
294 So Striek, Zephanjabuch, 128; Ro, Armenfrömmigkeit, 93 Anm. 318. Vgl. Ps 84,3.

gleichgültig (V. 13). Handelt es sich bei den Adressaten von V. 1 um die bereits in Kap. 1 angeklagten Gruppierungen[295], kann zwischen V. 1 und V. 3 keine Spannung mehr festgestellt werden. V. 1 würde ein Mahnwort karikieren, wohl wissend und den Unheilsankündigungen von Kap. 1 entsprechend, dass den angesprochenen Kreisen das unausweichliche Gericht bevorsteht. Ihnen gegenüber würde V. 3 die Demütigen in ihrer Haltung bestärken und ihnen die Verschonung im Gericht in Aussicht stellen. So gesehen spricht nichts mehr zwingend für die Annahme, dass Zeph 2,1-3 ein Produkt mehrerer Hände mit unterscheidbaren theologischen Profilen ist. Allerdings besteht der Text eigentlich aus zwei Sprüchen, der ironischen Aufforderung an das „Volk" V. 1 und der Ermahnung an die Demütigen V. 3.

Jedoch sind noch weitere Probleme zu diskutieren. Erstens wird zwischen der Bezeichnung der Demütigen als eine das Recht YHWHs praktizierende Gruppe in V. 3a und der nochmaligen Aufforderung zu Gerechtigkeit und Demut in V. 3b eine Spannung konstatiert[296]. Da es für ein entsprechendes Vorgehen, einer Aufforderung zu einem sowieso schon praktizierten Verhalten, aber zahlreiche Analogien[297] gibt, muss hierin kein Widerspruch gesehen werden, der auf verschiedene literarische Schichten hinweist. Außerdem überzeugt die Lösung, die V. 3a für sekundär erklärt, deshalb nicht, weil dann zwischen der Aufforderung V. 3b mit ihrer Aussicht auf Verschonung und der ironisch gemeinten Mahnung V. 1 eine unauflösbare Spannung bestünde. Daher ist es plausibler, an der Einheitlichkeit von V. 3 und damit auch an der einheitlichen Konzipierung des gesamten Textes festzuhalten.

Zweitens wird die in V. 2 vorliegende Häufung der Konjunktion בְּטֶרֶם zuweilen als eine literarkritisch relevante Wiederholung beurteilt, da der nur

---

295 So auch Striek, Zephanjabuch, 128; Rudolph, KAT XII,3, 272f.; Irsigler, HThKAT, 203, gesteht diesen Zusammenhang erst auf der Ebene der Komposition zu. Wenn man seine Voraussetzung, bei 2,1-2.3b handle es sich um einen authentischen Spruch Zephanjas, nicht teilt, sondern von vornherein nur mit einem literarisch konzipierten Text rechnet, stünde V. 1 mit Kap. 1 bereits primär in Beziehung.

296 So Irsigler, Gottesgericht, 132; ders., HThKAT, 199; Seybold, Text, 53f.; ders., Prophetie, 37f.; ders., ZBK.AT 24,2, 103; Ryou, Oracles, 294f.313; Striek, Zephanjabuch, 134; Perlitt, ATD 25,1, 119. Die Wendung בקש (Piel) mit YHWH als Objekt begegnet zwar auch in 1,6, jedoch finden sich keine weiteren Bezüge. Die genannte Spannung lösen Edler, Kerygma, 18; Rudolph, KAT XIII,3, 273f., mit einer textkritischen Operation (כְּכֹל־) wegen Haplographie: „wie die Armen"), wofür aber keine Anhaltspunkte gegeben sind (vgl. Ben Zvi, Study, 146f.).

297 Man mache sich nur die Gleichzeitigkeit von Zuspruch und Ermahnung im alltäglichen erzieherischen Bereich bewusst: Vgl. etwa die weisheitlichen Mahnworte, die das bereits Erfahrung gewordene Wissen in der Form einer Mahnung pädagogisch umsetzen und dabei vielen Adressaten sicher bereits Bekanntes und von ihnen Berückichtigtes vermitteln (z. B. Prov 3,5.7.9; 19,18; 20,13; 22,10; 23,22; 24,21; 27,23). Vgl. auch die mit der Wertschätzung gemeinsam geäußerte Paränese z. B. in den Paulusbriefen (s. etwa Phil 1,9 im Kontext von 1,3.5 oder den Aufbau der Briefe insgesamt). Weigl, Zefanja, 104, nennt die „allsonntägliche Aufforderung an die Teilnehmer einer Eucharistiefeier, in ihrem Handeln das zu verwirklichen, was sie sowieso schon tun und weshalb sie überhaupt erst zur Feier zusammenkommen: ihren Glauben im Alltag wirksam werden zu lassen."

zum Vergleich für die kurze Frist dienende Terminus יוֹם von V. 2a aufgegriffen und als Hinweis auf Glut (V. 2bα) bzw. Tag (V. 2bβγ) YHWHs neu
gedeutet werde, außerdem die poetische Struktur von V. 1-2a verlassen sei.[298]
Gegen eine literargeschichtliche Differenzierung spricht jedoch zum einen,
dass die Rede von der „Glut des Zornes YHWHs" nicht auf spezifische Zusammenhänge festgelegt ist[299] und auch die Begriffe חָרוֹן und יוֹם miteinander kombiniert sein können (s. Jes 13,9.13). Zum anderen expliziert V. 2b
trotz möglicher Anspielung auf Jes 13[300] keine Bedeutungsverschiebung, die
den lokal begrenzten Rahmen aufsprengen und so eine Differenz zu V. 2a
bewirken würde. Weiter kann, da der Begriff יוֹם in V. 2a dazu dient, die
Kürze der Zeitspanne auszudrücken[301], zwischen diesem יוֹם und dem „Tag
YHWHs" in V. 2b keine Spannung gesehen werden, da beide Aussagen auf
verschiedenen Ebenen liegen. Die Differenz wäre vielmehr zwischen dem
„Tag YHWHs" (V. 2b) und dem „Geborenwerden von Beschlossenem"
(V. 2a) zu suchen, was aber kaum gelingen dürfte. Eher zeigt sich eine die
Kohärenz stützende Steigerung: die Gedankenfolge baut ausgehend vom
recht vagen „Geborenwerden einer festen Zeit" über „die Glut des Zornes"
eine Spannung auf, die mit dem Begriff „Tag des Zornes YHWHs" zu ihrem
Höhepunkt kommt.[302] Schließlich stellt die Argumentation mit der poetischen
Struktur kein schlagendes Argument dar.

Somit dürfte die Annahme der einheitlichen Abfassung des Textes 2,1-3
wahrscheinlicher sein als die Vermutung, hier hätten verschiedene Verfasser

---

298 So Seybold, Text, 49.53; ders., ZBK.AT 24,2, 103, der nicht nur zwischen V 2a und
   V. 2b, sondern auch zwischen V. 2bα und V. 2bβγ differenzieren möchte: V. 2bα inter-
   pretiere den Text apokalyptisch als Warnung vor dem Endgericht („Glut") und V. 2bβγ
   (dtr.?, s. ders, Prophetie, 87) denke an das Exilsgeschick. Mit anderer literargeschichtlicher Zuordnung, aber ebenso mit Differenzierung zwischen den drei Zeilen s. Striek,
   Zephanjabuch, 137f.139f.

299 חָרוֹן אַף (יְהוָה) begegnet in der Zephanjaschrift an zwei Stellen: 3,8 und 2,2. Ein kosmisches Geschehen beschreibt die Wendung (in Kombination mit יוֹם) in Jes 13,9.13 (s.
   Wildberger, BK.AT X/2. 517; Kilian, NEB 32, 98; Kaiser, ATD 18, 16 [„protoapokalyptisch"]) und Jer 4,26 (s. Wanke, ZBK.AT 20.1, 64) vor. Ansonsten begegnet sie zum
   Teil in dtr. Literatur (Ex 32,12; Num 32,14; Dtn 13,18; Jos 7,26; I Sam 28,18; II Reg
   23,26), in Kontexten, die sich auf die Eroberung Judas/Jerusalems 587 (Jer 4,8; 12,13;
   25,37f.; 30,24 [nach Thiel, Redaktion, 41.138.251; Wanke, ZBK.AT 20.1, 59.129, gehören diese Stellen nicht zu dtr. Redaktion]; Hos 11,9; Thr 1,12; 4,11), auf andere Ereignisse in der Geschichte Israels (Ps 78,49; 85,4; II Chr 28,11.13; 29,10; 30,8; Esr 10,14)
   oder ein vergleichbares Schicksal fremder Völker (Jer 49,37; 51,45; Nah 1,6; Jon 3,9) zu
   beziehen scheinen, oder die schlicht das Schicksal der Gottlosen bezeichnen (Ps 69,25;
   Hi 20,23).

300 S. unten S. 137.

301 So auch Koenen, Heil, 29 Anm. 21. Die Vorstellung vom raschen Vergehen der Zeit
   enthalten etwa auch Ps 90,4; 144,4 (יוֹם + עבר). Vgl. dazu außerdem die Stellen, die die
   das Bild der zerstiebenden Spreu gebrauchen: mit קַשׁ Jes 40,24; 41,2, mit מֹץ Jes
   17,13; Hos 13,3; Ps 1,4; 35,5.

302 Vgl. außerdem Jes 13,8; 33,11, wo jeweils das Einschreiten YHWHs und das Bild der
   Schwangerschaft nebeneinander begegnen.

ihre Hand im Spiel gehabt. Wie bereits gesagt, besteht die Passage eigentlich aus zwei Sprüchen, der Karikatur eines Mahnworts an Gleichgültige (V. 1) und der Ermahnung an Demütige (V. 3). Unterschiedliche Absichten verfolgen die beiden Sprüche jedoch nicht, theologische Differenzen sind nicht zu erkennen. Deshalb ist von der einheitlichen Konzipierung[303] von Zeph 2,1-3 auszugehen. Die Zeitangaben lassen sich sowohl zu V. 1[304] als auch zu V. 2[305] ziehen. Wie ist der Abschnitt 2,1-3 nun literargeschichtlich zu verorten?

Möglich wäre erstens die Annahme, dass es sich um einen Text handelt, der entweder mit 1,14-16 auf einer Ebene liegt oder der mit der Fortschreibung 1,17-18aα zusammenhängt. Denn 2,2 bezeichnet den „Tag YHWHs" als Tag des Zorns, wie es in 1,15 geschieht und von 1,18 aufgegriffen wird. Wie 1,14-16 und 1,17-18aα stellt auch 2,1-2 die unheilvolle Bedrohung durch den „Tag YHWHs" dar. Mit der Düsternis von 1,15-16 und der drastischen Ausdrucksweise von 1,17-18aα mag die ironische Aufforderung in 2,1-2, sich vor dem kommenden Zornestag (zum Gericht) zu sammeln, vergleichbar sein. Gegen diese erste Möglichkeit spricht jedoch, dass 2,2.3 mit אף für den „Zorn" einen anderen Begriff verwendet. Noch gewichtiger ist, dass 2,1-3 mit der Aussicht auf eine eventuelle Verschonung der Demütigen ein Ziel verfolgt, das über das Unheilsszenario von Kap. 1 hinausreicht und sich weder mit 1,14-16 noch mit 1,17-18aα in Einklang bringen lässt.

Aufgegriffen werden könnte zweitens das Lösungsangebot, das Koenen unterbreitet. Er führt 2,1-3 bzw. nur 2,3 samt den Erweiterungen 2,7.9b und dem Abschnitt 3,11-13 auf eine gemeinsame Schicht zurück,

> „die die umfassende, gegen ganz Juda gerichtete Unheilsankündigung des ihr vorliegenden Zephanjabuchs einschränkt. Nach den Gerichtsankündigungen von Kap. 1 verkündet diese Schicht in 2,3 zunächst, daß diejenigen, die Jahwe suchen, vielleicht doch verschont werden. 2,7 und 2,9b erklären dann, was mit dem verschonten Rest geschehen wird. Dieser Rest wird das Gebiet der Nachbarvölker, denen die Grundschicht des Zephanjabuchs den Untergang angekündigt hatte, als Besitz erhalten und damit einer materiell gesicherten Zukunft entgegensehen. In 3,11-13 findet sich schließlich in einem selbständigen Text, was bisher nur in Zusätzen stand."[306]

Weiter schilderten die Abschnitte 2,1-3 und 3,11-13 das gleiche eschatologische Szenario, das beim Läuterungsgericht am „Tag YHWHs"

> „Heil für eine sich an Jahwe und sein Recht haltende fromme Gruppe [...] und Unheil für eine sich nicht nach Jahwe sehnende, hochmütige Gruppe in Jerusalem"

---

303 Mit dieser Formulierung wird also eine Lösung vorgeschlagen, die sich einerseits gegen die Annahme literarischen Wachstums und andererseits gegen die Behauptung der Einheitlichkeit des Abschnitts als „Einheit" richtet.

304 So z. B. Irsigler, Gottesgericht, 114ff.; ders., HThKAT, 201ff.

305 So Perlitt, ATD 25,1, 119.

306 Koenen, Heil, 40. Die Texte 2,1-3 und 3,11-13 führt auch Ro, Armenfrömmigkeit, 92.94.96f., auf einen Verfasser zurück, zusätzlich außerdem noch 3,1-5*.6-8.14-17.

vorsehe[307]. Auch gegenüber dieser zweiten Möglichkeit gilt es jedoch einige Einwände zu bedenken. Erstens spielt der „Tag YHWHs" nur in 2,1-3 eine Rolle, nicht in 2,7.9b; 3,11-13. Zwar dürfte in 3,11 die anaphorische, auf 3,8 verweisende Verknüpfungsformel הַהוּא בַּיּוֹם[308] den „Tag YHWHs" anvisieren[309], aber als eigenes Theologumenon begegnet dieser nicht. Zweitens verheißen 2,7.9b; 3,11-13 vollmundig dem Rest Judas eine heilvolle Zukunft, während 2,3 den Demütigen nur „vielleicht" ein Entkommen am „Tag YHWHs" in Aussicht stellt[310]. Bedenkt man jedoch die Stellung von 2,1-3 und 3,11-13 in der Makrostruktur von Zeph, ist die größere Zuversicht in Kap. 3 verständlich. Drittens fällt auf, dass die Vorstellung vom „Rest" nur den Stellen 2,7.9b und 3,11-13 gemeinsam ist. Es kommt hinzu, dass auch die Restvorstellung verschieden ist, da 2,7.9b eher eine Restauration erwarten, 3,11-13 dagegen eine eschatologische Veränderung. Somit kann die These, dass 2,1-3; 2,7.9b; 3,11-13 eine Redaktionsschicht darstellen, schwerlich vertreten werden. Vielmehr ist davon auszugehen, dass 2,1-3 einen eigenständigen Abschnitt darstellt. Allenfalls können die Texte 2,1-3 und 3,11-13 auf eine gemeinsame Redaktion zurückgeführt werden[311].

Für die Datierung[312] sind drei Beobachtungen entscheidend. Erstens lässt schon die Hochschätzung der Demütigen eine relativ späte Entstehung

307 Ro, Armenfrömmigkeit, 94.
308 Der Abschnitt 3,9-10 dürfte einen späteren Eintrag darstellen: erstens sprengt die Passage den Zusammenhang zwischen 3,6-8 und 3,11-13, wo jeweils Jerusalem angeredet ist und das Geschick der Stadt verhandelt wird; zweitens widerspricht die universale völkerpositive Aussage dem unmittelbaren Kontext in 3,11-13, der hinsichtlich Jerusalem Heil lediglich der Gruppe der Armen angekündigt. Vgl. etwa auch Irsigler, HThKAT, 367.
309 Gegen Perlitt, ATD 25,2, 141, der bei seiner Kritik („Die V. 11 einleitende Formel verweist nicht auf den ‚Tag Jahwes' zurück (gegen Striek 201), denn dieser ist nicht Heils-, sondern Unheilstag.") nicht die Entwicklung der „Tag YHWHs"-Vorstellung in der nachexilischen Zeit berücksichtigt.
310 Vgl. auch Bosshard-Nepustil, Rezeptionen, 318; und Irsigler, HThKAT, 394.
311 Es kommt hinzu, dass sich der Abschnitt 3,11-13, wenn 3,9-10 als spätere Erweiterung auszunehmen ist (s. oben Anm. 308), an einem kompositionell entsprechenden Platz wie 2,1-3 (zu diesem Text s. gleich) befindet: die Ankündigung einer totalen Vernichtung in 3,8bγβ wird durch die positive Erwartung hinsichtlich einer Gruppe von Armen eingeschränkt. Hingegen weist Irsigler, HThKAT, 205.394f., darauf hin, dass 3,11-13 als Verheißung für die Zukunft enthalte, dass ein armes und geringes Volk (indeterminiert!) übrigbleiben, dieses sich im Namen YHWHs bergen und vom Bösem, Lüge und Betrug fernhalten wird, während in 2,1-3 sowohl die Existenz einer Größe, die als „Demütige des Landes" bezeichnet werden könne, als auch das Rechttun dieser Gruppe bereits Gegenwart bzw. selbsverständliche Voraussetzung sei. Daher stelle der Abschnitt 2,1-3 den jüngeren Text dar.
312 Ro, Armenfrömmigkeit, 107ff., datiert den s. E. von der gleichen Hand stammenden Paralleltext Zeph 3,11-13 in hellenistische Zeit, da 3,11-13 bereits ein fortgeschrittenes Stadium des aus Jes 66,1ff. ersichtlichen innerjüdischen Konflikts repräsentiert, und versteht die Armenfrömmigkeit mit ihrer Kritik am öffentlichen Kult (s. 3,4) und

vermuten[313]. Zweitens weist der Text aufgrund der Wendung בקש את־יהוה
eine Beziehung zu 1,4-6 auf. Zwischen beiden Passagen besteht der Kontrast,

---

eschatologischen Ausrichtung als eine Vorläuferbewegung der Chasidim. Irsigler,
HThKAT, 206, datiert Zeph 2,3a ins 5., vielleicht erst 4. Jh. Striek, Zephanjabuch, 244f.,
führt 3,11-13 und 2,3a auf die gleiche Schicht zurück und setzt diese frühestens im 5. Jh.
an. Perlitt, ATD 25,1, 119f., sieht in 2,3a eine spätnachexilische Frömmigkeit am Werk,
die eine Differenzierung von Frommen und Frevlern voraussetzt.

313 Grundsätzlich lassen sich im Alten Testament verschiedene Auffassungen von den עֲנָוִים
(„Arme", „Elende") unterscheiden (zum Folgenden s. Berges, Armen, 156ff.; Ro, Armenfrömmigkeit, 200ff. [Zusammenfassung]; Gerstenberger, עָנָה II, 256ff.267ff.; Irsigler, HThKAT, 206.). Auf der einen Seite gelten die עֲנָוִים als die sozial armen,
gewaltsam unterdrückten und ausgebeuteten Schichten Israels. In diesem Sinn wird der
Begriff (bzw. seine Synonyme) in vorexilischer und nachexilischer Zeit in
Rechtskorpora und Prophetenschriften verwendet (z. B. Ex 22,24; 23,6; Lev 14,21;
19,10.15; Dtn 15,11; Jes 10,2; 58,7.10; Jer 22,16; 39,10; 40,7; 52,15f.; Ez 16,49; 18,12;
22,29; Am 2,7; 4,1; 5,11-12; 8,4; Sach 7,10). Auf der anderen Seite werden unter den
עֲנָוִים (bzw. den Synonymen) Leute mit einer bestimmten religiösen Einstellung
verstanden: sie sind sich in frommer Demut ihrer Niedrigkeit vor Gott bewusst, was
jedoch nichts mit wirtschaftlicher Armut zu tun hat. So begegnet der Begriff vor allem in
den Psalmen: hier sind die „Armen" bzw. „Elenden" diejenigen, die ihre Hoffnung auf
YHWH setzen (Ps 9,19; 10,12.18; vgl. auch Jes 41,17; 49,13), ihn loben (Ps 22,27; 34,3;
69,33), in seinem Recht wandeln (Ps 25,9) und von ihm (auch eschatologisch gemeint)
aufgerichtet werden (Ps 12,6; 18,28; 72,12; 147,6; vgl. auch Jes 14,30; 66,2). Aber auch
die Belege in Jes 40-55 dürften dazu zu rechnen sein, die die gesamte Gola aufgrund der
Exilserfahrung als „Arme" bezeichnen (Jes 41,17; 48,10), so auch den Gottesknecht
beschreiben (Jes 53,4.7) und schließlich Zion „Elende" nennen (Jes 51,21; 54,11).
Zwischen diesen beiden Polen gibt es freilich Überschneidungen, etwa wenn in Jes 3,15
die wirtschaftlich ausgenutzten Armen „Volk YHWHs" genannt werden oder in Jes 61,1
die Elenden zugleich parallel zu sozial Ausgegrenzten und frommen Demütigen
erwähnt. – Es liegt auf der Hand, dass Zeph 2,3 die „Elenden" ausschließlich im
religiösen Sinn versteht. Schon aus der Bezeichnung mit כָּל־עַנְוֵי הָאָרֶץ folgt, dass es
sich bei den „Armen" um eine feste Größe handelt, d. h. um eine spezifische
abzugrenzende Gruppierung, was zu wirtschaftlich Armen schwerlich passt. Die
inhaltliche Näherbestimmung dieser Gruppe als solche, „die YHWHs Recht tun", macht
unmissverständlich klar, dass es sich um eine religiöse Größe handelt. S. auch Ro, Armenfrömmigkeit, 106; Berges, Armen, 174; Irsigler, HThKAT, 206; Seybold, ZBK.AT
24,2, 103. Gegenüber einer Auffassung, die aufgrund der mit Am 8,4; Hi 24,4 vergleichbaren Formulierung eine auch soziale Konnotation nicht ausschließen möchte (z. B.
Weigl, Zefanja, 112; Koenen, Heil, 30 Anm. 24; Berlin, AB 25A, 98), weist Ro, Armenfrömmigkeit, 106, darauf hin, dass die Formulierung mit כל und Artikel vor אֶרֶץ Zeph
2,3 von diesen Belegen unterscheidet. Die Aufforderung an die religiöse Gruppierung,
YHWH zu suchen, Gerechtigkeit und Demut zu praktizieren, ist völlig singulär. Die
Parallelbelege in den Psalmen legen eine Datierung von Zeph 2,1-3 in die nachexilische
Zeit nahe. – Für eine späte Ansetzung spricht ebenso die Rede von YHWHs (ersetzt
durch ein Suffix) „Recht" (מִשְׁפָּט) in 2,3. Die überwiegenden Belege für diese
Formulierung (entweder mit YHWH als Genitiv oder Suffixen der 1. oder 3. Person
Singular gebildet) verraten nämlich spät geprägten Sprachgebrauch: s. zu מִשְׁפָּט +
Suffix 3. Person Singular (für YHWH) Dtn 8,11; 11,1; 26,17; 30,16; II Sam 22,23 / Ps
18,23; I Reg 2,3; 8,58; Ps 147,19; Neh 10,30, außerdem Zeph 3,5 (aber im Kontext von

dass 1,6 die fehlende YHWHverehrung anklagt, während 2,3 die Armen in ihrer YHWH verehrenden Haltung bestärkt. Die Frage, ob dieser Kontrast durch die Erweiterung 1,4-6 oder durch den Abschnitt 2,1-3 entstanden ist, dürfte aufgrund der Verbindung der durchaus auch sonst belegten Wendung[314] (hier aber singulär in imperativischer Form) mit der Armenfrömmigkeit zugunsten letzterer Alternative zu entscheiden sein. Auch diese Überlegung legt eine späte Entstehung nahe. Drittens geht aus der Aussicht der Demütigen auf Verschonung und der ironischen Abqualifizierung des „Volkes" eine Differenzierung zwischen Frevlern und Gerechten hervor. Ein solches Denken ist etwa auch in den späten „Tag YHWHs"-Texten Joel 3[315]; Mal 3,13-21[316] ersichtlich. Da dieser traditionsgeschichtlichen Einordnung die Stellung des Textes Zeph 2,1-3 im Kontext – nach V. 18aβγb – entspricht, ist es wahrscheinlich, dass Zeph 2,1-3 auch in literargeschichtlichem Sinn einen Anhang an Teil 1 darstellt. Diese Fortschreibung reagiert auf die frühapokalyptisch gefasste, allgemeine Bedrohung mit der Unterscheidung zwischen Frommen und Frevlern: letzteren bleibt nur die Aussicht auf das Gericht, während die zuerst genannten ermahnt werden, um künftiger Verschonung willen an ihrer Einstellung festzuhalten.

## 3.4. Auswertung der Bezüge

Schart weist auf Beziehungen zwischen V. 1-3 und der „D-Ausgabe" von Am hin: Die Phrase בקש את־יהוה stimme wie Zeph 1,6 mit Am 5,4(.14) (dort דרש) überein, ebenso der Vorbehalt eines „vielleicht" mit Am 5,15. Auch in Am 8,14 seien die עֲנָוִים erwähnt (jedoch noch ökonomisch verstanden), in Am 5,7; 6,12 der Begriff צְדָקָה und das Verb סתר in Am 9,3.[317] Aufgrund dieses Befundes rechnet Schart den Abschnitt Zeph 2,1-3 einmal zur „D-Redaktion" von Zeph[318], ein andermal jedoch einem „nach-dtr." Redaktor zu[319]. Nogalski lässt eine redaktionsgeschichtliche Einordnung offen und stellt lediglich fest, dass diese „verses combine images found in Amos and the Deuteronomistic corpus."[320] Er erwähnt zusätzlich, dass die Wendung

---

YHWHs gerechtem Wirken). Zu מִשְׁפָּט + Suffix 1. Person Singular s. Lev 18,4.5.26; 19,37; 20,22; 25,18; 26,43; I Reg 6,12; 9,4; 11,33; Ez 5,6.7; 11.12.20; 18,9.17; 20,11.13.16.19.21.24; 36,27; 37,24; 44,24; Ps 89,31; I Chr 28,7; II Chr 7,17. Zu מִשְׁפָּט + YHWH im Genitiv s. Jer 8,7 (nach Wanke, ZBK.AT 20.1, 97, stammt der Spruch vielleicht aus der Zeit um 605; aber was mit dem Recht YHWHs gemeint ist, könne nicht mehr geklärt werden); Ps 19,10.

314 S. oben S. 120.
315 Dazu s. unten S. 182.
316 Dazu s. unten S. 282ff.
317 S. Schart, Entstehung, 211f.
318 So Schart, Entstehung, 214.218.
319 So Schart, Entstehung, 212.216.
320 Nogalski, Precursors, 192.

דרש אֶת־יְהוָה in Am 5,6 und in dem dtr. Text II Reg 22,13 begegne, Am 5,4.6 und Zeph 2,3 darin übereinstimmten, dass in allerletzter Minute zur Umkehr aufgerufen werde und mit der Parallele Zeph 1,13 zu Am 5,11 ein weiterer Bezug zum Kapitel Am 5 bestehe. Außerdem bewirke die Formulierung „Recht tun" unter Verwendung des Verbs פעל einen Kontrast zu Hos 6,8; 7,1; Mi 2,1, wo die Angesprochenen als Böses (אָוֶן, שֶׁקֶר, רָע) Praktizierende (פעל) hingestellt würden. Schließlich begegne das Spreu-Motiv in Hos 13,3.[321]

Die Verbindung von מִשְׁפָּט als Objekt mit dem Verb פעל ist in der Tat auffällig, da sonst meist עשה gebraucht wird, so dass die Folgerung, פעל sei bewusst gesetzt worden, um einen Kontrast zu Hos 6,8; 7,1; Mi 2,1 herauszuarbeiten, nicht unmöglich ist. Dennoch wirkt sie recht gewagt, da sie nur auf einem einzigen Lexem beruht.

Signifikanter sind die Beziehungen zu Am 5. Dort findet sich die Aufforderung, YHWH zu suchen (V. 4.6[.14]), die Anklage, die Armen zu unterdrücken (V. 11.12) und Recht und Gerechtigkeit zu verkehren (V. 7), die Forderung, das Recht aufzurichten (V. 15) und schließlich die Aussicht auf eine mögliche Verschonung (V. 15). Freilich besagt das in Am 5 und Zeph 2,1-3 erwähnte „Recht" (מִשְׁפָּט) nicht dasselbe, findet sich der Ausdruck עֲנָוִים in Am 5 nicht (in V. 11 דָּל, in V. 12 אֶבְיוֹנִים), sind die „Armen" dort als wirtschaftlich Benachteiligte zu interpretieren und wird für den Imperativ ein anderes Verb (דרש) verwendet. Aufgrund dieser Unterschiede und der wahrscheinlichen Datierung der aus Am 5 relevanten Verse in vorexilische Zeit[322] ist ein Schriften übergreifender Redaktionsvorgang, der Am 5 und Zeph 2,1-3 umfasst hätte, auszuschließen. Dennoch kann sich für spätere Leser der Amosschrift die Bedeutung der Begriffe so gewandelt haben, dass sie ihrem Verständnis in Zeph 2,1-3 entsprochen haben[323]. Dann sind die Übereinstimmungen zwischen beiden Texten doch so reichhaltig, dass sich eine literarische Beziehung nahe legt. Allerdings besteht zum Teil keine exakte Begriffsidentität (דרש – בקש, עֲנָוִים – דָּל bzw. אֶבְיוֹנִים), wenngleich es sich bei den betreffenden Lexemen um Synonymbegriffe handelt. Daher ist die Vorstellung einer literarischen Beziehung dahingehend zu präzisieren, dass es sich um eine Adaption, also eine Anspielung ohne sklavische Übereinstimmung, handelt. Ob diese Anspielung auch Mi 6,8 (Forderung [דרש], Recht [מִשְׁפָּט] zu tun und einen besonnenen [צנע] Lebenswandel zu üben)[324] im Blick gehabt hat, ist kaum zu entscheiden. Keinesfalls lässt sich jedoch erweisen, dass Zeph 2,1-3 das Interesse verfolgt hätte, einen bewussen Kontrast zu Am 5 zu setzen und

---

321 S. Nogalski, Precursors, 192f. Anm. 55.
322 So mit Jeremias, Tod, 218; ders., ATD 24,2, 62f.
323 Vgl. Levin, Amosbuch, 270ff., der allerdings eine solche späte Leseperspektive der Amosschrift hinsichtlich der „Armen" zur ursprünglichen erklärt, die „Armen" literarkritisch aus dem Grundbestand herausschneidet, sie rein religiös versteht und damit auch die Sozialkritik dem Propheten Amos abspricht.
324 Vgl. Irsigler, HThKAT, 208.

damit einen bestimmten Leseablauf für das Dodekapropheton zu schaffen. Auch ist für das Verständnis von V. 1-3 die Kenntnis eines zuvor stehenden Textes wie Am 5 nicht erforderlich. Außerdem besitzen die V. 1-3 – wie oben[325] bereits gezeigt wurde – als Fortschreibung des Textkomplexes Zeph 1,2-18 eine prägnante Funktion für die Zephanjaschrift. Spezifisch ist auch die armentheologische Zuspitzung des Abschnitts. Auch wenn die V. 1-3 auf Am 5 zurückgreifen und auf der synchronen Ebene Beziehungen zu Am 5 herausgearbeitet werden können – für eine redaktionsgeschichtliche Auswertung im Rahmen des Dodekapropheton fehlen hinreichende Argumente.

Bosshard-Nepustil rechnet Zeph 2,1-3 zusammen mit Mi 4,5(?); 4,11-13 und Sach 11,4 - 13,9 einer Fortschreibungsschicht zu[326]. Vermutlich ist dafür die etwa aus Mi 4,5; Sach 13,7-9 ersichtliche Differenzierung des Gerichtsgeschehens ausschlaggebend[327]. Gegen eine solche Sichtweise spricht jedoch das armentheologische Profil von Zeph 2,1-3 und die Verbindung mit dem „Tag YHWHs". Beides macht die Annahme wahrscheinlicher, dass Zeph 2,1-3 spezifisch für die Zephanjaschrift konzipiert wurde.

Weiter zeigen sich Text-Text-Bezüge zu Jes 13. Geht man von der Besonderheit von V. 2 aus, dass hier nämlich „Glut des Zornes YHWHs" (חֲרוֹן אַף־יְהוָה) und „Tag des Zornes YHWHs" miteinander parallelisiert werden, stößt man auf Jes 13,9.13; Zeph 3,8 und Thr 1,12, da sich nur noch dort die Prädizierung des „Tages YHWHs" mit חֲרוֹן und אַף findet. Die Ausdrucksweise, dass „Glut" oder „Zorn" über (עַל) etwas kommt (בוֹא) wird noch in Dtn 29,26; Neh 13,18 (Hifil, Konstruktion auseinander); Jes 13,9 (ohne עַל); Jer 49,37 (Hifil); Ez 7,12 (אֶל) zugrunde gelegt. Die größte Schnittmenge ergibt sich somit zwischen Zeph 2,2 und Jes 13,9. Da der Gedanke einer Differenzierung des Gerichtsgeschehens aus Jes 13 nicht hervorgeht[328], stellt Zeph 2,1-3 den traditionsgeschichtlich jüngeren Text dar. Die Übereinstimmungen zwischen beiden Texten zeichnen sich eher durch gemeinsame Vorstellungen als durch eine gewisse Anzahl gemeinsamer Lexeme oder gar durch den Aufbau des Textes aus. Daher wird man, wenn man aufgrund der späten Datierung die Beziehung zu Jes 13 überhaupt als eine literarische begreifen möchte, diese allenfalls als eine lose Adaption bestimmen können. Dann hätte V. 2 knapp auf die in Jes 13 niedergelegte bedrohliche Erwartung eines umfassenden „Tag YHWHs"-Gerichts verwiesen. Da die gemeinsamen Vorstellungen auch aus anderen Texten bekannt sind, brauchte es zum Verständnis von V. 2 jedoch keinesfalls die Kenntnis von Jes 13.

---

325 S. S. 135.

326 S. Bosshard-Nepustil, Rezeptionen, 444 Anm. 1.

327 Vgl. Steck, Abschluß, 42.

328 Die Vorstellung, dass am „Tag YHWHs" nur ein sehr begrenzter Personenkreis übrigbleiben wird, ist in Jes nicht eindeutig greifbar (s. Kaiser, ATD 18, 18). Diese könnte eventuell V. 11 bieten, anders verhält sich aber mit V. 12.

Schließlich bestehen aufgrund des Lexems אוּלַי und der damit verbundenen Theologie, dem Gericht vielleicht doch entgehen zu können, – abgesehen von Am 5,15 – Bezüge zu Jon 1,6[329] (und außerhalb des Dodekapropheton zu Jer 21,2; 26,3; 36,3.7; 51,8). Sachlich vergleichbar ist die hoffnungsvolle Frage מִי יוֹדֵעַ, ob YHWH seinen Vernichtungsplan revidieren werde, in Joel 2,14; Jon 3,9. Allerdings lassen sich – Am 5 ausgenommen – weder literarische Verbindungen erkennen noch eine redaktionsgeschichtliche Auswertung vertreten.

## 4. Ergebnisse

Die Analyse des umfangreichen Textkomplexes Zeph 1,2-18; 2,1-3 lässt zunächst eine Reihe von Negativanzeigen zu: Die These, dass bereits die älteste Zephanjaschrift auf Am hin abgefasst wäre, ist nicht vertretbar. Spuren einer dtr. bzw. „D-Redaktion" (möglicherweise Zeph 1,1.6.13b.17aβ), die Zeph zusammen mit Hos, Am und Mi bearbeitet und herausgegeben hätte, halten einer Überprüfung nicht stand. Die These des Anwachsens der Vierersammlung um Nah-Hab und weiter um Joel-Ob bewährt sich anhand von Zeph 1,2-3 bzw. Zeph 1,10aα₁.12aα nicht. Die Annahme von schriftenübergreifenden Redaktionen, die u. a. einmal Zeph 1,4-16; 2,4ff.*; 3,8a mit Joel 1,1 - 2,11* und Hab 1,1, - 2,16* zusammenstellen, sodann Zeph 1,2f.17f.; 2,7.9b; 3,8b mit Joel 4; Ob 15a.16-21 zu einer Schicht zusammenfassen und schließlich Zeph 2,1-3 mit Mi 4,5.11-13; Sach 11,4 - 13,9 auf eine Ebene stellen, kann nicht überzeugen.

Positiv kristallisiert sich vielmehr heraus, dass die Zephanjaschrift offenbar sehr lange selbständig tradiert und fortgeschrieben worden ist. Die Verkündigung des „Tages YHWHs" ist innerhalb Zeph selbst verständlich. Freilich wurden wahrscheinlich vielfach an anderen Texten mehr oder weniger lose Anleihen genommen, die sich jedoch nicht in Hinsicht auf Redaktionsprozesse im (werdenden) Dodekapropheton auswerten lassen. Zum Verständnis der Zephanjaschrift ist ihre Kenntnis nicht erforderlich.

Die Entwicklung des „Tag YHWHs"-Verständnisses der Zephanjaschrift lässt sich in drei Phasen beschreiben: Erstens ist als Kernbestand von Kap. 1 der Textbereich V. 7-13a(.13b?).14-16 anzusehen. Zumindest die Unheilsankündigungen werden die spätvorexilische Verkündigung eines Propheten Zephanja repräsentieren. Dass er auch den „Tag YHWHs" angekündigt hat, ist denkbar – zumal wenn mit einem Aufgreifen der unabhängig von Prophetenschriften tradierten „Tag YHWHs"-Vorstellung zu rechnen ist –, aber aufgrund der schmalen Textbasis, die zur Rekonstruktion der Botschaft Zephanjas zur Verfügung steht, schwer abzusichern. Da der „Tag YHWHs" in 1,7.14-16 als Rahmen um die Unheilsankündigungen gegen Jerusalemer O-

---

329 Im Dodekapropheton ist אוּלַי nur noch in Hos 8,7 belegt, jedoch in einem anderen Zusammenhang.

berschichtskreise erscheint, dürfte er jedenfalls auf der Ebene dieser Komposition, die wohl im Rückblick das Eintreffen der Unheilsankündigungen reflektiert, als Untergang des Südreiches Juda, der in der Katastrophe 587 gipfelt, verstanden worden sein. YHWH erscheint hier als das Unrecht strafender Gott. Die Katastrophe wird mit dem frevelhaften Verhalten der in 1,8-13 angeklagten Jerusalemer Gruppen begründet. Ähnlich hatte auch A- mos das Ende des Nordreiches als „Tag YHWHs" bezeichnet. Eine bewusste, auf die Amosschrift hin konzipierte Abfassung dieses Textbereichs kann nicht ersehen werden, auch wenn dem Verfasser neben Jes 2 wohl der Text Am 5,18-20 bekannt gewesen ist. Der aus den V. 7-16 bestehende Textzu- sammenhang wird durch V. 17-18aα zusammengefasst und fortgeschrieben.

Zweitens wird in spätnachexilischer Zeit mit 1,2-3 und 1,18aβγb um die Unheilsankündigungen von Teil 1 ein Rahmen gelegt, der mit der Ankündi- gung der Revozierung der gesamten Schöpfung frühapokalyptisches Denken verrät. Das dazwischen geschilderte Geschehen dient so gesehen zur Veran- schaulichung der künftigen Weltkatastrophe. Zunächst sprechen die Textbeo- bachtungen wiederum dafür, dass hierdurch lediglich eine Neuauslegung der Zephanjaschrift vorgenommen wird. Zwar sind literarische Bezüge zur Urge- schichte und zu Ez 38,19-20 vorhanden, aber die vermeintlichen Verbindun- gen zu Hymnenstücken im Dodekapropheton konnten nicht bestätigt werden. Da entsprechende protoapokalyptische Heilstexte innerhalb von Zeph nicht auszumachen sind, hat der Bearbeiter die eschatologischen Heilsworte in Zeph 3,14ff. offenbar mit rezipiert.

In einem dritten Schritt wird die kaum erträgliche Bedrohung des Weltuntergangsdenkens wieder modifiziert. Auf die Vernichtungsaussage 1,18aβγb reagiert die Fortschreibung 2,1-3 und stellt „armentheologisch" den Frommen die Möglichkeit der Verschonung in Aussicht. Aufgrund dieses besonderen Profils von 2,1-3 ist bis in späte Zeit hinein die Besonderheit der Zephanjaschrift erkenntlich. Zwar dürfte hierbei auf Jes 13 und Am 5 Bezug genommen worden sein. Aber eine Schriften durchziehende und zusammenbindende Redaktion kann auch hier nicht ersehen werden.

Die nun in Zeph vorliegende komplexe „Tag YHWHs"-Theologie verdankt sich einerseits traditionsgeschichtlicher Weiterentwicklung. Andererseits ist sie in Zeph als punktuell vorgenommene Fortschreibungs- arbeit greifbar. Diese nimmt zwar an schriftlich vorliegenden Texten vor allem der Prophetenbücher Anleihen. Die diversen Annahmen von Schriften übergreifenden Redaktionsprozessen gehen aber über das methodisch Nachweisbare hinaus und lassen sich nicht plausibel machen. Daraus ergibt sich, dass die Zephanjaschrift lange Zeit selbständig tradiert worden sein muss.

Es kann also keine Rede davon sein, das der „Tag YHWHs" im Rahmen eines „D-Korpus" durch Zeph an Gewicht gewinne[330]. Es bleibt vielmehr noch anhand der folgenden Untersuchungen abzuwarten, ob und wann der „Tag YHWHs" für das (werdende) Dodekapropheton wichtig wird.

---

330 So Schart, Entstehung, 214.

# Kapitel V: Die „Tag YHWHs"-Texte in der Joelschrift

## 1. Die Relevanz der Joelschrift

### 1.1. Die Belege für den „Tag YHWHs"

In seinem Kommentar zur Joelschrift beginnt H. W. Wolff den Abschnitt zur Botschaft Joels mit folgenden Worten:

> „Was bringt Joel zur Sprache? Sein Generalthema ist der Tag Jahwes. Keine alttesta-
> mentliche Stimme behandelt es so ausführlich und systematisch wie er. Jeder Abschnitt
> seines Buches will als Beitrag zu diesem Thema verstanden werden (115 21.11 34
> 414)."[1]

Rendtorff[2] unterscheidet in seinem synchron orientierten Lesevorschlag drei verschiedene „Tag YHWHs"-Konzeptionen in Joel: einen gegen Israel gerichteten „Tag YHWHs" in Joel 1-2, einen gegen Israels Feinde in Joel 4 und einen Tag YHWHs" als kosmisches, alles Leben betreffendes eschatologisches Ereignis in Joel 3. Daher bezeichnet Rendtorff die Joelschrift „als ein Kompendium der Vorstellungen vom Tag Jhwhs"[3].

Somit ist deutlich, wie sehr die Joelschrift um das Thema des „Tages YHWHs" kreist. Fraglich ist freilich, ob Joel ein einheitliches „Tag YHWHs"-Konzept vertritt, d. h. ob Joel eine (zumindest weitgehend) einheitliche Schrift darstellt oder ob hinsichtlich ihrer Entstehung literargeschichtlich differenziert werden muss und dann auch mit einer Entwicklung der „Tag YHWHs"-Konzeption innerhalb von Joel zu rechnen ist. Bei der Untersuchung der einzelnen Texte ist dieses Problem jeweils aufzugreifen. Aufgrund der neueren Forschungen zum Dodekapropheton ist damit die Frage verbunden, in welcher Beziehung das „Tag YHWHs"-Verständnis (oder die diversen „Tag YHWHs"-Verständnisse) der Joelschrift zu anderen „Tag YHWHs"-Texten im Dodekapropheton steht (bzw. stehen). Der genannten Fragestellung soll im Folgenden durch eine Untersuchung der betreffenden Abschnitte Joel 1,15-20; 2,1-11; 3,1-5; 4,14-17 genauer nachgegangen werden. Zuvor sind jedoch die verschiedenen Interpretationsmöglichkeiten der Joelschrift einerseits im Rahmen des Dodekapropheton und andererseits für sich betrachtet sowie die diversen Umgangsweisen mit Text-Text-Bezügen zu sichten.

---

1    Wolff, BK.AT XIV/2, 12.
2    S. Rendtorff, Book, 142ff.; ders., „Tag Jhwhs", 1ff.
3    Rendtorff, „Tag Jhwhs", 1.

## 1.2. Zur Interpretation der Text-Text-Bezüge zwischen Joel und anderen Schriften

Wird in der neueren Forschung zum Dodekapropheton die Bedeutung von Joel im Zwölfprophetenbuch thematisiert, stehen die Text-Text-Bezüge der Joelschrift zu anderen Prophetenschriften (bzw. weiteren alttestamentlichen Büchern) im Mittelpunkt des Interesses. Diese waren freilich schon immer aufgefallen. So wie solche Bezüge grundsätzlich verschieden – traditionsgeschichtlich, im Sinn innerbiblischer Exegese oder redaktionsgeschichtlich – erklärt werden können, ist dies auch in der Joelschrift möglich, wie verschiedene Forschungspositionen zeigen.[4]

*Erstens* interpretiert Rudolph diese Beziehungen rein traditionsgeschichtlich:

> „Es handelt sich nicht um literarische Abhängigkeit, sondern um Verwurzelung in einer gemeinsamen Tradition"[5]. Gebräuchliche Wendungen hätten eben an mehreren Stellen ihren literarischen Niederschlag gefunden. Joel dürfe man sich nicht vorstellen „als einen Mann [...], der nur die alten Prophetenschriften wälzt und aus ihnen mit großer Geduld Mosaiken legt. In Wirklichkeit gestaltet er frei aus einer lebendigen Tradition, die er damit selbst fortführt"[6].

*Zweitens* ist gegenwärtig die Ansicht weit verbreitet, dass es sich bei Joel um so genannte „schriftgelehrte" Prophetie handle. Gemeint ist, dass die Joelschrift nicht nur traditionsgeschichtlich mit anderen Prophetenschriften oder weiteren alttestamentlichen Büchern in Beziehung steht, sondern von diesen literarisch abhängig ist, diese also bereits als schriftlich vorliegende Werke voraussetzt, (Teile aus ihnen) aufgreift und neu auslegt und sich bei ihrer Verkündigung auf sie beruft. Entsprechend stellt Bergler das Ergebnis seiner Forschungen dar:

> „Joel als Persönlichkeit, als ‚Dichter' bleibt völlig im Hintergrund. Nicht seine Botschaft, sondern die seiner Vorgänger steht im Zentrum. Er weiß sich als Verwalter und Erbe vor allem der prophetischen Überlieferungen, die er weiterreichen und für seine Tage neu interpretieren will. Er sieht sich als ein Glied in der ununterbrochenen Kette der Propheten, als Erfüllungsgehilfe bislang unerfüllt gebliebener Worte, die er kompiliert, radikalisiert und aktualisiert. Er blickt nicht von der (geschauten) Zukunft in die Gegenwart, sondern lässt die Vergangenheit neu erstehen, um seine Zeit zu deuten und so erst zu einem Zukunftsentwurf zu gelangen. Sein eschatologisch qualifiziertes Heute trägt die Farben der eschatologischen Erwartungen seiner Vorgänger. Er ist literarisch dem Rückblick verhaftet, um überhaupt den Vorblick wagen zu können. Er gewinnt seine Autorität durch Berufung auf die Autorität der Schrift."[7]

---

4   Vgl. auch Coggins, Quotations, 83f.
5   Rudolph, KAT XIII,2, 26.
6   Rudolph, KAT XIII,2, 27.
7   Bergler, Joel, 344f. Vgl. auch Wolff, BK.AT XIV/2, 10f.; Jeremias, Joel/Joelbuch, 92 („traditionsgeschichtlich" wäre hier im weiteren Sinn zu verstehen: dazu s. oben S. 38); ders., Prophetie, 98ff.; Barton, OTL, 19f.

Eine *dritte* Möglichkeit stellt die redaktionsgeschichtliche Deutung der Text-Text-Bezüge dar, wie sie von Schart, Nogalski oder Bosshard-Nepustil unternommen wird[8]. Hierbei wird der Joelschrift eine bedeutende Rolle bei der Entstehung des Dodekapropheton zugeschrieben.

### 1.3. Joel im Kontext der Frage nach der Einheit des Dodekapropheton

Synchrone Auslegungen begreifen die einheitlich betrachtete und in enger literarischer Beziehung zu den anderen Schriften gelesene Joelschrift einerseits als ein Kompendium zum Thema des „Tages YHWHs", das in dieser Hinsicht eng mit Am, Zeph und Mal korrespondiere[9]. Andererseits betonen sie die hermeneutische Funktion der Joelschrift, die das Thema Umkehr des zentralen Textes Joel 2,12-14 in einer Weise expliziere, dass es „zur theologischen und textpragmatischen Perspektive des ganzen Zwölfprophetenbuchs" werde[10].

Auch für diachron orientierte Positionen ist die Joelschrift von zentraler Bedeutung. Schart sieht Joel als eine weitgehend literarisch einheitlich konzipierte Schrift an[11]. Zusammen mit der Obadjaschrift, auf die Joel bewusst bezogen sei, bilde sie einen Rahmen um die Amosschrift. Die Joelschrift enthalte aber auch starke Verbindungen zu Hos und Am.[12]

Diese bestünden zum einen Teil aus Wortbezügen. Mit der Amosschrift seien vergleichbar: „Heuschrecken" (Joel 1; 2,25; Am 4,9; 7,1); „gewaltiges Volk" (Joel 2,2; Am 6,14); „vielleicht" (Joel 2,14; Am 5,15); שׁוב שׁבות (Joel 4,1; Am 9,14); קציר (Joel 4,13; Am 4,7; 8,1-2); ...ב עבר (Joel 4,17; Am 5,17; 7,8); Joel 4,16 / Am 1,2. Auf die Hoseaschrift seien bezogen: das Thema Dürre (Joel 1; Hos 13,5); die Verweigerung des Weins (Joel 1,10-12; Hos 9,1-2); das Blasen des Schofar (Joel 2,1; Hos 5,8; 8,1); X כִּי נָדוֹל יוֹם (Joel 2,11; Hos 2,2); die Umkehrthematik (Joel 2,12-14; Hos 14,2-4); der Regen als Lehrer zur Gerechtigkeit (Joel 2,23; Hos 10,12); das Sattwerden und Vergessen bzw. Erkennen YHWHs (Joel 2,26-27; Hos 13,5-6). Zum anderen Teil seien auch redaktionelle Verklammerungen gesetzt worden: Hos 2,2b (→ Joel 2,11b); Am 4,9 (→ Joel 1,6-7); Am 9,13aβb (→ Joel 4,18).

Die Hos weiterführenden und Am vorbereiten Linien wollten auch neue Lesemöglichkeiten eröffnen: etwa mache der Umkehraufruf Joel 2,12 („auch jetzt noch") in Joel wenig Sinn, sei aber bedeutungsvoll als Anspielung auf die nach Hos 6,1-3 nicht erfolgte Umkehr; Joel verrate nicht, wovon das Gottesvolk sich abwenden solle, diese Lücke fülle aber der in Hos angeprangerte Fremdgötterdienst; in Joel 2,28 überrasche das grundlose Erbarmen YHWHs, das aber nach Hos 11,8-11 vorbereitet sei; die mit YHWHs Erbarmen zusammenhängende Umkehr in Joel diene als Beispiel für die Erwartung in Am 4,6-11[13]; dass die Völker in Joel 4,12 sich „ringsum" befänden, sei im universalistischen Kap. Joel 4 wenig stim-

---

8   S. vor allem Nogalski, Processes, 1ff.275ff.; Schart, Entstehung, 278f. Vgl. auch Bosshard-Nepustil, Rezeptionen, 283ff., trotz anderer literargeschichtlicher Beurteilung Joels. Zu diesen Positionen s. gleich im folgenden Abschnitt.

9   So etwa Rendtorff, „Tag Jhwhs", 1; vgl. bereits oben S.25ff.140.

10  Scoralick, Güte, 161; vgl. dies., Eigenart, 47f.65ff.

11  S. Schart, Entstehung, 278 samt Anm. 44f.

12  Zum Folgenden s. Schart, Entstehung, 261ff. Vgl. außerdem bereits S. 12f.29f.

13  Hierzu vgl. auch Bergler, Joel, 73.

mig, bereite aber Am 1-2 vor; die Achtung vor dem Namen YHWHs in Joel 2,26; 3,5 stünde in prägnantem Kontrast zu Am 2,7; das schwierig zu deutende „Es", das YHWH in Am 1,3 u. ö. nicht zurücknehmen wolle, sei nach Joel als „Tag YHWHs" zu verstehen; der „Tag YHWHs" nach Joel biete das in Am 5,18-20 vorausgesetzte positive Vorverständnis; nach Joel werde das Verständnis der Kritik an Orten und Heiligtümern wie Samaria, Betel, Gilgal und Beerscheba in Am durch den Hinweis auf den Zion als allein Rettung ermöglichenden Ort vertieft. Angesichts dieser zahlreichen Hinweise vertritt Schart die These, dass die Joel-schrift ganz bewusst an ihre gegenwärtige Stelle gesetzt und wenn nicht direkt im Blick darauf abgefasst, dann doch zumindest zu diesem Zweck reformuliert worden sei[14].

Ebenso gebe es nach Schart Verbindungen zu Mi (Joel 4,9-12; Mi 4,1-3)[15]. In Hinsicht auf Zeph seien die Bezüge so stark, dass „kaum ein Zweifel bestehen" könne, dass „Joel auch Zef als einen schriftlichen Text voraussetzt und sich mannigfach auf ihn bezieht"[16]: „der Tag YHWHs ist nahe": Zeph 1,7.14 / Joel 1,15; 4,14; „Tag der Finsternis": Zeph 1,15 / Joel 2,2; „Schofar": Zeph 1,16 / Joel 2,2; weltweite Ausmaße: Zeph 1,2-3.17-18; 3,8 / Joel 2,10; Sammeln der Völker zum Zweck ihrer Vernichtung: Zeph 3,8 / Joel 4,2ff.; „Zion": Zeph 3,14-16 / Joel 2,21ff.; 3; 4,17-18. Dadurch, dass „Formulierungen und Intentionen beider Schriften [...] so sehr überein" stimmten, lese sich Zeph „wie eine bekräftigende Wiederaufnahme der Botschaft von Joel". Dadurch werde „die Ankündigung des Tages Jahwes als zentrales Thema der Prophetie Israels hervorgehoben."[17] Im Zusammenhang der Einbindung Joels in das werdende Dodekapropheton seien auch die „eschatologischen For-meln" Zeph 1,10aα.12aα nachgetragen worden, um entsprechend der Intention des „Joel-Obadja-Korpus" den eschatologischen Charakter des „Tages YHWHs" in Zeph klarzustel-len[18].

Der gleichen das Dodekapropheton betreffenden Redaktionsphase rechnet Schart auch Sach (9-13?) 14 (so wie die redaktionellen Ergänzungen Nah 3,15aγ.16b; Hab 3,16b-17; Zeph 3,9-10) zu. Hierbei stelle sich Prophetie dar „als schriftliche Bearbeitung von bereits schriftlich fixierter prophetischer Tradition. [...] „Themen, Bilder, Leitworte, Phrasen, zum Teil ganze Sätze" würden aus der Tradition übernommen und in neue Zusammenhänge ein-gebunden.[19] Im so entstandenen „Joel-Obadja-Korpus" sei die „Ankündigung des Tages Jahwes als eines Gerichtstages über die ganze Welt, nämlich über Israel und über die Völ-ker" [... als] die entscheidende Sinnlinie" ersichtlich. „Besonders markant ist die Ankündi-gung der Nähe dieses Tages."[20]

Mit dieser Sichtweise vom Werden des Dodekapropheton greift Schart zum Teil auf Nogalski zurück. In Nogalskis Arbeiten spielt die Joelschrift („literary anchor") eine bedeutende Rolle, da diese samt der durch sie initii-er-ten Redaktionsprozesse wesentlich für die Entstehung des Dodekapropheton verantwortlich gewesen sei. Im 4. Jh. v. Chr. habe nämlich die so genannte „Joel-related layer", eine durch Joel geprägte Schicht, unter Einbeziehung von Joel, Ob, Nah, Hab und Mal das „Haggai-Zechariah corpus" und das „Deuteronomistic corpus" zusammengearbeitet und damit ein Elfprophe-ten-

---

14  Damit hält Schart, Entstehung, 267, die Möglichkeit offen, dass Joel einmal eine eigen-ständige Prophetenschrift gewesen sein könnte.
15  S. Schart, Entstehung, 268f.
16  Schart, Entstehung, 269.
17  Schart, Entstehung, 269.
18  So Schart, Entstehung, 269f.
19  Schart, Entstehung, 278.
20  Schart, Entstehung, 279.

buch geschaffen. In diesem Zusammenhang seien die Schriften Joel und Ob
überhaupt erst kompiliert worden, wobei Joel die bereits existierenden Abschnitte 1,5ff.; 2,1ff.; 4,4-8.9-17 aufgreife und im Horizont der angestrebten
Verbindung mit den anderen Schriften erweitere und zu einem Ganzen füge.[21]

Erstens stellt Nogalski Bezüge zwischen Joel 1,1-14 und Hos fest[22]. Diese bestünden in
Stichwortverbindungen (Joel 1,2 „dieses"; 1,2.14 „Bewohner"; 1,5 „Wein"; 1,7.12 „Rebe";
1,10 „Korn"), in der Dominanz botanischer Bilder und in der gemeinsamen Gattung des
Aufrufs zur Umkehr. Weiter beziehe sich der Lehreröffnungsruf Joel 1,2-4 auf Hos 14,5ff.
zurück und mache so den Hörern bzw. Lesern bewusst, dass die dortigen Verheißungen noch
nicht eingetroffen seien und dass dies nicht an YHWH liege. Auch evozierten die Formulierungen Joel 1,5 („Weintrinker") und 1,8 (Anrede an ein feminines Singular) die in Hos erör-
terte Schuldthematik (s. Hos 2,10f.24; 4,11; 7,14: Verlust von Wein wegen Götzendienst;
2,3ff.: die Frau [= Israel] habe wegen Abfall ihren Mann [= YHWH] verloren). Joel 2,23
zitiere deshalb Hos 10,12, um hervorzuheben, dass der Segen aus der Reue des Volkes resul-
tiere. Schließlich vertrete der Textkomplex Hos-Joel eine Jes 1-11 entsprechende Hermeneutik: Gerichtsworte aus der Königszeit würden späteren Lesern zur Geltung gebracht.

Zweitens lägen auch Bezüge zwischen Joel 4 und Am vor[23]. Das aus teils selbständigen
(V. 4-8.9-17*) und teils kompositionell (V. 1-3.14b-16a.18-21) geschaffenen Stücken bestehende Kap. 4 gehe nämlich über seine Funktion, Schluss der Joelschrift zu sein, hinaus. So
werde einerseits in Joel 4,16 Am 1,2 zitiert, um einen Übergang zur Amosschrift zu schaffen
und die dortigen Fremdvölkersprüche zu eschatologisieren. Andererseits stelle Joel 4 eine
Basis dar, aus der andere Schriften zitierten (s. Joel 4,18a / Am 9,13b; Joel 4,1 / Zeph 3,20).

Drittens seien in dieser Phase der Redaktion des Dodekapropheton außerdem den Anfängen und Schlüssen verschiedener Schriften zahlreiche Stichwörter enthaltende redaktionelle Glossen oder Passagen in der Sprache Joels zugesetzt worden, um die einzelnen Schriften einander zuzuordnen (z. B. Hos 14,8; Am 9,13; Mi 1,2ff.; Nah 1,2-8.9f.12b-3; 2,-3;
3,15f.*; Hab 1,5-11.12*.15-17; 3,1ff.; Zeph 1,2f.15-16.18*; 3,20; Hag 2,17.19.22; Sach
1,14b.15; 8,12; Mal 1,2-5; 3,3.10f.16-18).[24] Besondere Bedeutung besitze etwa das Heu-
schrecken-Motiv bzw. die Joel entsprechende Beschreibung eines Ansturms einer zerstöre-
rischen Horde gegen Jerusalem, das die Mächte Assyrien (Nah) und Babylon (Hab) als diese
Heuschreckenfeinde identifiziere. Die Eröffnung der Joelschrift Joel 1,2-4 bezeichne mit der
in V. 4 genannten Serie von Heuschrecken-Einfällen die ständige Bedrohung Israels durch
feindliche Mächte und bereite mit dem Auftrag zur Überlieferung die Erkenntnis vor, dass
künftige Bewahrung vom Verhältnis zu YHWH abhänge. Prägnant seien ebenso die botani-
schen Bilder (redaktionell in Hos 14,8; Am 9,13; Hab 3,16b-17). Entsprechende Zusätze in
Hag (2,17.19) und Sach (8,12) ließen den dort anvisierten Tempelbau als Beginn der Wiederherstellung der Fruchtbarkeit des Landes begreifen. Weiter unterstrichen Ob; Mi 1,2ff.;
Nah 1,2ff.; Hab 3,1ff.; Zeph 1,2f. den Aspekt des Gerichts YHWHs über die Völker.
Schließlich werde auch erreicht, dass das Thema „Tag YHWHs" im Dodekapropheton dominant hervortrete. Insgesamt ergebe sich die These: „Joel functions redactionally in the
shaping of the Book of the Twelve. [...] Joel was either composed, or altered to such extent,

---

21  S. Nogalski, Processes, 275ff. Außerdem vgl. bereits S. 10f.27f.
22  S. Nogalski, Processes, 13ff.
23  S. Nogalski, Processes, 42ff.
24  S. Nogalski, Processes, 23ff.42ff.275ff.; vgl. ders. Precursors, 276f.

that it must be read in its context in the Book of the Twelve in order to grasp its full implications."[25]

Nach Bosshard-Nepustil erscheint Joel weder als eine (möglicherweise ehemals) eigenständige Schrift noch als ein literarisch einheitliches Produkt (Schicht I: 1,1 - 2,11; Schicht II: 2,12-2,27; Schicht III: 4,1-21; Schicht IV: 3,1-5[26]). Schon der älteste Bestand 1,1 - 2,11 wird als Teil einer auf das werdende Dodekapropheton bezogenen Redaktionsschicht begriffen[27].

Bosshard-Nepustil sieht nämlich in den Texten Hab 1,1 - 2,16*, Zeph 1,4-16.17aα; 2,4-12*; 3,8a und Joel 1,1 - 2,11 die „Assur/Babel-Redaktion" des Dodekapropheton am Werk[28]. Dafür sprächen einerseits zahlreiche Wortparallelen (מהר + מַר): Zeph 1,14 / Hab 1,6; צְעָקָה Zeph 1,10 / זעק Hab 2,11; לִמְשֻׁסָּה (...) הִיה Zeph 1,13 / Hab 2,7; הוֹי Zeph 2,5 / Hab 2,6b.9.15; חָמָס: Zeph 1,9 / Hab 1,2[.9]; חכה: Zeph 3,8a / Hab 2,3[29] – כִּי קָרוֹב יוֹם יְהוָה: Zeph 1,7[.14] / Joel 1,15bα [2,1b]; מָאֹד + גָּדוֹל + יוֹם יְהוָה: Zeph 1,14a / Joel 2,11b; גִּבּוֹר: Zeph 1,14bβ / Joel 2,7; יוֹם חֹשֶׁךְ וַאֲפֵלָה יוֹם עָנָן וַעֲרָפֶל: Zeph 15bβγ / Joel 2,2aα; רוּחַ + שׁוֹפָר: Zeph 1,16a / Joel 2,1aα; Zeph 1,17aα / Joel 2,6[30]). Andererseits legten auch verbindende Struktur- und Sachlinien die Annahme einer übergreifenden Redaktionsschicht nahe: Joel biete zu Beginn sowohl den „Tag YHWHs" als auch ein Gerichtsheer, Hab führe mit Babel das Gerichtsheer weiter, Zeph den „Tag YHWHs"[31]. Joels Aufrufe und Klagen mündeten in die Frage, wer bestehen könne, die – zusammen mit der Frage, wie dies geschehen könne – in Hab und Zeph beantwortet werde: Hab verweise auf den Gerechten, der durch seinen Glauben leben werde (Hab 2,4), und Zeph habe das auf die Frevler zielende Gericht durch YHWH selbst im Blick. Die in Joel noch offen gelassene Schuldfrage werde „erst in *Hab und *Zeph mit Nennung der Frevler [...] beantwortet"[32]. Diesen Texten sei gemeinsam, dass in ihnen das Gericht gegen das Gottesvolk nicht als vollständiges Gericht gedacht, sondern innerhalb des Gottesvolkes zwischen Frevlern, Überlebenden und sich YHWH gemäß Verhaltenden differenziert werde, ja auch über das Gottesvolk hinaus in die Völkerwelt weiter gedacht werde.[33] Traditionsgeschichtlich seien alle drei Textbereiche durch kultprophetisches Denken geprägt, außerdem sei in ihnen die Zionstheologie berücksichtigt.[34] Diese aus Joel 1,1 - 2,11*; Hab 1,1 - 2,4* und Zeph 1,1 - 3,8a* bestehende Redaktionsschicht setze im (werdenden) Dodekapropheton den Bestand der dtr. bearbeiteten Schriften Hos, Am und Mi+Nah voraus und akzentuiere diesen neu. Zum einen bringe die Schicht das Theologumenon des „Tages YHWHs" ein und ziele mit diesem auf 587 v. Chr. Zum anderen werde das Gericht, das von der dtr. beeinflussten Bearbeitung als vollständiges und das gesamte Volk betreffendes geschildert werde, nun als ein differenziertes dargestellt, das nur einen Teil des Volkes betreffe[35].

---

25  Nogalski, Processes, 13. Vgl. insgesamt auch ders., Joel, passim.
26  S. Bosshard-Nepustil, Rezeptionen, 282.
27  So Bosshard-Nepustil, Rezeptionen, 277ff. (342.351). Außerdem vgl. bereits S. 13f.31f.
28  S. Bosshard-Nepustil, Rezeptionen, 342, und vgl. ebd., 353.
29  S. Bosshard-Nepustil, Rezeptionen, 323 Anm. 2-4.
30  S. Bosshard-Nepustil, Rezeptionen, 325 Anm. 2.
31  So Bosshard-Nepustil, Rezeptionen, 337.
32  Bosshard-Nepustil, Rezeptionen, 338.
33  S. Bosshard-Nepustil, Rezeptionen, 338f.
34  S. Bosshard-Nepustil, Rezeptionen, 339ff.
35  So Bosshard-Nepustil, Rezeptionen, 351f.

Joel 2,12-27 sei Teil der um 520 v. Chr. tätigen „Babel-Redaktion[XII]", die auch Mi 4,9 - 7,10*; Nah 1,1b - 2,1; Hab 1,12 - 3,19a*; Zeph 2,13-15; Sach 2,10-14*; 8,1-6 in das Dodekapropheton eingeschrieben habe. Neben zahlreichen Wortbezügen seien für diese Schicht Umkehrrufe und Restitutionsaussagen charakteristisch.[36]

Joel 4 gehöre zu einer etwas nach 312/311 v. Chr. entstandenen Redaktion, der auch Ob 15a.16-21; Jon 2,2/3-10(?); Mi 1,2-5a(?); 4,6f.(?); (5,6-8?); 7,11-13; Zeph 1,2f.17aβb.18; 2,7.9b.10; 3,8b.14-19 zuzurechen seien[37]. Die Frage nach der Herkunft von Joel 3,1-5 lässt Bosshard-Nepustil unbeantwortet.


## 1.4. Orientierung über weitere Forschungsansätze

Von der Frage nach der Interpretation der zahlreichen Text-Text-Bezüge abgesehen, beschäftigt sich die Forschung vor allem mit dem Problem, ob Joel als einheitliche Prophetenschrift anzusehen ist[38] oder ob literargeschichtlich differenziert werden muss[39]. Auch wenn für die Einheitlichkeit plädiert wird, werden freilich einzelne Verse bzw. Versteile[40] oder die Abschnitte 4,4-8[41] und 4,18-21[42] für sekundär erachtet. Diese Stücke stellen auch nicht den Hauptstreitpunkt dar, sondern es geht grob gesprochen weitgehend um das Verhältnis zwischen Kap. 1-2 und Kap. 3-4. Wie bereits angedeutet lassen sich im Wesentlichen zwei Position unterscheiden.

Die *erste* plädiert für eine literargeschichtliche Differenzierung.

Klassisch formuliert wurde diese Position von Duhm. Er hebt den auf die erzählte Zeit bezogenen Widerspruch hervor, dass die Kap. 1-2 anlässlich einer aktuellen Heuschrecken-

---

36  So Bosshard-Nepustil, Rezeptionen, 393ff.

37  So Bosshard-Nepustil, Rezeptionen, 430 Anm. 2; vgl. auch Steck, Abschluß, 37.

38  S. hierzu z. B. Wolff, BK.AT XIV/2, 5ff.; Jeremias, Joel/Joelbuch, 92ff.; Rudolph, KAT XIII,2, 23f.; Weiser, ATD 24, 105f.; Ahlström, Joel, 132ff.; Deissler, NEB 4, 66f.; Prinsloo, Theology, 122ff.; Zenger, Zwölfprophetenbuch, 530f.

39  S. etwa die Zusammenfassung dieser Auffassung durch Seybold, Joel/Joelbuch, 511, oder Kaiser, Grundriß 2, 116.

40  S. z. B. Wolff, BK.AT XIV/2, 7.66.69.

41  Der Abschnitt Joel 4,4-8 wird gewöhnlich als sekundäre Erweiterung angesehen, da er den Zusammenhang zwischen V. 1-3 und V. 9ff. unterbricht, im Gegensatz zum Kontext spezielle Völker anspricht, den in Joel nicht weiter begegnenden Gedanken der Vergeltung enthält, durch eine eigene Sprache geprägt zu sein scheint und außerdem in Prosa formuliert ist. S. z. B. Wolff, BK.AT XIV/2, 89f.; Barton, OTL, 100. Anders Bergler, Joel, 101ff.

42  Weil die Formel V. 18aα* nur einen losen Anschluss bewirkt, der partizipiale Schlusssatz V. 21b eine Formulierung aus V. 17 wiederaufnimmt, die Verwandlung der Natur vorher nicht angesprochen wird und die in V. 19 genannten Völker Ägypten und Edom zuvor keine Rolle spielen, wird Joel 4,18-21 gewöhnlich als literarisch sekundärer Nachtrag beurteilt, der „noch zwei Konsequenzen aus dem zuletzt aufgewiesenen Ziel des Tages Jahwes aufzeigt: [...] zuerst eine paradiesische Fruchtbarkeit des Landes (18) und dann eine politische Freiheit gegenüber Ägypten und Edom (19f.)" (Wolff, BK.AT XIV/2, 99f. Er, ebd., 90, bezeichnet den Abschnitt als Nachtrag, der „Joels Sprache nachahmt oder gar von Joels eigener Hand stammt.")

bzw. Dürre-Not zur Klage aufriefen und göttliches Eingreifen schilderten, während die Kap. 3-4 hingegen ganz der Zukunft gelten würden. Daher sei der Abschnitt 2,18 - 4,21 als eine in Prosa geschriebene Ergänzerarbeit eines Apokalyptikers aus der Makkabäerzeit, der in Kap. 1-2 die Zusätze 1,15; 2,1*.2.3* eingefügt habe: „Im echten Teil spricht überall der Dichter und zwar von einem Ereignis der Gegenwart, hier [gemeint ist der zweite Teil; M. B.] setzt Jahwe die eschatologische Dogmatik auseinander."[43] Dabei weist Duhm auf die stilistische Spannung hin, dass die Kap. 3-4 stärker auf andere Propheten zurückgriffen als Kap. 1-2[44].

Ähnlich unterscheidet Barton zwischen den Kap. 1-2 und Kap. 3-4. Der erste Teil sei völlig uneschatologisch und enthalte zwei parallel strukturierte Orakel über die Dürre (1,2-20 / 2,1-17), einen Bericht über Erhörung sowie Verheißungen (2,18-27). Der zweite Teil („Deutero-Joel") stelle eine lose Sammlung von Sprüchen dar, die auch sonst belegte apokalyptische Erwartungen böten.[45]

Variiert wird diese Sichtweise etwa von Jepsen. Er rechnet Teile aus sämtlichen Kapiteln der Joelschrift zum Grundbestand. Sekundäre Passagen des Apokalyptikers erkennt er in 1,2-4.15; 2,1aβ.b.2α.10f.; 3,4-5; 4,1.14b.16aα.b.17b.18-20 und findet in ihnen Zitate aus älteren Prophetenbüchern.[46] Außerdem differenziert Jepsen zwischen der Klage über die Dürre in 1,8-14.16-20; 2,12-14.21-24 und der Klage über die Heuschrecken in 1,5-7; 2,2a-9.15-20.25-27. Jedoch sieht er in beiden Textgruppen denselben Propheten der Exilszeit reden. Ineinander geschoben worden seien die Texte entweder von einem Redaktor oder vom apokalyptischen Bearbeiter der Joelschrift.[47]

Anders als Duhm gliedert Müller die Joelschrift. Seinen Ausgangspunkt bildet die Fragestellung, welche Texten eine Situierung der Redegänge in der Volksgemeinschaft verraten, bevor sie nachträglich verschriftlicht wurden[48]. Positiv lasse sich diese Frage für die Kap. 1-2 (genauer: 1,5 - 2,17; 2,19-27) beantworten. Hier trage die Sprache vorliterarischen Charakter und verdanke sich einer konkreten Situation der Volksgemeinschaft. Demgegenüber hätten die Einheiten in Kap. 3-4 (sowie 1,2-4; 2,18) niemals für sich bestanden und wären nicht in Begegnungen zwischen Prophet und Volk laut geworden[49]. „1,2-4 und capp. 3f. sind der gleichzeitig mit dieser Sammlung [gemeint sind die Kap. 1-2*; M. B.] geschriebene interpretierende Rahmen, der den durch den Verlauf der Geschichte letztlich nicht bestätigten Prophetenworten 1,5 - 2,27 einen neuen, apokalyptischen Sinn geben soll." Angesichts der großen thematischen Geschlossenheit der Joelschrift habe möglicherweise der Prophet selbst die Sammlung und Interpretation vorgenommen.[50]

Loretz[51] wendet auf die Joelschrift die Methode der Kolometrie[52] an und kommt zu dem Ergebnis, dass lediglich der Textbestand 1,8-10.11-12.13.14-17.18-20; 2,12-14.15-19.21-24;

---

43  S. Duhm, Anmerkungen, 187.
44  S. Duhm, Anmerkungen, 185.187f.
45  S. Barton, OTL, 14.92f.
46  S. Jepsen, Beiträge, 87.
47  S. Jepsen, Beiträge, 93f.
48  S. Müller, Prophetie, 231.
49  So Müller, Prophetie, 241.248.
50  Müller, Prophetie, 249.
51  S. Loretz, Regenritual, 142ff.
52  In Bezug auf die hebräische Poesie stellt Berges, HThKAT, 78, fest, dass das hebräische Metrum, „falls man überhaupt von einem solchen sprechen kann, nicht das Gerüst der hebräischen Posie bildet", „denn es gibt keinen Text, der über mehr als einige Verse einem gleichmäßigen Versmaß folgt" (vgl. dazu im Blick auf Joel Prinsloo, Theology, 14.19.21.32.51.83). Immer noch aktuell ist daher das von Koch, Formgeschichte, 122,

4,18a, der den Brauch widerspiegele, „bei Dürre durch Klage, Trauer und Fasten Jahwe zur Sendung von Regen zu bewegen", den Kern darstelle. Eine Neusemantisierung sprich Eschatologisierung sei durch sieben weitere voneinander differenzierbare Hände erfolgt. Unter anderem sei hier erst die Beschreibung des auch schon sekundären Feindheeres (2,1-11*) durch Heuschrecken (2,3b-8a) vorgenommen worden. Bei dieser Eschatologisierung sei auch erst der „Tag YHWHs" in die Joelschrift eingedrungen. Dieser stelle keinesfalls den Hauptnenner dar, sondern die „Tag YHWHs"-Stellen 1,15b; 2,1b.11b; 3,4b; 4,14b seien als eigene Schicht zu begreifen, die eher am Abschluss der Neusemantisierung stehe.

Die *zweite* Position nimmt die Einheitlichkeit der Joelschrift an und kann sich auf verschiedene Verbindungslinien stützen, die die gesamte Schrift durchziehen: als Formelement das Erweiswort 2,27; 4,17 und als Wortverbindungen 1,14 / 4,9; 1,15 / 2,1b-2a / 4,14; 2,2 / 3,4b; 2,3 / 3,5; 2,10a / 4,16a; 2,10b / 4,15; 2,11b / 3,4b; 2,16 / 4,(2.)11; 2,17 / 4,2[53]. Drei Ausprägungen der zweiten Position können dabei unterschieden werden.

Zum einen wäre die Sichtweise zu nennen, die etwa Rudolph[54] vertritt. Er gliedert die Schrift in die Kap. 1-2 und die Kap. 3-4. Die Einleitung 1,2f. habe den gesamten Inhalt der Kap. 1-2 im Blick. Aus ihnen gehe hervor, dass angesichts einer Dürre und Heuschreckenplage der Prophet die verschiedenen Volksgruppen zur Klage aufrufe und die Priester zum Abhalten eines Fasttages mit Bittgebet animiere. Die Naturkatastrophen begreife er als Vorzeichen des „Tages YHWHs". Die Beseitigung der Not und die Zusicherung YHWHs am Ende von Kap. 2 zeigten hingegen, dass Dürre und Heuschrecken doch keine Vorboten des „Tages YHWHs" gewesen wären. Deshalb sei es nur natürlich, dass in den beiden folgenden Kapiteln von ihnen nicht mehr die Rede sei. Nachdem die Episode, die mit 1,4 beginne, abgeschlossen sei, werde in Kap. 3-4 die Verheißung von 2,25-27 in die Zukunft weiter transponiert (s. den Rückbezug von 3,5bα₂). In ihnen stelle der Prophet dar, wie sich unter dem neuen Gesichtspunkt der göttlichen Gnade und Barmherzigkeit der „Tag YHWHs" abspielen werde.

Weithin rezipiert wird zum zweiten die Auffassung von Wolff. Dieser arbeitet als Makrostruktur der Joelschrift nicht die beiden Teile Kap. 1-2 und 3-4, sondern aufgrund des Umschwungs in 2,18 und der Erkenntnisaussagen in 2,27 und 4,17 die beiden Teile 1,1 - 2,17 und 2,18 - 4,17 heraus. Der erste Teil enthalte den prophetischen Aufruf zur Klage, zum Fasten und zur Buße samt Durchführung der Klage, der zweite Teil biete die heilvolle Antwort Gottes als Erhörung der Klage. Damit sei ein der Liturgie eines Fasttages entsprechen-

---

formulierte Ergebnis, „dass bislang für die Formgeschichte wie für die Exegese überhaupt metrische Theorien nur mit Vorsicht zu gebrauchen sind." Deshalb ist m. E. auch gegenüber der von Loretz entwickelten kolometrischen Methode, insbesondere wenn aus Unregelmäßigkeiten literargeschichtliche Folgerungen gezogen werden, große Skepsis angebracht.

53  S. Wolff, BK.AT XIV/2, 7; Deissler, NEB 4, 67. Bergler, Joel, 327f., betont die thematischen Linien des sich zunächst gegen Juda und hernach gegen die Feinde richtenden „Tages YHWHs", des Nordfeind-Völkersturms in Kontrast zum YHWHkampf gegen die Völker und der Schilderung neuer Fruchtbarkeit als Pendant zur Dürreskizze. Vgl. auch Müller, Prophetie, 249, der die „große[.] thematische[.] Geschlossenheit des Buches" anerkennt und es daher für wahrscheinlich hält, dass Joel selbst die Sammlung der Prophetenworte (1,5 - 2,27) mit 1,2-4 und Kap. 3-4 gerahmt und angesichts der Parusieverzögerung neu (d. d. apokalyptisch) gedeutet haben könnte.

54  S. Rudolph, KAT XIII,2, 23f.

des Strukturschema ersichtlich (vgl. etwa Jer 14,2 - 15,3). Beide Sachhälften würden außerdem doppelt durchlaufen: der Aufruf zum Fasttag sei einerseits durch eine bereits erfahrene Naturkatastrophe bedingt (1,5-20; s. 1,15), andererseits durch eine nahe bevorstehende militärische Katastrophe, die den „Tag YHWHs" herbeiführe (2,1-17; s. 2,15). Die Gottesantwort (2,18-20 als Einleitung[55]) sage einerseits den Abschluss der Not und neuen Segen für das Land zu (2,21-27; Abschluss mit der Erkenntnisaussage 2,27), andererseits Rettung und Verschonung angesichts des Völkersturmes am „Tag YHWHs" (3,1 - 4,17; Abschluss mit der Erkenntnisaussage 4,17). So gesehen ergebe sich eine klare symmetrische Anlage der Schrift: „Der Klage über die vorläufige Lebensmittelnot in 14-20 entspricht die Zusage der Wende dieser Not in 221-27, der Ankündigung der eschatologischen Katastrophe Jerusalems in 21-11 entspricht die Zusage ihrer Wende in 41-3.9-17, der Aufforderung zur Umkehr zu Jahwe als dem vorläufig Notwendigen in 212-17 entsprechen Geistausschüttung und Rettung auf Zion als das eschatologisch Notwendige in Kap. 3."[56] Wichtig sei es wahrzunehmen, dass bereits in Kap. 1-2 angesichts der verwendeten Tempi verschiedenartige und zu verschiedenen Zeiten eintreffende Nöte angesprochen würden: in 1,4-20 eine eingetretene Wirtschaftskatastrophe und in 2,1-17 eine zwar im Licht der vorläufigen gesehene, aber kommende und endgültige Katastrophe[57]. Außerdem seien die in 2,1-17 erwarteten Nöte bewusst mit der auch in 1,5-20 gebrauchten Terminologie geschildert. Diese beziehe sich wie auch Kap. 3-4 vielfach auf ältere prophetische Schriften zurück. Dadurch erscheine die gegenwärtige erfahrbare Not als Anbruch der auch von den früheren Propheten angesagten Endzeit. So werde nach Wolff eine eingetroffene außergewöhnliche wirtschaftliche Not als Vorzeichen für die eschatologische Verheerung Jerusalems gedeutet[58].

Zum dritten möge die Hypothese Berglers[59] knapp skizziert sei. Er geht zwar von der literarischen Einheitlichkeit der Joelschrift aus, differenziert aber überlieferungskritisch. So habe ein fünfstrophiges Dürregedicht (I: 1,5; II: 1,9.12bβ.13; III:1,10f.12abβ; IV: 1,17.19; V: 1,18.20) den Ausgangspunkt gebildet: Dieses sei nun liturgisiert, „jom-jahweisiert" und dadurch mit dem Zukunftsaspekt bereichert sowie in Verbindung mit der Heuschreckenplage und 1,2-4 mit einem Blick in die Vergangenheit versehen worden. Auf der anderen Seite sei ein ebenfalls fünfstrophiges Feindgedicht zu rekonstruieren (I: 2,1aα; 1,6; II: 1,7-8; III: 2,2aβbα.4.5; IV: 2,7.8a; V: 2,8b.9), das jetzt sekundär mit Dürre- und Heuschreckenthematik verbunden sowie „jom-jahweisiert" vorliege. Als drittes vorgegebenes Stück könne ein von neuen Regen- und Erntegaben handelndes Heilsorakel angenommen werden (2,21-24*.26a), das nun mit Bezügen auf Nordfeind, Heuschreckenplage und „Tag YHWHs" erweitert sei. In Kap. 3-4 seien keine überlieferungsgeschichtlich älteren Blöcke verarbeitet worden.

55  Hierzu vgl. Wolff, BK.AT XIV/2, 74.
56  Wolff, BK.AT XIV/2, 6f. Vgl. dazu auch die tabellarische Darstellung bei Zenger, Zwölfprophetenbuch, 530, der zusätzlich noch auf die Eröffnungen der beiden Teile (1,2-4; 2,18-19aα) und 4,18-21 als Zusammenfassung der beiden Gottesreden des zweiten Teils hinweist. Anders versucht Prinsloo, Theology, 122ff., aufgrund der Unschärfen der Symmetrie die Anlage der Joelschrift als eine „step-by-step progression" zu verstehen, wobei jede Perikope eine Steigerung gegenüber des ihr vorhergehenden Abschnitts darstelle.
57  So Wolff, BK.AT XIV/2, 5f., der betont, dass sich dieses Ergebnis auch einstelle, wenn man die strittigen „Tag YHWHs"-Stellen zunächst einmal unberücksichtigt lasse.
58  S. Wolff, BK.AT XIV/2, 6.48f., und vgl. Jeremias, Joel/Joelbuch, 93f.; Deissler, NEB 4, 66.
59  S. Bergler, Joel, 335ff. (Zusammenfassung).

Hinsichtlich der Frage nach der *Datierung* wird als Abfassungszeit überwiegend die erste Hälfte des 4. Jh. v. Chr. angenommen. In die nachexilische
Zeit führe die in 4,2 erwähnte Zerstreuung des Volkes, wobei bereits der
Wiederaufbau des Tempels (s. 1,9.14.16; 2,17; 4,18) und der Stadtbefesti-
gung (s. 2,7.9) vorausgesetzt sei. Bezeichnend sei, dass die Leitung des Ge-
meinwesens durch Älteste und Priester erfolge (s. 1,2.13f.; 2,16f.). Auch der
Sprachgebrauch in diese fortgeschrittene nachexilische Zeit (s. die Aramais-
men in 1,8; 2,10; weiter 1,17; 2,7f.; schließlich die schriftliche Voraussetzung anderer Prophetenschriften). Mit der Ergänzung 4,4-8, die im Gegensatz
zum Kontext konkrete Völker nenne, sei der *terminus ad quem* gegeben:
denn die hier vorausgesetzten phönizisch-philistäischen Aktionen seien nach
der Zerstörung Sidons (342 durch die Perser) sowie Gazas und Tyros (332
durch Alexander) nicht mehr möglich gewesen. Daher schließt man auf die
erste Hälfte des 4. Jh. als „Zeit relativer außenpolitischer Ruhe, in der der
tägliche Opfergottesdienst am Jerusalemer Tempel als einzigem Heiligtum
nach den Reformen Nehemias und Esras wieder wohl geordnet ist."[60]
    Diese Datierung trifft auf eine einheitliche Joelschrift zu. Sollte eine
Grundschrift nur die Kap. 1-2 umfasst haben, ist diese aufgrund der genannten Beobachtungen durchaus in vorangeschrittener nachexilischer Zeit zu
datieren. Kap. 4 wäre zunächst angesichts der eben genannten, die Erweiterung 4,4-8 betreffenden Daten nicht allzu weit von ihr abzurücken. Jedoch
weist Kaiser darauf hin, dass weder Sidon noch Tyros „in hellenistischer Zeit
ihre Rolle ausgespielt hatten"[61]. Treves sieht in dem Abschnitt 4,4-8, aus dem
die Rekrutierung von Sklaven hervorgehe, Erfahrungen von der Eroberung
Jerusalems durch Ptolemaios I. im Jahr 312 bzw. 302[62] verarbeitet, da in diesem Zusammenhang durch Josephus von Deportationen berichtet werde und
sonst keine Nachrichten über derartige Vorgänge vorlägen; Sidon und Tyros
seien am von Ägypten ausgehenden Sklavenhandel beteiligt gewesen. Auch
4,17 (Treves hält Joel für einheitlich) setze eine kürzlich stattgefundene
Feindinvasion voraus.[63] Hält man diese Hinweise für stichhaltig, wäre der
Zeitraum für die Abfassung von Kap. 4 etwas weiter zu fassen, Kap. 4* kurz
nach den Ereignissen 302 zu datieren und die Ergänzung 4,4-8 wenig später
anzusetzen. Zweifeln könnte man an diesem Vorschlag, weil aus den angeführten Stellen nicht klar hervorgeht, dass Jerusalem erobert wurde[64]. Andere

---

60  Jeremias, Joel/Joelbuch, 92. Vgl. auch Wolff, BK.AT XIV/2, 2ff.; Weiser, ATD 24, 106;
    Bergler, Joel, 364f.; Nogalski, Processes, 48ff.; Barton, OTL, 14ff.(17); Crenshaw, AB
    24C, 23ff. (5. Jh.). Andere Datierungen vertreten z. B. Rudolph, KAT XIII,2, 26 (knapp
    vorexilisch: zwischen 597 und 587); Koch, Profeten I, 270 (7. Jh. bzw. Zeit Manasses);
    Jepsen, Beiträge, 89ff. (Exilszeit); Ahlström, Joel, 111ff. (zwischen 515 und 500; vgl.
    auch Simkins, Activity, 227f.); Kaiser, Grundriß 2, 117 (möglich zwischen zweiter Hälf-
    te des 5. Jh. und erstem Drittel des 3. Jh.).
61  Kaiser, Grundriß 2, 117.
62  Treves selbst spricht vom Jahr 312. Die Forschung tendiert aber dazu, die gemeinten
    Ereignisse ins Jahr 302 zu datieren.
63  S. Treves, Date, 153f.
64  Vgl. Barton, OTL, 108.

Datierungshinweise lassen sich aber nicht finden, so dass dieser Vorschlag als plausibelster erscheint. Nicht erfasst durch die genannten Argumente wäre allerdings Kap. 3, sollte sich dieses als gesondertes Produkt herausstellen.

## 1.5. Folgerungen für die Untersuchung

Die Durchsicht der eben vorgestellten Positionen gibt für die folgenden Untersuchungen eine Reihe von Fragen auf. Primär kommt es sicher darauf an, die Qualität und Intentionalität der Bezüge der Joelschrift zu anderen Texten präzise zu bewerten. Sodann wird zu prüfen sein, ob eine redaktionsgeschichtliche Auswertung im Rahmen des Dodekapropheton zwingend oder auch nur wahrscheinlich ist oder ob es sich bei diesen Annahmen lediglich um das Resultat einer synchronen Lektüre handelt, welche eine redaktionsgeschichtliche These eigentlich schon voraussetzt, diese streng genommen aber nicht begründen kann. Es wird zu fragen sein, ob sich einige der diversen redaktionsgeschichtlichen Auffassungen bewähren. Erweist sich eine von Joel dominierte Dodekapropheton-Redaktion als wahrscheinlich? Oder sind mehrere Joel-Texte beinhaltende Zwölfprophetenbuch-Redaktionen plausibel? Wurde Joel im Hinblick auf Zeph abgefasst, um den „Tag YHWHs" als Thema herauszustellen, welches das (werdende) Dodekapropheton von nun an prägt? Oder empfiehlt es sich auch bei der Joelschrift, mit einer längeren eigenständigen Tradierung zu rechnen? Wurde Joel dann als ganze Schrift einheitlich entworfen oder verdankt auch sie sich einem literargeschichtlichen Prozess? Anhand der Auswahl der „Tag YHWHs"-Passagen sollen diese Fragen einer Klärung zugeführt werden.

## 2. Joel 1,15-20

### 2.1. Zur Abgrenzung

Der Abschnitt Joel 1,15-20 folgt auf einen Aufruf zur Volksklage 1,5-14[65], der sich durch imperativische Anweisungen (1,5.8.11.13.14), Vokative (1,5.11.13) und den Anlass der Klage angebende Begründungssätze (1,6f.9f.11-12.13b) auszeichnet. Der Ausruf 1,15a markiert den Beginn eines neuen Abschnitts. Die Imperative und Vokative der vorhergehenden Einheit begegnen nicht mehr; statt der Anrede an eine 2. Person Plural spricht jetzt eine 1. Person (zunächst im Plural: V. 16, und später im Singular: V. 19), vermutlich jeweils der Prophet als Fürsprecher. Das redende „Wir" bzw. „Ich" und die klagenden Elemente (V. 15.19a) zeigen, dass der Abschnitt 1,15-20 offensichtlich als Wiedergabe der Klage gedacht ist, zu der zuvor aufgerufen worden war. Auch inhaltlich ist der Abschnitt auf seinen Kontext

---

65 Dazu s. Wolff, BK.AT XIV/2, 22ff.; kritisch Loretz, Regenritual, 64f.

bezogen: Missernte und misslicher Tempelkult waren auch vorher bereits angesprochen worden. Neu hingegen sind die Erwähnung der miserablen Lage des Viehs und der Hinweis auf den „Tag YHWHs". Im Anschluss an 1,15-20 findet sich ein Alarmbefehl mit Feindschilderung (2,1-11)[66]. Hierbei zeigt die imperativische Aufforderung in 2,1 den Beginn eines nächsten neuen Abschnitts an.

## 2.2. Textgrundlage

15a Ach[67], der Tag!
bα Fürwahr, nahe ist der Tag YHWHs
bβ und wie Verheerung von Schaddaj wird er kommen.
16a Ist nicht vor unseren Augen die Speise beseitigt,
b vom Haus unseres Gottes Freude und Jubel?
17aα$_1$ Eingeschrumpft sind Saatkörner
aα$_2$ unter ihren Erdschollen,
aβ verwüstet sind Vorräte,
aγ eingerissen Vorratshäuser,
b denn vertrocknet ist das Getreide.[68]
18aα$_1$ Was seufzt das Vieh
aα$_2$ und sind verwirrt die Herden des Rindviehs,
aβ denn sie haben keine Weide,
b auch die Herden des Kleinviehs verderben.[69]
19a Zu dir, YHWH, rufe ich,
bα$_1$ denn Feuer bα$_2$ hat gefressen die Weiden der Steppe
bβ und eine Flamme bγ hat versengt alle Bäume des Feldes.
20a Auch das Vieh[70] des Feldes sehnt sich nach dir,
bα denn vertrocknet sind die Wasserbäche,
bβ und Feuer bγ hat gefressen die Weiden der Steppe.

---

66  Dazu s. Wolff, BK.AT XIV/2, 45f.

67  LXX, Vulgata und Peschitta wiederholen den Ausruf. *lectio brevior* spricht für die Ursprünglichkeit von MT. Barton, OTL, 58 Textanm. a, erklärt die Wiederholungen der Versionen mit in den anderen Sprachen üblichen Trauerbräuchen.

68  Zu den Problemen, die V. 17 aufwirft, s. Wolff, BK.AT XIV/2, 22; Barton, OTL, 58.

69  So mit der Lesart der Versionen, die נָשַׁמּוּ statt נֶאֶשְׁמוּ („sie büßen") gelesen hätten. Die hebräische Texttradition bezeugt zwar einhellig das Verb אשם im Nifal. Dieses wäre hier jedoch singulär bezeugt. Noch gewichtiger ist, dass das Thema Buße in keinster Weise zum Kontext, der Beschreibung der kläglichen Situation von Landwirtschaft und Viehhaltung, passt. Auch kann nicht erkannt werden, dass hier bereits kommende Inhalte (etwa 2,12ff.) vorbereitet werden sollen (so aber Rudolph, KAT XIII,2, 49, der von einer bewusst gesetzten Ausdrucksweise ausgeht: „Die unschuldigen Tiere müssen mitbüßen, was die Menschen verschuldet haben."). Daher kann MT nicht als *lectio difficilior* beibehalten werden, es spricht doch mehr für ein Abschreibeversehen. S. auch Wolff, BK.AT XIV/2, 22 Textanm. 18c; Barton, OTL, 58 Textanm. d.

70  BHS schlägt wohl mit Recht eine Konjektur vor: Singular im *status constructus* statt Plural im *status constructus* von בְּהֵמָה, denn nur der Singular passt grammatikalisch zum folgenden Verb der 3. Person feminin Singular Imperfekt.

## 2.3. Literargeschichtliche Probleme

Der Abschnitt Joel 1,15-20 ist folgendermaßen aufgebaut:

| | |
|---|---|
| 15 | Schreckensruf[71] über den bevorstehenden „Tag YHWHs" |
| 16-18 | Beschreibung der bereits erfahrbaren Not: |
| 16 | Nahrung und Tempelkult sind Mangelware (rhetorische Frage) |
| 17 | Getreideproduktion und -lagerung sind unmöglich |
| 18 | Rindvieh und Kleinvieh verderben |
| 19 | Anrufung YHWHs mit Begründung |
| 20 | Sehnsucht des Viehs nach YHWH mit Begründung |

V. 15 drückt die Nähe des „Tages YHWHs" zunächst mit verblosen Sätzen aus: das einleitende „Ach!" bringt die Bedrohung als eine bereits in der Gegenwart erfahrbare zur Sprache, ebenso betont das vorangestellte Adjektiv קָרוֹב die Nähe dieser Gefahr. Schließlich folgt ein Imperfekt, dessen futurischer Aspekt angesichts der Parallelstellung des Verbs בוא zum Adjektiv קָרוֹב auf die unmittelbar bevorstehende Zukunft bezogen gedacht ist. Die Beschreibung der Not durch die V. 16-18 erfolgt im Perfekt (lediglich V. 18aβ ist als Nominalsatz formuliert), ebenfalls die die Not noch einmal schildernden Begründungen in V. 19 und V. 20. Sie ist bereits in ihren Auswirkungen voll erfahrbar. Die Anrufungen YHWHs in V. 19 und V. 20[72] begegnen im Imperfekt, wobei hier dessen durativer Aspekt im Vordergrund steht.

Im Blick auf die Frage nach der literarischen Einheitlichkeit des Abschnitts bieten V. 15 und V. 19f. Probleme. V. 19bα findet sich nahezu wörtlich wiederholt in V. 20bβγ. Indizien, die einen der beiden Sätze als sekundär erscheinen lassen könnten, sich jedoch nicht zu erkennen[73].

V. 15 wird von Duhm als Zusatz bezeichnet, der mit „seinem Tage Jahwes weder in den Zusammenhang noch überhaupt in das eigentliche Buch Joel hineinpasst"[74]. Jedoch kann V. 16 keinen sinnvollen Beginn des Abschnitts darstellen. Mit Recht weist Wolff darauf hin, dass die rhetorische Frage schwerlich von den Formelementen des Klagelieds her verständlich ist, sondern „als Bestätigung der Klage über einen ganz absonderlichen Tag" unbedingt V. 15 voraussetzt[75]. Loretz weist lediglich V. 15b einer erweiternden Hand zu[76]. Einmal davon abgesehen, dass seine Beweisführung mit der

---

71  So Wolff, BK.AT XIV/2, 25.

72  In den Klagepsalmen begegnen die Formulierungen für das Anrufen YHWHs mit קרא teils im Perfekt, teils im Imperfekt.

73  Wolff, BK.AT XIV/2, 41, beobachtet auch sonst in Joel Wiederaufnahmen wichtiger Sätze zum Zweck der Steigerung (z. B. 1,9a.13b.16). Bergler, Joel, 63, denkt angesichts der Wiederholung der beiden Verse an einen Refrain. Auch Rudolph, KAT XIII,2, 49, hält die Wiederholung für Absicht.

74  Duhm, Anmerkungen, 185.

75  Wolff, BK.AT XIV/2, 26. Vgl. auch ebd., 42, wo Wolff V. 15 als Mitte des gesamten Kap. 1 bezeichnet. Außerdem vgl. Simkins, Activity, 149.

76  S. Loretz, Regenritual, 95.

Kolometrie allein fragwürdig und einseitig scheint[77], trifft auch ihm gegenüber der eben genannte Hinweis Wolffs. Der in V. 15a genannte יוֹם ist
nämlich viel zu unspezifisch, um eine sinnvolle Voraussetzung der
rhethorischen Frage von V. 16 darstellen zu können. Zum Zweck des
Aufbaus der Spannung erfordert V. 15a unbedingt die Zuspitzung durch den
„Tag YHWHs" in V. 15b. Auch die Determination des in V. 15a vorange-
stellten „Tages" zeigt, dass dieser bereits als ganz spezifischer Terminus erscheint und daher auf Fortsetzung durch V. 15b angelegt ist. Dass dieser
„Tag" in V. 15a auf einer literarischen Stufe noch nicht als „Tag YHWHs"
verstanden worden sein soll, ist daher sehr unwahrscheinlich. Aus dem gleichen Grund würde es sich ebenso wenig empfehlen, lediglich V. 15bα her-
auszulösen. Die Wiederholung von יוֹם ist dann folgendermaßen zu
interpretieren: zunächst soll der „Ach!"-Ausruf mit der Nennung des „Tages"
eine gewisse Spannung aufbauen, die dann mit der Erwähnung des „Tages
YHWHs" Bestätigung und durch die folgende Erklärung mit der „Verheerung" von Schaddaj Gewissheit erfährt. Im Übrigen widerrät auch die literarisch einheitliche Parallelstelle Ez 30,2-3[78], in der ebenfalls „Ach!"-Ausruf
(in verkürzter Form: הָהּ) und „Tag YHWHs"-Ankündigung miteinander
verbunden sind[79], einer literarkritischen Differenzierung in V. 15. Daher stellt
die Annahme der Einheitlichkeit von V. 15 die wahrscheinlichste Lösung dar.

Wie bereits erwähnt, ist der Abschnitt V. 15-20 als Wiedergabe einer
Klage gedacht, da er lediglich Klageliedfragmente enthält, nämlich die Elemente der Anrufung YHWHs (V. 19a) und der Beschreibung der Not (V. 16-
18.19b-20). Die Differenz zwischen klagendem Wir (s. V. 16) und klagenden
Ich (V. 19a) fällt dabei nicht ins Gewicht. Denn zum einen werden auch in
V. 19b-20 nur die Nöte der Gesamtheit zur Sprache gebracht. Zum anderen
ist V. 16 gut im Mund eines einzelnen Sprechers denkbar, der seine Hörer
bzw. Kultteilnehmer mit einbeziehen möchte. Daher ist der Prophet gut als
Sprecher des gesamten Abschnitts vorstellbar. Die für die Klagelieder so typischen Elemente der Bitte und der Vertrauensaussage fehlen.[80] Somit steht
„nicht die Wiedergabe eines Klagerituals im Vordergrunde des Interesses
[...], sondern die Charakterisierung einer ganz ungewöhnlichen Gegenwart
[...]"[81]. Der überlieferungskritische Versuch von Bergler hingegen, der Joel
1,15-16 als eigenen Abschnitt gattungskritisch als kollektives Klagegebet

77  S. oben Anm. 52.
78  Zimmerli, BK.AT XIII/2, 728, und Pohlmann, ATD 22,2, 403f.413f., betrachten Ez
    30,1-9 als weitgehend einheitlichen Abschnitt, in den zwar einige Eingriffe erfolgt seien,
    die aber nicht die hier interessierende Textfolge betreffen.
79  S. auch Wolff, BK.AT XIV/2, 25. Loretz, Regenritual, 95, bemerkt zwar auch die Zitie-
    rung der Ez-Stelle, jedoch wird diese von ihm fälschlicherweise auf Ez 30,3 einerseits
    und Joel 1,15b andererseits beschränkt.
80  Zu diesem bruchstückhaften Charakter der „Klage" s. Wolff, BK.AT XIV/2, 24f.
81  Wolff, BK.AT XIV/2, 26; vgl. auch Crenshaw, AB 24C, 114 („a fragmentary cry of
    terror"); Simkins, Activity, 146; Ahlström, Joel, 132. Rudolph, KAT XIII,2, 47, betont
    dagegen, dass V. 15-18 kein Gebet darstellt, „sondern die Begründung dafür, warum
    Fasten und Beten unerläßlich sind".

beurteilt und in 1,17-20 davon gesondert zwei Strophen erkennen möchte
(V. 17.19 einerseits und V. 18.20 andererseits), die ursprünglich mit V. 5.9-
13 verbunden gewesen seien[82], kann nicht überzeugen. Es ist ohnehin kaum
wahrscheinlich, dass ein einmal bestehendes Gedicht oder gar seine einzelnen
Strophen wieder auseinander gerissen worden sein könnten.

Wird die Einheitlichkeit des Abschnitts Joel 1,15-20 und sein Charakter
als Wiedergabe einer Klage anerkannt, ist freilich noch der literargeschichtliche Ort des Textes zu klären. Denn Jepsen differenziert zwischen der Klage
über die Dürre in 1,8-14.16-20; 2,12-14.21-24 und der Klage über die Heuschrecken in 1,5-7; 2,2a-9.15-20.25-27 und schließt auf ursprünglich voneinander getrennte Textgruppen[83]. Loretz und Bergler greifen diese Unterscheidung auf. Loretz nimmt verschiedene Redaktionsstufen an (1,4.5-7; 2,3b-
8a.28 seien Überarbeitung) und warnt davor, aus dem in Joel vorliegenden
Nebeneinander historische Schlüsse zu ziehen, richtet sein Augenmerk dagegen auf das Aufdecken des kompositorischen Zusammenhangs[84]. Bergler
hingegen arbeitet lediglich überlieferungskritisch und rekonstruiert als älteste
Vorstufe von Joel 1 ein fünfstrophiges Gedicht, das die „Natur, Mensch und
Tier in Mitleidenschaft ziehende Trockenheit" thematisiere (1,5.9-13.17-
20)[85].

Allerdings dürfte der Differenz zwischen Heuschrecken und Dürre kein
entscheidendes Gewicht zukommen. Zum einen weisen zahlreiche Forscher
darauf hin, dass in Palästina Heuschrecken-Katastrophen oft mit Hitze- bzw.
Trockenperioden einhergingen[86]. Zum anderen spricht gegen eine Differenzierung, dass sogar Jepsen selbst zwischen den beiden von ihm geschiedenen
Textgruppen zahlreiche Übereinstimmungen beobachtet: angesichts des gemeinsamen Vokabulars sei davon auszugehen, dass derselbe Prophet spreche;
beide Textpassagen ließen sich außerdem derselben Zeitperiode (nach Jepsen
der Exilszeit) zuordnen[87]. Bemerkenswert ist auch, dass Loretz für die Heuschreckentexte keine andere Intention angeben kann als die Unterstreichung
bzw. Verstärkung der Dürre-Reihe[88]. Daher scheint fraglich, ob mit einer literargeschichtlichen Differenzierung ein Interpretationsvorteil gewonnen ist.
Schließlich wird man auch angesichts des Schriftbezugs der Joelschrift skeptisch sein müssen. Denn entgegen der vermeintlichen Differenz weist Jeremias darauf hin, dass Joel sich auf die beiden ersten Amosvisionen Am 7,1-6,
die Heuschrecken und Dürre zum Thema haben, beziehe[89].

---

82  S. Bergler, Joel, 36ff.62f.
83  S. Jepsen, Beiträge, 93f.
84  So Loretz, Regenritual, 64.69f.
85  So die Ergebnisformulierung bei Bergler, Joel, 335; s. aber ebd., 45ff.; vgl. außerdem
    ebd., 275: „die Dürre ist primär und real. Sie gibt den Impetus für den Anschluß der
    Nordfeindzeichnung wie für die weitergehende Rahmung durch Heuschrecken- und JJ-
    Rede."
86  S. z. B. Müller, Prophetie, 234 Anm. 8; Dalman, Arbeit I,2, 393ff.411f.
87  S. Jepsen, Beiträge, 93.
88  S. Loretz, Regenritual, 70.142.
89  S. Jeremias, Prophetie, 105f. (vgl. auch unten S. 158).

## 2.4. Auswertung der Bezüge

*Erstens* lässt schon die Erwähnung des „Tages YHWHs" in V. 15 mehrere Anklänge an andere Prophetenschriften erkennen. Dabei ist von der Ankündigung des „Tages YHWHs" durch die Formel[90] כִּי קָרוֹב יוֹם יְהוָה auszugehen, die noch in Jes 13,6; Ez 7,7 (ohne כִּי; statt „Tag YHWHs" יוֹם מְהוּמָה); 30,3 (לַיהוָה); Joel 2,1 (Wortumstellungen); 4,14; Ob 15; Zeph 1,7; 1,14 (ohne כִּי) begegnet. Mit Ez 30,3; Jes 13,6 steht Joel 1,15 in besonders enger Beziehung.

Über die Formel hinaus liegt nämlich in Ez 30,2f. der Ausruf אֲהָהּ in der Kurzform הָהּ vor. Außerdem wird dieser Ausruf nur in Joel 1,15 und Ez 30,2f. mit einem Hinweis auf den „Tag YHWHs", und zwar durch לַיּוֹם verbunden. Da die anderen Belege für אֲהָהּ entweder in einem völlig anderen Kontext stehen oder als Klagerufe mit אֲדֹנָי יְהוָה fortgesetzt werden, dürfte Joel 1,15 von Ez 30,2f. literarisch abhängig sein, genauer eine dort belegte Ausdrucksweise aufgegriffen haben. Dort trifft der „Tag YHWHs" allerdings Ägypten.

In Jes 13,6 findet sich zusätzlich zur Ankündigung des „Tages YHWHs" mit der oben genannten Formel wortwörtlich Joel 1,15bβ (כְּשֹׁד מִשַּׁדַּי יָבוֹא). Daher stellt Joel 1,15b offensichtlich ein Zitat von Jes 13,6 dar. Der „Tag YHWHs" dort bricht jedoch über Babel herein.

Dass Joel 1,15 in Bezug auf Jes 13,6 und Ez 30,2f. der rezipierende Text ist und nicht umgekehrt[91], ergibt sich daraus, dass Joel 1,15 den „Tag YHWHs" nur knapp erwähnt, um sogleich ausführlich die Klagen über die gegenwärtige Not vorzutragen, wobei der Schrecken über den „Tag YHWHs" als Hintergrundfolie bereit steht. Hingegen spielt der joelische Klagekontext in Ez 30,2f. oder Jes 13,6 keine Rolle. Dass die erste Erwähnung des „Tages YHWHs" in der Joelschrift ausgerechnet zwei Fremdvölkersprüche literarisch aufgreift und den „Tag YHWHs" konträr zu diesem Hintergrund gegen Israel wendet, ist bemerkenswert. Man könnte daraus schließen, dass der Text die Vorstellungen der Leser von einem gegen die fremden Völker gerichteten Eingreifen YHWHs auf den Kopf stellen und damit die Spannung erzeugen möchte, die aufgrund der Wende in 2,18 dann in Kap. 4 der Joelschrift gelöst wird. Eine solche Interpretation setzte freilich die Einheit der Joelschrift voraus, die sich jedoch als nicht wahrscheinlich erweisen wird[92]. Davon abgesehen scheint aber schon fraglich, dass aufgrund der kurzen Sätze Leser Jes 13 oder Ez 30 als konkrete Texte assoziieren sollen. Da aus diesen Texten nur einzelne Elemente aufgegriffen werden, dürfte lediglich intendiert sein, den Schrecken des „Tages YHWHs" zu verdeutlichen. Dass man sich dabei auch an Fremdvölkertexten als

---

90  Zur so genannten „Tag YHWHs"-Ankündigungsformel s. S. 103f.
91  Zur Abhängigkeit der Stelle Joel 1,15 von Jes 13,6 und Ez 30,2f. s. auch Bergler, Joel, 137ff.; Jeremias, „Tag Jahwes", 130; Barton, OTL, 24.58; dagegen Rudolph, KAT XI-II,2, 48.
92  S. unten S. 180f.192f.

„Zitatenschatz" bedienen konnte, zeigt, dass der „Tag YHWHs" in nachexilischer Zeit offenbar als weiterhin mögliche Bedrohung des eigenen Volkes verstanden wurde.

Trotz der Abhängigkeiten von Ez 30,2f. und Jes 13,6 soll nicht vergessen werden, dass durch die formelhafte Ankündigung des „Tages YHWHs" freilich auch Text-Text-Bezüge zu Ob 15 oder Zeph 1,7.14 vorhanden sind. Wie sind diese aber präzise zu beschreiben?

Zwischen Zeph 1,7.14 und Joel 1,15 sind keine weiteren Bezüge auszumachen. Die in Zeph 1,7 vorliegenden Lexeme כון, זבח, הסה und die Wendung אֲדֹנָי יהוה finden sich in der gesamten Joelschrift nicht. Die beiden Verben קדש und קרא aus Zeph 1,7 begegnen zwar in Parallelstellung in Joel 1,14 und 2,15, sind aber alles andere als ungewöhnlich. Die in Zeph 1,14 verarbeiteten Lexeme מהר, מַר und צרח verwendet die Joelschrift nicht. קול findet sich an anderen Stellen, und zwar einerseits in *status constructus*- (Joel 2,5), andererseits in Verb-Verbindungen (Joel 2,11; 4,16). Ebenfalls sind in Joel Krieger (גִּבּוֹר) erwähnt (2,7; 4,9.10.11), aber hierbei handelt es sich um ein sehr gebräuchliches Wort. Daher muss im Blick auf Joel 1,15 ein bewusster literarischer Rückgriff auf Zeph 1,7.14 als unwahrscheinlich bezeichnet werden, und dies umso mehr, weil die eindrückliche „Tag YHWHs"-Beschreibung Zeph 1,15-16 sicher schon vorlag, stattdessen aber Jes 13,6 zitiert wurde. Genauso unwahrscheinlich ist somit eine redaktionsgeschichtliche Annahme, Joel 1,15 und Zeph 1 könnten eine gemeinsame Schicht darstellen. Hiergegen sprechen zusätzlich die jeweils recht unterschiedlichen Kontexte: In Zeph 1 handelt es sich um Unheilsankündigungen gegen Juda/Jerusalem, in Joel 1,15-20 um Klagen angesichts gegenwärtiger Not. Ob für die Joelschrift der Makrokontext von Zeph 1 (vor dem „eigentlichen „Tag YHWHs"-Text wird erst einmal die Ankündigungsformel vorausgeschickt: vgl. Zeph 1,7.14-16 mit Joel 1,15; 2,1-11) prägend gewesen sein kann[93], scheint aufgrund dieser Beobachtungen insgesamt zweifelhaft. Da sich das Verhältnis von Joel zu Zeph bei Joel 2,1-11 anders darstellt – Joel 2,2aα zitiert Zeph 1,1bβγ –, wird auf diese Frage noch einmal zurückzukommen sein[94].

Joel 1,15 und Ob 15 weisen keine besonders engen Verbindungen auf. Zwar legen einige Beobachtungen die Annahme einer literarischen Abhängigkeit der Joelschrift von der Obadjaschrift nahe[95], jedoch betreffen diese lediglich Joel 3 und Joel 4. Daher kann, wenn Joel keine einheitliche Schrift darstellen sollte[96], nicht behauptet werden, dass Joel 1,15 auf Ob 15 literarisch bezogen ist. So ergibt der Befund anhand dieser ersten formelhaften Erwähnung des „Tages YHWHs" in Joel, dass Joel zwar sehr wohl literarisch auf Prophetentexte zurückgreift, aber gerade nicht auf das Dodekapropheton bildende Schriften.

---

93  So Bosshard-Nepustil, Rezeptionen, 325 Anm. 2. Vgl. Schart, Entstehung, 269.
94  S. unten S. 172.
95  S. Bergler, Joel, 301ff. (Zusammenfassung 321f.), und außerdem unten S. 186.
96  Dazu s. unten S. 180f.192f.

*Zweitens* finden sich zwar in V. 16-20 weniger derart dezidierte Bezugnahmen auf andere Prophetenschriften, dennoch aber dürften diese im Hintergrund stehen. Denn die rhetorische Frage V. 16, die den aktuellen Notzustand als Beweis für das Anbrechen des „Tages YHWHs" anführt, setzt offenbar die prophetische Unheilsüberlieferung voraus, die das Unheil mit dem „Tag YHWHs" identifiziert. So ist der „Tag YHWHs" im Rahmen der Amosschrift als der Untergang Israels und im Rahmen der Zephanjaschrift als der Untergang Judas zu verstehen gewesen.

Bergler sieht Joel 1,15-20 auf die Zephanjaschrift (vor allem 1,2-3.17-18) bezogen, weil in beiden Textbereichen eine Verbindung von „Tag YHWHs" und Dürre vorliege, die – ganz gleich ob lokal oder global erlebt – in jedem Fall die beginnende Revision der Schöpfung bedeute[97]. Jedoch geht aus Joel 1 nur hervor, dass durch die lokale Dürre auch die Lebensqualität der Tierwelt mit betroffen ist. Dass hier an eine Revision der Schöpfung gedacht ist, legt der Text durch keine Hinweise nahe. Auch die klaren Anspielungen auf die Sinflut, wie sie Zeph 1,2-3 enthält, fehlen in Joel 1,15-20. Daher liegen sowohl traditionsgeschichtliche als auch literarische Beziehungen zwischen Joel 1,15-20 und Zeph 1,2-3.17-18 fern. Die These, dass gerade diese Verse aus Zeph auf eine durch Joel geprägte Redaktion des Dodekapropheton zurückgingen[98], erscheint daher zumindest in Bezug auf Joel 1,15-20 als zweifelhaft.

In der Amosschrift wird die herannahende Katastrophe unter anderem auch durch Bildmaterial von der darbenden Natur veranschaulicht. So ist es zum einen in der zweiten Vision Am 7,4-6 der Fall[99]: Feuer (אֵשׁ) verzehrt (אכל) die Wasser spendende Urflut (תְּהוֹם) und den Ackerboden (חֵלֶק). Entsprechend verzehrt (אכל, להט) in Joel 1,19-20 das Feuer (אֵשׁ, לֶהָבָה) die Weiden der Steppe (נְאוֹת מִדְבָּר) und die Bäume des Feldes (עֲצֵי הַשָּׂדֶה), und außerdem wird in diesem Zusammenhang auch vom Vertrocknen der Bachbetten gesprochen (יָבְשׁוּ אֲפִיקֵי מָיִם). Zum anderen enthält das Motto der Amosschrift Am 1,2b das Bild vom Vertrocknen (אבל, parallel dazu יבשׁ) der Weiden der Hirten (נְאוֹת הָרֹעִים). Nun sind die einzelnen Formulierungen jeweils verschieden, so dass trotz aller Übereinstimmung nur mit losen literarischen Anleihen zu rechnen ist.

Ähnliche Bilder enthält auch die Hoseaschrift: Die Unheilsankündigungen Hos 2,11-15 und Hos 9,1-7[100] tangieren in 2,11.14 und 9,2 den Bereich der Natur. Außerdem spielen sie in 2,13.15 und 9,1.4.5 auf die kultische

---

97 S. Bergler, Joel, 155f., der folgendes Fazit formuliert: „Die Androhung des Weltgerichtes in Form einer Dürre Zeph 1,2f., mit den JJ[= Jom Jahwe; M. B.]-Passagen des Zeph-Buches in enger Beziehung stehend, konkretisiert sich gegenüber bestimmten historischen Adressaten. In analogem Muster stellt Jo Lokalgeschichte und -not in einen eschatologischen JJ-Rahmen und charakterisiert sie damit als <u>die</u> Entscheidungssituation."

98 So Nogalski, Precursors, 191ff.

99 Vgl. Jeremias, Prophetie, 105f.

100 Möglicherweise wurden im Abschnitt Hos 9,1-7 die Formulierungen „Tage der Vergeltung" und „Tage der Heimsuchung" (in V. 7) nun auch Hinweise auf den „Tag YHWHs" gelesen.

Festfreude[101] an. Deren Ende formuliert Joel 2,16 mit den gleichen Wurzeln שׂמח und גיל wie Hos 9,1. Diese sind aber häufig in den Pss belegt[102]. Außerdem begegnet die Motivik des Verderbens der Natur durch Dürre in den Unheil kündenden Abschnitten Jes 24,7ff.; Jer 23,10 und in den Klagepartien Jer 9,9; 14,5f. Dass also zwischen den Texten Hos 2,11-15; 9,1-7 und Joel 1,16-20 literarische Abhängigkeit vorliegt, kann nicht wahrscheinlich gemacht werden.

Wolff kann in Joel 1,15-20 zwar lediglich aus der Situation geborene, selbständige Formulierungen erkennen[103]. Aber angesichts der eben genannten Beobachtungen dürfte Joel 1,15-20 in der Beschreibung der Not zumindest in traditionsgeschichtlicher Hinsicht auf prophetische Unheilsankündigungen zurückgreifen. Darüber hinaus sind auch literarische Anleihen an Texten zu beobachten. Aufgrund der fortgeschrittenen nachexilischen Zeit sowie weiterer Befunde anhand anderer Texte[104] ist wahrscheinlich mit der literarischen Kenntnis der prophetischen Schriften wie Hos und Am zu rechnen. Allerdings erlaubt dieses eher lockere Aufgreifen literarisch vorliegenden Materials keine Schlüsse auf Redaktionsprozesse im Dodekapropheton. Diese Vorsicht begründet sich mit der Beobachtung, dass engere Beziehungen zu Texten außerhalb des Dodekapropheton auszumachen sind.

Dies gilt auch im Blick auf Hab 3,17, den Nogalski als einen Zusatz beurteilt, der die in Joel 1, gerade auch in 1,16.18 enthaltenen landwirtschaftlichen Motive aufgreife und damit die Einbindung von Hab in das Elfprophetenbuch bewirkt habe[105]. Trotz aller Verwandtschaft muss Nogalski selbst jedoch einräumen, dass von Joel exakt abhängige Sprache nicht zu konstatieren ist. Angesichts der Geläufigkeit der Motive sind daher redaktionsgeschichtliche Folgerungen problematisch[106].

Mit Hilfe eines Rückgriffs auf ältere Prophetenschriften wird also die Wahrnehmung der aktuellen Lage zur Sprache gebracht. Darüber hinaus dürfte dabei auch der Aspekt der menschlichen Verschuldung des Unheils mit übernommen worden sein, selbst wenn dies nicht eigens thematisiert wird. Denn der Schwerpunkt der Joelschrift bzw. seiner Grundschrift liegt darauf[107], dass auf der Ebene des Volkes durch Klage und Buße der rechte Umgang mit der Notsituation, und auf der Ebene Gottes dessen Gnade und Erbarmen vor Augen geführt wird.

---

101 Schwerpunktmäßig ist die Parallelstellung der Wurzeln שׂמח und גיל in den Psalmen belegt: s. Ps 14,7; 16,9; 21,2; 31,8; 32,11; 43,4; 45,16; 48,12; 53,7; 96,11; 97,1.8; 118,24; 149,2. Um „hymnische Aufforderungen" und „priesterliche Kultanweisungen" (so Wolff, BK.AT XIV/1, 197) handelt es sich jedoch nur zum Teil.
102 S. Anm. 101.
103 So Wolff, BK.AT XIV/2, 40.
104 S. unten S. 159ff.
105 S. Nogalski, Processes, 177f.
106 Dazu s. auch unten S. 246f.
107 Dazu s. unten S. 160f.169ff.175f.

## 3. Joel 2,1-11

### 3.1. Zur Stellung in der Joelschrift

Nach den klagenden Anrufungen YHWHs mit Begründung in Joel 1,19.20 markieren die imperativischen Aufrufe zum Alarm[108] in Joel 2,1 den Beginn eines neuen Abschnitts. Zum Verständnis der imperativischen Aufforderungen hinzu gehören unbedingt die Begründung mit dem „Tag YHWHs" in V. 1b-2aβ und die Beschreibung der Not in Gestalt eines Volkes in V. 2aγ-11. So sind die V. 1-11 thematisch zusammengebunden. Neue Imperative begegnen erst wieder in V. 12. Da hier weitere textgliedernde Elemente vorliegen (וְגַם־עַתָּה und die Gottesspruchformel) und inhaltlich neu zur Umkehr aufgerufen wird, lässt sich die Passage Joel 2,1-11, obwohl sie von V. 12ff. hinsichtlich der Adressaten sowie sachlich voraus- und fortgesetzt wird, als eigener Abschnitt analysieren.

Dieser steigert in der dramatischen[109] Textabfolge die Spannung. Nach der Aufforderung zur Klage 1,5-14, für die als Schauplätze aufgrund der landwirtschaftlichen Bilder zunächst Feld und Flur, ab V. 13 aber aufgrund der Anrede an das Tempelpersonal der Tempelbereich in Frage kommen, folgt im Abschnitt 1,15-20 die Klage. Die Szene 2,1-11 lässt mitten in der Klage auf Zion einen Alarmbefehl erschallen (2,1). Die Notsituation erfährt aufgrund der Klage also nicht einfach eine Wende. Sondern zur bereits vorhandenen Katastrophe kommt eine weitere Bedrohung hinzu; ob es sich zusätzlich um eine militärische Bedrohung handelt, wird noch zu klären sein[110]. Obwohl die Katastrophe auf das Wirken YHWHs zurückgeführt, als „sein Tag" bezeichnet wird, bleibt als Ausweg nur, YHWH um sein erbarmendes Eingreifen aufzufordern. So unternimmt es die anschließende Szene 2,12-17 noch einmal. Dann stehen zum Abschluss des „ersten Aktes" zwei Fragen im Raum: Wer kann den „Tag YHWHs" aushalten (2,11) und wo ist Gott (2,17)?

Angesichts dieser Kontextfunktion des Abschnitts 2,1-11 kann es nicht überzeugen, dass Bosshard-Nepustil zwischen dem ersten Teil, zu dem er nur

---

108 So Wolff, BK.AT XIV/2, 45, mit Verweis auf Hos 5,8; 8,1; Jer 4,5; 6,1. Vgl. dazu, dass die Kombination der beiden Verben תקע und רוע bis auf eine Ausnahme (Ps 47,2) stets im Kontext kriegerischer Handlungen gebraucht wird (Num 10,7 [dazu vgl. 10,9]; Jos 6,16.20; Hos 5,8). Daher führt es in die Irre, wenn Müller, Prophetie, 235f., Joel 2,1 und 2,15 auf eine Ebene stellt.

109 Die These, „daß die prophetische Literatur des Alten Testaments dem literarischen Genre der dramatischen Dichtung zuzurechnen ist. Prophetenbücher sind im Grunde Dramen" (Utzschneider, Reise, 11; s. weiter ebd., 16ff.), soll zwar nicht unkritisch rezipiert und auf die Joelschrift transferiert werden. Aber es fällt doch auf, dass im Unterschied zu anderen Prophetenschriften Joel nicht bloß eine Sammlung von Prophetenworten unter bestimmten Gesichtspunkten darstellt, sondern in der Abfolge der Texte ein Handlungs- und Situationsfortschritt ersichtlich ist. Diese Beobachtung soll an dieser Stelle für die Bezeichnung „dramatisch" genügen.

110 S. unten S. 165ff.

Joel 1,1 - 2,11 rechnet, und dem folgenden Textbereich 2,12 - 4,21, eine lite-rarkritisch relevante Spannung konstatiert: die hoffnungsvolle Stimmung des zweiten Teils und der Umschwung ab 2,12 seien im ersten Teil nicht vorbe-reitet, und der Schutz des Gottesvolkes im zweiten Teil stünde im Wider-spruch zu seiner Bedrohung in 2,1-11.[111] Dagegen wäre zu fragen, ob gerade der ab 2,12 erfolgende Umschwung und das unterschiedliche Geschick des Gottesvolkes nicht die besonderen Anliegen eines Verfassers sind. Denn die dramatische Anlage der Joelschrift spricht dafür, dass der Umschwung ab 2,12, d. h. die Spannung zwischen dem bedrohlich wirkenden Anfang und der hoffnungsvollen Weiterführung, bewusst gesetzt ist und auf eine Hand zurückgeht. Jedenfalls aber scheitert die Eingrenzung des Grundbestandes auf den Textbereich von 1,1 bis 2,11 daran, dass nach der Überschrift 1,1 ein YHWHwort zu erwarten ist, das aber erst in 2,12.19.25ff; 3,1ff. vorliegt.

## 3.2. Textgrundlage

(Kap. 2) 1aα₁ Stoßt ins Horn auf Zion
aα₂ und schreit laut auf dem Berg meiner Heiligkeit!
aβ Erregt werden sollen aγ alle Bewohner des Landes,
b denn im Kommen ist der Tag YHWHs, fürwahr nahe[112]:
2aα₁ ein Tag der Finsternis und des Dunkels,
aα₂ ein Tag des Gewölks und Wolkendunkels.
aβ Wie Morgenrot sich ausbreitet über den Bergen
bα (ist da) ein Volk groß und stark.
bβ₁ Wie es bβ₂ hat es keines gegeben
von der Vorzeit her.
bγ Und nach ihm wird[113] es keines mehr geben
bδ auf Jahre hin geschlechterlang.
3aα Vor ihm hat gefressen Feuer
aβ und nach ihm wird versengen Flamme.
bα₁ Wie der Garten Eden (ist) das Land vor ihm
bα₂ und nach ihm eine Wüste der Verwüstung,

---

111 S. Bosshard-Nepustil, Rezeptionen, 280ff.

112 כִּי קָרוֹב scheint syntaktisch ungeschickt nachzuklappen (vgl. Bergler, Joel, 40 samt Anm. 66), weshalb die Peschitta die Wendung mit dem nachfolgenden Vers verbindet. Auch Weiser, ATD 24, 111, und Wolff, BK.AT XIV/2, 43, übersetzen in diesem Sinn, indem sie כִּי קָרוֹב zu den Nominalsätzen von V. 2 ziehen. Meinhold, Rolle, 217 Anm. 61, hält die Wendung כִּי קָרוֹב für sekundär, verrät aber nicht, ob er dies als planvolle Redaktion oder als Glosse (etwa weil an dieser Stelle unter Kenntnis der Formel כִּי קָרוֹב יוֹם יְהוָה [vgl. Joel 1,15; Ob 15; Zeph 1,7{.14}] das Adjektiv קָרוֹב vermisst wurde) verstanden wissen möchte; vgl. dazu Loretz, Regenritual, 49. Aber die von Meinhold genannten Beobachtungen, dass die Aspekte des Kommens und der Nähe in 1,15 auch beide enthalten sind, in 3,4b und 4,14b dagegen nur einzeln, sprechen m. E. nicht gegen die literarische Integrität von 2,1b.

113 Nach Gesenius/Kautzsch, Grammatik, § 109d, wäre hier trotz der Jussiv-Form Imperfekt zu lesen.

bβ und auch Entrinnen hat es nicht gegeben vor ihm.
4a Wie das Aussehen von Pferden ist sein Aussehen
b und wie Rosse, so werden sie laufen.
5aα₁ Wie das Rasseln von Wagen,
aα₂ werden sie über die Gipfel der Berge hüpfen,
aβ wie das Prasseln der Flamme des Feuers
aγ gefressen hat den Strohhalm,
bα wie ein starkes Volk,
bβ zugerüstet zur Schlacht.
6a Vor ihm werden beben Völker,
b alle Angesichter haben gesammelt Röte[114].
7aα Wie Krieger werden sie laufen,
aβ wie Männer der Schlacht werden sie hinaufsteigen eine Mauer.
bα Und jeder wird auf seinen Wegen ziehen
bβ und nicht werden sie verflechten ihre Pfade.
8aα Und keiner wird den anderen verdrängen,
aβ jeder wird auf seiner Bahn ziehen.
b Auch werden sie durch die Waffen[115] hindurchbrechen,
nicht werden sie (ihren Zug) abreißen lassen.
9aα₁ Auf die Stadt werden sie sich stürzen,
aα₂ auf die Mauer werden sie laufen,
aβ in die Häuser werden sie hinaufziehen.
b durch die Fenster werden sie hineinkommen wie der Dieb.
10aα Vor ihm ist erregt worden die Erde,
aβ sind erbebt die Himmel.
bα Sonne und Mond haben sich geschwärzt
bβ und Sterne haben gesammelt ihren Schein
11aα₁ und YHWH aα₂ hat seine Stimme erhoben vor seinem Heer.
aβ Denn sehr zahlreich ist sein Heer,
aγ denn stark ist der Vollstrecker seines Wortes,
b denn groß ist der Tag YHWHs
und sehr zu fürchten[116]; und wer wird ihn aushalten?

## 3.3. Literargeschichtliche Probleme

Die Anlage des Textes wird von Scoralick eindrücklich herausgearbeitet und folgendermaßen zusammengefasst:

„Der Spannungsaufbau des Textes wird durch die Kontrastierung verstärkt: Das Heer rückt mit enormer und im Text betonter Geschwindigkeit von Abschnitt zu Abschnitt immer näher an das beobachtende Subjekt heran, bis sich Leser und Bedrohung sozusagen Aug in Aug (wie ein Dieb) gegenüberstehen. Die jeweils am Abschnittsende geschilderte Wirkung wird gleichzeitig immer umfassender und greift immer weiter aus

---

114 So z. B. Wolff, BK.AT XIV/2, 44f. Textanm. 6a; anders etwa Barton, OTL, 67f. Textanm. c.
115 Rudolph, KAT XIII,2, 52 Textanm. 8c, möchte von שָׁלַח II (noch belegt in Neh 3,15) ableiten („Wasserleitung").
116 LXX liest hier ἐπιφανὴς σφόδρα. Zur Erklärung s. unten Anm. 186.

(Verheerung im judäischen Bergland, sich windende Völkerwelt, erschütterter Kosmos).
Der wachsenden inneren Erschütterung entspricht die äußere."[117]

Somit lässt sich der Aufbau des Abschnitts Joel 2,1-11 folgendermaßen veranschaulichen[118]:

| | |
|---|---|
| 1a | Aufforderung zum Alarm |
| 1b-2aα | Begründung mit dem Kommen des „Tages YHWHs" und seinem dunklen Charakter |
| 2aβ-10 | Beschreibung der Not: ein Volk ist im Kommen |
| 2aβ | Vergleich I: Ausbreitung (wie Morgenlicht) und Einzigartigkeit des Volkes |
| 3 | Auswirkung I (lokal): Verbrennen und Verwüstung des Landes |
| 4-5 | Vergleich II: Aussehen (wie Pferde), Geschwindigkeit (wie Rosse) und Lärm (wie Wagen und Feuer) des Volkes |
| 6 | Auswirkung II (universal): Schrecken für die Völker |
| 7-9 | Vergleich III: Geschwindigkeit (wie Krieger) und Unaufhaltsamkeit (Eroberung von Mauer, Stadt und Haus) des Volkes |
| 10 | Auswirkung III (kosmisch): Erdbeben und Finsternis |
| 11 | Abschließende Erklärungen: das Volk ist YHWHs zahlreiches Heer das Volk ist starker Vollstrecker von YHWHs Wort das Geschehen ist zu begreifen als „Tag YHWHs" |

Angesichts des Nebeneinanders von Beschreibungen des Volkes und „Tag YHWHs"-Passagen werden immer wieder Zweifel an der Einheitlichkeit des Abschnitts geäußert. Duhm bezeichnet die „Tag YHWHs"-Passagen V. 1b-2aα (und dazu V. 3bβ) und V. 11b als Zusätze von Zeph 1,14-18 und von Mal 3,2 her[119]. Loretz möchte aufgrund kolometrischer Beobachtungen einerseits den gesamten Abschnitt 2,1-11 „als Zusatz auffassen, der den Zusammenhang zwischen 1,4-20 und 2,12-19 unterbricht", andererseits innerhalb des Abschnitts mehrere Schichten unterscheiden. Den Kern stelle das Fragment eines Epiphanietextes dar (V. 1*), an den Aussagen über den „Tag YHWHs" (2,1-2aα.10a.11aα*) angeschlossen worden seien; sekundäre Zusätze seien der Abschnitt über die Heuschrecken 2,3b-8a, die Beschreibung eines einbrechenden Heeres 2,8b-9 sowie weitere Kommentare und Ausschmückungen (2,2aβ.b 2,10b; 2,11aβγ.b; 2,11aα₂*)[120]. Bergler vermutet zwei

117 Soralick, Güte, 168 (punktueller Kursivdruck im Original von mir getilgt); vgl. auch dies., Eigenart, 50f.

118 Vgl. Scoralick, Güte, 167f.; Meinhold, Rolle, 214.

119 S. Duhm, Anmerkungen, 185f.

120 Loretz, Regenritual, 96. Bei seiner Skizze der „Entwicklung des Joelbuches" gerät Loretz, Regenritual, 142f., jedoch mehrfach in Widerspruch zu früheren Aussagen: Einerseits sollen die Heuschreckentexte (darunter 2,3b-8a) der sekundären Verstärkung der Dürre-Regenreihe (Grundschicht der Joelschrift) und der Ausgestaltung der Texte über fremde Heere dienen. Die „Tag YHWHs"-Stellen (darunter 2,1b.11b) seien spätere Zusätze. Andererseits sei in der Kombination von Epiphaniefragment und „Tag YHWHs" in 2,1f. der Kern von 2,1-11 zu sehen, an den sich die Beschreibung des Feindheeres (2,2aβ.bα.8ff.*) angeschlossen habe, bevor die Heuschrecken-Passage 2,3b-8a eingeschaltet worden sei (ebd., 68.96).

Verschriftungsstadien in Joel 2,1-11: das erste sieht er in V. 2αβγ.bα.4-5.7-9, im zweiten werde eine universalisierende „Jom-Jahweisierung" vorgenommen (V. 1-2aα.bβγδ.3.6.10-11)[121].

Freilich gibt es Ungereimtheiten, die zu der Vermutung mehrerer Schichten führen könnten. Die Suffixe der 3. Person maskulin Singular in V. 6 und in V. 10 beziehen sich nämlich anscheinend auf das in V. 2aβ-3 im Singular genannte Volk, während in den ihnen vorausgehenden V. 4-5.7-9 das Volk weitgehend mit der 3. Person Plural beschrieben wird. Angesichts V. 6 und V. 10 erhebt sich dann aber die Frage, weshalb dieses Volk plötzlich auch andere Völker betreffen (so V. 6) oder das Erbeben von Himmel und Erde bewirken kann (so V. 10).[122]

Bevor aber versucht wird, verschiedene Schichten des Abschnitts zu eruieren, wäre die Arbeit von Kutsch[123] zu berücksichtigen. Dieser macht einmal darauf aufmerksam, dass die den Text abschließenden Begründungen in V. 11 Volk und „Tag YHWHs" miteinander parallelisierten. Kutsch zeigt weiter, dass über die Verbindung dieser Begründungen in V. 11 mit V. 10 das Suffix der 3. Person maskulin Singular in V. 10 YHWH bezeichne, der daher auch das logische Bezugswort des Suffixes in V. 6 sein müsse. Nur so ergäben V. 6 und V. 10 auch einen Sinn[124]. V. 11 stelle außerdem eine Klammer zu V. 1-2 her, da zwei der drei abschließenden Begründungen die Beschreibung des Volkes von V. 2 (רַב, עָצוּם) und die dritte Begründung den „Tag YHWHs" von V. 1-2 aufgriffen. Über das zu Beginn mit den Bewohnern des Landes, am Ende des Textes aber mit Himmel und Erde verbundene Verb רגז werde der ins Kosmische hineingeführte Spannungsbogen deutlich. Wolff spitzt diese Beobachtungen noch dahin zu, dass die Erwähnung des kommenden „Tages YHWHs" in V. 1-2 gerade deshalb nicht fehlen dürfe, da sonst erst am Schluss herauskäme, dass „das Feindheer, das gegen Jerusalem heranzieht, Jahwes Heer ist", eine Information, die aber zum Verständnis von V. 3.6.10 notwendig sei, da sich „in ihnen Jahwes Erscheinen mit seinem Heer auswirkt"[125].

Angesichts dieser Argumentation ist aber eine These, die V. 1b-2aα und V. 11b als sekundär erachtet, als unwahrscheinlich anzusehen, da (V. 3,) V. 6 und V. 10 dann ohne logischen Bezugspunkt wären. Aber auch eine Position, die V. 3.6.10 zusätzlich für nachgetragen hält, basiert letztlich auf dieser wenig wahrscheinlichen These. Zusätzliche Beobachtungen, die das Nebenein-

---

121 S. Bergler, Joel, 40ff.44.52; vor der Jom-Jahweisierung sei 1,6-8 mit 2,1aα verbunden gewesen (ebd., 56).
122 Dieses Problem findet sich z. B. beschrieben von Kutsch, Heuschreckenplage, 236f.
123 S. Kutsch, Heuschreckenplage, 236ff.; vgl. auch manche Beobachtungen von Meinhold, Rolle, 210ff. Dagegen s. Rudolph, KAT XIII,2, 57 Anm. 17, der jedoch, ebd., 57f., zu leichtfertig über die literarkritische Problematik hinwegsieht, wenn er urteilt, dass heute nicht mehr betont werden müssen, dass es falsch gewesen sei, alle Hinweise auf den „Tag YHWHs" in Kap. 1-2 auszuscheiden.
124 Evtl. wäre auch V. 3 bereits auf YHWH zu beziehen: s. Kutsch, Heuschreckenplage, 242.
125 Wolff, BK.AT XIV/2, 46.

ander von Volk- und „Tag YHWHs"-Aussagen als widersprüchlich erscheinen lassen könnten, besitzen kein literarkritisches Gewicht. Denn Wolff weist darauf hin, dass in den Joel 2,1-11 vorgegebenen „Tag YHWHs"-Stellen (Jes 13; Ez 30) bereits die Vorstellung des Volkes (als Feindheer) erscheine[126]. Ebenso wenig darf die Spannung zwischen vermeintlicher YHWH-Rede in V. 1aα und Prophetenrede im Folgenden literarkritisch ausgewertet werden[127], da diese einerseits aus literarischen Anspielungen resultieren mag und andererseits ein ähnlicher Befund in 2,12-14 vorliegt[128]. Somit kann m. E. von der Einheitlichkeit des Abschnitts ausgegangen werden; die Annahme mehrerer Entstehungsstufen des Textes ist dagegen nicht zwingend nötig.

Was verbirgt sich nun aber hinter dem „Volk": ein Heuschreckenheer oder ein Feindheer? Für ein einheitliches Verständnis der Not in Kap. 1 sowie Kap. 2 als Heuschreckenplage[129] führen Rudolph, Müller, Barton oder Simkins zum einen die Bezeichnung der Heuschrecken als „Volk" bzw. „Feind" in 1,6; 2,25 an. Zum anderen stütze sogar die Beschreibung des angreifenden Volkes selbst diese Ansicht: nach 2,2aßff. breite es sich rasch aus, sei unbeirrbar und unaufhaltsam, mache (beim Nagen) Geräusche wie rollende Wagen und prasselndes Feuer. Stadtmauer und Häuser böten keinen Schutz. So passe diese Beschreibung hervorragend zum Verhalten von Insekten. Schließlich spreche für diese Deutung, dass die Angreifer Menschen nichts antun, ja nur mit Menschen verglichen, nicht aber mit Menschen identifiziert würden. Das Volk werde nie mit einem gerüsteten Feindheer, mit Pferden und mit Kriegern gleichgesetzt, vielmehr dienten diese nur der Veranschaulichung.

Andererseits möchte Wolff die Annahme begründen, dass es sich bei dem „Volk" um eine militärische Invasion handle. Zum einen würden in 2,1ff. Heuschrecken nicht erwähnt. Sodann „setzt das neue Gebet in 2,17 voraus, daß Jerusalem durch ‚Völker' überwältigt wird"[130]. Wolff weist darauf hin, dass מָשַׁל בְּ sonst ausnahmslos „herrschen über" bedeutet. Weiter führt Wolff an, dass nach 2,11 YHWH als Befehlshaber des anrückenden Volkes erscheine, was so von den Heuschrecken in 1,6 nicht gesagt werde[131]. Auch sei der in 2,1-11 angekündigte Feind laut V. 2 noch nie aufgetreten und werde auch künftig nicht mehr erscheinen, was von der außergewöhnlichen Heuschreckennot in Kap. 1 nicht behauptet worden sei. Schließlich verweist Wolff auf die Tempora in 2,1-11. Da bei der Beschreibung des Volkes (V. 4-5.7-9) im Gegensatz zu Kap. 1 vorwiegend Imperfekt gebraucht werde, müsse in den Angreifern eine zukünftige Bedrohung gesehen werden,

---

126 S. Wolff, BK.AT XIV/2, 46; aber vgl. auch Kutsch, Heuschreckenplage, 242.
127 Vgl. Rudolph, KAT XIII,2, 54: die Formulierung „mein heiliger Berg" in V. 1a verrate, dass Joel sich bewusst gewesen sei, im göttlichen Auftrag zu handeln.
128 Vgl. Bergler, Joel, 73.
129 So Müller, Prophetie, 236 Anm. 23; Rudolph, KAT XIII,2, 24.53f.; Simkins, God, 440ff.; ders. Activity, 163; Barton, OTL, 42ff.69f. Vgl. auch Scoralick, Güte, 168; dies., Eigenart, 55.
130 Wolff, BK.AT XIV/2, 48; vgl. auch ebd., 61.
131 S. Wolff, BK.AT XIV/2, 48.

weshalb sie nicht mit dem in Kap. 1 geschilderten Heuschreckenheer identisch sein könnten.

Nun sind diese Argumente aber nicht völlig überzeugend: Rudolph plädiert angesichts des Kontextes des Verbs מָשַׁל in 2,17, in den die Bedeutung „herrschen über" nicht hineinpasse, nämlich für eine Ableitung von מָשַׁל I („Spottverse singen"). Er verweist dazu auf Ez 16,44: dort werde das Verb zwar mit der Präposition עַל verwendet, jedoch sei das in Joel 2,17 vorliegende בְּ als mögliche Variation zu begreifen[132]. Freilich könnte man dagegen einwenden, dass sein Vorverständnis diese Ableitung bewirkt. Aber mit Recht weist auch Müller darauf hin, dass Joel 2,19 eine Verspottung, aber keine Fremdherrschaft voraussetze[133]. Dass auch V. 20 von den Heuschrecken handelt, ergebe sich laut Rudolph[134] aus der Art ihrer Vertilgung. Die Bezeichnung „der Nördliche" greift lediglich ihre Darstellung mittels Bezügen zu Jer 4-6[135] auf. Gegen die Behauptung, von den Heuschrecken werde nicht die Einmaligkeit der Bedrohung ausgesagt, spricht die (allerdings möglicherweise sekundäre[136]) Einleitung Joel 1,2-4. Auch die Argumentation mit den Tempora ist nicht absolut stichhaltig. Denn בָּא in V. 1b ist entweder Perfekt oder Partizip und einige Perfektformen (V. 3bβ.5aδ.6b) legen nahe, dass manche Auswirkungen durchaus bereits erfahrbar sind. So konstatiert Müller, dass die Aufrufe 2,12.14 besser zu einer schon eingetroffenen Not passen würden[137]. Außerdem könnte das Imperfekt in 2,1-11 ja auch einen iterativ-durativen Aspekt[138] ausdrücken und somit vergangenes, noch andauerndes oder gegenwärtiges Geschehen veranschaulichen.

Für die Auffassung, dass die Not von 2,1-11 nicht mit derjenigen von Kap. 1 in eins zu setzen sei, sondern dass in 2,1-11 an eine militärische Invasion gedacht sei, spricht aber wiederum, dass enge literarische Beziehungen zum „Feind aus dem Norden"-Komplex Jer 4-6[139] und zur mit militärischen Bedrohungen operierenden „Tag YHWHs"-Schilderung Jes 13 bestehen[140].

Daher wird eine Lösung überzeugend sein, die Elemente beider Positionen zu integrieren vermag: Bei dem die Not bewirkenden Volk von Joel 2,1-11 handelt es sich also in erster Linie vermutlich um ein real erfahrenes Heuschreckenheer. Daher erscheint es auch nicht sinnvoll, den gesamten Abschnitt Joel 2,1-11 als sekundäre Erweiterung gegenüber seinem Kontext

---

132 S. Rudolph, KAT XIII,2, 53 Textanm. 17b.

133 S. Müller, Prophetie, 237 Anm. 26.

134 S. Rudolph, KAT XIII,2, 64.

135 Dazu s. unten 169f.

136 Nach Müller, Prophetie, 249, wäre die Einleitung 1,2-4 mit dem Lehreröffnungsruf (V. 2-3) und der Skizze des Sachverhalts (V. 4) als interpretierender Rahmen anzusehen, „der den durch den Verlauf der Geschichte letztlich nicht bestätigten Prophetenworten 1,5 - 2,27 [gemeint sind die Erwartungen von 2,18-27; M. B.] einen neuen, apokalyptischen Sinn geben soll".

137 S. Müller, Prophetie, 236 Anm. 22.

138 S. Gesenius/Kautzsch, Grammatik, §107a.b.e.f. Vgl. auch Barton, OTL, 69.

139 S. unten S. 169f.

140 S. unten S. 171f.

aufzufassen. Der Heuschreckeneinfall darf jedoch nicht mit dem „Tag YHWHs" gleichgesetzt werden, denn auch 2,1b spricht davon, dass dieser nur nahe und „im Kommen" ist. Daher hat Joel die durch Heuschrecken und Dürre hervorgerufene Not offensichtlich als Vorbote bzw. als Beginn des in nächster Nähe voll hereinbrechenden „Tages YHWHs" verstanden[141], für diesen aber zusätzlich eine (nicht eschatologisch oder gar apokalyptisch zu verstehende![142]) militärische Invasion erwartet. Dies geht zum einen aus der Wahl der Vergleiche in 2,4-9 hervor. Dass aus Joel 1-2 eine akute Bedrohung nicht hervorgeht, spricht nicht gegen die Erwartung einer militärischen Katastrophe, wenn man das Aufgreifen des „Feind aus dem Norden"-Komplexes Jer 4-6 bedenkt, das den Feind ja äußerst unbestimmt und vage zeichnet. Zum anderen wäre die Bezeichnung des militärisch bewirkten Untergangs von Israel und Juda als „Tag YHWHs" (Am 5,18-20; Zeph 1,7.14; Thr 1,12; 2,21.22) anzuführen, welche die Auffassung nahe gelegt haben dürfte, dass bei dem kommenden „Tag YHWHs" eine Feindinvasion zu erwarten ist.[143] Schließlich ist die dunkle Ahnung, es könne ein feindliches Heer in Juda einfallen, auch zeitgeschichtlich für die erste Hälfte des 4. Jh. v. Chr. absolut plausibel, wenn man etwa die Aufstände Ägyptens gegenüber den Persern und die heftigen Auseinandersetzungen in dieser Zeit bedenkt[144].

## 3.4. Auswertung der Bezüge

In Joel 2,1-11 treten zahlreiche Text-Text-Bezüge zu Tage, die zunächst einmal zu sichten sind. *Erstens* kommt mit der Prädizierung des Zion als YHWHs heiliger Berg in V. 1 die exilisch-nachexilische Zionstheologie zur Sprache. Die Begriffe הַר קָדְשִׁי und צִיּוֹן sind z. B. belegt in Jes 11,9; 27,13; 56,7; 57,13; 65,11.25; 66,20; Jer 31,23; Ps 48,2; 87,1 – ganz anders formuliert sind dagegen etwa Jer 4,5f.; 6,1. Angesichts der eben genannten

---

141 Simkins, God, 440ff., wendet sich zwar gegen eine Trennung von Naturkatastrophe und „Tag YHWHs", da nach biblischem Verständnis YHWH in Natur und Geschichte handle; daher könne die Naturkatastrophe auch nicht Vorbote des „Tages YHWHs" sein (s. Simkins, God, 436f.): „the natural catastrophe is an integral aspect of Yahweh's activitiy on his day" (437). Dagegen wäre aber geltend zu machen, dass die unterschiedlichen Tempora in Kap. 1 und 2,1-11 durchaus dafür sprechen, dass die Naturkatastrophe Vorbotenfunktion für ein noch ausstehendes Ereignis besitzt. Diesem Einwand versucht Simkins zwar mit der Vermutung zu entgehen, dass in mehreren aufeinander aufgefolgenden Jahren Heuschreckenplagen das Land heimgesucht hätten, Kap. 1 demnach auf solche zurückblicke, 2,1-11 auf ähnliche vorausschaue (s. Simkins, God, 442f.; vgl. insgesamt auch ders., Activity, 154f.167f.275ff.). Aber für eine solche Annahme fehlt jeglicher Hinweis; es handelt sich daher bei ihr um eine kaum überzeugende Konstruktion.
142 Um Missverständnisse zu vermeiden, sei ausdrücklich hinzugefügt, dass die These Wolffs, es gehe um ein „apokalyptisches Heer" (Wolff, BK.AT XIV/2, 49) m. E. abzulehnen ist. Die Kap. 1-2 sind uneschatologisch: s. unten S. 192f.
143 Vgl. Treves, Date, 150.
144 Hierzu s. Kaiser, Fronten, passim; Grabbe, Judaism, 139f.; Soggin, Einführung, 214.

Bezüge wäre aber auch V. 11 mit Ps 46,7 (נתן קולו) zu vergleichen. Diese exilisch-nachexilische Zionstheologie erhofft eine Veränderung der gegenwärtigen Weltzeit im Hinblick auf die Sicherheit des Zion, des ungestörten Verhältnisses zwischen Gott und seinem Volk und auf die Rolle der Völker. In Joel 2,1 und den folgenden Versen erscheint der Zion jedoch höchst verletzlich: ein Volk greift im Auftrag YHWHs seine Bewohner an. Blickt man jedoch auf die Joel(grund)schrift insgesamt und berücksichtigt somit auch den Umschwung in 2,18ff.[145], erwartet Joel ebenso, wie es in den Parallelstellen zum Ausdruck kommt, die Unversehrtheit des Zion. Joel 2,1 verfolgt jedoch zunächst einmal die Absicht, die Bedrohung deutlich vor Augen zu malen. Da die vergleichbaren Wendungen recht gestreut sind und weitere Hinweise auf Beziehungen zu konkreten Texten nicht vorliegen, dürfte es sich bei der Aufnahme der Zionstheologie lediglich um eine traditionsgeschichtliche Verwandtschaft handeln.

*Zweitens* wird in V. 3 das Motiv vom Paradiesgarten verwendet (s. Gen 2,8.10.15; 3,23). Denn es begegnet in der prophetischen Literatur zum einen in Ez 28,13; 31,9.16.18 zur Beschreibung der Herrlichkeit der Könige von Tyros und Ägypten, die aber zu Fall kommen. Zum anderen dient es als Kontrast zum ehemals verwüsteten Land in Ez 36,35 und Jes 51,3 sogar zur Veranschaulichung der Heilserwartung.[146] Diese für Israel positiven Konnotationen gehen aus Joel 2,3 jedoch nicht hervor, da die Erwähnung des Gartens Eden nur die verheerende Wirkung des Heuschreckeneinfalls vor Augen führt.

*Drittens* ist auch aus der Theophanie-Tradition geschöpft worden. Das Motiv des Bebens der Erde in V. 10, das auch der Darstellung des Feindes aus dem Norden dient, gehört wohl ursprünglich zu dieser Tradition (s. Ex 19,18; Jdc 5,4f.; Ps 18,8; 68,9; 77,19). Der bei Joel vorliegenden Tendenz, dieses Motiv zur Bezeichnung der Rückkehr des Chaos zu verwenden, entsprechen auch die Texte Jer 4,23-26 und Ez 38,19-20. Womöglich ist es jeweils aus der „Tag YHWHs"-Darstellung Jes 13 (s. V. 13) übernommen worden. Auf die Theophanie-Tradition verweist außerdem auch das Bild vom Feuer in Joel 2,3 (s. Ex 19,18; 24,17; Dtn 4,11; 5,22-26). In Ps 97,3 findet sich dieses eschatologisiert und auf den Kontext des Gerichts bezogen.[147] In einem vergleichbaren Zusammenhang wird in Ps 98,6-9 das (auch in Ex 19,16.19 erwähnte) Hörnerblasen (שׁופָר) in Verbindung mit YHWHs Kommen (בָּא) genannt (vgl. Joel 2,1).[148] Auch das Motiv der Finsternis ist in der Theophanie-Tradition verankert (s. Ex 10,22; Dtn 4,11; 5,22; Jes 60,2; Ps 97,2). Damit greift Joel 2,1-11 also auch auf Sprachmuster, mit denen das machtvolle Erscheinen YHWHs expliziert wird, zurück. So ahnt der Leser

---

145 Und natürlich Kap. 4! Jedoch wird sich unten (s. S.180f.192f.). herausstellen, dass Joel keine einheitliche Schrift darstellt.
146 S. Wolff, BK.AT XIV/2, 53.
147 Vgl. Wolff, BK.AT XIV/2, 55.
148 Vgl. Wolff, BK.AT XIV/2, 51.

bzw. Hörer bereits zu Beginn des Textes, dass bei dem unheimlichen Angriff YHWH selbst am Werk ist.

*Viertens* könnte die Unvergleichlichkeitsaussage V. 2bβγδ auf die Exodus-Tradition anspielen. Denn diese mit den Lexemen לֹא, אַחַר, כָּמֹו und הָיָה in Kombination gebildete Aussage begegnet nur noch in Ex 10,14; I Reg 3,12; II Reg 18,5; 23,25, in Ex 10,14 aber im Kontext der achten Plage, die Heuschrecken zum Gegenstand hat.[149] Der mit Joel 2,9 vergleichbare Erzählzug des Eindringens in die Häuser findet sich ebenfalls in der Heuschreckenplage (Ex 10,6), stammt jedoch wohl von einer späteren Hand[150], so dass er nicht als weitere Gemeinsamkeit herangezogen werden kann. Die anderen Belege dieser Vorstellung und der mit Joel 2,11 vergleichbare Hinweis auf YHWHs Stimme bzw. Donner (Ex 9,23) befinden sich in anderen Zusammenhängen oder sind ebenfalls erst später Herkunft und scheiden somit als Bezugspunkte aus[151]. Da die Übereinstimmungen also begrenzt sind, wird man allenfalls eine lose literarische Anspielung auf die Heuschrecken-Plage konstatieren dürfen[152]. Aufmerksame Hörer bzw. Leser können die gegenwärtigen Nöte unter Anspielung auf die ägyptische Heuschrecken-Plage als ein das eigene Volk schädigendes Machtzeichen YHWHs verstehen, das zur Umkehr führen soll, was Juda im Gegensatz zum ägyptischen Pharao schließlich tut[153].

*Fünftens* werden zur Beschreibung der künftigen Bedrohung offenbar einige prophetische Unheilstexte herangezogen. Zunächst wäre der „Feind aus dem Norden"-Komplex (vgl. Joel 2,20) zu nennen, da einige Züge aus Joel 2,1-11 (und weiteren Joel-Texten) mit Jer 4-6 verwandt sind. Bergler fasst die Entsprechungen wie folgt zusammen:

> „Bei dem Feind handelt es sich um einen עַם (6,22a; Jo 2,2bα.5bα) bzw. גּוֹי (5,15; 6,22b; Jo 1,6a). Er kann umschrieben / verglichen werden mit einem Löwen (4,7a; 5,6a; Jo 1,6b) und Heuschrecken (5,16b[TK].17; Jo 1,4; 2,25a; vgl. Jer 46,23). Er stammt aus dem Norden (4,6b; 6,1b.22a; Jo 2,20a) und ist Jahwes Werkzeug (4,8b; Jo 2,11a), denn er wird von ihm gebracht (4,6b; 5,15a; 6,19a; vgl. שׁלחתי Jo 2,25b) bzw. steigt herauf (4,7a.13a; 5,10a; 6,4a.5a; Jo 1,6a; 2,7a.9a). Er ist wie einer zum Krieg gerüstet (6,23b; Jo 2,5b). Alle sind Helden (5,16; Jo 2,7a), besitzen Pferde (4,13a.29a; 6,23a; Jo 2,4a) und

---

149 Trotz Gertz, Tradition, 162f., der die Heuschreckenplage der Endredaktion zuweist, dürfte der Grundbestand der Heuschreckenplage (einschließlich Ex 10,14*) mit Kohata, Jahwist, 126, und L. Schmidt, Beobachtungen, 35ff., von der nichtpriesterlichen Exoduserzählung stammen und Joel bekannt gewesen sein.

150 S. L. Schmidt, Beobachtungen, 42.44f.; Gertz, Tradition, 162f.

151 Gertz, Tradition, 113ff.117ff.129.132ff.152ff., rechnet Ex 7,28; 8,17.20 der nichtpriesterlichen Exoduserzählung und Ex 7,29; 8,5.9 sowie 9,23 (und die gesamte Hagelplage) der Endredaktion zu. L. Schmidt, Beobachtungen, 44.84, zählt 8,5b.7.17 als Zusätze unsicherer Herkunft und schreibt 8,20 dem Jahwisten und 7,28 sowie den Grundbestand der Hagelplage (dabei 9,23aα₂) dem Jehowisten zu.

152 Nicht ganz so zurückhaltend resümiert Bergler, Joel, 273, nach ausführlicher Untersuchung der „Exodustypologie" in Joel insgesamt (s. Bergler, Joel, 247ff.261ff.; vgl. auch Sweeney, Place, 144).

153 S. Bergler, Joel, 275f.

Streitwagen (4,13a; Jo 2,5a), kommen urplötzlich wie Wolken / Morgenlicht (4,13a; Jo 2,2a), lassen ihre Stimme erschallen (4,16b; von Jahwe ausgesagt: Jo 2,11a; 4,16a) und machen schrecklichen Lärm (6,23a; Jo 2,5a). Man gibt vor dem Feind Alarm (4,5a.19b.21b; 6,1a.17a; Jo 2,1a), windet sich vor ihm (4,19a.31a; 6,24b; vom JJ ausgesagt: Jo 2,6), ruft zur Klage auf (4,8a; 6,26a; Jo 1,8) und versucht zu fliehen (4,5f.29a; 5,6a; 6,1a; Jo 2,3b). Doch der Nördliche steigt in den Weinberg ein, frißt Weinstock und Feigenbaum, entfernt die Weinranken und verwüstet den ganzen Weinberg (5,10.17a; Jo 1,7). Der Karmel wird zur Wüste (4,26a; Jo 2,3b), der Himmel verliert sein Licht (4,23b.28a; vom JJ ausgesagt: Jo 2,10b; 4,15), Erde / Berge beben (4,24; vom JJ ausgesagt: Jo 2,10a; 4,16a); die Erde / das Land trauert (4,28a; im Rahmen der Dürreskizze: Jo 1,10a)."[154]

Außerdem sind in Jer 4-6 (4,13.23.24.27; 6,24) wie in Joel 2,3.6.10 die Motive des Sich-Windens der Völker, der Verwüstung, der Verfinsterung und des Bebens verarbeitet, die Bergler (vielleicht auch in Jer 4,23ff.) jedoch über Jes 13 vermittelt sieht, da er die Aufnahme von „Feind aus dem Norden"-Motiven auf das von ihm rekonstruierte ursprüngliche Feindgedicht (Joel 2,1aα; 1,6-8; 2,2aβ.bα.4-5.7-9) beschränkt wissen möchte[155]. Weiter weist Bergler auf Sachparallen zwischen Joel 2,1-11 und Jer 4-6 hin: Zum einen werde die Feindbeschreibung immer konkreter und breche dann ab (Jer 4,30f.; 6,22-26; Joel 2,4-9), wenn der Feind in Jerusalem stehe; es folge nur noch die Wiedergabe von Todesschreien der Tochter Zion (Jer 4,31; 6,26) bzw. die Schilderung der Erschütterung des gesamten Kosmos (Jer 4,23-26; Joel 2,10). Zum anderen bewirke das Kommen des Nordfeindes bzw. des „Tages YHWHs" die Rückkehr des Chaos, wobei lokale Beschränkung und universale Endzeitschau nebeneinander bestünden (Jer 4,23ff.; Joel 2,6.10).[156] Angesichts dieser starken Übereinstimmungen ist es offensichtlich, dass die Joelschrift Jer 4-6 literarisch voraussetzt. Freilich sind auch Differenzen festzustellen[157]: besonders fällt die Ausblendung der Schuldfrage bzw. der Begründung des Feindansturms (s. v. a. Jer 5) in Joel auf; weiter ist es fraglich, ob Jer 4,23ff. Joel 2,1-11 bereits bekannt war. Diese Anfragen besitzen aber nicht das Gewicht, die These insgesamt in Frage zu stellen. Somit ist anzunehmen, dass die Joel(grund)schrift sich literarisch auf den „Feind aus dem Norden"-Komplex Jer 4-6 – aufgrund der Unbestimmtheit des Feindes zu einer Aktualisierung geradezu prädestiniert – bezieht und ihn neu auslegt: am unmittelbar bevorstehenden „Tag YHWHs" wird auch eine Invasion einer mysteriösen, von YHWH dirigierten Feindmacht erfolgen.

Sodann mag bei der Schilderung des Heuschreckenheeres, bei der in V. 3 auch das Motiv des Feuers verwendet wird, die Unheilsverkündigung der Amosschrift im Hintergrund stehen[158]. In den Visionen 7,1-6 wird nämlich das Unheil, für das Am an anderer Stelle auch den Begriff des „Tages

---

154 Bergler, Joel, 207 (von mir wurden eine Unterstreichung, ein Leerzeichen und ein Chireq-Punkt getilgt sowie zwei Leerzeichen eingefügt); im Einzelnen s. ebd., 189ff.
155 S. Bergler, Joel, 194ff.204.
156 S. Berler, 204f.
157 S. Bergler, Joel, 193f.196.205f.
158 Vgl. bereits oben S. 158f.

YHWHs" verwendet (Am 5,18-20), mit Feuer (Am 7,4) und Heuschrecken
(Am 7,1) veranschaulicht. Dort erscheint YHWH außerdem auf die Fürbitte
hin als gnädiger, reuevoller Gott (s. Am 7,3.6). Ähnlich fährt auch Joel 2,12-
14 (zum „vielleicht" vgl. außerdem Am 5,14) nach der Ankündigung des
„Tages YHWHs" in 2,1-11 fort.[159] Daher ist auch ein, allerdings nur loses,
literarisches Aufgreifen der Amos-Verkündigung anzunehmen.

Aufgrund der Erwähnung des „Tages YHWHs" in V. 2 und V. 11 sind
*sechstens* Text-Text-Bezüge zu anderen „Tag YHWHs"-Texten evident. Als
„finster" beschreiben auch Jes 13,10 (לֹא־יָגִּיהַ ,חֹשֶׁךְ ,לֹא יָהֵלּוּ אוֹרָם); Ez 30,3
(עָנָן); Joel 3,4 (חֹשֶׁךְ); 4,15 (נָגַהּ ,אָסַף ,קָדַר); Am 5,18.20 (חֹשֶׁךְ ,לֹא־אוֹר,
אֹפֶל); Zeph 1,15 (חֹשֶׁךְ ,אֲפֵלָה ,עָנָן ,עֲרָפֶל) den „Tag YHWHs". Vom
„großen" (גָּדוֹל) „Tag YHWHs" sprechen noch Joel 3,4; Zeph 1,14; Mal 3,23
und wohl auch Jer 30,7.[160]

Von besonderem Gewicht sind nun aber die Übereinstimmungen mit Jes
13[161]: Das angreifende Heer und der durch es hervorgerufene Schrecken wird
hier wie dort mit ähnlichen Begriffen beschrieben: Zum Vergleich (Jes 13,4 /
Joel 2,2.3.4.5.7.9: דְּמוּת / כְּ) dient eine zahlreiche Schar (Jes 13,3 / Joel 2,2:
עַם רָב), die aus Kriegern besteht (Jes 13,3 / Joel 2,7: גִּבּוֹרִים), welche zum
Kampf (Jes 13,4 / Joel 2,5.7: מִלְחָמָה) bereit sind. Diese verbreiten Lärm über
den Bergen (Jes 13,4 / Joel 2,5: קוֹל ,הֶהָרִים) und bewirken Entsetzen (Jes
13,7f. / Joel 2,1), das in den Wehen der Frau und den glühenden Gesichtern
(Jes 13,13.7f. / Joel 2,1.6: חִיל ,פָּנִים) anschaulich und in der Plünderung von
Häusern (Jes 13,16 / Joel 2,9: בָּתִּים) und in allgemeiner Verwüstung (Jes
13,9 / Joel 2,3: שָׁמֵם) greifbar wird. Zwar werden diese wörtlich
übereinstimmenden Begriffe auch in anderen Kontexten häufig gebraucht.
Aber angesichts der gemeinsamen Vorstellungen zwischen Jes 13 und Joel 2
handelt es sich hierbei um eine engere als nur motivgeschichtliche
Beziehung. Auch die in Jes 13,13 / Joel 2,10 jeweils mit den Verben רגז und
רעשׁ ausgedrückte Erschütterung von Himmel und Erde durch YHWH und
die Verfinsterung der Gestirne in Jes 13,10 / Joel 2,10 (beide Male begegnet
die Wurzel נגה) legt eine tiefer gehende Verwandtschaft zwischen beiden
Texten nahe, auch wenn die Verdunkelung der Himmelskörper in beiden
Texten verschieden ausgedrückt wird, die Kombination der Subjekte
„Himmel" und „Erde" mit den Verben רגז und רעשׁ jeweils umgekehrt
erfolgt und diese beiden Verben ansonsten nicht selten begegnen. Dass nach
Jes 13 der „Tag YHWHs" die Völkerwelt, nach Joel 2,1-11 dagegen das
Gottesvolk betrifft, und in Jes 13 mit der Schuld der Menschen und dem
dadurch hervorgerufenen Zorn YHWHs begründet wird, ähnliches in Joel

---

159 Vgl. Jeremias, Prophetie, 106.

160 Vorweggeschickt sei an dieser Stelle, dass die Frage von Joel 2,11, wer den „Tag
   YHWHs" aushalten könne, von Mal 3,2, und die Bezeichnung des „Tages YHWHs" als
   „groß" (גָּדוֹל) und „furchtbar" (נוֹרָא) in Joel 2,11; 3,4 von Mal 3,23 zitiert wird: s. S.
   306. Hos 2,2 bezeichnet den „Tag Jesreels" als „großen Tag"; diese Stelle ist aber nicht
   als „Tag YHWHs"-Beleg anzusehen: s. S. 66.102.

161 Hierzu vgl. Wolff, BK.AT XIV/2, 55f.; Bergler, Joel, 132ff.; Bosshard-Nepustil, Rezeptionen, 292f.; Jeremias, „Tag Jahwes", 130f.; Zapff, Prophetie, 98.319.

2,1-11 aber fehlt, dürfte ein gering wiegender Einwand sein. Greift man noch über Joel 2,1-11 auf Kap. 1 hinaus, wo in 1,15 ein klares Zitat von Jes 13,6 erkannt wurde und zusätzlich der auch in Jes 13,6 begegnende Aufruf zum Heulen (הֵילִילוּ) mehrmals Verwendung findet (1,5.11.13), wird man insgesamt mit größter Wahrscheinlichkeit die These vertreten können, dass Joel von Jes 13 literarisch abhängig ist[162]. Dessen Intention – als Unheilsansage gegen Babel die Einleitung des Fremdvölkerspruchkomplexes Jes 13-23* – übernimmt Joel 2,1-11 aber gerade nicht. Denn das eigene Anliegen der Joelschrift besteht darin, zunächst einmal mit der Schilderung eines göttlichen Vernichtungszuges gegen das eigene Volk mitten in der Situation der Klage eine Spannung zu erzeugen, die zu Buße und Umkehr sowie zum Erweis des göttlichen Gnadenwirkens weiterführt. Selbst wenn man probeweise einmal die Thesen durchspielt, dass die Joelschrift als ganze oder nur ein Teil von ihr direkt für den Zusammenhang im Dodekapropheton abgefasst oder wenigstens reformuliert worden sei, lässt sich eine von Jes 13 abgeleitete Intention nicht erkennen. Am ehesten wäre dann noch die Ansicht von Bosshard-Nepustil denkbar, der auf Joel 2,11 die Fremdvölkersprüche Am 1-2 folgen lässt, so dass analog Jes 13-23* Joel 2,1-11 als Einleitung fungierte. Dagegen spricht über die anderen Beobachtungen hinaus[163] nun auch konkret, dass sich in Joel 2,1-11 YHWHs Verheerung gegen das eigene Volk richtet, was nicht zu der Fortsetzung von Am 1-2 passt. Daher wird man sich mit der Einsicht begnügen müssen, dass Jes 13 aufgegriffen wurde, um die bedrohlichen Ausmaße des „Tages YHWHs" zur Sprache zu bringen, und man deshalb auch unbefangen einen Fremdvölkertext heranziehen konnte[164].

Zu fragen ist weiter, wie die Beziehung von Joel 2,1-11 zur Zephanjaschrift bestimmt werden kann, da die Beschreibung des „Tages YHWHs" in V. 2aα (יוֹם חֹשֶׁךְ וַאֲפֵלָה יוֹם עָנָן וַעֲרָפֶל) mit Zeph 1,15bβγ wörtlich identisch ist[165] und Joel 2,11 wie Zeph 1,14 vom „großen" (גָּדוֹל) „Tag YHWHs" spricht. Oben[166] ergab sich bereits, dass Joel 2,2 den rezipierenden Text darstellt und Zeph 1,15 zitiert. Bergler arbeitet weitere Gemeinsamkei-

---

162 Dafür plädieren Jeremias, „Tag Jahwes", 131; Bosshard-Nepustil, Rezeptionen, 292; Zapff, Prophetie, 319. Anders Kutsch, Heuschreckenplage, 242; Crenshaw, AB 24C, 126 (keine direkte Abhängigkeit, sondern Jes 13 und Joel stünden in derselben Tradition). Über die Richtung der Abhängigkeit besteht kein Streit. Was die Literargeschichte von Jes 13 betrifft, sind Jeremias, „Tag Jahwes", 132ff., und Bosshard-Nepustil, Rezeptionen, 71f., der Auffassung, dass ein universal ausgerichteter Völkertext (V. 2-16) sekundär als Unheilsankündigung gegen Babel (V. 1.17-22) genutzt worden sei. Umgekehrt Steck, Heimkehr, 54f. Anm. 31, oder Zapff, Prophetie, 227ff.238. Letzterer setzt die Grundschicht 13,17-22a um 540, die Ergänzungsschicht 13,1b-16.22b in der Mitte des 4. Jh. an. Wichtig ist, dass in Jes 13 eine Scheidung zwischen Gottlosen und Gerechten (daran könnte V. 11 denken lassen, dem widerspricht jedoch V. 12) nicht klar erkennbar ist: s. Kaiser, ATD 18, 18.
163 S. S. 160.173.
164 Vgl. hierzu bereits oben S. 156.
165 Vgl. Bergler, Joel, 163f.; Wolff, BK.AT XIV/2, 51; Spieckermann, Dies, 207.
166 S. S. 107f.

ten zwischen beiden Schriften heraus, die diese Annahme stützen sollen: Zum einen biete Joel 2,4 ebenso wie Zeph 1 ein Nebeneinander von lokaler, zeitgeschichtlicher Situationsschilderung und verallgemeinerter, universaler und endzeitlicher Schau. Dadurch werde ein lokaler Rahmen zum Fokus eines endzeitlichen Geschehens. Zum anderen provozierten beide Schriften durch ihre „Tag YHWHs"-Verkündigung eine Verhaltensänderung, stellten aber die Rettungsmöglichkeit unter den Vorbehalt des göttlichen „vielleicht" (Joel 2,12-14; Zeph 2,1-3). Zum dritten ließen sowohl Joel als auch Zeph in einem zweiten Durchgang den „Tag YHWHs" gegen Völker zielen. Schließlich begegne bei beiden auch ein heilvoller Aspekt des „Tages YHWHs", wenn in Joel 3f. das Gottesvolk ausgenommen bleibe und in Zeph 2,9b; 3,11-13 der Restgedanke das Gericht an Juda einschränke.[167] Allerdings besitzen diese Beobachtungen literargeschichtlich kein besonderes Gewicht, da sie von der Endgestalt der Zephanjaschrift und von der Einheitlichkeit der Joelschrift ausgehen. Dabei dürfte zur Zeit der Abfassung von Joel 2,1-11 weder Zeph 1,2-3.18aβγb noch Zeph 2,1-3 vorgelegen haben[168]. Damit kann das Nebeneinander des lokal-zeitgeschichtlichen und universal-endzeitlichen Aspekts des „Tages YHWHs" genauso wenig aus Zeph übernommen worden sein wie der Vorbehalt des göttlichen „vielleicht". Da die von Bergler genannten Übereinstimmungen also wenig Überzeugungskraft besitzen, bleibt die literarische Bezugnahme von Joel auf Zeph auf das Zitat von Zeph 1,15bβγ in Joel 2,2aα beschränkt. Nun kann – die Beobachtungen von Bergler umkehrend – gefragt werden, ob bei der Fortschreibungsarbeit innerhalb der Zephanjaschrift auf Joel reagiert wurde, die genannten Übereinstimmungen also daraus resultieren, dass Zeph an Joel angeglichen werden sollte. Da bei der Analyse der Zeph-Texte aber keine Beziehungen zu Joel aufgedeckt werden konnten, ist diese Frage zu verneinen.

Aus den an Joel 2,1-11 angestellten Beobachtungen können nun einige Schlüsse gezogen werden, welche die redaktionsgeschichtliche Frage nach der Einheit des Dodekapropheton betreffen.

*Erstens* zeigt sich abermals, dass die These von Bosshard-Nepustil, dass Joel 1,1 - 2,11 zusammen mit Zeph 1,4-16.17aα; 2,4-12*; 3,8a und Am 5,18-20 eine Redaktionsschicht des Dodekapropheton darstellt, als unwahrscheinlich angesehen werden muss. Zu den oben genannten Argumenten[169] wäre hinzuzufügen, dass keine besonders intensiven Verbindungen zu Am 5 oder Zeph 1 ersichtlich sind. Andere Texte erweisen sich als weitaus prägender. Außerdem spricht gegen die Ansicht Bosshard-Nepustils, dass die Frage am vermeintlichen Schluss des Joel-Textes 2,11 erst in Hab und Zeph Antwort finden soll. Wenn ein Redaktor diesen Text vor Am stellt, ist ihm zu unterstellen, dass er darum weiß, dass ein Leser zunächst in Am eine Antwort sucht und findet. Dies ist aber nicht der Fall.

---

167 S. Bergler, Joel, 165ff., und vgl. dazu die Positionen von Schart oder Bosshard-Nepustil.
168 S. dazu oben S. 88.100f.133ff.
169 S. oben S. 160.

*Zweitens* ist zwar evident, dass die Joel(grund)schrift Zeph literarisch voraussetzt, wie das Zitat von Zeph 1,15bβγ in Joel 2,2aα zeigt. Aber gegenüber Schart ist auf oben gewonnenes Ergebnis hinzuweisen, dass weder die Bezüge zwischen Joel 2,1-11 und Zeph noch die zwischen Joel 1,15 und Zeph 1,7.14 die Qualität besitzen, dass sie die These stützen könnten, Joel sei bereits bewusst auf Zeph hin konzipiert worden. Angesichts der starken Bezüge zu Jes 13 oder Jer 4-6 müsste man vielmehr – von der m. E. erforderlichen Unterscheidung zwischen literarischer Abhängigkeit und redaktionsgeschichtlicher Erklärung einmal abgesehen – folgern, Joel sei auf diese Texte hin formuliert worden. Freilich liest sich, wie von Schart beschrieben, Zeph im Rahmen des Dodekapropheton als Wiederaufnahme der Botschaft von Joel, und es erscheint so der „Tag YHWHs" als zentrales Thema der Prophetie[170]. Aber dies ist eine rein synchrone Beobachtung, welche die weitreichende redaktionsgeschichtliche Folgerung, Joel sei zu diesem Zweck verfasst worden, nicht begründen kann. Anhand der Untersuchung von Joel 2,1-11 kristallisiert sich vielmehr heraus, dass die Joel(grund)schrift als zwar schriftgelehrte und literarisch andere Texte aufgreifende, aber doch eigenständige Prophetenschrift anzusehen ist.

Schart versucht seine These damit zu stützen, dass er in Zeph 1 redaktionelle Zusätze ausmachen will, die einen klaren Bezug auf Joel verrieten. Zum einen sollen nach Schart im Zuge der Einschreibung Joels ins Dodekapropheton die sekundären Einleitungen der Sprüche Zeph 1,10f.12f. als „eschatologische Formeln" hinzugesetzt worden sein[171]. Aber wenn in dieser Phase der Entstehung des Dodekapropheton der „Tag YHWHs" als eschatologische Bedrohung propagiert werden sollte, sollte auch in Am 5,18-20 bzw. im Kontext dieses Abschnitts vergleichbares zu beobachten sein. Dies ist jedoch nicht der Fall.[172] Außerdem ist zu beachten, dass auch nicht eschatologisch orientierte Redaktionen diese Zeitadverbien gebrauchen (בַּיּוֹם־הַהוּא z. B. in Jer 4,9; 25,33; 39,16f., בָּעֵת הַהִיא in Jer 4,11; 8,1 und בַּיָּמִים הַהֵמָּה in Jer 5,18). Daher ist es wesentlich wahrscheinlicher, dass die genannten Formeln in Zeph 1 bereits bei der Komposition von Zeph 1,7-13b.14 verwendet wurden, allein auf diesen Kontext bezogen sind und dort eine verklammernde Funktion erfüllen[173].

*Drittens* ist noch auf die These Nogalskis einzugehen, der wegen des Bezugs auf Joel 2,1-11 die Stellen Zeph 1,2-3.15-16.18* und Hag 2,17.19.22 zu seiner „Joel related layer" zählt[174]: Zeph 1,15 zitiere Joel 2,2; der „Tag des Horns und des Lärmblasens" (Zeph 1,16) nehme Motive von Joel 2,1 auf; die universale Ausrichtung Zeph 1,2-3.18* beruhe auf Joel 4 (und über diese

---

170 So Schart, Entstehung, 269.

171 S. Schart, Entstehung, 269f.

172 In Am 5,13 findet sich zwar die Wendung הִיא (...) עֵת mit dem gesamten Vers sekundär hinzugesetzt (s. Jeremias, ATD 24,2, 70), aber ohne ersichtlichen Bezug auf den „Tag YHWHs". In Am 2,16 begegnet die Formel בַּיּוֹם־הַהוּא in zeitadverbieller Funktion.

173 Vgl. bereits oben S. 93.

174 S. Nogalski, Precursors, 194ff.232ff.256; ders., Processes, 276.

Brücke auch 2,10). In Hag 2,17.19.22 lägen Zusätze vor, die einerseits auf Sach 1,1ff., andererseits aber auch auf Joel (zu Hag 2,22 vgl. Joel 2,4-9) Bezug nähmen und (neben den Erweiterungen Zeph 3,20; Sach 8,12) der Einbindung von Hag-Sach in den größeren Schriftenzusammenhang dienten. Was die Hag-Stellen betrifft, zeigt sich aber, dass sich die Bezüge auf weit verbreitete Begriffe wie אָחִיו ...אִישׁ, רכב, סוסים (in Hag 2,19: נשא, רמּון, גֶּפֶן, תְּאֵנָה; in 2,17 sind keine Wortparallelen, sondern ist allenfalls ein gemeinsames Wortfeld mit Joel 1-2 zu konstatieren) beschränken. Diese besitzen außerdem eine jeweils andere Kontextfunktion: in Hag 2,22 dienen sie der Beschreibung des weltverändernden Handelns YHWHs zugunsten seines Volkes, in Joel 2 dagegen zur Schilderung des gegen Juda/Jerusalem anstürmenden Heeres. Hinsichtlich der Zeph-Stellen wurde bereits festgestellt, dass (umgekehrt wie Nogalski annimmt) 1,15 von Joel 2,2 zitiert wird, die Beziehung zwischen Zeph 1,16 und Joel 2,1 nicht sehr stark ist[175] und Zeph 1,2-3.18aβγb schwerlich von Joel beeinflusst sein dürfte[176]. Daher steht die These einer Joel orientierten Redaktion bezüglich Zeph 1,2-3.15-16.18* und Hag 2,17.19.22 auf recht schwachen Füßen.

*Viertens* wird als Argument für die These, dass die Joelschrift von vornherein für ihre Position im Dodekapropheton geschrieben wurde, der auffällige Befund angeführt, dass Joel 2,1-11 wie auch zuvor 1,15-20 keine Begründung für die Heuschrecken- bzw. Feindplage enthält. Sei der Leser nämlich bereits durch Hos mit der Schuldfrage konfrontiert, erübrige sich gleiches für Joel. Freilich hat die von der Frage nach der Einheit des Dodekapropheton nicht berührte Forschung auch schon nach Lösungen für dieses Problem gesucht. Wolff weist darauf hin, dass erstens das bei Joel so dominierende Thema des „Tages YHWHs" auch in den anderen „Tag YHWHs"-Texten kaum mit dem Thema Schuld verbunden sei; Joel gehe es zweitens vielmehr darum, an das zuvor ergangene prophetische Wort vom „Tag YHWHs" gegen Jerusalem zu erinnern, damit dieses über der Selbstgenügsamkeit der Kultgemeinde nicht überhört werde[177]. Der erste Punkt ist freilich nicht ganz richtig, da in den Vorlagen Jes 13 (s. V. 9.11) und Zeph 1,15 (unter Berücksichtigung des Kontextes Zeph 1,8f.12) durchaus Hinweise auf die menschliche Schuld enthalten gewesen sind. Der zweite Hinweis dürfte dagegen in der Hinsicht korrekt sein, dass die Intention von Joel 2,1-11 eben nicht darin besteht, Schuld aufzudecken oder das Kommen des „Tages YHWHs" mit menschlichen Vergehen zu begründen, sondern eben darin, die Nähe des „Tages YHWHs" aufzuzeigen. Müller vertritt die Auffassung, dass „an die Stelle des Erschreckens über einzelne konkrete Verfehlungen bzw. Fehlhaltungen das Bewußtsein einer allgemeinen Sündhaftigkeit" getreten sei[178]. Deissler meint, dass Joel die Schuld der Gemeinde implizit voraussetze, da sie „durch seine prophetischen

---

175 S. oben S. 107.
176 S. oben S. 167.
177 So Wolff, BK.AT XIV/2, 14f.58 (mit Bezug auf Am 5 und Ez 30).
178 Müller, Prophetie, 238 Anm. 27.

Vorgänger vielfältig und zur Genüge aufgedeckt" sei[179]. In der Tat ist davon
auszugehen, dass das Bewusstsein der menschlichen Sünde zu den
grundlegenden Einsichten der judäischen Gemeinde gehört hat. Bergler ist
der Ansicht, dass Joel im Gegensatz zu den vorhergegangenen Propheten sich
keinen zornigen Gott und kein unbekehrbares Volk vorstellen könne; er
komme von der Dominanz der Reue Gottes her und habe die Erfahrung
gemacht, dass das Volk spontan seinem Bußruf gefolgt sei[180]. Letzteres ist
aber durch den Textbefund nur indirekt zu erschließen. Wenn Joel zunächst
den „Tag YHWHs" gegen Israel verkündigt, liegt aufgrund der verwendeten
Traditionen außerdem durchaus das Bild des zornigen Gottes nahe. Freilich
läuft die Darstellung auf die Heilswende zu. Auch setzt die Joelschrift die
theologische Entwicklung in den anderen Prophetenschriften voraus, die
ursprünglich vor allem Unheil enthalten haben und im Zuge der Aneignung
und weiteren Bearbeitung um Heilsaspekte bereichert wurden, so dass in
deren Endgestalt nun ein differenziertes Gottesbild vorliegt. Die
Gesamtanlage der Joelschrift zeigt das Vertrauen auf die Gnade und
Barmherzigkeit Gottes trotz menschlicher Schuld. Ihr Anliegen besteht aber
vor allem darin, die Zeichen der Zeit zu deuten und auf die Nähe des „Tages
YHWHs" aufmerksam zu machen, so dass die Frage nach menschlicher
Schuld in den Hintergrund tritt. Damit ist das Argument, das Fehlen der
Schuldfrage zeige, dass die Joelschrift für ihre Position im Dodekapropheton
verfasst worden sei, nicht besonders schlagend. Aufgrund des eben
skizzierten zeit- und traditionsgeschichtlichen Horizontes kann mit
Gewissheit behauptet werden, dass die Joelschrift, auch ohne dass die
Schuldbegründungen der anderen Prophetenschriften im Voraus gelesen
wurden, verständlich ist. Selbst wenn Joel wirklich direkt für die zweite
Position im Dodekapropheton konzipiert worden wäre, würde sich übrigens
die Frage stellen, warum Joel nicht einmal punktuell den Hinweis auf die
Schuld des Volkes erwähne. So erweist sich das Argument des
Sündenschweigens als eine synchrone Interpretation, bei der die Einheit des
Zwölfprophetenbuchs bereits vorausgesetzt ist. Die diachrone These der
Abfassung der Joelschrift für ihre Stellung im Dodekapropheton kann sie
nicht begründen.


## 4. Joel 3,1-5

### 4.1. Zur Abgrenzung

Der vorhergehende Abschnitt schließt direkt zuvor in 2,27 mit der Erkenntnisaussage. Auch der Verweis auf die „Ewigkeit" des heilvollen Zustandes in
Israel markiert zusätzlich sein Ende. Dass angesichts der Häufung textglie-

---

179 Deissler, NEB 4, 73.
180 So Bergler, Joel, 207.

dernder Elemente in 4,1 der Beginn eines neuen Abschnitts vorliegt, der mit
der Thematisierung des Gerichts über die Völker auch ein neues Thema star-
tet, ist ebenso einleuchtend.

Nun wird Joel 3,1-5 aber etwa von Müller und Loretz in die Abschnitte
V. 1-2, V. 3-4 und V. 5 unterteilt[181]. V. 1-2 spreche in YHWHrede das Volk
direkt an und setze so den vorhergehenden Passus fort bzw. ergänze ihn mit
dem Verweis auf die künftige Geistausgießung. V. 3-4 habe keinen direkten
Bezug mehr zu Israel, betroffen von Veränderungen sei der Kosmos, damit
wechsle das Thema zum „Tag YHWHs". V. 5 formuliere in Prophetenrede
ohne Anrede Israels einen eigenen eschatologischen Lehrsatz.

Gegenüber einer Abtrennung von V. 5 erheben sich jedoch Bedenken.
Denn hier sollen doch wohl aus der Ankündigung des „Tages YHWHs" in
V. 3f. die Konsequenzen im Blick auf die Möglichkeit der Rettung gezogen
werden. Damit wendet V. 5 die neue Szenerie auf die Hörer bzw. Leser an[182].
Dass dies mit der „Tag YHWHs"-Ankündigung zusammengehört, legt auch
die Frage nach dem Bestehen in 2,11 nahe. Dem V. 5 einleitenden וְהָיָה
kommt also schwerlich eine abschnittstrennende Bedeutung zu. Dass bereits
am Ende von V. 4 YHWH in 3. Person begegnet, kann jedoch nicht als
Vorbereitung der Prophetenrede V. 5 aufgefasst werden, da dies in der
geprägten Formulierung des „Tages YHWHs" geschieht. Gegenüber einer
Abtrennung der V. 1-2 von V. 3-4 ist zum einen die Parallele 2,1-11 zu
beachten, wo auch die Schilderung des hereinbrechenden Schreckens samt
universal-kosmischer Ausmalungen mit einer Anrede an Israel (2,1, evtl.
2,11) verbunden ist. Zum anderen weist Prinsloo darauf hin, dass in den
Verben הפך (V. 4a: Verwandlung der Gestirne) und שפך (V. 1f.: Ausgießen
des Geistes, auch eine Art Verwandlung?) ein Wortspiel vorliegt, das V. 1f.
und V. 3f. zusammenbindet[183]. Weiter setzt die 1. Person Singular *perfectum
consecutivum* zu Beginn von V. 3 die 1. Person Singular Imperfekt von V. 2
stringent fort. Außerdem beobachtet Fischer, dass alle drei Teile (sie spricht
von „Abschnitten") in Joel 3,1-5 durch Dreiergruppen geprägt seien: „Drei
Verben prophetischer Tätigkeit im ersten Abschnitt stehen drei Phänomenen
auf der Erde im zweiten gegenüber; im dritten Abschnitt ist dreimal von
Rettung und Entkommen die Rede."[184] Daher ist Joel 3,1-5 als ein
zusammenhängender Text zu begreifen, der seinen gemeinsamen
thematischen Nenner in der Hoffnung auf Unversehrtheit am „Tag YHWHs"
besitzt[185].

---

181 S. zum Folgenden Müller, Prophetie, 241ff., und Loretz, Regenritual, 113ff.143 (mit
    literargeschichtlichen Konsequenzen). Vgl. aber auch Jepsen, Beiträge, 86f.; Barton,
    OTL, 93(ff.).
182 Vgl. auch Plöger, Theokratie, 124.
183 S. Prinsloo, Theology, 82.
184 Fischer, Gotteskünderinnen, 237.
185 Vgl. Plöger, Theokratie, 125; Fischer, Gotteskünderinnen, 236f.

## 4.2. Textgrundlage

1aα$_1$ Und es wird geschehen hierauf:
   aα$_2$ Ich werde ausgießen meinen Geist über alles Fleisch.
   aβ Da werden weissagen eure Söhne und eure Töchter,
      bα eure Alten werden Traumgesichte träumen,
      bβ eure Jünglinge bγ werden Schauungen sehen.
   2a Und auch über die Knechte und über die Mägde
   bα werde ich in jenen Tagen bβ ausgießen meinen Geist.
   3aα Und ich werde geben Wunder aβ am Himmel und auf der Erde:
      bα Blut und Feuer bβ und Rauchsäulen.
   4aα Die Sonne wird verwandelt werden zu Finsternis
      aβ und der Mond zu Blut
      bα$_1$ vor bα$_2$ dem Kommen des Tages YHWHs,
      bβ des großen und furchtbaren[186].
5a$_1$ Und es wird geschehen: a$_2$ Jeder, der anrufen wird den Namen YHWHs, wird gerettet
werden, bα$_1$ denn auf dem Berg Zion und in Jerusalem wird sein Entrinnen, bα$_2$ wie YHWH
gesagt hat, bβ und bei den Entronnenen, bγ die YHWH rufen wird.[187]

## 4.3. Literargeschichtliche Probleme

Der Aufbau des Abschnitts Joel 3,1-5 lässt sich aufgrund der soeben bereits
genannten Textbeobachtungen folgendermaßen bestimmen:

1-2   Ankündigung einer Geistausgießung:
      1. über alles Fleisch
      Wirkungen davon: prophetische Phänomene bei Söhnen und Töchtern, Alten und
      Jünglingen
      2. über Knechte und Mägde
3-4   Ankündigung von himmlischen und irdischen Katastrophenphänomene als Vorzei-
      chen des „Tages YHWHs"
5     Bedingungen für die Rettung:
      Anrufung des Namens YHWHs
      Aufenthalt in Zion bzw. Jerusalem
      Berufung durch YHWH

---

186 LXX liest ἐπιφανῆ und leitet somit von dem Verb ראה ab. Diese Lesart passt zu der
   theophanen Darstellung des „Tages YHWHs" in V. 3-4, weshalb MT als *lectio difficilior*
   den wahrscheinlich ursprünglichen Text darstellt. Die anderen Aussagen vom
   furchtbaren „Tag YHWHs" (Joel 2,11; Mal 3,23) oder der Furchtbarkeit YHWHs (Mal
   1,14) werden von LXX genauso übersetzt. Entweder hat der Übersetzer die hebräische
   Grammatik nicht beherrscht, was jedoch wenig wahrscheinlich sein dürfte. Oder es ist
   mit einem Lesefehler zu rechnen (והנראה statt והנורא), was auch nicht recht überzeugt,
   da alle Vorkommen von ירא im maskulinen Partizip Nifal im *status absolutus* im
   Dodekapropheton tangiert wären (anders etwa Jes 18,2.7; Ez 1,22; Ps 47,3). Daher liegt
   die dritte Erklärungsmöglichkeit nahe, dass der Dodekapropheton-Übersetzer diese
   Aussagen bewusst vermeiden wollte (anders als etwa Ps 47,3).
187 Eine poetische Gestaltung von V. 5 lässt sich weder durch Parallelismen noch hinsichtlich eines Metrums erweisen.

Innerhalb des Abschnitts fallen einige Unstimmigkeiten auf: Erstens begegnet, wie bereits erwähnt, innerhalb der YHWHrede V. 3f. YHWH in 3. Person, was aber angesichts der geprägten Formulierung „Tag YHWHs" keine unerträgliche Spannung darstellt[188].

Zweitens wirkt V. 2 durch וְנַם nur lose an V. 1 angeschlossen. Außerdem fehlt bei den Knechten und Mägden zum einen der Hinweis auf prophetische Wirkungen der Geistausgießung und zum anderen das Suffix der 2. Person Plural. Daher könnte es sich bei V. 2 um eine Erweiterung handeln[189]. Demgegenüber weist Bergler jedoch auf die Inklusion zwischen V. 2 und V. 1 (אֶת־רוּחִי שָׁפַּךְ) hin, die kohärenzstiftende Funktion besitzt[190]. Rudolph sieht auch den Einsatz von V. 2 mit וְנַם bewusst gewählt, um die Bedeutsamkeit der Aussage hervorzuheben[191]. Prinsloo hebt die chiastische Struktur von V. 1f. hervor[192]. Daher wird man wohl auf die Annahme einer Erweiterung verzichten können.

Drittens könnte der Satz כַּאֲשֶׁר אָמַר יְהוָה V. 5aα₁ als Abschluss aufgefasst werden und die letzte Zeile von V. 5 demzufolge einen Zusatz darstellen[193]. Dieser würde dann das zuvor Gesagte um einen neuen Aspekt bereichern. Wolff denkt an eine kleine theologische Korrektur, die hervorhebt, dass Rettung letztlich an YHWH hänge: die YHWH anrufenden Jerusalemer bedürften einer Neuberufung durch YHWH.[194] Dagegen macht Rudolph jedoch geltend, dass dann die Präposition בְּ vor den Entronnenen unverständlich wäre, es vielmehr heißen müsste, „die Entronnen sind die, die Jahwe ruft". Deshalb schlägt Rudolph die Lösung vor, dass eine außerhalb Jerusalems lebende Personengruppe angesprochen sei, nämlich die von YHWH herbeigerufenen Exulanten bzw. Diasporajuden.[195] Die gleiche Lösung vertritt Bergler[196]. Er argumentiert zum einen mit der Wirkungsgeschichte: Act 2,39 sehe im Mischzitat aus Joel 3,1.5 in den „Fernen" die Diasporajuden. Dies ist aber keineswegs eindeutig[197]. Zum anderen setzt er aufgrund der beiden Inklusionen (V. 5 und V. 1-2) die in V. 2 genannten versklavten, also außer Landes lebenden Personen (daher auch keine Suffixe!) mit den in V. 5bβγ zu rufenden Entronnenen gleich. Eine solche Schlussfolgerung gibt der Textbefund jedoch nicht her. Jeremias

---

188 S. auch Rudolph, KAT XIII,2, 71; Plöger, Theokratie, 124; Fischer, Gotteskünderinnen, 237 (mit dem Verweis auf eine Feststellung von Allen, dass „mein Tag" im AT nie vorkomme). Z. B. gegen Jepsen, Beiträge, 86; Loretz, Regenritual, 143.
189 So offenbar, wenn auch unklar, Wolff, BK.AT XIV/2, 7.69.
190 S. Bergler, Joel, 100; vgl. Prinsloo, Theology, 81.
191 S. Rudolph, KAT XIII,2, 73 Textanm. 13.
192 S. Prinsloo, Theology, 82.89.
193 So Jeremias, Berg, 44; Wolff, BK.AT XIV/2, 66 Textanm. 5b; Rudolph, KAT XIII,2, 70 Textanm. 5a.
194 So Wolff, BK.AT XIV/2, 82, der V. 5bβγ als einen eigenständigen Satz versteht.
195 So Rudolph, KAT XIII,2, 71 Textanm. 5a., der auch V. 5bβγ als Teil des mit כִּי beginnenden Begründungssatzes begreift.
196 S. zum Folgenden Bergler, Joel, 302f.
197 Vgl. Roloff, NTD 5, 63 (Diasporajuden), mit Pesch, EKK V/1, 125 (Heiden)!

wendet schließlich gegen die Deutung auf die Diaspora ein, dass der Begriff „Entronnene" notwendig eine Differenzierung zwischen verlorenen und geretteten Teilen der Diaspora impliziere, was einen analogielosen Gedanken darstellen würde. Daher plädiert er dafür, dass der fragliche Satz das durch YHWHs Handeln mögliche Entrinnen einzelner Heiden bezeichne.[198] In der Tat dürfte diese Interpretation am plausibelsten sein. Damit verschiebt sich aber die Aussage des Abschnitts Joel 3,1-5, weshalb V. 5bβγ wohl einen Zusatz darstellt. Der Hinweis auf die mit dem Verb קרא gebildete Inklusion zwischen V. 5a und V. 5bβγ[199] ist zu schwach, als dass er entgegen den genannten Beobachtungen die Annahme der Einheitlichkeit des Abschnitts stützen könnte.

Schließlich steht noch die Frage der Zugehörigkeit des Abschnitts 3,1-5bα zum Grundbestand der Joelschrift im Raum. Erstens gilt es einige formal-strukturelle Beobachtungen zu sichten. Zum einen wirkt der Abschnitt 3,1-5bα mit der einleitenden Wendung וְהָיָה אַחֲרֵי־כֵן lose an Kap. 2 angeschlossen. Zum anderen treten weitere textgliedernde Elemente gehäuft in 4,1 auf, so dass dort eine ursprünglichere Fortsetzung von 2,27 vorliegen könnte[200]. Weiter ist die Erkenntnisaussage in 2,27 analog zu 4,17 als Markierung eines Abschlusses zu begreifen. Dagegen ist allerdings auch anderswo zu beobachten, dass auf diese Formel weitere Glieder folgen können (s. Ez 39,28f.; Joel 4,17b)[201]. Schließlich scheint der Abschnitt 3,1-5 aber aus der Makrostruktur der Joelschrift herauszufallen, nach der die ab 2,18 ergehende Gottesantwort in 2,21-27 auf den Aspekt der Naturkatastrophe, welche den Teil 1,5-20; 2,1-11 beherrscht, bezogen ist. Ob 4,1-17* auf die für den Einfall eines Feindheeres transparente Darstellung in 2,1-11 reagiert, wird noch zu klären sein. Hier genügt zunächst die Feststellung, dass sich der Abschnitt 3,1-5bα schwer im Gesamtkonzept der Joelschrift unterbringen lässt. Mit Wolff wäre der Text zwar als Pendant zum Umkehrruf 2,12-17 anzusehen: „der Aufforderung zur Umkehr zu Jahwe als dem vorläufig Notwendigen in 212-17 entsprechen Geistausschüttung und Rettung auf Zion als das eschatologisch Notwendige in Kap. 3."[202] Diese

198 S. Jeremias, Berg, 42ff.
199 S. Bergler, Joel, 100; Prinsloo, Theology, 83.
200 Vgl. auch Wolff, BK.AT XIV/2, 67, anders. aber ebd., 74.
201 S. Wolff, BK.AT XIV/2, 77. In Ez 39,28-29 wird analog zu Joel 2,27; 3,1f. nach der Zusage der Erkenntnis YHWHs die Ausgießung des Geistes erwähnt.
202 Wolff, BK.AT XIV/2, 6f. Jeremias, Berg, 38ff.45 (Zitat 39), führt aus, dass der Geist – ein Hinweis auf die Erwartung des Endes der Prophetie – wie der Prophet in den Kap. 1-2 nun die Funktion innehabe, zur Klage und zur Umkehr aufzurufen. So solle entsprechend der Deutung von Heuschrecken- und Dürrenot durch den Propheten in Kap. 1-2 sichergestellt werden, dass „das Wissen um die Wirklichkeit und Bedrohlichkeit des Tages Jahwes nicht verloren geht, sondern ständig präsent bleibt" (V. 3-4), damit es Israel nicht so ergehe wie der Völkerwelt (Kap. 4). Wie der Prophet in Kap. 1-2 auf den Rettungsweg der Umkehr gewiesen habe, solle jetzt der Geist einen Rettungsweg ermöglichen. Dieser bestehe wie in Kap. 1-2 im Gottesdienst (V. 5). Wie das Heil in Kap. 1-2 jedoch unter den Vorbehalt des göttlichen „vielleicht" gestellt werde, hänge es

Interpretation ist dem Leser aber durch den Wortlaut des Textes nicht unmittelbar einsichtig, denn fortlaufend gelesen gibt der Abschnitt 3,1-5bα nicht zu erkennen, dass die Geistbegabung den Umkehrruf ersetzt (anders verhält es sich etwa mit Ez 36,27). Für diese Deutung muss einmal die Stellung des Abschnitts in der Gesamtstruktur berücksichtigt werden, wobei die Einheit der Joelschrift vorausgesetzt ist, und außerdem der traditionsgeschichtliche Hintergrund[203].

Zweitens scheint der in 3,4 erwähnte „Tag YHWHs" nicht recht greifbar, sondern in ferne Zukunft entrückt (s. V. 1aα₁). In 1,15 war auf die Nähe des „Tages YHWHs" hingewiesen worden, und auch 2,1 gebrauchte bei der Nennung des „Tages YHWHs" das Perfekt. Als Vorboten bzw. Beginn wurden die aktuell erfahrbare Dürre- und Heuschreckennot angesehen, auch wenn für den vollen Ausbruch des „Tages YHWHs" noch eine Verwüstung des Landes durch feindliche Heerscharen erwartet wurde. 3,4 dagegen greift keine der beiden Illustrationen auf, sondern erwartet stattdessen für die Zukunft kosmische Erscheinungen vor dem Kommen des „Tages YHWHs". Diese kündigt ähnlich zwar auch 2,10 an[204]. Dort aber standen sie zumindest

---

nun an der Anrufung des Namens YHWHs und am Aufenthalt in Zion/Jerusalem (weitergeführt in Kap. 4). Hierbei ermögliche einerseits die Geistverleihung eine größere Heilsgewissheit, andererseits aber sei angesichts der Bedingungen auch eine Scheidung innerhalb des Gottesvolkes denkbar. Auch dass die Heiden des Heils teilhaftig werden, sei möglich, liege aber letztlich allein an der Initiative YHWHs (V. 5bβγ). Müller, Prophetie, 242 Anm. 36, weist darauf hin, dass nicht mit Jes 44,2-5 als Parallele argumentiert werden kann, wie Wolff, BK.AT XIV/2, 71, dies tut („der Verheißung der fruchtbaren Berieselung des dürren Landes [folgt] die der Geistausgießung"); denn dort „wird die Ausgießung des Geistes als Fruchtbarkeit wirksam". Nogalski, Precursors, 265f., beobachtet zwischen den Abschnitten Joel 2,18 - 3,5 und Sach 8,(1f.)9-13 eine strukturelle Verwandschaft: der Eifer YHWHs lasse sein Volk wieder sicher wohnen, die Fruchtbarkeit des Landes zurückkehren und künftigen weiteren Segen für notwendig erscheinen. Zwar sei Sach 8,9-13 auch für sich genommen und insbesondere im Kontext Sach 7-8 verständlich, der Zusatz 8,12 aber, der ein in Sach sonst nicht vorhandenes Thema einfüge, zeige die Intention, dass der Schluss von Sach 1-8 im Licht von Joel verstanden werden solle. Diese vermeintliche Parallele lässt aber das Thema des Geistes vermissen und erweist sich daher für den hier interessierenden Zusammenhang als ungenügend.

203 Ez 39,29 seinerseits dürfte die in Ez 36,26f.; 37,14 geäußerte Erwartung der Geistbegabung (נתן) aufgreifen, die nach der Rückführung aus dem Exil ein neues Leben im nun Fruchtbarkeit gewährenden Land in vollkommener Erfüllung des Willens Gottes erhofft (vgl. auch Jes 32,15 [ערה]). Bedenkt man diese Konnotationen mit (vgl. Bergler, Joel, 269, auch 327, der Joel 3 jedoch zu stark von Ez-Belegen her interpretiert), wird die Geisterwartung in Joel 3 als heilvolle Gabe YHWHs noch plastischer, da sie über die direkt geäußerte prophetische Begabung hinaus womöglich auch den Gehorsam gegenüber YHWH impliziert. Da in Joel 1-2 ebenfalls (wie in den Ez-Belegen) Fruchtbarkeit (2,19.22-24) und sicheres Wohnen (2,19.27) angesprochen werden, wäre Joel 3 sogar einigermaßen stimmig in die Joelschrift integriert.

204 Dass Bosshard-Nepustil, Rezeptionen, 296 Anm. 2, Joel 2,10 ohne Begründung mit literarkritisch relevanten Kriterien, sondern allein aufgrund eines Vergleiches mit seiner

nahe bevor. Da in 2,10 im Perfekt formuliert wird, kann man sogar fragen, ob der immense Heuschreckeneinfall derart gedeutet wurde. Gleiches ist in 3,3f. nicht zu ersehen. Außerdem zeigt die Erwartung einer allgemeinen Geistausgießung eine eschatologische Perspektive, die zuvor in Kap. 1-2 noch nicht greifbar war.

Drittens beschäftigt sich Joel 3,1-5bα mit der Frage, wie Rettung möglich sein könne, und berührt mit der Nennung der Bedingungen in V. 5* die Möglichkeit einer Scheidung innerhalb des Gottesvolkes[205]. Damit ergibt sich aber eine gravierende Spannung zu dem vorhergehenden Abschnitt, der von einer Rettung des gesamten Volkes gesprochen hatte (2,23.26.27). Ebenso wenig steht in Kap. 4 die Rettung des gesamten Israel in Frage[206].

Viertens fällt auf, dass das Thema des Endes der Prophetie, das mit der Ankündigung der allgemeinen Geistausgießung und prophetischen Begabung anklingt[207], weder in Kap. 1-2 noch in Kap. 4 Spuren zeigt.

Aufgrund dieser Beobachtungen dürfte die bereits von Plöger vertretene These plausibel sein, dass Joel 3,1-5(*) eine Fortschreibung darstellt, die nicht nur gegenüber Kap. 1-2 sekundär, sondern auch jünger als Kap. 4 ist[208].

## 4.4. Auswertung der Bezüge

Die diversen Joel 3,1-5 prägenden Text-Text-Bezüge zeigen ein weites Spektrum. *Erstens* fällt in V. 1-2 die רוּחַ-Vorstellung auf[209]. Die

---

(problematischen: s. Jeremias, „Tag Jahwes", 133f.) Schichtung von Jes 13 als Zusatz ausscheiden möchte, ist fragwürdig.

205 Fischer, Gotteskünderinnen, 247, und Barton, OTL, 96, plädieren zwar dafür, dass V. 1aα2 der Geist universal an die gesamte Menschheit (Die Formulierung כָּל־בָּשָׂר bezeichnet zwar oft auch die Gesamtheit der Lebewesen [z. B. Gen 6-9] bzw. ist dafür offen [z. B. Jes 40,5.6; 66,16; Jer 12,12], jedoch schränkt der Kontext in V. 1-2 die Bedeutung klar auf Menschen ein.) ausgegossen werde. (Fischer möchte sogar die Partikel כל in V. 5a2 auf alle Menschen bezogen wissen.) Da der Kontext V. 1-2 mit der Anrede an eine 2. Person Plural, womit wohl die Israeliten anvisiert sind, die prophetischen Wirkungen der Geistbegabung klar auf die Israeliten bezieht, wie Fischer und Barton selbt sehen, kann diese Interpretation jedoch nicht überzeugen.

206 Darauf weist auch Jeremias, Berg, 37, hin, schränkt jedoch im Folgenden diese Beobachtung wieder ein.

207 S. Jeremias, Berg, 38ff.

208 S. Plöger, Theokratie, 122.124ff. (Joel 3,1-5 sei ein späterer Nachtrag *sui generis*); aufgegriffen von Bosshard-Nepustil, Rezeptionen, 281; mit literargeschichtlichen Variationen auch von Loretz, Regenritual, 113.143; außerdem vgl. Müller, Prophetie, 241f. Gegen die Ansicht Plögers stellt Wolff, BK.AT XIV/2, 70f., einige Argumente zusammen, die jedoch insgesamt nicht überzeugen; vgl. bereits Anm. 202.

209 Zu den vielfältigen Bedeutungsnuancen von רוּחַ s. Albertz/Westermann, רוח, 728ff. Da hier als Folge der Geistausgießung die Phänomene der Weissagung (נבא), des Traumes (חלם) und der Gesichte (חֶזְיוֹן) genannt werden und mit diesen Begriffen sich das Wirken der Propheten beschrieben findet, wird prophetische Tradition aufgegriffen. Eventuelle negative Konnotationen der gewählten Begriffe (s. z. B. Jer 23,13.25) sind

Formulierung שָׁפַךְ אֶת־רוּחַ entspricht dabei Ez 39,29; Sach 12,10. Beide Stellen lassen die Erwartung einer Geistbegabung breiterer Bevölkerungsschichten[210] erkennen: nach Sach 12,10 soll der Geist über das Haus Davids und die Einwohner Jerusalems und nach Ez 39,29 über das Haus Israel ausgegossen werden. Eine ähnliche Vorstellung ist auch aus Num 11,29 ersichtlich, wo Mose den Wunsch[211] äußert, dass durch YHWHs Geist sein ganzes Volk zu Propheten werden möge. Alle drei Parallelstellen gehören vermutlich späteren Redaktionen an: Num 11,26-29 spätdtr. Schichten (des 4. Jh.?)[212]; Ez 39,25-29 einer späteren Bearbeitung des Ezechiel-Buches[213]; Sach 12,10 einer Fortschreibung von Sach 1-8 aus vermutlich hellenistischer Zeit[214]. Aber diese Stellen können nicht auf eine Buch übergreifende Redaktion zurückgehen. Denn Num 11,26-29 thematisiert in narrativer Form das Verhältnis von Thora und Prophetie[215], was nicht mit der Intention von Joel 3,1-5bα übereinstimmt. Genausowenig mit Joel 3,1-5bα deckt sich die Intention von Ez 39,25-29, da dort der Geist mit der Rückführung und Sammlung des Gottesvolkes in Verbindung gebracht wird, was die Fehleinschätzung YHWHs unter den Völkern beenden soll[216]. Ebenso spielt der im Kontext von Sach 12,10 auftretende Gedanke der Vertilgung der gegen Jerusalem gezogenen Völker in Joel 3,1-5bα keine Rolle (der Zusatz V. 5bβγ widerspricht dem sogar). Daher ist eine traditionsgeschichtliche Erklärung der Beziehungen zwischen diesen Texten geboten. Außer der Wendung שָׁפַךְ אֶת־רוּחַ liegen ja auch keine übereinstimmenden Vokabeln vor.

Gegenüber Num 11,29 wird Joel 3,1f. die jüngere Stelle bieten, da Num 11,29 wohl gar nicht wirklich erwartet, dass YHWH alle Israeliten zu Propheten machen wird, sondern lediglich die von YHWH erwirkte, von Mose unabhängige Prophetie legitimieren will[217]. Weiter spricht die Präzisierung der prophetischen Begabung auf männliche und weibliche Israeliten allen Alters und aller sozialer Schichten in Joel 3,1f. dafür, dass

---

hier dadurch ausgeschaltet, dass YHWH in Gestalt seines Geistes (s. das Suffix der 1. Person Singular) wirksam handeln wird.

210 Die Geistausgießung betrifft nur das Gottesvolk: s. oben Anm. 205.

211 Zu dieser Bedeutung von מִי, speziell in Verbindung mit dem Verb נתן s. Gesenius, Handwörterbuch[17], 419 (linke Spalte Nr. 1i). 529 (rechte Spalte Nr. 1eβ).

212 S. H.-C. Schmitt, Suche, 272f.; vgl. L. Schmidt, ATD 7,2, 21f.

213 Zimmerli und Pohlmann gehen von der Beobachtung aus, dass zwischen Ez 39,23(25)-29 und der Gogperikope Ez 38-39 keine Beziehung gegeben ist. Zimmerli, BK.AT XI-II/1, 112ff.; ders., BK.AT XIII/2, 968ff., sieht in Ez 39,23-29 einen nachexilischen Buchredaktor am Werk, der einen Abschluss von Ez 1-39 herstelle. Pohlmann, ATD 22,2, 517f., möchte in Ez 39,25-29 die ursprüngliche Fortsetzung von 36,16-23 und Überleitung zu Kap. 40-48 durch eine diasporaorientierte Fortschreibung aus dem 4. Jh. erkennen.

214 Genauer vgl. S. 206ff.

215 S. L. Schmidt, ATD 7,2, 27f.; Schmitt, Suche, 272f.

216 S. Pohlmann, ATD 22,2, 524.

217 S. L. Schmidt, ATD 7,2, 28.

dieser Text später entstanden ist als die drei Stellen Num 11,29; Ez 39,29[218]; Sach 12,10[219], die nur pauschal vom „Volk" bzw. dem „Haus Israel" sprechen. Sodann ist die Erwartung der zu allgemeiner Prophetie führenden Geistausgießung in Joel 3,1-5bα mit der „Tag YHWHs"-Vorstellung verbunden und meint der „Tag YHWHs" wohl in unbestimmbarer Zukunft liegende Endzeitereignisse. Auch dies spricht dafür, dass es sich bei Joel 3,1-5bα um den jüngsten Text handelt. Erst recht wird der Zusatz Joel 3,5bβγ, der die Rettung vereinzelter Heiden aufgrund YHWHs Freiheit für möglich hält, jünger sein als Sach 12,9-10, da dort alle Heiden, die gegen Jerusalem gezogen sind, vernichtet werden sollen. Auf der anderen Seite ist mit der in Joel 3,1f. erwarteten Demotisierung der Prophetie noch nicht die grundsätzliche Ablehnung der Prophetie verbunden, wie sie aus Sach 13,2-6 hervorgeht[220]. Daher dürfte Joel 3,1-5 den gegenüber Sach 13,2-6 älteren Text darstellen[221]. Wenn Joel 3,1-5 jünger als Sach 12,10, aber älter als Sach 13,2-6 sein sollte, ergibt sich in jedem Fall eine Datierung in die hellenistische Zeit[222].

*Zweitens* ist in Joel 3,1-5bα ein Aufgreifen der „Tag YHWHs"-Vorstellung zu beobachten. Zum einen greift die Kombination הַגָּדוֹל וְהַנּוֹרָא in V. 4b auf Joel 2,11 zurück; hierbei stehen außerdem auch Belege wie Zeph 1,14 und Jer 30,7 im Hintergrund. Zum anderen dient der Aspekt der Verfinsterung der Gestirne auch sonst der Ausgestaltung des „Tages YHWHs" (s. Jes 13,10; Joel 2,10). Mit Nennung von Bedingungen für die Rettung in V. 5a deutet sich eine Differenzierung innerhalb des Gottesvolkes an, womit freilich über Joel 1-2 hinausgegangen wird. Gleichzeitig wird damit eine Weiterentwicklung der in Ob 17 vorliegenden Position deutlich. Dass Joel 3,5bα ein Zitat von Ob 17 darstellt, zeigt die wörtliche Übereinstimmung (in Ob 17 fehlt allein וּבִירוּשָׁלַ͏ִם) und der Formelbefund in Joel 3,5bα₂: כִּי ist wohl *kî-recitativum* und כַּאֲשֶׁר אָמַר יְהוָה Zitationsformel[223]. Ob 17f. unterscheidet pauschal das Heil des Gottesvolkes vom

---

218 Vgl. auch Zimmerli, BK.AT XIII/2, 970.

219 Tai, Prophetie, 201f. (vgl. auch ders., End, 348), argumentiert mit anderen Parametern, setzt die Einheitlichkeit der Joelschrift voraus, und hält Sach 12,10 für die jüngste Stelle.

220 S. Jeremias, Berg, 38; ders. Prophetie, 109f.; vgl. Baumann, Ehemetaphorik, 229. Gegen Bosshard-Nepustil, Rezeptionen, 281 Anm. 7, der die Auffassung vertritt, dass Joel 3,1f. von Sach 13,2ff. abhängig sei.

221 Vgl. Tai, Prophetie, 243, der innerhalb Sach 12,1 - 13,9 mit mehreren Fortschreibungen rechnet.

222 Es überzeugt nicht, dass Lange, Wort, 305, den Text Sach 13,2-6 mit einem Verweis auf eine sprachliche Untersuchung in die Perserzeit (5. Jh.) datiert.

223 So Bergler, Joel, 301.321; Schart, Entstehung, 279; Jeremias, Prophetie, 100. Vgl. Spawn, Formulae, 230f. Dass Rudolph, KAT XIII,2, 73, die Wendung „wie YHWH gesagt hat" dagegen auf Joel 2,26b-27 beziehen möchte (so auch Crenshaw, AB 24C, 169f., der außerdem erwägt, dass sich Joel 3,5 und Ob 17 auf eine unabhängige Tradition beziehen könnten), ist weniger wahrscheinlich, zumal dort weder der Gedanke der Anrufung YHWHs noch der der Rettung auf Zion klar ausgesprochen ist; s. auch Fischer,

Verderben der Völker (Ob 15f.). Die durch die Nennung von Bedingungen in Joel 3,5abα ersichtliche Differenzierung innerhalb des Gottesvolkes und der sekundäre verhaltene völkerpositive Ausblick in 3,5bβγ gehen über Ob 17 hinaus

Ob zusätzlich, wie auch in Joel 2,1-11 vermutet werden konnte, die Exodus-Sinai-Tradition im Hintergrund steht[224] – und zwar hier in teilweise sehr später Ausprägung[225] – ist dagegen unsicher: Zwar begegnet der Begriff „Wunder" (מוֹפֵת) vielfach, aber nicht ausschließlich[226], in Zusammenhängen, die von der Befreiung Israels aus der ägyptischen Knechtschaft handeln (Ex 4,21; 7,3.9; 11,9.10; Dtn 4,34; 6,22; 7,19; 26,8; 29,2; 34,11; Jer 32,20.21; Ps 78,43; 105,27; 135,9; Neh 9,10). Die insgesamt nur siebenmal[227] belegte Kombination הַגָּדוֹל וְהַנּוֹרָא bezeichnet in Dtn 1,19; 8,15 die Wüste. „Feuer" (אֵשׁ) ist im Kontext der siebten Plage erwähnt, der Sendung von verheerendem Hagel, mit dem auch Donner und Feuer einhergehen (Ex 9,23f.). „Rauch" (עָשָׁן) – in Verbindung unter anderem mit Feuer – findet sich bei der Darstellung der Sinai-Theophanie (Ex 19,18; vgl. auch Jes 6,4).[228] Die Verfinsterung der Gestirne ist Gegenstand der neunten Plage (Ex 10,21-23). Die schwer verständliche Verwandlung des Mondes in Blut (דָּם) könnte an die erste ägyptische Plage denken lassen, die Verwandlung der Gewässser in Blut (Ex 7,14ff.). Aber gerade das zuletzt genannte Motiv, die Verwandlung des Mondes, kann in V. 4 logisch nicht mit der Gewässerplage in Zusammenhang gebracht werden. Hier fragt es sich, ob nicht kriegerische Ereignisse und daraus resultierendes Blutvergießen die Ursache für diese Aussage gewesen sind; genauso dürften „Feuer" und „Rauch" in V. 3 an verbrennende Städte erinnern[229]. Außerdem sind die genannten Elemente derart weit gestreut, dass allenfalls eine lose Assoziation der Exodus-Sinai-

---

Gotteskünderinnen, 252 Anm. 6. Für Barton, OTL, 98, sind die Abhängigkeitsverhältnisse unklar.

224 Dazu s. Bergler, Joel, 269ff.; Prinsloo, Theology, 84f.; Sweeney, Place, 144f.

225 Gertz, Tradition, 104.137f.166.181.252.331ff., rechnet in seiner Analyse die meisten der zu nennenden Stellen – Ex 4,21; 7,3; 11,9; 7,14ff.; 9,23f.; 10,21ff. – der von ihm rekonstruierten Endredaktion zu; Ex 9,23f. könnte (u. a. um die Erwähnung des Feuers) sogar nachendredaktionell ergänzt worden sein; als P-Belege sieht Gertz, Tradition, 82.179, Ex 7,9; 11,10 an. L. Schmidt, Beobachtungen, 35.45f.50.56.85, erkennt in den „Feuer" enthaltenden Versteilen Ex 9,23aβ.24aβ unbekannte Zusätze, in 10,21ff. die Hand der Endredaktion und in 11,9f. die Priesterschrift. Kohata, Jahwist, 100.125.126, belässt das „Feuer" in 9,23 der jahwistischen Hagelplage und rechnet 10,21ff.; 11,9f. der Endredaktion zu.

226 Ein weiterer Schwerpunkt der Belege befindet sich in der Prophetie: Dtn 13,2.3; I Reg 13,3.5; Jes 8,18.

227 Die anderen Belege sind Mal 3,23; Dan 9,4; Neh 1,5; 4,8.

228 Bergler, Joel, 272, vermutet hierin eine Anspielung an die Vernichtung Sodoms und Gomorrhas (s. Gen 19,18), aber dort begegnen weder der spezifische Begriff עָשָׁן noch weitere mit Joel 3,3f. gemeinsame Elemente.

229 So Wolff, BK.AT XIV/2, 81; Rudolph, KAT XIII,2, 73. Vgl. auch Ez 38,22. In Jes 24,23 schwingt anderes mit: s. Kaiser, ATD 18, 158.

Überlieferung anzunehmen wäre. Dann aber ist, worauf eben bereits hingewiesen wurde, ein Aufgreifen von „Tag YHWHs"-Texten wesentlich wahrscheinlicher.

*Drittens* spielt Joel 3,1-5bα auf die Zion-Tradition an. Die vorexilische Prophetie, die die Erwartung der Sicherheit des Zion angesichts des Gott ungemäßen Verhaltens kritisiert hatte (s. Jer 7,3ff.[230]), ist insofern rezipiert, als für die Rettung Bedingungen formuliert werden. Freilich ist die Situation nun eine völlig andere, denn dass das Anrufen YHWHs auf Zion vergeblich sein könnte oder dass es an eine entsprechende Ethik gebunden sein sollte, wird nicht gesagt. Ja der in Jer 7 kritisierte Kult wird mit der Formulierung קרא בְּשֵׁם יְהוָה (in kultischem Kontext bzw. Gebrauch auch Gen 12,8; 13,4; 21,33; 26,25; Jes 12,4; Ps 99,6; 105,1; 116,4.113; I Chr 16,8) gerade gefordert; dass der Kult pervertiert sein könnte, steht nicht zur Debatte. Damit befindet sich Joel 3,1-5bα im Zusammenhang einer kultisch-eschatologischen, nachexilischen Zion-Theologie[231], die für die Zukunft die Sicherheit der Gottesstadt (s. Ps 46.48.76) bzw. die Rettung daselbst (s. Jes 4,2; 37,32 [פְּלֵיטָה]; 31,4-5 [מלט]) erhofft[232] und die Gottes Macht und Güte ins Zentrum aller Verehrung stellt (Ps 48,10f.; vgl. auch Joel 2,13).[233]

In einem zweiten Schritt sollen mit den Text-Text-Bezügen noch die Thesen konfrontiert werden, die sich in diachroner Hinsicht mit der Frage nach der Einheit des Dodekapropheton auseinandersetzen.

Schart entwickelt die These, dass Joel zusammen mit Ob als Rahmen um Am gelegt worden sei. Dabei verstrickt er sich jedoch in einen Selbstwiderspruch. Denn einerseits hält er es für fraglich, dass Ob jemals als eine eigenständige Schrift existiert habe und erwägt, ob Ob nicht von vornherein als Bestandteil des „Joel-Obadja-Korpus" konzipiert worden und zusammen mit Joel als Rahmen um die Amosschrift gelegt worden sei. Gegen eine Selbständigkeit von Ob spreche der ungewöhnlich schmale Themenbestand der Schrift. Die Abfassung auf Am hin legten die starken Bezüge nahe (Am 9,2bβ / Ob 4b; Am 7,2b / Ob 2a; Am 9,9aβ / Ob 2a; Am 6,8 / Ob 3a; Am 6,1 / Ob 3a; Am 9,11 / Ob 8; Am 9,1b / Ob 14a; Am 5,18-20 / Ob 15; Am 9,8 / Ob 17.18), wobei der Zusatz Am 9,12a als Überleitung zu Ob zu verstehen sei. Dass Ob auf Am hin verfasst worden sei, begründe sich mit der Notwendigkeit, die Restitution Israels am Ende der Amosschrift unter Einbezug der Völker zu denken. Dass Joel auf Ob literarisch bezogen sei, erweise sich aufgrund der von Bergler[234] herausgearbeiteten Überein-

---

230 Nach Wanke, ZBK.AT 20.1, 90, könnte in V. 4.9a.10a*.11a*.14a*.b ein von Jeremia stammendes Tempelwort vorliegen.

231 Dazu vgl. Wanke, Zionstheologie, 106ff.

232 Vgl. Wolff, BK.AT XIV/2, 80.

233 Joel 2,3, wo noch die Unmöglichkeit des Entkommens betont wurde, wird nun weitergeführt. Das in Kap. 1-2 bedrückte und dann von YHWH wiederhergestellte Israel soll endgültig errettet werden.

234 Bergler bespricht insgesamt vierzehn Übereinstimmungen zwischen Joel und Ob: (1) Joel 3,5b zitiere Ob 17a; (2) in Joel 4,17bα sei die Fortsetzung von Ob 17a erkennbar; (3) Joel 4,3a schildere analog zu Ob 11bα das Los-Werfen der Völker über Juda; (4)

stimmungen.[235] Auf der anderen Seite erkennt Schart in Joel 3,5bα aber ein Zitat von Ob 17, weshalb er später zugesteht, dass Ob vermutlich doch ein Eigenleben geführt habe und nicht ursprünglich als Fortsetzung von Am gedacht gewesen sei[236].

Dieser Widerspruch wäre freilich vermeidbar, wenn eine spätere Entstehung von Joel 3,1-5(*) eingeräumt würde. Die These Scharts ist so nicht mit der Einheitlichkeit der Joelschrift vereinbar. Aber auch unabhängig von diesem Problem ergeben sich eine Reihe von Fragen. Schon methodisch ist es problematisch, literarische Abhängigkeiten mit Redaktionsprozessen, die das Dodekapropheton gebildet hätten, gleichzusetzen. Wenn Joel also von Ob literarisch abhängig ist, besagt dies noch nichts für die Entstehung des Dodekapropheton. Hier sei außerdem deutlich darauf hingewiesen, dass die von Bergler genannten Übereinstimmungen zwischen Joel und Ob nur Kap. 4 (einschließlich der sekundären Stellen Joel 4,4-8.17-21) und 3,5bα betreffen. Hinsichtlich Joel 1-2 kann also keine literarische Abhängigkeit von der Obadjaschrift behauptet werden. Weiter fragt man sich, ob es, wenn der Einbezug der Völkerproblematik am Ende von Am die Intention für die Abfassung von Ob gewesen sein soll, dann nicht naheliegender gewesen wäre, die Völkerthematik als Ergänzung in Am selbst einzubringen. Außerdem wäre gerade angesichts von die Leseperspektive berücksichtigenden Redaktionsprozessen das Zitat von Ob 17 in Joel 3,5bα mit dem ausdrücklichen Hinweis auf ein YHWHwort viel sinnvoller, wenn Ob im Dodekapropheton bereits vor Joel zu stehen käme, damit der Leser die Zitationsformel richtig beziehen könnte. So ergeben sich gegenüber der These Scharts Bedenken. Anhand von Joel 4 wird auf sie noch einmal einzugehen sein[237].

Es fällt auf, dass Bosshard-Nepustil in seinem umfassenden Entwurf zur Redaktionsgeschichte der Prophetenbücher (bei Annahme der Uneinheitlich-

---

womöglich seien Joel 4,3bβ und Ob 16a hinsichtlich des Zuges vom Trinken verwandt; (5) der Talionsspruch Joel 4,4bγδ.7b entspreche wörtlich Ob 15bβ; (6) vergleichbare feindliche Aktionen verrieten Joel 4,6b und Ob 7aα; (7) die Abschlussformeln in Joel 4,8 und Ob 18 stünden in einem inhaltlich ähnlichen Zusammenhang; (8) Joel 4,19b sei von Ob 10 beeinflusst; (9) Joel 4,21a greife möglicherweise auf die Parallele zu Ob 16a, Jer 49,12, zurück; (10) Berührungen bestünden zwischen Joel 4,9a und Ob 1b bzw. dessen Parallele Jer 49,14; (11) eventuell sei die schwierige Stelle Joel 4,11b durch Ob 9a verständlich zu machen; (12) Joel 4,14b und Ob 15 stimmten inhaltlich überein („Tag YHWHs" über die Völker und Heil für Israel); (13) Joel 4,6a.7a und Ob 19f. verrieten denselben zeitgeschichtlichen Hintergrund; (14) Joel 4,12(.17a.21b) und Ob 21 stellten ähnliche Aussagen dar. S. Bergler, Joel, 301ff. (Zusammenfassung 321f.). Vgl. Schart, Entstehung, 272f.; Sweeney, Place, 147; Weimar, Obadja, 88.
235 So Schart, Entstehung, 270ff.
236 So Schart, Entstehung, 279.
237 S. unten S. 196.

keit der Joelschrift) Joel 3,1-5 nirgends unterbringt[238]. Dies sei als Indiz ge-wertet, dass der Text eine punktuelle Fortschreibung darstellt, die nicht mit Redaktionsprozessen, die das Dodekapropheton gebildet haben könnten, zu-sammenhängt.

## 5. Joel 4,14-17

### 5.1. Zur Stellung in der Joelschrift

Im Aufbau der Joelschrift stehen die V. 14-17 des 4. Kap. an einer gewichti-gen Stelle. In V. 1-3 kündigt YHWH sein Strafwirken (sammeln, hinabführen ins Tal Joschafat, rechten) an den Völkern an und begründet dies mit deren frevelhaftem Tun an seinem Volk.

Die V. 9-13 stellen als ursprüngliche Fortsetzung von V. 1-3[239] und von V. 12b her, wo YHWH in 1. Person seinen Gerichtssitz im Tal Joschafat an-kündigt, ebenfalls eine YHWHrede dar. YHWH befiehlt zunächst ungenann-ten Personen, die anschließenden Aufrufe unter den Völkern bekannt zu ma-chen. Im Folgenden fordert er sodann im Wechsel von direkt anredenden Imperativen und indirekt redenden Imperfekten die Völker zum Kampf auf. In V. 13 bewegt er abermals ungenannte Personen zur Ernte. Ob V. 11bβ einen Einwurf darstellt, der es unternimmt, YHWH um die Sendung seiner Krieger zu bitten, ist strittig[240].

V. 14 setzt zwar den bisherigen Textverlauf fort, stellt mit zwei Nominal-sätzen jedoch formal einen Neueinsatz dar. Der erste erregt mit dem doppel-ten הָמוֹן („Getöse") Aufmerksamkeit und fokussiert inhaltlich das Geschehen auf das Tal des Gerichtshandelns, wo sich jetzt der „Tag YHWHs" ereignen soll. Gegenüber dem vorhergehenden Text redet ab V. 14 offensichtlich der Prophet, da YHWH nicht nur in der festen Formulierung „Tag YHWHs", die literarkritisch irrelevant wäre, sondern auch in V. 16 in 3. Person begegnet. Da diese „Tag YHWHs"-Passage in einem Kontext steht, der von YHWHs unheilvollem Tun an den Völkern handelt, gehört die Beto-nung des Schutzes YHWHs für sein Volk (V. 16f.) unbedingt mit dazu. Als problematisch kann zwar der Ortswechsel vom Tal des Gerichtshandelns zum

---

238 Auch die problematische Ansicht, Joel 3,1-5 sei von Sach 13,2ff. abhängig (s. Bosshard-Nepustil, Rezeptionen, 281 Anm. 7 – dazu s. bereits oben S. 184), lässt diese Lücke of-fen.

239 Zum sekundären Charakter der V. 4-8 s. oben S. 146 Anm. 41.

240 Bergler, Joel, 103f., bezeichnet V. 11b als einen (Gebets-)Zwischenruf. Wolff, BK.AT XIV/2, 87f. Textanm. 11d, vermutet, da vom Kontext her eine Anrede YHWHs unwahr-scheinlich sei, eine ursprüngliche Form וְיָחַת (von חתת Hifil) und kann sich dafür einerseits u. a. auf Ob 9, andererseits auf die Targumüberlieferung berufen. MT habe die Form verlesen und von נחת Hifil gebildet. LXX scheine den verderbten Text nach V. 10b erraten zu haben. Trotz der Plausibilität dieser Überlegungen stellt MT jedoch *lectio difficilior* dar. Rudolph, KAT XIII,2, 84, sieht in V. 11b eine Bitte des Propheten.

Zion angesehen werden. So trennt Lutz die V. 15-17 vom vorhergehenden
Zusammenhang V. 9-14 ab, weil hier zum Motiv vom Wohnen YHWHs auf
dem Zion übergewechselt werde[241]. Ihm gegenüber ist jedoch einerseits darauf hinzuweisen, dass sich dieses Motiv erst in V. 16 findet. Andererseits
gehören die V. 15-16 aufgrund der sonst in „Tag YHWHs"-Texten wie Jes
13 (V. 10.13); Joel 2,1-11; 3,1-5 begegnenden Elemente der Verfinsterung
der Gestirne und des Bebens von Himmel und Erde unbedingt zu V. 14 hinzu. Somit liegt zumindest von V. 14 bis V. 16 ein zusammengehörender Text
vor. Gegenüber den vorhergehenden Versen spricht YHWH zwar in V. 17 in
1. Person und redet sein Volk direkt an. Die Zionsthematik wird aber weitergeführt (zur Heiligkeit Jerusalems vgl. Ps 46,5; 48,2, zur Erkenntnis YHWHs
Ps 46,11). Daher ist V. 17 stimmig mit den vorhergehenden V. 14-16 verbunden[242]. Gegenüber Barton[243] erweisen der in Kap. 4 ersichtliche Hand-
lungsfortschritt und der Rückbezug von V. 17 auf V. 1-2 (die dort angezeigte
Thematik kommt mit V. 17 zum Abschluss) das Kap. 4 als zusammenhängende Komposition. In V. 18 beginnt mit dem Tempusmarker und der Schilderung der Verwandlung der Natur ein neuer Abschnitt. Bevor Joel 4,18-21
ergänzt wurde[244], war Joel 4,14-17 der Schlussabschnitt der Joelschrift. Ob er
zusammen mit 4,1-3.9-13 bereits zur Joelgrundschrift gehört hat oder eine
spätere Fortschreibung darstellt, wird noch zu klären sein[245].

### 5.2. Textgrundlage

14aα Getöse, Getöse[246]
aβ im Tal der Entscheidung![247]
bα Denn nahe ist der Tag YHWHs

241 So Lutz, Jahwe, 53 Anm. 2. Wolff, BK.AT XIV/2, 88f., unterteilt in die Abschnitte V. 9-
    14 und V. 15-18, kann aber in seiner Auslegung (S. 97) die Abtrennung zwischen V. 14
    und 15 nicht aufrecht erhalten.
242 Genauso grenzt auch Bergler, Joel, 101.104, ab.
243 Barton, OTL, 105ff., sieht in Kap. 4 insgesamt und so auch in den V. 14-15, V. 16 und
    V. 17 unabhängige Sprüche bzw. Fragmente.
244 Dazu s. oben Anm. 42 (S. 146).
245 Dazu s. unten 192f.
246 Zur Übersetzung von הָמוֹן, das ein Bedeutungsspektrum von Geräusch/Lärm über die
    Vorstellung lärmender Menschen (s. z. B. Jdc 4,7; Jes 5,13f.; Ps 42,5) bis hin zu Men-
    ge/Schar besitzt, s. Lutz, Jahwe, 60f. Geläufige Übersetzungen greifen aufgrund von
    LXX-Handschriften und Vulgata die zuletzt genannte Bedeutung auf, was jedoch ange-
    sichts von Belegen wie Jes 13,4, 17,12 eine einseitige Zuspitzung darstellt. Vgl. auch
    Wolff, BK.AT XIV/2, 88 Textanm. 14a, und 97.
247 Wolff, BK.AT XIV/2, 88 Textanm. 14b; ebd., 97, stützt seine Übersetzung mit „Tal des
    Strafgerichts" einerseits auf die Targumüberlieferung, die V. 2.12.14 jeweils identisch
    mit „Ebene der Rechtsprechung" überträgt, und zweitens auf Belege wie I Reg 20,40;
    Jes 10,22f. Gesenius, Handwörterbuch[18] II, 396, folgt und gibt – aufgrund der Ableitung
    von חָרוּץ von חרץ I (einschneiden → entscheiden, bestimmen) – חָרוּץ mit „Einschnitt"
    und überträgt mit „Entscheidung" im Sinne von „Strafgericht" wieder.

bβ im Tal der Entscheidung.
15a Sonne und Mond haben sich geschwärzt
b und Sterne gesammelt ihren Schein.
16aα₁ Da wird YHWH von Zion brüllen
aα₂ und von Jerusalem erheben seine Stimme,
aβ und es werden erbeben Himmel und Erde.
bα Aber YHWH ist Zuflucht seinem Volk
bβ und Schutz den Söhnen Israels.
17aα₁ So werdet ihr erkennen, aα₂ dass ich, YHWH, euer Gott bin,
aβ wohnend auf Zion, dem Berg meiner Heiligkeit.
bα Da wird Jerusalem Heiligtum sein,
bβ und Fremde werden nicht durch sie hindurchziehen weiterhin.

## 5.3. Literargeschichtliche Probleme

Der Abschnitt Joel 4,14-17 zeigt folgenden Aufbau:

14-15   Szenenschilderung:
14      Getöse im Tal der Entscheidung am unmittelbar bevorstehenden „Tag YHWHs"
15      Die Verfinsterung der Gestirne ist eingetroffen
16      Erscheinen YHWHs von Zion/Jerusalem her zugunsten seines Volkes
17      Abschließende Zusagen: Erkenntnis YHWHs, Heiligkeit und Sicherheit Jerusalems

Die V. 14-15 möchten aufgrund der Formulierung mit Nominalsätzen und Verbalsätzen im Perfekt offenbar eine neue Szene beschreiben: YHWHs Erscheinen vom Zion vor den im Tal der Entscheidung versammelten Völkern zugunsten seines Volkes. Imperfekt (bzw. *perfectum consecutivum*) verwenden allein die V. 16a.17, die den Eingriff YHWHs und seine Auswirkungen für das Gottesvolk und die Gottesstadt Jerusalem zum Gegenstand haben.

Auch wenn sich der Abschnitt sinnvoll interpretieren lässt, ist er kaum literarisch einheitlich. Wenig überzeugt freilich die These Nogalskis[248]. Dieser hält Joel 4,9-17 für eine selbständig existierende, von II Chr 20,1-30 abhängige Liturgie[249], in die der Joel-Kompilator mit V. 14b-16a den Hinweis auf den „Tag YHWHs" eingebracht habe. Dafür sprächen der *kî*-Satz mit seiner

---

248 S. Nogalski, Processes, 32ff.; vgl. Sweeney, Place, 146. Loretz, Regenritual, 142f., führt Joel 4,1-3.9-17 auf eine Schicht zurück, hält 4,4-8 und 4,18b-21 für Erweiterungen aus unterschiedlicher Hand und möchte in V. 18a den ältesten Bestand des Kap. erkennen, der bereits zum Grundtext von Joel gehört habe. Allerdings stelle die Erwähnung des „Tages YHWHs" in V. 14b aus kolometrischen Gründen einen Zusatz eines Kommentators dar, der „das kriegerische Geschehen im Tal der Entscheidung als Teil des Jahwetages" deute (ebd., 102).
249 Zu diesem Punkt vgl. das Votum Rudolphs, KAT XIII, 2, 79: „die Talebene Josaphat hat nichts mit König Josaphat und seinem legendären Sieg von 2 Chr 20 zu tun". Vorsichtiger formuliert Wolff, BK.AT XIV/2, 92: „Daß die Erinnerung an die Schlacht des Königs Josaphat, wie sie nach 2 Ch 20 Joel bekannt gewesen sein mag, bei der Wortprägung mitgewirkt hat [...], ist möglich, aber nicht nachzuweisen."

Überleitungsfunktion, die Zitate von Joel 2,10 und Am 1,2, die Joel 4 mit
Joel 2,1ff. verbinden und Am 1-2 vorbereiten sollten, und der als stimmig
verbleibende Text. Jedoch können Zitierungen, stimmiges Ergebnis und das
Vorverständnis von Stichwortverbindungen zwischen Prophetenschriften
keine positiven Argumente für eine literarkritische Differenzierung sein. Als
einzige stichhaltige Beobachtung Nogalskis verbleibt die Einführung des
„Tages YHWHs" mit einem *kî*-Satz, die jedoch kaum von Gewicht sein dürfte.

Ein wirkliches Problem stellt aber die Spannung dar, die V. 16 im Gegensatz zu V. 12 bewirkt. In V. 12 kündigt YHWH nämlich wie in V. 2 an, dass
er im Tal Joschafat zu Gericht sitzen wolle. Hier hingegen wird erzählt, dass
YHWH, während die Völker offenbar im Tal der Entscheidung versammelt
sind, vom Zion her Geschrei erhebt, d. h. erscheint. Dieser Ortswechsel ist
unmotiviert und sprengt die Geschlossenheit der im „Tal der Entscheidung"
situierten Szene, so dass in V. 16 mit einem Zusatz zu rechnen ist. Um seinen
Umfang exakt bestimmen zu können, sind drei Beobachtungen zu berücksichtigen: Erstens formuliert die Erkenntnisaussage V. 17 YHWHs Wohnen
auf Zion mit dem Verb שֹׁכֵן, was eine grundsätzliche Gottesaussage darstellt
(vgl. Jes 8,18; 33,5; Joel 4,21; Sach 2,14; 8,3; Ps 74,2; 135,21). Deshalb kann
in der Erwähnung Zions in V. 17 im Gegensatz zu V. 16 kein Ortswechsel
gesehen werden, der zur Ankündigung von YHWHs Richten im Tal (V. 2.12)
im Widerspruch stünde. Daher gehört V. 17 sicher zum Grundbestand des
Textes dazu, der als Abschluss (durch den Sprecherwechsel hervorgehoben)
von Joel 4* bzw. der Joelschrift über die Szenerie des unmittelbaren Kontextes hinausgeht und Gotteserkenntnis und Sicherheit Jerusalems in Aussicht
stellt. Zweitens setzt diese Schlussaussage V. 17 mit der Erwähnung Zions
nicht zwingend V. 16 voraus. Auch der später hinzugefügte V. 21[250] rekurriert
allein auf V. 17 und verrät keine Kenntnis von V. 16. Drittens – jetzt erst
kommen die von Nogalski genannten Zitate ins Spiel – zitiert V. 15 wörtlich
2,10b und greift V. 16aβ fast wörtlich 2,10a auf. Aus dieser Anknüpfung an
Joel 2,10 fällt V. 16aα, deren beiden Sätze für den störenden Ortswechsel
verantwortlich sind, heraus[251]. Beide Sätze sind invertiert und mit Imperfekt
formuliert. Dass der folgende Satz V. 16aβ hingegen das Verb an erster Position enthält und dieses eine Perfekt (nach dem gegenwärtigen Kontext als
*perfecum consecutivum* zu begreifen) darstellt, ist auffällig. V. 16aβ, der wie
V. 15 auf 2,10 basiert, fügt sich auch syntaktisch gut zu V. 15. Zwar weist
auch V. 15 invertierte Satzstellungen auf (nicht jedoch 2,10aβ als Vorlage),
doch begegnet in V. 15 als Tempus das Perfekt. Ohne V. 16aα wäre das ו zu
Beginn von V. 16aβ ohne weiteres als *waw copulativum* zu begreifen und
V. 16aβ dann ebenfalls im Perfekt gebildet. Diese Beobachtungen lassen nun
den Schluss zu, dass exakt V. 16aα erst sekundär in den Text hineingeschrie-
ben worden ist. Vielleicht ist dies durch die Wendung נָתַן קוֹלוֹ in 2,11 mit

---

250 Dazu s. oben S. 146 Anm. 42.
251 Auch Wolff, BK.AT XIV/2, 98, stellt fest, dass V. 16aα die „sachlich und nach 2,10
    zusammengehörigen Sätze 15 und 16aβ sprengt".

angeregt worden. Da V. 16aα jedoch wörtlich mit Am 1,2a übereinstimmt, wird der Zusatz V. 16aα von dieser Stelle her zu erklären sein[252].

Ein weiteres Problem stellt die Zugehörigkeit von Kap. 4* zur Joel(grund)schrift dar: m. E. ist diese fraglich. Für die Ansicht, dass Joel ursprünglich aus den Kap. 1-2.4* bestanden hätte, könnte zwar geltend gemacht werden, dass die in Kap. 4 völlig andere Rolle der Völker – sollten sie in 2,1-11 Subjekt sein – durch die Buße des Volkes und der durch sie bewirkten Reue YHWHs sowie durch die Wende ab 2,18 und den Fortgang der Joelschrift stimmig vorbereitet ist, dass lexematische Entsprechungen zwischen Kap. 1-2 einerseits und Kap. 4 andererseits bestünden, thematische Linien sich durch die gesamte Schrift durchzögen[253] und in 2,1-11 und Kap. 4 die gleichen Traditionen aufgegriffen würden[254]. Dagegen spricht jedoch, dass aus Kap. 4 ein eschatologisches bzw. frühapokalyptisches Verständnis des Heils hervorgeht, während der Abschnitt 2,18-27 als Zeugnis einer Restitutionshoffnung zu begreifen ist[255]. 2,18-27 lässt nämlich kaum eine Erwartung erkennen, die mit dem Ende des bisherigen Geschichtszusammenhangs rechnet. Im Gegenteil sagt YHWH laut V. 19 Getreide, Most und Öl zu, Güter, die zuvor verdorben wurden (s. 1,10ff.). Das Heilsorakel kündigt grüne Steppen und reiche Ernte (vgl. V. 22-24 mit 1,10-12.18.20) sowie ein daraus folgendes Gotteslob (vgl. V. 26 mit 1,9.13) an. Auch das Verb שׁלם Piel („erstatten", „vergelten") zeigt angesichts des inhaltlichen Bezugs auf die vorher verloren gegangenen Güter, dass die Heilswende ab 2,18 eine Wiederherstellung meint; ohnehin ist das Verb nur ganz selten im eschatologischen Sinn belegt (Jes 59,18[2×]; 66,6, insgesamt 89 Belege). Spuren einer eschatologischen Erwartung können einzig in den Zeitbestimmungen עוֹד und לְעוֹלָם in V. 19.26.27 gesehen werden[256]. Es fragt sich jedoch, ob angesichts des uneschatologischen Kontextes diese Partikel nicht lediglich bekräftigenden Charakter besitzen. In Kap. 4 verhält es sich gänzlich anders: dort wird eine Wende angekündigt (s. V. 1b), die in einem universalen Völkergericht, YHWHs Wohnen auf Zion und in der Sicherheit Jerusalems bestehen soll. Aus diesen Erwartungen geht klar eine Transzendierung des bisherigen Geschichtszusammenhangs hervor. Die Aufforderung V. 10, aus Pflugscharen Schwerter zu machen, die Jes 2,2-4; Mi 4,1-4 umkehrt[257], lässt darüber hinaus an die Vorstellung eines endzeitlichen Chaos denken, das in apokalyptischer Literatur allerdings derart zu finden ist, dass Gott die Welt dem Bösen überlässt; jedenfalls ist der Völker- bzw. Weltgerichtsgedanke in der Apokalyptik präsent (vgl. äthHen 62,1ff.; 66,5-8; 90,13-19.20-27; IV Esr 13,25ff.). Die Versammlung aller Heiden im Tal Jo-

---

252 S. unten S. 197ff.
253 S. oben S. 148.
254 Vgl. S. 167ff. mit S. 194ff.
255 S. auch Barton, OTL, 70.
256 Dies gesteht auch Rudolph, KAT XIII,2, 68, zu.
257 Und wahrscheinlich literarisch aufgreift, aber ohne dass sich redaktionsgeschichtliche Folgerungen ergeben.

schafat sprengt – ob nun an ein real existierendes Tal gedacht ist[258] oder nicht – zudem das innerweltlich Vorstellbare. Somit zeigt Joel 4 deutlich proto-apokalyptische Züge[259]. Daher gehört dieses Kapitel wahrscheinlich nicht zur Grundschrift von Joel; diese bestand demnach nur aus Kap. 1-2*[260]. Da im Blick auf diesen Umfang keine Indizien für eine Abfassung direkt für die Position zwischen Hos und Am zu ersehen sind[261], ist die Joel(grund)schrift offensichtlich ein eigenständiges Werk gewesen, wie es auch die eigene Überschrift 1,1 und der auf die anfängliche Problemstellung bezogene Schluss 2,18-27 nahe legen.

Die Fortschreibung durch Kap. 4* dürfte zum einen durch die in Kap. 1-2* verwendeten Traditionen angeregt worden sein: zumal die Zionstradition mit dem Motiv des Völkerkampfes käme hierfür in Frage. Zum anderen haben gewiss auch zeitgeschichtliche Impulse eine Rolle gespielt. Eine 4,17bβ vergleichbare Formulierung („und Fremde werden nicht durch sie hindurch-ziehen weiterhin") ist nämlich den Zionspsalmen 46.48.76 fremd und lässt, wie Treves mit Recht betont, darauf schließen, dass erst vor Kurzem eine feindliche Invasion stattgefunden hat. Mit Treves ist dabei an die Eroberung Jerusalems durch Ptolemäus I. im Jahr 302 zu denken[262]. Dieser Bezugspunkt dürfte zutreffend sein, wenn man bereit ist, die gerne angeführte Zerstörung

---

258 Erst in christlicher Zeit wird dieses mit dem engen Kidrontal identifiziert.

259 Vgl. Müller Prophetie, 249ff., der Joel 3-4 ohne Differenzierung wie „früh-" oder „pro-to-„ als apokalyptisch bezeichnet und in einer Gruppe situiert, „die in denkbar großem Abschluß von den Herausforderungen der sie umgebenden Welt auf ihr Heil wartet" (250). Wolff, BK.AT XIV/2, 15f., trifft ein differenziertes Urteil, jedoch im Blick auf die Joelschrift als ganze: auf der einen Seite verrieten einige Beobachtungen eine gewisse Nähe Joels zur Apokalyptik, nämlich die universale Ausrichtung, die Israel mit den Völkern im Endgericht zusammenschaue, die Einbeziehung von Naturphänomenen, das In-teresse an der Unterscheidung der Zeiten (1,2b; 2,2b) und die systematische Verarbei-tung älterer Prophetenworte. Aber diese Befunde führen Wolff lediglich zu der These, dass Joel zur Apokalyptik hin unterwegs sei, da auf der anderen Seite Joel einige Ele-mente klar von der Apokalyptik trennten: einmal werde Israel ein ähnliches Totalgericht verkündigt wie später den Völkern, sodann sei die Verkündigung deutlich auf die Ge-genwart bezogen, und schließlich stehe die Zukunft in der Freiheit Gottes. Vgl. auch Plöger, Theokratie, 67f.117ff. Gegen Rudolph, KAT XIII,2, 27.84f., der die Joelschrift für völlig unapokalyptisch hält; seine Erwartung, dass ein echter Apokalyptiker die Ge-richtsszene 4,14ff. mit grellen Farben ausgemalt hätte, überzeugt nicht; vgl. nämlich nur 4,9-13. Wichtig ist, dass „frühapokalyptische" Züge lediglich als besonders zugespitzte Ausprägungen eschatologischer Erwartungen verstanden werden dürfen und nicht als Gattungskriterien in Frage kommen, die einen Apokalypsen vergleichbaren Sitz im Le-ben nahe legen. Nur so kann gegen Stegemann, Bedeutung, 499, an der Bezeichnung „frühapokalyptisch" festgehalten werden.

260 Zu 1,2-4 s. oben Anm. 136.

261 S. dazu oben S. 158f.175f.

262 S. Treves, Date, 153; vgl. auch Soggin, Einführung, 217; Schäfer, Geschichte, 27; Haag, Zeitalter, 45; Hengel, Judentum, 24 samt Anm. 66; Grabbe, Judaism, 211. Treves selbst spricht vom Jahr 312. Die Forschung tendiert aber dazu, die gemeinten Ereignisse ins Jahr 302 zu datieren.

von Sidon und Tyros in den Jahren 342 und 332 als *terminus ad quem* für den
Eintrag 4,4-8 fallen zu lassen, und stattdessen in 4,4-8 eine Anspielung auf
die Deportation von Juden als Sklaven nach der Eroberung Jerusalems 302
wahrnimmt[263].

## 5.4. Auswertung der Bezüge

### 5.4.1. V. 14-15.16aβb.17

Als Text-Text-Bezug in Joel 4,14-15.16aβb.17 springt *erstens* Joel 2,1-11 ins
Auge. Denn V. 15 nimmt wörtlich 2,10b auf, und V. 16aβ lehnt sich an 2,10a
(אָרֶץ, שָׁמַיִם, רעש) an. Aus 2,1-11 wird so die Zeichnung des „Tages
YHWHs" mit theophanen Zügen übernommen. Wie 2,1-11 ist 4,14-
15.16aββ. 17 daher mit Jes 13 verbunden, wo in V. 10 ebenfalls die Verfinsterung der Gestirne und in V. 13 das Beben von Himmel und Erde zur Beschreibung des „Tages YHWHs" dienen. Mit dem Motiv des Lärmens (הָמוֹן)
der Völker aus Jes 13,4, das in Joel 2,1-11 nicht aufgenommen ist (mit קוֹל
formuliert ist V. 5 das Geräusch der Wagen und des Feuers), greift Joel 4,14f.
über 2,1-11 hinaus auf Jes 13 zurück[264]. Während dort die von YHWH zum
Kampf versammelten Völker als lärmende beschrieben werden, stellt Joel
4,14 die zum Gericht versammelten Völker auf diese Weise dar, wobei die
Völker nach V. 9ff. durchaus auch zum Kampf aufgerufen worden waren.
Anders als in Jes 13,4 erklingt das Getöse der Völker nicht auf den Bergen,
sondern im „Tal der Entscheidung". Ob dies durch die Berücksichtigung der
YHWHkriegs-Vorstellung bedingt ist – denn von diesen Auseinandersetzungen der Frühzeit wird oft erzählt, dass sie in den Tälern stattgefunden haben
(s. z. B. Jos 8,23; 10,12; I Sam 17,2.19; 21,10; II Sam 5,18.22), außerdem
spielt der Begriff הָמוֹן zur Bezeichnung des Kriegslärms oder des unzähligen
Kriegsvolks eine gewisse Rolle (Jdc 4,7; I Sam 4,14; 14,16.19; vgl. weiter
I Reg 20,13.28; II Reg 7,13; 25,11) – kann offen bleiben.
     Mit der für Israel heilvollen „Tag YHWHs"-Vorstellung geht außerdem
*zweitens* die Aufnahme der nachexilischen Zionstheologie einher, die mittels
mythischer Motive der eschatologischen Hoffnung auf die Sicherheit der
Gottesstadt Ausdruck verleiht. Denn angesichts des Wortfelds „Schutz" (vgl.
Ps 46,2.8.12; 48,4), der Vorstellung von der Heiligkeit Jerusalems bzw. des
Zionsberges (Ps 46,5; 48,2) und des Gedankens vom Wohnen YHWHs auf
dem Zion (vgl. Ps 46,5; 76,3) stehen die Zionspsalmen im Hintergrund. Diese
enthalten auch die Motive des Richtens YHWHs (vgl. 48,12; 76,9f.), der Er-

---

263 S. bereits oben S. 150f.

264 הָמוֹן begegnet zwar auch im Zusammenhang des „Tages YHWHs" in Ez 7,11-13;
     30,4.10.15 (vgl. auch 39,11.15). Dort besitzt das Lexem aber wohl die Bedeutung
     „Prunk": s. z. B. die Übersetzungen von Zimmerli, BK.AT XIII/1, 158; ders., BK.AT
     XIII/2, 723f., oder Pohlmann, ATD 22,1, 112; ders., ATD 22,2, 403f. Ez 7,11 ist
     außerdem textlich nicht gesichert.

schütterung der Erde (46,3f.; 76,9) und der Erkenntnis YHWHs als des Gottes Israels (vgl. Ps 46,11). Prägnant tritt jedoch in den Zionspsalmen das Völkerkampfmotiv hervor: „Könige, Völker oder Königreiche, die nie näher beschrieben werden, jedoch immer in einer Vielzahl auftreten, versammeln sich, um gegen die Gottesstadt zu ziehen; durch YHWHs Eingreifen wird diese aber vor einer Katastrophe bewahrt"[265] (s. Ps 46,5-7; 48,4-7; 76,3f.6f.11). Joel 4 dürfte zunächst das zweite Element dieses Motivs enthalten (vgl. das Wortfeld von V. 16aβb.17 mit Ps 46,2.8.12; 48,2-4[266]): YHWH erweist sich von Zion her als Zuflucht und Schutz für sein Volk, und Zion/Jerusalem bleibt als heiliger (d. h. unantastbarer) Wohnort YHWHs bestehen, so dass Fremde nicht mehr hindurch oder – sollte die Präposition ב hier in feindlichem Sinn zu interpretieren sein[267] – gegen die Stadt ziehen (עבר wie Ps 48,5) werden (V. 17).[268] Das erste Element des Völkerkampfmotivs findet sich in Joel 4 dagegen nicht: Jerusalem wird nicht von den Völkern angegriffen, sondern YHWH versammelt die Völker, um an ihnen das Gericht zu vollstrecken[269]. Der Gerichtsgedanke spielt bereits auch in Ps 48,12[270]; 76,9f.[271] eine Rolle. Bedenkt man aber die Fortschreibung Kap. 4* im Zusammenhang mit Joel 1-2, kann angesichts der Transparenz von 2,1-11 dort das erste Moment des Völkerkampfmotivs gesehen werden. Dort wäre es nach 2,11 allerdings YHWH, der die feindlichen Scharen zum Strafgericht befehligt. Ein solcher Gedanke wird in den Zionspsalmen nicht ausgesprochen (s. aber Mi 4,12; Sach 14,2). Dass in der Joelschrift der Strafcharakter der heranziehenden Völker wie umgekehrt die Schuld der von YHWH zu strafenden Völker zu Tage tritt, dürfte einerseits damit zusammenhängen, dass es hier um ein die Weltgeschichte beendendes universales Gericht geht, und andererseits durch die prophetische Tradition bedingt sein[272]. Deshalb ist eine Verschonung Jerusalems auch nur mit der Umkehr zu YHWH und seiner gnädigen Reue (bzw. – bezieht man das spätere Kap. 3 mit ein – mit dem geistgewirkten YHWH gemäßen Verhalten) begründbar. Somit erscheint die Joelschrift in ihrer Endgestalt als ein

---

265 Wanke, Zionstheologie, 75.

266 S. hierzu Wanke, Zionstheologie, 80f.99.115.

267 So die Kombination von עבר und ב in Am 5,17.

268 Die Bedeutung Zion/Jerusalems wird sekundär noch dadurch besonders hervorgehoben, dass V. 18 wie Ps 46,5 auch das Motiv des von der Gottesstadt ausgehenden Stroms und damit einhergehend die Erwartung einer paradiesischen Verwandlung Jerusalems (vgl. auch Ps 48,3) enthält.

269 Vgl. Wanke, Zionstheologie, 80f.

270 Hossfeld/Zenger, NEB 29, 294, verorten den Grundbestand des Psalms beim vorexilischen Herbst- und Neujahrsfest und rechnen V. 10-12 einer nachexilischen Korachitertheologie zu. M. E. ist weder eine literarische Differenzierung nötig, noch eine vorexilische Entstehung des Psalms wahrscheinlich.

271 Hossfeld/Zenger, NEB 40, 430f., differenzieren zwischen einem vorexilischen Primärpsalm und einer nachexilischen Erweiterung V. 9-10. Beides halte ich für wenig wahrscheinlich.

272 Vgl. Lutz, Jahwe, 189.

zionstheologisch geprägter, Gerichts- und Heilsprophetie reflektierender Entwurf zur „Tag YHWHs"-Vorstellung.

Schließlich ist zu fragen, ob zwischen Joel 4 und weiteren Texten des Dodekapropheton engere Beziehungen bestehen. Denn zum einen ordnet Bosshard-Nepustil nämlich Joel 4; Ob 15a.16-21; Zeph 1,2-3.17aβb.18; 2,7.9b.10; 3,8b.14-19 einer Redaktionsstufe etwas nach 312/311 zu[273]. Zum anderen denkt Schart an eine Abfassung der Joelschrift auch im Blick auf Zeph und behauptet in diesem Zusammenhang den Eintrag der Formeln Zeph 1,10aα₁.12α und die Ergänzung von Zeph 3,20[274]. Dass sich Zeph wie eine bekräftigende Aufnahme der Botschaft Joels lese, stellt dabei eine rein synchrone Beobachtung dar. Es wurde auch bereits darauf hingewiesen[275], dass die Annahme, die Formeln in Zeph 1 seien erst jetzt ergänzt worden, durch nichts gerechtfertigt ist. Wie bereits hervorgehoben wurde[276], unterscheiden sich die von Bosshard-Nepustil genannten Zeph-Stellen derart, dass sie nicht auf eine Schicht zurückgehen können. Zu fragen ist aber noch, ob wenigstens ein Teil der Zeph-Texte mit Joel 4 verwandt ist. Da die Verse Zeph 2,7.9b jedoch restaurativen Charakter besitzen, stimmen sie schon nicht mit Joel 4 überein. Zudem hat der Völkerbezug von Zeph 2,7.9b nichts mit der Vorstellung eines Völkergerichts von Joel 4 zu tun. Wollte man einen Zusammenhang mit dem restaurativen Text Joel 2,18-27 erwägen, ist dagegen zu sagen, dass sich keinerlei Berührungen zu erkennen geben, da die Inhalte jeweils sehr verschieden sind. Der Teil Zeph 3,14-19 kann als eschatologisch bezeichnet werden. Hierin spielt wie in Joel 4 die Zionstheologie eine gewisse Rolle, und es wird die Beseitigung der Feinde erhofft. Aber Elemente des Völkerkampfmotivs und andere eschatologische, für die Zionspsalmen typische Motive, wie sie auch Joel 4,14-15.16aβb.17 prägen, sind nicht ersichtlich. Daher entstammen Zeph 3,14-19 und Joel 4 schwerlich derselben Redaktion. Die Stellen Zeph 1,2-3.18*; 3,8* zeigen wie Joel 4 frühapokalyptisches Denken. Anders als Joel 4 kündigen sie aber ohne eine heilvolle Spur eine universale Vernichtung der Erde an, in die das Gottesvolk eingeschlossen ist. Auch lexematische Verbindungen zu Joel 4 sind nicht auszumachen. Daher ist die These, Zeph 1,2-3.17aβb.18; 2,7.9b.10; 3,8b.14-19 und Joel 4 gingen auf eine Redaktion des Dodekapropheton zurück, nicht zu bewähren. Schart überlegt noch, ob Zeph 3,20 hinzugefügt wurde, um den Abschluss von Zeph auf eine Linie mit Joel 4 zu bringen, „da dieser Vers den Sinn von Zef 3,19 dahingehend festlegt, daß es die Völker sind, die das Gottesvolk unterdrückt haben"[277]. Nun sind aber die vorangehenden Verse auch ohne Zeph 3,20 schon in diesem Sinn zu verstehen (V. 19 selbst und auch V. 15). Außerdem geht aus dem durchaus

---

273 S. Bosshard-Nepustil, Rezeptionen, 430 Anm 2 und 444 Anm. 1. Vgl. außerdem Nogalski, Precursors, 198.
274 S. Schart, Entstehung, 269f.
275 S. oben S. 93.174f.
276 S. oben S. 117f.
277 Schart, Entstehung, 270. Vgl. auch Nogalski, Zephaniah 3, 218.

spät nachgetragenen Vers Zeph 3,20[278] nicht die Joel 4 prägende Vorstellung eines Völkergerichts hervor. Nach Irsigler besteht die Intention von V. 20 darin, klarzustellen, dass die vorangehenden Verheißungen von der Sammlung der Diaspora und der neuen Ehre des Gottesvolkes nicht von ferner Zukunft handeln. „Vielmehr sollen die nun direkt in der 2. Person Plural angesprochenen Angehörigen der judäischen Diaspora das Eintreffen des Angekündigten selbst noch erleben als Wende des Geschicks ‚für/vor euren Augen'"[279]. Eine Beziehung zu Joel 4 ist also nicht gegeben.

### 5.4.2. V. 16aα

V. 16aα ist wörtlich identisch mit Am 1,2a. Bosshard-Nepustil hebt dagegen zwar den Bezug von Am 1,2 zu Joel 2,11 hervor, weil er ja nur Joel 1,1 - 2,11 als Grundbestand von Joel anerkennen möchte[280]. Diese Verbindung ist aber, da nur die Wendung קוֹל נתן betreffend, marginal. Innerhalb der Amosschrift dürfte Am 1,2 einen eigenen Text darstellen[281], der Formelemente einer Theophanieschilderung aufweist[282], dabei aber deutlich für seine Stellung als Leitvers für die Amosschrift formuliert worden ist[283]. Literargeschichtlich wird er wohl mit den Hymnenstücken 4,13; 5,8f.; 9,5f. zusammenhängen[284],

---

278 S. Irsigler, HThKAT, 428.432.434.; Perlitt, ATD 25,2, 147.

279 Irsigler, HThKAT, 433. Vgl. auch Perlitt, ATD 25,2, 147.

280 S. Bosshard-Nepustil, Rezeptionen, 289f.

281 Im Blick auf die Abgrenzung nach vorne weist Wolff, BK.AT XIV/2, 146, darauf hin, dass der Anschluss an die Überschrift durch וַיֹּאמַר singulär in Prophetenschriften ist. Hinsichtlich des Übergangs zu V. 3 fällt auf, dass dort eine neue Einleitungsformel begegnet, nach der YHWH Subjekt der Rede ist. Thematisch findet sich zwischen V. 2 und den angrenzenden Versen keine Beziehung.

282 Wolff, BK.AT XIV/2, 148, nennt unter Berücksichtigung von Texten wie Dtn 33,2; Jdc 5,4f.; Mi 1,3f.; Hab 3,3; Ps 68,8f. folgende Merkmale: die Nennung des Gottesnamens an der Spitze des ersten Gliedes, die Einführung des Ausgangsortes YHWHs mit מִן, die Darstellung der Auswirkungen des Kommens YHWHs mit Perfekten und die Naturphänomene als Subjekte dieser Folgesätze. Vgl. dazu Jeremias, Theophanie, 12f.

283 Darauf weist erstens schon die Veränderung von Am 1,2 im Vergleich mit den Theophanietexten hin, die Wolff, BK.AT XIV/2, 148, so beschreibt: statt mit Infinitiven, Partizipien oder Perfekten formuliert Am 1,2 mit Imperfekten; die typischen Verben wie „kommen" oder „ausziehen" fehlen; קוֹל נתן beschreibt nicht die göttliche Donnerstimme, sondern das Brüllen des Löwen; statt Sinai oder Himmel bildet der Zion den Ausgangspunkt YHWHs; schließlich bewirkt die Erschütterung der Natur nicht die Rettung Israels, sondern das Gegenteil. Zweitens macht Jeremias, ATD 24,2, 3f., deutlich, dass mit der Erwähnung des „Gipfels des Karmel" und der Verwendung des Verbs אבל wohl ein Bogen zum Buchschluss (s. 9,3 und 9,5) geschlagen wird. Drittens sehen beide, ebd., die Löwen-Metapher durch die Verwendung des Bildes in Am 3,4.8.12 bedingt.

284 Wolff, BK.AT XIV/2, 151f., verweist auf das Metrum und Ps 50,2f. als Wort- und Sachparallele, wozu gleichzeitig auch die hymnischen Texte Am 4,13; 5,8f.; 9,5f. passten; Jeremias, ATD 24,2, 4, hebt zusätzlich den Verweis auf 9,5 (siehe eben) hervor. Schart,

mit denen die Amosschrift vermutlich in der Exilszeit[285] redigiert worden ist. Damit stellt Am 1,2a im Vergleich zu Joel 4,16aα den älteren Text dar, woraus sich dann die Folgerung ergibt, dass V. 16aα den ersten Teil des Am-Mottos Am 1,2a zitiert[286].

Da die Amosschrift direkt auf die Joelschrift folgt, im Dodekapropheton Am 1,2a also nur wenige Verse nach Joel 4,16a zu lesen ist, werden gerne redaktionsgeschichtliche Schlussfolgerungen gezogen. Schart urteilt, dass man an „dieser Stelle […] mit Sicherheit von einer redaktionell intendierten Stichwortverkettung beider Schriften ausgehen" könne[287], die für den Lesezusammenhang im Dodekapropheton geschaffen wurde, um Joelschrift und Amosschrift zusammenzubinden. Nogalski fügt hinzu, dass sich die Leser der Amosschrift an Joel erinnern und demzufolge die Unheilsankündigung von Am (einschließlich der Fremdvölkersprüche) in einem universalen Gerichtskontext verstehen würden[288]. Letzteres ist freilich eine rein synchrone Aussage, welche die redaktionsgeschichtliche These nicht begründen kann, sondern sie voraussetzt. So einleuchtend die Interpretation des Zitats als redaktionelle Stichwortverkettung wirkt, ist dennoch zu fragen, ob diese in diachroner Hinsicht wirklich überzeugt.

Dabei ist von der Beobachtung auszugehen, dass V. 16aα in seinem unmittelbaren Kontext nicht notwendig ist. Wie der Kontext V. 15.16aα 2,10 zitiert bzw. deutlich aufgreift, so dürfte V. 16aα aufgrund der gemeinsamen Wendung נתן קולו durch 2,11 mit angeregt worden sein. Die Aussage von 2,11, dass YHWH seine Stimme erhebt (vgl. Ps 46,7 [Abwehr von Völkern] und Ex 9,23 [Schrecken über Ägypten]), wird in 4,16aα übernommen, gleichzeitig aber mit den Worten von Am 1,2a zur Sprache gebracht. Dafür muss es einen Grund geben. Denkbar wäre erstens, dass das Zitat des Am-

---

Entstehung, 56, wendet zwar ein, dass die Formulierung mit invertiertem Verbalsatz im Imperfekt in Am 1,2 dagegen spreche. Jedoch findet sich solches auch in 5,9; außerdem erscheint seine, ebd., 99, Zuordnung von Am 1,2 an die D-Schicht weit weniger wahrscheinlich. Dass der Text nicht zur Erstfassung von Am gehört haben oder gar auf die Verkündigung des Amos zurückgehen kann (daran möchte Weiser, ATD 24, 131, festhalten; zur Auseinandersetzung mit dieser Position s. bereits Wolff, BK.AT XIV/2, 151), geht schon aus der Zion/Jerusalem-Perspektive hervor. Zu den Am-Hymnen vgl. außerdem bereits S. 114.

285 S. z. B. Jeremias, ATD 24,2, XXIf.

286 So auch Wolff, BK.AT XIV/2, 98.151f.; Jeremias, ATD 24,2, 4; Nogalski, Processes, 44ff. (Joel 4,16 hänge von Am 1,2 ab, während Am 9,13 Joel 4,18 aufgreife); Schart, Entstehung, 261f. (dto.). Bergler, Joel, 143ff., dagegen vertritt die Auffassung, dass Joel 4,16 Jer 25,30 aufgreife und Am 1,2 von Joel 4,16 abhänge. Dagegen spricht jedoch massiv die Literargeschichte der Amosschrift, nach der eine derart späte Entstehung von Am 1,2 nicht wahrscheinlich zu machen ist. Rudolph, KAT XIII,2, 85 Anm. 26, möchte es aufgrund seines traditionsgeschichtlichen Verständnisses der Joelschrift dahingestellt sein lassen, ob ein Zitat vorliegt oder ob Joel 4,16 nur eine gemeinsame Tradition wiedergibt; vgl. auch Simkins, Activity, 267f.

287 Schart, Entstehung, 262; s. außerdem bereits Nogalski, Processes, 44ff.

288 S. Nogalski, Intertextuality, 107.

Mottos – die Amosschrift wird trotz des Beginns mit Fremdvölkersprüchen und des heilvollen Schlusses weiterhin eine mahnende und aufschreckende Funktion besessen haben – den kundigen Leser daran erinnern soll, dass YHWH auch in der Lage ist, das eigene Volk zur Rechenschaft zu ziehen. Dann würde im Zusammenhang der Erwartung der Verschonung Israels am Ende der Joelschrift angesichts der Freiheit Gottes (s. 2,14) noch auf die Möglichkeit hingewiesen, dass YHWH durchaus auch zum Gericht gegen sein Volk in der Lage ist. Eine solche Funktion des Zitats gibt der Wortlaut des Textes jedoch nicht her, da der unmittelbare Kontext den Schutz YHWHs für sein Volk betont. Möglich wäre dann zweitens die Lösung, dass der Ergänzer von V. 16α Am 1,2a vor allem als Einleitung zu den Völkersprüchen von Am 1-2 angesehen hat und hier aufgreift, um die zionstheologische Prägung des sich gegen die Völker richtenden Textes Joel 4* zu vertiefen. Das wäre aber auch anders möglich und vielleicht sogar stimmiger in den Zusammenhang zu integrieren gewesen als mit dem Zitat von Am 1,2a. Beachtet man drittens die Position des Zitates im gegenwärtigen Textzusammenhang, spricht dann tatsächlich alles dafür, dass V. 16α eine Stichwortverkettung darstellt. Für ihre Datierung liegen keine Anhaltspunkte vor. Theologisch leistet die Verknüpfung mit der Amosschrift m. E. zweierlei: zum einen bezieht sie die Unheilsankündigungen der Amosschrift auf ein universales Gerichtsgeschehen, zum anderen bricht sie die Einseitigkeit der in Joel 4 vorliegenden Erwartung eines Gerichts nur über die Völker auf.

## 6. Ergebnisse

Anhand der Untersuchung der Abschnitte 1,15-20; 2,1-11; 3,1-5; 4,14-17 ist deutlich geworden, dass Joel nicht als einheitliche Prophetenschrift entworfen wurde. Daher ist ihr „Tag YHWHs"-Verständnis in mehreren Schritten gewachsen.

Zuerst deutet die Joelgrundschrift der ersten Hälfte des 4. Jh., die vermutlich den Textbereich 1,1; 1,5 - 2,27 enthalten hat, eine akute Heuschrecken/Dürre-Katastrophe, wie sie sich ab und zu einmal ereignet haben dürfte, als Vorzeichen bzw. Beginn des nahen bzw. im Anbruch begriffenen „Tages YHWHs" (1,15-20; 2,1-11). Aufgrund der in 2,1-11 rezipierten prophetischen Tradition (der Begriff „Tag YHWHs" und der Komplex vom „Feind aus dem Norden") ist zu vermuten, dass für den „Tag YHWHs" selbst über den Heuschreckeneinfall hinaus die Invasion eines (nicht eschatologisch bzw. apokalyptisch zu deutenden) Feindheeres erwartet wurde. Der „Tag YHWHs" erscheint als ein von YHWH initiiertes, gegen sein eigenes Volk gerichtetes Unheilsereignis, wie es auch frühere Prophetentexte (z. B. in Am oder Zeph) angekündigt haben. Joel ist Zeuge dafür, dass der „Tag YHWHs" nicht als Geschehen der Vergangenheit abgetan war, sondern als nach wie vor im Raum stehende Bedrohung erwartet wurde. Deshalb konnten auch ausgerechnet an Fremdvölkertexten (Jes 13; Ez 30) literarische Anleihen genommen werden.

Zwar wird der Gedanke, dass das Unheil eine Strafmaßnahme YHWHs darstellt, nicht explizit ausgesprochen. Dennoch aber dürfte dies der Fall sein, wie die Aufforderung zu Buße und Umkehr zeigt. So wird also zunächst das Gottesverständnis der vorexilischen bzw. exilischen Unheilsprophetie rezipiert, nach der Gott als zorniger Gott erscheint, der zum Gericht über sein Volk Katastrophen und fremde Macht in seinen Dienst nimmt. Gleichzeitig wird damit ein Menschenverständnis aufgegriffen sein, das den Menschen als ein Wesen begreift, das Gottes Willen nicht entspricht. Jedoch ist ein konkreter Anlass für ein Strafgericht YHWHs nicht erkennbar. Vermutlich ist einerseits die prophetische Anthropologie dahingehend weitergedacht worden, dass der Mensch als grundsätzlich sündhaftes Wesen begriffen wurde, das eine Strafe YHWHs provoziert. Andererseits ist das Gottesverständnis, dass Gott zur Strafe und Vernichtung seines Volkes fähig und willens sein könnte, nicht mit der Bewältigung der Vergangenheit abgetan, sondern bleibend aktuell. Nun aber kann der bedrohlich nahe bzw. bereits anbrechende „Tag YHWHs" noch einmal abgewendet werden (2,12ff.). Das Bild vom zornigen Gott wird durch die Aspekte von Gottes Güte und Reue ergänzt.

Der Schlussabschnitt (2,18ff.) zeichnet sich durch restauratives Denken aus, das auf die Wiederherstellung der normalen Zustände ausgerichtet ist. Nur Spuren einer eschatologischen Hoffnung können vielleicht darin gesehen werden, dass die bleibende Dauer der Normalität thematisiert wird. Trotz der zahlreichen verarbeiteten Traditionen, auf die sich der Verfasser von Joel 1-2 zum großen Teil sicher schriftlich stützen konnte, sind in diesen Textbereichen keine Indizien für eine sich im Rahmen des (entstehenden) Dodekapropheton bewegende Abfassung sichtbar geworden.

Wie Kap. 4 zeigt, bleibt trotz der Abwendung des „Tages YHWHs" die Erwartung seines künftigen Hereinbrechens bestehen. Deshalb wird vom Umgang mit der Beinahe-Katastrophe unterrichtet (s. 1,2-4[289]). Die vermutlich nicht viel später erfolgte Fortschreibung durch Kap. 4 (V. 1-3.9-15.16aβb.17) versteht den „Tag YHWHs" in frühapokalyptischer Manier als universales Völkergericht. Nun werden die Bedrücker Israels zur Rechenschaft gezogen. YHWH fordert die Völker zum Kampf und zur Versammlung im Tal Joschafat auf, wo er über sie zu richten gedenkt, und erscheint vom Zion zum Kampf über die versammelte Völkerwelt. Für das Gottesvolk soll dieses Gericht jedoch nicht gelten, denn YHWH ist den Israeliten Zuflucht und Schutz. Die Rezeption von Zionstradition (und YHWHkriegs-Tradition?) bestärken die für Juda bzw. Jerusalem hoffnungsvolle Aussicht. Dass Joel 4* (zu datieren vermutlich kurz nach 302) direkt für einen Zusammenhang im (werdenden) Dodekapropheton konzipiert worden wäre, lässt sich nicht beweisen. Auch die diversen

---

289 S. oben Anm. 136.

Annahmen redaktionsgeschichtlicher Beziehungen zu anderen Texten des Dodekapropheton (etwa aus Zeph) überzeugen nicht.

Wahrscheinlich auch erst in hellenistischer Zeit ist Joel 3,1-5bα ergänzt worden. Auch dieser Text erwartet am „Tag YHWHs" vom Zion ausgehendes Heil. Hierbei dürfen diejenigen, die YHWH auf seinem Berg Zion anrufen, auf Errettung hoffen. Mit diesen Bedingungen werden ganz vage die Möglichkeiten einer Scheidung innerhalb des Gottesvolkes angedacht. Doch obwohl Bedingungen für ein Entrinnen in der Katastrophe genannt werden, kann angesichts der Sündhaftigkeit des Menschen nur YHWHs Alleinmächtigkeit und Barmherzigkeit das Heil bewirken. Dazu dient eine allgemeine Geistausgießung, die eine Demotisierung der prophetischen Begabung bewirken soll. Durch YHWHs Geist begabt soll jeder Angehörige des Gottesvolkes die Zeichen der Zeit selbst deuten können, und womöglich außerdem auch in der Lage sein, dem Willen YHWHs entsprechend zu leben. Der Zusatz Joel 3,5bβγ stellt sogar in Aussicht, dass auch so manche von YHWH berufene Heiden sich unter den Geretteten befinden werden. Joel 3 greift auf die prophetische Tradition und die Zionstheologie (vielleicht auch auf die Exodus-Sinai-Tradition) zurück. Aber der Text gibt keine redaktionsgeschichtlich interpretierbaren Beziehungen zu anderen Texten des Dodekapropheton zu erkennen. Sach 12,10 wird traditionsgeschichtlich vorausgesetzt, Sach 13,2-6 ist später zu datieren. Darüber hinaus zitiert Joel 3,5bα eine noch selbständig existierende Obadjaschrift.

Die eingangs referierten Thesen von Schart, Nogalski und Bosshard-Nepustil bewähren sich somit nur partiell. Joel 4,16aα kann zwar tatsächlich als Stichwortverkettung (vgl. Am 1,2a) interpretiert werden. Diese erweist sich jedoch als literarisch sekundär. Aber von einem „Joel-Obadja-Korpus", von einer „Joel related layer" oder von mehreren das Dodekapropheton bildenden und jeweils Passagen aus Joel einbeziehenden Redaktionsgängen kann nicht gesprochen werden. Freilich sind zahlreiche Text-Text-Bezüge zu anderen Prophetenschriften, auch außerhalb des Dodekapropheton, zu beobachten. Aber diese sind traditionsgeschichtlich und mit dem Modell der Schriftgelehrtheit plausibler erklärbar als mit der Annahme Schriften übergreifender Redaktionsvorgänge. Wichtig ist außerdem die Beobachtung, dass es zwischen den Phasen der Literargeschichte der Joelschrift und den Phasen der Entwicklung der Zephanjaschrift keinerlei literarische Beziehungen gibt. Schriftenkorpora, die Joel einerseits und Zeph andererseits enthalten hätten, sind also bislang bis in hellenistische Zeit hinein nicht nachweisbar.

# Kapitel VI: Der „Tag YHWHs"-Text Sach 14

## 1. Die Relevanz des Textes

Seine Erklärung von Sach 14 beginnt Deissler mit den folgenden Worten:

> „Sach 14 ist ein apokalyptisch eingefärbtes ‚Wort-Gemälde' des ‚Propheten' (Prophe-
> ten-, nicht Gotteswort!) über das Endzeitgeschehen in und um Jerusalem. Siebenmal
> wird der Ausdruck ‚an jenem Tag' eingeflochten und zwölfmal das Wort ‚Tag' ge-
> braucht. Das Grundthema ist also der ‚eschatologische Tag Jahwes'."[1]

Tiefsinnig formuliert Deissler „apokalyptisch eingefärbt" und „Wort-
Gemälde" und setzt den „Propheten" in Anführungszeichen. Damit sind zwei
Problemkreise angesprochen, nämlich erstens der eschatologische Charakter
von Sach 14 im Kontext der letzten Kapitel der Sacharjaschrift oder gar des
Dodekapropheton und zweitens die Erklärung der zahlreichen Text-Text-
Bezüge. Über diese Fragestellungen soll eingangs ein Überblick geboten
werden.

### 1.1. Zur Interpretation der Text-Text-Bezüge von Sach 14

Die vielfältigen Text-Text-Bezüge in Sach 14 können schon in traditionsgeschichtlicher Perspektive die Ausleger faszinieren.

Rudolph etwa erwähnt mit dem Völkersturm, dem Eingreifen YHWHs, der Theophanie
oder der endzeitlichen Tempelquelle eine ganze Reihe von Traditionen, die Sach 14 aufgreife
und neu zur Sprache bringe. Er sieht dieses Kapitel als Teil des Komplexes Sach 9-14 an, in
dem verschiedene Propheten zu Wort kämen, die „durchweg eine starke Abhängigkeit von
vorgegebenen eschatologischen Traditionen" verrieten[2].

Dies präzisierend wird in der Forschung mehr und mehr der schriftgelehrte Charakter von Sach 14 betont.

Willi-Plein weist darauf hin, dass Sach 14 bewusst und literarisch auf Texte wie Gen
8,22; Dtn 6,4; Jes 2,1-4; 40,4ff.; 60,19f.; Jer 2,13; 25,9; 31,38-40; 43,28; Ez 11,23; 43,1-3;
47; Am 5,20?; Mi 4,1-4 zurückgreife, während zu Jes 24,23; 66,18-24; Joel 4,17.18; Sach
8,20-22 geistige Verwandtschaft bestehe[3]. Einen Schritt weiter geht Tai: zwar bildeten für
Sach 14 die Vorstellungen des „Tages YHWHs", der Theophanieschilderung und der Völkerwallfahrt die Grundlage. Aber es sei „festzuhalten, daß Sach 14 nicht ausschließlich innerhalb der Vorstellungen bleibt. Vielmehr werden weitere eschatologische Texte miteinbe-

---

1    Deissler, NEB 21, 310f.
2    S. Rudolph, KAT XIII,4, 233ff.241ff. (Zitat 242).
3    S. Willi-Plein, Prophetie, 92f.120f.

zogen und ‚ausgelegt'."[4] Im Rahmen von Sach 9-14 insgesamt sei auch Sach 14 „durch die Hand von Schriftgelehrten entstanden, die vor allem in jer und ez Sprache und Theologie geschult sind. [...] Die sechs Kapitel verstehen sich dennoch als Prophetie, gerade weil sie aus den früheren Texten Anstöße für die Gegenwart und Zukunft entnehmen. [...] Ihre Autorität beziehen die Texte DtSachs aber gerade aus der Tatsache, daß sie auf früheren Jahweworten beruhen. Die prophetische Inspiration ist für DtSach außerhalb des schriftlich vorliegenden Jahwewortes nicht mehr vorstellbar."[5]

Im Zuge der neueren Forschung am Dodekapropheton wird freilich versucht, die Text-Text-Bezüge, deren schriftgelehrter Charakter anerkannt wird, redaktionsgeschichtlich für die Genese des Zwölfprophetenbuchs auszuwerten. Prägnante Thesen seien im folgenden Abschnitt vorgestellt.

## 1.2. Sach 14 im Kontext der Frage nach der Einheit des Dodekapropheton

Schart vertritt die These, dass Sach 14 der gleichen Redaktionsphase, in der die Joelschrift und die Obadjaschrift in das werdende Dodekapropheton integriert worden seien, entstamme und dabei bewusst als Abschluss des Joel-Obadja-Korpus konzipiert worden sei[6].

Unter der Perspektive des „Tages YHWHs" werde ein Gesamtbild eschatologischer Erwartungen entworfen, das zentrale „Motive, die innerhalb des Zwölfprophetenbuchs sonst verschiedenen Schriften und verschiedenen Konzepten zugeordnet sind"[7], vereinige. Sach 14,5 verweise auf das Erdbeben zur Zeit des Amos, Sach 14,8 greife auf Joel 4,18 zurück und außerdem löse Sach 14 die unversöhnlich nebeneinander stehenden Konzepte bezüglich der Stellung der Völker zum Zion von Mi 4-5 und Joel 4 in ein zeitliches Nacheinander auf. So stelle Sach 14 „den hermeneutischen Schlüssel für das Verständnis des JOK als einer theologisch kohärenten Einheit" bereit[8]. Als eine Sachparallele zu Sach 14 erweise sich Zeph 3,8-10, die nicht ohne Kenntnis der Konzeption von Sach 14 verstanden werden könne. Deshalb sei die Einfügung von Zeph 3,9-10 der gleichen Redaktionsphase zuzurechen.[9]

Einen Bezug auf Joel betont auch Tai. Er begreift synchron innerhalb der durch Hos und Mal bewirkten äußeren Rahmung Sach 9-14 zusammen mit Joel als inneren Rahmen. Sach 14 stelle den Kontrapunkt zu Joel 4 dar, sei aber in diachroner Hinsicht jünger.[10]

---

4 Tai, Prophetie, 273.
5 Tai, Prophetie, 290. Vgl. auch Steck, Abschluß, 61f. Aufgrund dieser Sichtweise setzt Deissler im eingangs referierten Zitat auch das Wort „Prophet" in Anführungszeichen (vgl. auch Deissler, NEB 21, 268). Tigchelaar, Prophets, 244, resümiert knapp: „revelation is the interpretation of traditions". Vgl. auch Schaefer, Zechariah 14, 88 („writing prophecy"), der es jedoch für unhaltbar hält anzunehmen „that the author necessarily had a hand written texts"; lediglich sei evident „that the author was acquainted with much of biblical tradition in one of its latest staged development".
6 Vgl. bereits S. 12f.30.
7 Schart, Entstehung, 276.
8 Schart, Entstehung, 277.
9 S. Schart, Entstehung, 277f.
10 S. Tai, End, 342ff.

Nogalski erkennt keine Verbindungen zwischen Sach 14 und seiner „Joel related layer", sondern ist der Auffassung, dass Sach 14 anders als die deuteronomistische Bearbeitung und die Joel-Schicht kein Interesse daran habe, das werdende Dodekapropheton neu zu prägen. Das Hauptinteresse von Sach 14 bestehe in „the thematic presentation of the final judgement with both its positive and negative aspects for Jerusalem and the nations."[11]

Da diese Präsentation zahlreiches Material, gerade auch aus den Schriften des Dodekapropheton, verarbeite, sei das bislang bestehende Dodekapropheton offenbar bereits als eine autoritative Quelle vorausgesetzt. Darüber hinaus zeigten sich Beziehungen zum Jesajabuch. Zum einen seien Ähnlichkeiten mit Jes 66,16ff. festzustellen. Zum anderen stehe auch Jes 2,2 im Hintergrund. Denn die Erwähnung von Pferden in Sach 14,20f. verrate, dass Jes 2 und nicht Mi 4 rezipiert werde; Pferde spielten nämlich auch in Jes 2,7 und damit im Kontext von Jes 2,2 eine Rolle, während in Mi 4 keine Pferde genannt würden. Daraus folgert Nogalski: „Zech 14:1-21 owes its formulation to motifs appearing at the beginning and end of Isaiah."[12] Schließlich rechnet Nogalski mit mehreren Redaktionsgängen in Sach 9-14[13]: Ein erster habe mit Bezug auf den Beginn der Hoseaschrift Sach 9-11; 13,7-9 (vgl. Sach 11,14 mit Hos 2,2 und Sach 13,9 mit Hos 2,25) zwischen Sacharjaschrift und Maleachischrift inkorporiert. Zweitens sei Sach 12,1 - 13,6 mit einer stärker auf Jerusalem bezogenen Sicht eingefügt worden. Auf eine dritte Redaktionsschicht gehe Sach 14 zurück, die aufgrund des Bezugs zu Jes 2.66 die hinteren Propheten zusammenbinde. Diese habe aber auch Mal 3,22 formuliert und damit eine Anspielung auf die vorderen Propheten bewirkt. Auch für die Überschriften Sach 12,1; 14,1 sei sie verantwortlich. Außerdem sei in diesem Zusammenhang Sach 13,7-9 an seine jetzige Position gerückt worden, um mit dem Rest-Motiv den Übergang zu Sach 14 zu erleichtern.

Bosshard-Nepustil möchte in Sach 14 zusammen mit Mi 7,14-20; Zeph 3,9-10.11-13.20 und Mal 2,17 - 3,5; 3,13-21 eine zwischen 240 und 220 v. Chr. entstandene Redaktion des Dodekapropheton erkennen, die wie die entsprechende Schlussredaktion des Jesajabuches „die Konzeption einer eschatologischen Trennung zwischen Frommen und Frevlern quer durch Gottesvolk und Fremdvölker hindurch" vertrete.[14]

Nogalski wie Bosshard-Nepustil beziehen sich bei ihren Ausführungen zu Sach 14 auf die von Bosshard/Kratz in einem Aufsatz entwickelten und von Steck in Buchform präsentierten Thesen[15]. Dieser sieht Sach 14 als eine von mehreren Redaktionsschichten an, die den Abschluss des Dodekapropheton bewirkt und geprägt hätten.

Schon die Abfolge Sach 1-8 + „Mal I" (Grundschrift von Mal, bestehend aus 1,2 - 2,9[.13-16?]; 3,6-12, die eine Fortschreibung von Sach 1-8 darstelle) sei im Rahmen eines mit Hos beginnenden Mehrprophetenbuchs der Perserzeit zu begreifen. Dann aber zeige die redaktionelle Einschreibung von Sach 9,1 - 10,2 in der Zeit zwischen 332 und 323 v. Chr.

---

11  Nogalski, Processes, 241. Zu seiner Position vgl. auch S. 10f.27f.
12  Nogalski, Processes, 243.
13  S. Nogalski, Processes, 245ff.
14  Bosshard-Nepustil, Rezeptionen, 445 Anm. 1 (vgl. auch ebd., 430f. Anm. 2). Außerdem vgl. bereits S. 13f.31f.
15  S. zum Folgenden Steck, Abschluß, 30ff. und 196ff. (Übersicht), sowie die Vorarbeiten von Bosshard/Kratz, Maleachi, passim; vgl. auch S. 258.

(„Mehrprophetenbuch Vorstufe I") neben Bezügen zu Sach 2.4.6 auch Verbindungen mit Hos und Am 1. Sie führe den Horizont einer eschatologischen Wende neu ein, kündige Israels Nachbarn das Gericht an, um Israel und sein Umland für die künftige Davidsherrschaft machtfrei zu machen, und erwarte das Gericht an Griechenland. Der folgende Redaktionsgang mit Sach 10,3 - 11,3 zwischen 320 und 315 v. Chr. („Mehrprophetenbuch Vorstufe II") besitze vor allem Bezüge zu Sach 9,1 - 10,2 und dehne das Gericht nun auch auf Ägypten, Assur und die ausländischen Machthaber von Libanon, Basan und Gilead als künftige Siedlungsorte im Heilsland aus. Der nächste Redaktionsgang um 312/11 v. Chr. („Mehrprophetenbuch Fortschreibung I") zeige sich nicht am Ende des Mehrprophetenbuchs, sondern an früheren Stellen, nämlich Joel 4, Ob 15ff. und Zeph 3,(1-7.)8.14-19, und trage dort den Gedanken eines die gesamte Völkerwelt betreffenden Weltgerichts ein. Angeregt sei diese Redaktionsschicht durch die Fortschreibung I im Jesajabuch. Die Vorstellung eines Weltgerichts bringe eine weitere Fortschreibung mit Sach 11,4 -13,9 zwischen 311 und 302 v. Chr. („Mehrprophetenbuch Fortschreibung II") nun auch gegen Schluss des Mehrprophetenbuchs zur Geltung. Zusätzlich werde hier eine Scheidung innerhalb des Gottesvolkes angedacht und jedenfalls mit der Kritik am Norden der gesamtisraelitische Heilsaspekt preisgegeben. Hier ließen sich nicht nur Bezüge zu Sach 10-11, sondern auch zu Hos 2,18f.22-25 ausmachen. Außerdem nehme diese Schicht Anleihen an der Fortschreibungsstufe II des Jesajabuches.

Schließlich stelle Sach 14 eine weitere Redaktionsstufe zwischen 240 und 220 v. Chr. dar („Mehrprophetenbuch Fortschreibung III"), die außerdem in Mal 2,17 - 3,5; 3,13-21 („Mal II") und Zeph 3,9-10.11-13.20 greifbar sei und Bezüge zu Sach 7-8.9-13; Joel 4,17.18; Am 5,20 und Mi 4,1-4 aufweise. Diese Stufe rechne sowohl im Blick auf die Völker als auch im Blick auf das Gottesvolk mit einem differenzierten Geschick: Ein erster Gerichtsschlag lasse einen Rest übrig; in Sach 14,1-2 sei der Schlag gegen das Gottesvolk, in Sach 14,3ff. gegen die Völker gerichtet. Der Rest verhalte sich teilweise gehorsam; hierbei handle Mal 2,17 - 3,12 vom Gottesvolk und Sach 14,16.20f. von den Völkern. Teilweise verhalte sich der Rest aber auch widerspenstig, wobei Mal 3,13-18, aber auch schon 2,17; 3,5 vom Gottesvolk und Sach 14,17-19 von den Völkern spreche. Den widerspenstigen Rest treffe ein zweiter Gerichtsschlag; Sach 14,17-19 anvisiere die Völker, Mal 3,19-21 das Gottesvolk. Inspiriert sei diese Redaktionsschicht durch die letzte Fortschreibung III des Jesajabuches, insbesondere durch Jes 66. Der weite Horizont von Sach 14 gehe auch daraus hervor, dass Sach 14 für sich genommen sachlich unvollständig sei. Denn die Joel 4 und Sach 12 verändernde gottesvolkkritische Aussage, dass YHWH die Völker gegen Jerusalem aufbiete, dort nur einen Rest übrig lasse, dann gegen die Völker vorgehe und diese je nach ihrem Verhalten richte, verlange noch die Beantwortung der Frage, was mit dem Gottesvolkrest geschehe. „Die Antwort kann nicht einfach die ältere, nachfolgende Mal I-Schicht sein, deren Zweck Mahnungen an Priester und Jakob/Israel im ganzen sind, damit der verzögerte Segen endlich wirksam wird. Die Antwort wird vielmehr [...] erst durch die Erweiterungen von Mal I durch die Mal II-Schicht erteilt. Sie sagt aus, wer aus Juda und Jerusalem schließlich einem auch hier drohenden zweiten Gerichtsschlag, dem bevorstehenden Weltgericht bei Jahwes unmittelbarem Kommen verfällt und warum, und wer nicht [...]" Außerdem würde die Erweiterungsschicht der Maleachischrift ohne den Zusammenhang mit Sach 14 ein eschatologisches Scheidungsgericht erwarten, „das nur das Gottesvolk und nicht ebenso den Völkerbereich, für den einfach die Aussagen Mal 1,11.14; 3,12 weiterbestünden, beträfe – eine singuläre und erst recht angesichts von Jes 59 + 63; 65f unmögliche Annahme."[16]

Das Dodekapropheton als fertige Größe werde schließlich zwischen 220 und 201 v. Chr. oder zwischen 198 und 190 v. Chr. durch einen letzten, Sach 12,1a; Mal 1,1; 2,10-12; 3,22-

---

16 Steck, Abschluß, 45.

24 umfassenden (und damit erst Mal als eigene Schrift bildenden) Redaktionsgang geschaffen, der gleichzeitig den Kanonteil „Propheten" als solchen abgrenze.

## 1.3. Zur Position von Sach 14 in der Sacharjaschrift

Sach 14 stellt das Schlusskapitel der Sacharjaschrift dar. Diese bestand ursprünglich wohl nur aus den Kap. 1-8, die anhand klarer Angaben (1,1.7; 7,1) mit den Jahren 520-518 v. Chr. in Verbindung zu bringen sind. Ab Kap. 9 werden die für Sach 1-8 charakteristischen Hauptpersonen Serubbabel und Josua, der Prophet Sacharja und der persische König Darius nicht mehr erwähnt. Visionen finden sich abgesehen von 11,4-17 keine mehr. Als Weltmacht erscheinen 9,13 plötzlich die Griechen. Die Existenz des Tempels wird in 11,13; 14,20f. als selbstverständlich vorausgesetzt. Auch die Erwartung eines künftigen Heilskönigs in 9,9-10 unterscheidet sich von der Vision 4,1-4. Daher kann man mit guten Gründen davon ausgehen, dass die Kap. 9-14 erst später, d. h. nicht vor der hellenistischen Zeit, entstanden sind.[17] Oft werden in 9,1-8 Parallelen zu dem Siegeszug Alexanders durch Syro-Palästina 332 v. Chr. gesehen, in 9,11ff. Hinweise auf die durch Ptolemäus I. 302 v. Chr. veranlasste Deportation von Juden nach Ägypten erkannt, denen durch Ptolemäus II. (285-246 v. Chr.) die Rückkehr gestattet wurde, wird in der Ankündigung der künftigen Sammlung der weltweiten Diaspora 10,8-12 „Ägypten" mit dem Ptolemäerreich und „Assyrien" mit dem Seleukidenreich gleichgesetzt und in 11,14 ein Hinweis auf die Trennung zwischen Juden und Samaritanern wahrgenommen.

Hinsichtlich der Verfasserfrage und der Datierung von Sach 14 gilt es mehrere Möglichkeiten zu bedenken. *Erstens* könnten die Kap. 9-14 auf eine Hand zurückgeführt werden, was jedoch kaum vertreten wird[18]. Die unterschiedlichen eschatologischen, ja teilweise frühapokalyptischen Ansichten über die Zukunft des Gottesvolkes und seines Verhältnisses zur Völkerwelt lässt diese erste Möglichkeit als wenig wahrscheinlich erscheinen.

*Zweitens* wird gewöhnlich zunächst zwischen den Kap. 9-11 und den Kap. 12-14 unterschieden. Indizien stellen zum einen die Überschriften 9,1 und 12,1 (... מַשָּׂא דְבַר־יְהוָה)[19] dar. Sodann finden sich weite Teile in Kap. 9-

---

17  S. z. B. Rudolph, KAT XIII,4, 160f.; Deissler, NEB 21, 267; Willi-Plein, Sacharja/Sacharjabuch, 542f.; Tai, Prophetie, 286.290. Gegen Reventlow, ATD 25,2, 88, der Sach 9-14 in den ersten Jahrzehnten des 5. Jh. ansetzt, und Petersen, OTL, 3ff., der die Perserzeit anvisiert. Vgl. außerdem zur Forschungsgeschichte Sæbø, Sacharja 9-14, 13ff.; Otzen, Studien, 11ff. (rechnet selbst mit vorexilischer Entstehung einzelner Passagen); Lutz, Jahwe, 1ff.; Nogalski, Processes, 213ff.

18  S. die von Otzen, Studien, 213ff., referierten Positionen von Stade oder Lamarche. Vgl. aber auch die unentschiedene Position von Willi-Plein, Prophetie, 104.120, die abgesehen von einigen Zusätzen die Kap. 9-14 als eine redaktionelle Einheit ansieht.

19  In diesem Zusammenhang sei lediglich angemerkt, dass im Hinblick auf die Überschrift in 12,1 mit einer Wachstumsgeschichte gerechnet (vgl. z. B. Rudolph, KAT XIII,4, 161.218f.; Sæbø, Sacharja 9-14, 252ff.; Reventlow, ATD 24,2, 115) oder die Überschrift

11 in poetischer Sprachform verfasst, während gleiches in Kap. 12-14 kaum mehr zu beobachten ist. Weiter wird gerne auf Bezugnahmen verwiesen, die nahe legten, dass Kap. 12-14 die Kap. 9-11 voraussetzten[20]. Schließlich werden auch inhaltliche Unterschiede angegeben: die Kap. 9-11 seien von der Hirtenthematik geprägt, was in Kap. 12-14 (abgesehen von 13,7-9) nicht mehr zu beobachten sei; die Kap. 9-11 beträfen Juda und Ephraim, die Kap. 12-14 dagegen Juda und Jerusalem; die Kap. 12-14 wirkten weit eschatologischer bzw. frühapokalyptischer als die Kap. 9-11, die noch historische Anknüpfungspunkte erkennen ließen.[21] Meistens wird über die Unterscheidung zwischen Kap. 9-11 und Kap. 12-14 hinaus Kap. 14 als eigene Größe betrachtet. Denn inhaltlich stehe in diesem Kapitel Jerusalem im Mittelpunkt, gerate Jerusalem anders als in 12,1ff. in die Gewalt der Völker, würden die Völker entgegen 12,2.4.6.9 auch nach dem Eingreifen YHWHs nicht vollkommen vernichtet und wirke YHWH alleine, d. h. ohne Unterstützung durch eine Heilsgestalt wie in 9,9f.; 12,10. Außerdem sei der in 14,2 erwähnte Rest nicht mit dem von 13,8f. ausgeglichen und besitze die von Jerusalem ausgehende Quelle in 14,8 eine andere Funktion als die von 13,1. In formaler Hinsicht begegne fast ausschließlich Prophetenrede, fehlten Gottesspruchformeln und sei der Text als Schilderung gestaltet.[22]

Geht man von den eben knapp zusammengestellten Beobachtungen aus, werden entweder – so etwa Elliger oder Deissler[23] – die verschiedenen Textblöcke als „Deuterosacharja" (9-11) bzw. „Tritosacharja" (12-13[14]) („Tetartosacharja" zu 14 sagt allerdings niemand[24]) für anonyme Prophetenschriften gehalten, die zunächst miteinander verbunden und schließlich aufgrund ihrer Verwandtschaft mit den Kap. 1-8 an die Sacharjaschrift angefügt worden sind.

---

12,1 für gänzlich sekundär gehalten wird (vgl. z. B. Tai, Prophetie, 161; Steck, Abschluß, 129).

20 Nach Willi-Plein, Prophetie, 95ff., sei der Komplex 12,1 - 13,6 von vornherein auf Kap. 9-10 bezogen gewesen. Vgl. auch Tai, Prophetie, 239ff., der in 12,1 - 13,6 zusätzlich die Zionstradition aus Sach 1-8 berücksichtigt findet. Tigchelaar, Prophets, 114ff., bestreitet dies und vermutet stattdessen, dass Sach 12,1 - 13,6 erst durch 13,7-9 mit den Kap. 9-11 verbunden worden sei.

21 S. Elliger, ATD 25, 143f.; Deissler, NEB 21, 268; Petersen, OTL, 25; Willi-Plein, Sacharja/Sacharjabuch, 541f.; dies., Prophetie, 97ff.102f., die selbst jedoch erwägt, ob Kap. 9-14 auf einen Verfasser (im Sinn eines Redaktors) zurückzuführen sind.

22 S. etwa Rudolph, KAT XIII,4, 161f.240; Sæbø, Sacharja 9-14, 282.313.317; Elliger, ATD 25, 144; Lutz, Jahwe, 31f.; Deissler, NEB 21, 267; Otzen, Studien, 212; Redditt, Shepherds, 634ff.; Reventlow, ATD 25,2, 123; und schließlich Tai, Prophetie, 274.278, der auch darauf hinweist, dass sich Sach 14 darin von den vorhergehenden Kapiteln unterscheide, dass nicht mehr umfangreichere Textabschnitte (wie Ez 34.37 in Sach 11,4-16 oder Ez 36-39 in Sach 12,1 - 13,6), sondern thematisch ausgewählte Texte (nämlich den „Tag YHWHs" betreffende) im Hintergrund stünden. Anders z. B. Willi-Plein, Prophetie, 97ff.120.

23 S. Elliger, ATD 25, 144; Deissler, NEB 21, 268.

24 So resümiert Rudolph, KAT XIII,4, 162.

Oder man rechnet bei teilweise sich nicht mit den Kapitelgrenzen decken-
den Textabgrenzungen mit einer sukzessiven Fortschreibung innerhalb von
Kap. 9-14, die dann als Gesamtgröße an Sach 1-8 angeschlossen wurden.
Tai[25] beurteilt 9,1 - 11,3 als erste Sammlung und sieht in den folgenden Abschnitten 11,4-16 (erweitert mit 11,17), 12,1 - 13,6 (erweitert mit 13,7-9) und
14 drei Fortschreibungen, wobei Kap. 14 aber doch einen relativ eigenständigen Entwurf darstelle. Rudolph[26] unterscheidet zwischen 9,1 - 11,3; 11,4 -
13,9 und 14, möchte einerseits offen lassen, ob „die einzelnen Teile nacheinander oder schon als Block an Kap. 1-8 angefügt wurden"[27], geht andererseits
aber davon aus, dass die Kap. 9-14 insgesamt an Sach 1-8 angefügt wurden[28].

*Drittens* wird, wie im vorangehenden Abschnitt bereits dargestellt wurde,
von Steck eine sukzessive Fortschreibung von Sach 1-8 durch Abschnitte der
Kap. 9-14 vertreten[29]. Dabei geht er davon aus, dass ursprünglich die Grundschrift der Maleachischrift Sach 1-8 fortgesetzt und den Abschluss eines
Mehrprophetenbuchs gebildet habe und die einzelnen Passagen von Sach 9-
14 erst später in diesen Zusammenhang eingeschrieben worden seien. Sach
14 sei als jüngster dieser Texte anzusehen und hänge außerdem mit einer
Fortschreibung in Mal (2,17 - 3,5; 3,13-21) zusammen.

Eine Fortschreibungsthese, die Sach 9ff. als von vornherein auf Sach 1-8
bezogen ansieht, hätte den Vorteil, dass keine gesonderte und anonyme Tradierung der diversen Textblöcke postuliert werden müsste. Außerdem spräche die Beobachtung dafür, dass diverse Verbindungslinien zwischen Sach 9-
14 und Sach 1-8 wahrzunehmen sind, nämlich das „Generalthema vom kommenden Heil"[30] und im Einzelnen die Erwartung eines neuen von YHWH
beschützten Jerusalem (Sach 2,5; 9,8; 12,5f.8; 14,11), der Zorn YHWHs gegenüber den Fremdvölkern (1,15; 2,4; 9,1-7; 12,2-4; 14,12-15), die
Bekehrung der Völker (2,15; 8,20-22; 14,16), die Ausgießung des Geistes
(4,6; 12,10), die Heimkehr von Exilierten (2,10f.; 8,7f.; 10,8-12) und die Erwartung besonderer Heilsgestalten (4,1-14*; 9,9f.; 12,10?)[31]. Andererseits
legen die Überschriften 9,1a; 12,1abα₁ die Annahme nahe, dass Sach 9-11
und 12-13(14) ehemals eigenständige Komplexe gewesen sind. Dagegen
spricht jedoch der Befund in Jes 13-23, wo häufig das Substantiv מַשָּׂא neue
Orakel einleitet (s. Jes 13,1; 15,1; 17,1; 19,1; 23,1), ohne dass man behaupten
möchte, hier lägen jeweils eigene Prophetenschriften zu Grunde. In Sach 9,1;
12,1 fallen jedoch zusätzlich zu מַשָּׂא noch weitere für Überschriften

---

25  S. Tai, Prophetie, 278.285ff. Für Unklarheit sorgt jedoch, dass Tai behauptet, Sach 12,1 -
    13,6 habe auch die Zionstradition von Sach 1-8 berücksichtigt (so ebd., 243), und Sach
    14 habe die gesamte Sacharjaschrift im Blick (so ebd., 289f.).
26  S. Rudolph, KAT XIII,4, 161f.
27  Rudolph, KAT XIII,4, 164.
28  S. Rudolph, KAT XIII,4, 161.253.
29  Steck, Abschluß, 35ff., unterscheidet dabei zwischen 9,1 - 10,2; 10,3 - 11,3; 11,4 - 13,9
    und 14.
30  Elliger, ATD 25, 147.
31  S. z. B. Mason, Relation, passim; Reventlow, ATD 25,2, 86. (Zu Verbindungslinien
    innerhalb von Sach 9-14 s. Willi-Plein, Prophetie, 95ff.)

kennzeichnende Elemente auf (דְּבַר־יְהוָה, נְאֻם־יְהוָה), wobei 12,1 womöglich eine sekundäre Nachbildung von 9,1 darstellt[32]. Daher könnte mit 9,1 tatsächlich ein eigenständiges Schriftstück begonnen haben[33]. Dass dieses anonym abgefasst worden wäre, muss als unproblematisch angesehen werden, da gerade in der Spätzeit die Berufung auf Schriften wichtiger als die eigene Autorität und Inspiration zu gelten schien. Auch die von Tai[34] herausgearbeiteten Bezugstexte, die auf eine Neuauslegung von Jer- und Ez-Texten schließen lassen, aber keine besonders intensive Berücksichtigung von Sach 1-8 verraten, lassen sich für die Annahme anführen, dass die Kapitel Sach 9ff. eine ehemals eigene Schrift gebildet haben.

In jedem Fall ist nach den beiden Position zwei und drei aufgrund der bereits genannten Differenzen Sach 14 als ein von den vorhergehenden Kapiteln zu unterscheidender Text zu untersuchen. Aufgrund seiner Position ergibt sich bereits, dass es sich um ein sehr spätes Produkt handeln dürfte. Daher kann durchaus erwartet werden, dass sich hier mehrere Schriften übergreifende Redaktionsprozesse zu erkennen geben. Trotzdem ist vorurteilsfrei zu prüfen, zu welchen Texten Bezüge bestehen, wie diese zu erklären sind, und ob sich überzeugende Hinweise für eine redaktionelle Absicht im Rahmen des Dodekapropheton finden.

## 1.4. Zum Problem der Einheitlichkeit von Sach 14

Strittig ist außerdem die Einheitlichkeit von Sach 14. Auf der einen Seite legt die neuere Forschung zum Dodekapropheton Sach 14 als einheitlichen Text aus[35] und versucht die Spannungen mit dem weiten redaktionellen Horizont von Sach 14 und der dadurch notwendigen Berücksichtigung diverser Aspekte pauschal zu erklären[36]. Zunächt mag es zugestanden sein, dass manche Unausgeglichenheiten durchaus aus solchen redaktionellen Bemühungen resultieren könnten.

Es fällt jedoch negativ auf, dass eine detaillierte Auseinandersetzung mit Positionen, die eine literarische Schichtung vertreten, unterbleibt und eine Erklärung der Beobachtungen, die sonst literargeschichtlich ausgewertet werden, im Zusammenhang mit der redaktionsgeschichtlichen These nicht erfolgt. Davon abgesehen sollte aber doch auch bei einem rein redaktionellen Produkt, das sich durch eine Vielzahl von Anspielungen auszeichnet, ein in sich logischer und ausgeglichener Ablauf und ein syntaktisch stimmiger Text erwartet werden können.

---

32  Da Sach 12,1 singulär den Begriff מַשָּׂא auf Israel anwendet, wird diese Überschrift oft für sekundär gehalten. S. Steck, Abschluß, 129. Nur Nogalski, Processes, 246, hält auch die Überschrift 9,1 für sekundär.
33  S. auch Meinhold, BK.AT XIV/8, 9.
34  S. die Zusammenfassung von Tai, Prophetie, 279ff.; vgl. auch Schart, Entstehung, 279.
35  S. Schart, Entstehung, 275ff.; Nogalski, Processes, 241ff.246; Steck, Abschluß, 43 Anm. 91; Bosshard/Kratz, Maleachi, 43.
36  Vgl. Steck, Abschluß, 43 Anm. 91; Bosshard/Kratz, Maleachi, 43.

Auf der anderen Seite vertritt die nicht an der Einheit des
Dodekapropheton interessierte Forschung zu einem Teil zwar auch die
weitgehende literarische Einheitlichkeit von Sach 14, kann aber einige
Unebenheiten trotzdem nicht leugnen.

Rudolph erkennt „wenige (voneinander unabhängige) Zusätze", nämlich V. 5a*.7a*.14a,
sowie die Umstellung von V. 15 hinter V. 12 als literarische Weiterarbeit an dem ansonsten
überlegten Ganzen.[37] Willi-Plein vermutet in V. 1.2.5b.9 als metrisch geformten Stück vorgegebenes Material und rechnet mit einigen Glossen[38]. Tigchelaar erklärt die Komplexität
des Textes mit einem „process of composition, or, in other words of writing and rewriting".
Verschiedene Schichten klar herauszuarbeiten sei jedoch kaum möglich, immerhin aber
könne der sekundäre Charakter von V. 12.14a15.18.19* erkannt werden[39]. Unklar äußert sich
Tai: Sach 14 sei einerseits „durch verschiedene Unebenheiten", „von Glossen und Redaktionsschichten belastet", andererseits aber „ziemlich einheitlich" und „kunstvoll aufgebaut"[40].

Andere Arbeiten halten die Unstimmigkeiten für so gravierend, dass sie
eine literarische Schichtung herausarbeiten.

Zum Beispiel sondert Reventlow eine Grundschicht und zwei Ergänzungsschichten
voneinander. Die eine (V. 4aβ.b.5aβγ.10-11aα) sei an geographischen und historischen
Einzelheiten interessiert, um die Aussagen für die Gegenwart konkreter zu gestalten; die
andere (V. 12.14a.15.17-19.21) zeichne sich durch das Stichwort „Schlag" aus und steigere
die Strafmotive gegen die Fremdvölker und die Heiligkeit Jerusalems.[41] Sæbø versucht eine
überlieferungsgeschichtliche Erklärung und sieht den Ausgangspunkt in der Ankündigung
des „Tages YHWHs" als Kriegstag an und für Jerusalem in V. 1-3. In einer zweiten Phase
sei das je verschiedene Ereignisende für Jerusalem und die Völker in V. 6.7b und V. 13-14
gestaltet worden. Wunderbare Folgen des „Tages YHWHs", der damit als Theophanie
YHWHs erscheine, wären in einem dritten Stratum in ezechielischer Tradition hinzugekommen (V. 4-5.7a.8.10aα.11). Schließlich seien in einem vierten Überlieferungsstadium mit
V. 7a.9.10aβb jesajanische und kultisch-hymnische Züge sowie mit V. 12.13-14.15.16-
19.20-21 kultische Tendenzen in den Text gelangt.[42]

Die eben kurz skizzierten Thesen besitzen in methodischer Hinsicht den
Vorteil, dass sie den Befund des konkreten Einzeltextes mit seinen diversen
Spannungen ernst zu nehmen versuchen. Da auch bei einen größeren Kontext
anvisierenden redaktionsgeschichtlichen Fragestellungen die Schwierigkeiten
der konkreten, einzelnen Texte nicht überspielt werden dürfen, ist auch die
literarische Einheitlichkeit von Sach 14 eingehend zu prüfen.

---

37  S. Rudolph, KAT XIII,4, 240.
38  S. Willi-Plein, Prophetie, 60.
39  Tigchelaar, Prophets, 218; vgl. auch ebd., 235.240.
40  S. Tai, Prophetie, 250.253.
41  S. Reventlow, ATD 25,2, 124.129. Vgl. auch die ähnlich angelegte literarische Schich-
    tung des Textes bei Elliger, ATD 25, 178f.
42  S. Sæbø, Sacharja 9-14, 308.

## 1.5. Folgerungen für die Untersuchung

Dieser Überblick gibt für die folgende Untersuchung einige Fragen auf. Erstens ist auf die Qualität der zu Tage tretenden Text-Text-Bezüge zu achten: sind sie lediglich als traditionsgeschichtliche Beziehungen zu deuten oder beruhen sie auf schriftgelehrter Tätigkeit? Ist dabei, wie Nogalski äußert, das Dodekapropheton als autoritative Quelle vorausgesetzt? Oder finden sich gar Indizien, die eine redaktionsgeschichtliche Auswertung der Bezüge in dem Sinn nahe legen, dass sie als Hinweise für schriftenübergreifende das Dodekapropheton bildende Bearbeitungsvorgänge dienen können? Eine von vornherein ausschließlich so vorgenommene Interpretation, die schriftgelehrtes Aufgreifen von Texten mit redaktionsgeschichtlichen Entwicklungen im Dodekapropheton gleichsetzt, muss als zu einseitig angesehen werden.

Die zweitens von Schart angesprochene Schlussstellung von Sach 14 würde es erlauben, bereits die schriftgelehrte Arbeit als relevant für die Rekonstruktion der Entstehungsgeschichte des Dodekapropheton anzusehen. Zu klären ist dabei, ob Sach 14 wirklich einmal den Abschluss einer Prophetenschriftensammlung gebildet hat oder ob, wie es Steck oder Bosshard/Kratz vertreten, Sach 14 zwischen den aus Sach*-Mal* bestehenden Textzusammenhang dazwischengestellt wurde, oder ob Sach 14 lediglich auf die vorhergehenden Kapitel der Sacharjaschrift bezogen ist. Hierbei ist auch zu fragen, ob von Sach 14 als vermeintlichem Schlusstext Beziehungen zum Beginn des Dodekapropheton ausgehen. Außerdem ist zu prüfen, ob die Verbindungen zum Jesajabuch genügend Beweiskraft besitzen, Sach 14 eine Rolle in einem größeren Prophetenkanon zuzuschreiben, wie es Steck, Bosshard/Kratz und Nogalski propagieren[43].

Bosshard-Nepustil wirft drittens die Frage auf, ob eine Mi 7,14-20; Zeph 3,9-10.11-13.20; Sach 14; Mal 2,17 - 3,5; 3,13-21 umfassende Dodekapropheton-Redaktion plausibel zu machen ist.

Viertens ist die These zu prüfen, ob das Fehlen einer Aussage über das Geschick des Gottesvolkrestes in Sach 14 als Argument für den Zusammenhang mit Mal*, wo diese Aussage enthalten sei, gelten kann.

Fünftens ist vorweg das Problem der Einheitlichkeit bzw. Uneinheitlichkeit des Textes zu klären. Je nach dem werden die oben genannten Fragen anhand von Sach 14 als Gesamtgröße oder anhand der diversen Schichten zu behandeln sein.

---

43 Vgl. aber auch Schart, Entstehung, 277 Anm. 40, der jedoch die Analyse der Maleachischrift durch Steck und Bosshard/Kratz ablehnt.

## 2. Textgrundlage

1a Siehe, ein Tag wird sogleich kommen von YHWH[44], b da wird man teilen deine Beute in deiner Mitte.

2aα₁ Da werde ich[45] versammeln alle Heiden nach Jerusalem zum Kampf. Und es wird eingenommen die Stadt aα₂ und geplündert die Häuser aβ und die Frauen geschändet[46].

bα Und ausziehen wird die Hälfte der Stadt in die Verbannung[, bβ aber der Rest des Volkes bγ wird nicht ausgerottet werden aus der Stadt][47].

3aα Dann wird ausziehen YHWH aβ und kämpfen gegen jene Heiden b wie am Tag seines Kämpfens am Tag eines Krieges.

4aα Da werden seine Füße stehen an jenem Tag auf dem Berg der Ölbäume, der vor Jerusalem im Osten liegt. Und es wird sich spalten der Berg der Ölbäume von seiner Mitte her zum Sonnenaufgang hin und zum Meer hin aβ zu einem sehr großen Tal. b Und es wird weichen die Hälfte des Berges nach Norden hin und seine Hälfte nach Süden hin.

5aα₁ Und es wird verstopft werden[48] das Tal meiner Berge[49], aα₂ denn es wird reichen das Tal der Berge[50] an seine Seite[51]. Und ihr werdet fliehen, aα₃ wie ihr geflohen seid vor dem

---

44 Der Vorschlag von Tigchelaar, Prophets, 222f., den Infinitiv בא zu lesen („Siehe, der Tag des Kommens YHWHs") entbehrt jeder Grundlage.

45 Die von BHS vorgeschlagene Konjektur (יֶאֱסֹף [יהוה]), die ein ה streichen und י als Kürzel für den Gottesnamen ansehen muss, ist verlockend, da auch im Kontext YHWH in 3. Person begegnet; vgl. auch Elliger, ATD 24,2, 179 Anm. 1. Allerdings gibt es dafür keine Rechtfertigung durch äußere oder innere textkritische Kriterien.

46 Das Qᵉrē תִּשָּׁכַבְנָה, Nifal von שׁכב („beschlafen werden"), stellt eine mildere Ausdrucksweise dar, weshalb am Kᵉtib festzuhalten ist; s. auch Sæbø, Sacharja 9-14, 108f.; Rudolph, KAT XIII,4, 231 Textanm. 2a.

47 Die Begründung für die Annahme, dass V. 2bβγ wohl eine Glosse ist, erfolgt unten auf S. 221.

48 MT liest zwar die 2. Person Plural perfectum consecutivum Kal von נוס („ihr werdet fliehen"). Dies dürfte jedoch als eine sekundäre Angleichung an die entsprechende noch zweimal in diesem Vers begegnende Verbform zu erklären sein. Die Lesart einer 3. Person Singular perfectum consecutivum Nifal von der Wurzel סתם („es wird verstopft werden") ist in ihrer Gesamtheit gewichtigen Textzeugen (wenige hebräische Handschriften, die LXX, Symmachus und die Targumüberlieferung) ist daher als lectio difficilior zu begreifen. S. Sæbø, Sacharja 9-14, 111ff.; Rudolph, KAT XIII,4, 231 Textanm. 5b; Willi-Plein, Prophetie, 27f.; Lutz, Jahwe, 22 Textanm. g; Tai, Prophetie, 247. Dass גיא gewöhnlich ein feminines Substantiv ist (und daher nicht Subjekt sein könnte, MT also im Recht wäre), hilft nicht weiter. Denn גיא kann offensichtlich, wie im direkten Kontext das Adjektiv in V. 4 zeigt, einerseits feminin, andererseits, nach dem kî-Satz mit גיא als Subjekt der maskulinen Verbform, aber auch maskulin sein; vgl. Rudolph, KAT XIII,4, 230 Textanm. 4a, gegenüber Sæbø, Sacharja 9-14, 112 Anm. 3.

49 BHS schlägt die Konjektur „Hinnomtal" (גֵּי[א]־הִנֹּם) vor. Diese ist allerdings durch keinerlei äußere oder innere Kriterien berechtigt. Immerhin dürfte die Bedeutung des mit dem Ausdruck „Tal meiner bzw. der Berge" Gemeinten damit sachlich richtig erfasst sein. Denn dass das durch die Spaltung des Ölbergs entstandene Tal nun sofort zugestopft wird, ist keine sinnvolle Vorstellung. Wenn aber die Spaltung des Ölbergs dazu führt, dass ein früher schon existierendes Tal verstopft wird, kann mit diesem eigentlich nur das Hinnomtal (im Westen und Süden [!] Jerusalems) gemeint sein. Da mit diesem allerlei Greuel assoziiert werden (s. II Reg 23,10; Jer 7,31; 19,6; 32,35), ist es auch er-

klärlich, dass es nicht konkret genannt wird. Außerdem soll es vielleicht in apokalyptischer Manier geheimnishaft ungenannt bleiben. S. Sæbø, Sacharja 9-14, 113.295; Rudolph, KAT XIII,4, 231 Textanm. 5a; Lutz, Jahwe, 28; Tai, Prophetie, 249. Anders Willi-Plein, Prophetie, 28, die das im Osten Jerusalems gelegene Kidrontal anvisiert sieht (so auch Tigchelaar, Prophets, 226), dabei aber eine doppelte Spaltung des ebenfalls im Osten lokalisierten Ölbergs annimmt, die ein Ost-West- und ebenso ein Nord-Süd-Tal entstehen lasse. Leichter ist es jedoch, als Ergebnis der Spaltung des Ölberges ein sich nach Westen und Osten hin erstreckendes Tal und die Bewegung der beiden Berghälften nach Norden und Süden anzunehmen.

50 S. zu Anm. 49.

51 Der vorliegende Text ist nicht leicht zu verstehen. Daher wird mitunter dem Vorschlag gefolgt, entsprechend LXX in אָצֵל die Ortsangabe יָצוֹל (gemeint ist das Wadi Jasul, das südöstlich von Jerusalem in das Kidrontal mündet) versteckt zu finden (so Sæbø, Sacharja 9-14, 114.296; Willi-Plein, Prophetie, 27f.; Reventlow, ATD 25,2, 122). Oder man greift die von BHS geforderte und von V angeregte Konjektur nach אֶל־אֶצְלוֹ („bis an seine Seite") auf, wobei die Auslassung des ו als Haplographie erklärbar wäre (so Rudolph, KAT XIII,4, 231f.; Elliger, ATD 25, 177; Lutz, Jahwe, 22 Textanm. h; Tai, Prophetie, 247 [anders 249 Anm. 8, wo die Abtrennung des ו vom nachfolgenden Wort erwogen wird]). Beide Lesarten führen zu sinnvollen Ergebnissen. Allerdings dürfte die Aussage, dass das (sich vom Westen bis in den Süden Jerusalems erstreckende) Hinnomtal verstopft wird, wenn es beim Driften der einen Hälfte des gespaltenen Ölbergs nach Süden an die Seite des Ölbergs reicht, stimmiger im Kontext integriert sein als die Alternative, das verstopfte Hinnomtal würde an das Wadi Jasul reichen. Außerdem lässt sich als Ursache für eine Textverderbnis in jenem Fall die Haplographie des ו (es folgt ein *perfectum consecutivum*) vermuten, während eine Erklärung für das Ausfallen des י im Fall der Lesung „Jasul" schwerer zu finden sein dürfte.

52 Statt אֱלֹהַי im *status constructus* mit Suffix der 1. Person Singular lesen wenige hebräische Handschriften den Plural im *status absolutus*, was zur Gottesbezeichnung YHWH Elohim führt, eine hebräische Handschrift dagegen zweimal den Konsonanten י, was wohl als *contructus*-Verbindung mit Abkürzung für Israel aufzufassen ist (אֱלֹהֵי [ישראל] = „Gott Israels"). אֱלֹהֶיךָ („dein Gott") wollen BHS; Elliger, ATD 25, 177 Anm. 4; Lutz, Jahwe, 22 Textanm. i, konjizieren. Jedoch kann mit Reventlow, ATD 25,2, 125, die Lesart „mein Gott" behalten werden, „wenn man den Satz als Aussage des Propheten versteht."

53 Mit einem *waw copulativum* bezeugen viele hebräische Handschriften, die LXX, die Peschitta, einige Targum-Handschriften und die Vulgata einen glatteren Text. Anders vermutet Willi-Plein, 29, den Ausfall des ursprünglichen ו aufgrund von Haplographie י/ו; vgl. auch Lutz, Jahwe, 22 Textanm. k.

54 Die Lesart des MT „mit dir" verteidigt Willi-Plein, Prophetie, 29. Vgl. auch Tigchelaar, Prophets, 227, der aber eine weitergehende Konjektur anvisiert (ובא יהוה אל היכל קדשו מעמדו „und kommen wird YHWH zu seinem heiligen Tempel, seinem Standort"). Die Alternative עִמּוֹ („mit ihm") wird von gewichtigen Zeugen, nämlich vielen hebräischen Handschriften und den Übersetzungen bezeugt. Für diese Lesart plädieren auch Lutz, Jahwe, 22 Textanm. k; Tai, Prophetie, 247; Elliger, ATD 25, 177; Reventlow, ATD 25,2, 122. Freilich ist diese Lesart leichter, aber die Annahme eines Textfehlers ist deshalb nicht unwahrscheinlich, weil in Sach 14 kein einziges Mal YHWH direkt angeredet wird und י und ו leicht verwechselt werden konnten. Rudolph, KAT XIII,4, 230 samt 232 Textanm. 5f, lässt mit seiner Übersetzung „sind mit dabei" 2. und 3. Person in der Schwebe.

Erdbeben aβ in den Tagen Ussijahs, des Königs von Juda. bα Dann wird YHWH kommen, mein Gott[52], bβ alle[53] Heiligen mit ihm[54].

6a Und es wird geschehen an jenem Tag: bα nicht wird es geben Tagesanbruch[55] bβ und Kälte und Frost[56].

7a$_1$ Und es wird geschehen: ein einziger Tag wird sein [– a$_2$ er ist YHWH bekannt –][57], nicht Tag und nicht Nacht, b und es wird geschehen: zur Zeit des Abends wird Licht sein.

8aα$_1$ Und es wird geschehen an jenem Tag: aα$_2$ hervorgehen werden lebendige Wasser aus Jerusalem, aβ$_1$ ihre Hälfte aβ$_2$ zum östlichen Meer aγ und ihre Hälfte zum hinteren Meer, b im Sommer und im Winter wird es geschehen.

9a Und es wird geschehen: YHWH ist zum König geworden auf der ganzen Erde. b$_1$ An jenem Tag b$_2$ wird YHWH einzig sein und sein Name einzig.

10aα Er wird umwandeln[58] das ganze Land wie die Wüste (Jordansenke), von Geba bis Rimmon aβ südlich von Jerusalem[59]. bα$_1$ Sie aber wird hoch sein[60] und an ihrer Stelle bleiben: vom Tor Benjamin bα$_2$ bis zum Ort des früheren Tores, bis zum Tor der Ecken bβ und

---

55 Gegenüber Sæbø, Sacharja 9-14, 299, ist vom Kontext her nur eine positive Aussage sinnvoll, weshalb auch die von ihm konstatierte Spannung nicht existiert: s. Willi-Plein, Prophetie, 31; Tai, Prophetie, 250 (mit Verweis auf Jes 60,19); Reventlow, ATD 25,2, 126 (mit Belegstellen für die Bedeutung von אור im Sinn von Tagesanbruch: Gen 44,3; Jdc 16,2; 19,26; Hi 24,14; Neh 8,4).

56 So mit $Q^e r\hat{e}$ und den Versionen, die zwei beigeordnete Substantive mit *waw copulativum* bezeugen; vgl. auch Elliger, ATD 25, 177; Reventlow, ATD 25,2, 122; Rudolph, KAT XIII,4, 232 Textanm. 6b; Otzen, Studien, 269; Tai, Prophetie, 247. Das $K^e tib$ יקרות stellt den femininen Plural des Adjektivs יקר („kostbar", „prächtig") dar und soll offenbar die Gestirne meinen, die auch in Hi 31,26 mit diesem Adjektiv beschrieben werden. $K^e tib$ יקפאון ergibt allerdings eine maskuline Verbform („sie werden sich zusammenziehen", d. h. verfinstern). Außerdem ist die Ausdrucksweise, dass Gestirne sich zusammenziehen, nirgends sonst belegt, ist die Wurzel קפא doch stets mit Flüsssigkeiten verbunden. Rudolph, KAT XIII,4, 232 Textanm. 6, führt schließlich den Kontext V. 7, der die Vorstellung eines lichten „Tag YHWHs" enthält, als Argument gegen das $K^e tib$ an.

57 Die Annahme, dass es sich hier um eine Glosse handeln dürfte, wird unten auf S. 224 begründet.

58 Rudolph, KAT XIII,4, 232 Textanm. 10a, möchte hier eine maskuline Verbform (aramaisierendes Imperfekt Kal von סבב) mit einem femininen Subjekt (אֶרֶץ) kombinieren. Sæbø, Sacharja 9-14, 116ff.300ff., vermutet eine ursprüngliche transitive Form (יָסֹב), deren Subjekt das Wasser von V. 8 gewesen sei (vgl. die Vorstellung von Gen 2,11.13), was durch den dazwischen geschalteten V. 9 verdeckt worden sei. Am einfachsten ist es jedoch, vom Textzusammenhang (V. 9) her und LXX entsprechend YHWH als männliches Subjekt der maskulinen Verbform anzunehmen und in אֶרֶץ ein Akkusativ-Objekt zu sehen.

59 Reventlow, ATD 25,2, 126, erinnert daran, dass „Geba, etwa 10 km nord-östlich von Jerusalem [...] in der spätvorexilischen Zeit Grenzort des Reiches Juda (2. Kön 23,8)" gewesen sei. „Rimmon (Jos 15,32; 19,7; Neh 11,29; 1. Chron 4,32: En-rimmon) bezeichnet das südliche Ende des Gebirges Juda."

60 Mit Rudolph, KAT XIII,4, 233 Textanm. 10b; Reventlow, ATD 25,2, 122; Tai, Prophetie, 247. Gegen Elliger, ATD 25, 177 Anm. 6, der die masoretische Verseinteilung verändert und eine Wortumstellung vornimmt.

vom Turm[61] Chananel bγ bis zur Kelter des Königs.[62]

11aα Und man wird wohnen in ihr. aβ Und Bann wird es nicht mehr geben. b Da wird wohnen Jerusalem in Sicherheit.

12aα₁ Und dies wird sein der Schlag, aα₂ mit dem YHWH alle Völker schlagen wird, aβ die herangezogen sind gegen Jerusalem: bα₁ Auflösen wird sich eines jeden Fleisch, bα₂ während er (noch) auf seinen Füßen steht; bβ und seine Augen werden sich auflösen in ihren Höhlen bγ und seine Zunge sich auflösen in ihrem[63] Mund.

13aα Und es wird geschehen an jenem Tag, aβ da wird sein eine große Verwirrung von YHWH über sie, bα₁ da wird ergreifen bα₂ einer die Hand seines Nächsten bβ und es wird emporfahren seine Hand gegen die Hand seines Nächsten.

14[aα Und auch Juda aβ wird kämpfen gegen Jerusalem.][64] b₁ Dann wird eingesammelt werden der Reichtum aller Heiden ringsum: b₂ Gold und Silber und Kleider in sehr großer Menge.

15aα₁ Und ebenso wird der Schlag gegen Pferd, aα₂ Maultier, Kamel und Esel bβ und gegen alles Vieh, das in jenen Heerlagern ist, sein b wie dieser Schlag.

16aα₁ Und es wird geschehen: aα₂ alles, was übrig bleibt von allen Heiden aβ die gekommen sind gegen Jerusalem, bα₁ sie werden hinaufziehen Jahr für Jahr, bα₂ um anzubeten den König YHWH Zebaot bβ und um zu feiern das Fest der Hütten.

17aα Und es wird geschehen: welches nicht hinaufziehen wird von den Geschlechtern der Erde nach Jerusalem aβ um anzubeten aγ den König YHWH Zebaot, b nicht wird zu ihnen kommen der Regen.

18a Und wenn das Geschlecht Ägyptens nicht hinaufziehen wird und nicht kommen wird, so wird gegen sie[65] bα₁ geschehen der Schlag, bα₂ mit dem YHWH schlagen wird die Heiden, 18bβ die nicht hinziehen werden bγ um zu feiern das Fest der Hütten.

---

61 So mit vielen hebräischen Handschriften und Versionen. MT dürfte aus Haplographie des מ entstanden sein. S. Rudolph, KAT XIII,4, 233 Textanm. 10d; Otzen, Studien, 270.

62 Reventlow, ATD 25,2, 126, erklärt diese topographische Beschreibung folgendermaßen: „Das ‚Benjaminstor' gehörte zum Ostteil der nördlichen Stadtmauer (vgl. Jer 37,13; 38,7; vielleicht dasselbe wie das ‚Schafstor' Neh 3,1). Unklar ist, wo die ‚Stelle des früheren Tors' zu suchen ist, aber das ‚Ecktor' lag an der Westmauer (2. Kön 14,13//2. Chron 25,23; 2. Chron 26,9; Jer 31,38). So ist hier die Ost-West-Ausdehnung der Stadt beschrieben. Das Chananeltor befand sich nordwestlich des Tempelberges (vgl. Jer 31,38; Neh 3,1; 12,39), die königliche Kelter (Jer 39,4; 52,7; Neh 3,15) im Süden. Nord- und Südgrenze des Stadtgebietes werden so bezeichnet."

63 V liest hier ein Suffix der 3. Person maskulin Singular. LXX bezeugt bereits am vorhergehenden Substantiv (Augen) ein Suffix im Plural und übersetzt durchweg im Plural. Diese Lesarten – jeweils unterschiedlich – stellen vermutlich Angleichungen dar. Ihnen gegenüber ist MT als *lectio difficilior* zu begreifen, die durchaus sinnvoll ist: am Schluss der Schilderung kehrt MT wieder (s. V. 12aα₂β) in den Plural zurück.

64 Dass V. 14a wohl eine Glosse darstellt, wird unten auf S. 219f. begründet.

65 Mit wenigen hebräischen Handschriften, LXX und Peschitta dürfte die Negationspartikel nicht zum ursprünglichen Text gehört haben, der dann keinen rechten Sinn ergäbe; vielleicht ist die Partikel von V. 17 her durch *aberratio oculi* in den Text eingedrungen. S. Willi-Plein, Prophetie, 30; Sæbø, Sacharja 9-14, 125. Rudolph, KAT XIII,4, 233 Textanm. 18a, dagegen folgt der Targumüberlieferung („nicht wird steigen für sie der Nil; das tritt an die Stelle des Schlages ...") und liest וְלֹא יַעֲלֶה (לְהֶם) הַיָּם תַּחַת הַמַּגֵּפָה. Vgl. anders Otzen, Studien, 271f. Van der Woude, Sacharja 14,18 muss bei seinem Vorschlag, וְלָאַב אָחוּ („dann wird der Weidegrund dürre sein/bleiben") zu lesen, eine

19a Dies wird sein die Strafe Ägyptens bα und die Strafe aller Heiden, bβ die nicht hinauf-
ziehen werden bγ um zu feiern das Fest der Hütten.
20aα₁ An jenem Tag aα₂ wird an den Schellen der Pferde (zu lesen) sein: aβ heilig für
YHWH. bα Und es wird geschehen: die Töpfe im Haus YHWHs[66] bβ (werden sein) wie die
Opferschalen vor dem Altar.
21aα₁ Und es wird jeder Topf in Jerusalem und in Juda aα₂ heilig sein für YHWH Zebaot. aβ
Und es werden alle Opfernden kommen aβ und nehmen von ihnen und kochen in ihnen. b
Und es wird keinen Händler[67] mehr geben im Haus YHWH Zebaots an jenem Tag.


## 3. Literargeschichtliche Probleme

V. 1 setzt mit dem Aufmerksamkeitspartikel הִנֵּה klar ein. Dieser ist mit dem
Partizip בָּא zu einem *futurum instans* verbunden, welches das Thema des
Textes angibt: den nahen „Tag YHWHs". Mehrfach nehmen in Sach 14
textgliedernde Formeln auf diesen Textbeginn Bezug: וְהָיָה בַּיּוֹם הַהוּא in
V. 6.8.13 und בַּיּוֹם הַהוּא יִהְיֶה in V. 9b.20a. Aufgrund der Kopfstellung der
„Tag YHWHs"-Ankündigung fungieren die Formeln hier über eine nur
zeitadverbielle Funktion hinaus als anaphorische Einleitungen weiterer
Aspekte des „Tages YHWHs". Zusätzliche Einschnitte scheinen die
Wendung בַּיּוֹם הַהוּא allein zu Beginn von V. 4 und am Ende von V. 21b, ein
bloßes וְהָיָה in V. 7a.7b.9a.16.17.20b.21 oder ein alleiniges bzw. mit
weiteren Partikeln verbundenes Imperfekt von היה in V. 12.15.18.19.21a.b
zu markieren.
   Von den zuerst genannten Signalen ausgehend ergäbe sich für Sach 14
eine Gliederung in die Abschnitte V. 1-5, V. 6-7, V. 8-12 und V. 13-21. Die
vergleichbaren Formeln in V. 4.9b.20a dazugenommen, ließe sich das
Kapitel in die Einheiten V. 1-3, V. 4-5, V. 6-7, V. 8-9a, V. 9b-12, V. 13-19
und V. 20-21 unterteilen. Beachtet man noch den Signalcharakter von היה
und weitere Hinweise (wie Sprecher-, Subjekt- oder Themawechsel), kann
der Aufbau des Kapitels folgendermaßen veranschaulicht werden[68]:

| | |
|---|---|
| 1-3 | Der „Tag YHWHs" als Völkerkampf |
| 1 | Ankündigung des „Tages YHWHs" als Beutetag |
| 2 | Durch YHWH initiierte Eroberung Jerusalems durch die Völker |
| 3 | YHWHkampf gegen die Völker (I) |
| 4-5 | Verwandlung der Natur (I) |
| 4a.5b | Theophanie YHWHs |

---

Neugruppierung der Konsonanten und eine Änderung von ה nach ח und darüber hinaus
ein sonst im Alten Testament nicht belegtes Verb לאב annehmen.
66 Rudolph, KAT XIII,4, 233 Textanm. 20b, will „Haus Judas" konjizieren.
67 Angesichts des Zusammenhangs wird כְּנַעֲנִי kaum ein *gentilicium* darstellen, sondern
   wie Jes 23,8; Hi 40,30; Prov 31,24 den „Händler" bezeichnen; mit Rudolph, KAT XI-
   II,4, 240 Anm. 33; Reventlow, ATD 25,2, 128. Anders Elliger, ATD 25, 18, der mit dem
   Begriff „Kanaanäer" die Samaritaner anvisiert glaubt.
68 Vgl. zum Teil ähnlich Petersen, OTL, 139; Tigchelaar, Prophets, 219f.

| | |
|---|---|
| 4b-5a | Spaltung des Ölbergs |
| 6-7 | Verwandlung der Natur (II) |
| 6 | Kein Tagesanbruch und Kälte |
| 7a | Ein Tag ohne Tageszeiten |
| 7b | Keine Dämmerung und Abend |
| 8-9a | Verwandlung der Natur (III) |
| 8 | Dauerhafter von Jerusalem ausgehender Paradiesstrom |
| 9a | Universale Königsherrschaft YHWHs |
| 9b-12 | Verwandlung der Natur (IV) |
| 9b | Einzigkeit YHWHs |
| 10 | Einebnung des Landes und Erhabenheit Jerusalems |
| 11 | Sicherheit Jerusalems |
| 12 | Schlag YHWHs (Pest) gegen die Völker |
| 13-19 | YHWHkampf gegen die Völker (II) |
| 13-14 | Gottesschrecken gegen die Völker und Einsammeln der Beute |
| 15 | Schlag (Pest) gegen das Vieh der Völker |
| 16 | Völkerwallfahrt des Restes und Teilnahme am Laubhüttenfest |
| 17 | Strafe (Trockenheit) bei Verweigerung der Völkerwallfahrt |
| 18 | Strafe speziell für Ägypten |
| 19 | Resümee über die Strafe |
| 20-21 | Aufhebung der Grenze von Heilig und Profan |
| 20a | Pferdeschmuck mit Weihinschrift |
| 20b | Heiligkeit der Töpfe im Tempelbereich |
| 21a | Heiligkeit der Töpfe in Jerusalem und Juda |
| 21b | Beseitigung der Händler im Tempelbereich |

Dieser Überblick zeigt jedoch so manche Unausgeglichenheit: Z. B. ist von einem Kampf YHWHs gegen die Völker ausführlich erst in V. 12ff. die Rede, nachdem ihn V. 3 bereits erwähnt (eingeleitet?) hatte. V. 12 gehört thematisch zudem zu V. 13ff. dazu, findet sich aber im vorigen Abschnitt. Schlag gegen die Völker und Gottesschrecken stehen so nebeneinander. Von einer Verwandlung der Natur ist in mehreren Anläufen die Rede. Dabei werden die verschiedenen Aspekte ständig mit anderen Elementen unterbrochen. Die Strafe für die ungehorsamen Völker scheint der zuvor ergangenen Verheißung der Völkerwallfahrt zu widersprechen. Die Völkerwallfahrt wirkt mit dem Kampf YHWHs gegen alle Völker nicht ausgeglichen. Sodann ist das Kapitel durchgängig als Prophetenrede gestaltet, allein die V. 2aα*.5aα₁* sind YHWHreden. Somit fallen schon anhand des groben Überblicks einige Unstimmigkeiten auf, die den Verdacht literarischer Uneinheitlichkeit nahe legen.

Es dürfte am sinnvollsten sein, mit der Analyse bei einem besonders auffälligen und daher auch immer wieder notierten Phänomen zu beginnen, nämlich der Parallele von V. 12 und V. 13. In V. 12-13 wird die Vernichtung der Völker durch YHWH zweimal geschildert, und zwar auf eine Art und Weise, die es nicht erlaubt, beide Beschreibungen miteinander zu vereinbaren. Denn die in V. 12 „breit ausgemalten Pestsymptome hätten die Fremdvölker schon vernichtet, ehe sie nach V. 13 sich gegenseitig umbringen konnten"[69]. Daher legt dieser Befund unbedingt eine literargeschichtliche Differenzierung nahe. V. 12 ist nämlich nicht als überschriftartige, besonders drastisch gestaltete Vorwegnahme von V. 13 erklärbar, da in V. 12 einerseits (Seuche) und V. 13 andererseits (gegenseitiges Töten) jeweils unterschiedliche Phänomene genannt werden, V. 13 außerdem durch ein texgliederndes Element von V. 12 getrennt ist. V. 12 nimmt schließlich hinsichtlich des verwendeten Vokabulars eine Sonderstellung ein: die Völker werden anders als in V. 2.3.14.16.18.19 (גוי [„Heiden"]) mit dem Substantiv עַם bezeichnet, das in Sach 14 nur noch in der Glosse V. 2b auf Jersualem angewandt wird[70]. Die Spannung könnte allenfalls dann geringer geachtet werden, wenn V. 12 primär als eine Anspielung begriffen werden müsste, die aufgrund dieser Funktion gewisse Unebenheiten mit sich brächte. Dies ist jedoch nicht der Fall[71]. Hinsichtlich der Frage nach der Priorität spricht alles für V. 13. Denn die Annahme einer Erweiterung der in V. 12 geschilderten, sich im Zeitraffer vollziehenden Vernichtung durch Pest mit dem Gedanken der Verwirrung und gegenseitigen Tötung (V. 13) wäre unwahrscheinlicher als der umgekehrte Vorgang der nachträglichen Verstärkung von V. 13 durch die Vorschaltung von V. 12.

In V. 12 fällt der Begriff „Schlag" (מַגֵּפָה) auf, der in Sach 14 noch in V. 15 und in V. 18 begegnet. V. 15b weist klar auf V. 12 zurück und dehnt den Schlag YHWHs auch auf die Tiere der Feinde aus. V. 18bα formuliert die Strafe gegen Ägypten mit einem entsprechenden Hinweis auf YHWHs Eingreifen gegen die Völker. Die Näherbestimmung der Völker in V. 18bβ macht jedoch klar, dass es sich bei dem „Schlag" um den in V. 17 erwähnten Regenentzug (was in Bezug auf Ägypten wohl als Trockenheit weiter zu fassen wäre) handelt. Dies aber als „Schlag" zu bezeichnen, widerspricht nicht nur der Bedeutung von מַגֵּפָה im Kontext von V. 12.15, sondern auch der Formulierung der Strafe in V. 17. Daher kann V. 18 weder auf die gleiche Hand wie V. 12.15 noch auf die sich in V. 17 äußernde Stimme zurückgehen. Der Begriff „Schlag" resultiert dann daraus, dass entweder V. 18 diesen aus V. 12.15 aufgreift oder umgekehrt die V. 12.15 den Begriff aus V. 18 übernehmen. Ersteres ist angesichts des Textverlaufs und der Prägnanz der Verwendung des Begriffs in V. 12 und V. 15 wahrscheinlicher. Auf den gleichen Verfasser wie V. 12.15 kann V. 18 nur dann zurückgeführt werden, wenn man V. 18bβγ mittels einer textkritischen Operation streicht, um durch V. 18bα einen Verweis auf V. 12 und somit einen einheitlichen Sprach-

---

69  Reventlow, ATD 25, 127. Vgl. auch Elliger, ATD 25, 178.180.184; Willi-Plein, Prophe-tie, 60; Rudolph, KAT XIII,4, 238; Tai, Prophetie, 252; Sæbø, Sacharja 9-14, 306.308; Tigchelaar, Prophets, 216 Anm. 7 sowie 240. Bosshard/Kratz, Steck, Nogalski und Schart berücksichtigen das mit V. 12-13 gegebene Problem nicht.

70  Vgl. Tigchelaar, Prophets, 216 Anm. 7, der zusätzlich noch darauf hinweist, dass an Stelle des Verbs לחם Nifal („kämpfen") das Verb צבא benutzt wird. Diese Differenz ist jedoch nicht besonders gewichtig, da לחם abgesehen von der Glosse V. 14aα nur zweimal in V. 3 mit YHWH als Subjekt vorkommt.

71  S. unten S. 242f.

gebrauch zu erhalten[72]. Dies würde aber eine Konjektur ohne Anhalt an der Textüberlieferung darstellen und muss daher als unwahrscheinlich gelten. Daher dürfte in V. 18 eine von V. 12.15 zu sondernde Erweiterung vorliegen. Mit ihr hängt wohl V. 19 zusammen, der die besondere Erwähnung Ägyptens von V. 18 voraussetzt.

Der als ursprünglich erkannte V. 13 ist durch V. 14b fortgesetzt worden. Der Gedanke von V. 14a, dass im Zusammenhang der Verwirrung unter den Völkern auch Juda gegen Jerusalem kämpfe, unterbricht nämlich den Zusammenhang zwischen der Abfolge von Vernichtung (V. 13) und Beutemachen (V. 14b). Außerdem spielt das Verhältnis zwischen Juda und Jerusalem in Sach 14 sonst keine Rolle. Daher ist V. 14a als Zusatz anzusehen, der wohl durch Sach 12,2 motiviert worden ist.[73]

In V. 13 bedarf nun aber das Suffix בָּהֶם weiterer Klärung. Im gegenwärtigen Zusammenhang ist dieses auf die in V. 12 genannten Völker bezogen. Stellt V. 12 aber eine spätere Erweiterung dar und möchte man nicht im Zusammenhang damit eine Umformulierung von V. 13, die dieses Suffix bewirkt hätte, postulieren[74], wofür absolut keine Veranlassung vorliegt, ist nach einem ursprünglichen Bezugspunkt von בָּהֶם zu suchen. Hierfür kommt nur V. 3 in Frage[75], weil einzig hier im vorhergehenden Text von Völkern die Rede ist. Sollte im ursprünglichen Textbestand V. 13 direkt auf V. 3 gefolgt sein, müssten einige Indizien die Annahme nahe legen, dass die V. 4ff. erst zu einem späteren Zeitpunkt eingefügt wurden. Tatsächlich lassen sich solche Beobachtungen anführen: Erstens wird, auch wenn V. 4f. die Reihe der *perfecta consecutiva* aus V. 1-3 fortsetzt, das in V. 1-3 angeschlagene Thema, der Völkerkampf gegen Jerusalem und der Kampf YHWHs gegen die Völker ab V. 4 nicht weiter verfolgt. Dass YHWH aber gegen die Völker auszieht und kämpft (V. 3), verlangt unbedingt nach einer Weiterführung[76]. Denn sonst ist dem Leser nicht klar, ob YHWH auch siegreich aus dem Kampf hervorgeht und welche Folgerungen sich daraus

---

72 So BHS; Elliger, ATD 25, 185, die eine *aberratio oculi* von V. 19bβγ vermuten. Vielleicht befand sich an der Stelle ursprünglich ein V. 12aβ entsprechender Relativsatz, dessen Lesbarkeit so gestört war, dass man ihn von V. 19bβγ her korrigierte.

73 So mit Reventlow, ATD 25,2, 127; Elliger, ATD 25, 184; Tai, Prophetie, 251.260; Otzen, Studien, 270f.; Rudolph, KAT XIII,4, 233 Textanm. 14a; Sæbø, Sacharja 9-14, 306; Tigchelaar, Prophets, 241. Nach Rudolph hat der Zusatz Sach 12,2 in seinem Kontext offenbar falsch verstanden.

74 So Elliger, ATD 25, 179f. Willi-Plein, Prophetie, 60, überlegt, ob eine weitere Erwähnung von Völkern vor V. 13 ausgefallen sei, was die „Glosse" V. 12 veranlasst hätte; ihre Alternative, dass sich בָּהֶם „auf alle am Kampf Beteiligten beziehen" könne, kann nur als Behelfsauskunft verstanden werden.

75 Vgl. Sæbø, Sacharja 9-14, 306. Sæbø, ebd., gibt allerdings wenig später (308) als Umfang für das zweite Stratum die V. 1-3.6.7b.13-14 an; dieser Textbestand enthält jedoch die gleiche Problematik, nämlich das Fehlen eines Bezugspunktes für das Suffix in V. 13.

76 Vgl. anders Tigchelaar, Prophets, 224, der ab V. 12 eine zweite Entfaltung sehen möchte.

ergeben. Anscheinend unterbrechen die V. 4ff. also den Zusammenhang
zwischen V. 3 und V. 13. Zweitens liegt der Schwerpunkt von V. 4ff. auf der
Verwandlung der natürlichen Gegebenheiten bzw. auf der Ausmalung des
Erscheinens YHWHs. Drittens geht aus V. 4ff. ein anderes Zeitverständnis
hervor[77].

Somit führen diese Überlegungen zu der Folgerung, dass der
Grundbestand von Sach 14 jedenfalls in V. 13.14b vorliegt und weiter
zumindest in den V. 1-3 zu suchen ist. Da das Eingreifen YHWHs gegen die
Völker erst dann unterbrochen werden konnte, als das Suffix von V. 13 nicht
mehr in der Luft zu hängen drohte, V. 12 also bereits vorhanden war, wurde
der Grundtext demnach in einem ersten Schritt um die V. 12.15 und in einem
zweiten Anlauf um die V. 4ff. ergänzt.[78]

Von dieser Weichenstellung aus ist im Folgenden der Grundbestand des
Textes genauer zu bestimmen. Die V. 1-3 bieten im Anschluss an den
Partizipialsatz V. 1a beinahe durchgängig *perfecta consecutiva*. Nur V. 2aα
und V 2bβγ verwenden aufgrund des invertierten Satzbaus Imperfekt. Nach
der Eröffnung mit Themaangabe in V. 1a wird der „Tag YHWHs" durch den
folgenden Satz V. 1b näher bestimmt: der Ausdruck „Beute" verweist auf
kriegerische Ereignisse. Andererseits bleibt noch in der Schwebe, wer als
Sieger und wer als Opfer vom Platz geht, da unklar ist, ob es sich um Beute
handelt, die Jerusalem einbringen, oder um Beute, die von Jerusalem
gemacht werden wird. Auch der Adressat – angeredet ist eine 2. Person
feminin Singular – ist noch nicht explizit benannt. Einem womöglich noch
hoffnungsvollen Leser öffnet V. 2a die Augen. Als das zuvor angeredete
„Du" stellt sich Jerusalem heraus und die „Beute" wird dahingehend
präzisiert, dass Völker gegen Jerusalem ziehen, die Stadt einnehmen und
plündern werden. Zwischen der direkten Anrede an Jerusalem und der
Erwähnung YHWHs in der 3. Person in V. 1 einerseits und der YHWHrede
und der Nennung des zuvor angeredeten Jerusalem als Objekt in V. 2
andererseits könnte eine Spannung gesehen werden, zumal logischerweise
die Austeilung der Beute (V. 1) erst nach der Einnahme der Stadt (V. 2) zu
stehen kommen dürfte[79]. Allerdings greift V. 3 mit dem anaphorischen
Element בַּגּוֹיִם הָהֵם auf V. 2a zurück, so dass dieser zum Grundbestand des
Textes dazugehört haben muss[80]. Außerdem darf gerade in den ersten Versen
des Kapitels die Logik der Abfolge nicht zu sehr strapaziert werden, da es
wohl Ziel der Exposition ist, Spannung zu erzeugen, was mit der
vorhandenen Textfolge, wie gezeigt wurde, wirkungsvoll gelingt[81]. Schließ-

---

77  Dazu s. gleich S. 223ff.
78  Es ergibt sich hinsichtlich der hier grob angedeuteten Erweiterungsstufen gegenüber
    Reventlow, ATD 25,22, 124, also eine umgekehrte Reihenfolge.
79  Deshalb bezeichnet Marti, KHC XIII, 450, V. 2 als Glosse.
80  S. Sæbø, Sacharja 9-14, 287. Marti, KHC XIII, 450, lässt zwar auch diese beiden Wörter
    aus (vgl. auch BHS), aber dafür besteht kein Anhalt an der Textüberlieferung.
81  Vgl. Otzen, Studien, 267, der die Abfolge der V. 1-2 mit der „Technik des Vorgreifens"
    („eine spätere Begebenheit wird in den Vordergrund geschoben, um die Stimmung, die

lich könnte auch damit gerechnet werden, dass der Verfasser bei seiner Komposition vorgegebenes Material aufgegriffen hat[82], was die genannten Unebenheiten verursacht hätte. Von dieser Möglichkeit abgesehen, ist aber das Problem, welches das YHWHwort zu bewirken scheint, gar nicht so gravierend. Denn in der zweiten Zeile von V. 2 (V. 2aα₁*.aα₂.aβ) fallen die fast ausnahmslos passivischen Verbformen auf, welche die Ohnmacht Jerusalems betonen. Allein für den Auszug seines einen Teils wird eine aktive Verbform gewählt (וְיָצָא), aber wirklich handlungsfähig ist Jerusalem auch hier nicht. Dass die Völker nicht als handelnde Subjekte erscheinen, mag auf der Vorstellung beruhen, dass das Geschehen sehr wohl auf das Wirken YHWHs zurückgeführt wird. Daher dürfte auch die YHWHrede zu Beginn von V. 2a primär die Intention besitzen, die Aktivität YHWHs herauszustellen.[83] Mit dieser Funktionsbestimmung verliert die Spannung weiter an Gewicht.

Trotzdem gehören die V. 1-3 wohl kaum insgesamt zum Grundbestand des Textes. Der invertierte Satz V. 2bβγ nämlich lenkt den Blick unvermittelt von den Kampfeshandlungen zu dem in Jerusalem verbleibenden Rest. Dabei unterscheidet sich der Sprachgebrauch von dem des Kontextes: zuvor in V. 2bα bezeichnet „Stadt" die Bevölkerung, hier in V. 2bγ ist mit „Stadt" der Ort gemeint. Weiter fällt der hoffnungsvolle Aspekt in V. 2bβγ – die Formulierung לֹא יִכָּרֵת ist positiv konnotiert: vgl. Jes 48,19; 55,13; 56,5 – aus dem bedrohlichen Ton der Sprüche im Kontext heraus. Daher wird V. 2bβγ wohl zu Recht von einigen Auslegern als sekundär erachtet[84]. Da die Sätze keinen neuen Aspekt eintragen, können sie als Glosse bezeichnet werden, welche aus V. 2bα eine positive Schlussfolgerung zieht. V. 3 hingegen setzt, obwohl sich das Geschehen wandelt, den bedrohlichen Charakter fort. Das in V. 2bα die Deportation bezeichnende וְיָצָא wird aufgegriffen, um nun YHWHs Macht bei seinem Kriegszug gegen die Völker zur Sprache zu bringen.

Somit ergibt sich, dass neben V. 13.14b auch die V. 1.2abα.3 dem Grundbestand von Sach 14 zuzurechnen sind. Dieser schildert den „Tag YHWHs" einerseits als Kampf von Völkern gegen Jerusalem, bei dem sogar die Einnahme der Stadt und die Deportation eines Teils der Bevölkerung gelingt; Vorbild für diese Szenerie dürfte die Katastrophe 587 gewesen sein[85]. Andererseits gehört aber auch das Eingreifen YHWHs zugunsten seines Volkes mit zum „Tag YHWHs" dazu. Dieses wird in V. 3.13.14b

---

die ganze Darstellung beherrscht, anklingen zu lassen") erklären möchte, für diese aber, wie Sæbø, Sacharja 9-14, 288, moniert, keine weiteren Belege angibt.

82  Willi-Plein, Prophetie, 59; Sæbø, Sacharja 9-14, 287f., und Reventlow, ATD 25,2, 124, rechnen hinsichtlich V. 1 und in V. 2a(*) (Rudolph, KAT XIII,4, 234, nur in Bezug auf V. 1) mit der Vorlage eines poetisch geformten Spruchs.

83  Vgl. Tai, Prophetie, 249, der einerseits ein Zitat von Joel 4,2 (dort wird aber mit dem Verbum קבץ formuliert), andererseits aber das Interesse vermutet, die Wirksamkeit YHWHs beim Sammeln der Nationen herauszustellen.

84  S. Elliger, ATD 25, 177 Anm. 2; Lutz, Jahwe, 23f.; Reventlow, ATD 25,2, 124f.

85  S. Sæbø, Sacharja 9-14, 297.

beschrieben. Jetzt erfährt das zu Beginn angekündigte und so vage formulierte Beutemachen eine Wendung zugunsten Jerusalems und zum Nachteil der Völker. So wird der „Tag YHWHs" mittels des Völkerkampfmotivs angekündigt, das hier als besondere Pointe die Einnahme der Stadt besitzt. Der „Tag YHWHs" erscheint also als Kriegstag, der letztlich die Sicherheit Jerusalems zum Ziel hat. Dieser aber ist durchaus ambivalent. So wird einerseits die bisher gemachte geschichtliche Erfahrung mit ihrer Interpretation durch die Unheilsprophetie rezipiert, andererseits die eschatologische Erwartung der Sicherheit Jerusalems aufgenommen, beides miteinander verbunden, in ein differenziertes Verhältnis gesetzt, aber insgesamt in eine positive Richtung weitergedacht.

Mit Recht wird gewöhnlich angenommen, dass weitere Verse von Sach 14 dem Grundbestand angehört haben, denn mit V. 14b, der lediglich das Einsammeln der Schätze der Völker konstatiert, dürfte kaum ein sinnvoller Abschluss erreicht sein. Vielmehr erwartet man noch Schlussbemerkungen, die die Folgen für die nunmehr ungefährdete Stadt Jerusalem aufzeigen. Diese sind, da für die mögliche Annahme, ursprüngliche Schlussbemerkungen wären aufgrund von Redaktionsvorgängen weggebrochen, keine Veranlassung vorliegt, in den V. 16-21 zu suchen. Da die V. 13.14b, wie etwa Jdc 7,22; I Sam 14,22 zeigen, nicht zwingend im Sinn einer Vernichtung aller Völker zu verstehen sind, kann der vom Völkerrest sprechende V. 16 ohne weiteres zum ursprünglichen Bestand des Textes gerechnet werden. Da die V. 16-21 aber nicht spannungsfrei sind, werden sie kaum vollständig zur Grundschicht dazugehört haben.

V. 17 schränkt die auf den Völkerrest bezogene universale Sicht von V. 16 (כָּל) ein: nun scheint es doch einige Übriggebliebene zu geben, die YHWH nicht anbeten wollen. Damit könnte zwar eine Spannnung zu V. 16 gegeben sein, welche die Annahme erlauben würde, ab V. 17 eine weitere Hand am Werk zu sehen[86]. V. 17aβγ („um anzubeten den König YHWH Zebaot") wäre dann als Wiederaufnahme von V. 16bα2 zu beurteilen. Auf der anderen Seite ist es aber auch denkbar, dass beide Verse auf einen Verfasser zurückgehen, der zuerst einmal eine grundsätzlich positive Aussage vorwegschicken möchte, bevor er auf Ausnahmen zu sprechen kommt. Dass diese Ausnahmen bereits im ursprünglichen Text verhandelt wurden, ist gerade angesichts der bisherigen Verbindung von Völkerkampf und Vökerrest verständlich, zu der eine Erwartung der YHWHverehrung durch alle Völker als zu glatt erscheinen müsste. Der Neueinsatz mit וְהָיָה würde dann vom gleichen Verfasser gebraucht den Beginn dieser Ausnahmebestimmungen einleiten, ohne dass das Element für die Rekonstruktion einer Literargeschichte herangezogen werden dürfte. Hingegen werden die besondere Erwähnung Ägyptens in V. 18 und die zusammenfassenden (und auf V. 16-17 zurückgreifenden) Sätze von V. 19 durch eine weitere Hand eingetragen worden sein. Zwischen V. 17 und V. 18 besteht ja – wie bereits

---

86  So Reventlow, ATD 25,2, 127f., der die V. 17-19 im Zusammenhang mit V. 12.15 verortet.

gesagt – die Differenz, dass die Bestrafung jeweils anders formuliert ist. V. 18f. ist jedoch nicht als eine eigene Schicht zu bestimmen, sondern als Glosse zu begreifen: da Ägypten durch die Überflutungen des Nils bewässert wird, muss der Interpolator klarstellen, das auch Ägypten der gleiche Schlag – nun weit zu denken als Trockenheit – treffen wird.

Der Schluss des Textes (V. 20-21) erwartet auf den Glöckchen am Zaumzeug von Pferden dieselbe Inschrift wie die am Stirnblatt des Hohepriesters (s. Ex 28,36f.), eine Heiligung der Töpfe im Tempelbereich („Über Vermutungen kommt man nicht hinaus."[87]), sogar die Heiligung sämtlicher Kochtöpfe in Jerusalem und Juda und schließlich die Beseitigung der am Verkauf von geeigneten Gefäßen verdienenden Händler. Aufgrund seines kultischen Interesses ist dieser Abschluss den V. 16-17 zuzuordnen[88]. Somit ergibt sich, dass die V. 16.17.20-21 noch zur Grundschicht von Sach 14 dazugehört haben. Sie passen auch deshalb zum zionstheologisch geprägten Bestand V. 1-3*.13.14b, da auch in den Zionspsalmen in unmittelbarer Nähe zum Völkerkampfmotiv die Elemente der Heiligkeit Jerusalems (s. Ps 46,5), der Anbetung YHWHs durch die Völker (s. Ps 76,12[89]) und die Bezeichnung YHWHs als König (s. Ps 48,3) vorliegen. Deshalb setzt V. 16 auch nicht V. 9 voraus, der das universale Königtum YHWHs ankündigt.

Wie oben bereits herausgearbeitet wurde, stößt man im Bereich von V. 4-11 auf eine Erweiterung. Die V. 4-11 sind aber kaum als einheitlich zu bezeichnen. Oft werden die geographischen Notizen in V. 4-5 als sekundäre Glossen erachtet[90]. Diese Notizen erweisen sich aber als durchaus theologisch relevant und stimmig in den Kontext integriert[91]: die Hervorhebung der Lage des Ölbergs im Osten Jerusalems verdankt sich offensichtlich dem Interesse, analog zu Ez 43,1-4 der Hoffnung auf das Erscheinen YHWHs Gewicht zu verleihen, hatte er doch im Osten die Stadt verlassen (s. Ez 10,3-4.18-19; 11,1.22.23); das gleiche Anliegen verfolgt vermutlich die Erwähnung des Tales, womit die Vorstellung einer Triumphstraße YHWHs von Osten her (s. Jes 40,3-5.9-10) aufgegriffen wird.

Ein Zusatz dagegen liegt in V. 5aα₂(letztes Wort).aα₃ vor[92]. Zum einen unterbricht nämlich die Anrede an eine 2. Person Plural den Zusammenhang. Zum anderen widerspricht die für Jerusalem bedrohliche Sichtweise dem Kontext. Vermutlich war das Verständnis der נסתם geschriebenen Verbform zu Beginn von V. 5 als Perfekt von נוס der Anlass für die Erweiterung.

---

87  Reventlow, ATD 25,2, 128.
88  Vgl. auch Willi-Plein, Prophetie, 91, die an eine Beziehung zwischen V. 20f. und V. 11 denkt. Eine Differenzierung zwischen V. 20 und V. 21 (Reventlow, ATD 25,2, 128, sieht in V. 21 eine Steigerung von V. 20) ist wohl nicht unbedingt nötig.
89  Vgl. Hossfeld/Zenger, HThKAT, 399
90  S. etwa Elliger, ATD 25, 181; Lutz, Jahwe, 24; Reventlow, ATD 25,2, 125.
91  S. Sæbø, Sacharja 9-14, 289f.; Willi-Plein, Prophetie, 88; Jeremias, Theophanie, 138 Anm. 1; Tai, Prophetie, 255 (anders 249).
92  Eine geläufige Entscheidung: s. Willi-Plein, Prophetie, 28f.; Sæbø, Sacharja 9-14, 297; Tai, Prophetie, 249; Lutz, Jahwe, 24f.; Rudolph, KAT XIII,4, 232 Textanm. 5d).

In V. 7a wird man den Satz „er ist YHWH bekannt" als Einschub zu bewerten haben. Dieser missversteht den „Tag YHWHs" als konkreten Zeitpunkt, während V. 6-7 gerade vom Aufhören der Zeit handeln: es wird keinen Tag und keine Nacht im herkömmlichen Sinn mehr geben, sondern alles ein einziger Tag sein. Der Zusatz dient vermutlich der Bewältigung der Parusieverzögerung[93]. Zwar könnte auch der Hinweis auf die Jahreszeiten in V. 8b einen Rückfall in die Vorstellung konkreter Tage darstellen[94]. Jedoch ist die Formulierung „im Sommer und im Winter" zunächst als Hinweis auf die andauernde Beständigkeit des Stromes verständlich[95] und drückt dann gerade auf diese Weise die Transzendierung der Zeit aus. Daher ist V. 8b mit den in V. 6-7 anvisierten Veränderungen kompatibel.

V. 10 erwähnt nochmals geographische Veränderungen, die das Land Juda betreffen. Da כָּל־הָאָרֶץ im Gegensatz zu V. 9 nicht die ganze Erde, sondern das Land meint, kann V. 10 und aufgrund des Suffixes בָּהּ auch noch V. 11aα als sekundäre Glosse angesehen werden[96]. Allerdings zeigt sich auch hier eine theologische Relevanz, wenn die Vorstellung einer Einebnung Judas, bei der nur Jerusalem erhaben bleiben wird, als durch Jes 2,2; Mi 4,1 hervorgerufene Hoffnung verstanden wird[97]. Vor diesem Hintergrund ist dann auch die Differenz zwischen lokaler Sicht und dem Universalismus von V. 9 nicht zu stark zu gewichten.

Somit ergibt sich der Textumfang V. 4.5aα$_1$.aα$_2$(ohne das letzte Wort וְנַסְתֶּם).b.6.7a(ohne הוּא יוֹדַע לַיהוה).b.8-11 als zusammenhängende Fortschreibung zwischen V. 3 und V. 13. Gegenüber einer Differenzierung zwischen dem Grundbestand und der Erweiterung um V. 4-11* könnte zwar noch folgendes eingewandt werden: Erstens findet sich schon im vermeintlichen Grundbestand ein Element, das zu einer Theophanie (s. in V. 3 das Verb יצא) hinzugerechnet werden kann. Zweitens sind in beiden Schichten Motive einer nachexilischen Zionstheologie enthalten, im Grundbestand das Völkerkampf-Motiv, in V. 4-11* die Motive Gottesberg und Paradiesstrom. Drittens finden sich auch in anderen „Tag YHWHs"-Texten theophane Züge, so dass die Trennung zwischen einer „Tag YHWHs"-Ankündigung" und einer Vertiefung derselben durch eine YHWH-Theophanie problematisch wirkt. Viertens könnte das Nebeneinander von theophaner Erscheinung (V. 4ff.) samt kosmischen Phänomenen und Völkerkampf (Grundschicht) dadurch bedingt sein, dass man den Abschnitt Joel 4,14-15.16aβb.17, in dem beide Elemente vorhanden sind, als literarische Vorlage aufgenommen hat. Diese Kritikpunkte sind jedoch nicht schlagend. Denn das Verbum יצא in V. 3 dürfte angesichts seiner Kombi-

---

93  S. Willi-Plein, Prophetie, 31; Elliger, ATD 25, 182. Vgl. auch Rudolph, KAT XIII,4, 232 Textanm. 7c; Tai, Prophetie, 250.
94  So Willi-Plein, Prophetie, 31, die V. 8b daher wie V. 7a* als Zusatz beurteilt.
95  Vgl. Sæbø, Sacharja 9-14, 302.
96  So Elliger, ATD 25, 179.182f.; Reventlow, ATD 25,2, 126.
97  S. Tai, Prophetie, 257; Sæbø, Sacharja 9-14, 302f. (dreistufiger Wachstumsprozess von V. 6-11).

nation mit לחם[98] eher auf den YHWHkrieg bezogen und von V. 2 her
aufgenommen worden sein, so dass es nicht auf eine theophane Bedeutung
hin angelegt ist. Auch vom Reichtum der Völker ist im Kontext der
YHWHkriegsvorstellung die Rede (vgl. Jos 6,24; 7,21). Sodann gibt es auch
„Tag YHWHs"-Texte ohne Elemente einer Theophanie (Jes 2,6-22; Ez 7;
Zeph 2,1-3; 3,6-8). Schließlich wird sich eine Beziehung der hier rekonstruierten Grundschicht zu Joel 4 höchstens als lose Anspielung herausstellen[99]. Für eine literarische Differenzierung spricht nun jedenfalls klar der
syntaktische und textlogische Befund.

Mit der Ausgrenzung einer Fortschreibung in V. 4-11* bestätigt sich
auch, dass V. 16 nicht die in V. 9 angekündigte Königsherrschaft YHWHs
voraussetzt. Denn die Formulierung „Jahr für Jahr" und die Terminierung am
Laubhüttenfest in V. 16 spricht für ein von V. 6f. unterschiedenes
Zeitverständnis: die Aufhebung der Zeit, wie sie für V. 6f. charakteristisch
war, ist in V. 16 nicht ersichtlich. Daher wurde V. 16 mit Recht zur
Grundschicht gezählt. Ebenfalls mit dem Zeitverständnis von V. 16 stimmt
die Erwähnung des Regens in V. 17 überein. Auf die V. 16-17 bezieht sich
auch die punktuelle Ergänzung des ursprünglichen Textes um V. 18-19. Die
in V. 6f. zur Sprache kommende Verwandlung der Natur ist hier nicht
erkennbar. Deshalb kann V. 18-19 nicht auf die gleiche Hand wie die
Fortschreibung in V. 4-11 zurückgehen. Wahrscheinlich stellen die V. 4-11*
aufgrund der in ihnen ersichtlichen Aufhebung von Raum und Zeit die letzte
Erweiterungsstufe in Sach 14 dar.

Durchweg erwecken die zahlreichen textgliedernden Formeln – auch
wenn sie in Sach 14 nicht immer auf das Vorliegen weiterer Schichten
schließen lassen – den Eindruck einer sehr komplexen Abfassungs- bzw.
Fortschreibungstätigkeit. Trotzdem konnte für Sach 14 folgende literargeschichtliche Entwicklung herausgearbeitet werden:

Die Grundschicht des Textes (1.) hat wohl die V. 1.2abα.3.13.14b.16.17.
20-21 umfasst. Sie schildert den „Tag YHWHs" zunächst als Völkerkampf,
bei dem die Erfahrung der Einnahme Jerusalems und die Hoffnung auf das
eschatologische Niederwerfen der Feinde durch YHWH miteinander
verbunden sind. Gleichzeitig wird eine Völkerwallfahrt in Aussicht gestellt:
eine auf den (nach dem Völkerkampf übrigen) Völkerrest bezogene positive
Erwartung wird mit möglichen Ausnahmen vermittelt, indem Strafen für
YHWH nicht anbetende Völker formuliert werden. Abgerundet wird die die
Völker einschließende positive Erwartung durch die Aufhebung der Grenze
von Heiligem und Profanem.

Erweitert wurde zunächst (2.) punktuell um V. 12.15. Das Anliegen
dieser Verse war es, die Abwehr der Völker durch YHWH als eine auch
deren Vieh betreffende, sofort wirksame Seuche darzustellen und dadurch in
seiner Drastik zu steigern. Die Auswertung der Bezüge wird weitere

---

98  Vgl. z. B. Ex 17,9; Num 21,23; Jos 19,47; I Sam 8,20; II Sam 11,17; vgl. auch Tigche-
    laar, Prophets, 223 Anm. 31.
99  S. unten S. 229.237.

Intentionen aufdecken. Nun überlagert die Grausamkeit der Völkervernichtung das ehemalige Ziel der Sicherheit Jerusalems. Möglicherweise haben
hierfür kaum mehr rekonstruierbare zeitgeschichtliche Ereignisse den
Ausschlag gegeben[100].

Eine ausführliche Weiterarbeit (3.) ist in V. 4-11 – genauer: V. 4.5aα₁.
aα₂[ohne das letzte Wort וְנַסְתֶּם].b.6.7a[ohne הוּא יוֹדֵעַ לַיהוה].b.8-11 – zu
greifen. Diese wurde womöglich durch das in V. 3 erwähnte Ausziehen (יָצָא)
YHWHs zum Kampf mit angeregt. Diese Schicht zeichnet das Eingreifen
YHWHs als eine sich auf Natur und Topographie auswirkende Theophanie.
Auch Zeit und Raum sollen verwandelt werden (s. V. 6f.). Diese Elemente
sind im Rahmen eschatologischer Erwartungen selten und extrem, besitzen
jedoch Parallelen in apokalyptischer Literatur[101] und können daher als
protoapokalyptisch bezeichnet werden.

Schließlich (4.) liegen in V. 2bβγ, V. 5a* (aα₂: nur וְנַסְתֶּם und aα₃.aβ),
V. 7a₂* (nur הוּא יוֹדֵעַ לַיהוה), V. 14a und V. 18-19 einige Glossen bzw.
Zusätze vor, die zeigen, dass man mit dem Zukunftsszenario von Sach 14
gelebt und gerungen hat. Die V. 18-19 machen die möglichen Ausnahmen,
die mit Regenentzug bestraft werden sollen, auch für das nicht vom Regen
abhängige Ägypten anwendbar. Ob diese Ergänzung nur auf einem auf
Vollständigkeit bedachtem Denken oder aber auf aktuellen Geschehnissen
beruht[102], lässt sich wohl kaum mehr eruieren.

Sucht man in der Grundschicht von Sach 14 nach einem zeitgeschichtlich
aktuellen Anlass für die Verkündigung des „Tages YHWHs", wird man hier
an eine neuerliche Einnahme Jerusalems zu denken haben – was sonst hätte
die Umprägung des Völkerkampfmotivs[103] veranlassen sollen? Man könnte
also zunächst die Jahre um ca. 480 im Kontext der Perserzüge gegen
Griechenland in Betracht ziehen. Soggin rezipiert ältere Forschungsergebnis-
se und stellt fest: „Während der 80er Jahre des 5. Jh. ereilte Jerusalem eine
neue Katastrophe, von der man allerdings keine genaue Kenntnis hat. Vermutlich wurde ein Teil der Stadt, vielleicht sogar des Tempels, zerstört
[...]"[104]. Eine frühe Datierung nach 480 v. Chr. dürfte aufgrund der sich

---

100 Ob die singuläre Zusammenstellung von Pferden, Maultieren, Kamelen und Eseln als
    „Ausstattungsgegenstände" des feindlichen Heerlagers für konkrete Erfahrungen spricht,
    sei dahingestellt.

101 Vgl. z. B. syrBar 30,3 („Sie wissen doch: gekommen ist die Zeit, von der es heißt, daß
    sie das Ende aller Zeiten sei."); 44,12 („Es gibt ja eine Zeit, die nicht vergeht, und jene
    Periode kommt, die bleiben wird in Ewigkeit, und die neue Welt [...]") – Übersetzungen
    nach Klijn, JSHRZ V/2, 142.149; IV Esr 5,4 („Die Sonne wird plötzlich bei Nacht leuch-
    ten und der Mond tagsüber.") – Übersetzung nach Schreiner, JSHRZ V/4, 324.

102 Dass die ausdrückliche Nennung Ägyptens mit der Deportation von Juden nach Ägypten
    302 zu tun haben könnte (so Tigchelaar, Prophets, 221), ist weder aufgrund bestimmter
    Indizien im Text noch angesichts des Textsinns anzunehmen. Tai, End, 346, sieht die
    Erwähnung Ägyptens durch Joel 4,19 angeregt. Dann fragt man sich aber, warum nicht
    auch Edom besonders erwähnt wird.

103 Dazu s. unten S. 228ff.

104 Soggin, Einführung, 204.

aufdrängenden Datierung von Sach 9-14 in hellenistische Zeit und der gleich auszuwertenden Text-Text-Beziehungen jedoch unwahrscheinlich sein. Sodann könnten die Auseinandersetzungen zwischen Ägypten und den Persern in der ersten Hälfte des 4. Jh. v. Chr. einen Datierungsrahmen abgeben. Aus dieser Zeit ist jedoch keine Einnahme Jerusalems belegt. Weiter käme eventuell der Feldzug Alexanders durch Syrien und Palästina gegen Ägypten 332 v. Chr. in Frage. Jedoch finden sich in diesem Zusammenhang keine Hinweise auf eine Eroberung Jerusalems[105]. Schließlich stellt dann wohl die Einnahme Jerusalems im Zuge der Eroberung des seleukidischen Palästina durch Ptolemäus I. im Jahr 302 v. Chr.[106] einen plausiblen Zeitpunkt dar. Auch Steck geht von diesem Ereignis aus und sieht in Sach 14,1f. Erinnerungen daran verarbeitet, datiert die Einschreibung des Textes Sach 14 in das werdende Dodekapropheton aber zwischen 240 und 220 v. Chr.: denn die völkerpositive Sicht von V. 16 sei als eschatologische Hoffnung durch die reale Erfahrung des Friedensschlusses zwischen Ptolemäus III. und Seleukus II. zum Abschluss des dritten syrischen Krieges (246-241 v. Chr.) und des von Josephus berichteten, aus diesem Anlass vorgenommenen Opfers des Ptolemäus in Jerusalem motiviert gewesen[107]. In der Tat spricht nichts für eine frühe, d. h. dem Jahr 302 v. Chr. nahe stehende Abfassung des Grundtextes, nicht einmal die Ankündigung des „Tages YHWHs" mit einem *futurum instans* (V. 1) lässt sich dafür geltend machen. Denn zum einen handelt es sich bei Sach 14* ja um ein nachträglich vorgenommene Reflexion. Zum anderen konnten die kriegerischen Auseinandersetzungen zwischen Syrien und Ägypten in der ersten Hälfte des 3. Jh. v. Chr.[108] in Juda bzw. Jerusalem immer die Befürchtung einer nahen Eroberung Jerusalems nähren.

---

105 JosAnt 11,8,4-5 erzählt, dass Alexander Jerusalem zwar anvisiert habe. Beim Anblick des Hohenpriesters, der ihm aus der Stadt entgegengezogen war, habe er diesen jedoch als die Traumgestalt erkannt, die ihn zum Krieg gegen die Perser ermutigt hätte. So habe er sich vor diesem niedergeworfen, YHWH im Tempel geopfert, das Volk beschenkt und ihm erlaubt, nach den väterlichen Gesetzen zu leben. Von einer Eroberung kann also nicht die Rede sein. Überhaupt dürfte gar kein Besuch Alexanders in Jerusalem stattgefunden haben. S. genauer etwa Schäfer, Geschichte, 22; Haag, Zeitalter, 38f.

106 S. Soggin, Einführung, 217; Schäfer, Geschichte, 27; Haag, Zeitalter, 45; Hengel, Judentum, 24 samt Anm. 66; Grabbe, Judaism, 211. Gelegentlich werden die entsprechenden Ereignisse auch ins Jahr 312 datiert. Mehrheitlich wird jedoch vom Jahr 302 gesprochen.

107 S. Steck, Abschluß, 58.99ff.197. S. dazu JosAnt 12,4,1 und vgl. Hengel, Judentum, 52; Schäfer, Geschichte, 35.

108 S. etwa Haag, Zeitalter, 45ff.; Grabbe, Judaism, 212ff.

## 4. Auswertung der Bezüge

### 4.1. V. 1.2abα.3.13.14b.16.17.20-21

Die Grundschicht von Sach 14 greift *erstens* die Vorstellung vom „Tag YHWHs" auf. Die Ankündigung desselben formuliert V. 1 folgendermaßen: הִנֵּה יוֹם־בָּא לַיהוָה. Daher bestehen engere Text-Text-Bezüge zu Jes 2,12; Ez 30,3, wo die Formulierung יוֹם לַיהוָה gebraucht wird, und zu Jes 34,8, wo sich die besondere Konstruktion יוֹם X-לַיהוָה findet. Weitere Übereinstimmungen zwischen Sach 14,1 und diesen Texten sind jedoch nicht vorhanden[109]. Das Verb בוא im Zusammenhang mit dem „Tag YHWHs" wird noch in Jes 13,6.9; Joel 1,15; 2,1; 3,4; Zeph 2,2; Mal 3,19.23 gebraucht. Die engste Beziehung besteht hierbei zu Jes 13,9 da dort ebenfalls die Partikel הִנֵּה und das Verb בוא vermutlich im Partizip verwendet werden.

Da auch die Darstellung der Einnahme Jerusalems in V. 2a hinsichtlich vierer Lexeme mit Jes 13,16b übereinstimmt, die Verben שסס („plündern") und שגל („beschlafen") selten und in den entsprechenden Aktionsarten (Nifal) nur in Jes 13,16 und Sach 14,2 belegt sind, spricht dies dafür, dass der Grundbestand von Sach 14 von Jes 13 literarisch abhängig ist[110]. Jes 13 kündigt zwar einem Fremdvolk das Unheil des „Tages YHWHs" an, dient aber auch Joel 1-2 als „Zitatenschatz"[111].

Die Abhängigkeit von Jes 13 wird durch eine weitere Beobachtung gestützt. *Zweitens* arbeitet die Grundschicht von Sach 14 nämlich mit dem verbreiteten Motiv, dass YHWH selbst Völker als seine Strafwerkzeuge gegen Jerusalem zum Kampf führen kann: s. z. B. Jes 5,26; 7,18f.; 8,7; 10,5f.; 22,5-8; Jer 4,6.15-18; 5,15-17; Ez 38,3-9-16; Joel 2,2.11; Mi 4,11f.; Zeph 3,8. Mit den Lexemen אסף und גּוֹי wird diese Vorstellung aber nur in Mi 4,11; Zeph 3,8 und Jes 13,4 formuliert. Dass die Form וְאָסַפְתִּי in Sach 14,2 von Zeph 3,8 beeinflusst sein soll, wie Tai behauptet[112], kann zwar nicht zweifelsfrei nachgewiesen werden. Angesichts weiterer Gemeinsamkeiten zwischen Sach 14* und Zeph 3,8.9-10[113] ist die Vermutung jedoch nicht von der Hand zu weisen.

Die Beziehung zwischen V. 2 und Mi 4,11f. ist hingegen enger, da diese Texte die *dritte* Sach 14 prägende Vorstellung des Völkerkampfmotivs enthalten. Dieses besteht aus den beiden Elementen des Kampfes ungenannter Völker gegen Jerusalem und der Abwehr dieser Völker durch YHWH (vgl. Ps 46,7.9f.; 48,5ff.; 76,4ff.). Wie in V. 2 spricht Mi 4,12 davon, dass YHWH die Völker nach Jerusalem versammelt. Mit אסף (im Nifal) und

---

109 Erst V. 12 enthält das auch in Jes 34,4 belegte seltene Verb מקק; dazu s. unten S. 242.

110 S. auch Schaefer, Zechariah 14, 73.87, sowie Tai, Prophetie, 264f., wobei es sich genau genommen aber nicht um ein Zitat handelt.

111 S. oben S. 157.109f.

112 S. Tai, Prophetie, 253.

113 Dazu s. unten S. 232. Die Annahme Schaefers, 74, dass Zeph 1 Vorlage für Sach 14 gewesen sei, ist demgegenüber weit weniger wahrscheinlich, zumal Schaefer die Einheitlichkeit beider Kapitel voraussetzt.

גוֹי formuliert jedoch V. 11, dass die Völker sich selbst zusammentun. Außerdem ist in Mi 4,11-13 keine Rede davon, dass die Völker die Stadt einnehmen. Schließlich wird dort Zion aufgefordert, selbst Hand anzulegen und die Völker zu vernichten. Angesichts dieser Unterschiede und fehlender weiterer Übereinstimmungen zwischen V. 2 und Mi 4,11-13, kann lediglich eine traditionsgeschichtliche Beziehung zwischen beiden Texten angenommen werden, wobei V. 2 aufgrund der besonders dramatischen Zuspitzung des Völkersturms sicherlich die jüngere Ausprägung darstellt.

Die Lexeme אסף und גוֹי begegnen im Kontext des Völkerkampfes auch in Sach 12,3[114]. Aber dort findet sich die Aussage, dass YHWH die Völker sammelt, überhaupt nicht. Das reflexive Nifal von אסף entspricht vielmehr Mi 4,11. Für Sach 12,1-8[115] steht die Sicherheit Jerusalems und die Sinnlosigkeit des Völkersturmes (aufgrund dreier seltener Lexeme besteht ein literarischer Bezug auf die Fluchankündigung Dtn 28,28) von vornherein fest.

Tai sieht in Sach 14,2 ein Zitat von Joel 4,2 vorliegen[116] und nennt damit einen weiteren Grund für die Formulierung von V. 2aα in der 1. Person Singular. Tatsächlich findet sich eine Konstruktion mit den Bestandteilen Verb des Sammelns im *perfectum consecutivum*, Akkusativpartikel und Substantiv גוֹי mit Artikel nur in Joel 4,2 und Sach 14,2. Da jedoch als Verb in Joel 4,2 קבץ, in Sach 14,2 dagegen אסף verwendet wird, handelt es sich nicht um ein Zitat. Man könnte sogar eine Beziehung völlig bestreiten, da die übrigen Bestandteile des Satzes eine absolut gebräuchliche Formulierung darstellen. Doch ab Joel 4,9 sind in Joel 4 Züge des Völkerkampfmotivs zu erkennen. Beide Texte teilen die Vorstellung, dass YHWH gegen die gesamte Völkerwelt, die sich vor Jerusalem versammelt, vorgehen wird, auch wenn in Sach 14,2 YHWH die Völker zum Kampf gegen Jerusalem, in Joel 4,2 dagegen zum Gericht im Tal Joschafat versammelt. So ist durchaus eine lose Anspielung anzunehmen. Eindeutige literarische Beziehungen sind hingegen nicht auszumachen. Mit dieser Anspielung auf Joel 4 deutet Sach 14 dem kundigen Leser bereits zu Beginn des Textes an, dass die Versammlung der Völker letztlich das Gericht an ihnen bedeutet. Dabei zeigt die Grundschicht von Sach 14 gegenüber Joel 4* eine traditionsgeschichtliche Weiterentwicklung, da sie die Stadt von den Völkern einnehmen lässt und eine Schuld der Völker, die zu deren Bestrafung führt, nicht mehr benennt. Aufgrund dieser Überlegungen ist die These, Sach 14 gehöre der gleichen Redaktionsphase des Dodekapropheton an wie die Joelschrift, schwerlich zu vertreten. Davon abgesehen scheint außerdem die Idee schon fraglich, dass die Joelschrift, die eine Spannung zu Mi 4-5 bewirke, und der Text Sach 14, der die Spannung wieder ausgleiche, in derselben Redaktionsphase ins werdende Dode-

114 Nach Elliger, ATD 25, 166 Anm. 3; Reventlow, ATD 25,2, 116; Rudolph, KAT XIII,4, 219; Lutz, Jahwe, 14, handelt es sich hierbei um einen Zusatz.
115 Die Frage der literarischen Schichtung ist hier unerheblich; s. dazu etwa Reventlow, ATD 25,2, 115.
116 S. Tai, Prophetie, 249; vorsichtiger ders., End, 344.

kapropheton integriert worden sein sollen[117]. Wahrscheinlicher wäre aufgrund der unterschiedlichen Intentionen die Annahme verschiedener Redaktionen[118].

Die Völkerkampfvorstellung des Grundbestands von Sach 14 besitzt gegenüber allen anderen Texten dieser Art die besondere Pointe, dass den Völkern vor ihrer Vernichtung in V. 2 die Einnahme der Stadt gelingt. Auf diese Weise wird offenbar die vorexilische Unheilsprophetie rezipiert und – wie eben schon zu erkennen war – ein allzu selbstsicheres Jerusalem aufgeschreckt: der „Tag YHWHs" ist auch Gerichtstag gegen das eigene Volk. Eine Schuld Judas/Jerusalems wird nicht benannt. Ebenso geht aus dem Text keine Verschuldung der Völker hervor. Vermutlich steht für den Verfasser die allgemeine Sündhaftigkeit der Menschheit fest, so dass für ihn die Vorstellung von einem endzeitlichen Kampf YHWHs gegen sein Volk und gegen die Völker selbstverständlich geworden zu sein scheint. In Bezug auf das Gottesvolk erwartet er jedoch einen Rest.

Die Rest-Vorstellung[119] stellt das *vierte* geprägte Element dar, auf das die Grundschicht von Sach 14 Bezug nimmt, auch wenn erst die sekundäre Glosse V. 2bβγ explizit den Begriff יֶתֶר verwendet. Vielleicht wird dieser vermieden, um nicht zu früh zu deutlich positive Assoziationen zu schaffen, die den Spannungsbogen unterlaufen könnten. Denn in der nachexilischen Prophetie wurden mit dem „Rest" weitgehend positive Erwartungen verknüpft (vgl. z. B. Jes 4,3; 6,13bβ; 10,20-22; Sach 8,11f.), während V. 2abα vordergründig aber eher auf die Linie zurückzugreifen scheint, die im Zusammenhang mit der göttlichen Strafe, für die YHWH Völker in seinen Dienst nimmt (s. V. 2aα), vom Rest spricht (vgl. z. B. Jes 30,17; Am 5,3).

Es ist verständlich, dass Steck entsprechend dem Geschick der Völker, von denen der Rest in am Laubhüttenfest Partizipierende und sich der YHWHverehrung verweigernde Bestrafte differenziert wird, auch ein analoges Ergehen des Gottesvolkrestes erwartet[120]. Tatsächlich würde – synchron gelesen – die Maleachischrift innerhalb eines normalen Zeitverständnisses (entsprechend V. 16ff. in Bezug auf die Völker) Probleme des Gottesvolkes (nach Sach 14 nur noch als Rest zu verstehen) erörtern und mit den Texten 2,17 - 3,5; 3,13-21 den Gottesvolkrest noch in Frevler und Gerechte aufspalten. Trotzdem spricht einiges gegen die These, dass Sach 14 und Mal 2,17 - 3,5; 3,13-21 eine Redaktionsschicht darstellen. Zunächst erwartet nach Sach 14 wohl kaum ein Leser, dass jetzt noch innerhalb des Gottesvolkes differenziert werden muss. Auch befinden sich die vermeintlichen völkerpositiven Aussagen Mal 1,11.14; 3,12 in Kontexten, die YHWHs universale Macht betonen und nicht intendieren, den Gedanken der Scheidung innerhalb des Gottesvolkes mit einem Verweis auf das Heil der Völker zu konfrontieren. Weiter sind Mal 2,17 - 3,5; 3,13-21 nach der Gattung des

---

117 So Schart, Entstehung, 276.
118 Bosshard-Nepustil, Rezeptionen, 444f. Anm. 1; Steck, Abschluß, 37ff., führen Joel 4 und Sach 14 auf unterschiedliche Fortschreibungsphasen zurück.
119 Zum groben Überblick vgl. etwa Wildberger, שאר, 848ff.
120 S. Steck, Abschluß, 48f.; vgl. Bosshard/Kratz, Maleachi, 43.

Diskussionswortes gestaltet, was einen engen Zusammenhang mit den übrigen Texten der Maleachischrift verrät, aber den Leser schwerlich an den Ausgang von Sach 14 erinnert. Die aus Mal 2,17 - 3,5; 3,13-21 hervorgehenden Problemstellungen sind nicht mit dem Differenzierungs- kriterium in Sach 14,17 (YHWH anbeten) vergleichbar. Sodann spricht die Begrifflichkeit „Böses tun" in Mal 2,17; „Gerechte" – „Frevler" in Mal 3,13ff. eine andere Sprache als Sach 14,2 oder 14,17-19. Außerdem findet sich in den Texten Mal 2,17 - 3,5; 3,13-21 keine „Rest"-Terminologie. Schließlich soll nach Steck die sekundäre Überschrift Mal 1,1 eine gesamtisraelitische Perspektive besitzen[121], so dass zu fragen wäre, ob sie das von Steck beobachtete Endzeitdrama überhaupt verstanden hätte. Darüber hinaus sprechen Mal 2,17 - 3,5 (s. V. 2) und 3,13-21 (s. V. 19) – nach Steck sind beide Texte einheitlich[122] – vom „Tag YHWHs". Demnach wäre das von Steck eruierte Endzeitdrama hinsichtlich des Gottesvolkes auf mehrere „Tage YHWHs" verteilt, während die Scheidung des Völkerrestes nicht an einem gesonderten „Tag YHWHs" erfolgt. So ergibt sich eine kaum überzeugende Ereignisabfolge. Offen bleibt bei Steck[123] auch, wie Sach 14 mit Sach 13,7-9 in Beziehung steht. Somit kann die These, Sach 14 und Mal 2,17 - 3,5; 3,13- 21 würden einen Redaktionsgang darstellen, nicht überzeugen.

Weiter ist mehrfach ersichtlich, dass Sach 14 *fünftens* die Tradition vom YHWHkrieg aufgreift. Dies zeigt die Parallelstellung der Verben יצא[124] und לחם mit YHWH als Subjekt, wie es nur noch in I Sam 8,20 vorliegt, das Substantiv מהומה („Verwirrung") (vgl. Dtn 7,23; I Sam 5,9.11; 14,20) und die Vorstellung, dass sich die Feinde gegenseitig vernichten. Die Formulierung des zuletzt genannten Gedankens kann unterschiedlich ausfallen (איש/רע [יד +] + על/ב + רע/אח/ידו): vgl. etwa Sach 14,13 mit Ex 21,14; 32,27 und Jdc 7,22). Hinter Belegen wie Jdc 7,11; I Sam 14,20 steht die YHWHkrieg-Tradition. An wenigen Stellen erwarten prophetische Texte, dass sich die Feinde Israels gegenseitig umbringen (Jes 19,2; Ez 38,21; Hag 2,22). Von der Wortwahl her steht zwar Sach 11,6 am nächsten, dort aber ist das eigene Volk angesichts der ungeordneten Zustände Gegenstand der Unheilsankündigung. Zur YHWHkriegsvorstellung kann auch das Verteilen (חלק) der Beute (שָׁלָל) gerechnet werden, das in der entsprechenden Formulierung etwa in Ex 15,9; Jos 22,8; Jdc 5,30, aber auch noch in anderen Texten, belegt ist. Auch das Einsammeln des Reichtums der Völker (חֵיל כָּל־הַגּוֹיִם) gehört in diesen Kontext (vgl. die Vorstellung vom Bann z. B. in Jos 6,24; 7,21). Eine entsprechende Formulierung findet sich nur noch in Jes 60,5.11; 61,6, so dass man fragen kann, ob hier eine literarische

---

121 Zu Mal 1,1 s. unten S. 290f.

122 Dagegen s. jedoch S. 266ff.282ff.

123 S. Steck, Abschluß, 40.

124 יצא ist hier klar mit kriegerischen Handlungen YHWHs verbunden, weshalb man eher die Vernichtung der Völker (so in V. 13) erwartet als eine Veränderung der Natur, wie dies in Theophanieschilderungen der Fall ist (etwa Jdc 5,4f.). Zum Vergleich zwischen Jdc 5,4f. und Sach 14,3-5 s. auch Tai, Prophetie, 268f., der jedoch keine literarische Schichtung in Sach 14,3-5 voraussetzt.

Beziehung vorliegt[125]. Da sie jedoch nicht aus außergewöhnlichen Lexemen besteht und der Reichtum der Völker in einem völlig anderen Zusammenhang erwähnt wird, nämlich im Kontext der Vernichtung der Völker (V. 14), ist Skepsis angebracht.

V. 16 enthält *sechstens* das Motiv der Völkerwallfahrt, das noch in Jes 2,2-4; 60,3.5ff.; 66,18-24; Mi 4,1-4; Sach 2,15; 8,20-22; Ps 22,28f. belegt ist. Engere Verbindungen bestehen wahrscheinlich zu Jes 2,2-4; Mi 4,1-4, da in diesen Texten auch das Motiv des Gottesberges vorhanden ist. Jedoch sind folgende Unterschiede festzustellen[126]: Jes 2,2-4; Mi 4,1-4 lassen YHWH als Richter auftreten, während er in V. 9 die Königsherrschaft antritt. Nach Jes 2,2-4; Mi 4,1-4 erwarten die Völker in Jerusalem Lehre und Tora, um miteinander friedlich leben zu können. V. 16 dagegen lässt die bereits befriedeten Völker am Laubhüttenfest partizipieren, wobei bei dieser Gelegenheit eventuell auch aus der Tora vorgelesen wird (s. Dtn 31,10f.; Neh 8). V. 16 rechnet aufgrund des Völkerkampfes nur mit der Wallfahrt eines Völkerrestes, Jes 2,2-4; Mi 4,1-4 dagegen stellen eine Wallfahrt aller in Aussicht. Da die Völkerwallfahrt mit dem am wenigsten mit einer speziell israelitischen Tradition verknüpften Laubhüttenfest verbunden und gegenüber einer allzu pauschalen Einbeziehung der Völker ins Heil innerhalb der Völkerwelt differenziert wird, dürfte V. 16 eine Weiterentwicklung darstellen[127]. Zwar kann angesichts der beiden verwendeten Motive eine Neuauslegung der Texte Jes 2,2-4; Mi 4,1-4 angenommen werden. Aber aufgrund fehlender sprachlicher Bezüge ist ein direkter literarischer Rückgriff auf Jes 2,2-4 oder Mi 4,1-4 nicht zu verifizieren. Daher kann keine Rede davon sein, dass eine Mi 4 einschließende Leselinie hergestellt werden sollte. Nogalskis Behauptung einer Beziehung zu Jes 2 basiert allein auf der Erwähnung von Pferden in V. 7, die jedoch allein die Beweislast nicht tragen kann[128].

Mit der Erweiterung Zeph 3,9f.[129] stimmt Sach 14 darin überein, dass nach der Vernichtung der Völker mit einer YHWHverehrung durch die Völker[130] gerechnet wird. Lexematische Entsprechungen liegen aber kaum vor: die Völker werden dort als עַמִּים bezeichnet (so in Sach 14 nur V. 2.12), das geläufige עלה ("hinaufziehen", s. V. 16ff.) begegnet nicht und die Verehrung wird mit den Formulierungen קָרָא בְּשֵׁם כֻּלָּם יְהוָה, עבד und יֻבַל מִנְחָה ausgedrückt, während es in V. 16 לְהִשְׁתַּחֲוֹת לְמֶלֶךְ יְהוָה צְבָאוֹת und וְלָחֹג אֶת־חַג הַסֻּכּוֹת heißt. Darüber hinaus bestehen sachliche Unterschiede: Zeph 3,9f. erwartet die YHWHverehrung aller Völker. Auch wenn diese nach

---

125 Dafür plädiert Lau, Prophetie, 40.
126 Vgl. auch Tai, Prophetie, 257.266f.
127 Vgl. Willi-Plein, Prophetie, 90f.
128 Noch einmal dazu s. S. 236.
129 Dazu s. z. B. Irsigler, HThKAT, 366ff.
130 In Zeph 3,10 sind die Worte עֲתָרַי בַּת־פּוּצַי, mit denen die Erwartung auf die jüdische Diaspora eingeschränkt wird, als Glosse zu begreifen: s. Irsigler, HThKAT, 370.373; Rudolph, KAT XIII,3, 292 Textanm. 10c; Striek, Zephanjabuch, 197; Perlitt, ATD 25,1, 140; Vlaardingerbroek, HCOT, 195f.198f. Gegen Steck, Zu Zef 3,9-10, passim.

der umfassenden Vernichtungsaussage 3,8bβγ als Völkerrest zu begreifen sind, differenziert Sach 14,17 innerhalb des Völkerrestes zwischen YHWHverehrern und Abtrünnigen. Angesichts dieser Beobachtungen kann es nicht überzeugen, wenn Sach 14 mit V. 16f. und Zeph 3,9f. der gleichen redaktionellen Phase zugeschrieben werden oder wenn behauptet wird, Zeph 3,9-10 könne ohne die Kenntnis von Sach 14 nicht verstanden werden[131]. Es trifft dagegen den Textbefund besser, wenn mit unabhängig entstandenen punktuellen Fortschreibungen gerechnet wird, die sich zum Teil gedanklich berühren, zum Teil aber auch unterscheiden. Diese Einschätzung deckte sich auch mit der Annahme, dass Zeph 3,9-10 von Jes 18,1.7 abhängt[132], wozu V. 16 keine Bezüge aufweist. Immerhin aber findet sich die in Zeph 3,9 angesprochene Opferthematik in Sach 14 in V. 20f., allerdings mit dem Verb זבח formuliert und breiter ausgestaltet, und Zeph 3,15 bezeichnet YHWH wie V. 16.17 als König. Aufgrund dieser Häufung gemeinsamer Motive kann, auch wenn keine literarische Beziehung zu konstatieren ist, doch vermutet werden, dass der Eintrag Zeph 3,9-10 durch Sach 14 inspiriert oder umgekehrt Sach 14 durch den Schlussteil der Zephanjaschrift mit angeregt wurde. Letztere Annahme ist wahrscheinlicher: denn aufgrund der nochmaligen Differenzierung innerhalb des Völkerrestes ist Sach 14,16f. als traditionsgeschichtlich jünger einzustufen. Die Qualität dieser Abhängigkeit wird man aber allenfalls als lose Beziehung beschreiben können.

Jes 66,23 kündigt die Völkerwallfahrt wie V. 16 zu Festzeiten an und gebraucht wie V. 16 die auffällige Konstruktion mit מִן + דֵי + Substantiv + בְּ + Substantiv und das Verbum חוה (Hischtafel). Außerdem denkt Jes 66,23 das gottesdienstliche Geschehen wie V. 16 im Zusammenhang der V. 4-11* als ewigen Zustand in einer neuen Welt (s. 66,22). Daher ist eine literarische Beziehung zwischen beiden Texten wahrscheinlich[133]. Man könnte sogar fragen, ob beide auf ein und dieselbe (Schriften übergreifend tätige) Hand zurückgehen. Da aber der Gottesdienst, obwohl beide Male seine Stetigkeit betont werden soll, einmal auf Neumonde und Sabbate, ein andermal auf das Laubhüttenfest bezogen ist, stammen beide Stellen kaum vom gleichen Verfasser. Die Explikation des ständigen Festkultes mit der wöchentlichen und monatlichen Anbetung YHWHs ist gegenüber der jährlichen Verehrung am Laubhüttenfest wohl als Steigerung zu verstehen[134]. Daher dürfte es sich bei Jes 66,23 um die jüngere Stelle handeln, welche die Vorstellung aus Sach 14,16 in den Schlusstext des Jesajabuches eingetragen hat – Jes 66,23

---

131 So Schart, Entstehung, 277f.; Steck, Abschluß, 45; Bosshard-Nepustil, Rezeptionen, 445 Anm. 1; Bosshard, Beobachtungen, 59. Vgl. Nogalski, Zephaniah 3, 218. Darüber hinaus ist es unmöglich, auch noch Zeph 3,11-13 derselben Redaktion zuzurechnen, wie Steck und Bosshard es tun: dazu s. Striek, Zephanjabuch, 194ff.201ff.243ff.; Irsigler, HThKAT, 366ff.

132 So Irsigler, HThKAT, 372f.; vgl. auch Steck, Zu Zef 3,9-10, 90f.

133 Vgl. Bosshard/Kratz, Maleachi, 44. Gegen eine literarische Abhängigkeit sprechen sich Willi-Plein, Prophetie, 90.93, und Lau, Prophetie, 149, aus.

134 Vgl. auch Westermann, ATD 19, 339; gegen Bosshard, Beobachtungen, 57.

wird wohl erst sekundär in seinem Kontext gelangt sein[135]. Die mögliche These, dass Sach 14 einen zu Jes analogen Schluss verfassen möchte[136], wäre aufgrund dieses Befundes auf den Kopf zu stellen, ist aber noch anhand Jes 66,24 und V. 17-19 und V. 20-21 zu überprüfen[137]. Ps 22,28f. verwendet zwar wie V. 16 חוה Hischtafel, die Bewegung zu YHWH wird aber mit זכר und שוב ausgedrückt. Den „Sippen der Völker" (מִשְׁפְּחוֹת גּוֹיִם) entspricht V. 17 (מִשְׁפְּחוֹת הָאָרֶץ). Doch erwartet Sach 14 die Völkerwallfahrt nur von einem Rest, während Ps 22,28f. nicht differenziert. Immerhin setzen die V. 16.17 wie Ps 22,29 die Königsherrschaft YHWHs voraus. Doch steht die Hinwendung der Völker zu YHWH in Ps 22,28f. nicht im Kontext einer Auseinandersetzung zwischen YHWH und den Völkern. So handelt es sich in diesem Fall um eine rein traditionsgeschichtliche Beziehung[138].

V. 17 rechnet *siebtens* mit der Möglichkeit, dass manche Restvölker sich der Wallfahrt nach Jerusalem (s. V. 16) verschließen könnten[139], und formuliert Strafen für ein solches Verhalten. Passend zum Laubhüttenfest zum Abschluss der Ernte eines Jahres beinhaltet die Strafe Regenentzug und überträgt dabei die palästinischen Verhältnisse auf alle Völker[140].

V. 17 formuliert damit Ausnahmen zu V. 16, der den Gedanken der Wallfahrt eines Völkerrestes voranstellt. Vergleichbar pessimistisch wie V. 17 äußert sich der Zusatz Jes 60,12[141]. Man kann fragen, ob beide Stellen auf die gleiche (Schriften übergreifend arbeitende) Hand zurückgehen. Jedoch ist Jes 60,12 anders formuliert. Von geringem Gewicht dürfte zum einen sein, dass dort „Volk" (גּוֹי) und „Königreich" (מַמְלָכָה) betroffen sind, während V. 17 von den „Geschlechtern der Erde" (מִשְׁפְּחוֹת הָאָרֶץ) spricht, und zum anderen das (negative) Verehren mit עבד („dienen"), in V. 17 dagegen mit חוה

---

135 S. Koenen, Ethik, 208, der darauf hinweist, dass Jes 66,23 und 66,24 den Stil der direkten Anrede YHWHs (so in 66,18-22) verlassen. Westermann, ATD 19, 335f., sondert zwei Schichten, einmal 66,18.19.21 und dann die Korrektur 66,20.22-24. Anders Steck, Studien, 261.

136 So würde die Kombination der Sichtweisen von Schart, Entstehung, 277 (Sach 14 sei als Abschluss des Joel-Obadja-Korpus konzipiert), und Bosshard, Beobachtungen, 57ff.; Steck, Abschluß, 47 (Sach 14 zusammen mit Mal 2,17 - 3,5; 3,13-21 orientierten sich an Jes 66), lauten.

137 Dazu s. sogleich im Folgenden.

138 S. auch Tai, Prophetie, 267.

139 Kunz, Weg, 37, möchte die V. 17-19 aufgrund des Ausdrucks מִשְׁפְּחוֹת הָאָרֶץ, den er mit „Sippen des Landes" übersetzt, und der in Sach 12,12 die Bewohner Israel meine, nicht auf die Völker, sondern auf die jüdische Diaspora beziehen. Gegen diese These lässt sich jedoch zum einen einwenden, dass die Formulierung von Sach 12,12 nicht mit der von V. 17 identisch ist. Zum anderen wird in V. 18b.19 unter Aufnahme der Vorstellungen von V. 16 eindeutig von „Völkern" gesprochen.

140 S. Reventlow, ATD 25,2, 128.

141 Jes 60,12 durchbricht den Textzusammenhang, der nur positive Aussagen zur Völkerwallfahrt enthält, und zeigt im Gegensatz zu seinem Kontext keine poetische Struktur in der Gestalt des Parallelismus. Daher dürfte der Vers sekundär hinzugesetzt worden sein. S. auch Westermann, ATD 19, 287; Koenen, Ethik, 143.

Hischtafel („niederfallen/anbeten") augedrückt wird. Entscheidend ist hingegen, dass die Strafe in Jes 60,12 Vernichtung (אבד, חרב) lautet, in V. 17 aber Regenentzug (לא ... גֶּשֶׁם). Daher dürften beide Stellen schwerlich von demselben Redaktor stammen. Ja es liegt nicht einmal ein klarer literarischer Bezug vor. Deshalb wird die Annahme unabhängiger Fortschreibungen, die aber verwandtes Gedankengut vertreten, dem Textbefund am besten gerecht.

Auch Jes 66,24 vertritt die Vorstellung einer Strafe für Abtrünnige und differenziert somit wie Sach 14 sowohl hinsichtlich des Gottesvolkes als auch in Bezug auf die Völker („alles Fleisch" in Jes 66,23). Da die Stelle sekundär sein dürfte[142], kann auch hier gefragt werden, ob Beziehungen zu V. 17 vorhanden sind, die für die Tätigkeit einer gemeinsamen redaktionellen Hand sprechen. Wörtliche Übereinstimmungen finden sich jedoch nicht. Außerdem geht Jes 66,24 noch über V. 17 hinaus, denn Jes 66,24 enthält die Vorstellung von einer ewigen Verdammnis. Dass beide Ergänzungen von einem Verfasser stammen, scheint somit ausgeschlossen. Steigert aber Jes 66,24 die Vorstellung von V. 17, handelt es sich bei ihm um den traditionsgeschichtlich älteren Text[143]. Dieser Befund ist somit der These, Sach 14 wolle am Ende des Dodekaprophenton einen dem Jesajabuch entsprechenden Abschluss gestalten, wenig günstig. Statt dessen bestätigt sich die oben bereits gewonnene Vermutung, dass umgekehrt die Zusätze Jes 66,23 und 66,24 Gedankengut aufgreifen, das in Sach 14 in einer älteren Ausprägung vorliegt.

Das *achte* Element der Heiligkeit wird in V. 20-21 stark ausgeweitet: ganz Jerusalem und sogar Juda sollen heilig sein („jeder Topf")[144]. Dies geht über die bislang vorherrschende Zionstheologie, in der zwar Jerusalem als heilig gilt, womit aber speziell der Tempelberg (s. z. B. Ps 46,5; 48,2; 87,1 und vgl. auch Jes 66,20; Joel 4,17) gemeint sein dürfte, hinaus. Die V. 20-21 sprechen dabei besondere Aspekte an:

Zuerst soll am Zaumzeug der Pferde dieselbe Inschrift angebracht werden wie die am Turban des Hohenpriesters (s. Ex 28,36f.). In den Pferden werden oft die nach Sach 9,10 in Jerusalem vorhandenen, aber als unrein geltenden Kriegspferde gesehen[145]. Hinweise auf ein solches Verständnis gibt der Text aber nicht her. Berücksichtigt man den in V. 21 angesprochenen kultischen Bereich, könnte man schon eher an die angeblich von Josia aus dem Tempelbereich entfernten Pferde für den Kult des Sonnengottes (s. II Reg 23,11) denken[146]. Dabei bliebe jedoch die Schwierigkeit, dass nichts zu der Annahme berechtigt, dass ein derartiger Kult in nachexilischer Zeit fortbestanden hat. Am wahrscheinlichsten dürfte daher die Annahme sein, die

---

142 S. Koenen, Ethik, 208, der darauf hinweist, dass V. 24 den Stil der direkten Anrede durch YHWH (so in 66,18-22) verlässt. Außerdem endet Jes 66,23 mit einer textgliedernden Formel. Anders Steck, Studien, 260 samt Anm. 208.

143 Vgl. auch Westermann, ATD 19, 339f.; Lau, Prophetie, 150. Gegen Bosshard, Beobachtungen, 57.

144 Vgl. Jer 31,40, wo aber die Heiligung der ehemaligen Greuelstätten anvisiert wird.

145 So etwa Reventlow, ATD 25,2, 128; Willi-Plein, Prophetie, 91; Rudolph, KAT XIII,4, 239.

146 Vgl. Rudolph, KAT XIII,4, 239; Petersen, OTL, 159.

durch die Fortsetzung von V. 16 durch V. 20f. begründet ist, dass es sich bei den Pferden schlicht um die „Verkehrsmittel" der zahlreichen Pilger aus allen Völkern handelt[147]. Dass deren Heiligkeit für YHWH besonders hervorgehoben wird, mag damit zusammenhängen, dass der Verfasser angesichts der Vergangenheit, wo Pferde im Tempelbereich einem YHWH zuwiderlaufenden Kult zugeordnet waren (s. II Reg 23,11), keine Missverständnisse aufkommen lassen wollte. Berücksichtigt man außerdem, dass Pferde ein Herrschaftssymbol darstellen, könnte deren ausdrückliche Heiligung auch mit der Absicht zusammenhängen, an der Königsherrschaft YHWHs (V. 16) jeglichen Zweifel auszuschließen. Dass die Pferde hingegen aufgrund einer literarischen Berücksichtigung von Jes 2 (2,2-4 und im Kontext dazu V. 7) erwähnt werden[148], scheint zwar nicht ganz unmöglich, zumal dort die Pferde in einem „Tag YHWHs" Text notiert und als Herrschaftssymbol (Kriegswerkzeug?) in unmittelbarer Nähe zur Anprange-rung des Götzendienstes erwähnt werden. Doch wirkt diese Vermutung reichlich spekulativ und ist nicht durch zusätzliche Beobachtungen zu stützen.

Sodann werden Händler erwähnt. כְּנַעֲנִי in diesem Sinn begegnet nur viermal im Alten Testament[149]. Bei der Nachricht, dass Händler im Tempelbereich tätig waren, handelt es sich um eine völlig singuläre Notiz (s. erst Mk 11,15par.). Offenbar wollte der Verfasser von V. 21 die zu seiner Zeit bestehende Praxis für die kommende Heilszeit aufgehoben wissen. Man kann darüber spekulieren, ob die „Devotionalienhändler [...], die an allen Wallfahrtsorten anzutreffen sind [...] mit ihrem Geschäftsgebahren die Weihe des Platzes stören"[150]. Angesichts des Kontextes wird man die Händler jedenfalls deshalb nicht mehr brauchen, weil bedingt durch die Fülle der Opfer die Grenze zwischen Heilig und Profan offensichtlich nicht mehr existiert[151].

Dieser Gedanke wird als weiteres Element in den V. 20-21 mit der Ankündigung zur Sprache gebracht, dass sämtliche (Koch-)Töpfe in Juda und Jerusalem als heilig gelten sollen, „so daß die zahlreichen Pilger darin Opferfleisch kochen können"[152], und damit den Gefäßen im Tempelbetrieb gleichgestellt werden. Der Tabucharakter der Heiligkeit (s. z. B. Ez 42,14; 44,19) wird so nivelliert[153].

Die „vollkommene Heiligkeit Jerusalems und Judas [...] ist in dieser Form eine genuine Vorstellung des Verfassers von Sach. 14,20f.; Jes. 66,20 und Jl.

---

147 S. auch Elliger, ATD 25, 186, trotz eines anderen literargeschichtlichen Urteils.

148 So Nogalski, Processes, 243.

149 Nämlich in Jes 23,8; Sach 14,21; Hi 40,30; Prov 31,24. Außerdem s. die LXX-Lesart in Sach 11,7.11. Mit כְּנַעַן formulieren Ex 16,29; 17,4; Zeph 1,11.

150 Rudolph, KAT XIII,4, 239

151 S. Reventlow, ATD 25,2, 128; vgl. auch Rudolph, KAT XIII,4, 239. Die Deutung von Tai, Prophetie, 262, die Tempelkaufleute seien nach Jes 23,8 als Symbol des Hochmuts zu verstehen, liegt etwas ferner.

152 Reventlow, ATD 25,2, 128.

153 S. Rudolph, KAT XIII,4, 239.

4,17 können verglichen werden [...]", urteilt Willi-Plein und fährt fort: „jedoch nur im Sinne einer annähernden geistesgeschichtlichen Einordnung"[154]. Andere sehen Sach 14 literarisch von Jes 66 abhängen[155]. Gegenüber letzterer Ansicht ist aber kritisch einzuwenden, dass die in Jes 66,18-24 vorhandenen weiteren mit Sach 14 übereinstimmenden Motive, die insgesamt eine literarische Beziehung nahelegen würden, sich erst in den sekundären Versen 23 und 24 finden. Beide erwiesen sich aber umgekehrt als Steigerung gegenüber Sach 14. Die Grundschicht von Jes 66,18-24[156] besitzt aber zu wenig mit Sach 14 gemeinsame Züge, um eine literarische Abhängigkeit erwägenswert erscheinen zu lassen. Auf dieser Ebene kann dann wohl wirklich nur von traditionsgeschichtlicher Verwandtschaft gesprochen werden.

Anders verhält es sich jedoch im Blick auf die Joelschrift. Freilich fehlen bei den einzelnen Motiven Indizien, die eindeutig eine literarische Abhängigkeit nahelegen. Aber die gemeinsamen Motive in ihrer Häufung („Tag YHWHs" als Weltgericht, Völkerkampf, Heiligkeit Jerusalems; s. Joel 4,14-15.16aβb.17.18-20) lassen es als durchaus wahrscheinlich erscheinen, dass die zweite umfangreichere Erweiterung von Sach 14 durch Joel 4 inspiriert wurde, d. h. Joel 4 vermutlich aus dem Gedächtnis heraus aufgegriffen hat[157].

Angesichts der eruierten Vorstellungswelt und der Bezüge der Grundschicht von Sach 14 ist schließlich danach zu fragen, für welche Position der Text verfasst wurde: wurde er erstens als zusammenfassender (und vorläufiger) Abschluss der Prophetenbücher Jes bis Sach, zweitens als Schlussstück des (werdenden) Dodekapropheton, drittens als Fortschreibung und Abschluss von Sach 1-13 bzw. Sach 9-13 konzipiert oder war er viertens gar als völlig eigenständiges Stück gedacht?

Die zuletzt genannte Möglichkeit und damit eine „Tetarto-Sach"-Hypothese besitzt freilich die Schwierigkeit, dass eine gesonderte Tradierung postuliert werden müsste. Dafür enthält der Text jedoch keine Anhaltspunkte: weder eine Überschrift analog der anderen Prophetenschriften zeichnet Sach 14* aus, noch (wenn man Jes 40-55 als mögliche Analogie ohne Überschrift heranziehen möchte) eine Gestaltungsweise, die eine Eigenständigkeit und Abgeschlossenheit nahelegt. Daher ist diese Lösung wenig wahrscheinlich.

Da keine starken Verbindungen mit an signifikanten Stellen stehenden Texten aus den Büchern Jes, Jer und Ez zu beobachten sind, scheidet auch die zuerst genannte Möglichkeit aus. Eine Orientierung an Jes 2.66 kann

---

154 Willi-Plein, Prophetie, 91. Schaefer, Zechariah 14, 87, fügt noch Jes 52,1; Nah 2,1 hinzu.

155 S. Bosshard, Beobachtungen, 31; Bosshard/Kratz, Maleachi, 44; Steck, Abschluß, 47; Schart, Entstehung, 277 Anm. 40.

156 Nach Westermann, ATD 19, 335f., wären dies die V. 18.19.21, nach Koenen, Ethik, 208ff., die V. 18-19.20a.21; Lau, Prophetie, 143ff., beurteilt lediglich V. 24 als Zusatz.

157 Vgl. Tai, End, 346, der feststellt: „we have a total lack of common wording, even when many motifs are the same." Vgl. auch die Auflistung der Gemeinsamkeiten bei Schaefer, Zechariah 14, 75f.

nicht bestätigt werden kann. Auch Schriften übergreifende Redaktionsschichten können nicht eruiert werden.

Besser steht es mit der zweiten Lösung, denn immerhin konnte eine thematische Inspiration durch Joel 4 ausgemacht werden. Da – wenn auch jeweils verschieden – sowohl Joel 4 als auch Sach 14* vermutlich durch die Eroberung Jerusalems 302 angeregt wurden, läge es nahe, beide Texte der gleichen Redaktion und ihnen eine rahmende Funktion für das Dodekapropheton zuzuschreiben. Aufgrund der unterschiedlichen Verarbeitung des Völkerkampfmotivs und fehlender klarer lexematischer Verbindungen kann dies jedoch nicht der Fall sein. Vielmehr dürfte Sach 14* bereits Joel 4 voraussetzen: denn Joel benennt noch eine konkrete Schuld der Völker, lässt die Stadt noch nicht einnehmen und differenziert noch nicht innerhalb der Völker, wie es dann die weiteren Hände in Sach 14 tun, so dass Sach 14 als traditionsgeschichtlich jünger zu begreifen ist. Dies stimmt auch mit der Vermutung späterer Abfasung überein, die sich für Sach 14* ergab. In Bezug auf die Joelschrift bestätigt sich jedoch, dass Kap. 4 dort allein auf einen engeren Kontext (nämlich Joel 1-2) ausgerichtet war.

Für die dritte Alternative der Abfassung für den allernächsten Zusammenhang mag zunächst die Position von Sach 14* geltend gemacht werden: weshalb sollte der Text nicht von vornherein für seine jetzige Stellung am Ende der Sacharjaschrift verfasst worden sein? Zu diskutieren ist dabei die Funktion von Sach 13,7-9. Plöger bezeichnet unter Rückgriff auf ältere Forschungen dieses Stück als kürzere Parallele, die Sach 14 kurz zusammenfasse und den wesentlichen Inhalt vorausnehme, ja sogar als göttliche Ankündigung für das in Sach 14 Geschilderte[158]. Demgegenüber weist Lutz[159] aber darauf hin, dass zwischen Sach 13,7-9 und Sach 14 einige Unterschiede bestünden, die dieses Urteil nicht rechtfertigten: anders als in Kap. 14 betreffe das Gericht in 13,7-9 das ganze Land, bleibe nur ein außerdem noch zu läuterndes Drittel übrig, ziele der Abschnitt auf die Wiederherstellung des Bundesverhältnisses und sei als YHWHrede gestaltet. Daher könne Sach 13,7-9 nicht als Zusammenfassung und Ankündigung für Kap. 14 angesehen werden. Deshalb beurteilt Lutz Sach 13,7-9, da dieses Stück auch gegenüber 12,1 - 13,6 als sekundäre Verschärfung zu begreifen sei, als redaktionelles Produkt, das zwischen 12,1 - 13,6 und 14 gesetzt worden sei, um beide Teile miteinander zu verbinden. Die Intention dieses redaktionellen Bemühens erklärt Lutz aber (aufgrund der genannten Unterschiede zwischen 13,7-9 und 14) mit Recht für gescheitert erklärt. Daher muss es als wahrscheinlicher gelten, dass Sach 13,7-9 schon früher als Kap. 14 an 12,1 - 13,6 angefügt wurde und Kap. 14 eine sich auf Kap. 12-13 insgesamt beziehende Fortschreibung darstellt. Dafür spricht außerdem, dass sich Sach 14 (und zwar bereits der Grundtext des Kapitels) thematisch[160] und

---

158 S. Plöger, Theokratie, 109.

159 S. Lutz, Jahwe, 210 Anm. 1.

160 In Bezug auf den Wortschatz zeigt die Tabelle von Tai, Prophetie, 239f., dass es mit Sach 9-11 und 12-13 nur geringe Übereinstimmungen gibt.

sogar teilweise wörtlich[161] mit beiden vorhergehenden Texten 12,1ff. und 13,7-9 berührt: zum einen benutzt Sach 14* wie 12,1ff. das Völkerkampf-Motiv und zeigt einen universalen Horizont[162]; zum anderen enthält Sach 14* wie 13,7-9 den Rest-Gedanken. Da zu diesen Texten Differenzen bestehen – anders als in 12,1-8 wird Jerusalem von den Völkern eingenommen, und im Gegensatz zu 13,7-9 bleibt eine Hälfte übrig und wird der andere Teil nicht vernichtet, sondern deportiert –, ist Sach 14* als korrigierende Fortschreibung der Prophetie von Sach 12-13 zu verstehen. Darüber hinaus ist es gewiss kein Zufall, dass nun wie am Schluss von Sach 1-8 (Sach 8,20-22) auch am Ende von Sach 14 das Motiv der Völkerwallfahrt (trotz unterschiedlicher Formulierung) begegnet. Daher sollte Sach 14 zusätzlich offenbar ganz bewusst als Schluss der Sacharjaschrift erscheinen.

Damit sind jedoch noch nicht alle Beobachtungen erfasst. Denn erstens fällt auf, dass die Grundschicht von Sach 14 das Theologumenon „Tag YHWHs" benutzt. Natürlich könnte dieses von der prophetischen Tradition aufgegriffen worden sein. Trotzdem hätte bei einem Bezug des Textes allein auf die Sacharjaschrift der Verfasser aber analog Sach 12-13 mit den dort vermutlich eschatologisch verstandenen Zeitadverbien (s. 12,3.4.6.8.9.11; 13,1.2.4) arbeiten können. Der Begriff „Tag YHWHs" weist über die Sacharjaschrift hinaus und bezieht sich als solcher auf die entsprechenden Joel-, Am-, Ob- und Zeph-Passagen, obwohl Sach 14* als Fortschreibung von Sach 12-13 und Abschluss der Sacharjaschrit konzipiert wurde. Zweitens stimmt damit die theologische Bedeutung überein, dass die Umprägung des Völkerkampfmotivs sowohl die Unheilsprophetie (s. Am, Zeph) als auch die Erwartung eines Völkergerichts (s. Joel, Ob) aufgreift und beide miteinander ausgleicht. Drittens konnten lose Rückgriffe auf die vom „Tag YHWHs" geprägten Kapitel Joel 4 und Zeph 3 vermutet werden. Somit hat es den Anschein, als ob Sach 14* als Gesamtsumme der Eschatologie konzipiert und der „Tag YHWHs" als die Summe der Zukunftserwartung zusammenfassender Begriff verstanden wurde. Bedenkt man weiter die relative Anfangsposition von Joel 4 und die relative Schlusstellung von Sach 14, führt dies zu der Vermutung weiter, dass mit Sach 14 unter Bezug auf Joel 4 ein Rahmen hergestellt werden sollte. Lassen sich diese Überlegungen stützen?

Zu erwägen ist in dieser Hinsicht die These, dass Sach 13,7-9 für die Schriften Hos bis Sach eine Rahmenfunktion besitzt[163]. Hierbei muss nicht diskutiert werden, ob Sach 13,7-9 womöglich ursprünglich mit Sach 9-11

---

161 Die Wendung כָּל־הַגּוֹיִם הַבָּאִים עַל־יְרוּשָׁלָ͏ם ist in 12,9 und 14,16 identisch.

162 Während 12,2.6 כָּל־הָעַמִּים סָבִיב formuliert, benutzt 14,14b die Wendung כָּל־הַגּוֹיִם סָבִיב.

163 S. Tai, Prophetie, 236, und besonders Nogalski, Processes, 234ff.245, der jedoch damit rechnet, dass an Sach 1-8 bereits die Maleachischrift angehängt war, bevor Sach 9-11; 13,7-9 einen Zusammenhang mit Hos hergestellt hätten. Tai, End, 343ff., möchte allerdings in Sach 9-14 und Joel 1-4 einen inneren Rahmen erkennen, der vom äußeren Rahmen Hos 1-14 und Mal 1-3 zu unterscheiden sei. Sach 13,7-9 blendet er dabei völlig aus. Außerdem sind die Übereinstimmungen zwischen Joel 1-3 und Sach 12,1 - 13,6 zweifelhaft und die herangezogenen Bezüge oft hinsichtlich ihrer Qualität anzufechten.

zusammenhing und bei Integration der Kap. 12-13 hinter 13,2-6 gesetzt wurde[164] oder erst im Zusammenhang mit den Fortschreibungen der Kap. 12-13 verfasst bzw. eingeschrieben wurde[165]. Vielmehr kommt es darauf an, die Argumente zu bewerten, die für eine die Schriften Hos bis Sach rahmende Position sprechen. Nogalski weist zum einen darauf hin, dass Sach 13,9 auf Hos (1,9;) 2,25 zurückgreife. Tai fügt hinzu, dass die Abfolge „anrufen" (קרא) – „erhören" (ענה) in Hos 2,18.23f. wie in Sach 13,9 vorliege und dass die besondere Ausdrucksweise „den Namen YHWHs anrufen" Joel 3,5 miteinbeziehe. Zum zweiten meint Nogalski, dass Sach 9-11 wie Hos 1 (die zwei Söhne stünden für Juda und Israel; vgl. Hos 2,2) das Verhältnis von Israel und Juda thematisiere.[166] Nun fehlt aus der Literargeschichte der Hoseaschrift aber jeglicher Hinweis dafür, dass die Söhne einmal als die beiden Reiche Israel und Juda verstanden wurden. Weiter würde es sich hierbei lediglich um eine thematische Verwandtschaft handeln, die so etwa auch zu Ez 37 besteht. Von einigem Gewicht ist jedoch das erste Argument. Die Verwendung der Verben „anrufen" – „erhören" und das Aufgreifen der Bundesformel finden sich in Kombination nur an diesen beiden Stellen, wobei auch die vier Lexeme אֱלֹהִים, הוּא, עָם und אמר nur in Hos 2 und Sach 13 verwendet werden (Sach 8,8 ist anders formuliert). Deshalb ist literarische Abhängigkeit von Hos 2 wahrscheinlich[167]. Bedenkt man jedoch, dass Sach 13,7-9 genauso auf Texte wie Jes 1,25; Jer 6,9; Ez 5,1f.11f.; Ps 66,10-12 bezogen sein dürfte[168], relativiert dies zunächst die redaktionsgeschichtliche Auswertbarkeit in Bezug auf Hos 2. Weiter kehrt Hos 2,24f. die Unheilsansagen gegen alle drei Kinder um, Sach 13,7-9 aber

---

164 Für eine solche These wird angeführt, dass 13,7 wie 11,17 Bezüge zu Jer 50,37f. und wie 11,6 Beziehungen zu Ez 34,4f. besitze, der in 13,7 genannte Hirte gut zu 11,4-17 passe, 13,7-9 keine Verbindungen mit Kap. 12-13 aufweise und 13,7-9 eine sinnvolleren Abschluss für eine Prophetenschrift darstelle als 11,17. S. etwa Deissler, NEB 21, 309f.; Nogalski, Processes, 234; Rudolph, KAT XIII,4, 215.

165 Dafür könnte sprechen: die vergleichbare Struktur von 12,1 - 13,6 und 13,7-9 (von der Existenzbedrohung durch Reinigung zum endgültigen Heil); der Unterschied des in 13,7 angesprochenen Hirten zu den Gestalten von 11,4ff. und 11,17; die Möglichkeit, vor dem Hintergrund von Jes 53 den von YHWH geschlagenen Hirten in 13,7 mit dem Durchbohrten von 12,10 in Verbindung zu bringen; die unterschiedlichen Gattungen. S. etwa Elliger, ATD 25, 175; (Deissler, NEB 21, 310;) Tai, Prophetie, 237ff. (11,17 und 13,7-9 als redaktionelle Einschübe für 11,4-16 und 12,9 - 13,6); Tigchelaar, Prophets, 112.114ff. (verfasst, um 12,1 - 13,6 an Sach 9-11 anzufügen); Willi-Plein, Prophetie, 59; Sæbø, Sacharja 9-14, 276f.282, Petersen, OTL, 88f.129.

166 S. Nogalski, Processes, 235.245; Tai, Prophetie, 234ff.

167 Da sich Hos 2,16-25 als sekundär erweist, könnte zwar erwogen werden, ob dieser Abschnitt mit Sach 13,7-9 auf eine Hand zurückgeht. Dagegen spricht jedoch, dass zum einen Hos 2,16-25 stark auf seinen Kontext in Hos 1-2 bezogen ist. Zum anderen unterscheiden sich die Motive des die gesamte Schöpfung betreffenden Bundes, der Vernichtung der Waffen, der Fruchtbarkeit und die Termini Recht und Gerechtigkeit prägnant von Sach 13,7-9. Außerdem ist die literarische Einheitlichkeit von Hos 2,16-25 nicht gesichert: s. Levin, Verheißung, 241ff.; Pfeiffer, Heiligtum, 203f.

168 S. Tai, Prophetie, 225ff.

sieht Heil nur für den geläuterten dritten Teil vor. Hierbei kann es sich kaum um eine Neuauslegung handeln, da der Abschnitt die Vernichtung dreier Drittel aus Ez 5 übernommen haben dürfte und die Verschonung des dritten Drittels eher eine Umprägung von Ez 5 darstellt. Die Beziehung zu Hos 2 dürfte zunächst also keine andere Qualität besitzen wie die Beziehungen zu den anderen Texten. Allerdings lässt die relative Anfangsposition von Hos 2 und die (ehemalige) Schlussposition von Sach 13 diese Verbindung als gewichtiger erscheinen. Hierbei kommt hinzu, dass auch der vorangehende Text Sach 13,2-6 bereits Bezüge zu Hos 2,19 aufweist[169], so dass sich hinsichtlich Sach 13,7-9 vermuten ließe, dass die Verbindung zu Hos 2,16-25 verstärkt werden sollte. Die Formulierung קרא בשם kann nicht aus dem Beginn der Hoseaschrift (Hos 1,4.6.9 [ohne ב]) übernommen worden sein, da sie dort jeweils die Namensgebung der Kinder befiehlt. Eher bietet sich tatsächlich Joel 3,5 an, da es auch dort um eschatologische Rettung geht. Allerdings ist die Wendung keineswegs selten (s. z. B. Gen 4,26; 12,8; Ex 34,5; II Reg 18,24ff.; Jes 12,4; 64,6; 65,1) und es fehlen weitere Übereinstimmungen, so dass die Annahme einer Anspielung nicht abzusichern ist. Aufgrund dieser Überlegungen ist somit festzustellen, dass es mindestens möglich, wenn nicht gar wahrscheinlich ist, dass der Abschnitt Sach 13,7-9 unter Bezug auf Hos 2,18-25 das Dodekapropheton abrunden sollte.

Zieht man nun die Beobachtungen hinzu, die dafür sprechen, dass der Sach 14-Grundtext nicht nur auf Sach 12-13 hin orientiert ist, erweist sich die These, dass Sach 13,7-9 mit Bezug auf Hos 2,18-25 einen Rahmen um das (werdende) Dodekapropheton legt, durchaus als plausibel.

Sach 14* ist dann als ein zwar auf Sach 1-8 und Sach 12-13 bezogener, aber gleichzeitig über Sach hinausweisender und verschiedene prophetische Stimmen zusammenfassender Text anzusehen. Der komplexe Abfassungsprozess, der sich hinter dem zahlreichen textgliedernden Formelgut verbergen mag, mag in formaler Hinsicht ein Indiz dafür darstellen, dass hier ein Schlusstext einer umfangreicheren Schriftensammlung geschaffen werden sollte. In Bezug auf den Inhalt des Textes tritt durch die Fortschreibung V. 4-11* seine Abschlussfunktion noch einmal zu Tage.

Die Schlussstellung von Sach 14 bedeutet nun einerseits, dass die diversen Schiften unter der Perspektive des „Tages YHWHs" zusammengefasst wurden, der „Tag YHWHs" also als eine hermeneutische Linie für die diversen Schriften betont werden sollte. Da dieses Theologumenon dabei nicht zusätzlich redaktionell in die Schriften eingetragen wurde, in denen es nicht vorhanden ist, lässt dies andererseits aber auf eine Komposition bzw. Kompilation schließen, die nach wie vor die Schriften des Dodekapropheton auch als selbständig zu verstehende Literaturstücke bewahrt wissen wollte. Zu einer solchen Kompilation bzw.

---

169 S. Tai, Prophetie, 210ff. Auch andere Stellen wie Sach 9,7; 10,6 zeigen Text-Text-Bezüge zu Hos 2,16-25 (vgl. auch Willi-Plein, Prophetie, 93), wobei diese jedoch weniger stark sind: s. Tai, Prophetie, 35.95.100.

auch Komposition ist zum einen die Zusammenstellung der diversen
Schriften und zum anderen ihre teilweise erfolgte, punktuelle Verkettung zu
rechnen. Da erst anhand von Sach 14 und Sach 13,7-9 ein das
Dodekapropheton bildender Redaktionsgang wahrzunehmen ist, spricht
nämlich alles dafür, dass auch erst in diesem Zusammenhang die
Komposition bzw. Kompilation der einzelnen Schriften zu einem größeren
Ganzen vorgenommen wurde. Damit erhielten die gesammelten Schriften,
obwohl sie weiterhin als eigenständige Literaturstücke angesehen wurden,
nun auch zusätzliche Bedeutungsdimensionen. Die diversen Texte und die
einzelnen Schriften finden sich jetzt in anderen, neuen Kontexten, die für ihre
Auslegung mit herangezogen werden dürfen und sollen. Die Mehrdimen-
sionalität, die synchrone Interpretationen voraussetzen und die diachrone
Argumantationsgänge schon in früheren Phasen der Entstehung des
Dodekapropheton annehmen wollen, ist m. E. jetzt erst, nämlich mit der
Schriften übergreifenden Funktion von Sach 14* und der damit zusammenhängenden Sammlung und teilweisen Vernähung der Prophetenschriften
greifbar.

## 4.2. V. 12.15

Die beiden die Grundschicht erweiternden Verse 12 und 15 enthalten das
Substantiv מַגֵּפָה („Schlag/Plage"). Dieses ist noch in Ex 9,14; Num 14,37;
17,13.14.15; 25,8.9.18.19; I Sam 4,17; 6,4; II Sam 17,9; 18,7; 24,21.25; Ez
24,16; Ps 106,29.30; I Chr 21,17.22; II Chr 21,14 belegt und steht dort
nahezu ausnahmslos für einen plötzlichen Tod, der eine Strafe YHWHs
darstellt. In I Sam 6,4 (s. die Bezugsstellen 5,6.12); II Sam 24,21.25 (s. den
Bezug auf V. 13.15); I Chr 21,17.22 (vgl. 12.14) wird dieser Tod wie in Sach
14,12 auf eine Seuche zurückgeführt. Angesichts der Streuung der Belege
kann nicht entschieden werden, ob Sach 14,12.15 auf Exodus-, Wüsten-,
Landnahme- oder YHWHkriegstradition anspielen möchte. Am ehesten ist
angesichts der Kontextstellung von V. 12 und der Nähe zu I Sam 6,4 letzteres
der Fall.

Das Verb מקק („sich auflösen") findet sich ohne besondere
traditionsgeschichtliche Verwurzelung noch in Lev 26,39(2×); Jes 34,4; Ez
4,17; 24,23; 33,10; Ps 38,6 und bezeichnet das Sterben bzw. Vergehen, das
(genauso wie מַגֵּפָה) als Strafe zu verstehen bzw. mit einer Schuld verbunden
ist.

Der Beleg Jes 34,4 befindet sich zwar im Kontext einer
Unheilsankündigung gegen Völker, die außerdem wie in Sach 14,1 als „Tag
YHWHs" mit der Formulierung יום X-לַיהוָה (Jes 34,8) expliziert wird.
Allerdings soll sich in Jes 34,4 nicht die Völkerwelt, sondern das „Heer des
Himmels", d. h. die Gestirne, „auflösen", weil die Himmelsfeste aufgerollt
wird wie ein Buch. Solche Gedanken eines vernichtenden Weltuntergangs
sind V. 12 jedoch fremd. Auch die auf einer späteren Fortschreibungsstufe in
V. 4-11* geschilderte Veränderung der Natur dürfte daher mit der

Vorstellung von Jes 34,4 nicht vergleichbar sein, zumal die V. 4-11* allein darauf zielen, das endgültige Heil auszumalen. Die gleiche Schicht in Sach 14 enthält mit dem Hinweis auf den „Bann" in V. 11 ein weiteres Element, das in Jes 34 (V. 2.5) vorliegt, dort jedoch gegen die Völker bzw. gegen Edom speziell gerichtet ist. So wird man – gegen Tai[170] – kaum behaupten können, dass Vorstellungen aus Jes 34 in Sach 14 aufgegriffen worden sind.

Ein Schuld-Strafe-Zusammenhang, wie ihn das Verb מקק und das Substantiv מַגֵּפָה erkennen lassen, wird in Sach 14 zwar nicht expliziert (anders in Joel 4,2f.), darf aber aufgrund der oben dargestellten Konnotation der beiden seltenen Lexeme מקק und מַגֵּפָה angenommen werden. Daher hat entweder die Erweiterung V. 12.15 die Eroberung und Plünderung der Stadt durch die Völker (V. 2) als schuldhaftes Vergehen interpretiert und die Vernichtung der Völker als Bestrafung verstanden wissen wollen. Oder – hält man zeitgeschichliche Impulse dagegen für wenig greifbar – es geht aus der Erweiterung V. 12.15 der Gedanke der allgemeinen Sündhaftigkeit der Völker hervor, der sich gegenüber Joel 4,2f. als traditionsgeschichtlich jünger erweist.

Jedenfalls zeigt sich, dass die V. 12.15 allein auf ihren Kontext in Sach 14 bezogen sind. Literarische Verbindungen zu anderen Texten des Dodekapropheton sind nicht zu beobachten.

## 4.3. V. 4-11*

Die umfangreichere Fortschreibungsschicht in Sach 14 benutzt eine ganze Reihe von bekannten Motiven und lässt schon deshalb zahlreiche Text-Text-Beziehungen hervortreten. *Erstens* ist die Verwandlung der Natur in V. 4-5.6.7.8.10 ein begleitendes Element der Theophanie (s. Jdc 5,4f.; Mi 1,3f.; Nah 1,2ff.; Hab 3,6.9f.; Ps 68, 8f.)[171]. In den entsprechenden Texten findet sich zur Explikation des Konstitutivums der Theophanie, des Erscheinens YHWHs, auch gelegentlich das Verb יצא (Jdc 5,4; Mi 1,3; Ps 68,8), das in V. 3 vorgefunden[172] offenbar zum Anlass genommen wurde, das angekündigte Eingreifen YHWHs als eine Theophanieszene mit beiden Elementen auszubauen. Aber gerade auch das in V. 5b verwendete Verb בוא begegnet u. a.[173] im theophanen Kontext (s. Dtn 33,2; Jes 40,10; Hab 3,3; Ps 68,18?[174]).

---

170 Tai, Prophetie, 259, vertritt die Meinung, dass die Beschreibung von V. 12 auf Jes 34,4 beruhe, beachtet dabei aber die unterschiedlichen Aussagen der beiden Texte nicht.

171 S. Jeremias, Theophanie, 7ff., zu den Formelementen.

172 Dafür, dass von einem Erscheinen YHWHs auch ohne damit einhergehende Veränderungen in der Natur die Rede sein kann, gibt es einige Analogien: s. z. B. Jes 31,4f.; 40,9-11. Gegen eine theophane Bedeutung des Verbs יצא in V. 3 s. oben S. 224.

173 Zur Systematisierung der Vorkommen s. Jenni, בוא, 267f.

174 MT gibt wenig Sinn („der Herr ist unter ihnen, der Sinai im Heiligtum"), daher wird man der geläufigen Konjektur (s. BHS; Kraus, BK.AT XV/2, 627f. Textanm. v; Seybold, HAT I/15, 262 Textanm. 18b) den Vorzug geben („der Herr ist gekommen vom Sinai ins

V. 5 stimmt mit Dtn 33,2f. zwar in dem Befund überein, dass YHWHs Kommen mit בוא ausgedrückt wird und in diesem Zusammenhang von קְדֹשִׁים („Heiligen") die Rede ist. Jedoch kommen in V. 5 die „Heiligen" mit YHWH zusammen, weshalb es sich bei ihnen wohl um Angehörige des göttlichen Hofstaats handelt[175]. In Dtn 33,3 dagegen bezeichnen die „Heiligen", da קְדֹשִׁים parallel zu עַמִּים steht[176], die Angehörigen des Gottesvolkes. Außerdem kommt YHWH nicht mit ihnen zusammen, sondern ihnen zur Hilfe. Deshalb kann keine Rede davon sein, dass V. 5 eine Neuinterpretation von Dtn 33,2f. vornehme[177].

In Hab 3,3-6 finden sich mit בוא, רֶגֶל im Plural mit Suffix und עמד auch in V. 4-5 vorkommende Vokabeln. Diese sind keineswegs selten, begegnen aber in beiden Texten in einem theophanen Kontext. Auch ist die Intention der beiden Texte vergleichbar: Hab 3 besingt die Vernichtung der gottlosen Weltmacht (s. Hab 3,6.12.16), während das Erscheinen YHWHs in V. 4f. im Zusammenhang seinen Kampf gegen die Völker illustriert. Daher ist eine Bezugnahme nicht unwahrscheinlich. Allerdings werden die gemeinsamen Lexeme nicht ganz identisch verwendet. Unerheblich ist dabei, dass in Hab 3,6 anders als in V. 4 nicht die Füße YHWHs, sondern YHWH selbst hintritt bzw. dasteht. Gravierender ist, dass in Hab 3,5 לְרַגְלָיו parallel zu לְפָנָיו steht und zur Explikation von Ursache und Verbreitung der Seuche dient (die übrigens mit dem als Seuche zu verstehenden „Schlag" in V. 12 nichts zu tun hat). Daher wird man lediglich von einer losen literarischen Beziehung sprechen können[178].

Das Verbum בקע („sich spalten") besitzt zwar ein breites Spektrum, wird aber auch für Veränderungen im Bereich der Natur gebraucht: von einer wunderbaren Wassergewinnung handeln Jdc 15,19; Jes 35,9; 48,21; Hab 3,9, um Erdbeben geht es in Num 16,31; Mi 1,4 und evtl. Hab 3,9. Dass Berge sich spalten, wie es V. 4 sich vorstellt, ist eine singuläre Aussage (vgl. aber die anders vorgestellte Veränderung an der Bergen z. B. in Nah 1,5; Hab 3,6; Ps 97,5 und Jes 54,10 mit מוש [„weichen"] wie V. 5). Allerdings erwähnt Mi 1,4 parallel zum Spalten der Täler das Schmelzen der Berge und handelt auch V. 4f. von Tälern. Jedoch bezieht V. 4f. seine Aussagen auf die Lokalitäten rings um Jerusalem und formuliert anders als Mi 1,4 (עֵמֶק) mit dem Lexem גַּיְא. Außerdem zielt Mi 1,4 auf Verdeutlichung des unheilvollen Eingreifens YHWHs, während in V. 4-5 das Gegenteil der Fall ist. Daher wird man kaum von einer klaren literarischer Abhängigkeit ausgehen können[179]. Wohl aber ist

---

Heiligtum"), nach der dann ein weiterer Beleg für בוא in theophanem Kontext zu greifen wäre. Anders Hossfeld/Zenger, HThKAT, 243, die ohne Erläuterung offensichtlich gegenüber MT ein zusätzliches מ lesen („der vom Sinai [ist] im Heiligtum").

175 Vgl. etwa Ps 89,8; Hi 15,15 und außerdem z. B. Müller, קדש, 602; Reventlow, ATD 25,2, 125.

176 Vgl. Rose, ZBK.AT 5.2, 278; anders Müller, קדש, 602.

177 Der Unterschied zwischen beiden Texten ist von Tai, Prophetie, 255, nicht hinreichend wahrgenommen worden.

178 Vgl. auch Tai, Prophetie, 270.

179 Vgl. auch Tai, Prophetie, 254.269.

insgesamt deutlich, dass V. 4f. Theophanievorstellungen aufgreift. Dass noch einmal zwei Stellen aus Hab 3 genannt werden konnten, unterstreicht den Eindruck einer Adaption dieses ursprünglich im Kult situierten[180] Textes. Die im Hymnus besungene Hoffnung auf das Erscheinen YHWHs, mit dem sein Sieg über die Feindmacht verbunden ist, wird nun prophetisch zugesagt.

Während Nogalski Hab 3,16b-17 als literarisch sekundäre Passage seiner „Joel related layer" zuschreibt[181], ordnet Schart diese Verse der Redaktion des „Joel-Obadja-Korpus" zu, zu der er ja auch Sach 14 zählt[182]. Als sekundär erweise sich die Passage, weil die Partikel אֲשֶׁר im Kontext auffällig sei, nur hier in Kap. 3 im Plural gesprochen werde, jetzt im Gegensatz zu 3,2ff. eine einzige und reale Nation angreife und die landwirtschaftlichen Bilder in Hab völlig singulär seien. Tatsächlich sind die Spannungen gravierend, so dass 3,17 oft für sekundär gehalten[183] und 3,16b (mit 3,2 zusammen) als Rahmen um einen aufgenommenen Theophaniehymnus angesehen wird[184]. Die Interpretation der Bezüge ist jedoch nicht über jeden Zweifel erhaben. In der Formulierung יוֹם צָרָה („Tag der Angst") in V. 16b möchte Nogalski einen Hinweis auf den „Tag YHWHs" von Zeph 1,15 erkennen – eine Stelle, die er der gleichen Schicht zurechnet. Da sich der „Tag YHWHs", den Zeph 1,14.15f. verkündigt, aber gegen Juda richtet, können beide Stellen nicht ohne weiteres auf die gleiche Hand zurückgehen. Selbst wenn man Nogalskis oben bereits kritisierte These[185], die Zeph-Stellen handelten von einem universalen Weltgericht, weiterverfolgte, überzeugt die Annahme nicht, da Hab 3,16b konkret von einem „Volk, das uns angreift / angreifen wird", spricht. Es kommt hinzu, dass die Formulierung יוֹם צָרָה öfter belegt ist[186] und sich daher auch nicht wahrscheinlich machen läst, dass Hab 3,16b auf Zeph 1,15 bezogen sein muss.[187] Hab 3,17 sehen Nogalski und Schart auf Joel

---

180 Auf eine kultische Verwendung lassen die Über- und Unterschrift 3,1.19 sowie die סֶלָה-Zeichen in 3,3.9.13b schließen. Die jüngsten Forschungsüberblicke bieten Albertz, Heilsversicherung, 4ff., und Perlitt, ATD 25,1, 82f.

181 S. Nogalski, Precursors, 175ff. Vgl. auch Koenen, Heil, 145.

182 S. Schart, Entstehung, 274f.

183 S. z. B. Elliger, ATD 25, 54; Rudolph, KAT XIII,3, 240f.; Deissler, NEB 8, 233; Albertz, Heilsversicherung, 3 samt Anm. 9; Perlitt, ATD 25,1, 94.

184 S. z. B. Seybold, ZBK.AT 24,2, 81; Albertz, Heilsversicherung, 2f.16f.; Perlitt, ATD 25,1, 93.

185 S. S. 95f.107f.

186 Gen 35,3; II Reg 19,3; Jes 37,3; Jer 16,19; Ob 1,12.14; Nah 1,7; Hab 3,16; Zeph 1,15; Ps 20,2; 50,15; 77,3; 86,7; Prov 24,10; 25,19. Auf eine Feindbedrohung dürften II Reg 19,3; Jes 37,3; Jer 16,19; Ob 1,12.14; Nah 1,7; Hab 3,16 bezogen sein. Von einer nicht näher bezeichneten oder vielgestaltigen äußeren Not sprechen wohl Ps 20,2; 50,15; Prov 24,10; 25,19. Vgl. auch S. 104ff..

187 Angesichts der diversen Belege ließe sich sogar bestreiten, dass Hab 3,16b ursprünglich einen „Tag YHWHs"-Beleg darstellte, auch wenn die Stelle zur Zeit der Entstehung von Sach 14 als Hinweis auf den gegen die Völker gerichteten „Tag YHWHs" verstanden worden sein mag. Ebenso dürfte es sich mit der entsprechenden Wendung in Nah 1,7 verhalten.

1-2 bezogen: sowohl die Motive als auch die Verbindung von Feindbedrohung und kreatürlicher Not stimmten überein. Letzteres setzt freilich eine entsprechende Deutung von Joel 1-2 voraus. Die Motive sind aber auch anderweitig bezeugt (s. z. B. Hos 2,11ff.; 14,6ff.; Mi 4,4; Hag 2,19). Entscheidend ist jedoch, dass die vier Substantive תְּאֵנָה („Feigenbaum"), גֶּפֶן („Weinstock"), צֹאן („Kleinvieh") und בָּקָר („Rindvieh") (dazu die aber jeweils anders gebrauchte Wurzel אכל) nur noch in Jer 5,17 belegt sind, so dass eine literarische Abhängigkeit von dieser Stelle wahrscheinlich ist. Je nachdem worauf man die Szenerie beziehen möchte – auf das eigene Land oder auf das der Angreifer – ergibt sich, dass entweder als Auslegung von Jer 5,17 die kreatürliche Not mit dem Feindangriff einhergeht oder dass in Umkehrung von Jer 5,17 die einstige Verwüstung der landwirtschaftlichen Kultur Judas durch die Babylonier jetzt die Babylonier selbst treffen soll. Angesichts dieses Befundes sind weder Beziehungen zu Joel 1-2; Zeph 1,15; Sach 14 als wahrscheinlich anzusehen[188]. Noch kann Hab 3,16b-17 als Schriften verkettende redaktionelle Erweiterung begriffen werden.

Gegenüber den Abschnitten Jdc 5,4f.; Ps 68,8f.; Hab 3,3, die das Erscheinen Gottes mit dem Sinai verbinden und die Veränderungen der Natur nicht lokalisieren, der allgemeinen Wettererscheinung YHWHs in Nah 1,2ff. und dem Auftreten Gottes im Tempel Mi 1,3f. verlegt V. 4f. die Theophanie auf den Ölberg und spitzt das die natürlichen Gegebenheiten umwälzende Geschehen in V. 4f.8.10 auf Jerusalem und seine Umgebung zu. Dies dürfte mit den weiteren (gleich zu nennenden) Motiven zusammenhängen, die zur Ausgestaltung des Endzeitszenarios Verwendung finden. Dabei wird außerdem zu bemerken sein, dass die in V. 4-8.10 im Gegensatz zu den meisten anderen Theophanietexten die Folgen des Erscheinens YHWHs nicht als schreckliche, sondern als positive und heilvolle Umwälzungen[189] darstellen.

YHWHs Auftritt findet *zweitens* auf dem Ölberg statt. Von diesem ist im Alten Testament nicht gerade häufig die Rede (II Sam 15,30 [nur hier noch mit זַיִת]; I Reg 11,7; II Reg 23,13[190]; Ez 11,23; Neh 8,15). Ez 11,23 spricht davon, dass YHWHs Herrlichkeit sich auf den Berg im Osten der Stadt hinstellt (עמד) und bietet damit eine V. 4 vergleichbare Vorstellung, nach der YHWHs Füße auf dem Ölberg stehen (עמד). Die heilvolle Intention von

---

188 Vgl. bereits S. 159.

189 Eine positive Veränderung der Natur erwartet etwa auch Jes 40,4. Davon sind die (von Jeremias, Theophanie, 126ff., genannten) Texte zu unterscheiden, in denen Theophanieschilderungen mit heilvollen Taten YHWHs verbunden sind, in denen aber nicht die Veränderung der Natur an sich bereits eine Heilsvorstellung bedeutet.

190 Schaefer, Zechariah 14, 86f., sieht in V. 4 ein Zitat von I Reg 11,7; II Reg 23,13. Doch ist diese Annahme und die Einbeziehung der Prätexte mit ihren idolatrischen Konnotationen ind ie Interpretation aufgrund der selbstverständlich wirkenden Formulierung עַל־פְּנֵי יְרוּשָׁלָיִם zu gewagt.

V. 4f. dagegen dürfte Ez 43,1-4; 44,2[191] entsprechen, wo die Herrlichkeit YHWHs von Osten aus in den Tempel zurückkehrt[192]. Dies ist wie die Ankunft YHWHs mit seinen Heiligen in V. 5b mit dem Verb בוא formuliert. Die Formulierungen stimmen zwar nicht im Detail überein. Aber insgesamt sind die Gemeinsamkeiten so stark, dass man davon ausgehen kann, dass die Gestaltung der Theophanieszene in V. 4f. die Vorstellung von YHWHs heilvoller Erscheinung vom Osten Jerusalems her aufgegriffen und neu ausgedeutet hat.

*Drittens* ist wohl auch nicht zufällig davon die Rede, dass bei der Spaltung des Ölbergs ein Tal entsteht und das Hinnomtal eingeebnet wird. So entsteht nämlich eine auf einer Ebene liegende Straße durch den Ölberg hindurch und über das ehemals von Greueltaten verunreinigte und nun nicht mehr existierende Hinnomtal hinweg. Damit greift V. 4 die in Jes 40,3-5; 49,8-12 festgehaltene Erwartung eines Einzugs YHWHs (und der Verstreuten) auf einer Prachtstraße in Jerusalem auf[193]. Enge Text-Text-Beziehungen, die auf eine literarische Abhängigkeit schließen lassen, sind jedoch nicht zu beobachten.

Die Zuspitzung des Geschehens auf Jerusalem wird auch dadurch bewirkt, dass einige der nachexilischen Zionstheologie zugehörenden mythischen Motive aufgegriffen werden. *Viertens* ist dies in V. 8 der vom Gottesberg, also in Jerusalem entspringende Paradiesstrom (vgl. z. B. Jes 33,20f.; Ez 47,1ff.; Joel 4,18; Ps 46,5; 65,10; 87,7), der die Stadt als voller Segen und Lebensfülle qualifiziert. Die Beziehung zu Ez 47,1ff.[194] ist besonders eng, da dort ebenso mit den Lexemen יצא und מַיִם formuliert wird und geographische Angaben (das Wasser fließt nach Osten) gemacht werden. Da die übereinstimmenden Vokabeln absolut geläufig sind, ist literarische Abhängigkeit zwar nicht eindeutig nachweisbar. Aber es begegnen weitere gleiche Vorstellungen, so dass durchaus von einer Anspielung ausgegangen werden kann, wobei Sach 14 die weiterentwickelte Version darstellt. Es kommt nämlich hinzu, dass die V. 4-5 auch auf Ez 43,1ff. bezogen und der Völkerkampf der Grundschicht motivlich mit Ez 38-39 korrespondiert. Daher lässt sich die Vermutung Plögers, Sach 14 (in der Prägung durch die umfangreiche Fortschreibungsschicht) habe sich an Ez 38-48 orientiert[195], nicht von der Hand weisen. Gegenüber Bosshard[196] ist jedoch nicht recht ein-

---

191 Während Zimmerli, BK.AT XIII/4, 1074f.1109.1247f., die Stellen noch in der Exilszeit datieren möchte, setzt Pohlmann (Rudnig), ATD 22,2, 537f.539.575, diese um die Wende 4./3. Jh. an.
192 Vgl. z. B. Reventlow, ATD 25,2, 125; Tai, Prophetie, 255.271; Sæbø, Sacharja 9-14, 290f.
193 Vgl. z. B. Reventlow, ATD 25,2, 125; Tai, Prophetie, 255; Sæbø, Sacharja 9-14, 290.
194 Während sich Zimmerli, BK.AT XIII/4, 1191.1247, eine Datierung in der Exilszeit vorstellen kann und Ez 47,1-11 für einheitlich hält, möchte Pohlmann (Rudnig), ATD 22,2, 614ff., eine literarische Schichtung annehmen und den Grundtext der von ihm als „gola-orientiert" bezeichneten Redaktion der ersten Hälfte des 5. Jh. zuweisen.
195 S. Plöger, Theokratie, 110f. Vgl. auch Schaefer, Zechariah 14, 74.
196 S. Bosshard, Beobachtungen, 58 Anm. 65.

sichtig, weshalb der Aspekt der Heiligkeit in Sach 14,20f., der ohnehin auf einer anderen literargeschichtlichen Ebene zu verorten ist, aus Ez 47,13ff.; 48 (aufgrund der Abgaben für das Heiligtum?, s. 48,8-10.18.20) entnommen worden sein soll. Jedenfalls stellt Sach 14 einen neuen, eigenen Entwurf dar. Ez 47,1.8.12 sieht das vom Tempel ausgehende Wasser nur nach Osten fließen und rechnet mit der Heilung des Toten Meeres (als *pars pro toto* für das ganze Land?) und künftiger Fruchtbarkeit. V. 8 dagegen weitet diese Vorstellung aus: die Wasser sollen nach Osten ins Tote Meer wie nach Westen ins Mittelmeer fließen. Ausgangspunkt ist außerdem nicht der Tempel, sondern Jerusalem.

Dass die Wasser Fruchtbarkeit bewirken sollen, wird nicht explizit gesagt, was umso schwerer wiegt, wenn Sach 14 einen zentralen Text einer Dodekapropheton-Redaktion darstellen soll. Denn leicht hätte sich eine explizite Verbindung mit Hos 2,24; 14,6-8; Joel 2,24f.; 4,18 herstellen lassen. Eine solche ist jedoch nicht erkennbar. Die Behauptung, V. 8 greife auf Joel 4,18 zurück[197], kann im literarischen Sinn angesichts des Fehlens von über יצא hinausgehenden gemeinsamen Lexemen nicht geteilt werden. Wenn man den traditionsgeschichtlichen Hintergrund von Ez 47,12 oder Joel 4,18 mitbedenkt[198], zielt der Paradiesstrom freilich auf immerwährende Fruchtbarkeit. Eine Anspielung auf Gen 2,10-14[199] kann nur traditionsgeschichtlich vermutet werden. Die Interpretation der Adjektive „östlich" und „westlich" als Zeitangaben, die auf die Vorstellung der Auferstehung von den Toten zielten[200], dürfte nicht gerechtfertigt sein[201]. Gemeinsame Motive finden sich jedoch in Hab 3,9-11, wo YHWH als Krieger gezeichnet ist, der im Kontext von Erdbeben und Funktionslosigkeit der Gestirne Wasserströme hervorbrechen lässt[202]. Somit wird noch einmal die Beziehung zu diesem Text[203] unterstrichen.

Möglicherweise schwingen bei V. 8 auch noch andere Aspekte mit. Wenn die Bezeichnung מַיִם־חַיִּים („lebendige Wasser")[204] nämlich nicht nur schlicht fließendes (im Gegensatz zu stehendem) Wasser meint, könnte sie angesichts der Belege Lev 14,5-6.50-52; 15,13; Num 19,17 auf Heiligkeit und Reinheit zielen, was auch in V. 20-21 thematisiert wird.[205] Oder die Wendung drückt in Anbetracht von Jer 2,13; 17,13 aus, dass eine

---

197 So Schart, Entstehung, 276 (aufgrund des Zusammenhangs ist wohl ein literarischer Rückgriff gemeint).
198 Vgl. auch Tai, End, 344f.
199 S. Tigchelaar, Prophets, 232.
200 S. Tigchelaar, Prophets, 232.
201 Nach Otzen, Studien, 207, handelt es sich um die Markierung der Grenzen der bewohnten Welt.
202 Vgl. Tigchelaar, Prophets, 233.
203 Vgl. oben S. 244.
204 Die Formulierung מַיִם־חַיִּים ist außer den gleich zu nennenden Stellen nur noch in Gen 26,19; Cant 4,15 belegt.
205 Angemerkt sei, dass Tigchelaar, Prophets, 237f., in V. (7b.)8 Anklänge auf das Laubhüttenfest wahrnehmen möchte.

Abwendung von YHWH nicht mehr möglich sein wird, da seine bzw. der Quelle Gegenwart omnipräsent ist, was mit V. 9 korrespondiert.

Weiter stimmt die geographische Angabe אֶל־ [...] אֶל־הַיָּם הַקַּדְמוֹנִי [...] הַיָּם הָאַחֲרוֹן wörtlich mit Joel 2,20 überein. Dieser Befund darf jedoch nicht zu der Annahme verleiten, dass es sich in V. 8 um ein Zitat davon handelt[206]. Skeptisch stimmt schon, dass verschiedene Substantive zwischen den genannten Angaben vorliegen. Weiter ist nicht klar, mit welcher Absicht V. 8 die Zusage von Joel 2,20, dass der Feind aus dem Norden in ein wüstes Land, seine Spitze in das östliche und sein Ende in das westliche Meer, vertrieben werde, aufgegriffen haben sollte. Schließlich zeigen die Stellen Dtn 11,24; 34,2 (עַד הַיָּם הָאַחֲרוֹן) und Ez 47,18 (עַל־הַיָּם הַקַּדְמוֹנִי), dass die Angaben von V. 8 vermutlich selbständig gebildet worden sind, handelt es sich einzeln betrachtet (vielleicht abgesehen von קַדְמוֹנִי) doch auch um absolut geläufige Vokabeln. So wird deutlich, dass V. 8 zwar traditionsgeschichtlich mit verschiedenen Vorstellungen korrespondiert, literarische Rückgriffe auf spezifische Texte aber nicht nachweisbar sind.

Als weiteres zionstheologisches Motiv begegnet *fünftens* in V. 10 die Vorstellung, dass der Gottesberg – als Scharnier zwischen Himmel und Erde der Wohnsitz YHWHs – weit über alle anderen Berge hinausragt (vgl. z. B. Jes 2,2-4; Jer 17,12; Ez 17,22f.; 20,40; 40,2; Mi 4,1-4; Ps 48,3; 76, 5). V. 10 spitzt diesen Gedanken dahingehend zu, dass das judäische Gebirge eingeebnet werden soll. Dies hängt mit der Erwartung einer (oben bereits erwähnten) Prachtstraße für den einziehenden YHWH zusammen (vgl. Jes 40,3f.). Stärkere als traditionsgeschichtliche Beziehungen zu den genannten Texten sind nicht nachweisbar. Die Vorstellung einer Völkerwallfahrt, die Jes 2,2-4; Mi 4,1-4 zusätzlich mit Sach 14 gemeinsam haben, sind ja auf einer anderen literarischen Ebene zu verorten.

*Sechstens* trägt V. 9 den Gedanken der Königsherrschaft YHWHs in Sach 14 ein. Den eschatologischen Belegen für diese Vorstellung[207] entsprechend kündigt V. 9 das Königtum YHWHs im Zusammenhang mit der

---

206 So aber Tai, Prophetie, 256.

207 Hierbei handelt es sich wahrscheinlich um ein mythisches Element, das YHWH einerseits als Schöpfer in der Nachfolge Els (vgl. dazu Ps 93,1f.) und andererseits als Chaosbezwinger in der Nachfolge Baals (vgl. hierzu Ps 29) zeichnet. Text-Text-Beziehungen im Alten Testament ergeben sich von der Verwendung der Wurzel מלך in V. 9 ausgehend (Die folgenden Belege beziehen sich also nicht nur auf das Substantiv מֶלֶךְ oder das Verb מלך, berücksichtigen jedoch nicht Formulierungen, die etwa vom „Thron YHWHs" sprechen. Vgl. die Übersicht bei Soggin, מֶלֶךְ, 915f.) zum einen zur dtr. Konzeption, nach der die Errichtung des Königtums den Anspruch YHWHs brüskiert habe (s. z. B. I Sam 8,7), zum anderen zur Kultdichtung (s. z. B. Ps 10,16; 22,29; 24,7-10; 29,10; 47; 68,25; 74,12; 84,4; 93; 95; 96; 97; 98; 99; 103,19; 145,1; 146,10; 149,2) und zum dritten zur prophetischen Überlieferung (s. z. B. Jes 6,5; 24,23; 41,21; 43,15; 44,6; 52,7; Jer 8,19; Ez 20,33; Ob 21; Mi 4,7; Zeph 3,15). Mindestens in dieser Linie findet sich die Vorstellung meistens in eschatologischen Kontexten, welche die Königsherrschaft YHWHs angesichts gegenwärtiger Chaoserfahrungen für eine heilvolle Zukunft erwarten (s. aber auch Ps 99,1 mit theophanen Elementen).

endzeitlichen Veränderung der Welt an. YHWH wird sich dann als König erweisen bzw. durchsetzen, wenn die gegenwärtige Weltzeit aufgehoben ist, Jerusalem in Sicherheit leben kann und die Völker sich ebenfalls zu YHWH wenden. Diesem universalistischen Denken der Fortschreibungsschicht entspricht in V. 9 die Formulierung מֶלֶךְ עַל־כָּל־הָאָרֶץ samt dem Aufgreifen des Alleinverehrungsanspruchs (יְהוָה אֶחָד וּשְׁמוֹ אֶחָד). Die Formulierung V. 9a (וְהָיָה יְהוָה לְמֶלֶךְ) ist allerdings völlig singulär. Königsherrschaft und Alleinverehrungsanspruch YHWHs sind ebenfalls kombiniert in Jes 44,6; Jer 8,19; Ps 22,28f.; 47,3; 95,3; 96,4f.10; 97,1.7-9. Die Anbetung YHWHs als König auch durch die Völker besingen Ps 47,2f.9f.; 96,7-10. Die Verbindung von Königsherrschaft und Kampf YHWHs gegen die Völker liegt noch in Zeph 3,15; Ps 10,16; 47,4 vor und ist in Ex 15,18; Ob 21 vorausgesetzt; vom Richten der Völker durch YHWH als König sprechen Ps 96,13; 98,9. Ps 74,12ff. preist das Königtum YHWHs aufgrund seiner Taten bei Exodus, Wüstenwanderung und Landnahme und aufgrund seiner Garantie der Weltordnung, die mit den Wortpaaren „Tag"/"Nacht", „Gestirne"/"Erde" und „Sommer"/"Winter" ausgedrückt wird[208]. Die Fortschreibungsschicht von Sach 14 kombiniert also unterschiedlich ausgeprägte Gedanken aus verschiedenen Literaturbereichen, fügt diese zu einem Gesamtbild zusammen und erweist sich somit als ein traditionsgeschichtlich junger Text. Literarische Abhängigkeiten sind in Bezug auf V. 9 nicht auszumachen.

V. 11 erwartet *siebtens* die Sicherheit Jerusalems. Hierauf zielen freilich eine ganze Reihe von Motiven bzw. Traditionen: klar geht dies etwa aus dem Völkerkampfmotiv hervor, aber auch die anderen zionstheologischen Motive wie Gottesberg und Paradiesstrom oder die Königsherrschaft YHWHs setzen die Sicherheit Jerusalems voraus. Mit der Formulierung in V. 11 (יֹשֵׁב לָבֶטַח) ergeben sich freilich Text-Text-Bezüge zu Lev 25,19; 26,5; Dtn 12,10; I Sam 12,11; Jer 32,37; Ez 28,25f.; 34,28; 38,8.11, welche die Sicherheit mit der Landnahme, der Rückführung der Diaspora oder der Existenz unter einem neuen Hirten (ist dies auch die Situation vor dem Ansturm Gogs?) verbinden. Auch wenn das Verb שׁכן verwendet wird (Dtn 33,28; Jer 23,6; 33,16), zeigt sich ein derartiges Spektrum. Explizit auf Jerusalem bezogen sind Jer 32,37; 33,16. Dass die Landnahmetradition in besonderer Weise berücksichtigt wird, mag das Aufgreifen des Substantivs חֵרֶם („Bann"; s. z. B. Jos 6,17f.; 7,1.11ff.) nahelegen. Die Zusage, es solle keinen Bann mehr geben, rezipiert aber darüber hinaus die prophetische Linie, die den Untergang Judas so zur Sprache bringt, dass YHWH den Bann an Israel vollstrecke (Jer 25,9 in einer begründeten Unheilsankündigung; Jes 43,28 in einer Gerichtsrede; Jes 34,5 gegen Edom im „Tag YHWHs"-Kontext). Klare literarische Abhängigkeiten lassen sich jedoch nicht beweisen. Allenfalls wenn man bedenkt, dass mit Zeph 3,9.15 der Hinweis auf den Namen YHWHs, die Vorstellung vom Königtum YHWHs und der Aspekt der Sicherheit Jerusalems in V. 9.11 übereinstimmt und die Beziehung zu Zeph 3 auf der Ebene der Grundschicht in Rechnung stellt, mag eine lose Beziehung vermutet werden.

---

208 S. Hossfeld/Zenger, NEB 40, 426, und vgl. Tigchelaar, Prophets, 234.

*Achtens* schließlich zeigt die Fortschreibungsschicht besonders in V. 6-7 Züge einer Transzendierung von Raum und Zeit. Zum einen soll die Abfolge von Tag und Nacht aufgehoben werden und stattdessen ein immerwährender Tag da sein, da es zur Abendzeit hell bleiben und Tagesanbruch nicht mehr geben wird. Zum anderen soll die Differenz zwischen den Jahreszeiten nicht mehr existieren, da Kälte und Frost nicht mehr möglich sein werden; die Erwartung des im Sommer wie im Winter fließenden Paradiesstroms zeigt, dass die Auswirkungen dieser Jahresabschnitte nicht mehr zu spüren sein werden. Damit transzendieren die V. 6-7 die Ordnung, aufgrund der die Welt mit Gottes Zusage besteht. Dabei wird auf Gen 8,22 angespielt[209], wie die gemeinsamen Lexeme לַיְלָה, יוֹם, חֹרֶף, קַיִץ und קֹר[210] zu erkennen geben. Eine Anspielung auf Gen 1,2-3 und die Aussage des endgültigen Sieges über die Ur-Finsternis[211] lässt sich nicht absichern, genausowenig eine Adaption von Jos 10,8-14[212]. Angesichts der Wurzel קר fragt es sich, ob ein besonderer Bezug zur weiteren Dodekapropheton-Stelle Nah 3,17 auszumachen ist. Da aber dort bei Kälte träge Insekten zum Vergleich für assyrische Beamte (Schreiber?) beschrieben werden, kommt eine Beziehung nicht in Frage. Gering bezeugt ist die Wurzel קפא („sich zusammenziehen"): als Verb Ex 15,8; Zeph 1,12; Hi 10,10 und vermutlich als Substantiv קִפָּאוֹן in V. 6. Aber auch eine Beziehung zum „Tag YHWHs"-Kontext Zeph 1,12 liegt nicht vor, da dort die trägen Selbstzufriedenen als auf Hefen dick werdende Leute beschrieben werden.

Eine besondere Rolle spielt in V. 6-7 die künftige dauerhafte Lichtfülle. Die bisherige Vorstellung vom „Tag YHWHs" hatte demgegenüber unheimliche Finsternis verkündet (s. Jes 13,10; Joel 2,10; 3,4; 4,15; Am 5,18.20; Zeph 1,15), wobei nur Jes 13,10; Am 5,18.20 dies mit dem Substantiv אוֹר ausdrücken. Dabei wird die Partikel לֹא unmittelbar (Am 5,18.20) oder wie in V. 6 mit einem dazwischen stehenden, jedoch anderen Verb (Jes 13,10) dem Lexem אוֹר vorangestellt. Außerdem dürfte אוֹר in V. 6 eine andere Bedeutung (nämlich „Tagesanbruch") zukommen. Weiter ist die Kombination von אוֹר, dem Verb היה und der Partikel לֹא keine ungewöhnliche Konstruktion. So wird die „Tag YHWHs"-Tradition mit der Ankündigung der Lichtfülle auf eine besondere Weise umgeprägt. Aufgrund der Prägnanz der „Tag YHWHs"-Texte kann eine Anspielung auf diese (insbesondere Jes 13,10 oder Am 5,18.20) zwar nicht abgestritten werden. Umgekehrt aber lässt sich nicht behaupten, dass V. 6 mit dieser Umprägung eine „Tag YHWHs"-Lektürelinie herstellen möchte[213].

---

209 Vgl. Tai, Prophetie, 256.272; Willi-Plein, Prophetie, 89.
210 Bei letzterem handelt es sich freilich nur um die gleiche Wurzel, die folgendermaßen belegt ist: קרר I („kalt sein") in Jer 6,7 (קרר II [Jes 22,5] kann nicht verglichen werden!), קַר („kalt") in Jer 18,14; Prov 25,25, קָרָה („Kälte") in Nah 3,17; Ps 147,17; Hi 24,7; 37,9; Prov 25,20.
211 So Tigchelaar, Prophets, 228.
212 Wie Tigchelaar, Prophets, 230f., selbst sieht, kann die Bezugnahme (über die Brücke Jes 28,21) nur äußerst umständlich nachgezeichnet werden.
213 Auch Tai, Prophetie, 255.271f.; ders., End, 344, formuliert vorsichtig.

Andere spätprophetische Worte erwarten ähnlich wie V. 6 Licht für die Heilszeit. Nach Jes 30,26 wird der Mond der Sonne gleich sein und diese noch mehr Licht produzieren. Nach Jes 60,19 übernimmt YHWH die Funktion der Gestirne, so dass Sonne und Mond überflüssig werden. Zwar gebrauchen diese Stellen ebenso das Substantiv אוֹר, aber auch dort besitzt dieses eine andere Bedeutung als in V. 6. Die Ausdrucksweise לְא־יוֹם bzw. לְא־לַיְלָה von V. 6 besitzt keine nennenswerte Parallelen. Betrachtet man schließlich noch die Motive in den jeweiligen Kontexten, zeigen sich kaum Übereinstimmungen, so dass keine literarischen Bezüge auszumachen sind[214].

Abschließend ist wieder die Frage aufzugreifen, worauf die V. 4-11* bezogen sind. Angesichts der zahlreichen verarbeiteten Motive und Traditionen und insbesondere aufgrund der literarischen Bezüge zu Gen 8,22; Ez 11,23; 43,1-4; 44,2; 47,1ff.; Hab 3, des Aufgreifens von zionstheologischen Motiven (vgl. Jes 2,2-4 / Mi 4,1-4; Joel 4) sowie der „Tag YHWHs"-Vorstellung (vgl. vor allem Zeph 3) zeigt sich ein außerordentlich weiter Horizont. Dies und insbesondere die Beziehung zu Hab 3 bestätigt den anhand der Grundtextes gewonnenen Eindruck, dass Sach 14 als Abschluss einer umfassenderen Prophetenschriften-Sammlung konzipiert wurde. Die Erweiterung der V. 4-11* dient der weiteren Profilierung von Sach 14 als Abschluss. Es erwies sich zwar nicht als wahrscheinlich, dass bestimmte Texte, zu denen besondere Beziehungen bestehen, mit Sach 14* auf ein und dieselbe Hand zurückgehen, oder dass aus den diversen vorliegenden eschatologischen Stimmen eine ausgleichende und zusammenfassende Synthese präsentiert werden sollte. Aber redaktionsgeschichtlich argumentiert werden kann mit der Schlussposition von Sach 14. Mit den V. 4-11* wird zum einen ein weiterer Beitrag dazu geleistet, dass die Endgestalt von Sach 14 als „ein Gesamtbild eschatologischer Erwartungen"[215] erscheint. Zum anderen wird auch die Vorstellung vom „Tag YHWHs" weitergebildet und neu geprägt. So wird die Rolle von Sach 14 als ein die Summe ziehender Abschluss zunehmend deutlich. Gleichwohl ist sich die Erweiterung des Zusammenhangs mit Sach 12 bewusst, wie der Bezug von 14,10 auf 12,6 – die Kombination von יְרוּשָׁלַם, יָשַׁב und תַּחַת mit auf Jerusalem bezogenem Suffix ist nur an diesen beiden Stellen belegt – zeigt.

### 4.4. Die Glossen bzw. Zusätze

Aus den Glossen können zwar keine Hinweise auf Redaktionsvorgänge, die das gesamte Dodekapropheton betreffen oder die das Dodekapropheton als Gesamtgröße schaffen, entnommen werden. Gleichwohl sind ihnen möglicherweise Hinweise abzugewinnen, ob ihnen das Dodekapropheton als Gan-

---

214 Auch Steck, Abschluss, 26ff.196f, ordnet die drei Texte Jes 30,18-26; 60,17-22; Sach 14 unterschiedlichen Redaktionsphasen zu.
215 Schart, Entstehung, 275; s. auch Tai, Prophetie, 263.

zes (bereits vorlag. Unerheblich für diese Fragestellung sind dabei V. 7a$_2$*, V. 14a und V. 18-19.

Wenig ergiebig ist auch V. 2bβγ, der in einem Kontext zu stehen kommt, der Reminiszenzen an die Katastrophe 587 verarbeitet. Die Vergewisserung, dass der Rest des Volkes nicht aus der Stadt ausgerottet werden wird, könnte angesichts der Formulierung הָעָם יֶתֶר[216] mit kontrastierender Intention auf die Texte II Reg 25,11; Jer 52,15 anspielen, da in ihnen die Idee der totalen Ausrottung mitschwingt (s. II Reg 25,21; Jer 52,27). Schlussfolgerungen der Art, dass V. 2bβγ ein entsprechendes *corpus propheticum* vorlag, wären aufgrund jener Beobachtung aber nicht zu rechtfertigen. V. 2bβγ verwendet jedenfalls explizit einen Ausdruck für den „Rest", mit dem sich in nachexilischer Zeit mehr und mehr Hoffnungen verbunden haben. Die Glosse gibt aber nicht zu erkennen, dass innerhalb des Restes noch differenziert werden müsste, wie dies die These des Zusammenhangs mit Mal 2,17 - 3,5; 3,13-21 behauptet.

Interessant ist aber V. 5a*, der ein Erdbeben erwähnt, das sich zur Zeit Ussijahs von Juda ereignet haben soll. Dass es diese Naturkatastrophe gegeben hat, setzt zum einen die Amos-Überlieferung voraus (s. Am 1,1; 2,13; 9,1) und belegt zum anderen der archäologische Befund[217]. Verweist V. 5a* aber auf die Amosschrift[218]? Zunächst ist festzustellen, dass der Zusatz keine den heilvollen Kontext sprengt, indem er ganz praktisch verdeutlicht, was ein solches Eingreifen YHWHs samt den damit verbundenen Erschütterungen der Natur für die Bewohner Jerusalems bzw. Judas bedeuten würde. Es würde nämlich durchaus zu Fluchtversuchen führen, um den mit Erdbeben nun einmal verbundenen Gefahren zu entgehen. Ein Verweis auf die Unheilsverkündigung der Amosschrift war damit sicher nicht intendiert. Auf der anderen Seite ist jedoch kaum ein Grund dafür vorstellbar, weshalb ca. 450 Jahre später jemand an ein Erdbeben erinnert. Auch wenn dieses Beben besonders zerstörerisch gewesen sein sollte, haben sich ab und zu einmal ähnliche Katastrophen ereignet. Daher dürfte tatsächlich die Annahme plausibel sein, dass V. 5a* den Sach-Schluss mit der Amosschrift verketten möchte. Eine besondere Intention bzw. theologische Funktion ist dabei nicht erkennbar. Vielmehr handelt es sich wohl um eine rein assoziative Verkettung. Diese erweckt jedoch aufgrund ihrer Formulierung „wie ihr damals geflohen seid" den Eindruck, dass die Möglichkeit eines geschichtlichen Lesens von Prophetenschriften bestand, die Amosschrift also nach Auskünften über vergangene Ereignisse im Zusammenhang mit Gottes Handeln an Israel befragt werden konnte. Dann müsste das Dodekapropheton mit seiner chronologischen Anordnung der Schriften bereits (zumindest weitgehend) fixiert gewesen sein. So war es bereits in Bezug auf die Grundschicht[219] vermutet worden. Außer-

---

216 Diese ist noch belegt in Jdc 7,6; I Sam 13,2; II Sam 10,10; 12,28; I Reg 12,23; II Reg 25,11; Jer 39,9(2×); 52,15; Sach 14,2; Neh 4,8.13; I Chr 19, 11.
217 S. die Verweise bei Wolff, BK.AT XIV/2, 155, oder H. Weippert, Palästina, 609.626.
218 So Schart, Entstehung, 276.
219 Vgl. S. 241f.

dem zeigt V. 5a*, dass das Zwölfprophetenbuch nicht nur inhaltlich fortlaufend – so wäre nach der Stichwortverbindung Joel 4,16aα; Am 1,2a zu urteilen –, sondern auch unter chronologischen Aspekten gelesen wurde.

## 5. Ergebnisse

Der „Tag YHWHs"-Text Sach 14 hat sich als komplexes Produkt des 3. Jh. v. Chr. erwiesen, an dem mehrere Hände beteiligt waren, eine Gesamtsicht der Zukunftserwartung zu entwickeln. Unter dem Oberbegriff „Tag YHWHs" versteht die Grundschicht (V. 1.2abα.3.13.14b.16.17.20-21) zunächst einen von YHWH initiierten Völkerkampf, bei dem die Völker zuerst zwar Jerusalem einnehmen und die Hälfte der Bevölkerung deportieren, schließlich aber von YHWH als Krieger mittels Gottesschrecken vernichtet werden. So wendet sich das Blatt und Jerusalem kann mit den Schätzen der Völker Beute einbringen. Der beim Kampf YHWHs gegen die Völker übriggebliebene Rest soll jährlich zum Laubhüttenfest nach Jerusalem ziehen. Die gesamte Stadt und ihr Umland werden nun als heilig gelten. Innerhalb des Völkerrestes wird jedoch zwischen Verehrern YHWHs und Abtrünnigen unterschieden. Letztere ziehen sich als Strafe Regenentzug zu. Theologisch werden dabei einerseits die Unheilsprophetie, welche die Katastrophen 722 und 587 als Strafhandeln YHWHs (und teilweise unter dem Begriff „Tag YHWHs") interpretiert, andererseits die Erwartung eines universalen Völkergerichts, bei dem YHWH die Völker wegen deren Vergehen strafen wird, aufgegriffen und miteinander verbunden. Damit einher geht eine außerdem eine differenzierte völkerpositive Sicht. Sach 14* hat einerseits Sach 12-13 korrigierend fortgeschrieben und die Sacharjaschrift insgesamt abgeschlossen (vgl. Sach 8,20-22). Andererseits aber hat der Text – über Sach hinausschauend sowie Unheilsprophetie und Heilserwartungen miteinander verbindend – bewusst seine Position als Abschluss einer mit Hos 2,18-25 und Sach 13,7-9 gerahmten Schriftensammlung wahrgenommen. Diverse Anspielungen sind erkennbar, wobei vor allem Joel 4 und Zeph 3 Berücksichtigung fanden, aber auch zu Jes 2,1-4; Mi 4,1-4 Verbindungen wahrzunehmen sind. In die Prophetenschriften eingreifende Redaktionsvorgänge offenbaren sich jedoch nicht.

Die Ergänzung um die V. 12 und 15 lässt keinen umfassenderen Horizont erkennen. Sie malt den Untergang der Völker drastisch aus. Die zentralen Vokabeln sind mit dem Aspekt von Schuld und Strafe konnotiert. Da keine konkreten Vergehen benannt werden, dürfte die Vorstellung einer allgemeinen Sündhaftigkeit (s. Joel 2) nun auch die Völker erfasst haben.

Die Fortschreibung V. 4-11* reichert den Völkerkampftext mit zahlreichen geprägten Vorstellungen an. So erscheint der Eingriff YHWHs zusätzlich als eine Raum verändernde und Zeit aufhebende Theophanie, bei der sich der Ölberg im Osten spaltet, eine Prachtstraße entsteht und Jerusalem mit Paradiesstrom und als einziger (Gottes-)Berg zur sicheren Gottesstadt wird. So erweist sich YHWH vor aller Welt als universaler König. Hier sind Anspielungen auf Gen 8,22; Jes 40,3-5; Ez 11,23; 43,1-4; 44,2; 47,1ff.; Hab

3 zu beobachten und das Aufgreifen von „Tag YHWHs"-, Zions- (vgl. Jes 2,1-4; Mi 4,1-4; Joel 4,18) und exilischer Exodus- (vgl. Jes 40,3-5; 49,8-12) Tradition zu erkennen. Die Text-Text-Bezüge sind dabei als schriftgelehrtes Aufgreifen und Neukombinieren zu bewerten, ohne dass die Prophetenbücher oder das Dodekapropheton durchziehende Redaktionsschichten auszumachen sind. Trotzdem rechtfertigt die Schlussposition von Sach 14 eine redaktionsgeschichtliche Auswertung in der Hinsicht, dass die Überblicks- und Abschlussfunktion von Sach 14 verstärkt wird.

Sach 14 in seiner Endgestalt versteht unter dem „Tag YHWHs" also einen weltverändernden, strafenden und rettenden Eingriff YHWHs, genauer eine zionstheologisch entfaltete Theophanie, welche die universale Königsherrschaft YHWHs und die Sicherheit und Heiligkeit Jerusalems als Zentrum der universalen YHWHverehrung, an der die gehorsame Völkerwelt partizipieren darf, zum ewig dauernden Ziel hat. Damit entwirft Sach 14 am Schluss des (werdenden) Dodekapropheton nicht nur „ein Gesamtbild eschatologischer Erwartungen"[220]. Sondern dadurch wird auch die Vorstellung vom „Tag YHWHs" weitergebildet und neu geprägt. Mehr noch: der „Tag YHWHs" erscheint als Summe der prophetischen Verkündigung und hermeneutische Brille für das entstehende Dodekapropheton. Auch erhalten die jetzt zusammengestellten Schriften aufgrund ihrer Einbindung in weitere literarische Kontexte neue Bedeutungsdimensionen. Gleichzeitig verrät aber die Anordnung von Hos zu Beginn des Dodekapropheton und der Zusatz V. 5a*, dass auch ein geschichtliches Lesen der Schriften möglich war. Außerdem zeigen Beziehungen zu Sach 12 und eine Motivverwandtschaft mit Sach 8,20-22, dass Sach 14 auch als Abschluss der Sacharjaschrift verstanden wurde, woraus das Bewusstsein von der Eigenständigkeit der diversen Schriften hervorgeht.

Bemerkenswerterweise fanden sich keine Passagen in den anderen Schriften des Dodekapropheton, die sekundär zu ihrem Kontext stehen und eine mit Sach 14 übereinstimmende Terminologie, Stil und Theologie verraten. Diese Feststellung betrifft gerade auch die Joelschrift (bzw. Teile dieser mehrschichtigen Schrift), Zeph 3,9-10 oder Mal 2,17 - 3,5; 3,13-21. Daher ist Sach 14 oder auch nur eine Schicht von Sach 14 nicht Teil einer Schriften übergreifenden Redaktionsschicht.

Auch ein weiter reichender Horizont von Sach 14 – etwa bis zum Jesajabuch – ließ sich nicht verifizieren. Zum einen sind die vermeintlichen Bezüge zu Jes 2 nicht besonders gewichtig. Zum anderen ist die Annahme einer Priorität der betreffenden Stellen aus Jes 66 gegenüber Sach 14 nicht einsichtig.

---

220 Schart, Entstehung, 275; s. auch Tai, Prophetie, 263.

# Kapitel VII: Die „Tag YHWHs"-Texte
# in der Maleachischrift

## 1. Die Relevanz der „Tag YHWHs"-Texte in der Maleachischrift

In der Maleachischrift finden sich ein klarer „Tag YHWHs"-Beleg in 3,23 und weitere mögliche Belege in 3,2.17.21. Daher werden die Texte 2,17 - 3,5; 3,13-21 und 3,22-24 zu untersuchen sein. Diese sind deshalb besonders wichtig, weil Mal erstens eine anerkanntermaßen nachexilische Schrift darstellt und zweitens in der jetzt vorliegenden kanonischen Abfolge am Ende des Dodekapropheton zu stehen kommt, damit das Gewicht des Schlusses besitzt und möglicherweise einen die zwölf Schriften zusammenfassenden Horizont erkennen lässt. Die Frage, ob anhand der im Folgenden zu analysierenden „Tag YHWHs"-Texte das Dodekapropheton formende Redaktionsprozesse auszumachen sind, stellt sich also noch einmal besonders dringlich. Zuvor ist jedoch über einige Problemstellungen der Forschung zu informieren.

### 1.1. Zur Interpretation der Text-Text-Bezüge zwischen Maleachi und anderen Schriften

Von 3,22-24 abgesehen besteht die Maleachischrift aus sechs Diskussionsworten[1], die – auch wenn ihre Einheitlichkeit umstritten ist – weithin als die Texte 1,2-5; 1,6 - 2,9; 2,10-16; 2,17 - 3,5; 3,6-12; 3,13-21 abgegrenzt werden. Dieser im Kontext sämtlicher Prophetenbücher bzw. -schriften singuläre Befund lässt Mal als eine besondere Prophetenschrift erscheinen und führt zu der Frage, wie die Prophetie der Maleachischrift zu charakterisieren ist.

*Erstens* rechnen eine ganze Reihe von Forschern damit, dass es sich bei der Maleachischrift um den schriftlichen Niederschlag der mündlichen Verkündigung eines Propheten handelt.

So urteilt Elliger: „Er ist noch ein echter Prophet von hohem Berufsbewußtsein"[2]. Diese erste Position geht davon aus, dass Mal als eine weitgehend einheitliche und eigenständige

---

1   Auf die gattungskritische Diskussion kann hier nicht eingegangen werden. Der Hinweis auf Meinhold, BK.AT XIV/8, 25; ders. Vorsprüche, 197ff., muss genügen.

2   Elliger, ATD 25, 189; vgl. auch Rudolph, KAT XIII,4, 250; Deissler, NEB 21, 315f.; Reventlow, ATD 25,2, 131, Glazier-McDonald, Malachi, 273. Auch Weyde, Prophecy, 397ff., wäre hier zu nennen, obgleich er stärker (und darin übereinstimmend mit Position 2) die schriftliche Kenntnis der Tradition herausstellt.

Schrift konzipiert worden ist. Deren Text-Text-Bezüge werden traditionell traditionsgeschichtlich erklärt.

Einen Schritt weiter geht die *zweite* Position, welche die Maleachischrift
zwar für ein ursprünglich eigenständiges Werk, aber von vornherein für das
Produkt einer literarisch arbeitenden Prophetie hält.

Lescow resümiert: „Die Grundschrift ist von vornherein literarisch konzipiert, und sie ist
anonym verfasst. Das unterscheidet sie prinzipiell von der vorexilischen Prophetie, die auf
mündlicher Kommunikation eines namentlich bekannten Propheten mit seiner Zuhörerschaft
beruhte." Mit Utzschneider sei freilich festzuhalten, dass auch ein geschriebener Text in
einen Kommunikationsvorgang eingehen müsse, „Künder" und „Schreiber" also nicht ge-
geneinander ausgespielt werden dürften. Dennoch handle es sich um einen „neuen Typos von
Prophetie", der sich unter den Bedingungen der nachexilischen Tempelgemeinde entwickelt
hat: seine Verkündigungsform ist Tora, und ihre Aneignung erfolgt durch Dialog"[3]; „der Mut
wird nicht in prophetischer Inspiration aus dem Ereignis selbst gewonnen, sondern durch
schriftgelehrte Auslegung der Tradition."[4] In gattungskritischer Hinsicht fügt Meinhold hinzu, dass die starke Stilisierung der Diskussionsworte dagegen spreche, dass diese eine *Rede*-
gattung darstellten; gerade die Einreden könnten, da „lediglich aus zwei bis vier Wörtern"
bestehend, „kaum als wirkliche Erwiderungen in einer mündlichen Auseinandersetzung
angesehen werden"[5].

*Drittens* wird von Bosshard/Kratz und Steck[6] bei allein redaktionsgeschichtlicher Auswertung der Text-Text-Bezüge die Maleachischrift, die
niemals eigenständig existiert habe, als mehrschichtiges Redaktionsprodukt
angesehen, das einmal („Mal I") Bezüge zu Sach 1-8 und anderen Schriften
eines Mehrprophetenbuchs, zum anderen („Mal II") Beziehungen mit Sach
14 aufweise.

## 1.2. Mal im Kontext der Frage nach der Einheit des Dodekapropheton

In synchroner Hinsicht arbeitet Rendtorff[7] die Schlussposition von Mal folgendermaßen heraus:

Die Frage „wer kann bestehen?" (3,1-2) „recalls the first appearance of the ‚day of the
LORD‘ in the Book of the Twelve where the same question was asked (Joel 2:11). It seems to
be a kind of an inclusio between the first and last appearance of this term"[8]. Der „Tag
YHWHs" in Mal 3 bewirke zunächst eine Prüfung, eine Läuterung und ein Gericht (3,2b-5).

---

3  Lescow, Buch, 148 (im Original teilweise kursiv); vgl. dazu Utzschneider, Künder, 20;
   Krieg, Mutmaßungen, 102.198.
4  Lescow, Buch, 157, der die Grundschrift von Mal um 480 datiert und auf eine zu vermutende neuerliche (teilweise) Zerstörung Jerusalems in dieser Zeit bezieht. Vgl. auch
   Weyde, Prophecy, 397.
5  Meinhold, Vorsprüche, 199.
6  S. Bosshard/Kratz, Maleachi, 28ff.; Steck, Abschluß, 33f.42ff., und vgl. einerseits bereits
   oben S. 204f. sowie gleich S. 258.
7  S. bereits oben S. 25ff.
8  Rendtorff, Book, 149.

Dann sage YHWH seinen Verehrern deren Aufbewahrtsein in einem besonderen Buch und deren Stellung als sein besonderer Besitz zu (3,16-17). Schließlich verbrenne der „Tag YHWHs" alle Übeltäter wie Stroh (3,19). Zuletzt verbinde 3,22-24 als Schluss des Prophetenkanon Tora und Propheten. Noch einmal zeigten sich Verbindungen zur Joelschrift, wenn in 3,16-17 wie in Joel 3,5 von der Anrufung des Namens YHWHs gesprochen und in 3,24 wie Joel 3,4 die Wendung „bevor der ‚Tag YHWHs' kommt" gebraucht werde.[9]

Ebenfalls synchron beschreiben Watts und Tai die Maleachischrift zusammen mit Hos 1-3 bzw. Hos insgesamt als Rahmen des Dodekapropheton:

Watts beobachtet, dass es in Hos 1-3 und Mal um das Thema der Liebe Gottes zu Israel gehe[10]. Tai beruft sich zusätzlich auf in Hos und Mal gleichermaßen begegnende Motive, nämlich die Sendung von Propheten (Hos 12,14; Mal 3,22-24) und den Ofen (Hos 7,4.6f.; Mal 3,19)[11].

In diachroner Perspektive ist *erstens* die Position von Bosshard/Kratz und Steck zu nennen[12]. Diese geht davon aus, das schon die Grundschrift („Mal I": 1,2 - 2,16*; 3,6-12) niemals selbständig, sondern von vornherein als Fortschreibung von Sach 1-8 im Rahmen eines Mehrprophetenbuchs der Perserzeit gedacht gewesen sei. Sie habe das Anliegen verfolgt, das Ausbleiben der Weissagungen Haggais und Sacharjas mit Vergehen gegen kultische Vorschriften zu begründen. Ob ihr irgendwelches Material, das sie nun arrangiere, neu formuliere oder ergänze, vorgelegen habe, könne nicht entschieden werden. Möglicherweise stehe überhaupt keine Wortüberlieferung im Hintergrund. Die zweite Schicht („Mal II": Mal 2,17 - 3,5; 3,13-16) stelle zusammen mit Sach 14 u. a. eine zwischen 240 und 220 v. Chr. vorgenommene Fortschreibung dar, die am Jesajabuchschluss Jes 66 orientiert sei. Die Mal-Texte beantworteten dabei zum einen die nach Sach 14 noch offene Frage, was mit dem Gottesvolkrest geschehen, nämlich wer einem zweiten Gerichtsschlag verfallen werde und wer nicht. Zum anderen sei der Zusammenhang dieser Mal-Texte mit Sach 14 dadurch evident, dass die Mal-Texte für sich betrachtet nur ein das Gottesvolk betreffendes Scheidungsgericht erwarteten und eine positive Sicht der Völker bestehen ließen (s. Mal 1,11.14; 3,12), was eine unmögliche Annahme sei. Schließlich sei zwischen 220 und 201 v. Chr. oder zwischen 198 und 190 v. Chr. das Dodekapropheton gebildet worden: hierbei habe man Mal als eigene Schrift abgetrennt (1,1) und mit den Fortschreibungen 2,10-12; 3,22-24 erweitert.

Bosshard/Kratz, die von Steck rezipiert werden, argumentieren dabei mit folgenden Beobachtungen: Erstens gehe aus der parallelen Anrede 1,6 und 3,6f. hervor, dass eine Zweitei-

---

9    S. Rendtorff, Book, 149f.

10   S. Watts, Frame, 210ff.

11   S. Tai, End, 342f.

12   S. Bosshard/Kratz, Maleachi, 28ff.; Steck, Abschluß, 33f.42ff., und vgl. bereits oben S. 204f. S. außerdem Bosshard-Nepustil, Rezeptionen, 421f., der in der Mal-Grundschrift (1,11.14b) eine Verschiebung gegenüber Mi 4,1-4 und Sach 8,20-22.23, eine Anlehnung an Ob 1-4.15b und Bezüge zu Ez (Mal 1,7f.12 / Ez 44,6-16; Mal 1,11 / Ez 36,23f.) erkennen möchte und Zeph 2,11; 3,1-7 sowie Jon* mit „Mal I" derselben Bearbeitung des Dodekapropheton zurechnet.

lung (zuerst die Priester, dann das Volk) die Struktur von Mal präge; da aber zahlreiche Unklarheiten vorlägen, sei damit zu rechnen, dass der ursprüngliche Übergang durch spätere Einfügungen verwischt worden sei[13]. Zweitens unterschieden sich die Abschnitte 2,17 - 3,5 (an die Priester gerichtet) und 3,13-21 (an das Volk gerichtet) darin von der vermeintlichen Grundschicht, dass sie von Gerichtsankündigungen beherrscht seien, während es im Grundbestand um die Überführung des Fluches in Segen gehe; im Gegensatz zur Grundschicht, die alle Priester und das ganze Volk anspreche, werde nun innerhalb der Priesterschaft und des Volkes geschieden[14]. Drittens seien in den der Grundschicht zuzurechnenden Abschnitten und in den Texten der Erweiterungsschicht jeweils Strukturen ersichtlich, die eine geschlossene Anlage verrieten[15]. Viertens lägen eine Reihe von Wortbezügen vor, die den Zusammenhang von „Mal I" zu Hag, Sach 1-8 und Hos und den von „Mal II" zu „Mal I", Sach 1-8; Sach 9-14 und zum Dodekapropheton insgesamt bewiesen (vgl. etwa 3,2f.; 3,13-21 mit Sach 13,8f.; 3,4 mit Sach 14,21; 3,17 mit Sach 11,6; 3,5.16 mit Sach 7,10; 8,16.17; 3,1 mit Sach 1,9; 4,4.5.13; 6,4; 3,19 mit Hos 7,4.6.7; 3,3b mit Am 5,21ff.; 3,2 mit Joel 2,11; 3,5 mit Zeph 1,14; 3,15.19 mit Ob 3; 3,19 mit Ob 18)[16].

*Zweitens* ist Schart[17] der Ansicht, dass die Maleachischrift als ganze erst spät in das Zwölfprophetenbuch eingefügt wurde.

Schart nimmt an, dass Mal ein ursprünglich eigenständiges Werk gewesen sei und hält es für „überaus wahrscheinlich, dass die Diskussionsworte wirklich geführte Diskussionen in einer stilisierten Kurzform wiedergeben"[18]. In diesem Zusammenhang spricht er sich dagegen aus, jeden Bezug sofort als einen literarischen (und d. h. für Schart: redaktionsgeschichtlichen) zu bewerten[19]. In redaktionsgeschichtlichem Sinn seien erst die sekundären, sich auf Joel beziehenden Stücke 3,1b-4; 3,22-24 zu verstehen[20]. Mittels dieser sekundärer Passagen sei Mal in ihrer jetzigen Position verankert worden. Einerseits gehe es in dem sekundären Abschnitt 3,22-24 „über den Abschluß des Zwölfprophetenbuchs hinaus auch allgemeiner um die rechte Zuordnung von Tora und Prophetie" bzw. überlasse es dieser Abschnitt der Leserschaft, „die Zuordnung genauer zu bestimmen und zu gewichten."[21] Andererseits verbinde der Zusatz 3,1b-4 die in der Maleachischrift enthaltene Eschatologie mit dem „Tag YHWHs"-Konzept des „Joel-Obadja-Korpus" und diene so der Einbindung von Mal ins Dodekapropheton[22]. In beiden Stücken seien Bezüge zu Joel zu beobachten (vgl. Mal 3,23 mit Joel 3,4 und Mal 3,2 mit Joel 2,11), welche die dort getroffenen Aussagen als bekannt voraussetzten[23]. Da Sach 14 den Abschluss des „Joel-Obadja-Korpus" darstelle, könne alles

---

13  So Bosshard/Kratz, Maleachi, 28.
14  So Bosshard/Kratz, Maleachi, 28.37.
15  S. Bosshard/Kratz, Maleachi, 39.
16  S. Bosshard/Kratz, Maleachi, 41f.
17  Zu seiner Position vgl. bereits S. 12f.30.
18  Schart, Entstehung, 291 Anm. 31.
19  So Schart, Entstehung, 295 Anm. 38, wo er auch das methodische Vorgehen von Bosshard/Kratz kritisiert, die mit traditionsgeschichtlichen Bezügen überhaupt nicht mehr rechnen. Jedoch ist umgekehrt an Schart zu kritisieren, dass er abgesehen von traditionsgeschichtlicher und redaktionsgeschichtlicher Auswertung offenbar keine Alternative sieht, wenn er jeden literarischen Bezug sofort als redaktionsgeschichtlich (im engeren Sinn) relevant beurteilt.
20  S. Schart, Entstehung, 301f.
21  Schart, Entstehung, 303.
22  So Schart, Entstehung, 295.
23  S. Schart, Entstehung, 301f.

weitere nur Nachtragscharakter besitzen. Dies zeige sich in Bezug auf Mal einerseits in formaler Hinsicht: Die Diskussionsworte nämlich nähmen die Leser in exemplarische Auseinandersetzungen mit hinein, die deren eschatologische Erfülltheit mit der konkreten religiösen Erfahrung vermitteln lehrten. In inhaltlicher Perspektive kläre die Maleachischrift, dass der kommende „Tag YHWHs" ein Gerichtstag sei, an dem Individuen gerichtet würden, was die Gewissheit der Gottesfürchtigen angesichts von Zweifeln an YHWHs Gerechtigkeit stütze, dass die Völker durchaus YHWHs Namen respektierten und dass die Umkehr in der Form der Praktizierung der Tora vonnöten sei. So lehre Mal die Prophetenschriften in ihrer Beziehung von Eschatologie und Ethik zu lesen.

*Drittens* geht auch Nogalski[24] davon aus, dass Mal eine ursprünglich eigenständige Schrift gewesen sei. Durch die „Joel-related layer" seien neben dem „Deuteronomistic corpus" und dem „Haggai-Zechariah corpus" auch die Schriften Joel, Ob, Nah, Hab und Mal miteinander zu einem Elfprophetenbuch verbunden worden.

In Mal zeigten die Erweiterungen Mal 1,2-5; 3,10f.16-18 einen entsprechend weiten literarischen Horizont und gehörten somit zu der auf Joel bezogenen Schicht.[25] Im Blick auf 3,16-18 sei festzustellen, dass das „Buch der Erinnerung" vermutlich das Dodekapropheton meine. Denn zum einen gehe aus der Parallelformulierung Est 6,1 hervor, dass mit diesem Buch wohl ein Annalenwerk gemeint sei; als ein solches könne aufgrund seiner historischen Rahmungen auch das Zwölfprophetenbuch verstanden werden, das freilich nicht über königliche Taten, sondern über YHWHs Regierungstätigkeit berichte. Zum anderen beziehe sich die Zusage von YHWHs Mitleid (חמל) auf Joel 2,18, eine Stelle, die den Übergang von Gerichts- zur Heilsverkündigung markiere. Zum dritten könne, wenn mit dem „Buch" das Dodekapropheton gemeint sei, erklärt werden, dass einerseits Sach 9-14 vor Mal eingeschrieben worden seien und dass andererseits Sir 49,10 das Zwölfprophetenbuch insgesamt als Trostbuch auffasse.[26] Die Überschrift Mal 1,1 separiere Mal von Sach 1-8 und sei später von Sach 9,1; 12,1 imitiert worden. Die Isolierung eines Hag, Sach 1-8 und Mal enthaltenden Korpus könne die Bezüge zu Ob und Joel nicht erklären.

Die Frage nach der Einheit des Dodekapropheton wird *viertens* aber auch durch andere Forscher berührt, die Mal für ehemals eigenständig halten, aber vor der Entstehung des Dodekapropheton mit den Schriften Hag und Sach* zu einem „Haggai-Sacharja-Maleachi-Korpus" zusammengestellt wissen möchten.

Meinhold[27] geht davon aus, dass Mal angesichts der knappen und zweckdienlichen Überschrift und der formalen und inhaltlichen Eigenständigkeit der Diskussionsworte eine zunächst eigenständige Schrift darstelle, die aber mit Hag und Sach 1-8 zu einem Korpus zusammengestellt worden sei. Denn zwischen diesen Schriften gebe es sprachliche und inhaltliche Beziehungen: besonders häufig sei in ihnen von „Boten" die Rede und werde das

---

24 Vgl. bereits oben S. 10f.27f.
25 S. Nogalski, Processes, 277 und 187ff.195ff.
26 S. Nogalski, Processes, 209.
27 S. Meinhold, BK.AT XIV/8, 10f. Seine weitere Beobachtung, dass die Schlüsse Joel 4,18; Ob 15; Zeph 3,20; Hag 2,23; Sach 14,21; Mal 3,23 mittels ביום ההוא oder einer „Tag YHWHs"-Formulierung gebildet sind, beweist in diesem Zusammenhang gar nichts.

Gottesprädikat „Zebaot" gebraucht. Hag 1,13 zeige, dass ein Prophet mit einem Boten YHWHs gleichgesetzt werden könne.

Lescow[28] fügt hinzu, dass in den Schriften Hag, Sach* und Mal die Institution der Tora charakteristisch sei (s. Hag 2,10-14; Sach 7-8; Mal 1,6 - 2,9). Zusätzlich argumentiert er mit den Umkehrtexten Sach 1,2-6 (1,3) und Mal 3,6-12 (3,7), die sich wie Rahmentexte einer Epoche lesen ließen („der vom Neubau des Tempels bis zum Auftreten Esras im Jahre 398").

Bauer[29] möchte aufgrund der die verschiedenen Texte übergreifenden Kategorien „Zeit" (s. das Datierungssystem und die Formel הַהוּא בַּיּוֹם), „Land" (s. die Begriffe אֶרֶץ und אֲדָמָה) und „soziale Gruppen" (Königtum, Priestertum, Prophetentum, Statthalter, Väter, Gottesfürchtige, Engel/Bote) sowie formelhafter Elemente (Datumsformulare, Wortereignisformel, Botenformel, Spruchformel), die insgesamt eine thematische Entwicklung erkennen ließen, die Kohärenz des in die Ptolemäerzeit zu datierenden Korpus (Sach 9-14 eingeschlossen) erweisen.

Petersen[30] vertritt die Ansicht, dass die Maleachischrift durch Mal 1,1 mit Sach 9-11.12-14 verbunden worden sei. Er weist darauf hin, dass die Überschriften Sach 9,1 („gegen [בְּ] das Land Hadrach"); Sach 12,1 („gegen [עַל] Israel") und Mal 1,1 („zu [אֶל] Israel") eine mit dem dreigliedrigen eschatologischen Schema vergleichbare Abfolge verrieten (Unheil gegen Fremdvölker, Unheil gegen Israel, Heil für Israel: vgl. Jer [LXX]; Am), auch wenn gewisse Unschärfen vorlägen (z. B. stelle Sach 10,1-2 keinen Fremdvölkerspruch, Mal 2,10-16 kein Heilswort dar), weshalb zwischen früherem Material und der endredaktionellen Struktur unterschieden werden müsse. Die drei anonymen Orakel (Sach 9-11, Sach 12-14 und Mal) stammten alle aus der Perserzeit. Da sie unmittelbar nach Sach 1-8 folgten, erscheine Sacharja als ihr Autor.

Krieg schreibt etwa ein Drittel des Mal-Textes und sekundäre Stücke in Hag und Sach 1-8.9-11.12-14 (Hag 1,12-14*; 2,2b.7b*.9*; Sach 1,2-6*; 2,10-17; 3,1-7; 4.6b*.9b; 6,15*; 7,1-14*; 9,1a*; 12,1a.8b*) der gleichen Hand zu. Zwischen 200 und 180 v. Chr. habe der „Maleachiredaktor [...] in die Schriften des Komplexes Hag-Sach rahmend, glossierend, bearbeitend und fortschreibend eingegriffen, negativ, um sie (Haggai und Protosacharja) der chronistisch-levitischen Aneignung zu entreißen, positiv, um sie (alle vier [also auch Deutero- und Tritosacharja; M.B.]) als deuteroprophetische Schriften von ‚Boten' seinem redigierten Botenbuch voran- und alle miteinander in den Kanon der Zwölf hineinzustellen."[31]


## 1.3. Zur Datierung der Maleachischrift

Gewöhnlich wird die Maleachischrift um die Mitte des 5. Jh. v. Chr. datiert, und zwar aufgrund folgender Beobachtungen: Aus 1,10; 3,1.10 gehe hervor, dass der Tempelkult in Betrieb sei. Dann könne mit dem in 1,8 erwähnten פֶּחָה nur der persische Statthalter gemeint und der Tempel müsse bereits wieder eingeweiht sein. Wahrscheinlich sprächen der nicht ersichtliche Enthusiasmus und die kultischen Nachlässigkeiten für einen weit nach der Tempelweihe 515 v. Chr. liegenden Zeitraum. Eventuell sei der Abschnitt 1,2-5 als eine Reflexion über die Langzeitfolgen der Eroberung Edoms durch Na-

---

28  S. Lescow, Buch, 159ff.
29  S. Bauer, Zeit, 16ff.
30  S. Petersen, OTL, 2f.5f.34.166f.
31  Krieg, Mutmaßungen, 237 (im Original Fettdruck [Mutmaßung 24.]); s. auch ebd., 229ff.

bonid 552 v. Chr. zu beurteilen. Die Schwierigkeiten, mit denen der disputie-
rende Prophet zu tun habe, ließen zum einen wirtschaftliche Probleme erkennen (s. 1,8.13f.; 3,5.8-10), die durch das neue Verwaltungs- und Steuersys-
tem Darius' I. 518 v. Chr. einerseits und die Neuordnung des judäischen Ge-
meinwesens andererseits hervorgerufen worden sein dürften. Zum anderen
seien sie mit den Schwierigkeiten vergleichbar, welche die Überlieferung mit
der Reformperiode Nehemias (445-433 v. Chr.) und Esras (458 oder 398
v. Chr.; s. Esr 7,7) in Verbindung bringe: Mal 2,10-12 greife die Mischehen
mit ausländischen Frauen an, Esr 10,1-17 fordere deren Scheidung; Mal 3,6-
12 verlange die Alimentation der Leviten, so wie Neh 13,10-14 diese Praxis
voraussetze. Mal 1,7f.12-14; 3,8ff. geißele die Laxheit im Opferkult bei
Priestern und Laien, wie solches auch aus Neh 13,4ff. hervorgehe.[32]

Gegen diese Argumente wendet jedoch Krieg[33] folgendes ein: Der „Statthalter" sei als
Titel nicht nur in persischer Zeit gebräuchlich gewesen, außerdem könnte Mal 1,8 auch
sprichwörtlich verstanden werden. Es sei nicht erklärlich, weshalb das ChrG von Maleachi
schweige, wenn dieser doch Wegbreiter der Reformen Esras gewesen sein soll (vgl. die Erwähnung Haggais und Sacharjas in Esr 5,1; 6,14). Aus dem fehlenden Enthusiasmus und der
kultischen Nachlässigkeit könnten keine Argumente für eine Datierung gewonnen werden.
Dass ein Pessimismus, der an Hi oder Koh denken lasse, schon zweihundert Jahre vorher
anzutreffen sein soll, sei unerklärlich.

Als positive Indizien für eine Datierung in hellenistische Zeit (zwischen 250 und 200
v. Chr.) führt Krieg[34] folgende Beobachtungen an: Formgeschichtlich nehme das „Argumen-
tationswort [...] poetologisch mit seiner semipoetischen Gedichtstruktur einen nachpoeti-
schen Rang ein"[35]. Die kynische Chrie habe bereits auf Mal eingewirkt. Traditionsgeschichtlich stehe dem Autor die gesamte Bandbreite der literarischen Tradition zur Verfügung
(DtrG, ChrG, P, Koh). Zeitgeschichtlich sei die drohende Spaltung der Jerusalemer Priesterschaft und Gemeinde in separatistische und assimilationistische Kreise bereits sichtbar.

Gegenüber diesen zuletzt genannten positiven Argumenten sind jedoch Anfragen angebracht: Über die hebräische Poesie ist derart wenig Gewissheit vorhanden, dass die Argumentation mit einer Dichtungsgeschichte Skepsis hervorruft. Petersen vergleicht zwar Mal
mit der griechischen Diatribe, hütet sich aber mit Recht davor, eine Beeinflussung konstatieren zu wollen[36]. Wahrscheinlicher dürfte es sein, die für Mal typische Redeform als Ausprägung des Diskussionswortes zu verstehen[37]. Auch wenn Mal Texte aufgreift, scheint aber
fraglich, dass etwa der Pentateuch als abgegrenzte Größe oder Koh wirklich literarisch aufgenommen werden. Auch dass sich in Mal Spaltungen von gravierender Tragweite abzeich-
nen, wie es Krieg behauptet, wird nicht recht deutlich.

---

32  S. etwa Elliger, ATD 25, 189; Rudolph, KAT XIII,4, 248f.; Deissler, NEB 21, 315;
    Meinhold, Maleachi/Maleachibuch, 7; ders., BK.AT XIV/8, 34ff.88ff.190ff.; Reventlow,
    ATD 25,2, 130; Lescow, Buch, 157f.; Petersen, OTL, 5f.; Utzschneider, Künder, 80ff.;
    Verhoef, NICOT, 156ff.; Glazier-McDonald, Malachi, 14ff.
33  S. Krieg, Mutmaßungen, 194ff.
34  S. Krieg, Mutmaßungen, 197ff.
35  Krieg, Mutmaßungen, 197.
36  S. Petersen, OTL, 31ff.
37  S. Meinhold, BK.AT XIV/8, 25ff. Weyde, Prophecy, 398, möchte die Redeformen der
    Maleachischrift von dem ableiten, was sonst im Alten Testament belegt ist.

Schon die Einwände gegen eine Datierung im 5. Jh. v. Chr. sind keineswegs zwingend: Ein Zerbrechen des Tun-Ergehen-Zusammenhangs kann in Mal 2,17ff; 3,13ff. nämlich in der Schärfe, wie sie für Hi und Koh charakteristisch ist, nicht beobachtet werden. Allenfalls eine Hiob vergleichbare Problemstellung findet sich in dem sich jedoch noch als sekundär erweisenden Text 3,13-21. Ob eine Erwähnung Maleachis im „ChrG" wirklich erwartet werden könnte, scheint zumindest deshalb fraglich, weil seine „Prophetie" im Gegensatz zu Haggai und Sacharja keine Epochenwende berührt. Der Hinweis auf eine auch nach der Perserzeit mögliche Verwendung des Titels „Statthalter" spricht nicht dagegen, dass dieser Begriff einen Hinweis auf eine Datierung in der Perserzeit darstellen kann. Auch wenn keineswegs auszuschließen ist, dass auch in späteren Phasen, über die nun einmal wenig bekannt ist, der Zeit Nehemias/Esras vergleichbare Probleme auftreten konnten, sind derartige Schwierigkeiten positiv nur aus diesen Zusammenhängen bekannt.

Daher dürfte eine Datierung der Maleachischrift um die Mitte des 5. Jh. v. Chr. durchaus wahrscheinlich sein, wobei es aber wohl offen bleiben muss, ob Mal vor dem Auftreten Esras/Nehemias oder erst anschließend anzusetzen ist.

## 1.4. Folgerungen für die Untersuchung

Bei der Analyse der „Tag YHWHs"-Texte der Maleachischrift als exemplarischen Größen kommt es vor dem Hintergrund der soeben skizzierten Forschungslage darauf an, die folgenden Fragen zu klären: Ist Mal von vornherein als Fortsetzung der Sacharjaschrift hin abgefasst worden oder kann mit einer ehemals selbständigen Maleachischrift gerechnet werden? Wie wäre sie dann an ihre Position im Dodekapropheton gelangt? Gehören die Texte 2,17 - 3,5; 3,13-21; 3,22-24 von Anfang an zu Mal dazu oder sind sie erst später hinzugefügt worden? Welche Bezüge verraten diese Texte? Wie sind diese am überzeugendsten zu erklären: traditionsgeschichtlich im engeren Sinn, als literarische Anspielungen oder schriftgelehrtes Aufgreifen und Neuauslegen oder sind sie redaktionsgeschichtlich auswertbar? Zeigen sie (bzw. zu eruierende Schichten von ihnen) Beziehungen zu den anderen „Tag YHWHs"-Texten in Joel, Am, Ob, Zeph oder zu Sach 14? Welche Schlüsse können von daher für die Einbindung der Maleachischrift ins Dodekapropheton und dessen Entstehung gezogen werden?

## 2. Mal 2,17 - 3,5

### 2.1. Zur Abgrenzung

Unmittelbar vor Mal 2,17 war das Thema der Treulosigkeit verhandelt worden: das Leitwort בגד findet sich in 2,10.11.14.15.16 und spielt in 2,17 - 3,5 keine Rolle mehr. 2,16a endet mit der textgliedernden Formel אָמַר יְהוָה צְבָאוֹת und es folgt nur noch ein kurzer Zusatz, der thematisch (aufgrund des

Leitwortes בגד) zum vorangegangenen Diskussionswort dazugehört. Entsprechend setzt die masoretische Tradition mit dem ס nach 2,16 einen Einschnitt[38]. 2,17 formuliert ein neues Thema: es geht jetzt um die Frage nach Gottes Gericht (מִשְׁפָּט) angesichts von ungestraftem unethischem Verhalten. 3,5 greift das Leitwort wieder auf, ist – da die angeklagten Tätigkeiten illustrieren, was mit „Böses tun" gemeint sein könnte – inhaltlich auf 2,17 bezogen und schließt wie 2,16 mit der textgliedernden Formel יְהוָה צְבָאוֹת אָמַר. Ab 3,6 begegnet in einem neuen Vorwurf (3,7b) und einem Vorspruch (3,6-7a) wieder ein neues Thema (Umkehr). Somit stellt Mal 2,17 - 3,5 einen eigenen Text dar, das vierte Diskussionswort der Maleachischrift, das nun etwas genauer betrachtet werden soll.

## 2.2. Textgrundlage

17aα Ihr ermüdet[39] YHWH mit euren Worten. aβ Ihr aber sprecht: „Wodurch ermüden wir[40]?" bα₁ Durch euer Sprechen: „bα₂ Jeder, der Böses tut, ist gut in den Augen YHWHs, bα₃ und an ihnen hat er Gefallen. bβ Oder wo ist der Gott des Gerichts?"
  1aα Siehe, bald sende ich meinen Boten,
  aβ und er wird bahnen einen Weg vor mir.
bα₁ Und plötzlich wird kommen in sein Heiligtum der Herr, den ihr fordert, bα₂ und der Bote des Bundes, nach dem ihr verlangt. Siehe, er wird bald kommen, bβ spricht YHWH Zebaot.[41]
  2aα Und wer kann aushalten den Tag seines Kommens?
  aβ Und wer kann bestehen bei seinem Erscheinen?
  bα Denn er ist[42] wie das Feuer des Schmelzers
  bβ und wie das Laugensalz der Wäscher.

---

38 Und dies zu Recht entgegen LXX, die mit einem Partizip im Nominativ Plural 2,17 mit 2,16 verbindet. Dagegen vgl. jedoch die nicht überzeugenden, da mit der poetischen Sprachgestalt argumentierenden und Satzumstellungen postulierenden, Überlegungen von Krieg, Mutmaßungen, 32.72.

39 Zum Gebrauch des Perfekt hier und in V. 17aβ s. Gesenius/Kautzsch, Grammatik, §106g.k.l.

40 Im masoretischen Text ist ein personales Objekt (als Suffix am Verbum?) nicht vorhanden, während mehrere LXX-Kodices, Peschitta, Targumüberlieferung und Vulgata eine entsprechende Lesart bieten („ ... ermüden wir ihn"). Hierbei handelt es sich jedoch, von dem geringen Gewicht der Textzeugen abgesehen, ohnehin um die glattere Lesart, so dass MT als *lectio difficilior* zu begreifen ist. Vgl. auch Meinhold, BK.AT XIV/8, 239f. Textanm. 2,17f-f.

41 Zwar sind V. 1bα₁ und V. 1bα₂ parallel konstruiert. Jedoch spricht zum einen der letzte Satz (V. 1bα₂[ab הִנֵּה].bβ) und zum anderen die unmögliche metrische Einordnung (s. nur die Anzahl der vermeintlichen Hebungen bzw. den bloßen Konsonantenbestand) gegen die Annahme poetischer Gestaltung.

42 Die LXX liest hier ein Verb, das auf einem in MT nicht vorhandenen hebräischen בוא beruhen könnte. (Ein Blick auf die Übersetzung von בוא in 3,1 und 3,2 zuvor durch LXX zeigt aber, dass diese Vermutung nicht zwingend ist.). Ein Nominalsatz im Hebräischen stellt jedoch die schwierigere, da nicht an die erste Vershälfte angeglichene,

3aα Und es wird sich setzen der Schmelzer und Silber[43]-Reiniger aβ und wird reinigen die Söhne Levis und sie läutern aγ wie das Gold und wie das Silber, bα so dass sie YHWH welche werden, bβ die darreichen Speisopfer in Gerechtigkeit.

4aα Dann wird angenehm sein YHWH aβ das Speisopfer Judas und Jerusalems bα wie in den Tagen der Vorzeit bβ und in den uralten Jahren.

5aα₁ Und ich werde gegen[44] euch herannahen zum Gericht

und werde ein eilender Zeuge sein

aα₂ gegen die Zaubernden und gegen die Ehebrechenden

aβ und gegen die der Lüge Schwörenden

bα und gegen die den Tagelöhner, Witwe und Waise Bedrückenden

und die den Fremdling Beugenden[45]

– mich nämlich[46] fürchten sie nicht –,

bβ spricht YHWH Zebaot.

---

und kürzere Lesart dar. Möglicherweise ist die LXX-Lesart durch *aberratio oculi* (בוא begegnet in V. 1-2 dreimal) entstanden.

43   MT bietet gegenüber LXX, die zusätzlich zu „Silber" auch noch „Gold" liest, die *lectio brevior*. Vermutlich wollte LXX an V. 3aγ angleichen.

44   Die Präposition אֶל wird hier wohl analog עַל im feindlichen Sinn gebraucht; vgl. Gesenius, Handwörterbuch[17], S. 37f. (Nr. 3) u. Anm. nach Art.; vgl. auch Gesenius, Handwörterbuch[18], 1. Liefg., 58 (Nr. 3).

45   MT liest eigentlich: „und gegen die, die bedrücken den Lohn der Tagelöhner, Witwe und Waise, und die, die den Fremdling beugen". Ein Problem besteht darin, dass schwerlich gleichzeitig der „Lohn" und die Personengruppen „Witwe" und „Waise" Objekte sein können. Deshalb fragt BHS, ob שָׂכָר („Lohn", Substantiv im *status constructus*) als Dittographie zu streichen wäre. Dann könnte die folgende Wortstellung beibehalten werden. Belässt man jedoch das Substantiv שָׂכָר, müssen „Witwe" und „Waise", da sie sonst in der Luft hingen, zusammen mit dem „Fremdling" Objekte des Partizip מַטֵּי sein, weshalb BHS als Alternative (s. auch Elliger, ATD 25, 205 Anm. 1; Rudolph, KAT XIII,4, 277 Textanm. 5b) eine Wortumstellung vorschlägt, bei der das Partizip an die erste Position im Satz rückte. Dass vor dem Partizip מַטֵּי die Präposition בּ im Gegensatz zu den vorhergehenden Partizipien fehlt, dürfte (im Gegensatz zu BHS; Elliger, ATD 25, 205 Anm. 1) kein Problem darstellen, da auch der folgende Verbalsatz ohne die Angabe „gegen" auskommt; auch die LXX liest zuletzt zu Beginn der vorletzten Zeile von V. 5 ein ἐπί. Metrische Gesichtspunkte – V. 5 scheint nach dem Prinzip des *parallelismus membrorum* konstruiert – sind gering zu veranschlagen. LXX liest zwar entsprechend dem „Lohn der Tagelöhner" auch am Ende der Zeile eine Genitivkonstruktion („Recht [κρίσιν] des Fremdlings"), umgeht die Schwierigkeiten jedoch dadurch, dass nun auch „Witwe" und „Waise" als Objekte jeweils eigene Verben erhalten. Mit dieser Lösung bezeugt LXX aber die Wortstellung des hebräischen Textes. Dies spricht genauso für die erste Alternative, שָׂכָר als Dittographie zu streichen, wie die schlichte Feststellung, dass so am wenigsten Eingriffe in MT erforderlich sind.

46   M. E. handelt es sich hier um ein *waw explicativum* (s. Gesenius/Kautzsch, Grammatik, 507 Anm. 1b), da man sonst eine andere Konstruktion hätte wählen können (vgl. die Beispiele bei Gesenius/Kautzsch, Grammatik, §152d).

## 2.3. Literargeschichtliche Probleme

Der Aufbau des Textes Mal 2,17 - 3,5 kann folgendermaßen veranschaulicht werden:

| | |
|---|---|
| 17aα | Feststellung des Propheten über einen Konflikt zwischen seinen Gesprächspartnern und YHWH |
| 17aβ | Widerspruch der Gesprächspartner |
| 17b | Entfaltung der Feststellung durch die Position der Gesprächspartner: das gute Ergehen der Übeltäter lässt darauf schließen, dass sie YHWH gefallen, das Gericht bleibt aus |
| 1-5 | Folgerungen: |
| 1a | YHWH kündigt den Gesprächspartnern des Propheten einen Boten als Wegbereiter für sich selbst an |
| 1b | YHWH kündigt das baldige Kommen seiner selbst und des Boten an |
| 2 | Zwischenfrage: für wen wird der Tag YHWHs erträglich sein? |
| 3-4 | Der Prophet kündigt die Läuterung der Priester zum YHWH gefälligen Opferdienst an |
| 5 | YHWH kündigt sein Gericht über die Übeltäter an |

An diesem Aufbau erscheint auf den ersten Blick schwierig, dass die YHWHrede von V. 1 und V. 5 durch die dazwischenliegenden Verse unterbrochen wird. Weiter fragt es sich, wie ein gereinigter Opferdienst zu der Problemstellung passt, in der das göttliche Gericht ein große Rolle spielt. Auffällig ist sodann die große Bedeutung des Boten. Gibt es nun harte literarische Beobachtungen, welche den Abschnitt als uneinheitlich erweisen?

In V. 17 redet der Prophet seine Hörer bzw. Leser im Perfekt an. Die Abfolge von Feststellung („Ihr habt YHWH ermüdet."), Widerspruch der Angeredeten („Wodurch?") und Entfaltung der Feststellung („Durch euer Sprechen ...") legt zum einen das Thema des Abschnitts fest, nämlich die Infragestellung von YHWHs Gerechtigkeit und seinem Gericht. Zum anderen erweist diese Abfolge den Text als Diskussionswort, dem als weiteres Element noch die Folgerungen fehlen, welche sich aber in V. 1-5 finden. Hier birgt nun der literarische Befund einige Probleme, weshalb an der Einheitlichkeit des Textes[47] Zweifel angebracht sind.

In V. 1a beginnt YHWH in 1. Person mittels *futurum instans* und folgendem *perfectum consecutivum* zu antworten und kündigt einen Boten als Wegbereiter für ihn selbst an. Dann setzt V. 1b die Rede mit invertiertem Verbalsatz fort, der aufgrund des invertierenden Adverbs פִּתְאֹם mit der Bedeutung „augenblicklich" sowie des nochmaligen *futurum instans*[48] schon

---

47  Die Einheitlichkeit von Mal 2,17 - 3,5 vertreten zum einen Steck, Abschluß, 43ff. sowie 51 samt. Anm. 102; Bosshard/Kratz, Maleachi, 37ff., jedoch ohne eingehende Auseinandersetzung mit der bisherigen Forschung; vgl. auch Verhoef, NICOT, 293; Glazier-McDonald, Malachi, 149. Zum anderen erklären Reventlow, ATD 25,2, 151, und Weyde, Prophecy, 287f., die Spannungen mit der Aufnahme von vorliegendem Material bzw. der Berücksichtigung von Traditionen.

48  Entgegen van der Woude, Engel, 295 Anm. 26; Lescow, Buch, 120, definiert Gesenius/Kautzsch, Grammatik, §116b die Funktion eines *futurum instans* so, dass dieses „un-

eine formale Wiederholung von V. 1a darstellt. Auch inhaltlich stellt V. 1b eine Doppelung zu V. 1a dar: denn es wird noch einmal das Kommen YHWHs und des Boten in Aussicht gestellt. Der Ausdruck „Bote des Bundes" stellt dabei eine variierte Renominalisierung des in V. 1a erwähnten Boten dar. Mit „Herr" (אָדוֹן) ist wahrscheinlich YHWH gemeint[49]: dafür sprechen die Parallelbelege für אָדוֹן mit Artikel[50] und die Angabe „sein Tempel"; außerdem liegt kein *parallelismus membrorum* vor[51], der die Annahme einer Identität der nacheinander genannten Figuren „Herr" und „Bote des Bundes" rechtfertigen könnte. Weiter besitzt V. 1b einen mit dem Verb בוא gebildeten Rahmen und insgesamt eine chiastische Struktur[52]. Schließlich kann noch die marginale Differenz mit beachtet werden, dass im Gegensatz zu V. 1a eine poetische Gestaltung von V. 1b – wie bereits gesagt – nicht zu erkennen ist. Daher ist V. 1b[53] wahrscheinlich der Grundschicht abzusprechen.

V. 1a verlangt danach, dass das angekündigte Erscheinen YHWHs noch expliziert wird. Deshalb gehört unbedingt V. 5 zum Grundbestand des Textes dazu[54]. Wahrscheinlich sind sogar die dazwischen stehenden V. 1b-4 als Ergänzung(en) anzusehen, da V. 5 hervorragend V. 1a fortsetzt. Denn zum einen schließt syntaktisch das *perfectum consecutivum* in der 1. Person Singular der ersten beiden Sätze gut an V. 1a an. Zum anderen zeigt inhaltlich das Stichwort מִשְׁפָּט die Weiterführung des mit V. 17 begonnenen

---

mittelbar oder doch nahe bevorstehende[.] (und zwar sicher eintretende[.]) Ereignisse" ankündige.

49 So z. B. mit Elliger, ATD 25, 208; Rudolph, KAT XIII,4, 278; Koenen, Heil, 54; Reventlow, ATD 25,2, 152; Glazier-McDonald, Malachi, 142; Verhoef, NICOT, 287; Weyde, Prophecy, 290f. Gegen Woude, Engel, 291.295; Renker, Tora, 91; Deissler, NEB 21, 331; Steck, Abschluß, 51; Lescow, Buch, 40f.119f.; Meinhold, Rolle, 221; Petersen, OTL, 211.

50 S. Ex 23,17; 34,23; Dtn 10,17; Jes 1,24; 3,1; 10.16.33; 19,4; Mal 3,1; Ps 136,3 und vgl. Weyde, Prophecy, 290f.

51 S. oben Anm. 41.

52 Vgl. Lescow, Buch, 40; Koenen, Heil, 55.

53 Eine zusätzliche Differenzierung zwischen V. 1bα₁ und V. 1bα₂β aufgrund der Beobachtung, dass in V. 1bα₁ YHWH („Herr") in 3. Person begegnet und die V. 1 abschließende Formel diesen im Ganzen als YHWHrede ausweist (so Koenen, Heil, 55f., der einerseits V. 1bα und andererseits V. 1bβ als Zusätze ansieht, die er weder seiner Grundschicht noch seiner Erweiterungsschicht V. 2-4 zuordnen möchte), ist unnötig. Weder besitzt eine Argumentation mit der Rekonstruktion eines Metrums (so aber Elliger, ATD 25, 205, der das Metrum zum Ausgangspunkt seiner literargeschichtlichen Rekonstruktion erklärt; dagegen s. Deissler, NEB 21, 316) genügend Gewicht. Noch kann die Erwähnung YHWHs in einer YHWHrede als ausreichendes Kriterium angesehen werden; hier spricht YHWH außerdem von sich selbst als „Herr".

54 Dies wird nahezu einhellig so gesehen: s. etwa van der Woude, Engel, 290; Petersen, OTL, 207.209; Lescow, Buch, 115; Meinhold, Vorsprüche, 201; ders., Rolle, 221; Koenen, Heil, 54f.58. Dagegen Krieg, Mutmaßungen, 34f., der noch V. 2 und in V. 5 nur die abschließende Wendung V. 5bβ zur Grundschicht rechnet.

Themas. Die Auflistung der Vergehen fungiert dabei als Explikation des allgemeinen עֹשֵׂה רָע (V. 17bα).

Selten wird noch V. 2 zur Grundschicht gerechnet[55], was jedoch kaum überzeugend ist. Schon die Argumentation mit der vermeintlich poetischen Struktur von V. 2 ist eine schwache Beobachtung, die zumal als Stütze literarkritischer Entscheidungen[56] äußerst skeptisch stimmt. Eindeutig gegen die Zugehörigkeit zum ursprünglichen Text spricht, dass V. 2 mit seiner ängstlichen Frage sachlich bereits die Gerichtsankündigung von V. 5 voraussetzt und außerdem die syntaktisch klare Abfolge der *perfecta consecutiva* in V. 17a.5aα₁ unterbrechen würde[57].

Kann aber V. 2 zusammen mit V. 1b als eine Erweiterung begriffen werden[58]? Dafür ließe sich geltend machen, dass sowohl in V. 1b als auch in V. 2 dem Boten eine hohe Bedeutung zukommt und in beiden Versen das Verb בוא eine große Rolle spielt. Gegen eine solche Zuordnung von V. 2 zu V. 1b spricht jedoch formal, dass zum einen eine textgliedernde Formel V. 1b abschließt. Zum anderen verlässt V. 2 den Stil der direkten Anrede an die Hörer bzw. Leser. Ein inhaltlicher Widerspruch kommt hinzu: während V. 1b das sehnsüchtig erwartete Erscheinen YHWHs und des Boten verspricht, fragt V. 2 ängstlich, wer dabei bestehen könne.[59]

Die V. 3-4 können nicht zur Grundschicht des Textes gehört haben, weil zum einen die Thematik des Opferdienstes der geläuterten Priester nicht zu der Problemstellung von V. 17 und deren Weiterführung in V. 1a.5 passt und zum anderen die angekündigte Reinigung im Gegensatz zu V. 5 eher einen heilvollen Aspekt besitzt[60].

Zu fragen ist dann, ob V. 2 mit den V. 3-4 zusammen eine Erweiterung darstellt[61]. Dafür ließe sich geltend machen, dass sowohl V. 2 als auch die V. 3-4 das Gericht als Läuterung bzw. Reinigung schildern. Jedoch spitzen die V. 3-4 dieses auf eine Läuterung der Priester zu, während die Fragen von V. 2 nichts davon zu erkennen geben, dass die Reinigung nicht an allen vollzogen werde. Auch der weitere Unterschied zwischen V. 2 und V. 3-4, dass das Bild des Waschens von V. 2 in V. 3-4 nicht mehr begegnet, spricht gegen die Annahme, dass die V. 2-4 auf eine Hand zurückgehen könnten.

Erwogen werden kann schließlich, ob die V. 3-4 mit V. 1b zusammenhängen. Denn das Subjekt von V. 3-4, das nicht YHWH sein kann, da dieser als Objekt erwähnt wird, führt offenbar das Subjekt von V. 1bα₂,

---

55  So Elliger, ATD 25, 205.206f.; Rudolph, KAT XIII,4, 276ff.; Krieg, Mutmaßungen, 34 (jedoch mit der methodisch problematischen Streichung von אֶת־יוֹם).
56  So Elliger, ATD 25, 205; Krieg, Mutmaßungen, 34.
57  S. auch Koenen, Heil, 57.
58  So Meinhold, Vorsprüche, 201; ders., Rolle, 221; Lescow, Buch, 115.120; van der Woude, Engel, 292.
59  S. auch Koenen, Heil, 56f.
60  S. auch Koenen, Heil, 57.
61  So Koenen, Heil, 56.

den wegbereitenden Boten, weiter[62]. Man kann fragen, ob V. 1b und V. 3-4 zusammen von einer Hand stammen. Da V. 1b mit einer textgliedernden Formel schließt und als YHWHrede formuliert ist, während die V. 3-4 Prophetenrede darstellen, handelt es ich jedoch eher um zwei voneinander zu sondernde Ergänzungen.

Der ursprüngliche Text besteht demnach aus 2,17; 3,1a.5. Er kündigt in der Form einer YHWHrede das nahe Gericht YHWHs an. Vorausgehen wird ein Bote, der YHWH den Weg bahnen soll.

Die Gesprächspartner des Propheten, an die auch die YHWHrede gerichtet ist, sind in 2,17 nicht klar erkennbar, so dass es mehrere Identifikationsmöglichkeiten gibt. *Erstens* wird vorgeschlagen, dass die Priester angeredet seien[63]. Dafür könnte sprechen, dass ein Handeln an den Priestern auch Anliegen der V. 3-4 ist. Insgesamt ist diese Möglichkeit jedoch sehr unwahrscheinlich. Denn zum einen müsste der Abschnitt unter die Anrede, die den Abschnitt 1,6 - 2,9 angeblich präge, mit subsumiert werden. Dafür aber lassen sich keine positiven Hinweise geltend machen. Im Übrigen kann von einer „parallelen Anrede" in Mal 1,6 (an die Priester) und 3,6f. (an das Volk), wie sie von Bosshard/Kratz behauptet wird[64], aufgrund syntaktischer Unterschiede nicht die Rede sein. Bosshard/Kratz gestehen sogar selbst zu, dass der Übergang zwischen den zwei Teilen nicht klar erkennbar und daher offenbar verwischt worden ist. Dies zeigt aber doch, dass eine vermeintliche spätere Überarbeitung die Zweiteilung gar nicht wahrgenommen hätte. Skeptisch stimmt auch, dass der erste Abschnitt 1,2-5 doch wohl Israel insgesamt anspricht.[65] Zum anderen setzen Bosshard/Kratz voraus, dass der Text einheitlich ist. Aber selbst dann wäre doch die Rede über die Priester in 3. Person in V. 3-4 ein Hinweis darauf, dass diese von den direkt angeredeten Leuten zu unterscheiden sind.

Mit den Angeredeten könnten *zweitens* die von Frevlern zu unterscheidenden, einen Eingriff YHWHs ersehnenden und von Zweifeln geplagten Frommen gemeint sein, für die das Gericht ausgleichende Gerechtigkeit und der Gerichtsgedanke Trost bedeuten würde[66]. Dafür spräche, dass das entsprechende Gerede in 3,13-15 nach 3,18-20 wohl auf die Zweifel äußernde Gruppe der Gerechten zurückzuführen ist. Die aus 3,1b hervorgehende Sehnsucht nach dem Gericht würde dieses Verständnis untermauern. Freilich mahnt zur Vorsicht, dass 3,1b eine Ergänzung darstellt und nicht unmittelbar als Stütze zum Verständnis der Grundschicht herangezogen werden darf und dass der Abschnitt 3,13-21 von 2,17 - 3,5

---

62  Subjekt der Läuterung ist in V. 3-4 der Bote, der als Schmelzer und Reiniger anthropomorph gezeichnet wird.

63  So Bosshard/Kratz, Maleachi, 37(ff.).

64  S. Bosshard/Kratz, Malachi, 29.

65  Gegen Bosshard/Kratz vgl. auch Schart, Entstehung, 292f.; Lescow, Buch, 180ff. Zum Aufbau der Maleachischrift vgl. etwa die Versuche von Schart, Entstehung, 293; Koenen, Heil, 61; Meinhold, Vorsprüche, 209; ders. Maleachi/Maleachibuch, 7f.

66  So etwa Reventlow, ATD 25,2, 151.

getrennt aufgezeichnet ist, so dass deren Adressaten nicht unbesehen identifiziert werden dürfen.

*Drittens* könnte die Grundschicht auch speziell den Sündern das Gericht ankündigen, die YHWHs Wirksamkeit bestreiten und sich in Sicherheit wiegen. Freilich zitiert 2,17 die Rede von YHWH missachtenden Leuten. Eine klare Differenzierung zwischen Frommen einerseits und Sündern andererseits gibt die Grundschicht jedoch weder in V. 17 noch in V. 5 zu erkennen[67].

Daher ist die *vierte* Lösung am überzeugendsten, die das ganze Volk angeredet sieht. Denn dafür wäre auch der Kontext geltend zu machen, in dem sich der Abschnitt 2,17 - 3,5* befindet: die Diskussionsworte zuvor und hernach sprechen bzw. klagen das Volk als ganzes an, ohne dass eine Differenzierung zwischen Gerechten und Sündern innerhalb des Volkes erkenntlich wäre (s. 2,11; 3,6)[68]. Dieses Argument des Kontextes aber besitzt, gerade wenn Mal das Produkt literarisch arbeitender Prophetie ist, großes Gewicht.

Dass das vierte Diskussionswort 2,17; 3,1a.5 bereits zum Grundbestand der Maleachischrift gehört hat, wird von Bosshard/Kratz[69] bestritten. Ist aber in 2,17 - 3,5 literarisch zu differenzieren, kann nicht mehr mit einem symmetrischen Aufbau der beiden vermeintlich sekundären Texte 2,17 - 3,5 und 3,13-21 argumentiert werden. Dass sich 2,17 - 3,5(*) aufgrund der Unheilsankündigung 3,5 von der übrigen Maleachischrift unterscheide, trifft angesichts der Verwendung der Gattung in 2,2-4a.9.12[70] nicht ganz zu. Weiter darf eine sich vom vorhergehenden Mal-Text abhebende eschatologische Perspektive nicht automatisch als Kriterium gegen die Ursprünglichkeit gelten. Nach Schart dient sie der Einschärfung des Tora-Gehorsams:

> „Auf der uneschatologischen Argumentationsebene argumentiert Mal mit der Aufforderung: Probiert es aus! Richtet euch streng nach dem Gesetz [...], dann werdet ihr dafür von Jahwe gesegnet werden [...] Der Gegeneinwand argumentiert nicht mit dem Verweis auf eigene Versuche, Jahwe zu testen, sondern mit den Versuchen der Frevler. Diese probieren schon die ganze Zeit aus, ob sich Mißachtung der Gesetze Jahwes tatsächlich in einem Fluch auswirkt, doch es sieht ganz danach aus, als wäre das nicht der Fall [...] Gegen diesen Einwand verweist Mal auf das Kommen des Tages Jahwes [...]"[71]

Auch wenn auf der Ebene der Grundschicht noch nicht vom „Tag YHWHs" die Rede ist, kann doch dieser Argumentation in ihrer Grundstruktur gefolgt werden. Daher spricht nichts dafür, den Grundbestand des Abschnitts 2,17 - 3,5 der Mal-Grundschicht abzusprechen.

---

67  Gegen Homerski, Tag Jahwes, 9, der detaillierte Begründungen vermissen lässt.
68  So etwa Verhoef, NICOT, 283f.; Koenen, Heil, 58f.; Meinhold, Vorsprüche, 209; ders. Rolle, 221 (eine Aufteilung in Gottesfürchtige und Frevler deute sich erst an und werde erst in 3,13-21 wirklich durchgeführt).
69  S. Bosshard/Kratz, Malachi, 37f., und s. bereits oben S. 258f.
70  Vgl. hierzu Reventlow, ATD 25,2, 131; Weyde, Prophecy, 113.280.
71  Schart, Entstehung, 296f.

Wie oben herausgearbeitet wurde, liegt die erste Einschreibung in 3,1b vor. Sie greift den in V. 1a erwähnten „Boten" auf und betont das nahe Kommen YHWHs und des Boten. Vermutlich aufgrund einer Parusie-verzögerung wird dies bekräftigt[72]. Da das Eingreifen YHWHs und seines Boten geradezu erwartet wird, was nur für diejenigen möglich ist, die sich beim Gericht auf der sicheren Seite wissen können, deutet sich hiermit ein Verständnis an, das mit einer Differenzierung zwischen Frevlern und Gerechten zu rechnen beginnt[73]. In den beiden weiteren Ergänzungen ist ein solches Denken jeoch nicht weiter erkennbar.

Der zweite Eintrag 3,2 setzt mit der Frage nach dem Bestehen am „Tag seines Kommens" ein. Damit wird der bekräftigende Abschluss von V. 1b („er wird kommen") aufgenommen. Außerdem beziehen sich die beiden Suffixe in V. 2a auf V. 1b zurück, und zwar sowohl auf den Boten als auch auf den „Herrn" (YHWH); denn sonst wäre mit dem „Tag seines Kommens" der „Tag des Boten" gemeint, was eine analogielose Vorstellung wäre. V. 2 setzt also schon V. 1b voraus[74]. Das Pronomen הוּא in V. 2b dürfte sich weder auf YHWH[75] noch auf den Boten[76], sondern auf den „Tag" beziehen, da nur dieser mit Feuer oder Seife zu vergleichen ist[77]. V. 2 bringt die Unsicherheit darüber zur Sprache, ob ein Bestehen im Gericht (bzw. bei dessen Vorberei-tung durch den Boten) möglich sein wird. Bemerkenswerterweise werden diese Gerichtsvollzüge des Textes 2,17 - 3,5 erst jetzt explizit unter der Per-spektive des „Tages YHWHs"[78] gelesen.

Die dritte Fortschreibung 3,3-4 greift möglicherweise das Stichwort מְצָרֵף von V. 2 auf[79], setzt aber mit der Einführung des Reinigers neu ein, da in V. 2 der „Tag YHWHs" (הוּא) mit dem Reiniger verglichen wird. Die V. 3-4 spitzen die Wegbereitung durch den Boten auf die Reinigung der Heil vermittelnden Priester zu, damit diese YHWH gefällige Opfer darbringen können. So wird die Zukunft „nach der Läuterung der Priesterschaft einen erneuerten Gottesdienst und nach der Bestrafung aller Schuldigen eine erneuerte Gemeinde bringen"[80].

---

72 Vgl. van der Woude, Engel, 294f.; Lescow, Buch, 120.

73 Vgl. die eben angestellten Überlegungen zur zweiten Identifikationsmöglichkeit. Mein-hold, Rolle, 221, weist darauf hin, dass diese Entwicklung erst andeutungsweise zu se-hen ist.

74 Ob zwischen V. 1b (הַבְּרִית) und V. 2 (כְּבֹרִית) ein Wortspiel besteht (so Lescow, Buch, 120), scheint fraglich, da die betreffenden Begriffe weit auseinander stehen.

75 So Elliger, ATD 25, 206f.

76 So Lescow, Buch, 120; Weyde, Prophecy, 292.

77 Mit Koenen, Heil, 57 Anm. 10; van der Woude, Engel, 292. Gegen Weyde, Prophecy, 209, wird der Vergleich ja nicht mit dem Wäscher bzw. Schmelzer durchgeführt.

78 S. unten S. 276.

79 Vgl. Rudolph, KAT XIII,4, 280; Meinhold, Vorsprüche, 201.

80 Reventlow, ATD 25,2, 154. Vgl. Rudolph, KAT XIII,4, 280.

## 2.4. Auswertung der Bezüge

## 2.4.1. V. 17.1a.5

Als *erstes* Charakteristikum der Grundschicht fällt auf, dass die in V. 17 formulierte Problemstellung – der Frevler scheint YHWH zu gefallen, denn ein Gericht über ihn ist nicht wahrzunehmen – auf den Tun-Ergehen-Zusammenhang zurückgreift und an ihm Kritik äußert: die Erfahrung zeigt, dass es dem Übeltäter keineswegs schlecht und dem Gerechten nicht unbedingt gut geht. Das Funktionieren des Tun-Ergehen-Zusammenhangs ist zum Beispiel Grundlage des Programms der dtr. Geschichtsschreibung. Da die Bewertungen der Könige statt טוֹב das Adjektiv יָשָׁר verwenden[81], bestehen hierzu jedoch keine Text-Text-Beziehungen. Die Wendung טוֹב בְּעֵינֵי יְהוָה ist zwar auch in Dtn 6,18; 12,28; vgl. auch II Reg 20,3; Jes 38,3; II Chr 14,1 belegt. Da das Adjektiv טוֹב in den genannten Stellen jedoch als Objekt des Verbs עשׂה fungiert, während in Mal 2,17 טוֹב als Prädikat benutzt wird und עשׂה zusammen mit רָע Subjektfunktion innehat, kann eine literarische Beziehung zwischen V. 17 und den genannten Belegen nicht wahrscheinlich gemacht werden, zumal die Lexeme für sich genommen überaus häufig vorkommen.

Inhaltliche Übereinstimmungen liegen zu Texten vor, die wie V. 17 mit dem Wohlergehen des Frevlers und der scheinbaren Nutzlosigkeit des rechten Handelns hadern: z. B. Jer 12,1f.; Ps 73,3ff.13ff.; 94,3-7; Hi 21,7f.; 24; Koh 7,15; 8,14. Die Wurzel חפץ findet in entsprechenden Kontexten nur in Ps 5,5 Verwendung, aber vor dem Hintergrund des unbestrittenen Tun-Ergehen-Zusammenhangs. Genauso verhält es sich mit der Frage „Wo ist Gott?", die im Kontext des Unglücks des YHWHzugehörigen in Ps 42,4.11 die Feinde und in Joel 2,17; Mi 7,10; Ps 79,10; 115,2 die Völker stellen, weil sie „Gottes Willen oder Macht, helfend und strafend einzugreifen", bezweifeln[82]. Dass V. 17 literarisch auf die genannten Texte bezogen sein könnte, ist also nicht ersichtlich.

Das Verb יגע im Hifil („ermüden") ist nur noch in Jes 43,23f. bezeugt, in Jes 43,24 ebenfalls mit YHWH als Objekt. Als Ursache des Ermüdens gelten dort die Verfehlungen, während es in V. 17 die (YHWH verletzenden) Worte sind. Die Stoßrichtung der beiden Texte ist jedoch verschieden: Jes 43,22-28 enthält mitten in der Gerichtsrede die Heilsankündigung der Vergebung (43,25); V. 17 kommt mit der Ankündigung des Gerichts in V. 5 zum Ziel. Daher ist eine gewollte Text-Text-Beziehung nicht plausibel zu machen.

Die Gottesbezeichnung אֱלֹהֵי הַמִּשְׁפָּט findet sich nur noch in Jes 30,18 (ohne Artikel). Dort steht sie im Kontext einer Ankündigung von YHWHs gnädiger und erbarmender Zuwendung (vgl. auch Jes 26,9; Ps 76,10; 103,6; 146,7). Hier wird in völlig anderem Sinn die Erwartung des die Frevler

---

81  S. I Reg 15,5.11; 22,43; II Reg 12,3; 14,3; 15,3.34; 16,2; 18,3; 22,2; II Chr 14,1; 20,32; 24,2; 25,2; 26,4; 27,2; 28,1; 29,2; 34,2; vgl. außerdem Dtn 12,25.28; 13,19; 21,9.
82  Reventlow, ATD 25,2, 151.

strafenden Eingreifens YHWHs geäußert. Daher kann nicht einmal von einem gemeinsamen Motiv gesprochen werden. Der Genitiv mag durch V. 5aα₁ bedingt sein, so dass sich die Übereinstimmung wohl dem Zufall verdankt.

*Zweitens* besitzt die Zusage des Eingreifens YHWHs einen theophanen Zug. Die Vorstellung, dass für YHWH ein Weg bereitet wird (V. 1a), ist nämlich mit den gleichen Lexemen (דֶּרֶךְ, פנה) noch in Jes 40,3 belegt, in dessen Kontext (Jes 40,4) theophane Elemente vorliegen. Ein literarischer Text-Text-Bezug wird jedoch nicht erkenntlich. Aus der Beobachtung, dass Sach 14,4-5 ebenso Jes 40,3-5 aufgreift, kann keine Beziehung zwischen Mal 2,17 - 3,5* und Sach 14* erschlossen werden.

Die Ausage, dass dieselbe „Gestalt [...], die im ersten Teil des Buches (Sach 1-6) künftig sich verwirklichende Visionen deutet, [...] gegen Ende des Buches eine Rolle in den Endereignissen inne[hat], die sich [...] jetzt als kultische Wegbahnung [...] vor Jhwh deuten läßt"[83], setzt synchron die Einheit eines Sacharja-Maleachi-Buches voraus, besitzt aber als redaktionsgeschichtliches Argument für die Gestaltung dieser Einheit wenig Gewicht.

V. 5 kündigt *drittens* das Gericht an und stellt damit in Aussicht, dass der Tun-Ergehen-Zusammenhang doch aufgeht. Die besondere Vorstellung von YHWH, der gleichzeitig als Zeuge bzw. Kläger oder Richter erscheint, ist mit Zeph 3,6-8 verwandt: beide Texte enthalten die im gleichen Sinn gebrauchten Lexeme עד, מִשְׁפָּט und ירא, wobei letzteres aber keine besondere Rolle spielt. מִשְׁפָּט ist ein überaus häufig vorkommendes Substantiv. Daher kann keine literarische Abhängigkeit wahrscheinlich gemacht werden. Die Behauptung, es liege ein Bezug zu Zeph 1,14 vor[84], geht offenbar allein von der gemeinsam vorkommenden Wurzel קרב (sowie dem in Mal 2,17 - 3,5 allerdings erst sekundären Element des „Tages YHWHs") aus und kann daher nicht überzeugen. Die Zeichnung YHWHs als Zeuge und Richter zugleich ist auch (mit עד und ב formuliert) in Mi 1,2 zu finden. Dort folgt zwar eine Theophanieankündigung, was mit V. 5 insofern übereinstimmt, als auch hinter V. 1a eine Theophanievorstellung zu ersehen ist. Aber der einleitende Höraufruf Mi 1,2[85] wendet sich gleichzeitig an die Völker wie an das Land und besitzt als Einleitung der Michaschrift eine mit V. 5 nicht vergleichbare Funktion, so dass auch zu Mi 1,2 lediglich traditions-

---

83  Bosshard/Kratz, Maleachi, 42.

84  So Bosshard/Kratz, Maleachi, 42.

85  Hinsichtlich des Wachstums des Einleitungsabschnitts der Michaschrift rekonstruiert Jeremias, Micha 1, 138f., drei Phasen: erstens klage der Prophet in 1,8-16 „über die (bevorstehende) militärische Verheerung seiner judäischen Heimat"; zweitens stellten die V. 3-7 dieses Lokalereignis in einen Ereigniszusammenhang, „bei dem der Untergang des Nord- und derjenige des Südreichs aufeinander bezogen werden. V. 2 schließlich rückt diese Erfahrungen in den umfassenden Horizont der Weltgeschichte." Anders versteht Kessler, HThKAT, 82ff.; ders., Buch, 140f., Mi 1,2-7 als redaktionellen, aber einheitlichen Text. Dem vergleichsweise späten Text Mal 2,17 - 3,5 wird freilich Mi 1,2-7 insgesamt bereits vorgelegen haben.

geschichtliche Verwandtschaft bestehen dürfte. Hingegen dürfte der Grundtext von Mal 2,17 - 3,5 von Ps 50 literarisch abhängen. Dort wird nämlich Gott als Richter (50,4: דִּין; 50,6: שֹׁפֵט) und Zeuge (50,7: בְּ עוּד) in eine Theophanie eingezeichnet. Außerdem ist die Gesamtstruktur von Ps 50 (V. 1-6 Theophanie; V. 7-15 Anklageerhebung, V. 16-21 Gebotsteil; V. 22-23 Schluss) mit Mal 2,17 - 3,5* vergleichbar[86]. Daher lässt sich die mögliche Behauptung, die Maleachischrift, die in ihrem Grundbestand auch den Text 2,17; 3,1a.5 enthalten hat, sei auf eine Verknüpfung mit Mi und Zeph angelegt, nicht wahrscheinlich machen.

Die in V. 5 genannten Vergehen geben zahlreiche Text-Text-Beziehungen zu erkennen. Die Zusammenstellung von Witwe, Waise und Fremdling findet sich noch in Ex 22,20f.; Dtn 10,18; 14,29; 16,11.14; 24,17.19.20.21; 26,12.13; 27,19; Jer 7,6; 22,3; Ez 22,7; Sach 7,10; Ps 94,6; 146,9. Bezieht sich V. 5 auf eine dieser Stellen näher? In Frage käme Jer 7,6, da im Kontext (Jer 7,9) auch Ehebrecher und Meineidige genannt werden. Aufgrund des Theodizee-Problems könnte ein besonders enger Bezug zu Ps 94,6 gegeben sein. Hinsichtlich Dtn 24,17 fällt auf, dass dort auch das Verb עשׁק benutzt und im Kontext (Dtn 24,14) sogar der Tagelöhner erwähnt wird. In Ex 22,20f. geht die Zauberei (כָּשַׁף Piel) voraus (22,17). Schließlich käme auch Sach 7,10 bzw. die gesamte Sacharjaschrift in Frage, da Sach 5,4; 8,10 das Falschschwören kritisieren. Nicht erwähnt wurde bisher Lev 19,12-14, wo gemeinsame Lexeme begegnen („falschschwören": לַשֶּׁקֶר שׁבע; „be-drücken": עשׁק; „Tagelöhner": שָׂכִיר) und das geforderte Verhalten mit der YHWHfurcht zusammengefasst wird. Aufgrund dieser diversen Verbindungsmöglichkeiten ist es wenig überzeugend, die Beziehung zu den Sach-Stellen für besonders gewichtig zu erklären und redaktionsgeschichtlich zu interpretieren[87]. Angesichts der genannten Parallelen kann auch nicht begründet werden, dass etwa die ersten Kapitel der Hoseaschrift (Ehebruch) oder Zeph 1,5 (Schwören) berücksichtigt worden wären. Auch die Bezüge zum Buch Dtn[88], zu Ex 22,17ff.[89] oder zu Lev 19,12-14[90] jeweils ausschließlich für besonders gewichtig zu erklären, wäre zu einseitig. Daher dürfte die Vermutung am wahrscheinlichsten sein, dass der Verfasser frei aus dem Gedächtnis heraus einige beispielhafte Laster aufgreift, ohne einen bestimmten Text als Grundlage heranziehen und ohne eine Verbindung zu

---

86 S. Lescow, Buch, 117f.; vgl. auch Weyde, Prophecy, 313f. Dass Mal 2,17 - 3,5 den späteren Text darstellt, ergibt sich aus der traditionsgeschichtlich als jünger einzustufenden Botenvorstellung.

87 So Bosshard/Kratz, Maleachi, 41: dass die Bezüge auf Sach 7,10; 8,17 bewusste Querverweise sein sollen, weil Mal 3,16 die Antwort auf Sach 8,16f. darstelle, da die Gottesfürchtigen 'mt redeten (??), ist nicht nachvollziehbar.

88 So Petersen, OTL, 210.

89 So Fishbane, Interpretation, 294.

90 Auf diesen Text macht Weyde, Prophecy, 310, aufmerksam.

einem bestimmten Text herstellen zu wollen[91]. Abermals zeigt sich, dass Sach 14* und Mal 2,17 - 3,5(*) nicht vom gleichen Verfasser stammen können: da im Gegensatz zu V. 5 in Sach 14* nämlich keine Schuld explizit wird, handelt es sich bei Sach 14* um einen traditionsgeschichtlich jüngeren Text, der bereits ein Bewusstsein allgemeiner Sündhaftigkeit voraussetzt, während V. 5 das noch auf das Kollektiv bezogene Gericht an konkrete Vergehen bindet.

### 2.4.2. V. 1b

Die Erweiterung V. 1b kündigt den „Boten des Bundes" an. Diese Bezeichnung ist völlig singulär, dürfte aber aus der Berücksichtigung zweier Bezugstexte resultieren. Erstens ist innerhalb der Maleachischrift das zweite Diskussionswort zu berücksichtigen. Denn dort (s. 2,4-8[92]) begegnen die Begriffe „Bund" und „Bote" in engem Zusammenhang. Als Bote wird der Priester angesehen, der Weisung gibt (und Opferdienst verrichtet: s. 1,7ff. und für beide Aspekte Dtn 33,10). Mit dem Bund ist wohl der spezielle Bund YHWHs mit der Priesterschaft gemeint (s. Num 25,12f.). Gegen die Ansicht, dass mit dem „Boten des Bundes" von V. 1b daher eine neue und wahre Priestergestalt erwartet werde, die ihre Aufgaben der Weisung und des Opferdienstes verantwortlich wahrnehme und dadurch YHWHs Kommen vorbereite[93], spricht aber der zweite Bezugstext.

Zweitens steht nämlich Jdc 2,1-5 (spätdtr.[94]) im Hintergrund. Dort blickt der Engel YHWHs (als YHWHs Stellvertreter) auf sein Wirken bei der Hinaufführung aus Ägypten und bei der Hineinführung ins zugeschworene Land zurück und erinnert an seine Zusage des Bundes. Dieser meint aufgrund des Kontextes wohl den Sinaibund, der eine spätdtr. Vorstellung darstellt (vgl. Ex 24,3-8; 34,10ff.[95]). Wahrscheinlich greift die Formulierung vom „Boten des Bundes" in V. 1b auf diese Vorstellung zurück[96]. Der spätdtr. מַלְאָךְ besitzt Führungs- und Schutzfunktionen, die die Identität Israels inmitten der Völkerwelt sichern sollen (s. Ex 23,20ff.[97]). Die Intention einer Abgrenzung von den Völkern liegt V. 1b allerdings fern. Auch spielt das Fremdgötterverbot,

---

91  Vgl. auch Weyde, Prophecy, 311: „it seems that the enumeration of the lawbreakers and the oppressed in Mal 3:5 actualizes not one, but several traditions; the problem of the traditio-historical background is more complex than scholars usually assumed."

92  Nach Meinhold, BK.AT XIV/8, 79, handelt es sich bei 2,4b-6.8 und 2,7 um Erweiterungen des bereits erweiterten Grundtextes 1,6-8a; 2,1.9a.

93  S. Krieg, Mutmaßungen, 162; Bosshard/Kratz, Maleachi, 39f.

94  S. H.-C. Schmitt, Privilegrecht, 167ff.; ders. Geschichtswerk, 257f.; Nentel, Trägerschaft, 110ff.

95  S. etwa H.-C. Schmitt, Privilegrecht, 167ff.; vgl. L. Schmidt, Israel, 177f.

96  So van der Woude, Engel, 297; vgl. auch Krieg, Mutmaßungen, 161.

97  Zu Ex 23,20ff. bestehen bereits auf der Ebene von V. 1a Text-Text-Beziehungen aufgrund gemeinsamer Lexeme (הִנֵּה, שׁלח, מַלְאָךְ, דֶּרֶךְ), jedoch begegnet weder in V. 1a noch in Ex 23,20ff. der entscheidende Terminus „Bund".

das in der spätdtr. Theologie eine große Bedeutung besitzt, in V. 1b wie im gesamten Text keine, oder allenfalls eine geringe Rolle, wenn man V. 5aα₂.aβ in diesem Sinn zu verstehen hat. Für einen literarischen Bezug spricht jedoch zum einen der prägnante Ausdruck „Bote des Bundes". Außerdem stimmt mit der spätdtr. Engel-Vorstellung überein, dass der Bote von V. 1b eine Führungs- bzw. Schutzfunktion besitzt: diese geht aus dem Relativsatz hervor, der den Gesprächspartnern unterstellt, sie würden den Boten fordern, und damit zeigt, dass von dem Boten ein durchaus heilvolles Handeln erwartet wurde[98]. Die Anahme einer redaktionellen Verklammerung mit dem spätdtr. Geschichtswerk oder eine gemeinsame Redaktion ist in Anbetracht der genannten Differenzen aber ausgeschlossen.

Dass der Bote des Bundes auf den fürbittenden Engel Sach von 1,12, der YHWH zur Zuwendung zu Juda und Jerusalem auffordert, oder den richtenden Engel von Sach 3,1, Bezug nimmt[99], ist genauso unwahrscheinlich wie eine Beziehung zum Deuteengel von Sach 1-6[100]. Denn bei beiden ist nicht die Funktion einer Wegbereitung für YHWH erkennbar. Damit erweist sich nun aber ein wesentliches Argument, das die Annahme eines Hag-Sach(*)-Mal-Korpus stützen soll, als nicht besonders tragfähig.

### 2.4.3. V. 2

Die Frage מִי מְכַלְכֵּל אֶת יוֹם בּוֹאוֹ besitzt eine klare Beziehung zu Joel 2,11. Denn nur in V. 2aα und dort sind das Fragepronomen מִי und das Verb כּוּל in einem Satz miteinander kombiniert. Zwar verwendet Joel 2,11 das Verb im Imperfekt Hifil, und dieses trägt ein Suffix der 3. Person maskulin Singular, das auf den zuvor erwähnten „Tag YHWHs" zurückweist. Das Objektsuffix stimmt aber mit V. 2aα überein: dort lautet das Objekt „Tag seines Kommens". Hierbei muss es sich um eine besondere Ausprägung des „Tages YHWHs" handeln; dafür sprechen der Terminus יוֹם und das Verb בּוֹא, das oft mit der Erwähnung des „Tages YHWHs" einhergeht (s. Jes 13,6.9; Joel 1,15; 2,1; 3,4; Zeph 2,2; vgl. außerdem Mal 3,19.23). Daher kann von einer literarischen Abhängigkeit ausgegangen werden. Wahrscheinlich stellt V. 2aα den rezipierenden Text dar, da sich die in Mal begegnende Vorläuferthematik aufgrund der Parusieverzögerung bezüglich des „Tages YHWHs" entwickelt haben dürfte, so dass dieser immer weiter hinausgeschoben wurde. Außerdem ist die Frage in Joel fest verankert, während sie in Mal 2,17 - 3,5 auf einen Zusatz zurückgeht.[101]

---

98  Vgl. van der Woude, Engel, 297, der erwägt, ob בְּרִית über den Sinaibund hinaus auch noch die Bundesgemeinde bezeichnet (vgl. Dan 11,28.30.32; Mal 2,10.14), so dass der Bote Schutzengel der Bundesgemeinde wäre.

99  Van der Woude, Engel, 296, hingegen möchte den Bundesboten mit den Engelsgestalten von Sach 1,12; 3,1 identifizieren.

100 So Bosshard/Kratz, Maleachi, 42.

101 S. Meinhold, Rolle, 220ff.; vgl. auch Schart, Entstehung, 302; Bosshard/Kratz, Maleachi, 42; Weyde, Prophecy, 294f. Anders Bergler, Joel, 171f.

Die zweite Frage מִי הָעֹמֵד בְּהֵרָאוֹתוֹ findet sich in imperfektischer Formulierung noch in I Sam 6,20 (עמד im Infinitiv nach Imperfekt von יכל); Jer 49,19; 50,14; Nah 1,6; Ps 76,8; 130,3; 147,17. Die größte Nähe besteht dabei wohl zu Nah 1,6, da das in V. 2aβ enthaltene Verb ראה aufgrund seiner theophanen Konnotation (vgl. Jes 60,2; Hab 3,10; Ps 102,17) für die Frage einen ähnlichen Hintergrund abgibt wie der Theophaniekontext von Nah 1,6. Außerdem weisen die in Nah 1,6 enthaltenen Substantive זַעַם und חֲרוֹן אַפּוֹ Parallelen zu „Tag YHWHs"-Texten auf (s. Jes 13,5.9.13; Zeph 2,2). So dürfte V. 2aβ eine Neuauslegung von Nah 1,6 darstellen, indem die Dramatik des Erscheinens YHWHs und die Unsicherheit deren Erträglichkeit nun auf das Erscheinen des Vorläufers übertragen wird.

Die Fraglichkeit des Bestehenkönnens setzt ein Bewusstsein allgemeiner Sündhaftigkeit voraus, wie es explizit aus Ps 130,3 hervorgeht, aber auch in Joel und Sach 14 zu greifen ist. Damit trägt V. 2 einen neuen Gedanken in den Text ein, der die in V. 1b ersichtliche Forderung nach dem offenbar heilvoll begriffenen Erscheinen des Boten, woraus andeutungsweise eine Differenzierung zwischen Frevlern und Gerechten kenntlich wird, verändert. Mit der Einsicht, dass alle Sünder sind, mahnt V. 2 auch die „Gerechten".

V. 2 greift schließlich die Vorstellung von einem Reinigungsgericht auf. Eine Läuterung ist etwa noch in Jes 1,25; 48,10; Jer 6,29; 9,6; Ez 22,17-22; Sach 13,9 belegt und stellt damit einen geprägten Sachverhalt dar, auf den sich V. 2 bezieht, wobei die Formulierungen „Feuer des Schmelzers" und „Laugensalz der Wäscher" singulär sind. Allenfalls könnte letztere Wendung durch Jer 2,22 beeinflusst sein. Nur an diesen beiden Stellen ist nämlich das Lexem בֹּרִית II („Laugensalz") bezeugt. Außerdem wird auch in Jer 2,22 das Verb כבס gebraucht. Allerdings beklagt diese Stelle mit dem als nutzlos hingestellten Waschversuch die abgrundtiefe Verdorbenheit des Volkes. Es geht ihr also gerade nicht um eine Reinigungshandlung im Kontext des göttlichen Gerichts. Es kann gefragt werden, ob V. 2 enger auf Jes 1,25 bezogen ist. Dort aber ist ein zweifacher Reinigungsvorgang anvisiert (dem bereits zur Schlacke gewordenen Material wird eine Behandlung mit Lauge angekündigt), während das Nacheinander von „Feuer" und „Lauge" in V. 2 aufgrund des *parallelismus membrorum* bedingt ist. Außerdem befindet sich in Jes 1,25 anstatt בֹּרִית II das (immerhin mit diesem verwandte) Lexem בֹּר III („Reinigung" bzw. „Reinigungsmittel")[102]. Eine literarische Abhängigkeit ist also nicht abzusichern.[103]

Dass Mal 2,17 - 3,5 nun als „Tag YHWHs"-Text geprägt wird, ist bemerkenswert, weil sich dies nicht vom bisherigen Bestand der Maleachischrift her nahelegt, sondern dafür sprechen könnte, dass jetzt ein größerer Kontext als der der Maleachischrift in den Blick gekommen sein

102 S. Gesenius, Handwörterbuch[18], 1. Liefg., 172.
103 Dass Petersen, OTL, 211, behauptet, dass Ez 22,19-21 und Zeph 1,18 besonders nahe stünden, weil das Feuer in diesen Texten nicht zerstörend, sondern reinigend gedacht sei, ist schwerlich nachvollziehbar und trifft in Mal 2,17 - 3,5 höchstens auf V. 3-4 zu, wo aber nicht explizit vom Feuer gesprochen wird.

mag. Berücksichtigt man allerdings die Fortschreibung 3,13-21[104], liegt die Annahme nahe, dass primär durch diese die Neuprägung in V. 2 veranlasst wurde, da sich Mal 3,13-21 mit einer vergleichbaren Problemstellung auseinandersetzt und dort die „Tag YHWHs"-Vorstellung stimmig verankert ist[105]. Damit lässt sich der Verdacht einer Verklammerung innerhalb einer umfangreicheren Schriftensammlung, den die literarischen Abhängigkeiten von Joel 2,11 und Nah 1,6 nahe legen könnten, nicht erhärten. Es kommt hinzu, dass die weitere Einschreibung der V. 3-4 mit der Priesterreinigung ein nur für Mal relevantes Thema erkennen lassen (s. Mal 1,6f.).

### 2.4.4. V. 3-4

Die Vorstellung einer Läuterung enthalten z. B. noch Jes 1,25; 48,10; Jer 6,29; 9,6; Ez 22,17-22; Sach 13,9. Die V. 3-4 greifen diese zwar auf, spitzen sie aber in singulärer Weise auf die Reinigung der Priester zu, weshalb zu keinem der genannten Texte literarische Abhängigkeiten auszumachen sind. Ginge man allein von gemeinsamen Lexemen aus würden sich starke Bezüge zu Ps 12 herauskristallisieren. In Ps 12,7 finden sich fünf mit V. 3 übereinstimmende Lexeme: צרף („läutern"), זקק („läutern"), כֶּסֶף („Silber"), die Vergleichspartikel כ und die Wurzel טהר („rein sein", in V. 3 als Verb, in Ps 12,7 als Adjektiv). Zudem operiert auch Ps 12,7 mit der Läuterungsvorstellung, und im Kontext werden das Gericht YHWHs und die ungestrafte Gottlosigkeit thematisiert. Jedoch preist Ps 12,7 mittels eines Vergleichs mit geläutertem Silber die Reinheit und Verlässlichkeit der Worte YHWHs (zitiert in 12,6), die damit von den lästerlichen und trügerischen Reden der Frevler (s. 12,4-5) abgehoben werden[106]. Daher ist auch eine literarische Abhängigkeit von Ps 12 nicht wahrscheinlich. Der Läuterungsgedanke von V. 3-4 greift also lediglich eine geprägte Vorstellung auf.

Die Behauptung, dass V. 4 auf Sach 14,21 anspiele, ja an der dort geschilderten Situation partizipiere[107], beruht auf dem Befund, dass Juda und Jerusalem zusammen mit Opfern nur an diesen beiden Stellen im Dodekapropheton genannt werden. Aber sie übersieht, dass dort eine eschatologische Entgrenzung des Heiligen vom Profanen erwartet wird, während V. 4 einen für YHWH wieder akzeptablen Opferkult durch eine gereinigte Priesterschaft ankündigt, und überschätzt damit die Beweiskraft des Befundes.

Auch die Annahme, aufgrund des Verbs ישב sei literarisch auf die Vorstellung von Joel 4,12, wo YHWH am „Tag YHWHs" zum Gericht sitzt,

---

104 Zu der Annahme, bei Mal 3,13-21 handle es sich um eine Fortschreibung, s. unten S. 285.

105 S. auch Koenen, Heil, 63f.

106 Vgl. Hossfeld/Zenger, NEB 29, 95f.

107 So Bosshard/Kratz, Maleachi, 41.

angespielt[108], wirkt wenig überzeugend, da es sich nur um eine einzige gemeinsame Vokabel handelt.

Besser steht es auch nicht mit der Vermutung, die „Opfer in Gerechtigkeit" bezögen sich auf Am 5,21ff.[109] Zwar finden sich gemeinsame Lexeme mit Am 5,24f. (צְדָקָה‎, נגשׁ, מִנְחָה); auch stehen מִנְחָה und צְדָקָה nur an diesen beiden Stellen beieinander und die Kombination von מִנְחָה mit נגשׁ begegnet nur selten (Lev 2,8; I Reg 5,1; 18,36; Mal 1,11; 2,12). Doch zeigen die Mal-Belege 1,11; 2,12, dass V. 3 in erster Linie einen für Mal typischen Sprachgebrauch aufgreift[110]. Weiter fehlt den V. 3-4 die für Am 5,21ff. so charakteristische ethische Konnotation. Außerdem mahnt der Begriff צְדָקָה dort eine rechte Ethik an, während מִנְחָה im Kontext der Konfrontation der gegenwärtigen als Automatismus verstandenen Opferpraxis mit der Wüstenzeit begegnet. Daher stellen die gemeinsamen Lexeme keine schlagenden Argumente für eine literarische Beziehung dar. Es kommt hinzu, dass die entscheidenden Verben aus Am 5,22 in V. 3-4 nicht erwähnt werden: statt רצה III („Gefallen haben"; in Mal 1,8.10-13 belegt) und נבט („aufblicken") gebraucht V. 4 ערב III („angenehm sein"). Somit kann nicht einmal von einer losen Adaption von Am 5,21ff. in V. 3-4 gesprochen werden. Eine redaktionsgeschichtliche Folgerung ist erst recht nicht angebracht.

### 3. Mal 3,13-21

#### 3.1. Zur Abgrenzung

Das Stichwort der Umkehr (3,6-7) präzisieren die folgenden Verse hinsichtlich der Beachtung der Opfervorschriften, zu denen die Ablieferung des Zehnten gehört (s. 3,8.10). Wird dies beachtet, verspricht YHWH die bei der Ernte greifbare Ausgießung seines Segens. 3,12 schließt mit der textgliedernden Formel אָמַר יְהוָה צְבָאוֹת. Entsprechend markiert die masoretische Tradition mit dem ס an dieser Stelle einen Einschnitt. Inhaltlich ist entscheidend, dass nach der Heilsankündigung 3,12 in 3,13 ein neuer Vorwurf begegnet, der in 3,14f. entfaltet wird und mit der Problemstellung, die Gottlosen blieben ungeahndet, an 2,17 erinnert. Wie in 2,17 - 3,5 geht es auch in 3,16-21 um das kommende Gericht. Dadurch werden, obwohl bereits vor 3,21 die bekannte textgliedernde Formel auftaucht (nämlich in 3,17.19) die V. 16-21 zusammengehalten, bevor 3,22 mit einem Imperativ neu einsetzt. Damit erweist sich 3,13-21 als neuer eigenständiger Text[111], nämlich

---

108 So Weyde, Prophecy, 299.
109 So Bosshard/Kratz, Maleachi, 42.
110 Vgl. Weyde, Prophecy, 300.
111 Anders Oesch, Bedeutung, 180ff.198, der 3,13-24 als vierte „Figurenrede" ansieht, so-wie Homerski, Tag Jahwes, 6.

als das letzte der sechs Diskussionsworte der Maleachischrift, das im Folgenden Gegenstand der Untersuchung sein soll.

## 3.2. Textgrundlage

13a Stark sind[112] gegen mich eure Worte, spricht YHWH[113]. bα Ihr aber sprecht: „bβ Was reden wir untereinander gegen dich?"

14aα Ihr sprecht: „aβ Nichtig ist es, Gott zu dienen. bα₁ Und was ist der Gewinn davon, bα₂ dass wir befolgt haben seine Anordnung bβ und wandeln in Trauer bγ vor YHWH Zebaot?

15aα Jetzt aber, aβ wir preisen glücklich die Übermütigen! bα Sowohl werden erbaut, die Frevel tun, bβ als auch versuchen sie Gott und entkommen."

16a Damals[114] haben geredet untereinander die YHWH Fürchtenden, einer mit[115] dem anderen. bα Da merkte YHWH auf und hörte. bβ Und es wurde geschrieben ein Buch der Erinnerung vor ihm für die, die YHWH fürchten, bγ und für die, die seinen Namen achten.

17aα₁ Und sie sollen mir sein, aα₂ spricht YHWH Zebaot, aβ an dem Tag, aγ den ich machen werde, zum besonderen Eigentum. bα Und ich werde Mitleid haben mit ihnen, bβ wie Mitleid hat ein Mann bγ mit seinem Sohn, der ihm dient.

18aα Und ihr werdet wieder sehen aβ den Unterschied zwischen einem Gerechten und einem Frevler, bα zwischen einem, der Gott dient, bβ und einem, der ihm nicht dient.

19aα Fürwahr siehe, bald kommt der Tag, aβ der brennt wie der Ofen[116]. bα Da werden alle Übermütigen und jeder, der Frevel tut[117], ein Strohhalm sein. bβ₁ Und es wird sie versengen

---

112 Zum Gebrauch des Perfekt an dieser Stelle und in V. 13b.14.15 s. Gesenius/Kautzsch, Grammatik, §106g.k.l.

113 Das Gottesprädikat Zebaot, das die lukianische LXX-Rezension zusätzlich liest, stellt – abgesehen vom geringen Gewicht dieser Version – eine Angleichung an V. 14.17.19.21 dar. Mit Lescow, Buch, 133 (der ebd., Anm. 1, auf 1,2a als Entsprechung hinweist). Gegen den Vorschlag von BHS; Petersen, OTL, 219f. samt Textanm. b.

114 Die hebräische Textüberlieferung bezeugt einhellig אָז („damals"), während die LXX und die Peschitta ein זֹה bzw. זֹאת („dieses", „so") wiedergeben möchten. Für MT plädieren auch Rudolph, KAT XIII,4, 286f. Textanm. 16a; Lescow, Buch, 139 Anm. 23; Petersen, OTL, 219f. samt Textanm. c; Weyde, Prophecy, 355; Glacier-McDonald, Malachi, 217f.; Koenen, Heil, 60 Anm. 17. Dagegen Elliger, ATD 25, 212 samt Anm. 1; Reventlow, ATD 25,2, 156.158. LXX ist jedoch, worauf Weyde, Prophecy, 355, hinweist, sachlich problematisch: „v. 16b says that YHWH ‚listened'; according to the LXX this means that YHWH listened to the words of the adressees which are recorded in the quotation in vv. 14f." MT stellt außerdem wahrscheinlich die *lectio difficilior* dar, da der Beginn von V. 16 mit „so sprachen" den Übergang von V. 13-15 zu V. 16ff. erleichtert. Dass Elliger, ATD 25, 212 Anm. 1, in MT eine „dogmatische Korrektur" sieht, ist unverständlich. Krieg, Mutmaßungen, 37, beurteilt אָז hingegen als redaktionelle Manipulation aus זֹאת, die im Zuge der Einschaltung von V. 16(ff.) in den Text vorgenomen worden sei. Wirklich textkritische Kriterien führt Krieg für sein Urteil jedoch nicht an und legt seiner Übersetzung selbst (s. im Anhang) die Partikel אָז („damals") zugrunde. Daher kann seine Auffassung nicht überzeugen.

115 Petersen, OTL, 220 Textanm. e, weist darauf hin, dass 4QXII[a] אֶל statt אֵת bezeugt. Da die betreffende Phrase oft und mit diversen Variationsmöglichkeiten belegt ist, kann die Textveränderung beim Abschreiben durchaus aus dem Gedächtnis heraus erfolgt sein. An der Bedeutung ändert sich jedenfalls nichts.

der Tag, der kommen wird, bβ₂ spricht YHWH Zebaot[, bγ der nicht übrig lassen wird ihnen Wurzel und Zweig][118].

20aα Und es wird aufgehen euch, die ihr meinen Namen fürchtet, die Sonne der Gerechtigkeit, aβ und Heilung ist in ihren Flügeln. b Und ihr werdet herauskommen und aufspringen wie Mastkälber[119].

21aα Und ihr werdet zertreten die Frevler, aβ dass sie werden zu Staub aγ unter den Sohlen eurer Füße bα an dem Tag, den ich machen werde, bβ spricht YHWH Zebaot.

## 3.3. Literargeschichtliche Probleme

Wirft man einen ersten Blick auf Mal 3,13-21, ist folgender Aufbau zu erkennen:

| | |
|---|---|
| 13a | Feststellung YHWHs über einen Konflikt zwischen ihm und seinen Gesprächspartnern |
| 13b | Widerspruch der Gesprächspartner |
| 14-15 | Entfaltung der Feststellung – Position der Gesprächspartner: Gott zu dienen und seinen Anweisungen zu folgen nützt nichts, im Gegenteil: den Frevlern geht es gut, sie ereilt selbst bei einer Versuchung YHWHs keine Strafe |
| 16-21 | Folgerungen: |
| 16 | Der Prophet berichtet über die Entstehung eines Buches zugunsten der YHWH-fürchtigen |
| 17 | YHWH sagt sein Mitleid mit ihnen an seinem Tag zu |
| 18 | YHWH kündigt seinen Gesprächspartnern das Offenbarwerden des Unterschiedes zwischen Frevlern und Gottesdienern an |
| 19 | YHWH kündigt den kommenden Tag an, der die Frevler brennen lassen wird wie Stroh |
| 20 | YHWH kündigt den YHWHfürchtigen als seinen Gesprächspartnern die Sonne der Gerechtigkeit an |
| 21 | YHWH kündigt seinen Gesprächspartnern das Zertreten der Frevler an |

Es fällt auf, dass der Teil der Folgerungen sehr ausführlich gestaltet ist: V. 19 und V. 21 werden jeweils durch textgliedernde Formeln abgeschlossen. Eine weitere Formel findet sich in V. 17. Auch die Terminologie wechselt: einmal ist von YHWH Fürchtenden (V. 16f.20f.), ein andermal von Gott Dienenden (V. 14.18) die Rede. Außerdem ist die direkte Anrede YHWHs an

---

116 So MT als *lectio brevior*. Die nicht rezensierte LXX liest zusätzlich, V. 19bβ₁ vorwegnehmend (dort aber mit ἀνάψει formuliert), καὶ φλέξει αὐτούς („und wird sie verbrennen").

117 Viele hebräische Handschriften und Übersetzungen lesen hier Plural. MT hingegen dürfte als *lectio difficilior* den ursprünglichen Text bewahrt haben, während die abweichende Lesart eine glättende Angleichung darstellt. Gegen Lescow, Buch, 139 Anm. 24; Krieg, Mutmaßungen, 37 (*aberratio oculi* habe den Singular bewirkt).

118 Zur Begründung der Annahme, V. 19bγ sei Glosse, s. unten S. 284.

119 Petersen, OTL, 220 Textanm. e, weist darauf hin, dass 4QXII[a] Singular („Mastkalb") liest. Syntaktisch muss aber angesichts der pluralischen Anrede ein Plural als stimmiger angesehen werden. Außerdem ist der Ausfall eines ' leicht durch eine schwer leserliche Textvorlage zu erklären.

seine Gesprächspartner nicht vollständig durchgehalten (s. V. 16-17). Ein Tempusmarker eröffnet V. 16, V. 19 beginnt mit der Aufmerksamkeitspartikel כִּי. Meistens wird Mal 3,13-21 zwar für weitgehend einheitlich erklärt[120]. Aber die genannten Unstimmigkeiten erfordern es, im Folgenden den Text genauer auf seine literarische Integrität hin zu untersuchen.

Hierbei fallen vor allem die V. 16-17 auf. Sie unterbrechen nämlich zum einen den Stil der direkten Anrede YHWHs an seine Gesprächspartner, der in V. 13-15 und in V. 18ff. vorliegt[121]. Hingegen informiert in V. 16 der Prophet über ein Buch[122], und als YHWH in V. 17 wieder selbst spricht, wendet er sich nicht direkt an sein Publikum. Zum anderen kommt hinzu, dass die in V. 13-15 formulierte Problemstellung in V. 16f. keine Rolle spielt: zwar könnte mit dem Mitleid YHWHs ein Nutzen für die Gott Dienenden angegeben werden, aber von einer Strafe für die „Frevler" (עֹשֵׂה רִשְׁעָה / רֶשַׁע) und „Übermütigen" (זֵדִים) ist unter Aufnahme der Terminologie von V. 14f. erst wieder in V. 18f. die Rede. Im Übrigen wird in V. 16f. nicht die in V. 14f. und V. 18f. begegnende Begrifflichkeit gebraucht: die positiven „Gott Dienenden" (עֹבֵד אֱלֹהִים) heißen in V. 16f. „YHWH Fürchtende" (יְרֵא יְהוָה). Zwar könnte dagegen eingewandt werden, dass V. 16-19 zusammen eine Antwort auf das in V. 14-15 dargelegte Problem bieten. Aber die Aufgabe des Stils der direkten Anrede legt eher eine literargeschichtliche Differenzierung nahe. Diese Beobachtungen sprechen bereits gegen die These, dass der Abschnitt 3,13-21 von drei verschiedenen Gruppen handle, V. 16-18 nur die Frommen ansprechen würden, während der Rest des Textes mit Zweiflern und Frevlern operiere[123]. Hingegen zeigt der in 1. Person erfolgende Hinweis der Gesprächspartner YHWHs in V. 13-15 (s. V. 14bα₂.bβ), sie selbst seien YHWH gegenüber folgsam, dass mit den Gesprächspartnern die Gerechten gemeint sind, freilich Zweifel äußernde Gerechte[124]. Für die Annahme, die

---

120 S. Elliger, ATD 25, 213 („kann nicht bezweifelt werden"); Rudolph, KAT XIII,4, 287ff.; Weyde, Prophecy, 386; Reventlow, ATD 25,2, 157ff. (ergänzt worden seien V. 16 und der „Frevler" in V. 19, ansonsten erklärten sich manche Spannungen durch die Übernahme und Aktualisierung geprägten Traditionsgutes); Deissler, NEB 21, 334 (V. 21 sei Zusatz); Koenen, Heil, 60 samt Anm. 19 (V. 21 sei Zusatz). Bosshard/Kratz, Maleachi, 37ff., und Steck, Abschluß, 43ff., diskutieren die Einheitlichkeit nicht, sondern setzen sie voraus; vgl. auch Glazier-McDonald, Malachi, 207ff.

121 Rudolph, KAT XIII,4, 287 Textanm. 16a, möchte dieses Problem mit einer Konjektur beheben, was zum einen methodisch fragwürdig ist und zum anderen die Spannung nur nach V. 16b verschiebt.

122 Vgl. Reventlow, ATD 25,2, 158, der allein V. 16 für sekundär hält und durch seine Einschreibung eine ehemalige Einleitung zu V. 17 verdrängt wissen möchte.

123 So Bosshard/Kratz, Maleachi, 37; Steck, Abschluß, 53. Vgl. auch Marti, KHAT, 476ff. (von den Frommen handle V. 16f.20f.); Petersen, OTL, 223 (es sei zwischen Frevlern, Gerechten und YHWHfürchtigen zu differenzieren; letztere könnten nach V. 18 zwischen gerecht und frevelhaft unterscheiden, daher handle es sich bei ihnen um die Priester).

124 Mit Reventlow, ATD 25,2, 157; Rudolph, KAT XIII,4, 287f.; Koenen, Heil, 59 samt Anm. 17; Weyde, Prophecy, 358f.; Glazier-McDonald, Malachi, 207f. Gegen die These

V. 16-17 sind erst später in den Text eingeschrieben worden, lässt sich weiter geltend machen, dass der Hinweis auf den „Tag", an dem die YHWH Fürchtenden verschont werden sollen, V. 18ff. wohl bereits voraussetzt. Denn dass dieser Tag ein vernichtendes Ereignis darstellt, wird erst in V. 19 ausgesprochen. Hierbei fällt auch auf, dass V. 19 vom „kommenden Tag" (2× בוֹא) spricht, während V. 17 den Tag als „Tag, den ich mache", bezeichnet.[125] Stellt V. 16f. also eine Erweiterung dar, so greift diese die in V. 13-15 referierten Worte auf (vgl. das Nifal von דבר in V. 13 und V. 16) und blickt scheinbar aus einer größeren Distanz (אָז „damals") auf sie zurück. Das Anlegen des Buches wird dadurch in die Vergangenheit verlegt. Dieses Vorgehen und die Vorstellung eines Buches, das vor dem Gericht bewahrt (s. Dan 7,10; 10,21; 12,1; äthHen 90,20[126]), können als protoapokalyptisch bezeichnet werden.

V. 18 ist zwar sowohl lexematisch als auch hinsichtlich seiner inhaltlichen Problemstellung auf V. 13-15 bezogen. Auch die Form der direkten Anrede begegnet hier wieder. Aber V. 18 lässt eine Differenz zwischen den Angeredeten und den Gerechten erkennen, da letztere als Objekte begegnen. So erhält die Beobachtung Gewicht, dass die YHWHrede V. 18ff. mit einem *perfectum consecutivum* beginnen würde, was zwar nicht unmöglich, aber doch auffällig ist. Dagegen begegnet in V. 19 wie auch in 3,1a die Partikel הִנֵּה als einleitendes Element, so dass der ursprüngliche Text vermutlich erst wieder in V. 19 vorliegt[127]. Auch dass V. 19 im Gegensatz zu V. 18 die Übermütigen und Frevler im Plural nennt, mag ein weiteres Indiz für diese Vermutung sein. V. 18 könnte dann entweder eine eigene Einschreibung darstellen, die das Offenbarwerden des Unterschiedes zwischen Gerechten und Frevlern hervorhebt, was aber kaum ein eigenes Profil verriete. Oder aber, was wahrscheinlicher ist, V. 18 hängt mit V. 16f. zusammen[128] und erleichtert mit der direkten Anrede den Übergang zum ursprünglichen Text.

Da V. 19 nur das Vernichtungsgericht über die Frevler thematisiert, muss auch V. 20 der Grundschicht zugehört haben, denn erst hier wird das Heil für die Gerechten entfaltet. Diese heißen nun aber anders als bisher (s. V. 14[.18]) „YHWHs Namen Fürchtende". Dass die Bezeichnung dagegen

---

Elligers, ATD 25, 213f., hier sei der Gegensatz zwischen Juden und Samaritanern anvisiert. Auch gegen Petersen, OTL, 220 Textanm. c, der zwischen der in V. 13-15 zitierten Gruppe und den YHWHfürchtigen, die in V. 16-21 anvisiert seien, unterscheidet. Seine Argumentation mit der Partikel אָז („damals") des MT ist deshalb nicht gewichtig, weil es sich bei V. 16(ff.) um eine Erweiterung handelt.

125 S. insgesamt zum sekundären Charakter der V. 16-17 auch Krieg, Mutmaßungen, 37f., der jedoch im Unklaren lässt, wie er V. 16a literargeschichtlich verortet.

126 Vgl. aber auch Ex 32,32; Jes 4,3; Ez 13,9; Ps 69,29; 139,16.

127 So auch Krieg, Mutmaßungen, 38, der allerdings eine sekundäre Umstellung von V. 18 behauptet, die auch ein begründendes כִּי zu Beginn von V. 19 bewirkt habe. Vgl. auch Elliger, ATD 25, 215, der, auch wenn er den Text für einheitlich hält, V. 16-18 als „ein durchlaufendes Stück Prophetenrede" bezeichnet, nach dem „erst mit V. 19 der göttliche Ich-Stil von V. 13 wiederaufgenommen wird."

128 Vgl. Nogalski, Processes, 206ff. Diese Ansicht ist plausibler als diejenige Kriegs (s. Anm. 127).

mit V. 16 überein stimmt, lässt angesichts der bisherigen Überlegungen jedoch nicht an der literargeschichtlichen Hypothese zweifeln. Vielmehr dürfte
umgekehrt mit der Variation in V. 20 eine Erklärung dafür vorliegen, weshalb V. 16f. zu der Terminologie „YHWH Fürchtende" gekommen ist[129].
   Nicht mehr zur Grundschicht gehören kann V. 21, denn hier sollen die
YHWHfürchtigen die Frevler zertreten, was der Ankündigung des die Frevler
verbrennenden Tages von V. 19 widerspricht. Daher dürfte die Grundschicht
von V. 19 bis V. 20 reichen und V. 21 einen Zusatz[130] darstellen. Die
Auffälligkeit, dass V. 20 noch nach der textgliedernden Formel von V. 19 zu
stehen kommt, besitzt Parallelen in Mal 2,4f.8f.16; 3,10.17 und spricht daher
nicht gegen das eben entwickelte literargeschichtliche Bild. Andererseits
kann ohne weiteres die Formel am Ende von V. 21 noch zur Grundschicht
dazugehört haben.
   Schließlich fällt noch der an die textgliedernde Formel angeschlossene
Relativsatz V. 19bγ auf. Denn dieser widerspricht mit seiner Wortwahl
„Wurzel und Zweig", die auf einen Baum hindeutet, dem zuvor genannten
Bild vom „Stroh". Außerdem wird durch die relative Satzanbindung YHWH
zum Subjekt des Ausrottens, während zuvor die Vernichtungsvorgänge auf
den „Tag" bezogen waren.[131] Da sich keine klar profilierte Intention für
V. 19bγ finden lässt, dürfte es sich um eine Glosse handeln.
   V. 21 führt den Stil der direkten Anrede weiter, bezeichnet den „Tag
YHWHs" aber als „Tag, den ich machen werde" (יוֹם אֲשֶׁר אֲנִי עֹשֶׂה) und
stimmt darin mit V. 17 überein. Da die Aufwertung der YHWHfürchtigen zu
Gerichtsvollstreckern Parallelen in der apokalyptischen Literatur besitzt[132], ist
die Annahme nicht unwahrscheinlich sein, dass V. 21 mit V. 16-18 zusammen auf die gleiche Hand zurückgeht. Diese hat demnach die V. 19-20 um-
rahmt und den dort angekündigten „Tag YHWHs" zur Scheidung der Frevler
von den Gerechten in apokalyptische Dimension ausgezogen.
   Somit ergibt sich folgendes literargeschichtliches Bild: Die Grundschicht
des Textes 3,13-15.19*.20(.21bβ) begegnet der möglichen Kritik an YHWH
– das Wohlergehen der Gottlosen zeige, dass es nutzlos sei, ihm zu dienen –
mit der Zusage, dass am „Tag YHWHs" den Gerechten Heil bevorstehe,

---

129 Anders rechnet, Krieg, Mutmaßungen, 38, damit, dass das Dativ-Objekt („euch, die ihr
   meinen Namen fürchtet") später hinzugefügt wurde, weil es sich auf den sekundären
   V. 16b bezieht. Dies ist freilich möglich. Die Beobachtung, die Zeile sei überfüllt, ist a-
   ber, wenn bei poetischen Argumenten Zurückhaltung geübt wird, nicht schlagkräftig genug.
130 So auch Deissler, NEB 21, 334; Koenen, Heil, 60 samt Anm. 19. Reventlow, ATD 25,2,
   159, negiert ohne Begründung die durch V. 20 hervorgerufene Spannung. Krieg, Mutmaßungen, 38, sieht in V. 19bγ und im Relativsatz in V. 20aα sekundäre Glossen; seine
   die poetische Sprachgestalt zum Ausgangspunkt nehmende Argumentation überzeugt jedoch nicht.
131 S. auch Krieg, Mutmaßungen, 38.
132 S. äthHen 91,12 1QpHab 5,3-5; 1QM 1,1f. Die weiteren von Deissler, NEB 21, 336,
   genannten Belege aus äthHen (27,1f.; 90,26) überzeugen nicht. Nur teilweise zu vergleichen sind Jes 25,10; 26,6; Sach 10,5.

während die Frevler vernichtet würden. Die Erweiterung legt um diese Zusage einen Rahmen mit protoapokalyptischem Gedankengut: die V. 16f.18 möchten die Gerechten mit dem Hinweis auf ein längst angelegtes Buch und mit der Zusage von YHWHs Mitleid sowie dem Offenbarwerden des Unterschiedes zwischen ihnen und den Frevlern trösten, während V. 21 der Demütigung durch das Wohlergehen der Frevler mit der Aussicht beizukommen versucht, dass die Gerechten die Frevler zertreten werden.

Dass die Grundschicht des Textes zum ursprünglichen Bestand der Maleachischrift gehört haben kann, ist fraglich. Zwar könnte, wenn 2,17; 3,1a.5 in ihr enthalten war, die aus 3,13-15 hervorgehende, vergleichbare Konfliktsituation eine solche Annahme nahe legen[133]. Dagegen spricht jedoch, dass sich eine „Differenzierung von Gerechten und Frevlern [...] erst in Mal 3,13-21*" findet. „Den fünf voranstehenden Abschnitten des Maleachibuchs ist sie fremd"[134] bzw. wird in der Literargeschichte von 2,17 - 3,5 nur in Ansätzen deutlich[135]. Außerdem dürfte der Hinweis von Koenen zutreffen, dass die Komposition der Maleachischrift mit 3,12 zu einem sinnvollen Abschluss komme, da eine Inklusion zum Beginn (1,5) bestehe. Deshalb sei zum einen der Abschnitt 3,13-21 als Anhang zu verstehen. Zum anderen sei seine Stellung am Ende, obwohl inhaltlich und formal an 2,17 - 3,5 angeknüpft werde, nur damit erklärbar, dass eine bis 3,12 reichende feste Komposition bestanden habe[136]. Krieg ist zwar der Auffassung, dass 3,13-21* in der Mal-Grundschicht vor dem Abschnitt 3,6-12 gestanden habe[137]. Gegen eine solche These ist jedoch einzuwenden, dass eine sekundäre Umstellung schwerlich zu begründen ist und die Differenzierung zwischen Frommen und Frevlern überhaupt der Annahme der Zugehörigkeit des Abschnitts zur Grundschrift von Mal widerspricht.

Da in 3,1b wahrzunehmen ist, dass man im Lauf der Literargeschichte von Mal 2,17 - 3,5 auch mit einer Scheidung von Gerechten und Frevlern zu rechnen begann, und erst 3,2 die „Tag YHWHs"-Vorstellung in diesen Text einträgt, kann gefragt werden, ob beide Einschreibungen mit Mal 3,13-21 zusammenhängen. Da die Botenvorstellung in 3,1b jedoch etwas sehr spezifisches darstellt und keine positiven Indizien für eine Beziehung zwischen 3,2 und 3,13-21* vorhanden sind, ist es dem Textbefund angemessener, mit un-

---

133 Vgl. Glazier-McDonald, Malachi, 144.207.

134 Koenen, Heil, 61; aufgegriffen von Meinhold, Rolle, 221. Vgl. auch Petersen, OTL, 220, der aufgrund der in 3,12-21 neu begegnenden Gruppe von Jahwefürchtigen bemerkt, dass das letzte Diskussionswort sich von den vorangegangenen unterscheidet. Vgl. außerdem Weyde, Prophecy, 370f., der angesichts des Gegensatzes Frevler – Gerechte auf den stärkeren weisheitlichen Hintergrund von 3,13-21 aufmerksam macht, der für 2,17 - 3,5 so nicht gegeben war. Trotzdem plädiert Weyde, Prophecy, 383f., dafür, dass 3,13-21 zur ursprünglichen Maleachischrift dazugehört hat und überspielt dabei die Differenzen.

135 S. oben S. 271f.

136 So Koenen, Heil, 61f.

137 S. Krieg, Mutmaßungen, 103 (vgl. die Übersetzungen im Anhang) und 120ff.

abhängigen Fortschreibungen zu rechnen. Vermutlich hat der Text 3,13-21*
zur Weiterarbeit an 2,17 - 3,5* angeregt.

### 3.4. Auswertung der Bezüge

### 3.4.1. V. 13-15.19a.bαβ.20(.21bβ)

Die Position der Gesprächspartner, die in V. 13-15 vorgestellt wird, ähnelt
der von Mal 2,17[138]: die Erfahrung, dass es Frevlern gut geht, führt zu Zweifeln an Gottes Gerechtigkeit und Gericht. Diese Zweifel werden anders als in
2,17 auch mit dem Verweis auf das eigene Rechtverhalten zur Sprache gebracht und mit der Frage nach dem Nutzen auf die Spitze getrieben. Dies
erinnert an Hiob (vgl. etwa Hi 9,21; 21,7-13.14-15; 30,25f.; 31), ohne dass
jedoch literarische Bezüge erkenntlich würden[139]. Die Frage nach dem Nutzen
(מַה־בֶּצַע) findet sich so nur noch in Gen 37,27; Ps 30,10, aber in völlig anderen Zusammenhängen, so dass eine Beeinflussung nicht ersichtlich ist. Die
Wendung שָׁמַר מִשְׁמֶרֶת begegnet häufig im Zusammenhang mit dem
Priesterdienst, so dass man als Gesprächspartner in V. 13-15 Priester
vermuten könnte[140]. Jedoch zeigt Dtn 11,1, dass sich der Ausdruck sowohl an
das ganze Volk als auch das Befolgen des Gesetzes meinen kann[141].
Der Ausdruck הָלַךְ ... מִפְּנֵי יְהֹוָה (צְבָאוֹת) ist singulär, und die Angabe מִפְּנֵי
יְהֹוָה unspezifisch. Mit פָּנָה + לְ formuliert wären I Reg 3,6; 8,23; 9,4; II Reg
20,3; II Chr 6,14.16; 7,17 zu vergleichen, wo das positive Ergehen
unhinterfragt aus dem Wandel bzw. Gehorsam vor YHWH folgt. Wieder
anders ausgedrückt, doch sachlich übereinstimmend, fordert der Beter in Ps
26,1 genau dies ein. Vgl. ferner auch Mal 2,6.

Das Verb בחן („prüfen") begegnet in der Weise, dass der Mensch Gott
prüft bzw. versucht nur noch in Mal 3,10 (in einer Aufforderung Gottes) und
Ps 95,9 (neben נסה) in einem Geschichtsrückblick auf den Streit des Volkes
mit Gott an den Wassern zu Massa und Meriba (dort werden die Verben ריב
und נסה gebraucht). Dass Gott den Menschen versucht, wird mit dem Verb
בחן etwa in Jer 11,20; 12,3; 17,10; 20,12; Ps 7,10; 11,4.5; 17,3; 26,2; 66,10;
81,8; 95,9; 139,23 und auch in Sach 13,9 formuliert. Ein Bezug ist aber
aufgrund des umgekehrten Gebrauchs unwahrscheinlich, auch im Blick auf
Ps 26,2, obwohl Ps 26,1 eben mit V. 14 verglichen werden konnte.

V. 19 erwähnt zweimal einen „Tag", mit dem das Partizip von בוא
verbunden ist. Aufgrund der Parallelen Jes 13,6.9; Joel 1,15; 2,1; 3,4; Zeph
2,2; Mal 3,23 ist bei diesem „Tag" wahrscheinlich an den „Tag YHWHs"

---

138 S. die bereits oben (S. 272) genannten Vergleichstexte.
139 Vgl. Krieg, Mutmaßungen, 165 Anm. 160, der hingegen von „Anspielungen" spricht.
140 So Petersen, OTL, 222f.
141 Vgl. Deissler, NEB 21, 335; Weyde, Prophecy, 379ff.

gedacht. Da der Ausdruck aber nicht exakt oder variiert verwendet wird[142], kann es kaum als Anliegen von V. 19 bezeichnet werden, mit der „Tag YHWHs"-Vorstellung auf die genannten Texte zurückzuverweisen.

Weitere Text-Text-Bezüge offenbart der in V. 19 erwähnte Ofen (תנּוּר). Im übertragenen Sinn für YHWHs Erscheinen bzw. sein strafendes Handeln wird der Ofen nämlich nur noch in Gen 15,17; Jes 31,9; Ps 21,10 verwendet. Diesen Texten fehlen jedoch weitere mit V. 19 übereinstimmende Auffälligkeiten. Von den eben genannten Belegen abgesehen werden allerdings Bezüge zu Hos 7,1-7 konstatiert und behauptet, dass Mal 3,13-21 das Dodekapropheton, und zwar speziell seinen Beginn durch literarische Benutzung einbeziehe: denn in Hos 7,4.6.7 begegnet ebenfalls der Ofen zusammen mit der Vergleichspartikel כ und außerdem das Verb בער („brennen")[143]. Doch spricht eine gravierende inhaltliche Differenz zwischen beiden Texten gegen eine solche These: Hos 7,4.6.7 vergleicht das lügnerische, ehebrecherische, hinterlistige, ja mörderische Verhalten Israels mit einem erhitzten, glühenden Ofen, während V. 19 das Erscheinen und Strafen des „Tages YHWHs" mit dem Bild beschreibt. Zwar begegnet in Hos 7,4.6 das Verb בער – Ps 21,10 hingegen verwendet אכל. Aber dass im Zusammenhang mit einem Ofen auch das Verb „brennen" begegnet, darf als überaus naheliegend angesehen werden, so dass es dafür keiner literarischen Vorlage bedarf. Die einzige Gemeinsamkeit mit Hos 7,2 besteht in der Aussage, dass YHWH die Untaten der Frevler bemerkt und nicht ungestraft lässt. Diese Beobachtung kann angesichts der eben genannten Differenzen jedoch weder die Annahme rechtfertigen, dass V. 19 durch den konkreten Text Hos 7,1-7 mit angeregt wurde, noch die Intention einer sich auf Hos beziehenden Rahmung wahrscheinlich machen. Daher ist davon auszugehen, dass V. 19 lediglich ein auch in Gen 15,17; Jes 31,9; Ps 21,10 verwendetes Motiv benutzt.

Im Zusammenhang mit dem „Ofen" ist sonst nie von „Stroh" (קשׁ) die Rede. Von Feuer verbrennendes Stroh erwähnen aber Jes 5,24; 33,11; 47,14; Joel 2,5; Ob 18; Nah 1,10 im eschatologischen Gerichtszusammenhang. Außerdem wäre Zeph 2,1 zu nennen, wo in einem entsprechenden Kontext das Verb קשׁשׁ gebraucht wird. In keinem Fall erscheinen jedoch Anspielungen bzw. Neuauslegungen plausibel. Zwar befindet sich Ob 18 in einem „Tag YHWHs"-Kontext, und es begegnet die auch in V. 15.19 (als Adjektiv זד „übermütig") gebrauchte Wurzel זוד in Ob 3 (als Substantiv זָדוֹן)[144] auf Edom bezogen. In V. 19 aber eine Anspielung zu sehen, welche die Frevler mit dem Erzfeind Edom in Beziehung setzten möchte, ist keine sinnvolle Vorstellung. Zwar steht Joel 2,5 in einem „Tag YHWHs"-Kontext, auch findet sich dort (Joel 2,3) das ebenfalls seltene Verb להט („versengen")[145]. Die Aufnahme einer speziellen Aussage aus Joel 2,1-11 ist aber nicht zu

---

142 Erst die V. 17.21 bieten eine Formulierung, die als Verbindung von יום und handelndem göttlichen Subjekt dem exakten bzw. variierten Gebrauch näher steht. Vgl. dazu S. 43ff.
143 S. Bosshard/Kratz, Maleachi, 42; Tai, End, 343.
144 Vgl. Bosshard/Kratz, Maleachi, 42.
145 Vgl. Bosshard/Kratz, Maleachi, 42.

ersehen. Lediglich könnte man vermuten, dass eine Anspielung auf Joel 2,1-11 die in V. 19 enthaltene Leerstelle, wer eigentlich in Mal 3,13-21* Vollstrecker des „Tages YHWHs" ist, auffüllen würde. Allerdings passt ein Heuschreckenheer nicht zu der Erwartung eines zwischen Frevlern und Gerechten differenzierenden Eingriffs. Zwar befindet sich auch Zeph 2,1 in einem „Tag YHWHs"-Kontext; ebenso arbeitet dieser Text mit einer Differenzierung und stellt nur den Demütigen eine Verschonung in Aussicht. Aber genau diese armentheologische Profilierung spricht gegen eine gegenseitige literarische Beziehung. Deshalb kann nur festgestellt werden, dass das Bild vom verbrennenden „Stroh" (קַשׁ) in eschatologischen Gerichtstexten gerne als Motiv verwendet wird.

Aufgrund der Unterscheidung zwischen Frevlern und Gerechten werden Beziehungen zu Hos 14,10 gesehen[146], dem Schluss der an erster Position stehenden Hoseaschrift. Allerdings dient dort zur Bezeichnung der Frevler nicht wie in V. 19 (sowie V. 17.21) die Wurzel רשׁע, sondern stattdessen das Partizip des Verbs פשׁע. Ein Abschreibeversehen annehmen zu wollen, wäre Spekulation. Eine bewusste Veränderung könnte damit begründet werden, dass פשׁע recht allgemein Verbrechen und Abkehr von YHWH bezeichnet (s. im Dodekapropheton Am 1,3.6.9.11.13; 2,1.4.6; 3,14; 5,12; Mi 1,5.13; 3,8; 6,7; 7,18 [Substantiv] und Hos 7,13; 8,1; Am 4,4; Zeph 3,11 [Verb]), während רשׁע zuweilen in Kontexten verwendet wird, die eine Differenzierung erkennen lassen (s. im Dodekapropheton Mi 6,10; Hab 1,4.13; 3,13; [Zeph 1,3 Glosse]; Mal 3,18.21 [Adjektiv] und Hos 10,13; Mi 6,10.11 [Substantiv]). Trotzdem reichen für die Anahme eines bewussten literarischen Aufgreifens von Hos 14,10 die Beobachtungen nicht aus[147].

Die Formulierung „Sonne der Gerechtigkeit" (שֶׁמֶשׁ צְדָקָה) ist singulär. Auch dass diese Flügel besitzt, die Heilung bedeuten, ist eine atl. einzigartige Aussage. Mastkälber werden zwar noch in I Sam 28,24; Jer 46,21; Am 6,4 genannt. I Sam 28,24 und Am 6,4 verstehen diese aber wörtlich als Opfergabe bzw. Nahrungsmittel. In Jer 46,21 dienen die Mastkälber wie in V. 20 zum Vergleich, jedoch zur Unheilsansage gegen die Söldner in ägyptischen Diensten, die wie Ägypten selbst geschlachtet werden sollen. So stellt V. 20 insgesamt ein Unikat dar. Dennoch sind Parallelen zu Teilaspekten erkennbar. Die Aussage, dass die Sonne (שֶׁמֶשׁ) aufgeht (זרח), fungiert in Gen 32,32; Ex 22,2; Jdc 9,33; II Reg 3,22; Jon 4,8; Nah 3,17 ; Ps 104,22 zwar als Zeitangabe. Aber II Sam 23,3f.; Ps 72,4f. bringen diese Aussage mit der gerechten Herrschaft Davids in Verbindung. Vergleichbar sind Jes 58,10; Ps 112,4, die mit זרח und אוֹר (auch in II Sam 23,4 verwendet) formulieren und dem rechten Verhalten des Volkes bzw. der Frommen die Verheißung des Lichtes zusprechen. Das künftige Heil YHWHs, das mit „Recht" מִשְׁפָּט qualifiziert und mit dem Erscheinen von „Licht" (אוֹר) expliziert wird, erwarten Jes 51,4; Hos 6,5; Mi 7,9; Zeph 3,5; Ps 37,6; eine entsprechende Klage enthält Jes 59,9. Jes 51,5; 59,9; Mi 7,9; Ps 37,6 verwenden zusätzlich das Lexem צְדָקָה.

---

146 S. Scoralick, Güte, 201.
147 Zu Hos 14,10 s. noch einmal unten S. 291f.

Die Formulierungen „am Morgen" (Zeph 3,5: בַּבֹּקֶר) und „wie den Mittag" (Ps 37,6: כַּצָּהֳרָיִם) lassen konkret an die Sonne denken. Die genannten Belege (vgl. außerdem etwa Jes 60,1; Ps 84,12) bezeugen eine Solarisierung YHWHs, bei der aus Ägypten[148] bekannte Vorstellungen rezipiert werden[149]. Auch dass der Sonne Flügel zugeordnet sind, ist in der ägyptischen Vorstellungswelt geläufig und in den YHWHglauben aufgenommen worden (vgl. Ps 139,9[150])[151]. Beziehungen zu den genannten Texten bestehen lediglich in traditionsgeschichtlicher Hinsicht.

---

148 Dieser Traditionshintergrund wird gewöhnlich angenommen: s. z. B. Petersen, OTL, 225f.; Verhoef, NICOT, 327ff.; Krieg, Mutmaßungen, 168; Weyde, Prophecy, 372f.; Reventlow, ATD 25,2, 159; Rudolph, KAT XIII,4, 289.

149 Nicht diskutiert werden muss die Frage, seit wann diese Vorstellung auch in Jerusalem geläufig war. Nach Janowski, JHWH, 216ff., sei die nachexilische Bezeichnung YHWHs als Sonne (Ps 84,12; Mal 3,20) durch mehrere Wurzeln vorbereitet worden: a) durch vorisraelitisch-kanaanäische Sonnen(gott)-Traditionen (z. B. mit שמש oder חרס gebildete Ortsnamen) und b) durch frühe Theophanietraditionen (Dtn 33,2). Beide Stränge, der solare und der auf Jahwe bezogene theophane, hätten sich überlagert und beeinflusst. Hinzugekommen sei c) in der mittleren bzw. späten Königszeit die Jerusalemer צדק-Tradition, die im Kontext prophetischer Gesellschaftskritik Jahwe als Spender von Recht und Gerechtigkeit proklamiert (s. Jes 1,21-26) und dafür solare Sprachbilder geschaffen habe (Hos 6,3.5; Zeph 3,5). Ihre Heimat sei (abgesehen von Hos 6,3.5) die Gottesstadt Jerusalem und ihr Grundthema die Gegenwart des dort eingreifenden Zionsgottes (Ps 46,6 u. a.) gewesen. Keel/Uehlinger, Jahwe, 301, fassen zusammen, dass aufgrund der archäologischen und biblischen Befunde eine Entwicklung rekonstruiert werden könne, die von Jerusalemer Sonnentraditionen der Bronzezeit über das Verdrängen der Sonnengottheit durch YHWH (s. I Reg 8,12f.) bis zur Übernahme der Rollen und Funktionen der Jerusalemer Sonnengottheit durch YHWH in den folgenden Jahrhunderten reiche.

150 Nach Schroer, Schatten, 297, seien davon Aussagen zu unterscheiden, die von den bergenden und Schatten spendenden Flügeln YHWHs sprechen (etwa Ex 19,4; Dtn 32,10; Ps 17,7f.; 36,7-9; 57,2; 61,4f.; 63,8f.; 91,1-4), da sie die mit weiblichen Gottheiten verbundene Geiersymbolik (vgl. Jes 40,30f.; Ps 103,3-5) aufgriffen.

151 In V. 20 ist mit Schroer, Schatten, 305, einerseits zu beachten, dass die Flügel keine Schutzfunktion, sondern Heilkräfte besitzen (vgl. Jes 30,26, wo eine Heilung durch YHWH direkt mit der Sonne in Verbindung gebracht wird). Bemerkenswert ist andererseits, dass V. 20b wie in Jes 51,5; Hos 6,5; Mi 7,9; Ps 37,6 auf das Erscheinen des Lichts bzw. Rechts bezogene Verb יצא hinsichtlich der Kälber gebraucht. Diese Auffälligkeiten seien mit der Annahme zu erklären, dass hier eine weitere in Ägypten belegte Idee aufgegriffen werde: die Sonne, da von der Himmelskuh, der Göttin Nut, geboren, werde nämlich gelegentlich auch als Kälbchen dargestellt, und ein Totenspruch lasse die Hoffnung erkennen, wie die Sonne als Kalb der Himmelskuh neu geboren zu werden (s. Schroer, Schatten, 306f.): Daher „geht es nicht nur um Freudensprünge, für die dann zufällig bildhaft Kälber zum Vergleich herangezogen werden [...], sondern um das durch den Glauben ermöglichte neue Leben" (Schroer, Schatten, 307). Dass V. 20 die Differenz zwischen YHWH und der Sonne und zwischen den Flügeln und YHWH aufrecht erhält, dürfte durch das monotheistische Gottesverständnis bedingt sein. Die Aussage, dass die Sonne der Gerechtigkeit den Frommen aufgehen werde, spitzt den gemeinorientalischen Weltordnungsgedanken eschatologisch auf die Gerechten zu.

Nun ist abschließend noch auf die Frage einzugehen, warum die Maleachischrift überhaupt mit dem Abschnitt 3,13-21* fortgeschrieben wurde, der zum einen mit der Differenzierung zwischen Frevlern und Gerechten, zum anderen mit der „Tag YHWHs"-Vorstellung neue Gedanken enthält, die in Mal bisher so nicht geäußert worden waren. Dabei ist bemerkenswert, dass nicht der Abschnitt 2,17 - 3,5, der sich ja durch eine vergleichbare Problemstellung auszeichnet, in diesem Sinn bearbeitet, sondern ein eigener Text am Ende von Mal verfasst wird. So könnte der Verdacht nahe liegen, dass nun ein größerer Kontext im Hintergrund steht als nur die Maleachischrift. Steck[152] vermutet, dass Sach 14; Mal 2,17 - 3,5 und 3,13-21 auf eine Redaktion zurückgehen, die ein Endzeitdrama entwerfe, bei dem aus Gottesvolk und Völkern jeweils ein Rest übrigbleibe, innerhalb dessen dann zusätzlich jeweils zwischen Frommen und Abtrünnigen unterschieden werde. Wie bereits gezeigt wurde, kann dieser These nicht gefolgt werden[153]. Ist aber mit Mal 3,13-21* ein Abschnitt zu greifen, der die Maleachischrift ins (werdende) Dodekapropheton einbindet, d. h. an die mit Hos beginnende und mit Sach 14 endende Schriftensammlung anfügt? Die diskutierten Bezüge zu Hos 7,1-7; 14,10; Joel 2,1ff.; Ob 18; Zeph 2,1-3 erwiesen sich für eine redaktionsgeschichtliche Auswertung jedoch nicht als schlagkräftig genug, ja nicht einmal bewusste literarische Bezugnahmen ließen sich wahrscheinlich machen. Zusätzlich ist daran zu erinnern, dass angesichts der Vermeidung des exakten oder variierten Terminus „Tag YHWHs" die Absicht, auf die im Dodekapropheton vorhergehenden „Tag YHWHs"-Texte zu verweisen, nicht besonders wahrscheinlich ist.

Gegen eine redaktionsgeschichtliche These im Rahmen der Entstehung des Dodekapropheton treten weitere Gegenargumente auf den Plan: Erstens zeigt die Gestaltung des Textes 3,13-21* in der Form des Diskussionswortes einen engen Horizont, nämlich den der Maleachischrift. Zweitens ist ebenso die Problemstellung – die Theodizee-Frage, was es angesichts des guten Ergehens der Gottlosen nütze, Gott zu dienen, und die eschatologische Lösung – allein auf Mal (s. 2,17 - 3,5) bezogen. Drittens dürfte Mal 3,13-21* mit redaktioneller Arbeit an der Überschrift 1,1 zusammenhängen, wodurch eine Abrundung der Maleachischrift intendiert wäre.

M. E. hat nämlich aus 1,1 die Passage דְּבַר־יְהוָה בְּיַד מַלְאָכִי („das Wort YHWHs durch Maleachi[154]") durchaus zur Grundschrift von Mal dazugehört[155]. Nicht nur wäre die

---

(Nach Krieg, Mutmaßungen, 165f., soll dies erst nach der weisheitlichen Problematisierung, die sich in Koh und Hi zeigt, möglich gewesen sein.)

152 S. Steck, Abschluß, 43ff.48f.; vgl. außerdem Bosshard/Kratz, Maleachi, 43.

153 S. oben S. 230f.

154 Ob „Maleachi" tatsächlich den auch außerbiblisch belegten (s. Meinhold, Maleachi/Maleachibuch, 6) Namen des Propheten (so Glazier-McDonald, Malachi, 27ff., Rudolph, KAT XIII,4, 247f.; Verhoof, NICOT, 154ff.) oder aber ein Pseudonym (so Lescow, Buch, 167) darstellt, kann hierbei offen bleiben; um ein aus 3,1 erschlossenes Appelativum (so Elliger, ATD 25, 189; Krieg, Mutmaßungen, 105f.) wird es sich jedoch kaum handeln (s. Lescow, Buch, 167; Meinhold, Maleachi/Maleachibuch, 7).

Formulierung „[Prophet] בְּיַד (Adressat)‎אֶל־יְהֹוָה‎דְּבַר־" (Mal 1,1a*.b) vergleichbar mit Jer 50,1; Hag 1,1 (vgl. auch I Reg 12,15; I Reg 16,7.12; II Chr 10,15) und besäße so deutlich den Charakter einer Überschrift[156]. Sondern außerdem spricht dafür, dass מַשָּׂא und דְּבַר־יְהֹוָה eine störende Wiederholung bewirken, was eine literarische Differenzierung nahe legt. Weiter leitet מַשָּׂא nach der überwiegenden Mehrheit der so überschriebenen Prophetentexte (s. Jes 13,1; 14,28; 15,1; 17,1; 19,1; 21,1.11.13; 23,1; 30,6; Nah 1,1; Hab 1,1[157]; Sach 9,1 – anders neben Sach 12,1 und Mal 1,1 nur Jes 22,1) Unheilsankündigungen gegen Fremdvölker ein[158]. Dass dann aber Israel Adressat sein kann, setzt eine Differenzierung innerhalb Israels voraus[159] und damit die Unterscheidung zwischen Gerechten und Frevlern, wie sie der nachgetragene Text 3,13-21* in die Maleachischrift einbringt. Daher verdankt sich das Element מַשָּׂא sowie die Adressierung „an Israel" wahrscheinlich der Redaktion, die mit 3,13-21* Mal fortgeschrieben hat. Dann aber dürfte Mal 1,1a*.b von vornherein Mal eingeleitet haben. Ist die bearbeitete Überschrift 1,1 aber wie eben beschrieben zu verstehen und hängt mit 3,13-21* zusammen, wäre abermals deutlich, dass 3,13-21* vor allem der Abrundung der Maleachischrift dient.

Hierbei zeigt sich eine Entsprechung zur Hoseaschrift, die in Kap. 14 mit einem Umkehraufruf (V. 2ff.) und einem Zusatz[160] (V. 10) schließt, der „Unheil und Heil jetzt nicht mehr Israel als zwei einander folgende Phasen seiner künftigen Geschichte" ankündigt, „sondern als das Frevler und Gerechte je und je treffende Ergehen."[161] Da Hos 14,10 und Mal 3,13-21* gleichermaßen sekundäre Schlüsse von Prophetenschriften darstellen, könnte man fragen, ob sie auf die gleiche Hand zurückgehen[162]. Dagegen sprechen jedoch die feh-

---

155 So auch Lescow, Buch, 163ff.

156 Zu beachten ist, dass die Überschriften Sach 9,1; 12,1; Mal 1,1 unterschiedlich gestaltet sind: In Sach 9,1 steht allein מַשָּׂא gesondert, die Fortsetzung „das Wort YHWHs gegen das Land Hadrach" ist aber schon Teil des Prophetenspruchs. Sach 12,1abα₁ und Mal 1,1 stehen insgesamt klar auf einer Metaebene zum Folgenden. Die Formulierung עַל דְּבַר־יְהֹוָה in Sach 12,1 hat Parallelen in I Reg 13,32; Zeph 2,5; I Chr 11,10. In I Chr 11,10 bedeutet עַל „über" bzw. „bezüglich". In den ersten beiden Stellen meint die Präposition עַל „gegen". Für eine Überschrift ist die Wendung aber untypisch. Anders verhält es sich angesichts der oben genannten Parallelen aber bei Mal 1,1. „Therefore, the hypothesis that the three passages: Mal 1:1; Zech 9:1 and 12:1, had a history independent of another should be given more weight than the insistence that they share a common origin" (Glazier-McDonald, Malachi, 27; vgl. auch Meinhold, BK.AT XIV/8, 9f.).

157 Die Frage nach der komplexen Literargeschichte der Habakukschrift und nach der Zuordnung der mit מַשָּׂא formulierten Überschrift kann hier freilich nicht entschieden werden, sondern sei lediglich als Problemanzeige formuliert. Vgl. etwa die knappe Forschungsübersicht bei Albertz, Heilsversicherung, 4f., der selbst nur nach der exilischen Habakukschrift fragt und in dieser eine Nähe zu Völkerworten erkennt (s. ebd., 9).

158 Vgl. Sæbø, Sacharja 9-14, 138f.; auch Zapff, Prophetie, 26f.

159 S. auch Krieg, Mutmaßungen, 105. Gegen Steck, Abschluß, 128f., der in der Adressierung „an Israel" schlicht eine gesamtisraelitische Perspektive erkennen möchte.

160 S. z. B. Jeremias, ATD 24,1, 174.

161 Koenen, Heil, 220.

162 Anders räumt Petersen, OTL, 233, Hos 14,10 insofern eine Schriften übergreifende Funktion ein, als er die Stelle mit Mal 3,22-24 vergleicht: „Just as Mal. 3:22-24 [4:4-6]

lenden lexematischen Übereinstimmungen[163] und vor allem die eschatologische Ausrichtung von Mal 3,13-21*, die so in Hos 14,10 nicht ersichtlich ist. Daher könnte man einerseits annehmen, dass sich Mal 3,13-21* an Hos orientiert und einen vergleichbaren, aber deutlich auf Mal bezogenen Schlusstext formuliert habe. Andererseits sprechen die Unterschiede zwischen Hos 14,10 und Mal 3,13-21* am ehesten dafür, dass die Tradenten der Maleachischrift lediglich durch die gleichen Vorstellungen wie die Tradenten der Hoseaschrift geprägt waren. Eine redaktionsgeschichtliche Auswertung lässt sich in keinem Fall begründen. Ja vielmehr lässt sich vermuten, dass beide Schriften noch als eigenständige Werke existierten. Dann wäre die Redaktionsarbeit in Mal 1,1*; 3,13-21* zu einer Zeit geschehen, bevor mit Sach 13,7-9 und Sach 14* eine umfangreichere Schriftensammlung unter Einbeziehung von Hos geschaffen wurde.

Dass bei dieser Zusammenstellung Mal nicht integriert worden ist, mag einerseits dadurch bedingt sein, dass die Maleachischrift noch in einem eigenen, kultisch geprägten Überlieferungskreis tradiert wurde[164], und andererseits damit zusammenhängen, dass sie angesichts ihrer besonderen (durch Diskussionsworte geprägten) Form für ein spezifisches Literaturstück gehalten wurde.

Dieser These der langen Eigenständigkeit von Mal würde es allerdings widersprechen, wenn mit einer Schriftengruppe Hag-Sach(*)-Mal zu rechnen wäre. Dafür ließen sich die Beziehungen des Diskussionsworts 3,6-12 zu Hag, vor allem aber zu Rahmentexten von Sach 1-8 anführen: Mal 3,7aβγ zitiert (mit der Ausnahme eines kohortativen ה) wörtlich Sach 1,3aβ(γ)b und Mal 3,10-12 hat mehrere Stichworte mit Sach 8,12-13 gemeinsam (בְּרָכָה, פְּרִי, גֶּפֶן, שָׁמַיִם)[165]. Zwar könnte es sich zwischen Sach 8,12f. und Mal 3,10-12 nur um zufällig gemeinsame Stichworte (vgl. etwa auch Hos 14,[2.]8; Joel 2,[12.]14.19.23ff.; Hag 1,5ff.) handeln, da deren Kombination doch recht unterschiedlich ausfällt. Etwa spricht Mal 3,11 in dtn-dtr. Manier (s. [Gen 4,3]; Dtn 7,13; 26,2.10; 28,4.11.18.33.42.51; 30,9; Jer 7,20 [; Ps 105,35]) von der „Frucht des Erdbodens" (פְּרִי הָאֲדָמָה) und bezieht den „Segen" anders als Sach 8,13 auf die Fruchtbarkeit. Jedoch geht es in beiden Texten darum, eine Heilszeit künftiger Fruchtbarkeit anzusagen.[166] Zwar lässt sich

---

establishes connections with the torah and the former prophets, Hos. 14:10 [9] provides a linkage with the third section of the canon. The two epilogues work together to relate the book of the XII to other sections of the canon." Dagegen spricht jedoch, dass eine hermeneutische Funktion, wie sie aus dem Schlussabschnitt 3,22-24 (dazu s. S. 305f.307f.) hervorgeht, nicht mit Hos 14,10 vergleichbar ist.
163 S. dazu bereits oben S. 288.
164 S. etwa Weyde, Prophecy, 402; Lescow, Buch, 148f. Petersen, OTL, 32, denkt an einen levitischen Schulbetrieb.
165 S. Bosshard/Kratz, Maleachi, 32f.
166 Die Intention, eine künftige auch die Fruchtbarkeit tangierende Heilszeit anzukündigen, verfolgen auch Hos 14,8; Joel 2,14.19.23. (Einen Schritt weiter gehen Joel 4,18; Am 9,13, die die in der gegenwärtigen Weltzeit denkbaren Verhältnisse transzendieren.) Ebenso liegen im Kontext Aufrufe zur Umkehr vor (Hos 14,2; Joel 2,12). Auch spielt

hinsichtlich der Umkehraufrufe der Unterschied feststellen, dass Mal 3,7 den Abfall von den „Satzungen" (חֻקִּים) vorwirft und Sach 1,2-6 die Unfolgsamkeit gegenüber den Propheten beklagt. Aber auch die Propheten werden nach Sach 1,6 als Verkünder von חֻקִּים gesehen.

Trotzdem stellt sich die Qualität der genannten Beziehungen unter Berücksichtigung weiterer Überlegungen durchaus anders dar: Nimmt man nämlich zunächst aus Mal 3,10-12 noch die Lexeme אֲדָמָה und שָׂדֶה hinzu und fragt nach vier gemeinsamen Stichworten, kommt ein gleichwertiger Bezug auf Ez 34,26f. in den Blick (vgl. außerdem Dtn 28,1-4, wo in V. 1 sogar von Geboten [allerdings מִצְוֹת statt חֻקִּים] die Rede ist). Sodann ist hinsichtlich des Abschnitts Mal 3,6-12 ein Rückbezug auf 1,2-5 und damit eine Rahmenfunktion für die Maleachischrift erkennbar, wenn man den Kontrast zwischen 1,4b und 3,12 und die in 1,2; 3,6 angesprochene Jakob-Tradition (vgl. Gen 27,36; Jer 9,3; Hos 12,4) bedenkt[167]. Weiter zeigen sich Bezüge zwischen 3,6 und Ps 77,11, kann 3,7 als die Bundesformel neu auslegender Versuch und damit schriftgelehrtes Aufgreifen von Sach 1,3 verstanden werden, dürfte die in 3,11 genannte Heuschrecke Ausdruck einer immer wiederkehrenden Erfahrung der Bedrohung der Ernte sein und mag 3,11f. auch durch die in 3,8 genannten Naturalabgaben bedingt sein.[168] Aufgrund dieser Beobachtungen erscheint es zweifelhaft, dass der Abschnitt 3,6-12 primär eine auch (Hag und) Sach 1-8 einschließende Rahmung intendiert.[169]

---

der „Fresser" Mal 3,11 (Partizip von אכל; der Artikel könnte dadurch bedingt sein, dass es sich offenbar um eine bekannte Größe handelt) möglicherweise auf die in Joel 1,4 genannten Heuschrecken an (andere Substantive, jedoch Verb אכל). Aber es fällt doch auf, dass zu diesen Texten weit weniger Beziehungen als zwischen Sach 8,12f. und Mal 3,10-12 bestehen. Daher kann nicht gefolgert werden, dass eine die Schriften Hos und Joel ebenfalls enthaltene Komposition intendiert wäre.

167 S. Lescow, Buch, 127f.

168 S. auch Lescow, Buch, 124f.132.

169 Freilich ist es – um mit Bauer, Zeit, 142, zu sprechen – „möglich [...], die drei letzten Bücher des Dodekaprophetons als Haggai-Sacharja-Maleachi-Korpus synchron zu betrachten". Aber diese Möglichkeit kann nicht beweisen, dass es ein solches Korpus gegeben hat. In diachroner Hinsicht ließe sich für Hag und Sach 1-8 evtl. immerhin eine gemeinsame Redaktion plausibel machen (s. Beuken, Studien, 331ff.; vgl. außerdem Lux, Zweiprophetenbuch, 191ff.), hinsichtlich der Maleachischrift wäre in dieser Hinsicht die These Kriegs, Mutmaßungen, 229ff.271ff., zu überprüfen (dazu s. auch S. 261.300), die jedoch den Eindruck macht, dass das dem Maleachiredaktor zugeschriebene Material zu disparat ist. Das von Bauer genannte „Interesse an sozio-ökonomischen Zusammenhängen" ist leicht damit zu erklären, dass in der nachexilischen Zeit die wirtschaftliche Entwicklung einerseits und die Wiederherstellung des Tempelbetriebs andererseits und die Beziehung beider Bereiche zentrale Themen waren. Ebenfalls darauf dürfte die Verwandtschaft bestimmter Begriffe und Formeln beruhen. Die These aber, dass die drei Schriften Hag, Sach und Mal ein Korpus gebildet hätten, ist damit kaum zu begründen. Als eindrücklichstes verbleibt das Argument der wörtlich aufeinander bezogenen und sich an Rahmenpositionen befindenden Umkehrtexte Sach 1,2-6 (1,3) und Mal 3,6-12 (3,7). Aber wie oben gezeigt wurde, ist dieses in diachroner Hinsicht auch

### 3.4.2. V. 16-17.18.21(abα)

Die Aussage, dass Gott hört oder auch gerade nicht hört, ist in den verschiedensten Zusammenhängen belegt (s. z. B. Gen 16,11; Num 11,1; Jes 1,15; 59,1f.; Jer 7,16; Thr 3,61). V. 16 berichtet vom Hören Gottes auf die, die ihn fürchten, wozu Parallelen in Ps 34,16.18[170]; 61,6; 145,19; Prov 15,29 vorhanden sind. In demselben Literaturbereich der weisheitlich geprägten Dichtung hat auch die Vorstellung von der Furcht YHWHs ihren Schwerpunkt. Exakt die in V. 16 verwendeten Verben קשׁב („aufmerken") und שׁמע („hören") stehen auch in Jer 8,6; 18,19 zusammen. In Jer 18,19 bittet der leidende Prophet darum, dass Gott auf ihn achtet (קשׁב). Mit dem Verb שׁמע fordert er jedoch Gott auf, das Gerede der Widersacher wahrzunehmen. Da die Verben also in unterschiedlichem Sinn gebraucht werden, ist jede Beziehung zwischen V. 16 und Jer 18,19 auszuschließen. In Jer 8,6 konstatiert – was mit den beiden Verben ausgedrückt wird – Gott die Verblendung des Volkes. V. 16 verhielte sich konträr zu dieser Aussage. Weitere Berührungen, etwa bei der Formulierung des Verhaltens der jeweils von Gott Beobachteten, sind nicht auszumachen. V. 16 ist daher unabhängig von beiden Stellen zu sehen. Die beiden Verben sind ja je für sich betrachtet auch nicht gerade selten belegt, so dass deren Kombination jedem Verfasser unabhängig von Vorlagen zuzutrauen ist.

Dass sich Leute miteinander bereden (דבר im Nifal und zusätzlich die Formulierung אישׁ אֶת/אֶל/לְ רֵעֵהוּ/אָחִיו), ist nur noch in Ez 33,30 bezeugt. Diese Stelle hatte aber wohl auf V. 16 keinen Einfluss, da dort YHWH vom Gerede der heuchlerischen Hörer des Propheten spricht. Auch wenn דבר im Nifal selten belegt ist, ist doch die Wurzel derart gebräuchlich und auch die Wendung אישׁ אֶת/אֶל/לְ רֵעֵהוּ/אָחִיו so häufig bezeugt (Gen 26,31; Ex 10,23; 18,7; 21,18; 32,27[2×]; Lev 25,14; I Sam 20,41[2×]; I Reg 8,31; II Reg 3,23; Jes 41,6; Jer 23,27; 31,34[2×]; 34,14.15.17[2×]; Ez 33,30; Mi 7,2; Sach 3,10; 7,9; 8,16; Mal 3,16; Ps 12,3; Ruth 3,14; Est 9,19.22; II Chr 6,22), dass die Kombination von beidem offensichtlich keine harten Text-Text-Beziehung aufdeckt. Daher wird man auch der genannten Wendung allein keine hohe Beweiskraft einräumen dürfen. An der redaktionsgeschichtlichen Relevanz der auf diesen Wendungen basierenden Auffassung, dass Sach 7,10; 8,16f. von V. 16 aufgenommen würden[171], sind also Zweifel angebracht.

Beruhend auf dem Verb חמל („Mitleid haben") werden Bezüge zu Sach 11,6[172] oder Joel 2,18[173] postuliert. Dass V. 17 jedoch die Unheilsankündigung Sach 11,6 aufgreife und die Frommen von ihr ausnehme, kann nicht voll überzeugen. Das Verb חמל findet nämlich auf Gott bezogen, und zwar vor

---

nicht voll überzeugend. Skeptisch stimmt ohnehin, dass dabei die Haggaischrift ausgeschlossen wäre.

170 Dass Weyde, Prophecy, 281f., diese Parallele bei Mal 2,17 notiert, ist irreführend.
171 So Bosshard/Kratz, Maleachi, 41.
172 So Bosshard/Kratz, Maleachi, 41.
173 So Nogalski, Processes, 209.

allem im negativen Sinn, häufig Verwendung (etwa Jes 9,18; 30,14; Jer 13,14; 15,5; 21,7; Ez 5,11; 7,4.9; 8,18; 9,5.10; Sach 11,6). Außerdem besitzt Sach 11,6 keine besonders markante Position, so dass sich ein Bezug auf diese Stelle nahelegen würde. Da positive Aussagen dagegen nur in Ez 36,21 (positiv zu verstehen aufgrund der folgenden Verse) und Joel 2,18 vorliegen, wäre ein Bezug auf Joel 2,18 besser begründet. In jedem Fall ist V. 17 als jüngere Stelle zu begreifen, da hier Gottes Mitleid zugunsten der eingegrenzten Gruppe der Gerechten angekündigt wird. Für die Annahme literarischer Abhängigkeit fehlen aber weitere Stützen. Weyde steuert zwar Beobachtungen bei: in Joel 2,19; Mal 3,19 begegne הִנֵּה, und die Erkenntnisformel in Joel 2,27 entspreche der Aussage Mal 3,18, dass die YHWHfürchtigen den Unterschied zwischen Frevlern und Gerechten sehen sollten[174]. Diese Hinweise überzeugen jedoch nicht: zum einen sind Joel 2,27 und Mal 3,18 jeweils deutlich anders formuliert; zum anderen ist die Partikel הִנֵּה häufig bezeugt, findet sich anders als in Joel 2,18ff. in Mal 3,16ff. auf verschiedenen literarischen Ebenen und leitet in Mal 3,19 nicht die auf die Erzählpassage folgende YHWHrede ein, wie dies in Joel 2,19 der Fall ist. So bleibt allein der „Tag YHWHs"-Kontext, welchen die Joelschrift abgibt, als mögliche Stütze, der jedoch kaum als ausreichend anzusehen ist. Eine redaktionsgeschichtliche Beziehung ist ebenfalls schwerlich zu begründen. Weder kann dafür die Position von Joel 2,18, die in der Joelschrift den Umschwung einleitet, geltend gemacht werden, da nicht angegeben werden kann, welche Relevanz dieser Umschwung für die Aussage von V. 17 besitzt. Noch würde eine Argumentation mit der relativen Anfangsposition von Joel im Dodekapropheton überzeugen. Demgegenüber wären Hos 11 bzw. vom Erbarmen YHWHs bestimmte Texte in der Hoseaschrift gewichtiger. Die These, dass sich V. 17 auf Joel 2,18 oder Sach 11,6 beziehe, basiert also allein auf synchronen Lesevorgängen.

Der Hinweis auf Joel 3,5; Zeph 3,9-10, wo das Anrufen des Namens YHWHs Rettung bedeutet[175], besitzt auch nicht viel Gewicht. Zwar ist diese Aussage auf den „Tag YHWHs" bezogen; aber da die Verben nicht übereinstimmen und vom „Namen YHWHs" in vielfältigsten Zusammenhängen gesprochen wird, erweist sich auch dieser Vorschlag als eine rein synchrone Beobachtung.

Der Begriff סְגֻלָּה, der für „besonderes Eigentum" steht, wurzelt in der dtr. Bundes- und Erwählungstheologie (s. Ex 19,5; Dtn 7,6; 14,2; 26,18; vgl. Ps 135,4). V. 17 misst den Gerechten die Bedeutung des wahren Bundesvolkes zu. Eine besonderere Beziehung zu einer dieser Stellen ist nicht zu erweisen.

Nach all dem wirkt die These, dass V. 16-18 zu einer sich auf Joel beziehenden Redaktionsschicht gehörten und mit dem in V. 16 genannten Buch das Dodekapropheton gemeint sei[176], doch reichlich fraglich. Die V. 16-

---

174 So Weyde, Prophecy, 359.
175 So Rendtorff, Book, 149.
176 So Nogalski, Processes, 209

18 lassen die Gerechten das Erbe eines wahren Israel, auf das Gott hört und mit dem er Mitleid verspürt, antreten. Daher muss es sich um ein Buch handeln, das der Unterscheidung der Gerechten von den Frevlern dient. Die ähnliche Formulierung in Est 6,1, die auf ein Annalenwerk schließen lässt, erhellt den Sinn des Buches gerade nicht. Vielmehr sind die oben[177] bereits genannten, (proto-)apokalyptisches Gedankengut verratenden Belege Dan 7,10; 10,21; 12,1; äthHen 90,20 (aber auch Ex 32,32; Jes 4,3; Ez 13,9; Ps 69,29; 139,16) zu vergleichen. Die V. 16-18 im Blick auf das Dodekapropheton redaktionsgeschichtlich auszuwerten, ist also nicht möglich.

Wie bereits gesagt ist auch die in V. 21 ersichtliche Vorstellung, dass den Gerechten eine aktive Funktion beim künftigen Gericht zukommt, ein (proto-)apokalyptischer Gedanke[178]. Das Verb עסס („zertreten") ist hier singulär belegt. Die Synonyme (meist רמס) führen zu Jes 5,5 (auf Juda bezogen); 10,6 (ebenfalls Juda); 25,10 (Moab); 28,3 (Samaria); Mi 7,10 („Feindin"), wo aber stets YHWH als Subjekt erscheint. Engere Beziehungen sind eventuell hinsichtlich Mi 7,10 zu vermuten, da dort wie in V. 13ff. der Beter auf Gottes künftige Gerechtigkeit hofft, die die Überheblichkeit der „Feindin"[179] zunichte machen wird. Für die Annahme eines literarischen Aufgreifens des Textes reicht der Befund jedoch nicht aus. Der Gedanke eines Triumphes des Gottesvolkes über seine Feinde ist etwa noch in Jes 11,13f.; Mi 4,13; Zeph 2,9; Ob 17f.; 149,7f. zu finden[180]. Da er jedoch jeweils in verschiedener Gestalt auftritt, kann lediglich traditionsgeschichtliche Verwandtschaft angenommen werden. Die aus V. 21 hervorgehende Vorstellung, dass sich die Frevler über die Frommen erheben, stellt dabei eine Zuspitzung dar, die über die genannten Vergleichstexte hinausgeht.

Bosshard/Kratz meinen, dass Jes 66,24 von V. 20b.21 aufgenommen worden sei, weil dort alles Fleisch, das anbete, und hier die YHWH Fürchtenden „hinausgingen" (יצא) und die Gottlosen dort im „Feuer" (אש) gesehen bzw. hier als „Asche" (אפר; vgl. Num 19,9f.; Ez 28,18) bezeichnet würden[181]. אפר meint jedoch angesichts des Kontextes wahrscheinlicher „Staub" und kann daher nicht als Resultat eines Feuers aufgefasst werden. Außerdem ist eine Partizipation der jeweils verschieden bezeichneten, aber immerhin vergleichbaren „Hinausgehenden" am Gerichtsgeschehen nur in V. 21, nicht jedoch in Jes 66,24 ersichtlich. Weiter fehlt Jes 66,24 die für V. 20 charakteristische solare Konnotation[182]. Schließlich gehören V. 20b und

---

177 S. S. 283.
178 S. die oben (S. 284 Anm. 132) schon erwähnten Belege äthHen 91,12; 1QpHab 5,3-5; 1QM 1,1f.
179 Zu ihr s. etwa Wolff, BK.AT XIV/4, 195; Kessler, HThKAT, 300f.
180 Vgl. Glazier-McDonald, Malachi, 241, die unverständlicherweise zusätzlich noch die Stellen Jes 66,24; Mi 7,17; Zeph 3,8 nennt, die jedoch nicht als Belege der genannten Vorstellung angesehen werden können; außerdem hat sie mit der Behauptung, dass es sich bei diesem Gedanken um einen Charakteristikum des „Tages YHWHs" handle, nur in Bezug auf Ob 1,17f. Recht.
181 S. Bosshard/Kratz, Malachi, 44.
182 Dazu s. oben S. 289f. sowie Anm. 151.

V. 21 wohl verschiedenen literarischen Schichten an. Ein Aufgreifen von Jes 66,24 und damit eine Orientierung am Jes-Schluss kann daher nicht als plausibel erachtet werden.

Die Formulierung „Tag, den ich machen werde" (V. 17.21), findet sich nur noch in Ez 22,14. Auch zu dieser Stelle könnte eine literarische Beziehung vermutet werden, zumal im Kontext vom Ofen YHWHs gesprochen wird (Ez 22,17-22). Aber die Ez 22,14 beherrschende Frage nach dem Bestehenkönnen ist für Mal 3,13-21 gerade nicht relevant.

Aufgrund der eben vorgenommenen Sichtung verschiedener Bezugstexte stellt sich heraus, dass die Bearbeitungsschicht von Mal 3,13-21 sich offensichtlich nur auf diesen Text konzentriert. Ein weiterer literarischer Horizont ist nicht zu erkennen.

### 3.4.3. Die Glosse V. 19bγ

Die Begriffe „Wurzel" (שֹׁרֶשׁ) und „Zweig" (עָנָף) der Glosse V. 19bγ verdeutlichen die Ausrottung „mit Stumpf und Stil"[183]. עָנָף ist zwar selten, aber stets in anderen Kontexten belegt. שֹׁרֶשׁ begegnet in Unheils-zusammenhängen in Jes 5,24; 14,30; Hos 9,16; Am 2,9, wobei dort (ausgenommen Jes 14,30) wie in V. 19bγ das Bild vom Baum mit Wurzel und Blüte bzw. Frucht durchgeführt wird.

Mit Jes 5,24a scheint V. 19bγ enger verbunden, da dort auch das seltene Lexem קַשׁ auftaucht. Daher dürfte eine literarische Beziehung wahrscheinlich sein. Da aber Jes 5,24 eine durchaus wichtige Position innehat, nämlich eine die Wehe-Rufe abschließende Unheilsankündigung bietet, die mit ihrer Begründung (sekundär?[184]) auf die Tora YHWHs rekurriert, V. 19bγ dagegen wenig Gewicht besitzt und den Eindruck einer Glosse macht, werden beide Stellen sicher nicht auf die gleiche Hand zurückgehen. Da in Jes 5,24 das Bild stimmig verwendet wird und V. 19bγ seinem direkten Zusammenhang widerspricht, setzt V. 19bγ wohl Jes 5,24 voraus. Da es sich bei V. 19bγ lediglich um eine Glosse handelt, könnte auch keine redaktionsgeschichtliche Erklärung der Art, dass der Ergänzer von V. 19bγ ein Band zu den Weheworten von Jes 5,8ff. knüpfen und mit dem „Tag YHWHs" über die Frevler offenbar das Ende der Maleachischrift mit dem Beginn des Jesajabuchs verbinden wollte, überzeugen.

Das Bild von der das Ergehen des Menschen bzw. des Gottesvolkes veranschaulichenden Pflanze ist öfter belegt (s. etwa Ez 17; Ps 80,10f.; Hi 8,13ff.; 18,16; 29,19; Prov 12,3.12). עָנָף und שֹׁרֶשׁ zusammen sind nur in Ez 17; Ps 80,10f. zu finden, ohne dass jedoch eine Beziehung dieser Stellen zu V. 19 ausgemacht werden kann. Hi 18,16 benutzt für „Zweig" zwar das Substantiv קָצִיר II, wendet das Bild jedoch wie V. 19bγ auf das Geschick des Gottlosen an. Der typisch prophetische Gedanke der Strafe YHWHs und

---

183 Vgl. Rudolph, KAT XIII,4, 289.
184 S. etwa Barth, Jesaja-Worte, 115f.

der in V. 19 vorliegende Kontext des vernichtenden Feuers begegnen jedoch nicht. Daher wird man in Bezug auf die hier genannten Stellen lediglich von traditionsgeschichtlicher Verwandtschaft sprechen können.

## 4. Mal 3,22-24

### 4.1. Zur Abgrenzung

Nach der Schlussformel in V. 21bβ setzt V. 22 mit einem Imperativ, der deshalb besonders auffällig ist, da in der Maleachischrift nur in 1,8.9; 3,7.10(2×) Imperative vorkommen, neu ein. Auch thematisch liegen in 3,22-24 neue Gedanken vor: Toragehorsam wird angemahnt und die Sendung Elias als Vorläufer vor dem „Tag YHWHs" angekündigt. Die Zweifel der Gerechten angesichts des Glücks des Gottlosen, von denen der Abschnitt 3,13-21 beherrscht wird, spielen keine Rolle mehr. Somit ist Mal 3,22-24 vom vorhergehenden Textbestand abzutrennen[185].

Fraglich ist allerdings, ob Mal 3,22-24 einen Text darstellt oder in zwei Abschnitte – V. 22 und V. 23-24 – zu unterteilen ist. Gegen eine nochmalige Abgrenzung innerhalb Mal 3,22-24 und für einen von V. 22-24 reichenden Zusammenhang[186] lassen sich eigentlich nur hermeneutische Überlegungen anführen: sowohl V. 22 als auch V. 23-24 stellten über den engen Mal-Kontext hinausweisende Schlussstücke dar, die zum rechten Verständnis der Prophetenschriften und -bücher anleiten wollten[187]. Für eine Abgrenzung zwischen V. 22 und V. 23f. spricht aber, dass V. 22 aufgrund des Imperativs als Mahnwort zu begreifen ist, V. 23f. mit הִנֵּה neu einsetzt und eine Verheißung darstellt[188]. Verbindungen von V. 22 einerseits und V. 23f. andererseits sind sowohl syntaktisch als auch inhaltlich nicht offensichtlich[189]. Schließlich mag auch die LXX, die V. 22 nach V. 24 positioniert, ein Indiz dafür darstellen, dass es sich mit V. 22 und V. 23f. um zwei Abschnitte handelt[190].

---

185 Anders Oesch, Bedeutung, 180ff.198, der 3,13-24 als vierte „Figurenrede" ansieht, sowie Homerski, Tag Jahwes, 6.

186 Für einen solchen plädieren Rudolph, KAT XIII,4, 292; Petersen, OTL, 227f.; Steck, Abschluß, 127 Anm. samt 253; Schart, Entstehung, 299ff.

187 Dazu s. etwa S. 305f.307f.

188 S. Reventlow, ATD 25,2, 160; Krieg, Mutmaßungen, 124f.

189 Vgl. Rudolph, KAT XIII,4, 291; Elliger, ATD 25, 216; Schart, Entstehung, 300.

190 S. Lescow, Buch, 168.

## 4.2. Textgrundlage

22aα Denkt aβ an das Gesetz des Mose, meines Knechtes, bα dem ich am Horeb für ganz Israel bβ Satzungen und Rechte befohlen habe.[191]
23aα Siehe, bald werde ich euch senden aβ Elia, den Propheten[192], bα₁ vor bα₂ dem Kommen des „Tages YHWHs", bβ des großen und furchtbaren[193].
24aα Und er wird zurückwenden das Herz der Väter zu den Söhnen aβ und das Herz der Söhne zu ihren Vätern, bα damit ich nicht kommen bβ und schlagen werde das Land mit Bann.

## 4.3. Literargeschichtliche Probleme

Nach den oben bereits genannten formalen Signalen ist der Text Mal 3,22.23-24 folgendermaßen zu gliedern:

22      Ermahnung zum Halten des mosaischen Gesetzes
23      Ankündigung der Sendung Elias vor dem „Tag YHWHs"
24a     Zusage der Überwindung des Generationenkonflikts durch Elia
24b     Zusage des Verzichtes YHWHs, das Land zu bannen

Hinsichtlich der Frage nach der Einheitlichkeit der beiden Schlussstücke fallen lediglich zwei marginale Dinge auf. Zum einen erwähnt V. 22 trotz der direkten Anrede Israel in 3. Person. Zum anderen begegnet innerhalb der YHWHrede V. 23f. im Hinweis auf den bevorstehenden „Tag YHWHs" YHWH in 3. Person. Letzteres resultiert aber aus einem Zitat von Joel 3,4b und ist somit literarkritisch irrelevant. Auch die zuerst genannte Beobachtung erklärt sich mit der Aufnahme geprägter Redeweise (s. die Belege für כָּל־יִשְׂרָאֵל z. B. nur in Dtn 1,1; 5,1; 27,9; 29,1; 31,1.11; 32,45) und darf

---

191 Die unrezensierte LXX liest V. 22 nach den V. 23-24. Dieser Befund kann jedoch als bewusste Umstellung erklärt werden, die der Maleachischrift, dem Dodekapropheton, dem *corpus propheticum* oder Tora und Prophetie zusammen einen angenehmeren, da weniger bedrohlichen, Schluss verleihen (vgl. die synagogale Lesepraxis, die nach V. 24 den V. 22 wiederholt) oder der Erscheinung Elias den Endzeitereignissen V. 19.21 zuordnen möchte. Als *lectio difficilior* erweist sich damit MT, der außerdem durch den gewichtigen Textzeugen 4QXII[a] gestützt wird. S. Petersen, OTL, 35 sowie 227 Textanm. d; Rudolph, KAT XIII,4, 290 Textanm. 22a. Lescow, Buch, 168f., verbindet die textkritische Erklärung mit einer literargeschichtlichen Beobachtung: LXX habe V. 23-24 als aktualisierende Fortschreibung dem Abschnitt 3,13-21 zugeordnet und mit der Umstellung von V. 22 den ursprünglichen Abschluss des Prophetenkanons wiederhergestellt. Auch diese Erklärung plädiert aber für die Ursprünglichkeit von MT.
192 LXX liest zusätzlich „den Tischbiter" (vgl. I Reg 17,1). Die *lectio brevior* bietet MT. Da eine spätere Hinzufügung sicher wahrscheinlicher ist als eine Kürzung des Beinamens, wird MT den ursprünglichen Text darstellen.
193 LXX leitet ihre Übersetzung nicht von ירא („sich fürchten"), sondern von ראה („sehen") ab. Einen entsprechender Befund zeigt Joel 3,4 (s. S. 178 Anm. 186). Will LXX die Bedrohung des „Tages YHWHs" mildern?

nicht zu dem Schluss führen, dass die von V. 22 Angeredeten nicht mit dem gesamten Israel identisch seien[194].

Selten wird vertreten, dass Mal 3,22.23-24 Botschaft Maleachis wiedergebe und zur ursprünglichen Maleachischrift dazu gehört habe[195]. Gegen eine solche Ansicht sprechen jedoch folgende Gründe[196]: Zum einen unterscheidet sich der Abschnitt 3,22-24 formal von den vorhergehenden Texten dadurch, dass er nicht als ein Diskussionswort begriffen werden kann, eine Gattung, welche die Maleachischrift aber durchgehend prägt. Auch die vorher häufigen textgliedernden Elemente fehlen in 3,22-24. Zum zweiten wäre der terminologische Befund zu beachten: Ein eine YHWHrede einleitendes הִנֵּה konstruiert die Maleachischrift sonst mit Suffix der 1. Person Singular (s. Mal 2,3; 3,1), nicht aber mit Personalpronomen. Die Figuren des Schlussstücks, Mose und Elia, spielen in der vorhergehenden Schrift überhaupt keine Rolle. Mit תּוֹרָה ist zuvor die Priesterweisung gemeint (s. Mal 2,6-9) und als Vorläufer vor dem „Tag YHWHs" begegnet schlicht „ein Bote" (s. Mal 3,1). Schließlich nennt in der gesamten Maleachischrift nur 3,23 explizit den „Tag YHWHs", während zuvor in 2,17 - 3,5 und 3,13-21 dieser Tag anders bezeichnet wird. Es kommt hinzu, dass der ursprüngliche Textbestand von 2,17 - 3,5 vermutlich gar nicht von einem „Tag YHWHs" handelt und 3,13-21 ohnehin wahrscheinlich bereits einen sekundären Text darstellt. Daher dürfte Mal 3,22.23-24 als ein redaktioneller Text zumindest der Maleachischrift anzusehen sein.

Zu fragen ist, ob dieser mit anderen als sekundär erkannten Stücken auf eine Hand zurückzuführen ist. Dies wird von Krieg vertreten, der seinen Maleachiredaktor, den er auch in Hag und Sach zu finden glaubt, in Mal 1,1.8b.9bβ.11b.12a.13aβγ; 2,2b.4.7b-9.11a*.11b-14a.14bα₁*.16aα₂.16b; 3,3-5.7.10aα*.16b-17.19bγ.22-24 am Werk sieht[197]. In Kap. 3 der Maleachischrift versucht Krieg[198] diese These folgendermaßen zu untermauern: Durch die sekundären Textteile 3,7.16b-17 entstünden zwei Durchläufe, wobei in dem einen (3,7-15) das Schema Unheil – Heil – Unheil erkennbar sei und die Nichtumkehrwilligen die Oberhand behielten und in dem anderen (3,16-21) das Schema Heil – Unheil – Heil vorliege und die Umkehrenden siegten. Außerdem würden in den sekundären Textteilen 3,7.16-18 Stichwörter gesetzt, die den Schlussabschnitt 3,22-24 vorbereiteten. In diesem Sinn seien zum einen die in Vergessenheit geratenen, aber seit Mose bekannten (3,22) „Satzungen" (3,7) zu verstehen, zum anderen der Ruf zur Umkehr (3,7), der

---

194 S. auch Elliger, ATD 25, 216 („Der erste Spruch schärft [...] dem Volke in all seinen Schichten und Ständen ein [...] ‚das Gesetz Moses' zu befolgen."); Steck, Abschluß, 128 („[...] 3,22 demgegenüber ausdrücklich von ‚ganz Israel' spricht, das im Maleachischluß nun angeredet ist (vgl. Mal 1,1)."); Oesch, Bedeutung, 186. Krieg, Mutmaßungen, 124, hingegen meint, die Priesterschaft sei in V. 22 angesprochen.

195 So aber Verhoef, NICOT, 337f.344f.; Glazier-McDonald, Malachi, 245.267f.; Oesch, Bedeutung, 197ff.; Homerski, Tag Jahwes, 13.15f.

196 S. z. B. auch Weyde, Prophecy, 388f.; Steck, Abschluß, 128.

197 S. Krieg, Mutmaßungen, 271ff.

198 S. Krieg, Mutmaßungen, 122ff.

die Trennung zwischen Vätern und Söhnen (3,17) zu überwinden helfe
(3,24), weiter die positiven Begriffe „dienen" (3,17f.22) und „YHWH
fürchten" (3,16.23) sowie das „Erinnern" (3,16.22). Gegenüber dieser
Argumentation erheben sich jedoch Bedenken: Erstens scheint schon die
Textabgrenzung in die Abschnitte 3,7-15 und 3,16-21 problematisch, so dass
von einem zweifachen Durchlauf wie oben skizziert nicht die Rede sein kann.
Zweitens lassen die angeblich bewusst gesetzten Stichwörter gravierende
Unterschiede zwischen 3,7.16b-17 einerseits und 3,22-24 andererseits
erkennen: die „Satzungen" in 3,7 sind nicht mit der Tora des Mose
verbunden; wird in 3,7 zur Umkehr aufgefordert, so spricht 3,23 von einer
durch Elia bewirkten Wende in der Generationenbeziehung; eine derartiger
Konflikt geht aus 3,7-21 nicht hervor; 3,23 bezeichnet Mose als „Diener" und
den „Tag YHWHs" als zu fürchtenden, während 3,16ff. die Gerechten als
„Dienende YHWHs" und „YHWH Fürchtende" prädiziert; der „Tag
YHWHs" wird in 3,16-18 und 3,23 unterschiedlich expliziert; schließlich hat
das vor dem Gericht bewahrende, die Namen der Gerechten verzeichnende
„Buch der Erinnerung" in 3,16 schwerlich etwas mit der Aufforderung 3,22,
sich an die Tora zu „erinnern", zu tun.

Daher ist die These, Mal 3,22.23-24 sei das Produkt einer auch vorher in
Mal ersichtlichen redaktionellen Arbeit, kaum überzeugend. Vielmehr dürfte
die gewöhnliche Auskunft, bei Mal 3,22.23-24 handle es sich um
Schlussstücke eines zuvor nicht erkenntlichen Verfassers (bzw. zweier
Redaktoren)[199], größere Wahrscheinlichkeit für sich beanspruchen.

Für die Datierung kommt nur die hellenistische Zeit in Frage. Steck
versucht eine weitere Eingrenzung: Der Tora-Akzent, den Nebiim mit Mal
3,22 erhalte, sei ein

> „Reflex auf die massiven hellenistischen Einflüsse [...], die jetzt vorab in Jerusalem
> einströmen, seitdem der Tobiade Joseph und sein Anhang im Adel in der Stadt selbst
> residierten."

Mal 3,24 habe

> „die politisch bestimmten, tiefgreifenden Spaltungen in der Bevölkerung in den
> Folgejahren [nach dem vierten syrischen Krieg 221-217; M. B.] im Auge [...]"

Da die Eigenformulierungen der letzten Mal-Schicht

> „keine eindeutigen Hinweise auf die Vorgänge des fünften syrischen Krieges (201-198
> v. Chr.) und schon gar nicht auf die neue Lage des Übergangs Palästinas in das
> Seleukidenreich bieten, darf man die Vermutung wagen, daß die Formierung von
> Nebiim durch dtr.-prophetische Kreise in den Erfahrungzusammenhang der Ereignisse

---

199 S. z. B. Rudolph, KAT XIII,4, 290ff.; Elliger, ATD 25, 216f.; Reventlow, ATD 25,2,
    160; Petersen, OTL, 232. Steck, Abschluß, 198, führt neben den Überschriften Sach
    12,1a; Mal 1,1 lediglich Mal 2,10-12 (wegen der gesamtisraelitischen Perspektive) mit
    3,22-24 auf die gleiche Hand zurück (dagegen vgl. etwa Meinhold, BK.AT
    XIV/8,184ff.). Schart, Entstehung, 299, ordnet Zeph 2,11; Mal 1,1; 3,22-24 der gleichen
    Redaktionsphase zu.

des vierten syrischen Krieges und der Folgezeit vor dem fünften, also in den Zeitraum der *beiden letzten Jahrzehnte des 3. Jhdt.s v. Chr.* gehört."[200]

## 4.4. Auswertung der Bezüge

### 4.4.1. V. 22

Bekanntlich bestehen enge Text-Text-Beziehungen zwischen V. 22 und der spätdtr.[201] redigierten Einleitung ins Josuabuch: Dort werden zum einen in 1,2.7 Mose als Knecht YHWHs in der nur hier belegten Formulierung[202] מֹשֶׁה עַבְדִּי bezeichnet sowie in 1,7 die „Tora" (תּוֹרָה) genannt und mit dem Verb צוה verknüpft[203]: Mose habe die Tora befohlen. Zum anderen begegnet in 1,13 das für die Aufforderung, das Gesetz zu beachten, ungewöhnliche – häufig belegt ist שׁמר: „bewahren, beachten" – Verb זכר („sich erinnern/ gedenken")[204].

Die Vorstellung, Mose habe „Satzungen und Rechte" (חֻקִּים וּמִשְׁפָּטִים) vorgelegt, geht besonders deutlich aus Dtn 4,1.5.8.14.45; 5,1.31; 7,11; 11,32 hervor[205]. Engere Beziehungen bestehen dabei einerseits zum ebenfalls wohl spätdtr.[206] Text Dtn 4, weil dort in 4,5.14 mit dem Verb צוה formuliert und in 4,15 als Ort der Gesetzgebung der Horeb genannt wird. Andererseits lässt die Adressatenangabe, Mose habe die Satzungen und Rechte „zu ganz Israel" (עַל־כָּל־יִשְׂרָאֵל)[207] gesprochen und die Erwähnung des Horeb einen näheren

---

200 Steck, Abschluß, 149f. Ablehnend äußert sich Reventlow, ATD 25,2, 161, doch ist sein alleiniger Einwand, an die Überwindung eines Generationenkonflikts in hellenistischer Zeit zu denken, sei eine „zu moderne Vorstellung", nicht schlagend.

201 Dazu s. Nentel, Trägerschaft, 33ff., der in Jos 1 die V. 3-4.7-9.12-15 DtrS zuweist.

202 Von Mose als Knecht YHWHs dagegen ist öfter die Rede: Ex 14,31; Num 31,49; Dtn 34,5; Jos 1,1.13.15; 8,31.33; 9,24; 11,12.15; 12,6; 13,8; 14,7; 22,2.5; I Reg 8,53.56; II Reg 18,12; Ps 10,26; Dan 9,11; Neh 1,7.8; 9,14; 10,30; I Chr 6,34; II Chr 1,3; 24,6.9.

203 Die Verwendung der Lexeme צוה und תּוֹרָה in Bezug auf Mose findet sich noch in Num 31,21; Dtn 33,4; Jos 1,7; 8,31; 22,5; II Reg 14,6; 21,8; Neh 8,1.14; 9,14; II Chr 25,4; 33,8. Von Mose als Knecht wird hierbei nur in Jos 1,7; 8,31; 22,5; I Reg 21,8; Neh 9,14 gesprochen. 18,12; Neh 1,7.8; 9,14. Ohne תּוֹרָה jedoch ist die Kombination von Mose als Knecht und צוה in Jos 11,12.15; II Reg 18,12; Neh 1,7.8; I Chr 6,34 belegt.

204 Bauer, Zeit, 135, vertritt die Auffassung, das Verb זכר sei wegen der Anspielung auf den Namen „Sacharja" gewählt worden. Jedoch kann in einer solchen Anspielung kein Sinn erkannt werden.

205 Darüber hinaus sind die beiden Begriffe belegt im Singular in Ex 15,25; Dtn 26,17; Jos 24,25; I Reg 8,58; 9,4; Esr 7,10, im Plural in Ps 147,19; II Chr 7,17; 19,10; Neh 9,13; 10,30 und mit Artikel im Plural in Lev 26,46; Dtn 6,1.20; 12,1; 26,16; II Reg 17,37; Neh 1,7; I Chr 22,13; 33,8.

206 S. Rose, ZBK.AT 5.2, 491.

207 Mit der Präposition עַל begegnet die Wendung meist in Bezug auf Regierungsangaben bei Königen, mit der Präposition אֶל findet sie sich in Dtn 1,1; 5,1; 27,9; 29,1; 31,1; I Sam 12,1; 14,40; I Chr 29,23; II Chr 11,3.

Bezug zu der (spät?)dtr.[208] Redeeinleitung Dtn 5,1 erkennen, auch wenn dort mit der Präposition אֶל formuliert wird (in 5,2 begegnet der Horeb).

Diese Text-Text-Bezüge sind aufgrund der starken Übereinstimmungen wahrscheinlich als literarische zu begreifen. Bei der näheren Bestimmung wäre als *erste* Möglichkeit zu erwägen, ob, da sowohl der Malechischluss als auch die genannten spätdtr. Texte literarisch sekundär sind, V. 22 (neben anderen Texten im Dodekapropheton?) auf diejenigen spätdtr. Hände zurückgeht, die auch im Pentateuch und im DtrG[209] redaktionelle Arbeit geleistet haben. Auch Dtn 34,10-12 (spätdtr.[210]) am Ende des Pentateuch möchte ja Tora und Propheten zueinander ins Verhältnis setzen. Gegen diese Annahme spricht jedoch, dass entgegen der Arbeitsweise der spätdtr. Redaktion, die in sämtlichen Büchern von Gen 1 - II Reg 25 zu finden ist, entsprechende redaktionelle Stücke in den Prophetenbüchern, die eine Beachtung des mosaischen Gesetzes einfordern oder mit für DtrS zentralen Theologumena reflektierend den überkommenen Text bearbeiten, nicht zu erkennen sind. Die Bezüge zu Ex 34,6f. (spätdtr.[211]) in diversen Dodekapropheton-Texten[212] sind zu speziell, d. h. nur auf diesen einen Text konzentriert, um hierfür als Argument herangezogen werden zu können. Weiter ist Mal 3,22 wohl um einiges später zu datieren als die spätdtr. Redaktionsarbeit in Gen 1 - II Reg 25. Außerdem legen bisher nicht genannte Parallelen zu V. 22 aus dem chr. Milieu nahe, dass mit der „Tora des Mose" wirklich der Pentateuch als abgeschlossene Größe gemeint ist[213]: Zu vergleichen wären zunächst Stellen wie I Chr 6,34; 22,13; II Chr 1,3; 7,17; 19,10; 23,18; 24,6.9; 30,16; 33,8; Esr 3,2; 7,6.10; Neh 1,7.8; 8,1; 9,13.14; 10,30, deren Schnittmenge Mose als Knecht YHWHs bezeichnet, das Verb צוה verwendet, von „Satzungen und Rechten" spricht, die „für ganz Israel" erlassen wurden, den Begriff תּוֹרָה benutzt und mit Mose bzw. dem Sinai in Beziehung setzt. Insbesondere die späten Texte II Chr 33,8; Esr 7,10; Neh 9,13f.; 10,30, die von „Tora" sprechen, verwenden diesen Begriff, da sie den Pentateuchstoff insgesamt kennen, wahrscheinlich zur Bezeichnung der fertigen Größe des Pentateuch[214].

*Zweitens* könnte es sich bei V. 22 um schriftgelehrte Exegese handeln. Wenn mit תּוֹרָה jedoch der Pentateuch gemeint ist und die Schlussposition

---

208 Rose, ZBK.AT 5.2, 418, rechnet nur Dtn 5,1aα₁ zu Schicht IV, sieht aber sonst in Dtn 5 Schicht III am Werk.

209 So die These von H.-C. Schmitt, Geschichtswerk Genesis I - 2 Regum XXV.

210 S. H.-C. Schmitt, Geschichtswerk Genesis I - 2 Regum XXV, 293; ders., Spätdeuteronomistisches Geschichtswerk und Priesterschrift in Deuteronomium 34, 410ff.

211 S. Aurelius, Fürbitter, 116f.125; H.-C. Schmitt, Privilegrecht, 167.

212 Vgl. hierzu die Arbeiten von van Leeuwen, Wisdom, 34ff., und Scoralick, Güte, 131ff.

213 Darauf macht Lescow, Buch, 169ff., aufmerksam. Vgl. auch Reventlow, ATD 25,2, 160; ferner Krieg, Mutmaßungen, 189. Vage äußert sich Renker, Tora, 99ff., denkt aber an die deuteronomische Tora. An das Deuteronomium denkt auch Elliger, ATD 25, 216. Verhoef, NICOT, 338, möchte eine nähere Bestimmung des „Gesetzes des Mose" offen lassen.

214 Vgl. Gunneweg, KAT XIX,2, 129.131; Steins, Torabindung, 225ff.

von V. 22 am Ende der Maleachischrift, des Dodekapropheton und der Prophetenbücher insgesamt beachtet wird, dürfte das Modell der Schriftgelehrsamkeit kaum zur Erklärung ausreichen und vielmehr eine redaktionsgeschichtliche Lösung naheliegen. In diesem Zusammenhang aber ist festzuhalten, dass V. 22 aufgrund des Hinweises auf die Mosetora in seinem prophetischen Kontext einen Fremdkörper darstellt und daher als von den spätdtr. Bezugsstellen abhängige Größe anzusehen ist.

Am wahrscheinlichsten ist nach dem Gesagten also die *dritte* Möglichkeit, die These nämlich, dass V. 22 den Abschluss des gesamten, mit dem Josuabuch beginnenden Prophetenkanon markieren wolle[215]. Diese Möglichkeit versteht V. 22 als einen Redaktionstext, der für die Komposition der Prophetenbücher bzw. -schriften und darüber hinaus sogar für die Entstehung des Kanons bedeutsam ist. Dafür spricht der Verweis auf den Pentateuch, der in der prophetischen Überlieferung einen Fremdkörper darstellt, am Schluss des Dodekapropheton (und nach der MT-Reihenfolge auch der Prophetenbücher).

Allerdings ist diese These noch ein wenig zu modifizieren. Steck formuliert sehr präzise, dass Mal 3,22

> „inklusiv auf Jos 1 zurückweisen will und damit eine Klammer gebildet werden soll, die exakt Anfang und Ende der Bücherfolge markiert, die den späteren Kanonteil Nebiim bildet"[216].

Jedoch spricht V. 22 anders als Jos 1,7 gerade nicht davon, dass Mose dem Gottesvolk die Tora, sondern dass YHWH dem Mose die Tora befohlen habe[217]. Von einer Inklusion oder literarischen Klammer zwischen Jos 1 und Mal 3,22 kann daher nicht die Rede sein. Wohl aber kommen weitere spätdtr. Pentateuch- und DtrG-Texte in den Blick, mit denen V. 22 darin übereinstimmt, dass YHWH dem Mose die Tora befohlen habe (s. Dtn 4,5.14; I Reg 8,58; 9,4b[218]). V. 22 geht es daher wohl weniger darum, eine Klammer um den Prophetenkanon zu legen und diesen damit abzuschließen. Vielmehr dürfte intendiert sein, am Ende der Prophetenschriften auf die Gültigkeit und Bedeutung der Tora als maßgebende Richtschnur hinzuweisen. Entsprechend urteilt an anderer Stelle auch Steck:

---

215 So etwa Rudolph, KAT XIII,4, 291; Bosshard/Kratz, Maleachi, 46; Steck, Abschluß, 134ff.; Lescow, Buch, 168ff.; Petersen, OTL, 232f. (Mal 3,22-24 am Schluss des Dodekapropheton enthalte Beziehungen zu Tora und Vorderen Propheten, Hos 14,10 zu Beginn des Zwölfprophetenbuchs zeige Verbindungen zum dritten Kanonteil der Schriften); Schart, Entstehung, 302f. Tai, End, 343f., sieht in der Erwähnung beider Figuren Mose und Elia in Mal 3,22-24 eine Inklusion zu Hos 12,14, wo in V. 14a Mose als Prophet *par excellence* genannt und in V. 14b an die kontinuierliche Sendung von Propheten gedacht sei. Jedoch handelt es sich bei Hos 12,14 um einen *parallelismus membrorum*, der in seinen beiden Teilen nur von Mose spricht.

216 Steck, Abschluß, 134f.

217 Vgl. auch Oesch, Bedeutung, 200 Anm. 54.

218 Zu Dtn 4 s. bereits oben S. 302 samt Anm. 206. Zu I Reg 8,58; 9,4b s. Nentel, Trägerschaft, 240.245.

„Es handelt sich um einen prinzipiellen Rückverweis via Josua sogar noch über Nebiim hinaus auf die Schriftensammlung Tora als das Nebiim voranstehende Hauptkriterium jahwegemäßen Verhaltens."[219]

Stellt V. 22 ein erstes Schlussstück dar, ist hier eine Stimme zu identifizieren, die die Sonderstellung des Pentateuch als höchste Autorität vertritt und die Einhaltung der Tora (zumindest im Zusammenhang mit den folgenden Versen) wohl auch als Kriterium zur Unterscheidung zwischen Frevlern und Frommen angesehen hat[220]. Wenn man der These eines spätdtr. Geschichtswerks von Gen 1 - II Reg 25 zu folgen bereit ist, nach der Pentateuch und Vordere Propheten durch vermittelnde spätdtr. Kreise zusammen kanonischen Charakter erhalten hätten[221], ist die sich in V. 22 äußernde Stimme entweder als eine ergänzungsbedürftige (deshalb auch der weitere Anhang der V. 23-24) Sonderposition innerhalb des Judentums zu begreifen[222]. Oder man darf von vornherein nicht V. 22 theologisch zu sehr von V. 23-24 sondern.

## 4.4.2. V. 23-24

Aus V. 23 gehen wie schon aus 3,1 Text-Text-Beziehungen zu Ex 23,20 hervor: Die Abfolge von Aufmerksamkeitspartikel הִנֵּה, gesondert stehendem Pronomen אָנֹכִי und Partizip שֹׁלֵחַ ist in beiden Texten wörtlich identisch und nicht mehr anderswo bezeugt (3,1 formuliert hingegen הִנְנִי שֹׁלֵחַ). Gegen die Zufälligkeit dieser Übereinstimmung (denn sowohl הִנֵּה + אָנֹכִי als auch הִנֵּה + שֹׁלֵחַ begegnen öfter[223]) spricht, dass YHWH jeweils die Sendung einer Heilsgestalt zusagt: in Ex 23,20 ist dies der Schutz- und Strafengel, der das Gottesvolk auf dem Weg in das Land unter Absonderung von den Völkern geleiten soll, in V. 23 dagegen der Prophet Elia. Diese Zuspitzung auf Elia zeigt, dass V. 23 die jüngere Stelle und damit ein Zitat von Ex 23,20 darstellt, wobei die Umprägung, dass an Stelle des Engels Elia genannt wird, – auch gegenüber 3,1b – besondere Aufmerksamkeit verdient.

Zum einen lässt der Hintergrund des Engels, der ja gleichzeitig schützende und strafende Funktion besitzt, auch Elia in diesem doppelten Licht erscheinen; die Elia-Überlieferung gibt dieser Charakteristik ja auch Raum (vgl. etwa auf der einen Seite I Reg 17,13ff.19ff.; 18,41ff., auf der anderen Seite I Reg 18,18ff.21ff.; 21,17ff.; II Reg 1).

---

219 Steck, Abschluß, 135.

220 Vgl. Krieg, Mutmaßungen, 125: V. 22 erwarte eine „Scheidung von Gerechten und Gottlosen entsprechend der Mosetora". Vgl. z. B. auch syrBar 46,3.5f.; 48,47; IV Esr 14,22.

221 Dazu s. etwa H.-C. Schmitt, Geschichtswerk Genesis I - 2 Regum XXV, 293f.

222 Vgl. etwa die Überlegungen von Houtman, Pentateuch, 444ff.

223 Im Dodekapropheton s. zu הִנֵּה + אָנֹכִי Hos 2,16; Am 2,13; 9,9; Sach 11,6.16; 12,2, zu שֹׁלֵחַ + הִנֵּה Joel 2,19. Beziehungen zu diesen Texten bestehen jedoch nicht, da nicht die Sendung einer Heilsfigur angekündigt wird.

Zum anderen stellt die Ankündigung Elias gegenüber Ex 23,20, vor allem aber Mal 3,1 eine Neuauslegung dar[224]. Denn die Wegbereitung für YHWHs Kommen wird nun von einer bekannten Gestalt erwartet, während Mal 3,1b die Identität des Boten nicht näher bestimmt hatte. Diese Neuauslegung besitzt eine eigene Wirkungsgeschichte in Judentum und Christentum[225]. Bedeutsam für die Zuspitzung auf Elia war sicher zum einen die Überlieferung von der Entrückung Elias (s. II Reg 2,11), zum anderen die Erzählung von der Bekehrung des Volkes zu YHWH durch Elias Einsatz (s. I Reg 18,39)[226].

V. 23 verwendet wie Jes 13,6.9; Joel 1,15; 2,1; 3,4; Zeph 2,2; Sach 14,1; Mal 3,19 das Verb בוא im Zusammenhang mit der Ankündigung des „Tages YHWHs". Dabei handelt es sich in V. 23b jedoch um ein wörtliches Zitat von Joel 3,4b[227]. Dort ist von kosmischen Phänomenen als Vorläufern des „großen und furchtbaren" Tages die Rede. Mit dem Rückgriff auf diese Stelle[228] ruft V. 23 solche Vorstellungen, die nicht eigens erwähnt werden, in Erinnerung. Zusätzlich ist die Ankündigung der allgemeinen Geistausgießung von Joel 3,1-2 zu berücksichtigen. Vor diesem Hintergrund nämlich erhält Elia für alles Prophetische eine normgebende Funktion. Gleichzeitig wird die Erwartung der Demotisierung der Prophetie korrigiert. Traditionsgeschichtlich ist damit die Skepsis gegenüber der Idee der Ausweitung des Prophetischen und die Ernüchterung berücksichtigt, von der Sach 13,2-6 in drastischer Weise zeugt. In kompositioneller Hinsicht steht V. 23 so gesehen stimmig am Ende des Dodekapropheton, der Prophetenbücher, ja des Prophetenkanons. V. 23 setzt im Gefolge von Sach 13,2-6 die Verheißung Elias als einzigen noch zu erwartenden Propheten Joel 3,1-2 entgegen und versteht die Prophetie somit als abgeschlossen.

V. 23 schreibt also allein Elia eine aktive Rolle bei der Vorbereitung des „Tages YHWHs" zu. Seine Funktion besteht darin, die voneinander entfremdeten Generationen einander wieder zuzuwenden. Offensichtlich ist eine Zerrüttung zwischen den Generationen die Gegenwartserfahrung des Verfassers gewesen. Innerhalb der frühapokalyptischen und apokalyptischen

---

224 Diese Annahme, dass die Erwähnung Elias auf Mal 3,1 bezogen sei (so etwa Rudolph, KAT XIII,4, 291; Lescow, Buch, 172; Petersen, OTL, 230), lehnt Reventlow, ATD 25,2, 161, zwar ab, aber ohne Argument.

225 Vgl. die Verweise bei Rudolph, KAT XIII,4, 291f.; Reventlow, ATD 25,2, 161.

226 Außerdem sind in der Elia-Überlieferung Prozesse erkennbar, die Elia zunehmend als Beispiel gebenden Propheten verstehen. Dazu vgl. Beck, Elia, 157f. (Zusammenfassung).

227 So z. B. auch Lescow, Buch, 172.174; Rudolph, KAT XIII,4, 291; Petersen, OTL, 231; Schart, Entstehung, 301f.; Meinhold, Rolle, 222. Andersherum Bergler, Joel, 171f. Bestritten wird das Zitat nur von Verhoef, NICOT, 341. Vgl. außerdem Scoralick, Güte, 140.

228 Dass aufgrund des ersten Adjektivs הַגָּדוֹל daran zu denken wäre, dass auch Jer 30,7; Zeph 1,14 mit im Blick sind (vgl. Verhoef, NICOT, 341), kann angenommen werden, ist aber angesichts des Zitates nicht zwingend. Näher liegt jedenfalls Joel 2,11b, wo beide Adjektive im „Tag YHWHs"-Kontext begegnen.

Weltsicht gilt der Generationenzwist als Charakteristikum der Endzeit (s. ApkEsr 3,12.14; Jub 23,16ff.). Ähnlich begegnet diese Vorstellung bereits in der Klage Mi 7,1-7[229]. Offenbar in dem Bewusstsein, dass gegenwärtig die Endzeit nahe ist[230], formuliert V. 23 mit einem *futurum instans*, und sagt YHWHs Eingreifen in der Gestalt des Elia zu. So kann der drohende göttliche Bann, von dem im „Tag YHWHs"-Kontext nur noch in Jes 34,2.5; Sach 14,11 gesprochen wird[231], vermieden und die Zusage von Sach 14,11 erneuert werden.

V. 23f. ergänzt die aus V. 22 hervorgehende Forderung nach dem Einhalten des Gesetzes durch die prophetisch-eschatologische Sichtweise eines von YHWH bewirkten Heilwerdens. Die V. 22-24 zusammen ermahnen einerseits zum Tora-Gehorsam und kündigen andererseits Elia als aussöhnenden Propheten an. Somit sind in Mal 3,22-24 Tradenten greifbar, die in der Tradition spätdtr. Kreise stehen, welche Tora und Propheten eng aufeinander bezogen wissen wollten[232], darüber hinaus aber auch eschatologisch orientiert sind.

Da beide Schlussstücke nur am Ende eines größeren Literaturzusammenhangs, d. h. als Abschluss zumindest des Dodekapropheton, wenn nicht gar der Prophetenbücher (Hintere Propheten) oder sogar des Prophetenkanon insgesamt sinnvoll sind, ist mit Mal 3,22.23-24 nun auch greifbar, dass die ehemals eigenständige Maleachischrift an den Schluss des Dodekapropheton gestellt wurde[233].

Ihre Schlussposition verdankt Mal zum einen dem Eindruck, dass sie aufgrund ihres Inhalts als deutlich nachexilische und damit als jüngste Schrift angesehen wurde. Denn die späten Sach-Fortschreibungen wurden, da keine

---

229 Dort interpretiert ein Nachtrag (7,4b) die chaotische Situation als „Tag YHWHs" (s. oben S. 67). Abschließend (7,7) bleibt dem Propheten nur noch die Möglichkeit, voller Zuversicht auf YHWHs neue Taten zu warten. Vgl. Wolff, BK.AT XIV/4, 183. Eine ähnliche Struktur zeigt Mal 3,23f., weshalb anzunehmen ist, dass diese Vorstellung im Hintergrund steht. Für die Annahme einer literarischen Beziehung zwischen Mi 7,1-7 und Mal 3,23-24 sind jedoch nicht genügend Hinweise vorhanden: als gemeinsame Lexeme begegnen nur בֵּן und אָב; den „Tag YHWHs" anvisiert Mi 7,4b weder exakt noch variiert. – Petersen, OTL, 231, hingegen sieht die dtn-dtr. Bundestradition (Ex 20,5f.) berücksichtigt und folgert: „Without the integrity between generations, Israel would not be Israel. The covenant community extends both among people at one time and among people over time."

230 Gegenüber dieser traditionsgeschichtlichen Interpretation vgl. als Ergänzung die zeitgeschichtliche Auswertung, die Steck, Abschluß, 149f., mit seinem oben (S. 301) bereits referierten Datierungsvorschlag unternimmt.

231 Bosshard/Kratz, Maleachi, 46, erkennen in V. 24 die Aussage, dass das Land nicht wie Edom dem Weltgericht verfallen solle, und ziehen dazu Mal 1,3f. und Jes 34 heran. Dass in Jes 34,2.5 aber das Substantiv חֵרֶם zusammen mit dem Verb נכה belegt sein soll, ist schlicht falsch: נכה begegnet in Jes 34 überhaupt nicht, und – was jedoch kaum von Belang ist und nur um der Genauigkeit willen genannt werden soll – Jes 34,2 verwendet das Verb חרם.

232 S. H.-C. Schmitt, Geschichtswerk Genesis I - 2 Regum XXV, 293f.; Steck, Abschluß, 145ff. Vgl. außerdem die Überlegungen oben S. 305.

233 S. auch Schart, Entstehung, 317.

eigenen Prophetennamen erwähnt werden, nun einmal für Bestandteile der um 520 datierten Sacharjaschrift gehalten. Zum anderen hatte die Überschrift 1,1(*)[234] Mal als eigenes Werk erscheinen lassen, das man, auch wenn man Sach 14 als Schluss empfunden haben sollte, nicht gut in eine Prophetenschrift wie Sach einstellen konnte. Weiter bewahrte Mal mit den Texten 3,13-21 sowie 2,17 - 3,5 in seiner Endgestalt und schließlich 3,22-24 die „Tag YHWHs"-Perspektive, mit der Sach 14 schon das (werdende) Dodekapropheton geprägt hatte. Schließlich lassen sich die von Schart genannten synchronen Beobachtungen anführen: Der Nachtrag Mal nach Sach 14 sei nötig, um die eschatologische Vision vor Missverständnissen und Einwänden zu schützen. Dabei gäbe die Form der Diskussionsworte der Leserschaft auf, darüber nachzudenken, „wie die eschatologischen Visionen mit der konkreten Lebenswirklichkeit in Beziehung gesetzt werden" könnten. Inhaltlich werde deutlicher als in Sach 14 herausgestellt, dass es sich bei dem kommenden „Tag YHWHs" um einen Gerichtstag handle; hierbei verschiebe sich die universale Perspektive zu einer stärker individuellen; die Orientierung an „Tora" komme als Maßstab ins Spiel; außerdem könne „die Erwartung des kommenden Gerichtages die Gewißheit der Gottesfürchtigen stützen".[235]

Wahrscheinlich wurde mit der Anfügung von Mal an die Sammlung Hos - Sach 14(*) auch erst die Jonaschrift ins Dodekapropheton integriert. Dafür spricht einmal ihre mit Mal 1,11.14 vergleichbare völkerpositive Sicht[236]. Weiter legt die besondere Gattung von Jon die Annahme nahe, das diese Schrift zunächst abseits von prophetischen Schriften tradiert wurde.[237] Schließlich dürfte die Zusammenstellung von Schriften auch mit einem Auswahlvorgang verbunden gewesen sein. Dass aber einmal ein Elfprophetenbuch geschaffen wurde, ist weniger plausibel als die Vermutung, dass sich eine erste Sammlung (Hos - Sach 14) durch die bedeutsame Zehnzahl auszeichnete und die endgültige Schriftensammlung anhand der symbolträchtigen Zahl Zwölf gebildet wurde.

## 5. Ergebnisse

Es hat sich gezeigt, dass die Grundschicht des Textes Mal 2,17 - 3,5 (V. 17.1a.5) zum Grundbestand der Maleachischrift dazugehört haben dürfte, die etwa um die Mitte des 5. Jh. v. Chr. zu datieren ist. Dieser Text stellt ein

---

234 Zu Mal 1.1. s. oben S. 290f.
235 Schart, Entstehung, 297f.; vgl. auch Scoralick, Güte, 201. Vgl. außerdem Watts, Frame, 210ff.; Tai, End, 342f., die in den rahmenden Schriften Hos und Mal die Dominanz des Themas der Liebe YHWHs zu Israel beobachten.
236 Vgl. Schart, Entstehung, 289.
237 Vgl. außerdem Vanoni, Elija, 114ff., der einerseits in der Jonaschrift intertextuelle Bezüge zur Elia-Überlieferung und andererseits in Mal 3,23 über die Erwähnung Elias hinaus Verbindungen mit Jon erkennen möchte. Die Beweiskraft dieser Bezüge scheint mir jedoch fraglich.

Gericht YHWHs in Aussicht, das gegenüber Zweifeln am Tun-Ergehen-Zusammenhang zeigen wird, dass es sich lohnt, nach YHWHs Geboten zu leben. Das Gericht wird noch nicht als „Tag YHWHs" gesehen. Anhand der Untersuchung der Grundschicht von Mal 2,17 - 3,5 konnte bestätigt werden, dass keine Schicht von Sach 14 als Verfasser in Frage kommt. Letzteres spricht dafür, dass Mal noch selbständig tradiert wurde, als Sach 14* als Anhang an die mit Hos beginnende Schriftensammlung konzipiert wurde. Da auch die Bezüge zu Sach 1-8 relativiert werden mussten, erscheint die Annahme, die Maleachischrift stelle ein eigenständiges und gesondert tradiertes Werk dar, plausibel. Es wurde in 1,1 vermutlich durch eine Überschrift in der Gestalt דְּבַר־יְהוָה בְּיַד מַלְאָכִי eingeleitet. Mal als mehrstufiges, das Dodekapropheton abschließendes Redaktionsprodukt zu begreifen, erwies sich nicht als überzeugend. Es kommt hinzu, dass eine detaillierte Überprüfung durch Lescow den Verdacht nährt, dass die Beweiskraft der die übrigen Mal-Texte betreffenden, von Bosshard/Kratz und Steck strapazierten Wortbezüge als ungenügend anzusehen sein dürfte[238]. Auch die Verwendung der Gattung des Diskussionswortes spricht stark dafür, dass der Text 2,17 - 3,5 primär auf die Maleachischrift bezogen ist. Ebenso legen die konkreten Anliegen von Mal die Annahme nahe, dass es sich hierbei eher um das Programm eines besonderen Propheten handelt als um ein bloßes Redaktionsprodukt.

Der „Bote des Bundes" als Wegbereiter, den V. 1b einträgt, ist nicht auf den fürbittenden (Sach 1,12), richtenden (Sach 3,1) oder deutenden (Sach 1-6) Engel der Sacharjaschrift bezogen, sondern auf Jdc 2,1-5 sowie intern auf einen Mal-Text (2,4-8), was den anhand der Grundschicht gewonnenen Eindruck der Eigenständigkeit der Maleachischrift bestätigt. Erst die Erweiterung um V. 2 bringt, vermutlich durch den Abschnitt 3,13-21 angeregt, die – allerdings nicht exakt oder variiert formulierte – „Tag YHWHs"-Vorstellung zur Geltung. Ein Schriften übergreifender Horizont wird damit trotz literarischer Beziehungen zu Joel 2,11; Nah 1,6 nicht recht deutlich. Die Einschreibung von V. 3-4 erwartet als Wegbereitung die Reinigung der für die Opferpraxis verantwortlichen Priester.

Der Abschnitt 3,13-21 setzt sich mit einer ähnlichen Problemstellung auseinander wie 2,17 - 3,5: was nützt es, nach Gottes Anweisungen zu leben? Die Grundschicht (V. 13-15.19*.20[.21bβ]) erwartet eine klare Differenzierung zwischen Frevlern und Gerechten im Gericht, weshalb der Text nicht zum Grundbestand von Mal dazugehört hat. Neu gegenüber den anderen Mal-Texten ist auch, dass V. 19* verhalten die „Tag YHWHs"-Vorstellung aufgreift. Da mit diesen Elementen nicht an 2,17 - 3,5 weitergearbeitet, sondern ein eigener Text am Schluss formuliert wird, liegt die Frage nahe, ob nun ein weiterer Kontext als nur der der Maleachischrift anvisiert ist. Die Frage konnte anhand der Sichtung der Text-Text-Beziehungen und der Bewertung von V. 19* nicht positiv beantwortet werden. Die Gestaltung des

---

238 S. Lescow, Buch, 181ff., und vgl. auch Schart, Entstehung, 294f. Auch Weyde, Propheca, 399, macht darauf aufmerksam, dass Mal Bezugstexte quer durch das gesamte Alte Testament aufweise.

Textes als Diskussionswort, sein redaktioneller Zusammenhang mit der Erweiterung der Überschrift 1,1 (durch מַשָּׂא und אֶל־יִשְׂרָאֵל) und die weder exakte noch variierte „Tag YHWHs"-Formulierung sprechen vielmehr dafür, dass Mal als eigenständiges Werk abgeschlossen werden sollte. Die nur gedankliche Übereinstimmung mit dem Hos-Schluss spricht dafür, dass Hos und Mal zu dieser Zeit noch gesondert tradiert wurden. Dann dürfte die Fortschreibung der Maleachischrit durch 3,13-21* zu einer Zeit vorgenommen worden sein, bevor mit der Klammer Sach 13,7-9 eine mit Hos beginnende Schriftensammlung geschaffen wurde, die dann mit Sach 14* abgerundet wurde.

Die Annahme der Eigenständigkeit der Maleachischrift wird dadurch gestützt, dass in den V. 16-17.18.21(abα) nur sich auf den Text 3,13-21 beziehende, protoapokalyptische Stimmen zu erkennen sind, welche die Frommen damit trösten, dass sie in einem Buch aufbewahrt sind und ihnen YHWHs Mitleid gilt, dass am „Tag YHWHs" der Unterschied zwischen ihnen und den Frevlern deutlich wird und dass sie am Gerichtsgeschehen beteiligt werden. Eine Orientierung an Jes 66,24 ist ebenso wenig wahrscheinlich wie die Annahme, dass es sich bei dem in V. 16 erwähnten Buch um das Dodekapropheton handle. Die Glosse V. 19bγ ist zwar literarisch von Jes 5,24 abhängig. Redaktionsgeschichtliche Schlussfolgerungen sind aber nicht möglich.

Abschließend bestätigte sich die These, dass Mal 3,22.23-24 einen Schriften übergreifenden Text darstellt. Dieser übernimmt einerseits die „Tag YHWHs"-Hermeneutik der umfangreichen Sammlung Hos - Sach 14(*). Andererseits dürfte mit Mal 3,22.23-24 die Maleachischrift an den Komplex Hos - Sach angeschlossen worden sein. Der Schlusstext legt zwar keine auf Jos 1 bezogene Klammer um den Prophetenkanon herum. Kanonische Funktion kommt ihm jedoch insofern zu, als er am Ende des Dodekapropheton (bzw. der Prophetenbücher bzw. des Prophetenkanon) zum einen auf die Bedeutung und Gültigkeit der Tora als maßgeblicher Richtschnur hinweist und zum anderen entgegen Joel 3,1-2, aber entsprechend Sach 13,2-6 nur Elia als noch zu erwartenden Propheten begreift und die Propheten somit als abgeschlossen versteht. Traditionsgeschichtlich fungiert die Tora als Kriterium zur Unterscheidung zwischen Frevlern und Gerechten und die Verheißung Elias als Mittel der Bewahrung YHWHs vor dem vernichtenden Bann.

# Kapitel VIII: Rückblende und Zusammenschnitt. Die Bedeutung der „Tag YHWHs"-Vorstellung für Entstehung und Einheit des Dodekapropheton

## 1. Die Entstehung des Dodekapropheton

In Auseinandersetzung mit diversen Arbeiten, die zum einen das Dodekapropheton synchron unter dem Blickwinkel des „Tages YHWHs" lesen und zum anderen diachron den „Tag YHWHs" als Kennzeichen von Redaktionsschichten herausarbeiten, haben die vorangehenden Kapitel zentrale „Tag YHWHs"-Texte im Dodekapropheton einer genauen Analyse unterzogen. Aufgrund ihrer Streuung, ihrer thematischen Bedeutung, ihres langen Entstehungszeitraumes und ihrer verschiedenartigen Entstehungsweise kommt ihnen durchaus repräsentative Bedeutung für die Frage nach Entstehung und Einheit des Zwölfprophetenbuchs zu. Bei den Untersuchungen der Texte musste einerseits deren Literargeschichte erhellt werden, um Klarheit über ihre Entstehung zu gewinnen. Andererseits galt es, unter Anwendung einer differenzierten (Redaktionskritik bzw. -geschichte nicht verabsolutierenden, sondern auch traditionsgeschichtliche Erklärungsmöglichkeiten mit einbeziehenden) Methodik die Text-Text-Beziehungen aufzuarbeiten und im Zusammenhang mit der Fragestellung nach der Einheit des Dodekapropheton präzise zu bewerten. So kristallisierte sich eine Hypothese zur Entstehung des Dodekapropheton heraus, die sich teilweise mit den bisherigen Forschungen berührt, sich teilweise aber nicht unerheblich von diesen unterscheidet. Diese Hypothese sei im Folgenden im Zusammenhang dargestellt.

### 1.1. Die Theologie der „Tag YHWHs"-Texte im Dodekapropheton

Der Abschnitt Am 5,18-20 spiegelt Verkündigung des Amos wider und gehört zu einer frühen Fassung der Amosschrift im ausgehenden 8. Jh. v. Chr. 5,18.20 kehrt eine offensichtlich vorhandene positive „Tag YHWHs"-Erwartung in ihr Gegenteil um, und 5,19 betont die Unausweichlichkeit kommenden Unheils. Gegenüber einer positiven Hörer- bzw. Lesererwartung verkünden Amos und die Amosschrift ein Eingreifen YHWHs zum Unheil. Dieses stellt sich als Erdbeben, Deportationen, Verwüstungen und schließlich im Rückblick als der Untergang des Nordreichs Israel dar. So versteht Am 5,18-20 den „Tag YHWHs" als Unheilsereignis, mit dem YHWH sein eigenes Volk wegen dessen sozialer Vergehen straft.

In ähnlicher Funktion begegnet die „Tag YHWHs"-Vorstellung sodann in den Versen Zeph 1,7.14-16, mit denen die Unheilsankündigungen V. 8aβ-9.10aα$_2$-11.12aβ-13a sowie der Vergeblichkeitsfluch V. 13b gerahmt werden. Zumindest die Unheilsankündigungen repräsentieren die Verkündigung des Propheten Zephanja in spätvorexilischer Zeit. Ob auch die Ankündigung des „Tages YHWHs" auf ihn zurückgeht, muss offen bleiben. Er hätte dann das erwartete Unheil, mit dem YHWH das frevelhafte und gleichgültige Verhalten der Jerusalemer Oberschicht heimsucht, als „Tag YHWHs" zur Sprache gebracht und zu vermutende positive Hörervorstellungen wie Amos in ihr Gegenteil verkehrt. Jedenfalls geht die Komposition von Zeph 1,7-16 aber auf eine Reflexionstätigkeit in exilischer Zeit zurück. Da die Verse Zeph 1,7.14-16 die inzwischen eingetroffenen Unheilsankündigungen gegen Jerusalemer Oberschichtsgruppen rahmen, versteht die Komposition unter dem „Tag YHWHs" im Rückblick die Katastrophe des Südreichs Juda 587 v. Chr. Am 5,18-20 vergleichbar bezeichnet der „Tag YHWHs" von Zeph 1,7-16 die Strafe YHWHs, mit der YHWH auf das Verhalten der Jerusalemer Oberschicht reagiert.

Wie aus Passagen der Grundschicht der Joelschrift (Joel 1,15-20; 2,1-11) aus der ersten Hälfte des 4. Jh. v. Chr. hervorgeht, hat der Prophet Joel in einer aktuellen Heuschrecken- und Dürreplage den „Tag YHWHs" im Anbruch gesehen und über die Naturkatastrophe hinaus mit einer Feindinvasion gerechnet. Da mit dem „Tag YHWHs" von YHWH gewirktes Unheil gegenüber seinem eigenen Volk bezeichnet wird, steht die Verkündigung von Joel 1-2* einerseits in der Tradition der (vor)exilischen Unheilsprophetie. Offensichtlich hat sich in nachexilischer Zeit die Vorstellung herausgebildet, dass auch künftig noch mit einem „Tag YHWHs" zu rechnen ist. Dass die Ursache für YHWHs Strafhandeln nicht benannt wird, ist durch ein allgemeines Sündenbewusstsein bedingt. Wie der Fortgang der Joel(grund)schrift mit der Buße des Volkes und der erneuten Zuwendung YHWHs zeigt, hat jedoch YHWHs Gnade und Barmherzigkeit das letzte Wort.

Die weitere Entwicklung der prophetischen „Tag YHWHs"-Vorstellung zeigt einerseits eine Eschatologisierung in frühapokalyptischen Farben und andererseits eine Differenzierung zwischen Frevlern und Gerechten. Verschiedene traditionsgeschichtliche Phasen können jedoch anhand der „Tag YHWHs"-Texte im Dodekapropheton nicht klar voneinander unterschieden werden.

Eine Differenzierung zwischen Frevlern und Gerechten geht aus dem Text Mal 3,13-21 hervor, der in seiner nur grob ins 4./3. Jh. v. Chr. datierbaren Grundschicht bereits eine Fortschreibung zu Mal 1,1 - 3,12* darstellt. Die Grundschicht 3,13-15.19a.baβ.20(.21bβ) bietet auf die Frage der zweifelnden Frommen nach YHWHs Gerechtigkeit die Antwort, dass die Frevler am „Tag YHWHs" verbrannt werden, den Gerechten hingegen unwiderrufliches Heil in Aussicht steht. Der „Tag YHWHs" fungiert somit als Ereignis, das vor allem das individuelle Geschick der Angehörigen des Gottesvolkes entscheidet.

Durch Mal 3,13-21 angeregt versteht man nun auch den sich mit einer ähnlichen Problemstellung beschäftigenden Text Mal 2,17 - 3,5* als „Tag YHWHs"-Text und trägt dort V. 2 nach, der mit seiner Zwischenfrage nach der Erträglichkeit des Geschehens die „Tag YHWHs"-Vorstellung erkennen lässt. Zuvor hatte eine Einschreibung (3,1b) aufgrund der Parusieverzögerung das Kommen des Boten bekräftigt. Da man sich sein Erscheinen herbeisehnt, scheint hier ein zwischen Frevlern und Gerechten unterscheidendes Denken greifbar zu sein. 3,2 hingegen macht mit der Frage nach dem Bestehenkönnen deutlich, dass man es sich angesichts einer allgemeinen Sündhaftigkeit mit der Selbstsicherheit nicht zu einfach machen darf.

In Anbetracht der Erfahrung der Eroberung Jerusalems 302 v. Chr. (s. Joel 4,17) erwartet die Fortschreibung Joel 4,1-3.9-16aβb.17 den „Tag YHWHs" als universales Völkergericht. Der Gerichtsgedanke von Joel 4* in Verbindung mit der Umkehrung von Jes 2,2-4; Mi 4,1-4 in V. 10 und der Raum und Zeit sprengenden Erwartung der Versammlung aller Völker in einem Tal nahe Jerusalem zeigt protoapokalyptisches Gedankengut. Joel 4* verkündigt einen „Tag YHWHs", bei dem YHWH die von ihm versammelten Völker wegen deren (in V. 2f. genannten) Vergehen richten, das Gottesvolk aber unversehrt lassen, ja sich ihm als Zuflucht erweisen wird. Letzteres wird unterstrichen durch die Aufnahme von YHWHkriegstradition und Zionstheologie. Ähnlich kündigt die Obadjaschrift in V. 15 einen „Tag YHWHs" über alle Völker an.

Auch die Erweiterungen Zeph 1,2-3.18aβγb (vgl. auch 3,8bβγ), die um die „Tag YHWHs"-Komposition in Zeph 1* einen universalen Rahmen legen, interpretieren diesen in frühapokalyptischer Manier als ein universales Weltgericht. Diese Stellen unterscheiden sich jedoch von Joel 4* (und Ob) insofern, als sie mittels eines Rückgriffs auf die Urgeschichte am „Tag YHWHs" mit einer Revozierung der gesamten Schöpfung rechnen. YHWHs universaler Eingriff betrifft so Völkerwelt (s. 3,8bβγ) und Gottesvolk gleichermaßen.

Auch in dem zwischen Frevlern und Gerechten differenzierenden Text Mal 3,13-21 wird frühapokalyptisches Gedankengut eingetragen. Die Erweiterung um die V. 16-18.21(abα) tröstet die Gerechten mit dem Gedanken ihrer Aufbewahrung in einem Buch, mit dem Hinweis auf YHWHs Mitleid und mit der Aussicht auf ihre Beteiligung am Gerichtsgeschehen.

Joel 3,1-5bα importiert in die inzwischen durch frühapokalyptisches Gedankengut geprägte Joelschrift eine differenzierende Denkweise. Joel 3,1-5bα begreift anders als Joel 1-2 den „Tag YHWHs" als in ferner Zukunft liegendes Endzeitereignis. Das Aufgreifen der Zionstradition lässt den „Tag YHWHs" als Heilsereignis für Israel erscheinen. Allerdings werden für die Rettung Bedingungen formuliert: das Anrufen des Namens YHWHs und den Aufenthalt auf Zion bzw. in Jerusalem. So lässt der Text eine Scheidung innerhalb des Gottesvolkes erkennen. YHWHs Barmherzigkeit scheint an ein gewisses Verhalten der Angehörigen des Gottesvolkes gebunden zu sein, wenngleich eine auf ganz Israel bezogene Geistausgießung es jedem ermögli-

chen sollte, die Zeichen der Zeit zu deuten. Der Zusatz 3,5bβ stellt schließlich sogar die Rettung einzelner von YHWH berufener Heiden in Aussicht.
Die pessimistische Sicht von Zeph 1,2-3.18aβγb, die auf einen allgemeinen Weltuntergang wartet, wird durch einen Anhang modifiziert. Zeph 2,1-3
eröffnet mit der Karikatur eines Mahnworts an das gleichgültige Volk und
mit der Ermahnung der Demütigen letzteren die Möglichkeit, beim kommenden Untergang ausgenommen zu werden. Auch hier wird somit wieder eine
Differenzierung des Gerichtsgeschehens deutlich.

In Sach 14 laufen die diversen Linien zusammen. Allerdings ist dieser
Text, der aus einem gewissen Abstand heraus die Einnahme Jerusalems 302
v. Chr. reflektiert, durch mehrere Hände gewachsen. Zum einen lässt die Passage V. 4-11 frühapokalyptisches Denken erkennen. Zum anderen zeichnet
sich die Endgestalt durch eine komplexe Differenzierung in zweifacher Hinsicht aus. Erstens wird der universale Völkersturm gegen Jerusalem nur einen
Rest innerhalb des Gottesvolkes übriglassen. Für diesen allerdings steht,
wenn YHWH sich gegenüber den Völkern siegreich durchsetzen und die Königsherrschaft antreten wird, Raum und Zeit veränderndes Heil und endgültige Sicherheit in Aussicht. Im Hintergrund steht einerseits die Unheilsprophetie, die fremde Völker als Strafwerkzeuge YHWHs interpretiert. Andererseits
werden Heilserwartungen aufgegriffen, die auf die Sicherheit Ju-
das/Jerusalems und auf das Ende der Bedrohung durch die Völkerwelt hoffen
(etwa Jes 13 und Joel 4 als konkrete Texte sowie die YHWHkriegstradition
und das Völkerkampfmotiv). YHWHs Kampf gegen die Völker belässt nun
zweitens unter diesen einen Rest (vgl. den Zusatz Joel 3,5bβ), der zur regel-
mäßigen Teilnahme am Laubhüttenfest im durchweg heiligen Jerusalem berufen ist. Aber auch innerhalb dieses Völkerrestes wird noch einmal zwischen YHWHverehrern und durch Regenentzug zu bestrafenden Abtrünnigen
unterschieden. Sach 14 zeichnet sich damit durch ein äußerst differenziertes
Völkerverständnis, ein universales, Gottesvolk wie Völker betreffendes Sün-
denverständnis, und ein Gottesverständnis aus, das zwar den gegenüber Gottesvolk wie Völkerwelt zornigen Gott kennt, letztlich aber Raum und Zeit
sprengendes und universales Heil von YHWH erwartet.

Mal 3,22-24 stellt den spätesten „Tag YHWHs"-Text dar. Dieser setzt,
wie das Zitat von Joel 3,4b zeigt, die Vorstellung von einem „Tag YHWHs"
als furchtbar bedrohlichem Universalereignis voraus, zielt aber unter einer
stärker individuellen Perspektive darauf, Wege aufzuzeigen, die vor dem
göttlichen Bann verschonen sollen. Erstens ermahnt Mal 3,22 dazu, der Tora
als maßgeblicher Richtschnur gegenüber gehorsam zu sein. Die Tora dient
somit als Kriterium zur Differenzierung zwischen Frevlern und Gerechten.
Zweitens greift Mal 3,23 auf den Text Mal 2,17 - 3,5 zurück, der einen Boten
als Wegbereiter YHWHs vor seinem Gericht ankündigt, und der durch 3,2 als
„Tag YHWHs"-Text geprägt wurde. Der dort erwähnte Vorläufer wird nun in
3,23 präzisiert: Elia soll kommen. Seine Aufgabe ist es, die Generationen
miteinander auszusöhnen. Zu vermutende zeitgeschichtliche Erfahrungen
werden mit der Vorstellung interpretiert, dass der Generationenzwist Kennzeichen des endzeitlichen Chaos ist. Die Hervorhebung Elias als maßgebli-

cher Prophet ist außerdem Joel 3,1-2 entgegengesetzt, wo eine Demotisierung der Prophetie erwartet wird. Gleichzeitig wird der scharfen Forderung von Sach 13,2-6 nach dem Ende der Prophetie stattgegeben. Mit der Verheißung Elias fügt 3,23-24 der gesetzlichen Stimme von 3,22 die eschatologische Zusage der Bewahrung vor dem bannenden „Tag YHWHs" hinzu.

Die eben nachgezeichnete Theologie der „Tag YHWHs"-Texte des Dodekapropheton lässt grob gesagt eine Entwicklung erkennen, die vom „Tag YHWHs" als eher punktuellem Eingreifen YHWHs zur Strafe konkreter Vergehen seines Volkes bis hin zum „Tag YHWHs" als einem umfassenden Gerichtstag YHWHs reicht. Dieser Gerichtstag betrifft wegen ihrer allgemeinen Sündhaftigkeit die ganze Menschheit und lässt auch den Kosmos nicht unberührt. Bei dieser Entwicklung werden außerdem verschiedene Versuche erkenntlich, die sich aufdrängende Frage nach den Möglichkeiten der Verschonung unter individuellem Blickwinkel zu lösen.

## 1.2. Die Eigenständigkeit der Schriften des Dodekapropheton

Die Theologie der „Tag YHWHs"-Texte des Dodekapropheton gibt trotz mancher Gemeinsamkeiten viele unterschiedliche Akzentsetzungen zu erkennen. Dies lässt bereits fragen, ob es eine sinnvolle Vorstellung sei, die „Tag YHWHs"-Texte wenigen Schriften übergreifenden Redaktionsschichten zuzuordnen. Tatsächlich sprechen viele Beobachtungen anhand der „Tag YHWHs"-Texte dafür, dass die einzelnen Prophetenschriften lange eigenständig tradiert und bearbeitet wurden. Natürlich nehmen Fortschreibungen in Form klarer Zitate oder loser Anspielungen literarisch auf Schriften bzw. Texte Bezug, jedoch ohne das erkennbare Interesse, auf diese Weise Schriften zusammenarbeiten zu wollen.

Die These, dass Am 5,18-20 ein Schriften übergreifender Redaktionstext wäre (Bosshard-Nepustil), konnte nicht bestätigt werden. Der „Tag YHWHs" stellt nicht einmal ein schriftgelehrtes Theologumenon dar. Sondern einerseits ist der „Tag YHWHs"-Gedanke sinnvoll zur Verkündigung des Amos und seiner Tradenten zu rechnen[1]. Andererseits scheint die „Tag YHWHs"-Vorstellung entweder im Kult oder im Militärwesen verwurzelt. Die in den diversen „Tag YHWHs"-Texten begegnenden Wortfelder deuten nämlich teilweise auf Krieg hin, zeigen teilweise aber auch kultische Prägung[2].

Deswegen braucht es nicht zu verwundern, dass der „Tag YHWHs" in der prophetischen Verkündigung ein einzelner Gedanke bleibt: in den Schriften Am, Hos und Mi wurden keine Beziehungen zum „Tag YHWHs"-Text Am 5,18-20 hergestellt. Die Stellen Hos 2,2; Am 3,14; 8,9-10; Mi 7,8 erwähnen zwar einen „Tag", können jedoch nicht als „Tag YHWHs"-Belege angesprochen werden. Die früh anzusetzenden, einen „Tag" erwähnenden Belege Hos

---

1  S. oben S. 52ff.
2  S. dazu S. 60f.

5,9; 9,7; 10,14; Mi 3,5-8 sprechen nicht vom „Tag YHWHs".[3] Sollten die Schriften Hos und Am unter Benutzung des Vokabulars der jeweils anderen Schrift redigiert worden sein[4], hätte der „Tag YHWHs"-Begriff dabei jedenfalls keine Rolle gespielt.

Die lange literargeschichtliche Entwicklung der Zephanjaschrift lässt keine auf die Amosschrift hin orientierte Abfassung der Zephanja(grund)schrift (Schart) erkennen. Auch eine dtr. orientierte, ebenso Am, Hos und Mi tangierende Vierprophetenbuchredaktion (Schart, Nogalski) kann nicht bestätigt werden. Erweiterungen, die mit der Integration von Joel (Nogalski, teilweise Schart) oder mit der Eingliederung von Nah und Hab (Schart) in das werdende Dodekapropheton zusammenhängen, sind nicht zu beobachten. Zwar ist in Zeph 1,14-16 eine lose Adaption von Am 5,18-20 (und Jes 2,12-17) zu ersehen. Aber dies begründet nicht die Annahme einer bewussten Konzipierung auf die Amosschrift hin[5], zumal damit zu rechnen ist, dass die „Tag YHWHs"-Vorstellung unabhängig von der Berücksichtigung prophetischer Texte aufgegriffen werden konnte[6]. Zwar zeigen die Erweiterungen Zeph 1,4-6 und Zeph 1,13b klare Bezüge zu den dtr. Texten II Reg 22-23 und zu Dtn 28. Aber typisch dtr. Theologumena fehlen in beiden Passagen. Außerdem zeigt Zeph 1,4-6 Verwandtschaft mit ezechielischer Sprache und die Zeph 1,13b tangierenden Abhängigkeitsverhältnisse bleiben unklar. Daher lassen sie sich keiner dtr. oder einer auch die Schriften Hos, Am und Mi betreffenden Vierprophetenbuchredaktion zuordnen[7]. Die Einträge Zeph 1,2-3.18*; 3,8* hängen weder mit Nah bzw. Hab (Schart), noch mit Joel (Nogalski, Bosshard-Nepustil) noch mit Sach 14 zusammen, da sie nicht hymnisch geprägt sind und auch nicht mit Joel 4 oder Sach 14 auf einer Linie liegen. Sondern aufgrund ihrer Erwartung der Revozierung der Schöpfung stellen sie eigene frühapokalyptische Rahmenstücke dar, die angesichts ihrer Drastik allein auf die Zephanjaschrift beschränkt bleiben[8]. Auch Zeph 3,9-10 lässt sich nicht mit Sach 14 einer Redaktionsschicht zuordnen (Schart, Bosshard-Nepustil), sondern muss aufgrund eines anderen Völkerverständnisses als eine eigene ältere Fortschreibung innerhalb der Zephanjaschrift eingestuft werden[9]. Genauso verhält es sich aufgrund der armentheologischen Zuspitzung mit Zeph 2,1-3, auch wenn Adaptionen von Jes 13 und Am 5 zu beobachten sind[10]. Auch die textgliedernden Formeln in Zeph 1,8aα.10aα₁.12aα

---

3   Zu diesen vermeintlichen „Tag YHWHs"-Belegen s. S. 61ff.

4   So Jeremias, Anfänge, 52f., der lediglich eine bewusste gegenseitige Bezugnahme zwischen den beiden Schriften annimmt, während Schart, Entstehung, 133ff., die Existenz einer Zweiprophetenbuchrolle für wahrscheinlich hält.

5   S. S. 106f.

6   S. S. 60f.

7   S. S. 118ff.

8   S. S. 112ff.196.

9   S. S. 232f.

10  S. S. 135ff.

können nicht auf eine Schriften übergreifende Redaktionstätigkeit zurückgeführt werden (Schart)[11].

Schon die Joel(grund)schrift Joel 1-2* wurde als selbständiges Werk konzipiert. Aber auch ihre Fortschreibungen 4,1-3.9-16aβb.7 und 3,1-5bα sowie spätere Ergänzungen (z. B. 3,5bβγ; 4,4-8.18-21) beziehen sich auf die Joelschrift allein. Bei Joel 1,15-20 können zwar klare literarische Abhängigkeiten von Jes 13; Ez 30 und ein loses Aufgreifen von Hos 2,11-15; 9,1-7; Am 7,4-6 beobachtet werden. Eine bewusste Abfassung auf die Position zwischen Hos und Am hin (Schart, Nogalski) ist damit aber nicht beweisbar[12]. Genauso ist hinsichtlich Joel 2,1-11 zu urteilen: zwar wird literarisch Jes 13; Jer 4-6; Zeph 1,15 aufgenommen und lose auf Ex 10,1-20*; Am 7,1-6 angespielt, aber redaktionsgeschichtliche, das Dodekapropheton bildende Vorgänge sind nicht auszumachen[13]. Auch die These einer an Hos, Am und Mi-Nah orientierten Redaktionsschicht, die Hab 1-2*; Zeph 1,1 - 3,8a und Joel 1,1 - 2,11 enthielte (Bosshard-Nepustil), ist nicht plausibel[14]. Nicht zu verifizieren ist ebenso, dass Joel 2,12-17 Teil einer Schriften übergreifenden Redaktionsschicht um 520 v. Chr. gewesen sei (Bosshard-Nepustil)[15]. Ebenso wenig kann die Annahme, Joel 4 gehe etwa mit Ob 15a.16-21 oder Zeph 1,2-3.17-18*; 2,7.9b.10; 3,8b.14-19 auf eine Redaktion zurück (Bosshard-Nepustil), bestätigt werden. Joel 4 ist zwar literarisch von der Obadjaschrift abhängig, dies begründet jedoch nicht die These einer gemeinsamen Abfassung (Schart).[16] Vielmehr setzt das Zitat von Ob 17 in Joel 3,5bα die Obadjaschrift als eine noch selbständige Schrift voraus. Die Annahme, dass zahlreiche Erweiterungen in anderen Prophetenschriften eine auf Joel bezogene, Schriften übergreifende Redaktion bildeten (Nogalski), ist nicht zu verifizieren.

Die Maleachischrift ist nicht als Schluss des Dodekapropheton konzipiert worden (Bosshard/Kratz, Steck, Bosshard-Nepustil), sondern stellt ein eigenes Literaturstück dar, das wie Zeph und Joel lange selbständig tradiert worden ist[17]. Die im 5. Jh. v. Chr. entstandene Grundschrift reicht von Mal 1,1a*.b bis 3,12 und ist in sich abgeschlossen. Hierzu gehört auch der Grundbestand des vierten Diskussionsworts (Mal 2,17; 3,1a.5), der in Anbetracht von Zweifeln an YHWHs Bestrafung der Übeltäter dadurch den Toragehorsam des ganzen Volkes einschärft, dass auf das durch einen Boten vorbereitete Kommen YHWHs zum Gericht verwiesen wird. Somit enthält die Maleachi(grund)schrift bereits einen eschatologischen Zug. Auch die mit der „Tag YHWHs"-Vorstellung operierende Fortschreibung 3,13-21*, die damit zusammenhängende Erweiterung der Überschrift 1,1a* sowie die frühapokalyptischen Ergänzungen 3,16-18.21(abα) sind allein auf den Mal-Kontext bezo-

---

11 S. S. 93.174f.
12 S. S. 156ff.158f.
13 S. S. 167ff.
14 S. S. 173f.
15 S. S. 160.
16 Zu diesen Thesen s. S. 196f.186f.
17 S. S. 230f.270.290ff.

gen. Mit Mal 3,13-21(*) erhielt die Maleachischrift einen der Hoseaschrift vergleichbaren Schluss, der die beiden Elemente Aufforderung zur Umkehr und Differenzierung zwischen Frevlern und Gerechten enthält. Die Übereinstimmung mit dem in Hos 14 ersichtlichen Denken bei gleichzeitigem Fehlen klarer literarischer Bezüge lässt vermuten, dass die Hoseaschrift zu dieser Zeit noch selbständig tradiert wurde[18].

### 1.3. Schriften übergreifende Redaktionstätigkeit im Dodekapropheton

Nachdem die jetzt das Dodekapropheton bildenden Schriften – so weit an den untersuchten Texten erkennbar[19] – lange Zeit eigenständig tradiert und fortgeschrieben worden waren, hat man sie im 3. Jh. v. Chr. zusammengestellt, und zwar unter der Perspektive des „Tages YHWHs". Die hier wahrnehmbaren Schriften übergreifenden Redaktionsprozesse können als kompositorische und kompilatorische Technik bezeichnet werden[20]. Die verschiedenen Thesen, die Schriften durchziehende Redaktionsschichten (wie etwa „D-Redaktion", „Joel related layer" oder „Mehrprophetenbuch Fortschreibungen") annehmen wollen, bewähren sich, wie gesagt, nicht.

Eine Komposition von Prophetenschriften lässt sich in einem ersten Schritt anhand von Sach 14 erkennen, auch wenn bereits Sach 13,7-9 als ein sich auf Hos 2 zurückbeziehender Rahmentext zu begreifen ist. Die mehrschichtige Fortschreibung Sach 14, die sich zunächst unmittelbar auf Sach 12-13 und sodann als Abschluss der gesamten Sacharjaschrift auch auf Sach 8,20-22 bezieht, bietet über diesen engen Kontext hinaus nämlich eine eschatologische (und in V. 4-11* protoapokalyptisch zugespitzte) Gesamtschau. Diese integriert die zwischen Hos und Sach stehenden Schriften hinsichtlich ihrer unterschiedlichen theologischen Funktionen als Unheils- wie Heilsprophetien, nimmt zahlreiche geprägte Vorstellungen auf und orientiert sich teilweise auch an größeren Textkomplexen wie Joel 4 und Zeph 3. Diese Gesamtschau wird unter der Perspektive des „Tages YHWHs" entworfen. Diese fungiert somit als globaler Interpretationsrahmen, innerhalb dessen die diversen Schriften gelesen und verstanden werden können. Da jedoch eine durchgängige „Tag YHWHs"-Redaktion nicht zu verifizieren ist, behalten die Prophetenschriften trotzdem ihr eigenes Profil. Freilich erhalten sie durch ihre Zusammenstellung zusätzliche Kontexte, in denen sie gelesen und interpretiert werden können. Aber auch hierbei gilt, dass die Propheten nicht nur lan-

---

18  Kritisch gegen Thesen von die Hoseaschrift betreffenden Dodekapropheton-Redaktionen s. Rudnig-Zelt, Genese, 359 samt Anm. 25.

19  Ob also möglicherweise etwa Nah und Hab (so Kessler, Nahum-Habakuk, 150ff., ausgehend von der streng chronologisch gesehen „irritierenden Stellung Habakuks zwischen den assurzeitlichen Propheten Nahum und Zefanja" [ebd., 155]) oder Hag und Sach (so Lux, Zweiprophetenbuch, passim) bereits vor ihrer Einbindung in das Dodekapropheton zusammengearbeitet wurden, muss hier offen bleiben.

20  Besser spräche man von „anthologischen Verfahren": dazu s. meinen Aufsatz „Das Dodekapropheton als Anthologie".

ge eigenständig tradiert und redigiert wurden, sondern dass auch bei ihrer Sammlung ihre Eigenständigkeit nicht aufgehoben wurde.

In einem zweiten Kompositionsgang hat man die Maleachischrift an den Schluss des Dodekapropheton gesetzt und dieses mit Mal 3,22-24 abgerundet. Hierbei sind Tradenten greifbar, die in der Tradition spätdtr., Tora und Propheten eng aufeinander beziehender Kreise, stehen und eine eschatologische Orientierung verraten[21]. Da Sach 9-14 unter dem Namen Sacharjas (Sach 1,1) tradiert wurden, gilt Mal als jüngste Schrift. Nach dem Zukunftsszenario Sach 14 spricht sie nun wieder die konkrete Lebenswirklichkeit an und kontrastiert den universalen eschatologischen Entwurf mit einem individuell orientierten Blickwinkel. Als Abschluss des Dodekapropheton wird die seit Sach 14 bestehende Generalperspektive des „Tages YHWHs" bewahrt: in Mal 3,23 begegnet der Begriff (anders als in Mal 3,2.17.21) explizit und verweist somit auf die im Dodekapropheton versammelten „Tag YHWHs"-Texte. Nachdem 3,22 an die Tora erinnert hatte, stellt 3,23-24 eine prophetische Verheißung an den Schluss, die allein Elia als noch zu erwartenden Propheten begreift. Wenn mit Mal zusammen auch erst die Jonaschrift ins Dodekapropheton eingearbeitet wurde, entstand so aus dem Zehnerkorpus Hos-Sach (*, d. h. ohne Jon) ein Zwölfprophetenbuch.

Bei der Komposition der Schriften Hos bis Sach (ohne Jona) hat sicher die Chronologie[22] der datierten Schriften für ihre Anordnung eine zentrale Rolle gespielt[23]. Daneben ist aber auch die Berücksichtigung gemeinsamer Themen und (konkreter) Stichworte bei der Anordnung der Schriften in Rechnung zu stellen[24]. Schließlich ist anzunehmen, dass bei diesem Redakti-

---

21  S. S. 305.307.
22  Während Wolff, BK.AT XIV/2, 1; ders., BK.AT XIV/3,1f., der Meinung ist, dass LXX die Chronologie besonders betone, weil sie das Dodekapropheton mit den datierten Schriften Hos, Am und Mi beginnen lasse und die undatierten Schriften Joel, Ob, Jon nachordne, arbeit Sweeney, Sequence, 56ff, hingegen die theologische Motivation für deren Positionierung heraus (vgl. S. 6).
23  Hos 1,1 datiert die Hoseaschrift ins 8. Jh. v. Chr., ebenso Am 1,1 die Amosschrift. Ins 8. Jh. gehört nach ihrer Überschrift noch die Michaschrift. Da Mi 1,1 von den vier Südreichskönigen, die Hos 1,1 aufzählt (Ussia, Jotam, Ahas und Hiskia), nur die drei letzteren nennt, wird die Michaschrift als spätere den Schriften Hos und Am nachgestellt. Ihre Einleitung Mi 1,2-7 bringt die Nordreichsperspektive zum Abschluss (s. Kessler, Buch, 141). Zeph 1,1 datiert die Zephanjaschrift ins 7. Jh. v. Chr. Hag 1,1.15; 2,10 und Sach 1,1.7; 7,1 verorten die beiden Schriften ins 6. Jh. v. Chr.
24  Da Am 1,1 nur Ussia als König von Juda nennt, Hos 1,1 aber noch die folgenden Herrscher Jotam, Ahas und Hiskia, erscheint Hos eigentlich als jüngere Schrift. Ihre Voranstellung verdankt sich wohl der Überlegung, dass in ihr das Zueinander von Zorn und Liebe YHWHs besonders eindrücklich entfaltet ist (s. Scoralick, Güte, 145ff.; dies., Eigenart, 66).
Dass zwischen den beiden Schriften Hos und Am die undatierte Joelschrift platziert wurde, liegt daran, dass Hos 14 und Joel 1-2 sich in thematischer Hinsicht (Umkehr, Fruchtbarkeit) berühren und gemeinsame, in gleicher Funktion verwendete Stichworte enthalten. Auf der anderen Seite ließen sich die Fremdvölkersprüche in Am 1-2 als Konkretisierung des Völkergerichts von Joel 4 verstehen.

onsgang auch punktuelle Verkettungen vorgenommen wurden. Derartige Eingriffe sind etwa erkennbar in dem Zusatz Joel 4,16aα, der Joel und Am miteinander verknüpft[25], in der Erweiterung Am 9,13aβγb, die Joel 4,18 aufgreift[26], und in dem Zusatz Am 9,12a, der den Übergang zu Ob erleichtert[27].

---

Die Obadjaschrift berührt sich aufgrund ihrer „Tag YHWHs"-Thematik mit Joel und Am.

Der Schluss Zeph 3,18-20 erleichtert dem kontinuierlich fortschreitenden Leser den Übergang in die nachexilische Zeit, die von den folgenden Propheten reflektiert wird.

Aufgrund des Übergangs zwischen Zeph 3,18-19.20 und der Haggaischrift konnten die als Völkerorakel verstandenen Schriften Nah und Hab nur vorangestellt werden. (Da Zeph 3,20 innerhalb des Zeph-Kontextes eine sinnvolle Funktion besitzt [s. S. 196] und auch schon die Verse zuvor die Sammlungsthematik enthalten, ist eine Interpretation des Nachtrags als Verkettung [so Nogalski, Precursors, 221; ders., Zephaniah 3, 218] nicht sehr wahrscheinlich.)

Die Position der Nahumschrift wurde durch das an den Nahtstellen der Schriften Nah und Mi vorhandene Bild vom zornigen und vergebenden Gott (Mi 7,18-20; Nah 1,2-3) begünstigt. (Dass es sich bei Nah 1,2b-3a um eine Stichwortverkettung handeln könnte [so Nogalski, Processes, 105ff.; Schart, Entstehung, 243], ist deshalb unwahrscheinlich, weil abgesehen vom Begriff „Zorn" [אף] keine wörtlichen Übereinstimmungen bestehen. Mi 7,8-20 als Bezugstext [vgl. Nogalski, Precursors, 37ff.] ist zu umfangreich und lässt die Stichwortbezüge als bloß zufällig erscheinen.)

25  Zu Joel 4,16aα s. S. 197ff.

26  Im Abschnitt Am 9,11-15 stellt zum einen V. 12a aufgrund des Wechsels von 3. Person feminin Singular zu 3. Person maskulin Plural, des Prosastils, der Themenverlagerung zum Herrschaftsbereich der Davididen und der Erwähnung einzig Edoms eine Erweiterung dar (s. Nogalski, Precursors, 105; Jeremias, ATD 24,2, 134f.; Schart, Entstehung, 97. Wolff, BK.AT XIV/2, 404f., notiert zwar die Differenzen, plädiert aber dennoch für einen Verfasser, der unterschiedliches Traditionsgut miteinander kombiniert habe.). Zum anderen hat auch V. 13aβγb nicht zur Grundschicht gehört, da die utopischen Bilder zur normalen landwirtschaftlichen Aktivität von V. 14 in Spannung stehen (s. Schart, Entstehung, 97; Nogalski, Precursors, 109f.; Jeremias, ATD 24,2, 135. Wolff, BK.AT XIV/2, 404f., wie oben.). Zwischen Am 9,13aβγb und Joel 4,18 besteht literarische Abhängigkeit: die wörtlichen Übereinstimmungen betreffen zwar nur drei Lexeme (עָסִיס, הֶהָרִים, נטף); ihre Kombination ist jedoch singulär. Da Joel 4,18-21 aufgrund der in V. 18 (Paradiesstrom-Motiv) und V. 21 ersichtlichen Zionstheologie, der in V. 21 vorliegenden Inklusion zu V. 17 und der Erwähnung von Völkern in V. 19 klar auf den Kontext in Joel bezogen ist und in Am 9,13aβγb lediglich eine Stichwortassoziation zu V. 14 (Wein) vorliegt und die Zionstheologie von Joel 4,18 nicht aufgenommen wurde, ist Am 9,13aβγb von Joel 4,18 abhängig. Am 9,13aβγb steigert die Heilsbotschaft von Am 9,11-13* mit Bildern übermäßiger Fruchtbarkeit, welche die derzeitigen Wirklichkeitsverhältnisse transzendiert. Welche tiefere theologische Bedeutung diese Erweiterung aber besitzt, ist kaum anzugeben. Sie könnte als eine Randnotiz von Joel 4,18 her in den Text gelangt sein. Überzeugender ist freilich die Erklärung, dass die Stelle bei der Zusammenstellung der Prophetenschriften Joel-Am eingefügt worden ist, um den Schluss der Amosschrift mit den Aspekten anzureichern, die die vor Am gestellte Schrift ausführlicher behandelt. Hier kann also tatsächlich von einer „Verkettung" gesprochen werden: so mit Nogalski, Precursors, 118; Schart, Entstehung, 261; Jeremias, ATD 24,2, 136f. Wolff, BK.AT XIV/2, 406, denkt bei Am 9,11-

Eine assoziative Verkettung wird außerdem in dem Eintrag Sach 14,5a* sichtbar, der an das Erdbeben nach dem Auftreten des Amos erinnert[28]. Die Vermutung, dass auch der Eintrag Mal 3,2 der Verknüpfung mit Joel 2,11 (und Nah 1,6) dienen könnte, ist eher unwahrscheinlich[29].

Die eben beschriebenen Redaktionen des Dodekapropheton bilden ein eigentümliches Buch. Die Existenz dieses Buches steht zwar aufgrund der Bezeugung bei Sir 49,10, den Inhalt des Kanon angebenden frühjüdischen und christlichen Autoren und der weitgehend einhelligen Textüberlieferung so gut wie fest[30].

Aber diesem Buch fehlt erstens eine Gesamtüberschrift. Zweitens sind, wie geringe Differenzen in der Textüberlieferung zeigen, Umstellungen der einzelnen Schriften möglich gewesen[31]. Drittens konnten im frühen Judentum und Christentum auch einzelne Schriften zitiert und kommentiert werden[32]. Diese Beobachtungen stützen nicht nur die Annahme einer langen Eigenständigkeit der Prophetenschriften, sondern sprechen zusätzlich für ihre relative Selbständigkeit im Rahmen des Dodekapropheton. Viertens sind die Redaktionen des Dodekapropheton – so weit anhand der „Tag YHWHs"-Texte erkennbar – als Kompositions- und Verkettungstechnik zu beschreiben, die vor allem vorgegebenes Gut anordnen, sodann auch mit eigenen Texten übergreifende Perspektiven entwickeln, aber nur geringfügig das vorliegende Material miteinander verklammern und schon gar nicht einer durchgehenden Bearbeitung unterziehen.

---

15 zwar einerseits „an eine spätere, das Amosbuch selbständig abschließende Redaktionsschicht", beobachtet andererseits aber „redaktionsgeschichtliche Parallelen zum Abschluß anderer nachexilischer Prophetenspruchsammlungen".

27 Wie zuvor (s. Anm. 26) bereits gesagt, ist auch Am 9,12a sekundär in den Am-Schluss eingetragen worden und fungiert mit dem Verweis auf die Besitznahme Edoms und aller Völker mit Schart, Entstehung, 271, und Nogalski, Precursors, 113, als eine Überleitung zu Ob (Jeremias, ATD 24,2, 136f., schließt sich an. Ein kompliziertes Bild entwirft Weimar, Obadja, 89ff.; Am 9,12a sei durch eine Bearbeitung der Obadjaschrift [=16b.17aβ.18abα.19*.20*.21aβ*] bewirkt worden [die ebd., 91, als „Epigonenarbeit" bezeichnet wird], die noch an anderen wenigen Stellen im Dodekapropheton zu greifen sei [ebd., 94f.].). Die Obadjaschrift mit ihrer Unheilsbotschaft gegenüber Edom und den Völkern liefert nämlich die Antwort auf die Frage, weshalb eine solche Besitznahme nötig und möglich ist. Da innerhalb des Am-Schlusses kein Bedarf für eine solche und ausgerechnet auf Edom zugespitzte Ergänzung gegeben war und eine Beziehung zum in Am 1,11-12 enthaltenen Edom-Spruch nicht plausibel wäre, dürfte ihre Erklärung als Verkettung tatsächlich zutreffend sein. Der Schluss Am 9,11-15 läuft in seiner jetzigen Gestalt nicht bloß auf eine Restitution hinaus, sondern enthält universale und eschatologische Perspektiven. Ob ist nun nicht mehr als eigene Botschaft, sondern nur noch als Entfaltung des in Am 9 angekündigten Heils wahrzunehmen.

28 Zu Sach 14,5a* s.S. 253.

29 S. S. 278f.

30 S. S. 3ff.16ff.23.

31 S. S. 16f.

32 S. S. 17f..

Dieser Befund lässt fragen, ob das Dodekapropheton nach dem Muster einer Anthologie konzipiert wurde[33].

Schematisch kann die in dieser Arbeit vertretene These grob und vorbehaltlich möglicher Präzisierungen[34] folgendermaßen dargestellt werden:

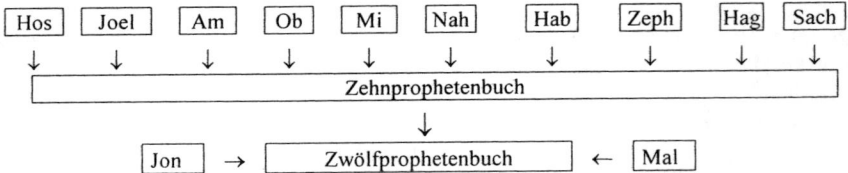

| Hos | Joel | Am | Ob | Mi | Nah | Hab | Zeph | Hag | Sach |
|-----|------|-----|-----|-----|------|------|------|------|------|
| ↓ | ↓ | ↓ | ↓ | ↓ | ↓ | ↓ | ↓ | ↓ | ↓ |

|  Zehnprophetenbuch  |
|---|

↓

| Jon | → | Zwölfprophetenbuch | ← | Mal |

## 2. Einheit und Vielgestaltigkeit des Dodekapropheton

Wie eingangs bereits referiert wurde, macht Rendtorff den „Tag YHWHs" als zentrale theologische Leselinie des Dodekapropheton deutlich, setzt dabei jedoch das Zwölfprophetenbuch als vorgegebene Größe voraus[35]. Nun hat aber die diachrone Fragestellung gezeigt, dass auch bei der Entstehung des Dodekapropheton die „Tag YHWHs"-Vorstellung eine wichtige Rolle gespielt hat. Die beiden Redaktionsgänge, die einmal die Schriften Hos bis Sach zusammenstellen und später in bzw. an diese Sammlung Jon und Mal hinzufügen, haben den „Tag YHWHs" als übergreifendes Theologumenon verstanden: Sach 14 stellt eine universal-eschatologische Gesamtsicht unter der „Tag YHWHs"-Perspektive dar und Mal 3,22.23-24 betont, nachdem die „Tag YHWHs"-Vorstellung schon in Mal 3,2.17.19.21 aufgeleuchtet ist, noch einmal diesen gemeinsamen Nenner unter einer stärker individuellen Perspektive.

Daher hält eine sich an den „Tag YHWHs"-Texten orientierende Synchronlesung des Dodekapropheton am ehesten der diachronen Rückfrage stand und zieht – anders als manche synchron argumentierenden Positionen – am wenigsten den Verdacht der Willkür auf sich. Insofern kann die „Tag YHWHs"-Vorstellung als dasjenige Konzept angesehen werden, das die Einheit des Dodekapropheton als eines Buches nicht nur synchron nahe legt, sondern durchaus auch diachron begründet. Die Gesamtperspektive des „Ta-

---

33  Zum Begriff der „Anthologie" s. den Überblicksartikel Degani/Schwindt, Anthologie. Weiter vgl. dazu meinen Aufsatz „Das Dodekapropheton als Anthologie".

34  Dazu s. oben S. 318 samt Anm. 19.

35  S. Rendtorff, Book, 142ff.; vgl. auch ders.; Day, 254ff.; ders., „Tag Jhwhs", passim. Vgl. auch oben S. 25ff.

ges YHWHs" für das Dodekapropheton erlaubt es, die diversen Schriften in ihrem Bezug zur „Tag YHWHs"-Vorstellung zu verstehen[36].

Allerdings ist bis in hellenistische Zeit hinein an der so massiv vom „Tag YHWHs" bestimmten Zephanjaschrift als selbständiger Schrift weitergearbeitet worden, wurde die Maleachischrift auch bei ihrer Fortschreibung um den „Tag YHWHs"-Text Mal 3,13-21* noch als eigenständige Schrift tradiert, wurde auch die Amosschrift als eine eigene Größe begriffen und wurde die Joelschrift immer wieder mit einer „Tag YHWHs"-Erwartung fortgeschrieben. Andere Schriften des Dodekapropheton enthalten keine „Tag YHWHs"-Vorstellung. Auch redaktionell wurde sie bei der Entstehung des Zwölfprophetenbuches nicht in diese Schriften hineingetragen. Deshalb können die einzelnen Schriften auch unabhängig von der Perspektive der „Tag YHWHs"-Kompositionstexte Sach 14 (*) und Mal 3,22.23-24 gelesen und interpretiert werden.

Somit ergibt sich ein recht komplexer Zugang: Obwohl das Dodekapropheton unter der Gesamtperspektive des „Tages YHWHs" als eine Einheit begriffen werden kann, ist doch auch die Vielfalt der Schriften und deren Unabhängigkeit von der „Tag YHWHs"-Vorstellung zu beachten.

---

36 Allerdings müsste m. E. stärker, als es bisher geschehen ist, der chronologische Aspekt mit in eine Gesamtauslegung des Zwölfprophetenbuchs unter der „Tag YHWHs"-Perspektive beachtet werden.

# Literaturverzeichnis

Das folgende Literaturverzeichnis gibt Aufschluss über die in den Fußnoten verzeichnete Literatur. Dort werden in der Regel Kommentare nach dem Prinzip „Nachname des Autors", „Reihe" und sonstige Titel nach dem Muster „Nachname des Autors", „Kurztitel" erwähnt. Abkürzungen jeder Art (allgemeine Abkürzungen sowie Abkürzungen von Zeitschriften, Serien, Lexika oder Quellenwerken) richten sich nach dem TRE-Abkürzungsverzeichnis (Dort noch nicht aufgenommen sind die gebräuchlichen Abkürzungen HBS für „Herders Biblische Studien" und HThKAT für „Herders Theologischer Kommentar zum Alten Testament".) Bibelstellenzitierung und Umschrift hebräischer Zeichen erfolgen nach den ZAW-Normen.

## 1. Textausgaben und Hilfsmittel

Augustinus, Aurelius: De civitate Dei, hrsg. v. B. Dombert u. A. Kalb, Stuttgart 1993.

Berger, K.: Das Buch der Jubiläen, JSHRZ II/3, Gütersloh 1981, 273-575.

Bergsträsser, G.: Hebräische Grammatik. Mit Benutzung der von E. Kautzsch bearbeiteten 28. Auflage von Wilhelm Gesenius, Hebräische Grammatik. Mit Beiträgen von M. Lidzbarski, 2 Bde. (I. Teil: Einleitung, Schrift- und Lautlehre; II. Teil: Verbum), (Leipzig 1918.1926) Darmstadt [7]1995.

Biblia Hebraica Stuttgartensia, hrsg. v. K. Elliger u. W. Rudolph, Stuttgart [3]1987.

Biblia Sacra iuxta Latinam Vulgatam Versionem, Bd. 17: Liber duodecim prophetarum ex interpretatione Sancti Hieronymi, Rom 1987.

Der babylonische Talmud, neu übertragen durch L. Goldschmidt, Bd. 8: Baba Bathra. Synhedrin (1. Hälfte), Berlin 1933.

Detlef, C. / Müller, G.: Die Himmelfahrt des Jesaja, in: Neutestamentliche Apokryphen in deutscher Übersetzung, hrsg. v. W. Schneemelcher, Bd. II: Apostolisches. Apokalypsen und Verwandtes, Tübingen [5]1989, 547-562.

Eusebius: Historia ecclesiastica, in: PG 20, Paris 1857, 9-906.

Even-Shoshan, A.: A New Concordance of the Old Testament. Using the Hebrew and Aramaic Text, Grand Rapids/Michigan [2]1993.

Friedlander, G.: Pirke de Rabbi Eliezer. Translated and annotated with introduction and indices, London 1916.

Gesenius, W.: Hebräische Grammatik. Völlig umgearbeitet von E. Kautzsch, (Leipzig [28]1909) Darmstadt [7]1995.

Gesenius, W.: Hebräisches und Aramäisches Handwörterbuch über das Alte Testament, in Verbindung mit H. Zimmern u. a. bearb. von F. Buhl ([17]1915), Berlin u. a. 1962.

Gesenius, W.: Hebräisches und Aramäisches Handwörterbuch über das Alte Testament, unter verantwortlicher Mitarbeit von U. Rütersworden bearb. u. hrsg. von R. Meyer u. H. Donner, 1. Liefg.: א – ג, 2. Liefg.: ד – י, Berlin u. a. [18]1987.1995.

Josephus, Flavius: Antiquitates Iudaicae, in: Flavii Iosephi Opera, 7 Bde., hrsg. v. B. Niese, Berlin [2]1955, Bd. I-IV.

Josephus, Flavius: Contra Apionem, hrsg. v. T. Reinach u. L. Blum, Paris 1930.

Klijn, A. F. J.: Die syrische Baruch-Apokalypse, JSHRZ V/2, Gütersloh 1976, 57-191.

Maier, J.: Die Qumran-Essener: Die Texte vom Toten Meer, 3 Bde. (Bd. I: Die Texte der Höhlen 1-3 und 5-11, Bd. II: Die Texte der Höhle 4, Bd. III: Einführung, Zeitrechnung, Register und Bibliographie), UTB 1862 + 1863 + 1916, München u. Basel 1995 + 1995 + 1996.

Midrash Rabba: Numbers, translated by J. J. Slotki, 2 Bde., London 1951.

Müller, U. B.: Die griechische Esra-Apokalypse, JSHRZ V/2, Gütersloh 1976, 85-102.

Novum Testamentum Graece, nach E. u. E. Nestle hrsg. v. B. u. K. Aland, Stuttgart [27]1993.

Schreiner, J.: Das 4. Buch Esra, JSHRZ V/4, Gütersloh 1981, 289-412.

Schwemer, A. M.: Vitae Prophetarum, JSHRZ I/7, Gütersloh 1997.

Septuaginta. Id est vetus testamentum Graece iuxta LXX interpretes, hrsg. v. A. Rahlfs, 2 Bde. (Vol. I: Leges et historiae, Vol. II: Libri poetici et prophetici, Stuttgart 1935.

Stuttgarter Elektronische Studienbibel, hrsg. v. C. Hardmeier u. a., Stuttgart u. Haarlem 2004 (freundlicherweise von Dr. W.-D. Syring in Form einer in ihren Funktionen eingeschränkten Quest 2-Testversion bereits vor dem Erscheinen von SESB zur Verfügung gestellt).

Uhlig, S.: Das Äthiopische Henochbuch, JSHRZ V/6, Gütersloh 1984, 461-780.

Wolter, M.: 5. Esra-Buch. 6. Esra-Buch, JSHRZ III/7, Gütersloh 2001.


## 2. Sekundärliteratur

Aejmelaeus, A.: Der Prophet als Klageliedsänger. Zur Funktion des Psalms Jes 63,7 – 64,11 in Tritojesaja, ZAW 107 (1995), 31-50.

Ahlström, G. W.: Joel and the Temple Cult of Jerusalem, VT.S 21, Leiden 1971.

Albertz, R.: Die Exilszeit. 6. Jahrhundert v. Chr., BE 7, Stuttgart u. a. 2001.

Albertz, R.: Exile as Purification. Reconstructing the „Book of the Four", in: Thematic Threads in the Book of the Twelve, hrsg. v. P. L. Redditt u. A. Schart, BZAW 325, Berlin u. New York 2003, 232-251.

Albertz, R.: Exilische Heilsversicherung im Habakukbuch, in: Textarbeit. Studien zu Texten und ihrer Rezeption aus dem Alten Testament und der Umwelt Israels, FS P. Weimar, hrg. V. K. Kiesow u. T. Meurer, AOAT 294, Münster 2003, 1-20.

Albertz, R., Westermann, C.: Art. „רוח rūªḥ Geist", in: THAT II, München, Zürich 1984, 726-753.

Alkier, S.: Intertextualität – Annäherungen an ein texttheoretisches Paradigma, in: D. Sänger (Hrsg.), Heiligkeit und Herrschaft. Intertextuelle Studien zu Heiligkeitsvorstellungen und zu Psalm 110, BThSt 55, Neukirchen-Vluyn 2003, 2-26.

Aurelius, E.: Der Fürbitter Israels. Eine Studie zum Mosebild im Alten Testament, CB.OT 27, Lund 1988.

Barth, H.: Die Jesaja-Worte in der Josiazeit. Israel und Assur als Thema einer produktiven Neuinterpretation der Jesajaüberlieferung, WMANT 48, Neukirchen-Vluyn 1977.

Barthélemy, D.: Critique textuelle de l'Ancien Testament. Tome 3. Ézechiel, Daniel et les 12 Prophètes, OBO 50/3, Freiburg/Schweiz u. Göttingen 1992.

Barton, J.: Joel and Obadiah. A Commentary, OTL, Louisville/Kentucky u. a. 2001.

Barton, J.: The Canonical Meaning of the Book of the Twelve, in: After the Exile, FS R. Mason, hrsg. v. J. Barton u. D. J. Reimer, Macon/Georgia 1996, 59-73.

Barton, J.: The Day of Yahweh in the Minor Prophets, in: Biblical and Near Eastern Essays, FS K. J. Cathcart, hrsg, v. C. McCarthy u. J. F. Healey, JSOT.S 375, London u. New York 2004, 68-79.

Barton, J.: What Is a Book? Modern Exegesis and the Literary Conventions of Ancient Israel, in: Intertextuality in Ugarit and Israel, OTS 40, Leiden u. a. 1998, 1-14.

Bauer, L.: Zeit des Zweiten Tempels – Zeit der Gerechtigkeit. Zur sozioökonomischen Konzeption im Haggai-Sacharja-Maleachi-Korpus, BEATAJ 31, Frankfurt a. M. 1992.

Baumann, G.: Die prophetische Ehemetaphorik und die Bewertung der Prophetie im Zwölfprophetenbuch, in: Thematic Threads in the Book of the Twelve, hrsg. v. P. L. Redditt u. A. Schart, BZAW 325, Berlin u. New York 2003, 214-231.

Beck, M.: Das Dodekapropheton als Anthologie (abgeschlossen, demnächst in ZAW).

Beck, M.: Elia und die Monolatrie. Ein Beitrag zur religionsgeschichtlichen Rückfrage nach dem vorschriftprophetischen Jahwe-Glauben, BZAW 281, Berlin u. New York 1999.

Becker, U.: Der Prophet als Fürbitter: Zum literarhistorischen Ort der Amos-Visionen, VT 51 (2001), 141-165.

Becker, U.: Jesaja – von der Botschaft zum Buch, FRLANT 178, Göttingen 1997.

Ben Zvi, E.: A Deuteronomistic Redaction in/among „The Twelve"? A Contribution from the Standpoint of the Books of Micah, Zephaniah and Obadiah, in: Those Elusive Deuteronomists. The Phenomenon of Pan-Deuteronomism, hrsg. v. L. S. Schearing u. S. L. McKenzie, JSOT.S 268, Sheffield 1999, 232-261.

Ben Zvi, E.: A Historical-Critical Study of the Book of Zephaniah, BZAW 198, Berlin u. New York 1991.

Ben Zvi, E.: Twelve Prophetic Books or „The Twelve": A Few Preliminary Considerations, in: Forming Prophetic Literature. Essays on Isaiah and the Twelve, FS J. D. Watts, hrsg. v. J. W. Watts u. P. R. House, JSOT.S 235, Sheffield 1996, 125-156.

Berges, U.: Die Armen im Buch Jesaja. Ein Beitrag zur Literaturgeschichte des AT, Bib. 80 (1999), 153-177.

Berges, U.: Klagelieder, HThKAT, Freiburg i. Br. u. a. 2002.

Bergler, S.: „Auf der Mauer – auf dem Altar". Noch einmal die Visionen des Amos, VT 50 (2000), 445-471.

Bergler, S.: Joel als Schriftinterpret, BEATAJ 16, Frankfurt a. M. u. a., 1988.

Berlin, A.: Zephaniah, AB 25A, New York u. a. 1994.

Beuken, W.A. M.: Haggai-Sacharja 1-8. Studien zur Überlieferungsgeschichte der frühnachexilischen Prophetie, SSN 10, Assen 1967.

Blum, E.: „Amos" in Jerusalem. Beobachtungen zu Am 6,1-7, Henoch 16 (1994), 23-47.

Bormann, L.: Ps 110 im Dialog mit dem Neuen Testament, in: D. Sänger (Hrsg.), Heiligkeit und Herrschaft. Intertextuelle Studien zu Heiligkeitsvorstellungen und zu Psalm 110, BThSt 55, Neukirchen-Vluyn 2003, 171-205.

Bosshard, E.: Beobachtungen zum Zwölfprophetenbuch, BN 40 (1987), 30-62.

Bosshard, E. / Kratz, R. G.: Maleachi im Zwölfprophetenbuch, BN 52 (1990), 27-46.

Bosshard-Nepustil, E.: Rezeptionen von Jesaia 1-39 im Zwölfprophetenbuch. Untersuchungen zur literarischen Verbindung von Prophetenbüchern in babylonischer und persischer Zeit, OBO 154, Freiburg/Schweiz u. Göttingen 1997.

Černý, L.: The Day of Yahweh and some relevant problems, Práce z vědeckých ústavu LIII, Prag 1948.

Coggins, R.: Innerbiblical Quotations in Joel, in: After the Exile, FS R. Mason, hrsg. v. J. Barton u. D. J. Reimer, Macon/Georgia 1996.

Coggins, R. J.: The Minor Prophets – One Book or Twelve?, in: Crossing the Boundaries, FS M. D. Goulder, hrsg. v. S. E. Porter u. a., Biblical Interpretation Series 8, Leiden 1994, 57-68.

Collins, T.: The Mantle of Elijah. The Redaction Criticism of the Prophetical Books, BiSe 20, Sheffield 1993.

Crenshaw, J. L.: Joel. A New Translation with Introduction and Commentary, AB 24C, New York u. a. 1995.

Crenshaw, J. L.: Theodicy in the Book of the Twelve, in: Thematic Threads in the Book of the Twelve, hrsg. v. P. L. Redditt u. A. Schart, BZAW 325, Berlin u. New York 2003, 175-191.

Cuffey, K. H.: Remnant, Redactor, and Biblical Theologian: A Comparative Study of Coherence in Micah and the Twelve, in: Reading and Hearing the Book of the Twelve, hrsg. v. J. Nogalski u. M. A. Sweeney, SBL Symposion Series 15, Atlanta/Georgia 2000, 185-208.


Dalman, G.: Arbeit und Sitte in Palästina, Bd. 1: Jahresablauf und Tageslauf, 2. Hälfte: Frühling und Sommer, SDPI 3,2, BFChTh.M 17, Gütersloh 1928.

Degani, E. (übersetzt von Heinze, T.) / Schwindt, J. P.: Art. „Anthologie", in: Der Neue Pauly. Enzyklopädie der Antike 1, Stuttgart u. Weimar 1996, 734-738.

Deissler, A.: Zwölf Propheten. Hosea. Joel. Amos, NEB 4, Würzburg ²1985.

Deissler, A.: Zwölf Propheten II. Obadja. Jona. Micha. Nahum. Habakuk, NEB 8, Würzburg 1984.

Deissler, A.: Zwölf Propheten III. Zefanja. Haggai. Sacharja. Maleachi, NEB 21, Würzburg 1988.

Dietrich, W.: Art. „Obadja/Obadjabuch", in: TRE 24, Berlin u. New York 1994, 715-720.

Dietrich, W.: Der eine Gott als Symbol politischen Widerstands. Religion und Politik im Juda des 7. Jahrhunderts, in: Ein Gott allein? JHWH-Verehrung und biblischer Monotheismus im Kontext der israelitischen und altorientalischen Religionsgeschichte, OBO 139, hrsg. v. W. Dietrich u. M. A. Klopfenstein, Freiburg/Schweiz u. Göttingen 1994, 463-490.

Dietrich, W.: JHWH, Israel und die Völker bim Propheten Amos, ThZ 48 (1992), 315-328.

Donner, H.: Die Schwellenhüpfer: Beobachtungen zu Zephanja 1,8f., JSS 15 (1970), 42-55.

Duhm, B.: Anmerkungen zu den Zwölf Propheten, ZAW 31 (1911), 1-43.81-110.161-204.


Edler, R.: Das Kerygma des Propheten Zefanja, FThSt 126, Freiburg i. Br. u. a. 1984.

Eggebrecht, G.: Die früheste Bedeutung und der Ursprung der Konzeption vom „Tage Jahwes", in: Theologische Versuche XIII, hrsg. v. J. Rogge u. G. Schille, Berlin 1983, 41-56.

Elliger, W.: Das Buch der zwölf kleinen Propheten II: Die Propheten Nahum, Habakuk, Zephanja, Haggai, Sacharja, Maleachi, ATD 25, Göttingen ⁵1964.

Fischer, I.: Gotteskünderinnen. Zu einer geschlechterfairen Deutung des Phänomens der Prophetie und der Prophetinnen in der Hebräischen Bibel, Stuttgart 2002.

Fishbane, M.: Biblical Interpretation in Ancient Israel, Oxford 1985.

Fohrer, G.: Der Tag JHWHs (1982), in: ders., Studien zum Alten Testament (1966-1988), BZAW 196, Berlin u. New York 1991, 32-44.

Fohrer, G. u. a.: Exegese des Alten Testaments. Einführung in die Methodik, UTB 267, Heidelberg u. Wiesbaden ⁶1993.

Fohrer, G.: Geschichte der israelitischen Religion, Berlin 1969.

Fohrer, G.: Prophetie und Magie (1966), in: ders., Studien zur alttestamentlichen Prophetie (1949-1965), BZAW 99, Berlin 1967, 242-264.

Fritz, V.: Amosbuch, Amos-Schule und historischer Amos, in: Prophet und Prophetenbuch, FS O. Kaiser, hrsg. v. V. Fritz u. a., BZAW 185, Berlin u. New York 1989, 29-43.

Fuller, R.: The Form and Formation of the Book of the Twelve: The Evidence from the Judean Desert, in: Forming Prophetic Literature. Essays on Isaiah and the Twelve, FS J. D. Watts, hrsg. v. J. W. Watts u. P. R. House, JSOT.S 235, Sheffield 1996, 86-101.

Gerstenberger, E.: Art. „עָנָה II *ānāh*. עֲנָוָה *ʿanāwāh*, עֲנוּת *ʿanût*, עֹנָה *ʿonāh*, תַּעֲנִית *taʿanît*, עָנִי *ʿānî*, עָנָו *ʿānāw*, in: ThWAT VI, Stuttgart u. a. 1989, 247-270.

Gertz, J. C.: Die unbedingte Gerichtsankündigung des Amos, in: Gottes Wege suchend. Beiträge zum Verständnis der Bibel und ihrer Botschaft, FS R. Mosis, hrsg. v. F. Sedlmeier, Würzburg 2003, 153-170.

Gertz, J. C.: Mose und die Anfänge der jüdischen Religion, ZThK 99 (2002), 3-20.

Gertz, J. C.: Tradition und Redaktion in der Exoduserzählung. Untersuchungen zur Endredaktion des Pentateuch, FRLANT 186, Göttingen 2000.

Glazier-McDonald, B.: Malachi. The Divine Messenger, SBL.DS 98, Atlanta/Georgia 1987.

Grabbe, L. : Judaism from Cyrus to Hadrian, London 1994.

Gray, J.: The Day of Yahweh in Cultic Experience and Eschatological Prospect, SEA 39 (1974), 5-37.

Gressmann, H.: Der Ursprung der israelitisch-jüdischen Eschatologie, FRLANT 6, Göttingen 1905.

Gunneweg, A. H. J.: Nehemia. Mit einer Zeittafel von Alfred Jepsen und einem Exkurs zur Topographie und Archäologie Jerusalems von Manfred Oeming, KAT XIX,2, Berlin 1987.

Haag, E.: Das hellenistische Zeitalter. Israel und die Bibel im 4. bis 1. Jahrhundert v. Chr., BE 9, Stuttgart 2003.

Hardmeier, C.: Texttheorie und biblische Exegese. Zur rhetorischen Funktion der Trauermetaphorik in der Prophetie, BEvTh 79, München 1978.

Heinemann, W.: Zur Eingrenzung des Intertextualitätsbegriffs aus textlinguistischer Sicht, in: Textbeziehungen. Linguistische und literaturwissenschaftliche Beiträge zur Intertextualität, hrsg. v. J. Klein u. U. Fix, Tübingen 1997, 21-37.

Helbig, J.: Intertextualität und Markierung. Untersuchungen zur Systematik und Funktion der Signalisierung von Intertextualität, Beiträge zur neueren Literaturgeschichte 3.141, Heidelberg 1996.

Hengel, M.: Judentum und Hellenismus. Studien zu ihrer Begegnung unter besonderer Berücksichtigung Palästinas bis zur Mitte des 2.Jh.s v.Chr., Tübingen [2]1973.

Hoffmann, Y.: The Day of the Lord as a Concept and a Term in the Prophetic Literature, ZAW 93 (1981), 37-50.

Homerski, J.: „Tag Jahwes" bei dem Propheten Maleachi, CoTh 64 (1994), 5-17.

Hossfeld, F.: Untersuchungen, zu Komposition und Theologie des Ezechielbuches, fzb 20, Würzburg 1977.

Hossfeld, F.-L. / Zenger, E.: Die Psalmen I. Psalm 1-50, NEB 29, Würzburg 1993.

Hossfeld, F.-L. / Zenger, E.: Die Psalmen II. Psalm 51-100, NEB 40, Würzburg 2002.

Hossfeld, F.-L. / Zenger, E.: Psalmen 51-100, HThKAT, Freiburg i. Br. u. a. 2000.

House, P. R.: The Character of God in the Book of the Twelve, in: Reading and Hearing the Book of the Twelve, hrsg. v. J. Nogalski u. M. A. Sweeney, SBL Symposion Series 15, Atlanta/Georgia 2000, 125-145.

House, P. R.: Endings as New Beginnings: Returning to the Lord, the Day of the Lord, and Renewal in the Book of the Twelve, in: Thematic Threads in the Book of the Twelve, hrsg. v. P. L. Redditt u. A. Schart, BZAW 325, Berlin u. New York 2003, 313-338.

House, P. R.: The Unity of the Twelve, JSOT.S 97, Sheffield 1990.

House, P. R.: Zephaniah. A Prophetic Drama, JSOT.S 69, Sheffield 1988.

Houtman, C.: Der Pentateuch. Die Geschichte seiner Erforschung neben einer Auswertung, Contributions to Biblical Exegesis and Theology 9, Kampen 1994.

Houtman, C.: Exodus. Volume 2. Chapters 7:14 - 19:25, HCOT, Kampen 1996.

Huwyler, B.: Jeremia und die Völker. Untersuchungen zu den Völkersprüchen in Jeremia 46-49, FAT 20, Tübingen 1997.


Irsigler, H.: Gottesgericht und Jahwetag. Die Komposition Zef 1,1 - 2,3, untersucht auf der Grundlage der Literarkritik des Zefanjabuches, ATSAT 3, St. Ottilien 1977.

Irsigler, H.: Zefanja, HThKAT, Freiburg i. Br. u. a. 2002.


Janowski, B.: JHWH und der Sonnengott. Aspekte der Solarisierung JHWHs in vorexilischer Zeit, in: ders., Die rettende Gerechtigkeit. Beiträge zur Theologie des Alten Testaments 2, Neukirchen-Vluyn 1999, 192-219.

Jenni, E.: Art. „בוא *bō'* kommen", in: THAT I, München, Zürich 1984, 264-269.

Jepsen, A.: Kleine Beiträge zum Zwölfprophetenbuch, ZAW 56 (1938), 85-100.

Jeremias, J.: Amos 3-6. Beobachtungen zur Entstehungsgeschichte eines Prophetenbuches (1988), in: ders., Hosea und Amos. Studien zu den Anfängen des Dodekapropheton, FAT 13, Tübingen 1996, 142-156.

Jeremias, J.: Art. „Joel/Joelbuch", in: TRE XVII, Berlin u. New York 1988, 91-97.

Jeremias, J.: „Denn auf dem Berg Zion und in Jerusalem wird Rettung sein" (Joel 3,5). Zur Heilserwartung des Joelbuches, in: Zion. Ort der Begegnung, FS L. Klein, hrsg. v. F. Hahn u. a., BBB 90, Athenäum u. a. 1993, 35-45.

Jeremias, J.: Der Prophet Amos, ATD 24,2, Göttingen 1995.

Jeremias, J.: Der Prophet Hosea, ATD 24,1, Göttingen 1983.

Jeremias, J.: Der „Tag Jahwes" in Jes 13 und Joel 2, in: Schriftauslegung in der Schrift, FS O. H. Steck, hrsg. v. R. G. Kratz u. a., BZAW 300, Berlin u. New York 2000, 129-138.

Jeremias, J.: Die Anfänge des Dodekapropheton: Hosea und Amos (1995), in: ders., Hosea und Amos. Studien zu den Anfängen des Dodekapropheton, FAT 13, Tübingen 1996, 34-54.

Jeremias, J.: Gelehrte Prophetie. Beobachtungen zu Joel und Deuterosacharja, in: Vergegenwärtigung des Alten Testaments. Beiträge zur biblischen Hermeneutik, FS R. Smend, hrsg. v. C. Bultmann u. a., Göttingen 2002, 97-111.

Jeremias, J.: Jakob im Amosbuch, in: ders., Hosea und Amos. Studien zu den Anfängen des Dodekapropheton, FAT 13, Tübingen 1996, 257-271.

Jeremias, J.: Lade und Zion. Zur Entstehung der Ziontradition, in: Probleme biblischer Theologie, FS G. v. Rad, hrsg. v. H. W. Wolff, München 1971, 183-198.

Jeremias, J.: Neuere Tendenzen der Forschung an den kleinen Propheten, in: Perspectives in the Study of the Old Testament and Early Judaism, FS A. S. van der Woude, hrsg. v. F. G. Martínez u. E. Noort, VT.S 73, Leiden u. a. 1998, 122-136.

Jeremias, J.: Prophetenwort und Prophetenbuch. Zur Rekonstruktion mündlicher Verkündigung der Propheten, JBTh 14 (1999), 19-35.

Jeremias, J.: Rezeptionsprozesse in der prophetischen Überlieferung – am Beispiel der Visionsberichte des Amos, in: R. G. Kratz, T. Krüger (Hrsg.), Rezeption und Auslegung im Alten Testament und in seinem Umfeld, FS O. H. Steck, OBO 153, Freiburg/Schweiz 1997, 29-44.

Jeremias, J.: Theophanie. Die Geschichte einer alttestamentlichen Gattung, WMANT 10, Neukirchen-Vluyn ²1977.

Jeremias, J.: Tod und Leben in Am 5,1-17 (1989), in: ders., Hosea und Amos. Studien zu den Anfängen des Dodekapropheton, FAT 13, Tübingen 1996, 214-230.

Jeremias, J.: Micha 1: Vom Lokalereignis zur Weltgeschichte, in: „Einen Altar von Erde mache mir ...", FS D. Conrad, hrsg. v. J. F. Diehl u. a., Kleine Arbeiten zum Alten und Neuen Testament 4/5, Waltrop 2003, 137-149.

Jones, B. A.: The Book of the Twelve as a Witness to Ancient Biblical Interpretation, in: Reading and Hearing the Book of the Twelve, hrsg. v. J. Nogalski u. M. A. Sweeney, SBL Symposion Series 15, Atlanta/Georgia 2000, 65-74.

Jones, B. A.: The Formation of the Book of the Twelve. A Study in Text and Canon, SBLDS 149, Atlanta/Georgia 1995.

Kaiser, O.: Das Buch des Propheten Jesaja. Kapitel 1-12, ATD 17, Göttingen [5]1981.

Kaiser, O.: Der Prophet Jesaja. Kapitel 13-39, ATD 18, Göttingen 1973.

Kaiser, O.: Einleitung in das Alte Testament. Eine Einführung in ihre Ergebnisse und Probleme, Gütersloh [5]1984.

Kaiser, O.: Grundriß der Einleitung in die kanonischen und deuterokanonischen Schriften des Alten Testaments, 3 Bde. (Bd. 1: Die erzählenden Werke, Bd. 2: Die prophetischen Werke, Bd. 3: Die poetischen und weisheitlichen Werke), Gütersloh 1992-1994.

Kaiser, O.: Zwischen den Fronten. Palästina in den Auseinandersetzungen zwischen dem Perserreich und Ägypten in der ersten Hälfte des 4. Jahrhunderts, in: Wort, Lied und Gottesspruch. Beiträge zu Psalmen und Propheten, FS J. Ziegler, FzB 2, Würzburg 1972, 197-206.

Keel, O. / Uehlinger, C.: Jahwe und die Sonnengottheit von Jerusalem, in: Ein Gott allein? JHWH-Verehrung und biblischer Monotheismus im Kontext der israelitischen und altorientalischen Religionsgeschichte, hrsg. v. W. Dietrich u. M. A. Klopfenstein, OBO 139, Freiburg/Schweiz u. Göttingen 1994, 269-306.

Kessler, R.: Das Buch Micha als Mitte des Zwölfprophetenbuchs. Einzeltext, redaktionelle Intention und kontextuelle Lektüre, in: „Wort JHWHs, das geschah ..." (Hos 1,1). Studien zum Zwölfprophetenbuch, hrsg. v. E. Zenger, HBS 35, Freiburg i. Br. u. a. 2002, 139-148.

Kessler, R.: Nahum-Habakuk als Zweiprophetenschrift. Eine Skizze, in: „Wort JHWHs, das geschah ..." (Hos 1,1). Studien zum Zwölfprophetenbuch, hrsg. v. E. Zenger, HBS 35, Freiburg i. Br. u. a. 2002, 149-158.

Kessler, R.: Micha, HThKAT, Freiburg i. Br. u. a. 1999.

Kilian, R.: Jesaja 1-12, NEB 17, Würzburg 1986.

Kilian, R.: Jesaja 13-39, NEB 32, Würzburg 1994.

Koch, K.: Profeten I. Assyrische Zeit, UB 280, Stuttgart u. a. [3]1995.

Koch, K.: Profetenbuchüberschriften. Ihre Bedeutung für das hebräische Verständnis von Profetie, in: Verbindungslinien, FS W. H. Schmidt, hrsg. v. A. Graupner u. a., Neukirchen-Vluyn 2000, 165-186.

Koch, K.: Was ist Formgeschichte? Methoden der Bibelexegese, Neukirchen-Vluyn [5]1989.

Koenen, K.: Ethik und Eschatologie im Tritojesajabuch. Eine literarkritische und redaktionsgeschichtliche Studie, WMANT 62, Neukirchen-Vluyn 1990.

Koenen, K.: Heil den Gerechten – Unheil den Sündern! Ein Beitrag zur Theologie der Prophetenbücher, BZAW 229, Berlin u. New York 1994.

Kohata, F.: Jahwist und Priesterschrift in Exodus 3-14, BZAW 166, Berlin u. New York 1986.

Kratz, R. G.: Art. „Redaktionsgeschichte/Redaktionskritik. I. Altes Testament", in: TRE 28, Berlin u. New York 1997, 367-378.

Kratz, R. G.: Das Neue in der Prophetie des Alten Testaments, in: Prophetie in Israel. Beiträge des Symposions „Das Alte Testament und die Kultur der Moderne" anlässlich des 100. Geburtstags Gerhard von Rads (1901-1971) Heidelberg, 18.-21. Oktober 2001, hrsg. v. I. Fischer u. a., Altes Testament und Moderne 11, Münster u. a. 2003, 1-22.

Kratz, R. G.: Die Redaktion der Prophetenbücher, in: Rezeption und Auslegung im Alten Testament und in seinem Umfeld, hrsg. v. R. G. Kratz u. T. Krüger, OBO 153, Freiburg/Schweiz u. Göttingen 1997.

Kratz, R. G.: Die Worte des Amos von Tekoa, in: Propheten in Mari, Assyrien und Israel, hrsg. v. M. Köckert u. M. Nissinen, FRLANT 201, Göttingen 2003, 54-89.

Kratz, R. G.: Innerbiblische Exegese und Redaktionsgeschichte im Lichte empirischer Evidenz, in: Das Alte Testament und die Kultur der Moderne. Beiträge des Symposions „Das Alte Testament und die Kultur der Moderne" anlässlich des 100. Geburtstags Gerhard von Rads (1901-1971) Heidelberg, 18.-21. Oktober 2001, hrsg. v. M. Oeming u. a., Altes Testament und Moderne 8, Münster 2004, 37-69.

Kraus, H.-J.: Psalmen. 2. Teilband. Psalm 60-150, BK.AT XV/2, Neukirchen-Vluyn [5]1979.

Kraus, H.-J.: Theologie der Psalmen, BK.AT XV/3, Neukirchen-Vluyn 1979.

Krieg, M.: Mutmaßungen über Maleachi. Eine Monographie, AThANT 80, Zürich 1993.

Krinetzki, G.: Zefanjastudien. Motiv- und Traditionskritik + Kompositions- und Redaktionskritik, Regensburger Studien zur Theologie 7, Frankfurt a. M. 1977.

Kunz, A.: Zions Weg zum Frieden. Jüdische Vorstellungen vom endzeitlichen Krieg und Frieden in hellenistischer Zeit am Beispiel von Sacharja 9-14, Beiträge zur Friedensethik 33, Stuttgart u. a. 2001.

Kutsch, E.: Heuschreckenplage und Tag Jahwes in Joel 1 und 2 (1962), in: ders., Kleine Schriften zum Alten Testament, hrsg. v. L. Schmidt u. K. Eberlein, Berlin u. New York 1986, 231-244.

Lang, B.: Schule und Unterricht im alten Israel, in: La Sagesse de l'Ancien Testament, hrsg. v. M. Gilbert, BEThL 51, Leuven 1979, 186-201.

Lange, A.: Vom prophetischen Wort zur prophetischen Tradition. Studien zur Traditions- und Redaktionsgeschichte innerprophetischer Konflikte in der

Hebräischen Bibel. Mit einem Index von K. F. Diethard Römheld, FAT 34, Tübingen 2002.

Lau, W.: Schriftgelehrte Prophetie in Jes 56-66. Eine Untersuchung zu den literarischen Bezügen in den letzten elf Kapiteln des Jesajabuches, BZAW 225, Berlin u. New York 1994.

Leene, H.: Das Neue in der Prophetie: Antwort an Reinhard G. Kratz, in: Prophetie in Israel. Beiträge des Symposions „Das Alte Testament und die Kultur der Moderne" anlässlich des 100. Geburtstags Gerhard von Rads (1901-1971) Heidelberg, 18.-21. Oktober 2001, hrsg. v. I. Fischer u. a., Altes Testament und Moderne 11, Münster u. a. 2003, 23-28.

Leeuwen, R. C. van: Scribal Wisdom and Theodicy in the Book of the Twelve, in: In Search of Wisdom, FS J. G. Gammie, hrsg. v. L. G. Perdue u. a., Louisville/Kentucky 1993, 31-49.

Lescow, T.: Das Buch Maleachi. Texttheorie – Auslegung – Kanontheorie. Mit einem Exkurs z Jeremia 8,8-9, AzTh 75, Stuttgart 1993.

Levin, C.: Das Amosbuch der Anawim (1997), in: ders., Fortschreibungen. Gesammelte Studien zum Alten Testament, BZAW 316, Berlin u. New York 2003, 265-290.

Levin, C.: Die Verheißung des neuen Bundes in ihrem theologiegeschichtlichen Zusammenhang ausgelegt, FRLANT 137, Göttingen 1985.

Levin, C.: Josia im Deuteronomistischen Geschichtswerk (1984), in: ders., Fortschreibungen. Gesammelte Studien zum Alten Testament, BZAW 316, Berlin u. New York 2003, 198-216.

Levin, C.: Noch einmal: Die Anfänge des Propheten Jeremia (1981), in: ders., Fortschreibungen. Gesammelte Studien zum Alten Testament, BZAW 316, Berlin u. New York 2003, 217-226.

Lohfink, N.: Gab es eine deuteronomistische Bewegung?, in: Jeremia und die „deuteronomistische Bewegung", hrsg. v. W. Groß, BBB 98, Weinheim 1995, 313-382.

Lohfink, N.: Zefanja und das Israel der Armen, BiKi 39 (1984), 100-108.

Loretz, O.: Die Analyse der ugaritischen und hebräischen Poesie mittels Stichometrie und Konsonantenzählung, UF 5 (1975), 265-269.

Loretz, O.: Regenritual und Jahwetag im Joelbuch. Kanaanäischer Hintergrund, Kolometrie, Aufbau und Symbolik eines Prophetenbuches, UBL 4, Altenberge u. Soest 1986.

Loretz, O.: Textologie des Zephanja-Buches. Bemerkungen zu einem Mißverständnis, UF 5 (1973), 219-228.

Lutz, H.-M.: Jahwe, Jerusalem und die Völker. Zur Vorgeschichte von Sach 12,1-8 und 14,1-5, WMANT 27, Neukirchen-Vluyn 1968.

Lux, R.: Das Zweiprophetenbuch. Beobachtungen zu Aufbau und Struktur von Haggai und Sacharja 1-8, in: „Wort JHWHs, das geschah ..." (Hos 1,1). Studien zum Zwölfprophetenbuch, hrsg. v. E. Zenger, HBS 35, Freiburg i. Br. u. a. 2002, 191-217.

Marti, K.: Das Dodekapropheton, KHC XIII, Tübingen 1904.

Mason, R. A.: The Relation of Zech 9-14 to Proto-Zechariah, ZAW 88 (1976), 227-239.

Meinhold, A.: Art. „Maleachi/Maleachibuch", in: TRE 22, Berlin u. New York 1992, 6-11.

Meinhold, A.: Die theologischen Vorsprüche in den Diskussionsworten des Maleachibuches, in: Gottes Recht als Lebensraum. FS H. J. Boecker, hrsg. v. P. Mommer u. a., Neukirchen-Vluyn 1993, 197-209.

Meinhold, A.: Maleachi, BK.AT XIV/8 (in Liefg.), Neukirchen-Vluyn 2000ff.

Meinhold, A.: Zur Rolle des Tag-JHWHs-Gedichts Joel 2,1-11 im XII-Propheten-Buch, in: Verbindungslinien, FS W. H. Schmidt, hrsg. v. A. Graupner u. a., Neukirchen-Vluyn 2000, 207-223.

Mowinckel, S.: Psalmenstudien II. Das Thronbesteigungsfest Jahwäs und der Ursprung der Eschatologie, Oslo 1922.

Müller, A. R.: Der Psalter – eine Anthologie. Überlegungen zur sogenannten Psalterexegese, BN 119/120 (2003), 118-131.

Müller, H.-P.: Prophetie und Apokalyptik bei Joel, ThViat 10 (1965/6), 231-252.

Müller, H.-P.: Art. „קדשׁ qdš heilig", in: THAT II, München u. Zürich 1984, 589-609.

Müller, H.-P.: Ursprünge und Strukturen alttestamentlicher Eschatologie, BZAW 109, Berlin 1969.

Munch, P. A.: The Expression bajjôm hāhū'. Is it an Eschatological Terminus Technicus?, ANAVAO.HF 2, Oslo 1936.

Neef, H.-D.: Glaube als Demut. Zur Theologie des Propheten Zephanja, ThBeitr 27 (1996), 145-158.

Neef, H.-D.: Vom Gottesgericht zum universalen Heil. Komposition und Redaktion des Zephanjabuches, ZAW 111 (1999), 530-546.

Nentel, J.: Trägerschaft und Intentionen des deuteronomistischen Geschichtswerks. Untersuchungen zu den Reflexionsreden Jos 1; 23; 24; 1 Sam 12 und 1 Kön 8, BZAW 297, Berlin u. New York 2000.

Niehr, H.: Die Reform des Joschija. Methodische, historische und religionsgeschichtliche Aspekte, in: W. Groß (Hrsg.), Jeremia und die „deuteronomistische Bewegung", BBB 98, Weinheim 1995, 33-55.

Nissinen, M.: Prophetie, Redaktion und Fortschreibung im Hoseabuch. Studien zum Werdegang eines Prophetenbuches im Lichte von Hos 4 und Hos 11, AOAT 231, Kevelaer u. Neukirchen-Vluyn 1991.

Nogalski, J. D.: Intertextuality and the Twelve, in: Forming Prophetic Literature. Essays on Isaiah and the Twelve, FS J. D. Watts, hrsg. v. J. W. Watts u. P. R. House, JSOT.S 235, Sheffield 1996, 102-124.

Nogalski, J. D.: Joel as „Literary Anchor" for the Book of the Twelve, in: Reading and Hearing the Book of the Twelve, hrsg. v. J. Nogalski u. M. A. Sweeney, SBL Symposion Series 15, Atlanta/Georgia 2000, 91-109.

Nogalski, J.: Literary Precursors to the Book of the Twelve, BZAW 217, Berlin u. New York 1993.

Nogalski, J.: Redactional Processes in the Book of the Twelve, BZAW 218, Berlin u. New York 1993.

Nogalski, J. D.: The Day(s) of YHWH in the Book of the Twelve (1999), in: Thematic Threads in the Book of the Twelve, hrsg. v. P. L. Redditt u. A. Schart, BZAW 325, Berlin u. New York 2003, 192-213.

Nogalski, J. D.: Zephaniah 3: A Redactional Text for a Developing Corpus, in: Schriftauslegung in der Schrift, FS O. H. Steck, hrsg. v. R. G. Kratz u. a., BZAW 300, Berlin u. New York 2000, 207-218.

Nogalski, J. D. / Sweeney, M. A.: Preface, in: Reading and Hearing the Book of the Twelve, hrsg. v. J. Nogalski u. M. A. Sweeney, SBL Symposion Series 15, Atlanta/Georgia 2000, vii-xv.

Nogalski, J. D. / Sweeney, M. A. (Hrsg.): Reading and Hearing the Book of the Twelve, SBL Symposion Series 15, Atlanta/Georgia 2000.

Oeming, M.: Biblische Hermeneutik. Eine Einführung, Darmstadt 1998.

Oesch, J. M.: Die Bedeutung der Tora für Israel nach dem Buch Maleachi, in: Die Tora als Kanon für Juden und Christen, hrsg. v. E. Zenger, HBS 10, Freiburg i. Br. u. a. 1996, 169-211.

Otto, E.: Das Deuteronomium. Politische Theologie und Rechtsreform in Juda und Assyrien, BZAW 284, Berlin u. New York 1999.

Otto, S.: Jehu, Elia und Elisa. Die Erzählung von der Jehu-Revoution und die Komposition der Elia-Elisa-Erzählungen, BWANT 152, Stuttgart u. a. 2001.

Otzen, B.: Studien über Deuterosacharja, AthD 6, Kopenhagen 1964.

Perlitt, L.: Die Propheten Nahum, Habakuk, Zephanja, ATD 25,1, Göttingen 2004.

Pesch, R.: Die Apostelgeschichte, 1. Teilbd.: Apg 1-12, EKK V/1, Neukirchen-Vluyn 1986.

Petersen, D. L.: A Book or Twelve?, in: Reading and Hearing the Book of the Twelve, hrsg. v. J. Nogalski u. M. A. Sweeney, SBL Symposion Series 15, Atlanta/Georgia 2000, 3-10.

Petersen, D. L.: Zechariah 9-14 and Malachi, OTL, Louisville/Kentucky 1995.

Pfeiffer, H.: Das Heiligtum von Bethel im Spiegel des Hoseabuches, FRLANT 183, Göttingen 1999.

Plöger, O.: Theokratie und Eschatologie, WMANT 2, Neukirchen 1959.

Podella, T.: Notzeit-Mythologem und Nichtigkeitsfluch, in: Religionsgeschichtliche Beziehungen zwischen Kleinasien, Nordsyrien und dem Alten Testament, OBO 129, hrsg. v. B. Janowski u. a., Freiburg/Schweiz u. Göttingen 1993, 427-454.

Pohlmann, K.-F.: Erwägungen zu Problemen alttestamentlicher Prophetenexegese, in: „Wer ist wie Du, HERR, unter den Göttern?" Studien zur Theologie und Religionsgeschichte Israels, FS O. Kaiser, hrsg. v. I. Kottsieper u. a., Göttingen 1994, 325-341.

Pohlmann, K.-F.: Der Prophet Hesekiel (Ezechiel). Teilbd. 1: Kapitel 1-19, ATD 22,1, Göttingen 1996.

Pohlmann, K.-F.: Der Prophet Hesekiel (Ezechiel). Teilbd. 2: Kapitel 20-48, ATD 22,2, Göttingen 2001.

Prinsloo, W. S.: The Theology of the Book of Joel, BZAW 163, Berlin u. New York 1985.

Rad, G. von: The Origin of the Concept of the Day of Yahweh, JSS (1959), 97-108.

Rad, G. von: Theologie des Alten Testaments, 2 Bde. (Bd. I: Die Theologie der geschichtlichen Überlieferungen Israels, Bd. II: Die Theologie der prophetischen Überlieferungen Israels), KT 2+3, München [10]1992 + [10]1993.

Redditt, P. L.: Israel's Shepherds: Hope and Pessismism in Zechariah 9-14, CBQ 51 (1989), 631-642.

Redditt, P. L.: The Formation of the Book of the Twelve. A Review of Research, in: Thematic Threads in the Book of the Twelve, hrsg. v. P. L. Redditt u. A. Schart, BZAW 325, Berlin u. New York 2003, 1-26.

Redditt, P. L.: The Production and Reading of the Book of the Twelve, in: Reading and Hearing the Book of the Twelve, hrsg. v. J. Nogalski u. M. A. Sweeney, SBL Symposion Series 15, Atlanta/Georgia 2000, 11-33.

Redditt, P. L. / Schart, A. (Hrsg.): Thematic Threads in the Book of the Twelve, BZAW 325, Berlin u. New York 2003.

Renaud, B.: Le livre de Sophonie: Le Jour de YHWH thème structurant de la synthèse rédactionelle, RevSR 60 (1986), 1-33.

Rendtorff, R.: Alas for the Day! The „Day of the LORD" in the Book of the Twelve (1998), in: ders., Der Text in seiner Endgestalt. Schritte auf dem Weg zu einer Theologie des Alten Testaments, Neukirchen-Vluyn 2001, 253-264.

Rendtorff, R.: Der „Tag Jhwhs" im Zwölfprophetenbuch, in: „Wort JHWHs, das geschah ..." (Hos 1,1). Studien zum Zwölfprophetenbuch, hrsg. v. E. Zenger, HBS 35, Freiburg i. Br. u. a. 2002, 1-11.

Rendtorff, R.: How to Read the Book of the Twelve as a Theological Unity (1997), in: ders., Der Text in seiner Endgestalt. Schritte auf dem Weg zu einer Theologie des Alten Testaments, Neukirchen-Vluyn 2001, 139-151.

Renker, A.: Die Tora bei Maleachi. Ein Beitrag zur Bedeutungsgeschichte von tôrā im Alten Testament, FThSt 112, Freiburg i. Br. u. a.1979.

Reventlow, H. Graf: Die Propheten Haggai, Sacharja und Maleachi, ATD 25,2, Göttingen 1993.

Ro, J. U.-S.: Die sogenannte „Armenfrömmigkeit" im nachexilischen Israel, BZAW 322, Berlin u. New York 2002.

Roberts, J. J. M.: Nahum, Habakkuk, and Zephaniah. A Commentary, OTL, Louisville/Kentucky 1991.

Roche, M. de: Zephaniah i,2-3: the „sweeping" of creation, VT 30 (1980), 104-108.

Rösel, M.: Art. „Traditionskritik/Traditionsgeschichte. I. Altes Testament", in: TRE 33, Berlin u. New York 2002, 732-743.

Rogerson, J. W.: Art. „Dodekapropheton", in: TRE 9, Berlin u. New York 1982, 18-20.

Roloff, J.: Die Apostelgeschichte, NTD 5, Göttingen [17]1981.

Rose, M.: 5. Mose, Teilband 2: 5. Mose 1-11 und 26-34. Rahmenstücke zum Gesetzeskorpus, ZBK.AT 5.2, Zürich 1994.

Rottzoll, D. U.: Studien zur Redaktion und Komposition des Amosbuches, BZAW 243, Berlin u. New York 1996.

Rudnig-Zelt, S.: Die Genese des Hoseabuches. Ein Forschungsbericht, in: Textarbeit. Studien zu Texten und ihrer Rezeption aus dem Alten Testament und der Umwelt Israels, FS P. Weimar, hrg. V. K. Kiesow u. T. Meurer, AOAT 294, Münster 2003, 351-383.

Rudolph, W.: Joel – Amos – Obadja – Jona, KAT XIII,2, Gütersloh 1971.

Rudolph, W.: Micha – Nahum – Habakuk – Zephanja. Mit einer Zeittafel von A. Jepsen, KAT XIII,3, Gütersloh 1975.

Rudolph, W.: Haggai – Sacharja 1-8 – Sacharja 9-14 – Maleachi. Mit einer Zeittafel von A. Jepsen, KAT XIII,4, Gütersloh 1976.

Ryou, D. H.: Zephaniah's Oracles against the Nations. A Synchronic and Diachronic Study of Zephaniah 2:1-3:8, Biblical Interpretation Series 13, Leiden u. a. 1995.

Sæbø, M.: Sacharja 9-14. Untersuchungen von Text und Form, WMANT 34, Neukirchen-Vluyn 1969.

Sauer, G.: Jesus Sirach / Ben Sira, ATD Apokryphen 1, Göttingen 2000.

Schaefer, K. R., O. S. B.: Zechariah 14: A Study in Allusion, CBQ 57 (1995), 66-91.

Schäfer, P.: Geschichte der Juden in der Antike. Die Juden Palästinas von Alexander dem Großen bis zur arabischen Eroberung, Stuttgart, Neukirchen-Vluyn 1983.

Schahadat, S.: Intertextualität: Lektüre – Text – Intertext, in: Einführung in die Literaturwissenschaft, hrsg. v. M. Pechlivanos u. a., Stuttgart u. Weimar 1995, 366-377.

Scharbert, J.: Zefanja und die Reform des Joschija, in: Künder des Wortes. Beiträge zur Theologie der Propheten, FS J. Schreiner, hrsg. v. L. Ruppert u. a., Würzburg 1982, 237-253.

Schart, A.: Die Entstehung des Zwölfprophetenbuchs. Neubearbeitungen von Amos im Rahmen schriftenübergreifender Redaktionsprozesse, BZAW 260, Berlin u. New York 1998.

Schart, A.: Reconstructing the Redaction History of the Twelve Prophets: Problems and Models, in: Reading and Hearing the Book of the Twelve, hrsg. v. J. Nogalski u. M. A. Sweeney, SBL Symposion Series 15, Atlanta/Georgia 2000, 34-48.

Schart, A.: Zur Redaktionsgeschichte des Zwölfprophetenbuchs, VuF 43 (1998), 13-33.

Schmid, K.: Buchgestalten des Jeremiabuches. Untersuchungen zur Redaktions- und Rezeptionsgeschichte von Jer 30-33 im Kontext des Buches, WMANT 72, Neukirchen-Vluyn 1996.

Schmid, K.: Innerbiblische Schriftauslegung. Aspekte der Forschungsgeschichte, in: Schriftauslegung in der Schrift, FS O. H. Steck, hrsg. v. R. G. Kratz u. a., BZAW 300, Berlin u. New York 2000, 1-22.

Schmidt, L.: Beobachtungen zu der Plagenerzählung in Exodus vii 14-xi 10, StB 4, Leiden u. a. 1990.

Schmidt, L.: Das 4. Buch Mose. Numeri. Kapitel 10,11 - 36,13, ATD 7,2, Göttingen 2004.

Schmidt, L.: Israel und das Gesetz. Ex 19,3b-8 und 24,3-8 als literarischer und theologischer Rahmen für das Bundesbuch, ZAW 113 (2001), 167-185.

Schmidt, W. H.: Zukunftsgewißheit und Gegenwartskritik. Studien zur Eigenart der Prophetie, BThSt 51, Neukirchen-Vluyn ²2002.

Schmitt, H.-C.: Das sogenannte jahwistische Privilegrecht in Ex 34,10-28 als Komposition der spätdeuteronomistischen Endredaktion des Pentateuch, in: Abschied vom Jahwisten. Die Komposition des Hexateuch in der jüngsten Diskussion, hrsg. v. J. C. Gertz u. a., BZAW 315, Berlin u. New York 2002, 157-171.

Schmitt, H.-C.: Das spätdeuteronomistische Geschichtswerk Genesis I – 2 Regum XXV und seine theologische Intention (1997), in: ders., Theologie in Prophetie und Pentateuch. Gesammelte Schriften, hrsg. v. U. Schorn u. M. Büttner, BZAW 310, Berlin u. New York 2001, 277-294.

Schmitt, H.-C.: Die Suche nach der Identität des Jahweglaubens im nachexilischen Israel. Bemerkungen zur theologischen Intention der Endredaktion des Pentateuch (1995), in: ders., Theologie in Prophetie und Pentateuch. Gesammelte Schriften, hrsg. v. U. Schorn u. M. Büttner, BZAW 310, Berlin u. New York 2001, 255-276.

Schmitt, H.-C.: Spätdeuteronomistisches Geschichtswerk und Priesterschrift in Deuteronomium 34, in: Textarbeit. Studien zu Texten und ihrer Rezeption aus dem Alten Testament und der Umwelt Israels, FS P. Weimar, hrg. V. K. Kiesow u. T. Meurer, AOAT 294, Münster 2003, 407-424.

Schneider, D. A.: The Unity of the Book of the Twelve, Ph. D. Yale University 1979.

Schoblocher, B.: „Er ist Finsternis und nicht Licht!" Ein Beitrag zur Rede vom Tag YHWHs in Am 5,18-20, in: Gott. Mensch. Sprache, FS W. Groß, hrsg. v. A. Michel u. H.-J. Stipp, ATSAT 68, St. Ottilien 2001, 99-111.

Schöpflin, K.: Theologie als Biographie im Ezechielbuch. Ein Beitrag zur Konzeption alttestamentlicher Prophetie, FAT 36, Tübingen 2002.

Scholl, R.: Die Elenden in Gottes Thronrat. Stilistisch-kompositorische Untersuchungen zu Jes 24-27, BZAW 274, Berlin u. New York 2000.

Schottroff, W.: Der altisraelitische Fluchspruch, WMANT 30, Neukirchen-Vluyn 1969.

Schreiner, J.: Alttestamentlich-jüdische Apokalyptik. Eine Einführung, BiH 6, München 1969.

Schroer, S.: „Im Schatten deiner Flügel." Religionsgeschichtliche und feministische Blicke auf die Metaphorik der Flügel Gottes in den Psalmen, in Ex 19,4; Dtn 32,11 und in Mal 3,20, in: „Ihr Völker alle, klatscht in die Hände!" FS E. S. Gerstenberger, Exegese in unserer Zeit 3, hrsg. v. R. Kessler u. a., Münster 1997, 296-316.

Schultz, R. L.: The Ties that Bind: Intertextuality, the Identification of Verbal Parallels, and Reading Strategies in the Book of the Twelve, in: Thematic Threads in the Book of the Twelve, hrsg. v. P. L. Redditt u. A. Schart, BZAW 325, Berlin u. New York 2003, 27-45.

Schwally, F.: Das Buch Ssefanjâ, eine historisch-kritische Untersuchung, ZAW 10 (1890), 165-240.

Schulz, H.: Das Buch Nahum. Eine redaktionskritische Untersuchung, BZAW 129, Berlin u. New York 1973.

Scoralick, R.: „Auch jetzt noch" (Joel 2,12a). Zur Eigenart der Joelschrift und ihrer Funktion im Kontext des Zwölfprophetenbuches, in: „Wort JHWHs, das geschah ..." (Hos 1,1). Studien zum Zwölfprophetenbuch, hrsg. v. E. Zenger, HBS 35, Freiburg i. Br. u. a. 2002, 47-69.

Scoralick, R.: Gottes Güte und Gottes Zorn. Die Gottesprädikationen in Ex 34,6f und ihre intertextuellen Beziehungen zum Zwölfprophetenbuch, HBS 33, Freiburg i. Br. u. a. 2002.

Seeligmann, I. J.: Voraussetzungen der Midraschexegese, in: Congress Volume Copenhagen 1953, VT.S 1, Leiden 1953, 150-181.

Seybold, K.: Art. „Joel/Joelbuch", in: RGG 4, Tübingen ⁴2001, 511-512.

Seybold, K.: Nahum. Habakuk. Zephanja, ZBK.AT 24,2, Zürich 1991.

Seybold, K.: Satirische Prophetie. Studien zum Buch Zefanja, SBS 120, Stuttgart 1985.

Seybold, K.: Die Psalmen, HAT I/15, Tübingen 1996.

Seybold, K.: Text und Textauslegung in Zef 2,1-3, BN 25 (1984), 49-54.

Simkins, R. A.: God, History, and the Natural World in the Book of Joel, CBQ 55 (1993), 435-452.

Simkins, R.: Yahweh's Activity in History and Nature in the Book of Joel, ANETS 10, Lewiston/New York u. a. 1991.

Snyman, S. D.: Yom (YHWH) in the Book of Obadiah, in: Goldene Äpfel in silbernen Schalen. Collected Communications to the XIIIth Congress of the International Organization for the Study of the Old Testament Leuven 1989, BEATAJ 20, hrsg. v. K.-D. Schunck u. M. Augustin, Frankfurt a. M. 1992, 81-91.

Soden, W. von / Bergman, J. / Sæbø, M.: Art. „יוֹם jôm. יוֹמָם jômām, יהוה יוֹם jôm JHWH", in: ThWAT Bd. III, Stuttgart u. a. 1982, 559-586.

Soggin, A.: Einführung in die Geschichte Israels und Judas. Von den Ursprüngen bis zum Aufstand Bar Kochbas, Darmstadt 1991.

Soggin, J. A.: Art. „מֶלֶךְ mælæk König", in: THAT I, München, Zürich 1984, 908-920.

Spawn, K. L.: „As It Is Written" and Other Citation Formulae in the Old Testament. Their Use, Development, Syntax, and Significance, BZAW 311, Berlin u. New York 2002.

Spieckermann, H.: Dies irae: der alttestamentliche Befund und seine Vorgeschichte, VT 39 (1989), 194-208.

Spieckermann, H.: Juda unter Assur in der Sargonidenzeit, FRLANT 129, Göttingen 1982.

Steck, O. H.: Bereitete Heimkehr. Jesaja 35 als redaktionelle Brücke zwischen dem Ersten und dem Zweiten Jesaja, SBS 121, Stuttgart 1985.

Steck, O. H.: Der Abschluß der Prophetie im Alten Testament. Ein Versuch zur Frage der Vorgeschichte des Kanons, BThSt 17, Neukirchen-Vluyn 1991.

Steck, O. H.: Die Prophetenbücher und ihr theologisches Zeugnis. Wege der Nachfrage und Fährten zur Antwort, Tübingen 1996.

Steck, O. H.: Exegese des Alten Testaments. Leitfaden der Methodik. Ein Arbeitsbuch für Proseminare, Seminare und Vorlesungen, Neukirchen-Vluyn [14]1999.

Steck, O. H.: Studien zu Tritojesaja, BZAW 203, Berlin u. New York 1991.

Steck, O. H.: Zu Zef 3,9-10, BZ NF 34 (1990), 90-95.

Steck, O. H.: Zur Abfolge Maleachi – Jona in 4Q76 (4QXII[a]), ZAW 108 (1996), 249-253.

Stegemann, H.: Die Bedeutung der Qumranfunde für die Erforschung der Apokalyptik, in: Apocalypticism in the Mediterranean World and the Near East. Proceedings of the International Colloquium on Apocalypticism Uppsala, August 12-17, 1979, hrsg. v. D. Hellholm, Tübingen 1983, 495-530.

Steins, G.: Torabindung und Kanonabschluß. Zur Entstehung und kanonischen Funktion der Chronikbücher, in: Die Tora als Kanon für Juden und Christen, hrsg. v. E. Zenger, HBS 10, Freiburg i. Br. u. a. 1996, 213-256.

Stemberger, G.: Geschichte der jüdischen Literatur. Eine Einführung, Beck'sche Elementarbücher, München [1]1977.

Steyer, K.: Irgendwie hängt alles mit allem zusammen – Grenzen und Möglichkeiten einer linguistischen Kategorie „Intertextualität", in: Textbeziehungen. Linguistische und literaturwissenschaftliche Beiträge zur Intertextualität, hrsg. v. J. Klein u. U. Fix, Tübingen 1997, 83-106.

Steymans, H. U.: Deuteronomium 28 und die adê zur Thronfolgeregelung Asarhaddons. Segen und Fluch im Alten Orient und in Israel, OBO 145, Freiburg/Schweiz u. Göttingen 1995.

Stocker, P.: Theorie der intertextuellen Lektüre. Modelle und Fallstudien, Explicatio, Paderborn u. a. 1998.

Stolz, F.: Jahwes und Israels Kriege. Kriegstheorien und Kriegserfahrungen im Glauben des alten Israel, AThANT 60, Zürich 1972.

Stolz, F.: Strukturen und Figuren im Kult von Jerusalem. Studien zur altorientalischen, vor- und frühisraelitischen Religion, BZAW 118, Berlin 1970.

Striek, M.: Das vordeuteronomistische Zephanjabuch, BET 29, Frankfurt a. M. u. a. 1999.

Sweeney, M. A.: A Form-Critical Reassessment of the Book of Zephaniah, CBQ 53 (1991), 388-408.

Sweeney, M. A.: Sequence and Interpretation in the Book of the Twelve, in: Reading and Hearing the Book of the Twelve, hrsg. v. J. Nogalski u. M. A. Sweeney, SBL Symposion Series 15, Atlanta/Georgia 2000, 49-64.

Sweeney, M. A.: The Place of Joel in the Book of the Twelve, in: Thematic Threads in the Book of the Twelve, hrsg. v. P. L. Redditt u. A. Schart, BZAW 325, Berlin u. New York 2003, 133-154.

Sweeney, M. A.: The Twelve Prophets, 2 Bde. (Volume One: Hosea. Joel. Amos. Obadiah. Jonah, Volume Two: Micah. Nahum. Habakkuk. Zephaniah. Haggai, Zechariah. Malachi), Berit Olam. Studies in Hebrew Narrative and Poetry, Collegeville/Minnesota 2000.

Tai, N. H. F.: Prophetie als Schriftauslegung in Sach 9-14. Traditions- und kompositionsgeschichtliche Studien, CThM.BW 17, Stuttgart 1996.

Tai, N. H. F.: The End of the Book of the Twelve, in: Schriftprophetie. FS J. Jeremias, hrsg. v. F. Hartenstein u. a., Neukirchen-Vluyn 2004, 341-350.

Tegtmeyer, H.: Der Begriff der Intertextualität und seine Fassungen – Eine Kritik der Intertextualitätskonzepte Julia Kristevas und Susanne Holthuis', in: Textbeziehungen. Linguistische und literaturwissenschaftliche Beiträge zur Intertextualität, hrsg. v. J. Klein u. U. Fix, Tübingen 1997, 49-81.

Thiel, W.: Die deuteronomistische Redaktion von Jeremia 1-25, WMANT 41, Neukirchen-Vluyn 1973.

Tigchelaar, E. J. C.: Prophets of Old and the Day of the End. Zechariah, the Book of Watchers and Apocalyptic, OTS 35, Leiden u. a. 1996.

Treves, M.: The Date of Joel, VT 7 (1957), 149-156.

Trimpe, B.: Von der Schöpfung zur Zerstreuung. Intertextuelle Interpretationen der biblischen Urgeschichte (Gen 1-11), Osnabrücker Studien zur Jüdischen und Christlichen Bibel 1, Osnabrück 2000.

Uehlinger, C.: Astralkultpriester und Fremdgekleidete, Kanaanvolk und Silberwäger. Zur Verknüpfung von Kult- und Sozialkritik in Zef 1, in: Der Tag wird kommen. Ein interkontextuelles Gespräch über das Buch des Propheten Zefanja, hrsg. v. W. Dietrich u. M. Schwantes, SBS 170, Stuttgart 1996, 49-83.

Uehlinger, C.: Gab es eine joschijanische Kultreform? Plädoyer für ein begründetes Minimum, in: W. Groß (Hrsg.), Jeremia und die „deuteronomistische Bewegung", BBB 98, Weinheim 1995, 57-89.

Utzschneider, H.: Die Amazjaerzählung (Am 7,10-17) zwischen Literatur und Historie, BN 41 (1988), 76-101.

Utzschneider, H.: Künder oder Schreiber. Eine These zum Problem der „Schriftprophetie" auf Grund von Maleachi 1,6 - 2,9, BEATAJ 19, Frankfurt a. M. u. a. 1989.

Utzschneider, H.: Michas Reise in die Zeit. Studien zum Drama als Genre der prophetischen Literatur des Alten Testaments, SBS 180, Stuttgart 1999.

Utzschneider, H., Nitsche, S. A.: Arbeitsbuch literaturwissenschaftliche Bibelauslegung. Eine Methodenlehre des Alten Testaments, Gütersloh 2001.

Vanoni, G.: Elija, Jona und das Dodekapropheton. Grade der Intertextualität, in: „Wort JHWHs, das geschah ..." (Hos 1,1). Studien zum Zwölfprophetenbuch, hrsg. v. E. Zenger, HBS 35, Freiburg i. Br. u. a. 2002, 114-121.

Veijola, T.: Verheissung in der Krise. Studien zur Literatur und Theologie der Exilszeit anhand des 89. Psalms, STAT 220, Helsinki 1982.

Veijola, T.: Zefanja und Joschija, in: Der Tag wird kommen. Ein interkontextuelles Gespräch über das Buch des Propheten Zefanja, hrsg. v. W. Dietrich u. M. Schwantes, SBS 170, Stuttgart 1996, 9-18.

Verhoef, P. A.: The Books of Haggai and Malachi, NICOT, Grand Rapids/Michigan 1987.

Vlaardingerbroek, J.: Zephaniah, HCOT, Leuven 1999.

Wanke, G.: אוֹי und הוֹי, ZAW 78 (1966), 215-218.

Wanke, G.: Jeremia. Teilband 1: Jer 1,1 - 25,14, ZBK.AT 20.1, Zürich 1995.

Wanke, G.: Jeremia. Teilband 2: Jeremia 25,15 - 52,34, ZBK.AT 20.2, Zürich 2003.

Wanke, G.: Die Zionstheologie der Korachiten in ihrem traditionsgeschichtlichen Zusammenhang, BZAW 97, Berlin 1966.

Waschke, E.-J.: Die fünfte Vision des Amosbuches (9,1-4) – Eine Nachinterpretation, ZAW 106 (1994), 434-445.

Watts, J. D. W.: A Frame for the Book of the Twelve; Hosea 1-3 and Malachi, in: Reading and Hearing the Book of the Twelve, hrsg. v. J. Nogalski u. M. A. Sweeney, SBL Symposion Series 15, Atlanta/Georgia 2000, 209-217.

Weigl, M.: Zefanja und das „Israel der Armen". Eine Untersuchung zur Theologie des Buches Zefanja, ÖBS 13, Klosterneuburg 1994.

Weimar, P.: Obadja. Eine redaktionskritische Analyse, BN 27 (1985), 35-99.

Weimar, P.: Zef 1 und das Problem der Komposition der Zefanjaprophetie, in: „Und Mose schrieb dieses Lied auf." Studien zum Alten Testament und zum Alten Orient, FS O. Loretz, unter Mitwirkung von H. Schaudig hrsg. v. M. Dietrich u. I. Kottsieper, Münster 1998, 809-832.

Weimar, P.: Zefanja – Aufbau und Struktur einer Prophetenschrift, UF 29 (1997), 723-774.

Weippert, H.: Palästina in vorhellenistischer Zeit, Handbuch der Archäologie. Vorderasien II. Bd. 1, München 1988.

Weise, G.: Zur Spezifik der Intertextualität in literarischen Texten, in: Textbeziehungen. Linguistische und literaturwissenschaftliche Beiträge zur Intertextualität, hrsg. v. J. Klein u. U. Fix, Tübingen 1997, 39-48.

Weiser, A.: Das Buch der zwölf kleinen Propheten I: Die Propheten Hosea, Joel, Amos, Obadja, Jona, Micha, ATD 24, Göttingen [4]1963.

Weiss, M.: The Origin of the „Day of the Lord" – Reconsidered, HUCA 37 (1966), 29-60.

Westermann, C.: Boten des Zorns. Der Begriff des Zornes Gottes in der Prophetie, in: Die Botschaft und die Boten, FS H. W. Wolff, hrsg. v. J. Jeremias u. L. Perlitt, Neukirchen-Vluyn 1981, 147-156.

Westermann, C.: Das Buch Jesaja. Kapitel 40-66, ATD 19, Göttingen 1966.

Westermann, Prophetische Heilsworte im Alten Testament, FRLANT 145, Göttingen 1987.

Weyde, K. W.: Prophecy and Teaching. Prophetic Authority, Form Problems, and the Use of Traditions in the Book of Malachi, BZAW 288, Berlin u. New York 2000.

Wildberger, H.: Jesaja. 1. Teilband: Jesaja 1-12, BK.AT X/1, Neukirchen-Vluyn [2]1980.

Wildberger, H.: Jesaja. 2. Teilband: Jesaja 13-27, BK.AT X/2, Neukirchen-Vluyn 1978.

Wildberger, H.: Art. „שאר š'r übrig sein", in: THAT II, München u. Zürich [3]1984, 844-855.

Willi-Plein, I.: Art. „Sacharja/Sacharjabuch", in: TRE 29, Berlin u. New York 539-547.

Willi-Plein, I.: Das Zwölfprophetenbuch, ThR 64 (1999), 351-395.

Willi-Plein, I.: Prophetie am Ende. Untersuchungen zu Sacharja 9-14, BBB 42, Köln 1974.

Willi-Plein, I.: Vorformen der Schriftexegese innerhalb des Alten Testaments. Untersuchungen zum literarischen Werden der auf Amos, Hosea und Micha zurückgehenden Bücher im hebräischen Zwölfprophetenbuch, BZAW 123, Berlin u. New York 1971.

Winter, A.: Analyse des Buches Amos, ThStKr 83 (1910), 323-374.

Wolfe, R. E.: The editing of the Book of the Twelve, ZAW 53 (1935), 90-129.

Wolff, H. W.: Dodekapropheton 1. Hosea, BK.AT XIV/1, Neukirchen-Vluyn [4]1990.

Wolff, H. W.: Dodekapropheton 2. Joel und Amos, BK.AT XIV/2, Neukirchen-Vluyn [3]1985.

Wolff, H. W.: Dodekapropheton 3. Obadja und Jona, BK.AT XIV/3, Neukirchen-Vluyn 1977.

Wolff, H. W.: Dodekapropheton 4. Micha, BK.AT XIV/4, Neukirchen-Vluyn 1982.

Woude, A. S. van der: Der Engel des Bundes. Bemerkungen zu Maleachi 3,1c und seinem Kontext, in: Die Botschaft und die Boten. FS H. W. Wolff, hrsg. v. J. Jeremias u. L. Perlitt, Neukirchen-Vluyn 1981, 289-300.

Woude, A. S. van der: Sacharja 14,18, ZAW 97 (1985), 254-255.

Zapff, B. M.: Redaktionsgeschichtliche Studien zum Michabuch im Kontext des Dodekapropheton, BZAW 256, Berlin u. New York 1997.

Zapff, B. M.: Schriftgelehrte Prophetie – Jes 13 und die Komposition des Jesajabuches. Ein Beitrag zur Erforschung der Redaktionsgeschichte des Jesajabuches, fzb 74, Würzburg 1995.

Zenger, E.: Das Zwölfprophetenbuch, in: ders. u. a., Einleitung in das Alte Testament, Kohlhammer Studienbücher Theologie 1,1, Stuttgart u. a. [5]2004, 517-586.

Zenger, E. (Hrsg.): „Wort JHWHs, das geschah ...“ (Hos 1,1). Studien zum Zwölfprophetenbuch, HBS 35, Freiburg i. Br. u. a. 2002.

Zimmerli, W.: Ezechiel. 1. Teilband: Ezechiel 1-24, BK.AT XIII/1, Neukirchen-Vluyn [2]1979.

Zimmerli, W.: Ezechiel. 2. Teilband: Ezechiel 25-48, BK.AT XIII/2, Neukirchen-Vluyn [2]1979.

# Register der Bibelstellen (in Auswahl)

Das folgende Register soll die Arbeit erschließen helfen. Es enthält ausgewählte Bibelstellen, die fast ausnahmslos im Haupttext zu suchen sind. Nicht erfasst sind die Kapitel I und II sowie die Forschung referierenden (mit „Relevanz ..." überschriebenen) Abschnitte.